SAMMLUNG ECKERT
PLANSAMMLUNG AUS DEM NACHLASS BALTHASAR NEUMANNS
IM MAINFRÄNKISCHEN MUSEUM WÜRZBURG

SAMMLUNG ECKERT
PLANSAMMLUNG AUS DEM NACHLASS BALTHASAR NEUMANNS IM MAINFRÄNKISCHEN MUSEUM WÜRZBURG

Herausgegeben vom Mainfränkischen Museum Würzburg

Unter Mitverwendung der Vorarbeiten von Joachim Hotz †

bearbeitet von
Hanswernfried Muth
Elisabeth Sperzel und Hans-Peter Trenschel

ECHTER WÜRZBURG

CIP-Kurztitelaufnahme der Deutschen Bibliothek

Mainfränkisches Museum ‹Würzburg› / Sammlung Eckert:
Sammlung Eckert : Plansammlung aus d. Nachlaß
Balthasar Neumanns im Mainfränk. Museum Würzburg /
hrsg. vom Mainfränk. Museum Würzburg. Unter Mitverwendung d. Vorarbeiten von Joachim Hotz, bearb.
von Hanswernfried Muth ... – Würzburg : Echter, 1987.
  ISBN 3-429-01037-3

NE: Muth, Hanswernfried [Bearb.]; HST

© 1987 Echter Verlag Würzburg
Gestaltung: Alfons Radaelli und Rudolf Studtrucker
Gesamtherstellung: Echter Würzburg
Fränkische Gesellschaftsdruckerei und Verlag GmbH
ISBN 3-429-01037-3

Inhalt

Vorwort 7

Einleitung
von Hanswernfried Muth

    Zur Geschichte der Sammlung 9

    Der Bestand 12

    Zur Zeichentechnik 13

    Auf den Plänen vorkommende Maßeinheiten 13

Katalog

    Vorbemerkung 15

    Die Plansammlung 17

    Das »Skizzenbuch« 93

Literaturverzeichnis 113

Register der Personen 120

Register der Orte 122

Ikonographisches Register 124

Nachweis der Bildvorlagen 126

Abbildungen 127

Vorwort

Im Jahre 1911 erwarb die Stadt Würzburg nach langen Verhandlungen die sogenannte »Sammlung Eckert«. Die Neuerwerbung wurde – nur en bloc im Zugangsverzeichnis der städtischen Kunstsammlungen inventarisiert – sofort dem eben im Entstehen begriffenen, 1913 eröffneten »Fränkischen Luitpold-Museum« übergeben, das 1939 in »Mainfränkisches Museum Würzburg« umbenannt wurde.

Die aus dem Nachlaß Balthasar Neumanns und seines Sohnes Franz Ignaz Michael von Neumann stammende Sammlung bestand aus zwei Teilen: einem umfangreichen Konvolut von insgesamt 424 Bauplänen sowie dem »Skizzenbuch Eckert«; dieses enthielt 134 Blätter, neben einigen Architekturzeichnungen vorwiegend Entwürfe für Kirchenausstattungen, für Grabmäler und einige Gemäldeskizzen. Die kunstwissenschaftliche Forschung erkannte bald den hohen Wert dieses Bestandes, der den bedeutendsten Plansammlungen zur Geschichte der europäischen Barockkunst zugerechnet werden darf.

Bei der Zerstörung Würzburgs und des ehemaligen Museumsgebäudes durch den Luftangriff am 16. März 1945 erlitt auch dieser Bestand wie alle Abteilungen des Mainfränkischen Museums beträchtliche Verluste. Um so dringender wurde in der Folge der Wunsch, die erhaltenen Pläne in großformatigen Abbildungen zu publizieren, zumal diese aus konservatorischen Gründen der Forschung nur beschränkt zugänglich gemacht werden können und einem breiteren Publikum ganz verschlossen bleiben müssen. Darüber hinaus wurde schon bald nach Ende des Zweiten Weltkrieges eine weitgehende fotografische Rekonstruktion des verbrannten, größeren Teils der Gesamtsammlung angestrebt.

Die 300. Wiederkehr des Geburtstages Balthasar Neumanns im Jahre 1987 gab schließlich Anlaß, beide Vorhaben zu verwirklichen und der für die Barockforschung unersetzlichen Sammlung Eckert eine ihrer Bedeutung entsprechende, würdige Publikation zu widmen. Diese umfaßt zum einen die – mit wenigen Ausnahmen – originalgroßen Wiedergaben der 172 geretteten Baupläne, ferner die Abbildungen aller 1945 verbrannten Blätter der Sammlung Eckert, soweit diese in Fotoaufnahmen überliefert sind (134 der 252 vernichteten Baupläne sowie 126 der 134 verbrannten Entwürfe des »Skizzenbuchs«).

Der dokumentarischen Bildwiedergabe ist in der nun vorliegenden Veröffentlichung Vorrang gegeben; der beschreibende Katalog ist mit Absicht knapp gehalten. Er gibt die technischen Angaben sowie eine kurze Beschreibung der Pläne und Entwürfe. Diese sind bei verbrannten Blättern, die vor 1945 weder fotografiert noch publiziert worden waren, der maschinenschriftlichen Liste entnommen, die bereits vor dem Erwerb der Sammlung und ihrer Überführung in das Museum von Georg Eckert angelegt worden war. Auf eine Diskussion strittiger Fragen – Zuschreibungen, Datierungen, Unterscheidung der Bauzeichner u.ä. – oder kontroverser Forschungsergebnisse wurde verzichtet. Die Bearbeiter sahen ihre Aufgabe vielmehr in einem Hauptanliegen aller musealen Arbeit: nicht nur zu sammeln und zu bewahren, sondern die Bestände der Öffentlichkeit zur weiteren Erforschung zu präsentieren.

Die Herausgabe dieses Kataloges bedurfte der Vorarbeiten und Hilfe vieler:

Ohne die Fotobestände des Instituts für Kunstgeschichte der Universität Würzburg und des Mainfränkischen Museums Würzburg wäre die Fotorekonstruktion des verbrannten Teiles der Sammlung Eckert in diesem Umfang unmöglich gewesen. Herr Professor Dr. Max H. von Freeden, von Mai 1945 bis November 1978 Leiter des Mainfränkischen Museums, hatte schon bald nach Kriegsende zahlreiche Forscher, die vor 1939 die Sammlung Eckert eingesehen hatten, um Überlassung der seinerzeit angefertigten Fotografien gebeten. Ebenso hatte sich mit großem Erfolg Herr Universitätsprofessor Dr. Herbert Siebenhüner, von 1954 bis 1973 Vorstand des Instituts für Kunstgeschichte der Universität Würzburg, um weitere alte Aufnahmen bemüht. Beide Herren und die Herausgeber dieses Katalogs fühlen sich allen, die bei dieser Aktion mitgeholfen haben, zu Dank verpflichtet. Herrn Dr. Thomas Korth, dem derzeitigen stellvertretenden Vorstand des Instituts für Kunstgeschichte der Universität Würzburg ist dafür zu danken, daß er die Fotos der Institutssammlung in entgegenkommendster Weise für das Druckvorhaben zur Verfügung stellte. Ergänzende Aufnahmen steuerte Herr Universitätsprofessor Dr. Hans Reuther, Hann. Münden, bei. Die Bearbeitung des Katalogs fußt auf dem von Joachim Hotz(†) verfaßten »Katalog der Sammlung Eckert aus dem Nachlaß Balthasar Neumanns im Mainfränkischen Museum Würzburg«, herausgegeben von der Gesellschaft für Fränkische Geschichte, Würzburg 1965. Dem Verfasser, der mit großem Eifer und Hingabe der Erforschung des fränkischen Barock gedient hatte und viel zu früh verstarb, wissen sich die Bearbeiter der vorliegenden Publikation vielfach verpflichtet. »Ein Tafelband ist vorgesehen«, hatte Joachim Hotz 1965 geschrieben; nach über zwei Jahrzehnten erst ließ sich sein Wunsch, der zum Vermächtnis geworden war, erfüllen.

Die Bearbeiter fanden bereitwillige Hilfe von seiten des Instituts für Kunstgeschichte der Universität Würzburg, der Universitätsbibliothek Würzburg und des Martin von Wagner-Museums der Universität Würzburg.

Die Publikation und vor allem die aufwendigen großformatigen Reproduktionen der erhaltenen Pläne hätten sich ohne die von der Stadt Würzburg zur Verfügung gestellten beträchtlichen finanziellen Mittel nicht realisieren lassen. Meinem Vorschlag entsprechend, verzichtete man auf eine von anderer Seite geplante »große« Ausstellung zum Neumann-Gedenkjahr 1987, unterstützte statt dessen die Herausgabe dieses Werkes, um den Nachlaß des Architekten der Forschung zu erschließen und zugleich für eine ferne Zukunft zu bewahren.

Die Sammlung Eckert ist wohl die erste Plansammlung zur deutschen Barockarchitektur, der eine derart aufwendige Publikation gewidmet ist; der Entschluß des Echter Verlages Würzburg, dieses Werk in sein Verlagsprogramm aufzunehmen, verdient besondere Anerkennung, ebenso die drucktechnische Betreuung durch die Fränkische Gesellschaftsdruckerei in Würzburg.

Alle wissenschaftlichen Mitarbeiter des Mainfränkischen Museums Würzburg haben zu der Erstellung des Kataloges ihren Teil beigetragen, ihnen – vor allem auch den nicht ständig unserem Hause angehörenden Helfern – sei vielmals gedankt.

Balthasar Neumann zählt zu den großen schöpferischen Persönlichkeiten des 18. Jahrhunderts. Die aus seinem Baubüro stammenden Planzeichnungen, Entwürfe und Skizzen stellen daher eine Kostbarkeit unter den Schätzen des Mainfränkischen Museums Würzburg dar. Es ist der Wunsch des Museums, daß durch den vorliegenden Katalog die Sammlung Eckert weiter erschlossen und einem breiten Publikum bekannt wird.

Dr. Hanswernfried Muth
Direktor des
Mainfränkischen Museums Würzburg

Einleitung
Von Hanswernfried Muth

Zur Geschichte der Sammlung

Im Jahre 1911 erwarb die Stadt Würzburg aus dem Besitz der seit Generationen hier ansässigen Familie Eckert einen umfangreichen Bestand an Bauplänen des 18. Jahrhunderts, außerdem einen Klebeband (Format 45 × 30 cm), in dem Ausstattungsentwürfe und Architekturzeichnungen der gleichen Zeit vereinigt waren.
Die Provenienz dieser »Sammlung Eckert« läßt sich eindeutig bestimmen: Am 18. Juni 1804 sowie an den folgenden Tagen wurden im Gasthof »Zum Eichhorn« in Würzburg »Bücher, Kupferstiche und Handzeichnungen aus der Verlassenschaft des fürstl. Würzburg. Herrn Artillerie-Obersten und berühmten Architekten Franz Michael Ignaz von Neumann« (1733–1785) öffentlich versteigert. Der Nachlaß war nach dem Tod des Architekten zunächst in den Besitz seines jüngeren Bruders Dr. Valentin Franz Neumann (1736–1803), Professor an der Universität Würzburg und letzter Dechant des Neumünster-Stiftes in Würzburg gelangt. Ein Großteil des Auktionsangebotes stammte – wie aus dem bereits Anfang April 1804 herausgegebenen Verzeichnis hervorgeht[1] – noch aus dem Besitz Balthasar Neumanns (1687–1753) und war vom Vater auf den Sohn vererbt worden. Der »Vorbericht« des Auktionskatalogs spricht von einem »seltenen Schatz von Kupferstichen und Handzeichnungen oder Rissen aus dem ganzen Umfange der bürgerlichen und Kriegsbaukunst, sowie der zeichnenden und bildenden Künste überhaupt«, der »nebst einer kleinen Büchersammlung aus allen wissenschaftlichen Fächern in lateinischer, französischer, italienischer, englischer, holländischer und teutscher Sprachen« zum Aufruf gelange. Tatsächlich gibt die Aufzählung der Buchtitel und der Grafikkonvolute ein wirklich überwältigendes Bild von der Bibliothek im Hause Neumann, zugleich von den Interessensgebieten und dem Wirken zweier bedeutender Architekten des 18. Jahrhunderts. Neben den Büchern nennt der Versteigerungskatalog kostbare Stichwerke, vor allem aber Hunderte von Zeichnungen, vornehmlich zu Bauten Balthasar Neumanns und seines Sohnes Franz Ignaz Michael.

Wie der Vergleich mit dem Auktionskatalog zeigt, ist die Sammlung Eckert ein Teil dieses Versteigerungsgutes von 1804. Soweit sich die einzelnen Posten auf Grund der summarischen Beschreibungen des Kataloges, trotz eventueller späterer Veränderungen der ursprünglichen Ordnung, etwaiger Minderung in der Zeit zwischen 1804 und 1911 und trotz der Kriegsverluste von 1945, noch identifizieren lassen, enthält die Sammlung Eckert – allerdings meist nicht vollständig – folgende Konvolute des Auktionskatalogs:

»Nr. 598: Bruchsaler Dechaneygebäude im Grund- und Aufrisse, von J. L. Stahl 1768. 6 Blätter Handzeichnung zum Theile schön illuminirt und auf Leinwand aufgezogen.

Nr. 620: v. Erthalischer Hof zu Bamberg im Grund- und Aufrisse. Eine Handzeichnung von Balth. Neumann, 2 große Blätter.

Nr. 654: Kirchen der Abteyen Langheim, Neresheim, Schwarzach und zu den vierzehn Heiligen bei Gößweinstein, in ihrem Grund- und Aufrisse nebst Profil auf 94 großen Blättern von Balthasar Neumann vortrefflich gezeichnet, schwarz getuscht und illuminirt.

Nr. 655: Dergleichen von mehreren Kirchen unbekannter Plätze, besonders aber die Domkirche zu Würzburg, Entwurf zu einer prächtigen Jesuitenkirche daselbst, und die Jesuitenkirche zu Mainz. Alle in ihrem Grund- und Aufrisse nebst Profil auf 74 großen Blättern von Balthasar Neumann vortrefflich gezeichnet, schwarz getuscht und illuminirt.

Nr. 656: Dergleichen von der Dominicanerkirche zu Würzburg, von den Pfarrkirchen zu Burgebrach, Dettelbach, Dietigheim, Euerdorf, Gemeinfeld, Göllersdorf, Grafenrheinfeld, Höpfingen, Merkershausen, Michelau, Neustadt an der Saale, Retzbach, Rödelmeyer, Röthlein, Schnackenwerth, Schonungen, Unterzell, Wiesentheid und von der Spitalkirche zu Vorchheim; dann von dem Schlosse und Garten zu Seehof bey Bamberg, und dann auch von dem Stifte Neumünster nebst dem Regierungsgebäude auf dem Kürschnerhofe zu Würzburg. Alle in ihrem Grund- und Aufrisse nebst Profil auf 100 großen

Blättern von Balthasar Neumann gezeichnet und illuminirt.
Nr. 657: Dergleichen von mehreren Kirchen unbekannter Plätze, in ihrem Grund- und Aufrisse nebst Profil, gezeichnet von Jo. Luc. de Hildebrandt und anderen Architekten. Mehr als 60 große Blätter, meistens auf Leinwand gezogen.
Nr. 659: Der Krahn zu Würzburg im Grund- und Aufrisse, mit allen seinen einzelnen Bestandtheilen, vortrefflich gezeichnet, schwarz getuscht und illuminirt von Franz Michael Ignaz von Neumann (14 große Blätter).
Nr. 700: Residenzschloß in Würzburg in seinen Grund- und Aufrissen gezeichnet und erklärt auf 109 großen Blättern von Balthasar Neumann. Dies sind die ersten Entwürfe dazu gewesen.
Nr. 701: Dasselbe nebst Garten in 33 einzelnen Blättern, Handzeichnungen von Grund- und Aufrissen.
Nr. 702: Dasselbe nebst Garten in Grund- und Aufrissen nebst Profil, getuscht und schön illuminirt von Balthasar Neumann auf 103 großen Blättern, zum Theile auf Leinwand aufgezogen.
Nr. 707: Sammlung von Skizzen und Gedanken zu Altären und Epitaphien, nebst Grund- und Aufrissen der Kirchen zu Kitzingen und Werneck. Lauter Handzeichnungen von Balthasar Neumann, ungefähr 90 Blatt.
Nr. 732: Derselbe (= Garten und Schloß zu Seehof) in einer Handzeichnung, nebst dem Schlosse zu Werneck, dem Kloster Langheim und der Kirche zu Hollfeld (4 Blätter).
Nr. 738: Seesbrücke zu Bamberg in Grund- und Aufrissen von Balthasar Neumann 1752 gezeichnet (5 Blätter).«[2]

Die Zahl der bei den einzelnen Objekten genannten Blätter stimmt nur in wenigen Fällen mit der Anzahl der entsprechenden Pläne in der Sammlung Eckert überein; der Verbleib der Fehlstücke ist unbekannt. Möglicherweise wurden schon bei der Versteigerung 1804 die Konvolute verändert. Auch sind Verluste im Laufe des 19. Jahrhunderts nicht auszuschließen. Nicht anzuzweifeln ist die Identifizierung des Konvolutes Nr. 707 mit dem »Skizzenbuch«.
Die genannten Konvolute aus dem Neumann-Nachlaß wurden 1804 von der Baumeisterfamilie Eckert in Würzburg erworben. Über das Schicksal der Sammlung im 19. Jahrhundert schreibt Georg Eckert (geb. 1879) im Jahr 1917: »Die Pläne waren früher im Besitze unserer Familie; sie wurden damals mehrfach von Interessenten eingesehen und für verschiedene Arbeiten benutzt (so von Dr. Joseph Keller, Dr. Fritz Hirsch und anderen). Nachdem von mir die Ordnung und Katalogisierung derselben vorgenommen war, gingen sie im Jahre 1911 in den Besitz des fränkischen Luitpoldmuseums in Würzburg über. ... Das frühere Schicksal der Pläne ist nicht aufgeklärt; sie wurden von mir in ganz verstaubtem und teilweise beschädigtem Zustande zwischen alten Geschäftsbüchern und Papieren in alten Truhen, die unbeachtet auf dem Heuboden gestanden hatten, entdeckt, großenteils waren sie auf wenig schonende Art in Leinwandumschlägen seitlich zusammengebunden; die einzelnen Bände trugen Bezeichnungen, welche auf eine frühere systematische Ordnung schließen lassen (Eglises A, B, Nr. 3) und möglicherweise auf Neumann selbst zurückgehen.«[4]
Das »Skizzenbuch« erhielt – vermutlich von einem Mitglied der Familie Eckert – die nicht ganz zutreffende Aufschrift: »Architektonische Handzeichnungen der Schloßkirche in Würzburg und der Kirche in Werneck und in Etwashausen usw. von Balthasar Neumann, Sr. Hochfürstl. Gnaden Ingenieur, Architekten und Obristen der Artillerie eines löbl. Fränkischen Kreises«.[5]
Vereinzelt war bereits vor der »Wiederentdeckung« durch Georg Eckert die kunstwissenschaftliche Forschung auf den noch ungehobenen Schatz aufmerksam geworden: Cornelius Gurlitt, der 1889 den ersten Überblick über die Geschichte des Barockstils in Deutschland veröffentlichte, spricht von »Skizzenbüchern Neumanns«;[6] gemeint ist offensichtlich neben dem sogenannten »Skizzenbuch Balthasar Neumanns« in der Universitätsbibliothek Würzburg (Delin. III)[7] das »Skizzenbuch« der Sammlung Eckert. Wie Georg Eckert später berichtet, hatte auch Joseph Keller, der 1896 die erste Biographie über Balthasar Neumann veröffentlichte, die Sammlung Eckert für seine Forschungen auswerten können. Keller selbst gibt als eine seiner Quellen an: »Eine große Privatsammlung Neumann'scher Entwürfe, die mir Herr Baumeister Eckert in Würzburg gütigst zur Verfügung stellte. Im folgenden kurzweg als ›Sammlung Eckert‹ bezeichnet.«[8] Ebenso sind im 7. Band der »Geschichte des Bistums Bamberg« von Johann Looshorn, erschienen 1907, drei Vierzehnheiligen-Pläne aus der Sammlung Eckert abgebildet.[9] In diesen Jahren hatte schließlich auch das königlich bayerische Generalkonservatorium – Vorläufer des Bayerischen Landesamtes für Denkmalpflege – von der Sammlung Eckert Kenntnis erhalten.[10] Und auch Fritz Hirsch hatte bereits vor 1910 die Plansammlung eingesehen.[11]
Nach schwierigen, nahezu aussichtslosen Verhandlungen, die sich über Monate hinzogen, konnte die Stadt Würzburg im Juli 1911 die »Sammlung Eckert« erwerben.[12] Im Januar des Jahres wird der Stadtmagistrat erstmals von dem Angebot unterrichtet. Man versucht zunächst, die »kgl. Zivilliste« für den Ankauf zu interessieren. Im März erstellt der Architekt Friedrich von Thiersch, Professor an der Technischen Hochschule München, ein Gutachten über die Bedeutung der Sammlung. Im Mai will die Stadt »angesichts des geforderten Preises von 30 000 M.– bzw. 25.000 M.– vom Erwerb absehen«. Dieser Beschluß wird im Juni wiederholt. Die Zusage eines »bekannten Kunstfreundes«, 12.000 M.– zum Erwerb beizusteuern, bewirkt schließlich im Juli die positive Entscheidung zum Ankauf. Zusammenfassend berichtet über den Erwerb Magistratsrat Dr. Johannes Lill (1852–1928) im städtischen Inventar: »Im Laufe des Jahres 1911 wurden den städtischen Sammlungen einverleibt eine große Reihe von Kunstgegenständen, deren genauere Inventarisierung nicht sofort nach Erhalt resp. Ankauf bethätigt werden konnte, da die betreffenden Inventar-Verzeichnisse nicht sofort übergeben wurden.
Zunächst betrifft dies die unterm 14/VII. 1911 durch Magistratsbeschluß und späterem Gemeindekollegium-Beschluß um 20tausend Mark erworbene Neumann'sche Pläne-Sammlung von der Firma Eckert dahier. Dieselbe besteht nach Erhalt des Kataloges derselben durch Schreiben vom 30. Januar 1912 seitens des Stadtmagistrats an die Verwaltung der städtischen Sammlungen u. eingehender Durchsicht und Berichtigung aus 424 Nummern des Eckert'schen Kataloges.
Diese 424 Pläne dieser Sammlung wurden unter den fortlaufenden Sammlungs-Inventar-Nummern des Jahres 1911

7290–7713 u. Catalog-Nummern: C1 1001–1424 allgemein inventarisiert. Ein spezieller genauer Catalog dieser Abtheilung ›Neumann's Pläne-Sammlung‹ wurde abschriftlich hektographiert vom Original-Katalog der Firma Eckert, dem Sammlung-Inventarium sowohl als dem Sammlungs-Abtheilungs-Katalog beigelegt, während die Vervollständigung des Sammlungs-Zettelkatalogs durch Zerschneidung eines solchen dritten hektographierten Katalogs und Aufklebung auf die Zettel-Katalog-Formulare vorgenommen werden muß.

Der Ankauf dieser für Würzburg und die städtischen Sammlungen resp. das Luitpold-Museum so wichtigen u. werthvollen Neumann'schen Pläne-Sammlung um den Preis von 20tausend Mark zuschläglich 600 Mark Staats-Geschenksteuer, also im Ganzen 20.600 Mark, wurde durch das kunstsinnige u. heimatsverständige Verhalten der beiden städtischen Collegien nach langen Verhandlungen nur deshalb ermöglicht, weil ein ungenannt sein wollender Mäcen und Gönner des Luitpold-Museums u. der Würzburger Kunst – Herr Commercienrat Neidert[13] – den Betrag von zwölftausend Mark in hochherzigster u. anerkennenswerthester Weise der Stadt zum Ankauf zur Verfügung stellte, sodaß die Stadt Würzburg nur noch 8tausend Mark, zuschläglich der 600 Mark Geschenksteuer 8.600 Mark, aus städtischen Mitteln zu bewilligen hatte. Wenn auch die Ansichten über den Werth dieser Sammlung unter den Würzburger u. auswärtigen – Münchener – Sachverständigen eine sehr verschiedene gewesen, da die einen 10–12tausend Mark für genügend zum Ankaufe hielten, andere den Preis von 20tausend Mark für angemessen erachteten, nachdem die Firma Eckert lange Zeit hindurch auf dem Verkaufspreis von 25tausend Mark beharrte u. behauptete lange Zeit, von auswärts (Oesterreich, Wien) höhere Angebote erhalten zu haben, so wollten die städtischen Collegien die immerhin so werthvolle Sammlung, eine Erinnerung an Würzburgs großen Baukünstler und die Schönborn'sche Kunst-Mäcenzeit, nicht aus Würzburg's Mauern entführen lassen, nachdem oft genug zum Leide der Kunstverständigen späterer Zeit die werthvollsten Sammlungen und Kunstgegenstände aus Würzburg in fremde Museen und Sammlungen gewandert sind.

Als vielleicht sehr kostbarer und werthvoller Bestandtheil dieser Neumann'schen Pläne-Sammlung von nicht bestimmbarem Special-Werthe wird allerseits von Kunst-Sachverständigen das ›Neumann'sche Skizzenbuch‹ erachtet, welches unter Inventar-Nummer 7714 und Catalog-Nummer C1 1955 ebenfalls inventarisiert und eingetragen wurde.

Die Eckert'sche Pläne-Sammlung soll nach Angabe der Familie, besonders des früheren Magistratsrates Holzhändler Franz Eckert, sich lange Zeit auf dem Speicher des Hauses in alten Kisten unbeachtet und unerkannt befunden haben, bis die jüngste Generation, Herr Architekt u. Ingenieur Eckert, den Werth der Pläne-Sammlung erkannte. Jedenfalls stammt dieselbe von den Vorfahren, die schon zur Zeit des Residenzbaues als Zimmermeister an derselben thätig gewesen.

Nach Mitteilung des Herrn Conservators des kgl. Generalconservatoriums, der vor Jahren die Sammlung öfters gesehen und geordnet, hätte man in dieser Zeit 1900–1905 die Sammlung gut u. gewiß zu dem Preis von 10tausend Mark erhalten können. Mit der Zeit kam der Appetit u. die hohe Werthschätzung der Sammlung durch die Angehörigen der Firma Eckert.«[14]

Sogleich nach dem Erwerb wurde die Forschung auf die Sammlung aufmerksam: Nach einer kurzen ersten Mitteilung über den Erwerb[15] gab Fritz Hirsch 1912 eine knapp gefaßte Übersicht zu den Entwürfen des »Skizzenbuchs«.[16] Willy P. Fuchs hat bereits 1914 und nochmals 1917 die in der Sammlung Eckert fast vollständig vorhandenen Pläne zur Abteikirche Neresheim behandelt; Georg Eckert veröffentlichte 1917 die Residenz-Pläne der Sammlung, Carmen Hertz 1918 die Pläne zu Schloß Werneck. Fritz Knapp veranstaltete Juni bis September 1921 die »Balthasar Neumann-Ausstellung« in Würzburg; neben den Modellen der Kirchen von Münsterschwarzach und Vierzehnheiligen und neben Plänen aus verschiedenem Besitz wurde bei dieser Gelegenheit zum erstenmal die Sammlung Eckert einem breiteren Publikum bekannt.[18] 1928 wurde diese Sonderausstellung in kleinerem Umfang anläßlich des Tages für Denkmalpflege und Heimatschutz wiederholt.[19] Das grundlegende Werk über die Würzburger Residenz von Sedlmaier/Pfister (1923) und Walter Bolls bedeutendes Buch über die Schönbornkapelle (1925) basierten ebenso auf dieser reichhaltigen Planüberlieferung wie die Monographien über Vierzehnheiligen von Richard Teufel (1936) oder über Münsterschwarzach von P. Sales Heß (1938). Franz Georg Neumann hatte bereits 1927 auf die Pläne der beiden Architekten Geigel verwiesen, Bruno Grimschitz 1929 auf die Hildebrandt-Entwürfe der Sammlung. Max H. von Freeden publizierte 1937 die wenigen einschlägigen Pläne der Sammlung in seiner Arbeit über »Balthasar Neumann als Stadtbaumeister«. Clemens Schenk wertete 1939 die Sammlung für »Neumanns Kirchenbaukunst« aus und analysierte 1942 die Pläne zur Neumünsterfassade, während Günther Neumann 1942 nochmals die Entwürfe für Neresheim untersuchte.

Leider erlitt der wertvolle, für die Geschichte der Barockkunst einzigartige Bestand während des Zweiten Weltkrieges große Verluste. Das »Skizzenbuch« mit seinen 134 Zeichnungen ist vollständig verbrannt, aus der Plansammlung wurden 252 Blätter, darunter nahezu alle Pläne zur Würzburger Residenz, ein Raub der Flammen.[19] Die 172 geretteten Pläne waren im August 1942 in den Tresor einer Würzburger Bank verbracht worden. Diese Bergungsaktion war jedoch nicht fortgesetzt worden.[20] Das »Skizzenbuch Eckert« sowie die restlichen Planzeichnungen verblieben in einem eingebauten, dreiteiligen Tresorschrank des Museums; ebenso die Fotoaufnahmen (Negative und Abzüge). Obgleich das damalige Geschäftshaus der »Deutschen Bank« beim Luftangriff auf Würzburg am 16. März 1945 zerstört wurde, blieben in dem unbeschädigten Tresorraum die dorthin ausgelagerten Pläne ohne Verluste. Als beim gleichen Luftangriff das Museumsgebäude in der Maxstraße völlig zerstört wurde, gingen die im Hause verbliebenen Teile der Sammlung Eckert in der Gluthitze des Stadtbrandes zugrunde. Am 11. Oktober 1946 konnten die geretteten Pläne aus dem Banktresor in das neue Heim des Mainfränkischen Museums auf der Festung Marienberg in Würzburg gebracht werden.[21]

Die Gedächtnisausstellung »Balthasar Neumann – Leben und Werk«, 1953 in der Würzburger Residenz veranstaltet, hat die Forschung erneut und nachhaltig auf die Bedeutung der Sammlung Eckert verwiesen. Erfolglos war damals der Versuch geblieben, das verlorene »Skizzenbuch« wenigstens als fotografische Rekonstruktion in der Ausstellung zu zeigen.[22] 1965 veröffentlichte Joachim Hotz den beschreibenden »Katalog der Sammlung Eckert im Mainfränkischen Museum Würzburg«.[23] Es war dies seinerzeit das erste gedruckte Verzeichnis einer Plansammlung zur deutschen Barockarchitektur. Diese Tatsache hat die eminente Bedeutung der Sammlung Eckert erneut unterstrichen.

Der Bestand

Die Baurisse und Entwürfe aus dem Baubüro Balthasar Neumanns in der Sammlung Eckert sind zum überwiegenden Teil weder eigenhändige Ideenskizzen des Architekten noch Ausführungspläne für die Handwerker auf der Baustelle. Mit wenigen Ausnahmen sind es auch keine Vorlageblätter, die als sogenannte »Präsentationsrisse« für die Bauherren bestimmt waren, um ihnen die geplanten Projekte anschaulich vorzustellen. Die Sammlung Eckert überliefert uns vielmehr jenes Plan- und Entwurfsmaterial, das in Balthasar Neumanns Baubüro verblieb bzw. an ihn im Zusammenhang mit Bauvorhaben gelangte, an denen er planend, beratend oder begutachtend beteiligt war. Aus verschiedenen Bemerkungen Neumanns in Briefen oder auf den Planzeichnungen selbst wird deutlich, daß kaum ein Plan das Baubüro in Würzburg verließ, ohne daß nicht eine Kopie dort verblieben wäre. So entschuldigt im März 1749 Balthasar Neumann die verspätete Absendung eines Plansatzes an den Abt von Neresheim damit, daß er die »riß eben noch einmahl« kopieren ließ.[24] Mindestens je ein Exemplar der nach Neresheim verschickten Risse verblieb in Würzburg und diente dem Architekten zur weiteren Überarbeitung oder zur Diskussion etwa später auftretender Probleme. Gelegentlich werden solche Plankopien auch vom ausführenden Maurermeister angefertigt und an das Neumann-Büro zurückgereicht, wie dies bei den Plänen zur Kirche in Merkershausen (SE 130+–SE 132+) der Fall ist.

Entsprechend der im Zeitalter des Barock weitverbreiteten kollektivistischen Planungsmethode sind in der Sammlung Eckert auch Risse anderer Architekten vertreten, die von den Bauherren im Entwurfsstadium beigezogen wurden. Da Neumann diese Entwürfe als Anregung oder auch auf Wunsch seiner Auftraggeber in seine Planung aufnahm, gelangten diese fremden Baurisse in den Planbestand seines Büros. Dies gilt nicht nur für die Entwürfe zur Residenz in Würzburg, sondern ebenso vor allem für den Planbestand zur Schönbornkapelle, der Vorschläge des domkapitelschen Baumeisters Georg Bayer, des Stukkateur-Architekten Georg Hennicke, von Maximilian von Welsch, Johann Lucas von Hildebrandt und Balthasar Neumann selbst umfaßt. Hinzu kommen aus dem »Skizzenbuch Eckert« die Ausstattungsentwürfe zum gleichen Projekt von Johann Rudolf Byss und Anton Clemens Lünenschloß, von Claude Curé, Johann Wolfgang von der Auwera und von Germain Boffrand.

Pläne anderer Architekten übernimmt Balthasar Neumann auch dann, wenn er ein bereits begonnenes Bauprojekt weiterführt. Dies gilt besonders für den Planbestand zur Zisterzienserabtei Langheim in Oberfranken (SE 93–SE 108). Als Balthasar Neumann 1743 dort mit der Erweiterung der Konventbauten und mit der Neuplanung einer Kirche befaßt ist, werden ihm die älteren Planungen von Gottfried Heinrich Krohne und Johann Leonhard Dientzenhofer sowie eine Bauaufnahme von 1690 übergeben. Den Riß SE 96, gezeichnet von seinem Vorgänger und Konkurrenten Krohne, hat Balthasar Neumann direkt als Arbeitsgrundlage benutzt, um die Planung nach seinen eigenen Vorstellungen zu ergänzen.

Zur Sammlung Eckert gehören auch perspektivische Darstellungen der Abteikirche Münsterschwarzach, der Heiligkreuzkirche in Kitzingen-Etwashausen, der Schloßkapelle in Werneck und die von Franz Ignaz Michael von Neumann signierte Ansicht der Wallfahrtskirche Maria-Limbach. Diese Blätter waren als Vorlagen für Kupferstiche gedacht. Wir wissen aus mehreren Briefen Neumanns an Fürstbischof Friedrich Carl von Schönborn, wie sehr der Architekt darauf achtete, daß nur qualitätsvolle Darstellungen seiner Bauten im Druck erschienen.[25] Die Vorlagezeichnungen der Sammlung Eckert sind nur teilweise auch tatsächlich in Festschriften oder als Einzelblätter im Druck erschienen.

Von den eher bildmäßigen Stichvorlagen aus Neumanns Baubüro unterscheiden sich die mehr planartigen Risse der Kirchen in Göllersdorf, Stranzendorf und Weierburg sowie des Spitals mit Loretokapelle in Göllersdorf. Diese Blätter waren für die vierte Ergänzungsserie zum Stichwerk der Schönborn-Bauten bestimmt. Friedrich Carl von Schönborn hatte sie von Johann Lucas von Hildebrandt erhalten. Im Dezember 1740 und im März 1741 wurden die Zeichnungen an Balthasar Neumann weitergegeben mit dem Auftrag, sie durch Johann Balthasar Gutwein in Kupfer stechen zu lassen.[26]

Bereits zu Anfang der zwanziger Jahre gibt Balthasar Neumann in einem Gesuch um die Stelle eines Kammerrates zu verstehen, er wolle Interessenten in Zivil- und Fortifikationsarchitektur unterrichten.[27] 1740 bittet der Rat der Stadt Eger, daß der Maurergeselle Karl Faber, Sohn des Egerer Maurermeisters Christoph Faber, »im Reißen und Zeichnen Unterricht bekommen mögte.«[28] Mit dieser Lehrtätigkeit Balthasar Neumanns stehen einige Studienzeichnungen der Sammlung Eckert in Zusammenhang. So handelt es sich bei den Rissen SE 66 und SE 67 zur Abteikirche Münsterschwarzach nicht um Baupläne im strengen Sinn, sondern um Studienzeichnungen, die nochmals Gestaltungsprobleme aufgreifen, die am Bau selbst seit Jahren bereits gelöst sind.[29] Ähnliches gilt von den Grundrissen der Wallfahrtskirche Vierzehnheiligen SE 91 und SE 92+, die Franz Ignaz Michael von Neumann 1753/54 zeichnete. Auch sie müssen als Studienübungen betrachtet werden. Die beiden Risse sind jedenfalls für das Bauwerk irrelevant; sie stimmen in wichtigen Details weder mit der endgültigen Planung noch mit der Ausführung überein, greifen vielmehr auf ältere, durch den Baufortgang längst überholte Entwürfe zurück. SE 91 ist zudem unvollendet liegengeblieben.[30]

Neumanns Sohn Franz Ignaz Michael erwies sich bereits in den letzten Lebensjahren des Vaters als ein hervorragender Zeichner und Konstrukteur. Vor allem seinem Konstruktionsriß zur Einwölbung der Abteikirche in Neresheim (SE 129), gezeichnet 1755, kommt eine überragende Bedeutung in der Architekturgeschichte des 18. Jahrhunderts zu.

Von Franz Ignaz Michael von Neumann selbst stammen mit Sicherheit 24 weitere Pläne der Sammlung Eckert. Außerdem kamen durch ihn die Pläne zur Stiftsdechanei in Bruchsal von Johann Leonhard Stahl (SE 386⁺–SE 389⁺) und die schönen Hofgartenentwürfe von Johann Prokop Mayer (SE 341–SE 345) in die Sammlung, ebenso die Pläne seiner Zeitgenossen und Konkurrenten Johann Michael Fischer, Philipp Geigel und Aloys Heinrich Geigel zur Jesuitenkirche (SE 247⁺–SE 251⁺), zum Alten Kranen (SE 361⁺–SE 363⁺) und zum Domherrnhof Osternach (SE 403⁺–SE 406⁺) in Würzburg.

Auch die Werkzeichnungen des Zimmermeisters Johann Jacob Löffler (SE 415⁺–SE 419⁺) wurden von ihm der Plansammlung beigegeben.

Zur Zeichentechnik

Die Pläne der Sammlung Eckert wurden um 1912 aus konservatorischen Gründen mit wenigen Ausnahmen (SE 320, SE 412–SE 414) auf Karton aufgezogen. Zumeist sind die Pläne auf einheimischem, teils mit Wasserzeichen versehenem, handgeschöpftem weißem, jetzt leicht vergilbtem Papier gezeichnet. Die Art und Technik der Zeichnung entspricht den Gepflogenheiten, die Hans Reuther am Beispiel der Zeichnungen aus dem Nachlaß Balthasar Neumanns in der Kunstbibliothek Berlin aufgezeigt hat.[31] Die Zeichentechnik in Neumanns Büro unterscheidet sich danach nicht von der im deutschsprachigen Raum während des ausgehenden 17. und der ersten Hälfte des 18. Jahrhunderts allgemein gebräuchlichen: Der Entwurf wurde zunächst orthogonal in Graphit mit Reißschiene und Zirkel eingetragen. Auf manchen Rissen sind die Hilfslinien und die Zirkeleinstiche gut zu erkennen. Von solchen Hilfslinien sind dagegen Bleistiftskizzen zu unterscheiden, aus freier Hand und sichtlich spontan gezeichnet, die Verbesserungen, Änderungen oder neue Vorschläge andeuten. Diese Skizzen, die von den Architekten selbst stammen, sind für den Verlauf der Planung von großer Bedeutung. Nicht selten werden diese Korrekturen dann in die ausgearbeiteten Risse übernommen, wie dies vor allem bei den Planfolgen zur Schönbornkapelle, zur Abteikirche Münsterschwarzach, bei den Plänen zum »Käppele« in Würzburg und für die Abteikirche zu Neresheim beobachtet werden kann.

Die Vorzeichnungen wurden in einem weiteren Arbeitsgang mit der Feder in schwarzer Tusche unter Zuhilfenahme von Reißschiene oder Lineal ausgezogen. Aus freier Hand wurden in Tusche meist nur die Kurven der Gewölbe und deren Durchdringungslinien sowie die ornamentale und figürliche Bauplastik gezeichnet. Die Pläne wurden abschließend fast durchweg mit Aquarellfarben grau oder mehrfarbig laviert. Im Bestand der Sammlung Eckert fehlt nur bei unvollendet gebliebenen Rissen diese Kolorierung. Bei der Farbgebung sind offensichtlich gewisse Regeln oder Gewohnheiten befolgt worden: Karminrot werden Mauerschnitte laviert; ein gelblicher Ton wurde für alles Holzwerk – Dachstühle, Fensterrahmen, Portale – verwendet. Grüne Farbe kennzeichnet Kupferdächer, stahlblaue eine Schiefereindeckung. Eine ähnliche, nur geringfügig variierte Farbgebung ist auch auf den Plänen fremder Architekten festzustellen, die zum Bestand des Baubüros hinzukamen.

Vergleichsweise selten sind Pläne und Entwürfe der Sammlung Eckert von Balthasar Neumann oder anderen entwerfenden Künstlern signiert. Dies erklärt sich leicht aus der Herkunft der Plansammlung aus dem Baubüro Neumanns. Die Risse waren Arbeitsunterlagen, die einer Unterzeichnung weniger bedurften als die Präsentationsrisse, die dem Bauherrn zugingen. Auf keinen Fall dürfen eigenhändige Unterschrift, Datierung und Erläuterungen als Indiz dafür gewertet werden, daß die betreffenden Architekten diese Entwurfspläne auch eigenhändig gezeichnet haben. Es handelt sich vielmehr um Approbationsvermerke, angebracht, bevor die Pläne das Büro verließen. Die Planzeichnungen selbst wurden nach Ideenskizzen des führenden Architekten und wohl auch nach mündlichen Anweisungen von Zeichnern des Baubüros ausgeführt, wobei vielfach eine Arbeitsteilung üblich war. Ideenskizzen von Balthasar Neumann sind im Bestand der Sammlung Eckert nicht vorhanden. Solche sind nur in einigen seiner Briefe überliefert. Als eigenhändigen allerersten Vorentwurf möchte man jedoch den mit Bleistift gezeichneten Plan zu einer Neuanlage der Abtei Langheim (SE 102) ansprechen. Die außerordentlich umfangreiche Tätigkeit Balthasar Neumanns erforderte einen großen Stab von Mitarbeitern. Diese Zeichner sind nicht fest angestellt, sondern werden nach Tagschichten bezahlt. Für die Residenz nennen die Baurechnungen von 1722 bis 1741 zwanzig Bauzeichner mit Namen.[32] Man darf annehmen, daß diese Zeichner im wesentlichen mit Neumanns Mitarbeitern insgesamt identisch sind.[33]

Die »Sammlung Eckert« des Mainfränkischen Museums Würzburg ist eine in ihrer Bedeutung kaum zu überschätzende Quelle zum Wirken Balthasar Neumanns. In dem Nebeneinander von Schloß und Kirche, von Großbauten und kleinen Auftragsarbeiten spiegelt sich dessen eigenes umfassendes und reiches Schaffen, aber auch das künstlerische Leben im Würzburg der Schönbornzeit wider. Die weit über Mainfranken hinausreichenden Beziehungen – nach Wien ebenso wie nach Paris – erheben diese Plansammlung zu einem Dokument europäischer Architekturgeschichte.

Auf den Plänen vorkommende Maßeinheiten

1 Würzburger Schuh	= 12 Zoll	= 29,180 cm
1 Nürnberger Schuh	= 12 Zoll	= 27,776 cm
(= Werkschuh, Maurerschuh)		
1 Nürnberger Schuh	= 12 Zoll	= 30,386 cm
(= Stadtfuß, Zimmermannsschuh)		
1 Wiener Schuh	= 10 Zoll	= 31,610 cm
1 Wiener Klafter	= 60 Zoll	= 189,660 cm
1 Pariser Schuh	= 12 Pariser Zoll	= 32,483 cm
(pied du roi)	(pouces)	
1 Pariser toise	= 6 Pariser Schuh	= 194,898 cm
1 Palmo Romano		= 22,3 cm

Anmerkungen

[1] Verzeichnis der Bücher, Kupferstiche und Handzeichnungen aus der Verlassenschaft des fürstl. Herrn Artillerie-Obersten und berühmten Architekten Franz Michael Ignaz von Neumann, welche zu Würzburg im Gasthofe zum Eichhorn den 18ten Junius und folgende Tage 1804, jedes Mahl Nachmittags von 2–6 Uhr öffentlich versteigert werden. Würzburg, gedruckt bey den Gebrüder Stahel (Würzburg, Universitätsbibliothek Rp. XIV 69).

[2] Vgl. Verzeichnis der Bücher ..., a.a.O.

[3] Vgl. die kurze Notiz von Fritz Hirsch über den Erwerb der Sammlung, in: Zeitschrift für Geschichte der Architektur 4, 1910/11, Heft 10, 245. – Die Mitteilungen über die Herkunft der Sammlung gehen wohl auf die Eckert'sche Familientradition zurück.

[4] Eckert, Residenzpläne (1917), 164, Anm. 104.

[5] Hirsch, Skizzenbuch (1912), 23.

[6] Cornelius Gurlitt, Geschichte des Barockstils und des Rococo in Deutschland, Stuttgart 1889, 340.

[7] Vgl. Hotz, Skizzenbuch (1981).

[8] Keller, B. N. (1896), XII.

[9] Looshorn, Bamberg (1907), Taf. bei S. 256.

[10] Vgl. den Bericht im Inventarium der städt. Sammlungen 1882/1915 im Mainfränkischen Museum Würzburg, fol. 119ff.

[11] Hirsch, Skizzenbuch (1912), 22, Anm. 2: »Die Aufzeichnungen über die Eckertsammlung konnten s. Z. nur sehr flüchtig gemacht werden, aus Rücksicht auf den bei der Besichtigung anwesenden Besitzer, dessen Zeit ich nicht zu sehr in Anspruch nehmen wollte. Die jetzt in verschlossenen Kisten in dem noch nicht geöffneten städtischen Museum untergebrachte Sammlung ist vorerst nicht zugänglicher geworden. Immerhin ist es mir dank der energischen Unterstützung des Herrn Lockner in Würzburg möglich geworden, das sog. Skizzenbuch dieser Sammlung, das mir vom früheren Besitzer vorenthalten worden war, vor Abschluß der vorliegenden Arbeit noch kennen zu lernen.«

[12] Vgl. zum Folgenden: Stadtarchiv Würzburg, Ratsprotokoll 1911, I und II.

[13] J. Lill berichtet hier nach dem Protokoll der Magistratssitzung und setzt den, ihm bekannten, Namen des Spenders ein. Gemeint ist Kommerzienrat Oskar Neidert (1856–1928), Kunstsammler und Ausschußmitglied im Fränkischen Kunst- und Altertumsverein; er hat das entstehende Fränkische Luitpold-Museum mehrfach durch Spenden und generöse Geschenke nachhaltig gefördert. Erwähnt seien u.a. folgende Geschenke an das Museum: Johannes Zick, Entwurf zum Treppenhausfresko im Bruchsaler Schloß; Januarius Zick, Selbstbildnis; Enghalskrug, bemalt von Abraham Helmhack. Maßgeblich war er beteiligt am Erwerb des Prunkschreibschrankes von Carl Maximilian Mattern für das Museum durch sieben Würzburger Bürger.

[14] Mainfränkisches Museum Würzburg, Inventarium der städtischen Kunstsammlungen 1882/1915, 119ff.

[15] Vgl. Anm. 3.

[16] Hirsch, Skizzenbuch (1912), 23ff.

[17] Fritz Knapp, Die Balthasar Neumann-Ausstellung, Sonderdruck aus dem Fränkischen Volksblatt, Würzburg 1921.

[18] Knapp, Werke (1929).

[19] Ausstellungskatalog Würzburg (1953), 8. – Hotz, Sammlung Eckert (1965), VIII. – Angaben durch neue Zählung korrigiert.

[20] Bergungsliste in der Registratur des Mainfränkischen Museums Würzburg mit Einzelaufzählung der zunächst in die Dresdner Bank verbrachten Pläne (ab 1944 Deutsche Bank). – Mitteilung von Professor Max H. von Freeden an das Mainfränkische Museum vom 9. 10. 1981. – Mündliche Auskunft von Professor Max H. von Freeden im Januar 1987.

[21] Bergungsliste in der Registratur des Mainfränkischen Museums Würzburg.

[22] Ausstellungskatalog Würzburg (1953), 8.

[23] Hotz, Sammlung Eckert (1965).

[24] Cornelius Will, Briefe und Aktenstücke über die Erbauung der Stiftskirche zu Neresheim durch Balthasar Neumann, in: Archiv des Historischen Vereins von Unterfranken und Aschaffenburg 43, 1901, 13.

[25] Karl Lohmeyer, Die Briefe Balthasar Neumanns an Friedrich Karl von Schönborn, Fürstbischof von Bamberg und Würzburg, und Dokumente aus den ersten Baujahren der Würzburger Residenz, Saarbrücken 1921, 134: Brief B. Neumanns an Friedrich Carl von Schönborn.

[26] Lohmeyer, a.a.O., S. 240: Brief Friedrich Carls an Balthasar Neumann vom 13. 12. 1740; S. 110: Brief B. Neumanns vom 18. 12. 1740; S. 240: Brief Friedrich Carls an Neumann vom 7. 3. 1741.

[27] P. Hugo Hantsch/Andreas Scherf/Max H. von Freeden, Quellen zur Geschichte des Barocks in Franken unter dem Einfluß des Hauses Schönborn, I. Teil 1693–1729 (Veröffentlichungen der Gesellschaft für Fränkische Geschichte, VIII. Reihe: Quellen zur Fränkischen Kunstgeschichte), Würzburg 1955, Nr. 1266.

[28] Karl Siegl, Balthasar Neumann, in: Unser Egerland, 36, 1932, 78.

[29] Schneider, Münsterschwarzach (1984), 47f.

[30] Treeck, F. I. M. Neumann (1973), 19ff.

[31] Reuther, Zeichnungen (1979), 16f.

[32] Sedlmaier/Pfister, Residenz (1923), 171, Anm. 151.

[33] Hotz, Skizzenbuch (1981), 52ff.

Katalog

Vorbemerkung

Bei den Maßen steht immer Höhe vor Breite. Die erhaltenen Pläne wurden neu vermessen. Unterschiede zu anderslautenden älteren Angaben ergeben sich, da die wenigsten Blätter im rechten Winkel zugeschnitten sind.
Das Material der Blätter ist Papier. Nach dem Erwerb der Sammlung durch die Stadt Würzburg im Jahre 1911 wurden die Planzeichnungen mit wenigen Ausnahmen auf Karton aufgezogen. Die Blätter des Skizzenbuchs waren in einem Band von 45 × 30 cm eingebunden. Wenn nicht anders vermerkt, sind die Federzeichnungen in grauer bis schwarzer Tusche ausgeführt.
Beim Erwerb der Sammlung Eckert durch die Stadt Würzburg waren die Plansammlung von Georg Eckert bereits mit arabischen und das Skizzenbuch mit römischen Zahlen durchnumeriert worden. Diese Zählung wurde – auch in der Schreibweise der römischen Zahlen (z.B. »XXXX« statt »XL«) – beibehalten.
Die im Jahre 1945 verbrannten Blätter sind mit einem + gekennzeichnet. Es bedeutet also: SE 145: Blatt 145 der Plansammlung Eckert; SE 371+: Blatt 371 der Plansammlung Eckert, 1945 verbrannt; SE CXV+: Blatt 115 des Skizzenbuchs Eckert, 1945 verbrannt. Die Nummern SE 272 mit SE 274 wurden bei der Auflistung durch Georg Eckert versehentlich doppelt verwendet. Um Irrtümer zu vermeiden, werden diese Pläne nach a- und b-Nummern unterschieden.
Die von Georg Eckert erstellte Liste strebte eine Ordnung des Planmaterials nach Objekten an; diese entspricht nicht immer dem heutigen Forschungsstand. Trotzdem wurde – im Gegensatz zum beschreibenden Katalog von Joachim Hotz (1965) – die ursprüngliche Reihenfolge entsprechend der alten Numerierung beibehalten. Zusammenhänge lassen sich über das »Register der Orte« erschließen.
Beschreibungen und Beschriftungen auf verbrannten Plänen, die weder fotografiert noch publiziert waren, sind der von Georg Eckert erstellten Liste entnommen. Die Originalliste blieb 1911 in Familienbesitz; eine hektografierte Abschrift wurde dem Museum übergeben. Sie diente als Inventar und als Abteilungskatalog der Städtischen Sammlungen. Diese Abschriften sind 1945 verbrannt; eine weitere Abschrift aus dem Nachlaß von Richard Sedlmaier befindet sich im Mainfränkischen Museum. Jenem Verzeichnis entstammen auch alle Nachrichten über Vermerke auf den Rückseiten der Pläne, die heute nicht mehr zu sehen sind, da die Blätter 1911/12 auf Karton aufgezogen wurden.
Die in sich durchnumerierten Großreproduktionen sind teils in einer Rolle, teils in einer Mappe enthalten. Der Vermerk »Tafel...« bzw. »Tafel... (Rolle)« gibt den entsprechenden Hinweis. Die Abbildungen verbrannter Pläne sind in dem vorliegenden Band enthalten. Auf diese verweist der Vermerk »Abb. ...«. Einige Pläne sind nur in Umzeichnungen überliefert. Diese sind innerhalb des Textes als »Fig. ...« wiedergegeben, ebenso einige Detailaufnahmen.
Literatur wird nur zitiert, soweit sie den betreffenden Plan (Entwurf) bespricht oder abbildet. Der Übersichtlichkeit und Raumersparnis wegen wurde auf Literatur, die sich nur auf die ausgeführten Werke bezieht, verzichtet. Titel werden schlagwortartig mit Zufügung des Erscheinungsjahres zitiert, die genauen Titel nennt das Literaturverzeichnis.

Die Plansammlung

Bearbeiter der Katalogtexte:
Hanswernfried Muth:
SE 1 – SE 271+, SE 272a+, SE 273a+, SE 274a+
Elisabeth Sperzel:
SE 272b, SE 273b, SE 274a+, SE 275+–SE 419+

SE 1
Würzburg, Domkirche St. Kilian
Tafel 1

Aufriß und Grundriß der Domfassade; Aufnahme des Baubestandes. Um 1717/18. – Grau lavierte Federzeichnung mit Hilfslinien in Bleistift und Rötel. Erläuterungen (in schwarzer Tinte): Text links: »Nachdeme auf diesen Nochmahl Neu Nachgemessenen und verferdigten auftrag in dem zurück geschickten Nachricht verlangt worden, umb den verlangten Faccat und Thürnn Ris zu haben, ist von Nöthen: 1.) Ein grösseren Masstab von dem Fördern Theil der Kirch zu haben, 2.) Ein Profill wie inwendig das gewölb von der Kirchen hoch ist ob endzwischen Oratoria od. Music-Chor seyn, wegen theilung der Fenstern. 3.) Wie hoch man von der Erden bis an das auswendiger sims hat, und wie hoch das Tach ist, und in Forma darvon ein abris zu schicken. 4.) Ob nit möglich Were, die Spacia zweier Thürnen zu occupiren A und B. umb alles in bessere Proportion zu setzen.« Text rechts: »N$^{ro.}$ 3. Facciata von der Hohen Domb-Stifts Kirchen zu Würtzburg, wie solche von alters her gebauet, und annoch stehet. – Volget bericht und erläuderung. 1.) Zu verlangter Nachricht folgt auf diesen Auftrag gantz unden der Nattürliche Würtzburger masstab, den vordern theil der Kirchen, zeigt der hier beykommete abris, mit grösseren verjüngtem Masstab sub Nro 1. 2.) Volget ein Profill und alle verlangte nachricht sub Nro. 2. 3.) Ingleichen folgt in bemeltem Nro. 2. wie hoch von der Kirchen inwendigen terren bis under das Tachgesimbs, auswendig der Erden oder Gassen vermög derer staflen ist 3½ schuch diefer. 4.) Die Spacia A et B. mit denen 2 thürnen weren zwar zur Newen Faciata zu occupiren, es werden aber dieselbe kaum darzu dienen, dieweil vermög des Grund Ris sub Nro 1 die angebaw sub Lit. C et D verhindern, also das von den Gassen oder Erd nichts anzulegen no[ch] zusehen ist, gleich wie es der Ris Nro. 3. hier sub lit. C. et D. zeiget. NB bey Lit. E ist der Thurn auf allen seiden 2½ Zoll abgesätzt, auswendig. Dan ist die Maur da Noch 3 schu 1 Zoll dick. Lit F. da ist das öbre stockwerck wieder inwendig abgesätzt und ist Noch 2 schu 10 Zoll dick, undere dickung zeigt der Grund Riß.« Mit bezeichnenden Buchstaben und Maßstab in Würzburger Schuh. Ein zweiter Maßstab auf dem unteren Blattrand außerhalb der Umrahmung mit Beischrift: »Das ist der recht Nattürliche Würtzburger Landschuch, wormit dis Werck gemessen worden.« – 62,2 × 37,1 cm.

Der Plan ist der einzige erhaltene Teil einer aus mehreren Blättern bestehenden Bauaufnahme, die wohl Maximilian von Welsch als Unterlage für seine Fassadenplanung (vgl. SE 2–SE 4) diente.

Boll, Schönbornkapelle (1925), 24, Abb. 4. – Engel/Freeden (1952), 63, Abb. S. 31. – Reuther, Domfassade (1954), 19. – Hotz, Sammlung Eckert (1965), 1.

SE 2
Würzburg, Domkirche St. Kilian
Tafel 2

Grundriß der bestehenden Fassade und der Türme mit Grundriß der geplanten Vorhalle, der vorgeblendeten Fassade und des neuen Glockengeschosses am Nordturm. – Projekt zur Umgestaltung der Domfassade; Bearbeitung des Planvorschlages von Maximilian von Welsch, 1718. Grau (Neuplanung) und rosa (Bestand) lavierte Federzeichnung. Maßstab mit Ziffern, ohne Maßeinheit. – 43,0 × 59,7 cm.

Sog. »Würzburger Umarbeitung« von SE 4; vgl. SE 1, 3 und 4.

Zugehöriger Aufriß: Würzburg, Staatsarchiv, Repertorium der Risse und Pläne, Würzburger Serie II/36. Eine weitere unvollendete Variante – vielleicht Studienzeichnung des Johannes Seiz – ebd. Nr. II/37.

Boll, Schönbornkapelle (1925), Abb. 9. – Hotz, Sammlung Eckert (1965), 2.

SE 3
Würzburg, Domkirche St. Kilian
Tafel 3

Grundriß der bestehenden Fassade und der Türme, mit Grundriß der geplanten Vorhalle, der vorgeblendeten Fassade und des neuen Glockengeschosses am Nordturm. Projekt zur Umgestaltung der Domfassade von Maximilian von Welsch, 1717/18. – Dem Aufriß SE 4 verwandt, jedoch nicht völlig übereinstimmend. Grau (Neuplanung) und rosa (Bestand) lavierte Federzeichnung, ohne Maßstab. – 19,3 × 36,9 cm.

Vgl. SE 1, SE 2 und SE 4.

Boll, Schönbornkapelle (1925), 24, Abb. 8. – Reuther, Domfassade (1954), 18 f. – Hotz, Sammlung Eckert (1965), 2. – Hofmann, B. N. (1982), 251. – Arens, M. v. Welsch (1986), 54.

SE 4
Würzburg, Domkirche St. Kilian
Tafel 4

Aufriß der projektierten Fassade mit reichem figürlichen Schmuck, von Maximilian von Welsch, Winter 1717/18. – Grau lavierte Federzeichnung; Maßstab, von Welsch eigenhändig bezeichnet: »Echelle« (links) und »Piés« (rechts); seitlich Maßangaben »42½« und »47«. – 73,1 × 28,4 cm.

Vgl. SE 1–SE 3.

Sedlmaier/Pfister, Residenz (1923), 18, Anm. 223. – Boll, Schönbornkapelle (1925), 24, Abb. 5. – Lohmeyer, Schönbornschlösser (1927), 36, Taf. 7. – Lohmeyer, Baumeister I (1928), Abb. 42. – Lohmeyer, B. N. (1937), Abb. S. 27. – Ausstellungskatalog Würzburg (1953), 76, Nr. D 50. – Reuther, Domfassade (1954), 18 f., Abb. S. 19. – Einsingbach, Welsch (1963), 165, Taf. XIVb. – Meintzschel, Welsch (1963), 33–36, Abb. 10. – Reuther, Franken (1963), 97–99, Abb. 23. – Hotz, Sammlung Eckert (1965), 2. – Hofmann, B. N. (1982), 251. – Arens, M. v. Welsch (1986), 54, Abb. S. 55.

SE 5
Würzburg, Domkirche St. Kilian
Tafel 5

Grundriß der bestehenden Fassade und der Türme sowie der geplanten, vorgelegten Fassade. Projekt zur Fassadenumgestaltung unter Fürstbischof Johann Philipp Franz von Schönborn (1719–1724) von Johann Lucas von Hildebrandt, neuerlich vorgelegt 1731. – Schwarz (Bestand) und rosa (Neuplanung) getuschte Federzeichnung. Beschriftet (mit schwarzer Tusche): »ORTHOGRAPHIA BASILICAE HERBIPOLITANAE./ QUEMADMODUM HAEC FABRICA, INTEGRIS PRIORIBUS MURIS, ET ANGULIS UTRINQUE AMPUTATIS, AMPLIORIBUS MONUMENTIS,/ ATQUE OPERIBUS, IN AUGUSTIOREM FORMAM, DECUSQ. PUBLICUM RESTITUITUR.« Maßstab in Schuh. – 47,5 × 60,9 cm.

Vgl. SE 6–SE 9.

Grimschitz I (1932), 143. – Hotz, Sammlung Eckert (1965), 2.

SE 6
Würzburg, Domkirche St. Kilian
Tafel 6

Grundriß der bestehenden Fassade und der Türme sowie der geplanten, vorgelegten Fassade. – Projekt zur Fassadenumgestaltung unter Fürstbischof Johann Philipp Franz von Schönborn (1719–1724) von Johann Lucas von Hildebrandt. Hellgrau (Bestand) und rosa (Neuplanung) lavierte Federzeichnung. Legende: »ORTHOGRAPHIA BASILICAE HERBIPOLITANAE. QVEM AD MODVM HAEC FABRICA, INTEGRIS PRIORIBUS MURIS, ET ANGULIS UTRINQUE AMPUTATIS, AMPLIORIBUS MONUMENTIS ATQUE OPERIBUS, IN AUGUSTIOREM FORMAM, DECUSQ. PUBLICUM RESTITUITUR.« Maßstab in Schuh, von Hildebrandt bezeichnet. – 38,4 × 60,6 cm.

Von Hildebrandt bezeichnetes Original; wiederholt im späteren Plan SE 5, vgl. auch SE 7–SE 9.

Boll, Schönbornkapelle (1925), 23, Abb. 7. – Grimschitz, Kirchenbauten (1929), 278–280, Abb. 46. – Grimschitz I (1932), 143. – Reuther, Domfassade (1954), 18. – Grimschitz II (1959), 126f., 166f., Abb. 205. – Hotz, Sammlung Eckert (1965), 2.

SE 7+
Würzburg, Domkirche St. Kilian
Abb. 1

Aufriß der projektierten Fassade, zugehörig zu SE 6. – Projekt zur Fassadenumgestaltung unter Fürstbischof Johann Philipp Franz von Schönborn (1719–1724) von Johann Lucas von Hildebrandt, neuerlich vorgelegt 1731. Die Fassade ist in einen perspektivisch wiedergegebenen Platzraum eingestellt; sie zeigt das Wappen des Fürstbischofs Johann Philipp Franz von Schönborn (1719–1724). Das untere Stück des Blattes mit lateinischer Legende später aufgeklebt: »SALOMON, NON REGUM MODO, SED OMNIUM SAPIENTISSIMVS PALATINAE AEDIS SPLENDOREM DECORE DOMUS DEI ANGUSTIOREM REDDIDIT – CELSISSIME CLEMENTISSIMEQ. PRINCEPS! AUSPICATISSIMA PROUIDENTIA TUA, TANTI REGIS AD EXEMPLUM, MAGNIFICENTISSIMO PALATIO SUO NOVAM BASILICAE FACIEM REDDERE, ET SACROSANCTAM ECCLESIAM HERBIPOLITANAM EODEM, QUO STRUCTA EST ANIMO INSTAURARE, ATQUE PRO GLORIA SECULI ATTOLLERE, GRATIAMQ. POSTERITATIS PROMERERI DECREUIT, QUAE RES DUM INDUSTRIAE CURISQ. MEIS MANDATA FUIT. CELSISSIMAE CLEMENTIAE TUAE, NEC NON R.:mis ET ILL.:mis D. D. PRAEPOSITO AC DECANO, CETERISQ. CAPITULARIBUS, HUNC TYPUM, ET UNA ME MEOSQ. PROFUNDISSIMAE DEUOTIONE CONSECRO.« – »CELSITUDINIS TUAE TOTIUSQ, R:mi ET ILL:mi CAPITULI D. IV. NOV. D. CAROLO BOROMEO IN FASTIS SACRO MDCCXXXI. (= 1731) AETERNA DEUOTIONE OBSTRICTISSIMUS SER(V)US J. LUCAS DE HILDEBRANDT. S. C. M. CONS. ET I. ARCHITECTUS.« Lavierte Federzeichnung. Maßstab von Hildebrandt eigenhändig in Schuh bezeichnet. – 118,5 × 60,7 cm.

Von Hildebrandt gezeichnet, die Staffagefiguren später von anderer Hand wohl für eine geplante Stichreproduktion hinzugefügt. – Vgl. SE 5, SE 6, SE 8 und SE 9.

Lohmeyer, Seiz (1914), 8f., Abb. 3. – Boll, Schönbornkapelle (1925), 23, Abb. 3. – Lohmeyer, Baumeister I (1928), Abb. 41. – Grimschitz, Kirchenbauten (1929), 278–280, Abb. 45. – Grimschitz I (1932), 143, Abb. 201. – Reuther, Domfassade (1954), 18f. – Grimschitz II (1959), 126f., 167, Abb. 212. – Passavant, Rezension (1960), 202. – Hotz, Sammlung Eckert (1965), 3. – Reuther, Einwirkungen (1973), 65, Abb. 2. – Hofmann, B. N. (1982), 252. – Schneider, Münsterschwarzach (1984), 45f., 108.

SE 8
Würzburg, Domkirche St. Kilian
Tafel 7

Grundriß der bestehenden Fassade und der Türme sowie der geplanten, vorgelegten Fassade. – Der Plan wiederholt SE 6, jedoch ohne Legende. Projekt zur Fassadenumgestaltung unter Fürstbischof Johann Philipp Franz von Schönborn (1719–1724) von Johann Lucas von Hildebrandt. Grau (Bestand) und rosa (Neuplanung) lavierte Federzeichnung. Maßstab unbeschriftet. – 33,9 × 50,1 cm.

Vgl. SE 5–SE 7⁺ und SE 9.

Grimschitz I (1932), 143. – Hotz, Sammlung Eckert (1965), 3.

SE 9⁺
Würzburg, Domkirche St. Kilian

Aufriß der projektierten Fassade, entsprechend SE 7⁺, jedoch ohne Platzraumperspektive und ohne Legende.

Grimschitz I (1932), 143. – Hotz, Sammlung Eckert (1965), 3.

SE 10⁺
Würzburg, Domkirche St. Kilian
Abb. 2

Aufriß und Grundriß der projektierten Fassade, im durchbrochenen Mittelturm Glockenspiel. – Projekt zur Fassadenumgestaltung unter Fürstbischof Friedrich Carl von Schönborn (1729–1746) von Johann Georg Bernhard Fischer. Kolorierte Federzeichnung, signiert am Sockel rechts unten: »B. Fischer inv. et delineavit«.

Eine unfertige Kopie von SE 10: Bamberg, Staatsbibliothek VIII D (Plansammlung unbestimmter Provenienz) Nr. 55.

Lohmeyer, Seiz (1914), 8f., Abb. 2. – Sedlmaier/Pfister, Residenz (1923), Anm. 284. – Boll, Schönbornkapelle (1925), Abb. 2. – Lohmeyer, Baumeister II (1929), Abb. 124. – Teufel I (1936), 45. – Reuther, Domfassade (1954), 18, 19. – Hotz, Beiträge (1961), 310. – Hotz, Sammlung Eckert (1965), 4. – Reuther, Einwirkungen (1973), 65. – Hotz, Skizzenbuch 1 (1981), 59, Anm. 253. – Schneider, Münsterschwarzach (1984), 46.

SE 11
Würzburg, Domkirche St. Kilian
Tafel 8

Grundriß der Chorpartie, der Vierung, des Querhauses und der acht östlichen Langhausjoche. Südlich des Chores in Bleistift skizzierter Grundriß für einen Anbau (Sakristei?). – Grau getuschte Federzeichnung mit Bleistifteintragungen der späteren oder geplanten Veränderungen (Wegfall der Chortribüne in der Vierung, segmentbogiger Treppenaufgang zum Chorraum, Grundriß des barocken Hochaltars). Maßstab mit Ziffern, ohne Maßeinheit. Ein zweiter unbeschrifteter Maßstab in Bleistift. – Der Plan gibt den Bauzustand vor der Barockisierung von 1700/1703 wieder. Auf der Rückseite beschriftet »Dom et Schottencloster« (jetzt nicht mehr sichtbar, da aufgezogen). – 42,0 × 56,0 cm.

Engel/Freeden (1952), 63, Abb. S. 30. – Hotz, Sammlung Eckert (1965), 4.

SE 12
Würzburg, Domkirche St. Kilian
Tafel 9

Grundriß eines Altares (Hochaltar?): Tabernakel mit acht Säulen und zwei Halbrundnischen auf der Vorder- und Rückseite. Hell- und dunkelgrau getuschte Federzeichnung. Maßstab, darunter Angabe: »Palmi Trenta Romani«. – 37,0 × 43,1 cm.

Hotz, Sammlung Eckert (1965), 4.

SE 13
Würzburg, Domkirche St. Kilian
Tafel 10

Grundriß des Chores und der seitlichen Anbauten (Sakristei und Ornatkammer) sowie eines Teiles des Querhauses. Oben Längsschnitt durch die ursprünglichen Krypten mit der vorgeschlagenen Tieferlegung der Gewölbe. – Plan zum Umbau des Chores und für die Erweiterung der Sakristeien durch Balthasar Neumann, 1749. Kolorierte Federzeichnung (die romanischen Teile grau, die gotischen gelbgrün, die neuen Anbauten rot). Treppen in den Anbauten und neues Chorgestühl sowie drei Säulengrundrisse in Bleistift skizziert. Weitere Bleistiftkorrekturen an der Lisenengliederung der Ornatkammer (rechter Anbau). Rasuren zwischen Nebenapsiden und Osttürmen. Beschriftung von Neumanns Hand: »Grundt Riss zur Erniderigung des Chors in hohen Domb zu Wirtzburg.« Am Längsschnitt: »profill der Erniderigung des Chors in hohen Domb. Daß rothe ist daß neye worunter hernach begräbtnussen könnten gemacht werden.« Bleistiftvermerk im Grundriß des Chors: »Die höhe der fenster biß auf den alten boden im Chor«. Signiert und datiert (r. u.): »Balthasar Neumann Obrister. Wirtzburg d. 20. Januarii 1749.« Maßstab in Schuh, ein weiterer mit Ziffern ohne Maßeinheit. – 58,6 × 44,3 cm.

Freeden I (1937), 102, Abb. 58. – Ausstellungskatalog Würzburg (1953), 50, Nr. B 155. – Hotz, Sammlung Eckert (1965), 4.

SE 14⁺
Würzburg, ehem. Kollegiatstift Neumünster
Abb. 3

Grundriß der Gesamtanlage: Kirche mit den nördlich anstoßenden, geplanten Stiftsgebäuden. – Vorentwurf mit Vorschlägen für den Umbau der romanischen Stiftskirche, um 1710. Kolorierte Federzeichnung. Die einzelnen Räume mit Buchstaben bezeichnet. Maßstab in Fuß. Blatt rechts unten beschädigt. – 68,6 × 61,6 cm.

Eine Fassaden-Variante, datiert 1710: Würzburg, Martin von Wagner-Museum der Universität, Inv. Nr. 5002. – Modell der Kuppel mit Bemalung ebenda 1945 verbrannt.

Schenk, Neumünster (1942), Abb. 4. – Hotz, Sammlung Eckert (1965), 5.

SE 15⁺
Würzburg, ehem. Stiftskirche Neumünster
Abb. 4

Vier Grundriß-Schnitte, Querschnitt und Aufriß der Kuppel. – Kolorierte Federzeichnung; signiert (r. u.): »Jacob Löffler ZimmerMeister 1771.« Maßstab mit Ziffern, ohne Maßeinheit.

Hotz, Sammlung Eckert (1965), 5.

SE 16⁺
Würzburg, ehem. Stiftskirche Neumünster
Abb. 5

Grundriß, zwei Querschnitte und Teilaufriß der Kuppel sowie Aufrisse für zwei Dachgaupen (davon der linke mit Maßangaben). – Kolorierte Federzeichnung von Jacob Löffler, um 1770. Zwei Maßstäbe in Schuh. – 67,4 × 44,2 cm.

Hotz, Sammlung Eckert (1965), 5.

SE 17
Würzburg, ehem. Stiftskirche Neumünster
Tafel 11

Sechs Grundriß-Schnitte, Werksatz für Profile und Verstrebungen, Aufriß und Querschnitt des Turmhelmes. Kolorierte Federzeichnung, signiert (l. u.): »Jacob Löffler ZimmerMeister: den 28ten xemb (=Dezember) 1767.« Zwei Maßstäbe in Schuh. – 78,1 × 48,6 cm.

Hotz, Sammlung Eckert (1965), 5.

SE 18⁺
Würzburg, ehem. Kollegiatstift Neumünster
Abb. 6

Aufriß und Grundriß der Kirchenfassade mit den beiderseits anstoßenden Gebäuden: Nördlich (links) geplanter Neubau der Stiftsgebäude, südlich (rechts) die ehemalige bischöfliche Kanzlei (»Salhof«). – Vorentwurf um 1710. Kolorierte Federzeichnung, bezeichnet r. o.: »V«. Maßstab in Fuß. – 36,9 × 86,3 cm.

Schenk, Neumünster (1942), Abb. 2. – Hotz, Sammlung Eckert (1965), 5.

SE 19
Würzburg, ehem. Kollegiatstift Neumünster
Tafel 12

Aufriß und Teilgrundriß der Stiftskirche sowie der südlich anstoßenden ehem. bischöflichen Kanzlei (»Salhof«) sowie der nach Norden anschließenden alten Stiftsgebäude. Die Kirchenfassade in Einzelheiten von der Ausführung abweichend. – Unvollendete Federzeichnung um 1710. Aufriß in schwarzer, Grundriß in roter Tusche. Hilfslinien, Eingang zur Kiliansgruft und bekrönendes Kreuz mit Johannes-Adler in Bleistift. Ohne Maßstab. – 60,2 × 59,8 cm.

Schenk, Neumünster (1942), Abb. 19. – Hotz, Sammlung Eckert (1965), 5.

SE 20
Würzburg, ehem. Stiftskirche Neumünster
Tafel 13

Seitenaufriß des Kuppelbaues mit Vorhalle und einem Teil des Langhauses; Schnitt durch den südlichen Anbau des Langhauses (Kirchnerhaus?). – Grau lavierte und schwarz getuschte Federzeichnung; auf dem Kuppeldach als Bleistiftskizze Grundriß der Kuppellaterne. Bezeichnet r. u.: »VIII« (vgl. SE 18⁺). Maßstab mit Zahlen; Maßstabbezeichnung fehlt (beschnitten). – 49,9 × 37,0 cm.

Hotz, Sammlung Eckert (1965), 6.

SE 21
Würzburg, Schönbornkapelle
Tafel 14

Fassadenaufriß und Grundriß einer rechteckigen Kapelle mit Kuppeldach. Über dem Eingang Figurennische mit Standbild eines Heiligen. – Erstes Kapellenprojekt, vermutlich von Domkapitelbaumeister Georg Bayer, 1718. Grau lavierte Federzeichnung; am Grundriß einzelne Ziffern in Bleistift (Maßangaben und Größenverhältnisse). Maßstab in Schuh. – 47,7 × 29,6 cm.

Ein weiterer Vorentwurf: Würzburg, Martin von Wagner-Museum der Universität, Inv. Nr. 471.

Boll, Schönbornkapelle (1925), 53–57, 63, Abb. 10. – Pröll, Kirchenbauten (1936), 8, 51 f. – Ausstellungskatalog Würzburg (1953), 37, Nr. B 80. – Kömstedt, Bauten und Baumeister (1963), Abb. 53. – Hotz, Sammlung Eckert (1965), 6. – Passavant, B. N. oder Hildebrandt (1971), 9, Abb. 7 und 8. – Nadler, C. Curé (1974), 290. – Hofmann, B. N. (1982), 253.

SE 22
Würzburg, Schönbornkapelle
Tafel 15

Grundriß einer rechteckigen Kapelle mit zentraler Kreiskuppel; auf die Darstellung der Wandgliederung des Außenbaues ist verzichtet (vgl. SE 23). – Wohl zum 2. Projekt, zugeschrieben dem Stukkateur-Architekten Georg Hennicke, gehörend. Vorgesehen sind zwei Altäre und ein

Grabmal. Am Grabmal Beischrift wohl von der Hand Georg Hennickes: »Tombeau«; ferner Bezeichnung der Schnittlinien »A« und »B«. Grau lavierte Federzeichnung. Maßstab in Schuh. – 25,6 × 38,5 cm.

Vgl. SE 23 und SE 24.

Boll, Schönbornkapelle (1925), 53, 58–64, Abb. 11 unten. – Pröll, Kirchenbauten (1936), 8, 22. – Ausstellungskatalog Würzburg (1953), 37, Nr. B 82. – Hotz, Sammlung Eckert (1965), 6. – Passavant, B. N. oder Hildebrandt (1971), 9, Abb. 9. – Hofmann, B. N. (1982), 252.

SE 23
Würzburg, Schönbornkapelle
Tafel 16

Aufriß der Fassade einer rechteckigen Kapelle mit laternenbekrönter Kuppel. – Aufriß zum 2. Projekt. Grau lavierte Federzeichnung. Maßstab in Schuh. – 52,3 × 36,6 cm.

Vgl. SE 22 und SE 24.

Boll, Schönbornkapelle (1925), 53, 58–64, Abb. 11 oben. – Pröll, Kirchenbauten (1936), 8, 54f. – Ausstellungskatalog Würzburg (1953), 37, Nr. B 81. – Hotz, Sammlung Eckert (1965), 6. – Passavant, B. N. oder Hildebrandt (1971), 9, Abb. 10. – Hofmann, B. N. (1982), 252.

SE 24
Würzburg, Schönbornkapelle
Tafel 17

Quer- und Längsschnitt, bezeichnet »A« und »B« (vgl. SE 22). – Schnitte zum 2. Projekt, von Georg Hennicke, 1718. Schnitt A zeigt an der Wand zum Domquerhaus das Grabmal für Johann Philipp Franz von Schönborn; Schnitt B den Altar an der östlichen Schmalseite. Grau lavierte Federzeichnung. Maßstab in Schuh. – 53,7 × 62,0 cm.

Vgl. SE 22 und SE 23.

Boll, Schönbornkapelle (1925), 53, 58–64, Abb. 12, 13. – Pröll, Kirchenbauten (1936), 8, 56. – Ausstellungskatalog Würzburg (1953), 37, Nr. B 83. – Sedlmaier, Grabmäler (1955), 16, 18, Abb. 23. – Hotz, Sammlung Eckert (1965), 6. – Passavant, B. N. oder Hildebrandt (1971), 9, Abb. 11, 12. – Hofmann, B. N. (1982), 252.

SE 25
Würzburg, Schönbornkapelle
Tafel 18

Fassadenaufriß einer Kapelle mit laternenbekrönter Kuppel. – 3. Projekt, von Maximilian von Welsch, 1721. Fassade mit reichem Figurenschmuck. Beidseits des Portals in Nischen auf halbrund vorspringenden Konsolen die Figuren St. Kilian und St. Bonifatius, über St. Kilian Inschrifttafel: »S. Kiliane ora pro nob:«. Auf dem gebrochenen Portalgiebel »Glaube« und »Hoffnung« sowie eucharistischer Kelch, von Engeln verehrt. Auf der Attika Statuen, links die Heiligen Sebastian, Katharina und Bischof; in der Mitte vier allegorische Figuren, rechts die Heiligen Augustinus, Barbara und Johann Nepomuk. Grau lavierte Federzeichnung; in Sepiatinte (r. u.) signiert: »M von Welsch«. Ohne Maßstab. – 44,6 × 31,6 cm.

Vgl. SE 26.

Sedlmaier/Pfister, Residenz (1923), 18, Anm. 223. – Boll, Schönbornkapelle (1925), 53, 64–70, Abb. 16. – Lohmeyer, Schönbornschlösser (1927), Taf. 8. – Lohmeyer, Baumeister I (1928), Abb. 43 links. – Pröll, Kirchenbauten (1936), 8, 57f. – Ausstellungskatalog Würzburg (1953), 37, Nr. B 84. – Einsingbach, Welsch (1963), Taf. Xa. – Meintzschel, Welsch (1963), Abb. 20 (Ausschnitt). – Hotz, Sammlung Eckert (1965), 6f. – Passavant, B. N. oder Hildebrandt (1971), 9f., Abb. 13. – Nadler, C. Curé (1974), 290. – Hofmann, B. N. (1982), 262f., 287f., Abb. 13. – Schneider, Münsterschwarzach (1984), 100. – Arens, M. v. Welsch (1986), 54, Abb. S. 56.

SE 26
Würzburg, Schönbornkapelle
Tafel 19

Querschnitt durch den kuppelüberhöhten Kapellenraum. – Schnitt zum 3. Projekt (vgl. SE 25). Zwischen den seitlichen Kuppellaternen und der Attika bzw. in den seitlichen Kuppelräumen beidseits auf den (verlorenen) Grundriß bezogene Angabe der Schnittlinien durch die Buchstaben »A – A« und »B – B«. An der Vierung auf Postamenten die Standbilder der Evangelisten Johannes und Markus, darüber Kartuschen mit angedeuteten Inschriften. In den Kuppeln Freskengemälde angedeutet; in der Hauptkuppel »Anbetung des Lammes«. Grau lavierte Federzeichnung; Schnitt des Mauerwerks rot koloriert. Kreuz und Altardetails mit brauner Tinte übergangen. Eigenhändige Maßstab-Beschriftung und Signatur (r. u.) in Sepiatinte: »M de Welsch«. Maßstab in »piés«. – 42,6 × 31,4 cm.

Vgl. SE 25. – Rekonstruktion des zugehörigen verlorenen Grundrisses bei Boll S. 66. – Zugehöriger unvollendeter Querschnitt mit Grabmal-Entwurf vgl. SE CXXIIb+.

Sedlmaier/Pfister, Residenz (1923), 18, Anm. 223. – Boll, Schönbornkapelle (1925), 53, 64–70, Abb. 17. – Grimschitz, Kollektivist. Problem (1925), Abb. 8. – Lohmeyer, Schönbornschlösser (1927), Taf. 8. – Lohmeyer, Baumeister I (1928), Abb. 43 rechts. – Brinckmann, Guarino bis B. N. (1932), Abb. S. 6 links. – Pröll, Kirchenbauten (1936), 8. – Hegemann, Altarbaukunst (1937), 15, Abb. 12. – Ausstellungskatalog Würzburg (1953), 38, Nr. B 85. – Hotz, Sammlung Eckert (1965), 7. – Passavant, B. N. oder Hildebrandt (1971), 9f., Abb. 15. – Hofmann, B. N. (1982), 262f., 287f., Abb. 14. – Arens, M. v. Welsch (1986), 54, Abb. S. 57. – Meulen, Kuppelräume (1986), 177, Anm. 31.

SE 27
Würzburg, Schönbornkapelle
Tafel 20

Grundriß der Kapelle mit zentraler Kuppelrotunde und seitlichen Ovalräumen. – Projekt von Balthasar Neumann um 1722/23. Grau (Mauer), hellrosa (Sockel und Gesims) und gelb (Nischen an den Durchgängen zum Dom) lavierte Federzeichnung. Korrekturen der Pilasteranordnung, Skizze der abgerundeten Ecke (l. u.) und zahlreiche Maßangaben in Bleistift. Bezeichnet (l. o.): »Nro. 1«. Buchstaben einer (verlorenen) Legende »A – J« und »No. 1–3«. – Die Tuschbuchstaben wohl von Neumann, die Maßzahlen in Bleistift und Korrekturen von anderer Hand (Boffrand?). – Drei Maßstäbe: in Schuh, Palmi di Roma und Moduli. – 32,0 × 44,5 cm.

Boll, Schönbornkapelle (1925), 85–87, 90, Abb. 27. – Pröll, Kirchenbauten (1936), 60. – Hegemann, Altarbaukunst (1937), 15. – Neumann, Neresheim II (1947), 10, Abb. 4. – Ausstellungskatalog Würzburg (1953), 38, Nr. B 88. – Hotz, Sammlung Eckert (1965), 7. – Otto, Interiors (1971), Abb. 1. – Passavant, B. N. oder Hildebrandt (1971), 10, Abb. 21. – Rizzi, Kuppelkirchenbauten (1976), 141. – Otto, Space into Light (1979), Abb. 25. – Thies, Grundrißfiguren (1980), 19–23, Abb. 15. – Holst, de Cotte... u. B. N. (1981), Abb. 1. – Manitz, Dientzenhofer (1981), 176, Abb. 11. – Hofmann, B. N. (1982), 291 f., Abb. 15. – Reuther, B. N. (1983), Abb. 179. – Meulen, Kuppelräume (1986), 178. – Schütz, B. N. (1986), 90–94, Abb. S. 91 unten links.

SE 28
Würzburg, Schönbornkapelle
Tafel 21

Aufriß der Hauptfassade. – Im Dreieckgiebel über dem Portal Wappen des Fürstbischofs Johann Philipp Franz von Schönborn, auf dem Giebel Allegorien der Hoffnung und der Caritas; auf der Attika Ziervasen. Projekt Balthasar Neumanns, um 1722/23. Grau lavierte Federzeichnung. Maßstab in Schuh. – 57,3 × 44,5 cm.

Vgl. SE 29. – Zugehörig SE 31.

Boll, Schönbornkapelle (1925), 92, Abb. 31. – Pröll, Kirchenbauten (1936), 61 f. – Hotz, Sammlung Eckert (1965), 7. – Nadler, C. Curé (1974), 290.

SE 29
Würzburg, Schönbornkapelle
Tafel 22

Aufriß der Hauptfassade. – Projekt Balthasar Neumanns um 1722/23. Replik von SE 28. Grau lavierte Federzeichnung. Maßstab in Schuh. – 57,3 × 43,7 cm.

Zugehörig SE 30.

Boll, Schönbornkapelle (1925), 92. – Pröll, Kirchenbauten (1936), 61 f. – Ausstellungskatalog Würzburg (1953), 38, Nr. B 86, Abb. 36. – Reuther, Kirchenbauten (1960), Taf. 19. – Hotz, Sammlung Eckert (1965), 7.

SE 30
Würzburg, Schönbornkapelle
Tafel 23

Aufriß der östlichen Seitenfront. – Projekt Balthasar Neumanns, um 1722/23. Berichtigte Replik von SE 31: Verändert ist durch Rasur und Korrektur der Anschluß an die Domaußenmauer (Einschnitt). – Grau und rosa (Fundamentlinie und Anschluß am Dom) lavierte Federzeichnung. Maßstab mit Ziffern, ohne Maßeinheit. – 57,8 × 35,0 cm.

Zugehörig zu SE 29. Vgl. SE 31.

Pröll, Kirchenbauten (1936), 63. – Ausstellungskatalog Würzburg (1953), 38, Nr. B 87. – Hotz, Sammlung Eckert (1965), 7. – Hofmann, B. N. (1982), 258, Abb. 4.

SE 31
Würzburg, Schönbornkapelle
Tafel 24

Aufriß der östlichen Seitenfront. – Projekt Balthasar Neumanns, um 1722/23. Grau und rosa (Fundamentlinie und Anschluß am Dom) lavierte Federzeichnung. Maßstab in Schuh. – 57,7 × 34,5 cm.

Vgl. SE 30. – Zugehörig zu SE 28.

Boll, Schönbornkapelle (1925), 92, Abb. 33. – Pröll, Kirchenbauten (1936), 63. – Hotz, Sammlung Eckert (1965), 7. – Passavant, B. N. oder Hildebrandt (1971), 8. – Hofmann, B. N. (1982), 258, Abb. 5.

SE 32
Würzburg, Schönbornkapelle
Tafel 25

Von Osten aufgenommener Längsschnitt. – Projekt Balthasar Neumanns, 1722. Grau, rosa (geschnittenes Mauerwerk) und gelb (Dachgebälk) lavierte Federzeichnung. Korrekturen und Ergänzungen in Bleistift: Erhöhung der Laterne, Pilasterordnung links an der Innenwand des Domquerhauses und Fenster – sowie Gliederung der westlichen (rückwärtigen) Wand. Numerierung »3«, »5«, »6«, zahlreiche Maßangaben sowie Vermerke in Bleistift: links neben der Kuppel »20 Schue«; rechts unterhalb der Laterne, innerhalb der Kuppel »A der Bogen«, rechts neben der Laterne, außerhalb »B Waß noch darausß Kombt«, links der Laterne »N: 1«. – 55,0 × 38,0 cm.

Zu SE 33 gehörig.

Boll, Schönbornkapelle (1925), 93, Abb. 32. – Pröll, Kirchenbauten (1936), 64. – Franz, Banz (1947), Fig. 17. – Ausstellungskatalog Würzburg (1953), 38, Nr. B 90, Abb. 37. – Reuther, Kirchenbauten (1960), Taf. 20. – Franz, Böhmen (1962), Taf. 286. – Lehmann, Neumann (1962), Abb. 5. – Freeden III (1963), Abb. S. 19 links. – Hotz, Sammlung Eckert (1965), 8. – Otto, Interiors (1971), 45, Abb. 3. – Passavant, B. N. oder Hildebrandt (1971), 8. – Freeden IV (1981), Abb. S. 21. – Hofmann, B. N. (1982), 282–286, 291 f., Abb. 11. – Reuther, B. N. (1983), Abb. 32. – Hansmann, B. N. (1986), 96, Abb. 27. – Schütz, B. N. (1986), 90–94, Abb. S. 91 oben rechts.

SE 33
Würzburg, Schönbornkapelle
Tafel 26

Aufriß der Hauptfassade. – Projekt Balthasar Neumanns, 1722. Im Attikaschmuck von den übrigen Fassadenrissen und von der Ausführung abweichend: Pyramiden mit Todesengeln, dazwischen Vasen. Grau lavierte Federzeichnung. Maßstab in Schuh. – 54,4 × 41,5 cm.

Boll, Schönbornkapelle (1925), 92f., 95f. – Pröll, Kirchenbauten (1936), 65. – Hotz, Sammlung Eckert (1965), 8. – Nadler, C. Curé (1974), 290f., 344. – Hofmann, B. N. (1982), 282, 286, 288, 291, Abb. 12.

SE 34
Würzburg, Schönbornkapelle
Tafel 27

Aufriß der Hauptfassade als Vorlage zu einem Kupferstich, 1773. – Gegenüber Planung und Ausführung in Details verändert (u. a. Attikafenster, Kuppelfuß). – Grau getuschte Federzeichnung mit goldgelber Kolorierung der Zierrate (Krone, Flammen, Lambrequins, Kreuz). Beschriftung: »Vorterer Auftrage/Der an den Hohen Dom zu Würz-burg neu angebauten Todten Capellen/1773«. Maßstab in Schuh. – 48,3 × 32,9 cm.

Boll, Schönbornkapelle (1925), 95. – Pröll, Kirchenbauten (1936), 66. – Hotz, Sammlung Eckert (1965), 8.

SE 35
Würzburg, Schönbornkapelle
Tafel 28

Aufriß und Grundriß des östlichen, ovalen Seitenraumes der Kapelle mit farbiger Marmorverkleidung der Wand. – Vorschlag von Germain Boffrand, 1723. Grau lavierte und entsprechend der vorgeschlagenen Materialwahl rot marmorierte bzw. braunrot aquarellierte Federzeichnung. Bezeichnet: »Profil des cotez ovales de la chapelle« und »Fig' 1ere«. Beschriftungen von der Hand Germain Boffrands: Links oben: »le fond de la chapelle me paroisant trop nud j'ay marqué sur ce dessein .une imposte et une archivolte a un croisées mais il faut que l'imposte regne tout autour et ne soit point coupée au dessous de la porte d'entrée; le passage qui conduit a la grande église peut etre au dessous de l'imposte.« Am Grundriß je zweimal die Buchstaben »A« und »B«, an der Fensternische »tombeau«. Darunter: »Il me paroist que la pilastre A est mieux placé que s'il étoit accouplé en B comme il est marqué sur le 1er plan, la portée de l'architrave étant trop longue de B a B et le fond en étant trop nud dans une chapelle aussi decorée.« Rechts Farbangaben: »jaspé«, »noir«, »jaspé«, »rance«, »noir«, »jaspé«, »rance«, »noir«, »breche grise ou rance«. Ohne Maßstab. – 34,4 × 22,7 cm.

Vgl. SE 36 und SE 37.

Sedlmaier/Pfister, Residenz (1923), Anm. 230. – Boll, Schönbornkapelle (1925), 90–92, Abb. 29. – Pröll, Kirchenbauten (1936), 67. – Ausstellungskatalog Würzburg (1953), 38, Nr. B 91. – Hotz, Sammlung Eckert (1965), 8.

SE 36
Würzburg, Schönbornkapelle
Tafel 29

Aufriß und Grundriß des östlichen, ovalen Seitenraumes der Kapelle mit farbiger Marmorverkleidung der Wand. – Vorschlag von Germain Boffrand, 1723. Größere Variante zu SE 35, jedoch ohne Beschriftung. Grau lavierte und entsprechend der vorgeschlagenen Materialwahl rot marmorierte bzw. braunrot marmorierte sowie goldgelb (Kapitelle) aquarellierte Federzeichnung. – Maßstab in »pieds et Modules«. Blatt am linken Rand beschädigt. – 55,8 × 32,0 cm.

Vgl. SE 35 und SE 37.

Boll, Schönbornkapelle (1925), 90. – Pröll, Kirchenbauten (1936), 68. – Hotz, Sammlung Eckert (1965), 8.

SE 37
Würzburg, Schönbornkapelle
Tafel 30

Aufriß und Grundriß des östlichen, ovalen Seitenraumes der Kapelle mit farbiger Marmorverkleidung der Wand. – Vorschlag von Germain Boffrand, 1723. Replik von SE 36, mit beigefügten Maßangaben in Bleistift unter dem Aufriß. Grau lavierte und entsprechend der vorgeschlagenen Materialwahl rot marmorierte bzw. braunrot marmorierte sowie goldgelb (Kapitelle) aquarellierte Federzeichnung. – Maßstab in »pi(eds)«. Blatt rechts beschädigt. – 55,7 × 33,5 cm.

Vgl. SE 35.

Boll, Schönbornkapelle (1925), 90. – Pröll, Kirchenbauten (1936), 68. – Hotz, Sammlung Eckert (1965), 9.

SE 38
Würzburg, Schönbornkapelle
Tafel 31

Querschnitt und projizierter Halbgrundriß. Entwurf des Innenraumes mit Marmorauskleidung in zwei halbseitigen Varianten; am Übergang Seitenräume – Rotunde, gekuppelte Pilaster. – Entwurf Balthasar Neumanns, 1721. Grau lavierte, aquarellierte Federzeichnung: Geschnittenes Mauerwerk rosa, Dachgebälk gelb; Marmorverkleidung der Wände, Säulen, Gesimse und Gurtbogen der rechten Variante schwarz, blau geädert; Säulen, Architrav und Gurtbogen der linken Variante rot marmoriert. Gekröntes Monogramm (Johann Philipp Franz von Schönborn) in der rechten Gittertüre als Bleistiftskizze. Maßstab in Schuh. – 52,7 × 40,7 cm.

Vgl. SE 40. – Eine Variante dieses Planes befand sich in den Sammlungen des Historischen Vereins für Unterfranken (XII B 184); verbrannt 1945.

Boll, Schönbornkapelle (1925), 82f., 90, Abb. 25. – Pröll, Kirchenbauten (1936), 69. – Neumann, Neresheim II (1947), 9, Abb. 3. – Ausstellungskatalog Würzburg (1953), 38, Nr. B 89. – Hotz, Sammlung Eckert (1965), 9. – Passa-

vant, B. N. oder Hildebrandt (1971), 8. – Hofmann, Kolloquium (1979), 326 f. – Holst, Wölbformen (1981), 16. – Hofmann, B. N. (1982), 264–276, 280, 282, 285, Abb. 7. – Hansmann, B. N. (1986), 92–94.

SE 39
Würzburg, Schönbornkapelle
Tafel 32

Entwurf des Innenraumes, Querschnitt, Entwurf mit Marmorauskleidung. – Grau lavierte, aquarellierte Federzeichnung: Geschnittenes Mauerwerk rosa, Dachgebälk hellgelb; Marmorverkleidung der Wände und Gesimse schwarz, blau geädert; Säulen, Pilaster, Architrave und Gurtbögen rot marmoriert, Kapitelle und Säulenfüße goldgelb, ebenso die beiden Reliefs über den Durchgängen zum Dom, die ausgeschnitten und aufgeklebt sind. In beiden Durchgängen Bleistiftschrift »E«, neben der Flammenvase rechts und in der Mitte über dem Maßstab ein unleserliches Wort in Bleistift. In der linken Durchgangsnische skizzierte niedrigere Bogen in Bleistift. Maßstab in Schuh. – 53,1 × 37,3 cm.

Pröll, Kirchenbauten (1936), 70. – Katalog »Plan und Bauwerk« (1952), 32, Nr. 120. – Hotz, Sammlung Eckert (1965), 9. – Hofmann, B. N. (1982), 293, Abb. 16.

SE 40
Würzburg, Schönbornkapelle
Tafel 33

Entwurf des Innenraumes, Längsschnitt und halber Grundriß, mit Marmorauskleidung in zwei halbseitigen Varianten: Am Übergang Seitenräume-Rotunde je eine Säule. – Entwurf Balthasar Neumanns, 1721. Grau lavierte und aquarellierte Federzeichnung: Geschnittenes Mauerwerk rosa, Dachgebälk hellgelb; Marmorverkleidung der Säulen, Pilaster und Gesimse schwarz, blau geädert; ebenso die Wände in der rechten Variante. In der linken Variante Wände, Säulenrücklage, Architravband und Gurtbogen in abgestuftem Rot marmoriert. Maßstab in Schuh. – 62,9 × 29,2 cm.

Vgl. SE 38. – Variante dieses Plans: Würzburg, Martin-von-Wagner-Museum der Universität, Inv. Nr. 5003. Ein Duplikat dieses Plans, Würzburg, Sammlungen des Historischen Vereins XII, B. 18, mit Erläuterung Neumanns, 1945 verbrannt.

Boll, Schönbornkapelle (1925), 75–82, 90, Abb. 24. – Pröll, Kirchenbauten (1936), 71. – Neumann, Neresheim II (1947), 7, 9, 18, Abb. 1. – Hotz, Sammlung Eckert (1965), 9. – Passavant, B. N. oder Hildebrandt (1971), 8, Abb. 20. – Hofmann, Kolloquium (1979), 326 f. – Manitz, Dientzenhofer (1981), 176. – Hofmann, B. N. (1982), 263–276, 282, 288, Abb. 6. – Schneider, Münsterschwarzach (1984), 67. – Hansmann, B. N. (1986), 92–94, Farbtaf. 2. – Meulen, Kuppelräume (1986), 177 Anm. 31, 178 Anm. 33.

SE 41
Würzburg, Schönbornkapelle
Tafel 34

Grund- und Aufriß der Mensa eines Seitenaltares in zwei halbseitigen Varianten. Grau lavierte Federzeichnung, gelb und rosa koloriert. Maßstab in Ziffern, ohne Maßeinheit. – 54,8 × 40,9 cm. Das Blatt ist in der Querachse zusammengeklebt.

Vgl. SE 42.

Boll, Schönbornkapelle (1925), 102, 104, Abb. 44. – Pröll, Kirchenbauten (1936), 72. – Hotz, Sammlung Eckert (1965), 9.

SE 42
Würzburg, Schönbornkapelle
Tafel 35

Grundriß (ohne Wandgliederung des Außenbaues) mit Altären und Plattenbelag des Fußbodens. Grau lavierte Federzeichnung, gelb und rosa koloriert. Rechts oben und links unten innerhalb der grauen Flächen unleserliche Bleistiftschrift, von der Lavierung überdeckt. Maßstab mit Ziffern, ohne Maßeinheit. – 47,5 × 61,4 cm.

Vgl. SE 40

Boll, Schönbornkapelle (1925), 109. – Pröll, Kirchenbauten (1936), 73. – Hegemann, Altarbaukunst (1937), 16. – Hotz, Sammlung Eckert (1965), 9.

SE 43 +
Würzburg, Schönbornkapelle

Grundriß in größerem Maßstab.

Boll, Schönbornkapelle (1925), 93 f. – Pröll, Kirchenbauten (1936), 74. – Hotz, Sammlung Eckert (1965), 9.

SE 44 +
Würzburg, Schönbornkapelle
Abb. 7 und Fig. 1

Halber Querschnitt und halber Fassaden-Aufriß, unten angeklebt, beschnittener Grundriß. – Entwurf von Johann Lucas von Hildebrandt, 1721/22. Am Übergang Seitenräume-Rotunde Doppelsäulen, perspektivisch gestaltete Durchgänge zum Dom, Altarentwurf mit Kreuzigung. Grau lavierte Federzeichnung. Maßstab beschriftet: »Die völlige Scala von Dreysig Würzburger Schuch.« – 117,0 × 62,0 cm.

Weitere Entwürfe zur Schönbornkapelle: Würzburg, Staatsarchiv, Repertorium der Risse und Pläne, Würzburger Serie Nr. II/34 (früher Koblenz, Staatsarchiv). – Zum Bodenbelag ferner: Würzburg, Histor. Verein, XII B 188 (verbrannt 1945). – Zur Ausstattung: vgl. SE XXXXII+, SE XXXXV+, SE XXXXVII+, SE XXXXIX+, SE CV+–CXI+, SE CXIII+, SE CXVI+, SE CXVIII+, SE CXXIIb+. – Architektur- und Ausstattungsteile: Würzburg, Universitäts-Bibliothek, Delin. III; Würzburg, Martin von Wagner-Museum der Universität, Inv. Nr. 132 (drei Vorentwürfe zur Pietá auf dem Seitenaltar).

Fig. 1: Detail aus SE 44⁺ nach: Walter Jürgen Hofmann, Balthasar Neumann und die Formierung seiner Architektur, in: Jahrbuch für fränkische Landesforschung 42, 1982, Abb. 10.

Boll, Schönbornkapelle (1925), 87–90, Abb. 28. – Burmeister, Dom und Neumünster (1928), Abb. S. 92. – Brinckmann, Guarino bis B. N. (1932), Abb. S. 6 rechts. – Pröll, Kirchenbauten (1936), 75. – Hegemann, Altarbaukunst (1937), 13, Abb. 8. – Grashoff, Dt. Barockarchitektur (1949), Abb. 5. – Grimschitz II (1959), 105, 166. – Passavant, Rezension (1960), 202. – Kömstedt, Bauten und Baumeister (1963), Abb. 54. – Hotz, Sammlung Eckert (1965), 10. – Otto, Interiors (1971), 45, Abb. 2. – Passavant, B. N. oder Hildebrandt (1971), 8–11, Abb. 5, 6. – Reuther, Einwirkungen (1973), 63 f., Abb. 1. – Nadler, C. Curé (1974), 290 f. – Rizzi, Kuppelkirchenbauten (1976), 141–144, Abb. 72. – Hofmann, Kolloquium (1979), 326 f. – Otto, Space into Light (1979), Abb. 26. – Reuther, Zeichnungen (1979), 32. – Rizzi, Bruck/Leitha (1980), 64 f. – Thies, Grundrißfiguren (1980), 25–28, Abb. 14. – Holst, de Cotte... u. B. N. (1981), Abb. 1. – Holst, Wölbformen (1981), 15 f., Abb. 3. – Manitz, Dientzenhofer (1981), 176, Anm. 3. – Hofmann, B. N. (1982), 273–283, 288–290, Abb. 8, 9, 10. – Schneider, Münsterschwarzach (1984), 100. – Hansmann (1986), 96, Abb. 26. – Schütz, B. N. (1986), 90–94, Abb. S. 91 rechts unten (Detail).

SE 45
Würzburg, Wallfahrtskirche »Käppele«
Taf. 36 (Rolle)

Situationsplan und Geländeschnitte. – Oben: Grundrisse der älteren Kapelle und deren Stützmauern sowie des rechts anschließenden geplanten Kirchenneubaus mit einer Vorhalle; die zugehörigen Stützmauern und Treppenansatz in Bleistift. In den Grundriß des geplanten Baues in Blei skizziert Variante eines Neubaus als Vierkonchenanlage mit kleinerer Zentralkuppel, wohl von Neumann gezeichnet. Weitere Bleistiftvariante, wohl ebenfalls von Neumann, eines Neubaus anstelle der alten Kapelle mit quadratischer Vierung, dreiseitig schließenden Querhausarmen, einjochigem Langhaus, einjochigem Chor und halbrund geschlossenem Altarraum, ebenfalls mit zugehörigen Stützmauern und Treppen. Verschiedene Maßangaben und Hilfslinien in Bleistift. Schnittlinien bezeichnet A – B und C – D. Unten: Zwei Geländeprofile. Profil AB mit Aufriß der alten Kapelle von Norden. Grau lavierte (Altbau) und rot kolorierte (Neubau) Federzeichnung, Hanglinien in Gelb. Maßstab in Schuh, ein zweiter gleicher Maßstab oberhalb der Profile (Bleistift) ohne Bezeichnung. – 66,5 × 50,0 cm.

Pröll, Kirchenbauten (1936), 34, 36, 76 f. – Hegemann, Altarbaukunst (1937), 16. – Ausstellungskatalog Würzburg (1953), 44, Nr. B 118. – Hotz, Sammlung Eckert (1965), 10.

SE 46⁺
Würzburg, Wallfahrtskirche »Käppele«

Grundriß der alten Kapelle nebst neuer Kirche und Kloster.

Pröll, Kirchenbauten (1936), 34 f., 78 f. – Hotz, Sammlung Eckert (1965), 10.

SE 47⁺
Würzburg, Wallfahrtskirche »Käppele«
Abb. 8

Grundriß der alten Kapelle, des Neubaus der Kirche und des Klosters, wie SE 46⁺, in kleinerem Maßstab. Dazu Grundriß des geplanten, geradlinigen Stationsweges am Berg mit sieben Kapellen und einer Zufahrt, sowie Lageplan des alten Treppenweges. Querschnitt durch Kirche und Berg. Kolorierte Federzeichnung. Ohne Maßstab.

Pröll, Kirchenbauten (1936), 34 ff., 80 f. – Schnell, Käppele (1938), Abb. S. 3. – Schmitt, Kirchenfassaden (1945), 116 f. – Hotz, Sammlung Eckert (1965), 10.

SE 48
Würzburg, Wallfahrtskirche »Käppele«
Tafel 37

Grundriß der Kirche. — Weitgehend der Ausführung entsprechend, jedoch mit völlig anderer Kuppellösung. Diese mit acht Fenstern. Schwarz und grau lavierte Federzeichnung; Säulen- und Pilastersockel rosa laviert. Bleistiftkorrekturen, den Kuppeldurchmesser sowie Pilastergliederung und Einwölbung der rechten Abside betreffend. Rasur um den Kanzelpfeiler. Die Schnittlinien mit den Buchstaben A – D markiert; an der Laterne Maßangabe »9 schuhe in ...« in Bleistift. Maßstab in Schuh. Auf der Rückseite Beschriftung (nach Aufziehen der Pläne auf Pappe nicht mehr sichtbar): »Hierüber währe ... ein durchschnid zu machen durch das Creytz, damit man sehen könne, wass dessen in den Riss veränderte Kuppel des Zeichners seine Meinung ist Undt wie er gedenkt solche auszuführen. Wirtzburg d. 8. Maii 1748.« – 74,2 × 54,0 cm.

Hier zugehörig als Variante: Bamberg, Staatsbibliothek, VIII D (Plansammlung unbestimmter Provenienz) Nr. 56.

Pröll, Kirchenbauten (1936), 35, 82 f. – Teufel I (1936), 32. – Ausstellungskatalog Würzburg (1953), 44, Nr. B 117. – Hotz, Beiträge (1961), 317, Abb. S. 319. – Hotz, Sammlung Eckert (1965), 10 f. – Otto, Interiors (1971), 81 f., Abb. 45. – Otto, Space into Light (1979), 94, Abb. 93.

SE 49
Würzburg, Wallfahrtskirche »Käppele«
Tafel 38 (Rolle)

Längsschnitt des Hauptraumes. – In Einzelheiten von der Ausführung abweichend: Fassade mit Figur des Hl. Nikolaus (unten) und Wappen (oben); Fensteranordnung und Gestaltung u. a. Grau lavierte, gelb (Fenster), rot (Mauerschnitt) und grün (Turmhelm und Turmgesimse) kolorierte Federzeichnung. Maßstab in Schuh. – 77,2 × 64,4 cm.

Pröll, Kirchenbauten (1936), 35. – Ausstellungskatalog Würzburg (1953), 44, Nr. B 120, Abb. 45. – Hotz, Sammlung Eckert (1965), 11.

SE 50⁺
Würzburg, Wallfahrtskirche »Käppele«

»Profil zu den Vierseiten ahn die Cuppel anstossent, auf den St. Nikolausberg bey Wirtzburg. B. Neumann Obristl.«

Pröll, Kirchenbauten (1936), 86. – Hotz, Sammlung Eckert (1965), 11.

SE 51
Würzburg, Wallfahrtskirche »Käppele«
Tafel 39

Querschnitt durch den Hauptbau und das anstoßende erste Joch des älteren Kapellenbaues links. – In Details von der Ausführung abweichend: Laterne, Fensteranordnung, Balkone in den Seitenabsiden mit Zugang aus dem Klosterhospiz bzw. vom Dachboden der alten Kapelle. Grau lavierte Federzeichnung, rot (Mauerwerkschnitte), gelb (Dachgebälk und Balkone) koloriert. In Bleistift Maßangaben, ferner rechts am Querschnitt angedeuteter Anschluß des Hospizes, unten in Bleistift skizzierter halber Grundriß der Laterne. Maßstab mit Ziffern, ohne Maßeinheit. – Datiert und signiert (r. u.): »Wirtzburg den 18 Maii 1748. Balthasar Neumann Obrister.« – 44,2 × 56,8 cm.

Kunstdenkmäler Würzburg (1915), Abb. 191. – Pröll, Kirchenbauten (1936), 34 ff., 87 f. – Schenk, Kirchenbaukunst (1939), 35 f., Taf. VIII. – Schmitt, Kirchenfassaden (1945), 116 f. – Ausstellungskatalog Würzburg (1953), 44, Nr. B 121. – Reuther, Gewölbebau (1953), 64. – Hotz, Sammlung Eckert (1965), 11. – Otto, Interiors (1971), 81 f., Abb. 44. – Otto, Space into Light (1979), 94, Abb. 94.

SE 52⁺
Würzburg, Wallfahrtskirche »Käppele«
Abb. 9

Halber Grundriß der Hauptkirche, zwei halbseitige Kuppelschnitte, zwei halbseitige Querschnitte (in der Querachse des Kuppelraums und durch das Langhaus). – Von der Ausführung in der Fensteranordnung abweichend. Kolorierte Federzeichnung; Jahreszahl »1749«. Maßstab in Schuh.

Pröll, Kirchenbauten (1936), 34 ff., 89. – Reuther, Gewölbebau (1953), 64. – Hotz, Sammlung Eckert (1965), 11.

SE 53
Würzburg, Wallfahrtskirche »Käppele«
Tafel 40

Aufriß der Hauptfassade, mit Anschluß der alten Kapelle (links) und des Klosterhospizes (rechts). – Mit der Ausführung in Einzelheiten nicht übereinstimmend: Kleine Fenster beidseits des Portals; Fassadenfigur St. Nikolaus, Uhr und Wappen im Giebelfeld sowie Dächer und Turmhelme. Grau lavierte, gelb (Fenster) und grün (Dächer und Abdeckungen) kolorierte Federzeichnung mit umfangreicher Vorzeichnung in Bleistift. Maßstab in Schuh. – 49,6 × 38,3 cm.

Weitere Entwürfe zum Käppele SE 201[+] und SE 210–214[+].
– Würzburg, Historischer Verein, XII B 186 (verbrannt 1945).

Pröll, Kirchenbauten (1936), 34 ff., 90 f. – Ausstellungskatalog Würzburg (1953), 44, Nr. B 122. – Hotz, Sammlung Eckert (1965), 11.

SE 54
Münsterschwarzach (Kreis Kitzingen), Abteikirche
St. Felicitas
Tafel 41

Grundriß der Kirche. – Projekt von 1727. Schwarz getuschte Federzeichnung. Empore, Innen- und Außensockel rosa laviert. Maßstab mit Ziffern, ohne Maßeinheit. 72,7 × 47,5 cm.

Pröll, Kirchenbauten (1936), 11, 96 f. – Hotz, Sammlung Eckert (1965), 11. – Schneider, Münsterschwarzach (1984), 26, 31, 42, 59, 103, 181, Abb. 47. – Schütz, B. N. (1986), Abb. S. 95.

SE 55
Münsterschwarzach (Kreis Kitzingen), Abteikirche
St. Felicitas
Tafel 42

Grundriß der Kirche. – Projekt von 1727. Wiederholung von SE 54 mit Einzeichnung der Emporenbrüstung im Langhaus mit breiteren Gurtbogen um die Vierung sowie mit Projektion der Pendentifs in den Grundriß. – Schwarz getuschte Federzeichnung. Westempore, Innen- und Außensockel rosa laviert. Maßstab in Schuh. – 60,5 × 78,9 cm.

Pröll, Kirchenbauten (1936), 11, 98. – Heß, Münsterschwarzach (1938), 26, 28 f., 38, Abb. 3. – Neumann, Neresheim II (1947), 12, 14. – Hotz, Sammlung Eckert (1965), 12. – Schneider, Münsterschwarzach (1984), 26, 31, 42, 44, 59, 103, 181, Abb. 48.

SE 56[+]
Münsterschwarzach (Kreis Kitzingen), Abteikirche
St. Felicitas
Abb. 10

Grundriß der Abteikirche in zwei halbseitigen Varianten, daneben Schnitt durch die Vierung. – Die linke Variante mit SE 54 und 55 weitgehend übereinstimmend. Die rechte Variante zeigt eine durch das schmälere Querhaus verkürzte Kirche; im Langhaus einfache statt doppelter Pfeilerstellung. Mit Grundriß des Chorturms. Kolorierte Federzeichnung; Rasur am Chorfenster des Querschnitts. Maßstab in »pieds«. – 76,3 × 57,0 cm.

Pröll, Kirchenbauten (1936), 11, 99 f. – Teufel I (1936), 60, 63. – Heß, Münsterschwarzach (1938), 26–29, 38 f., 62, Abb. 2. – Neumann, Neresheim I (1942), 12. – Schmitt, Kirchenfassaden (1945), 100–102, 118, Abb. 120. – Neumann, Neresheim II (1947), 88. – Reuther, Limbach (1948), 59, 63, Abb. 30. – Teufel II (1957), 61. – Hotz, Sammlung Eckert (1965), 12. – Holst, Wölbformen (1981), 23, 38, 40, Abb. 8. – Schneider, Münsterschwarzach (1984), 26–29, 31, 35, 41 f., 44, 56–59, 69 f., 74, 78 f., 81, 87, 91, 97 f., 103, 113 f., Abb. 6, 7.

SE 57
Münsterschwarzach (Kreis Kitzingen), Abteikirche
St. Felicitas
Tafel 43

Grundriß der Abteikirche in zwei halbseitigen Varianten. – Ausgehend von SE 54, 55 und 56[+], jedoch mit Änderungen von Details: Westempore, Fenstergewände, Anzahl der Altäre, Zugang von der Sakristei zum Chor. Schwarz getuschte Federzeichnung, Innen- und Außensockel sowie Orgelempore der rechten Variante grau, Orgelempore links rot laviert. – Bleistiftskizzen: In der linken Planvariante Teilgrundriß eines vierjochigen Langhauses mit einfacher Pfeilerbildung, Änderung des westlichen Querhausfensters und des Anschlusses an die Kuppel. In der rechten Planvariante nach Rasur Neuplanung der Sakristei. Mit Bleistift signiert (l. u. parallel zur linken Blattkante): »Balth. Neumann«. Ein Maßstab (unten) in Schuh, ein weiterer (links) mit Ziffern, ohne Maßeinheit. – 77,5 × 60,0 cm.

Pröll, Kirchenbauten (1936), 10 f., 101 f. – Hegemann, Altarbaukunst (1937), 32. – Heß, Münsterschwarzach (1938), 26, 28 f., 31, 38, Abb. 5. – Schmitt, Kirchenfassaden (1945), 101 f., 108 f., 118, Abb. 121. – Hotz, Sammlung Eckert (1965), 12. – Hofmann, B. N. (1982), 264. – Schneider, Münsterschwarzach (1984), 26, 31, 35, 42, 59 f., 102, 181, Abb. 8, 49, 50.

SE 58
Münsterschwarzach (Kreis Kitzingen), Abteikirche
St. Felicitas
Tafel 44

Aufriß der doppeltürmigen Westfassade. – Erstes Ausführungsprojekt, um 1727. Grau lavierte Federzeichnung, Dächer und Gesimsabdeckungen blau koloriert. Beidseits Bleistiftskizzen: Rechts an die Fassade anschließend Vorschlag für die Klausurmauer mit Pilastergliederung und Rundbogennische; darüber in Giebelhöhe Skizze der Langhausstrebepfeiler mit Maßangaben. Links: Variante der Okuli unter den Figurennischen der Fassade und Basisprofil des Sockels mit Maßangaben. Maßstab in Ziffern, ohne Maßeinheit. – 60,3 × 73,8 cm.

Knapp, Werke (1929), 52, Abb. 28. – Teufel I (1936), 70. – Pröll, Kirchenbauten (1936), 12, 46, 103 f. – Heß, Münsterschwarzach (1938), 29–31, 51, 53, 64, Abb. 18. – Schmitt, Kirchenfassaden (1945), 103–105, 110 f., Abb. 122. – Teufel II (1957), 63 f. – Reuther, Kirchenbauten (1960), 23. – Hotz, Beiträge (1961), 307, Abb. S. 308. – Hotz, Sammlung Eckert (1965), 12. – Schneider, Münsterschwarzach (1984), 27, 31, 40–42, 45, 60, 94, 100–102, 104–106, 110, Abb. 44, 45, 46.

SE 59
Münsterschwarzach (Kreis Kitzingen), Abteikirche
St. Felicitas
Tafel 45

Aufriß der nördlichen Seitenfront. – Vorprojekt, 1726/27. Mit Dachreiter über der Vierung. Grau lavierte Federzeichnung, Dächer und Gesimsabdeckung blau koloriert. Rechts unten mit Bleistift signiert: »Balth. Neumann«. Maßstab in Ziffern, ohne Maßeinheit. – 59,2 × 78,2 cm.

Pröll, Kirchenbauten (1936), 12, 105f. – Heß, Münsterschwarzach (1938), 30f., 55, Abb. 8. – Reuther, Limbach (1948), 53. – Teufel II (1957), 59. – Hotz, Sammlung Eckert (1965), 12. – Schneider, Münsterschwarzach (1984), 27, 31, 35, 40f., 43f., 57f., 74–77, 89f., 98–100, 106, 109, Abb. 9.

SE 60
Münsterschwarzach (Kreis Kitzingen), Abteikirche
St. Felicitas
Tafel 46 (Rolle)

Aufriß der nördlichen Seitenfront. – Projekt um 1727. Der Plan zeigt drei Vorschläge für die Vierungskuppel: Eine kleine, im Dachwerk versteckte Kuppel mit großer Laterne; nur im Umriß mit Tusche eingetragen ist eine große Tambourkuppel mit Laterne; mit Bleistift skizziert eine leicht gestelzte Halbkugelkuppel mit Laterne. Am Chor Glockenturm. Grau lavierte Federzeichnung, Dächer und Gesimsabdeckungen blau koloriert. Bleistiftkorrekturen und Skizzen: Unter dem dritten Langhausfenster Brüstungsrelief statt Baluster; links der Kuppel Detailskizze. Maßstab mit Ziffern, ohne Maßeinheit. – 58,2 × 77,1 cm.

Pröll, Kirchenbauten (1936), 12, 107. – Teufel I (1936), 60. – Heß, Münsterschwarzach (1938), 29–31, 55, Abb. 13. – Ausstellungskatalog Würzburg (1953), 40, Nr. B 100. – Teufel II (1957), 59. – Hotz, Sammlung Eckert (1965), 12. – Schneider, Münsterschwarzach (1984), 27, 29, 40–44, 60f., 63, 69, 82–84, 91, Abb. 40 und 41.

SE 61
Münsterschwarzach (Kreis Kitzingen), Abteikirche
St. Felicitas
Tafel 47

Längsschnitt mit verschiedenen Vorschlägen. – Projekt vor 1726/27. Der Plan zeigt zwei Chorturmvarianten und drei Varianten für die Vierungskuppel: Eine im Dachwerk versteckte flachere Kuppel; mit Bleistift skizziert über das Dachwerk reichende kleinere Kuppel mit Laterne und Umriß einer großen Tambourkuppel. Über dem Chor Dachreiter (mit Bleistift durchstrichen); am Chor später eingezeichneter Turm. Rechts unten mit Bleistift signiert: »Balth. Neumann«. Grau lavierte Federzeichnung, Dachwerk gelb, Turmdächer blau koloriert. Maßstab mit Ziffern, ohne Maßeinheit. – 59,9 × 77,4 cm.

Pröll, Kirchenbauten (1936), 13, 108f. – Heß, Münsterschwarzach (1938), 30f., 42–45, 47, 63, 70, Abb. 9. – Neumann, Neresheim II (1947), 12, 14f. – Reuther, Limbach (1948), 64. – Katalog »Plan und Bauwerk« (1952), 32, Nr. 121. – Reuther, Kirchenmodelle (1953), 30. – Hotz, Sammlung Eckert (1965), 13. – Holst, Wölbformen (1981), 23, 38, 40, Abb. 9. – Schneider, Münsterschwarzach (1984), 31, 35, 40, 41, 43f., 57–60, 63, 73–78, 81f., 87, 89f., 98–100, 102, 106, 109, 114, 176, 181f., Abb. 10–12.

SE 62
Münsterschwarzach (Kreis Kitzingen), Abteikirche
St. Felicitas
Tafel 48

Längsschnitt mit Chorturm mit im Dachwerk versteckter flacher Kuppel. – Projekt von 1727. Mit Bleistift skizziert eine auf dem Dach sitzende Laterne. Grau lavierte Federzeichnung, Dachgebälk gelb, Turmdächer und Dach des links anstoßenden, geschnittenen Gebäudes blau koloriert. Maßstab mit Ziffern, ohne Maßeinheit. – 57,1 × 76,8 cm.

Pröll, Kirchenbauten (1936), 13, 110. – Heß, Münsterschwarzach (1938), 30f., 42–45, 47, 63, 70, Abb. 12. – Neumann, Neresheim II (1947), 12, 14, 88. – Hotz, Sammlung Eckert (1965), 13. – Schneider, Münsterschwarzach (1984), 40–44, 59f., 63, 69, 81, 91, 102, 176, 181f., Abb. 42, 43.

SE 63⁺
Münsterschwarzach (Kreis Kitzingen), Abteikirche
St. Felicitas
Abb. 11

Querschnitt durch den Chor. Unvollendete Federzeichnung, Dachkonturen in Bleistift. Maßstab mit Ziffern, ohne Maßeinheit. – 65,0 × 41,2 cm.

Pröll, Kirchenbauten (1936), 111. – Heß, Münsterschwarzach (1938), 32. – Hotz, Sammlung Eckert (1965), 13. – Schneider, Münsterschwarzach (1984), 27f., 31, 43f., 61, Abb. 55.

SE 64
Münsterschwarzach (Kreis Kitzingen), Abteikirche
St. Felicitas
Tafel 49

Zwei Grundrisse, links des Erdgeschosses, rechts des Obergeschosses in je zwei halbseitigen Varianten. – Schwarz getuschte Federzeichnung mit Bleistifteintragungen: Im linken Grundriß Durchgänge durch die östlichen Vierungspfeiler sowie Korrektur der Pfeilerstellung der linken Chorwand; im rechten Grundriß (2. Joch) Einzeichnung des Aufrisses (Tonnengewölbe, Strebepfeiler und Dach). Am linken Grundriß die Buchstaben »A« und »B«. Ohne Maßstab. – 41,7 × 42,4 cm.

Hauttmann, Kirchl. Baukunst (1921), Abb. S. 197. – Pröll, Kirchenbauten (1936), 10f., 46, 112f. – Heß, Münsterschwarzach (1938), 26–29, 37–39, 41, 60–62, 65, 70, Abb. 1. – Schenk, Kirchenbaukunst (1939), 40–42, Fig. 22. – Schmitt, Kirchenfassaden (1945), 99–101, 113, 118,

Abb. 120. – Reuther, Limbach (1948), 63 f., 72, Abb. 29. – Ausstellungskatalog Würzburg (1953), 40, Nr. B 98. – Hotz, Sammlung Eckert (1965), 13. – Schneider, Münsterschwarzach (1984), 26 f., 31, 35, 42, 44, 53–60, 62, 64–70, 87, 89, 96–98, 106, 111, 113–115, 181, Abb. 2–5.

SE 65
Münsterschwarzach (Kreis Kitzingen), Abteikirche St. Felicitas
Tafel 50

Grundriß in zwei halbseitigen Varianten. – Schwarz getuschte Federzeichnung, Sakristei und rechte Hälfte der Orgelempore grau laviert, Orgelempore der linken Variante in Bleistift. Anschlußmauern der Klostergebäude an Sakristei und Querhaus in Bleistift. Hilfslinien zum »Reißen« des Planes: Vom linken Rand ausgehende Bleistiftlinie durch Kuppelmitte bis zur Mitte des rechten Querhausabschlusses sowie kurze Bleistiftstriche, die allen Querlinien im Grundriß (Vorsprünge, Pilaster, Mauergrenzen) entsprechen. Maßstab in Schuh. – 55,5 × 40,8 cm.

Pröll, Kirchenbauten (1936), 10 f., 114. – Heß, Münsterschwarzach (1938), 26, 28 f., 31, 38, 42, Abb. 4, 6. – Schmitt, Kirchenfassaden (1945), 101 f., 118, Abb. 121. – Hotz, Sammlung Eckert (1965), 13. – Schneider, Münsterschwarzach (1984), 26, 31, 42, 59, 103, 181, Abb. 51.

SE 66
Münsterschwarzach (Kreis Kitzingen), Abteikirche St. Felicitas
Tafel 51

Aufriß und Grundriß der Westfassade. – Grau lavierte Federzeichnung, Dächer und Gesimsabdeckungen gelb koloriert. Geringfügig veränderte Wiederholung von SE 70⁺. Zu SE 67 gehörig; vermutlich Studienzeichnung aus dem Umkreis Neumanns. Maßstab in »piedes«. – 55,5 × 40,1 cm.

Pröll, Kirchenbauten (1936), 13, 115 f. – Teufel I (1936), 70. – Heß, Münsterschwarzach (1938), 32. – Schmitt, Kirchenfassaden (1945), 102 f., Abb. 123. – Ausstellungskatalog Würzburg (1953), 40, Nr. B 102. – Teufel II (1957), 63 f., 92 f. – Hotz, Sammlung Eckert (1965), 13. – Schneider, Münsterschwarzach (1984), 27, 31, 47 f., 84, 113, Abb. 59.

SE 67
Münsterschwarzach (Kreis Kitzingen), Abteikirche St. Felicitas
Tafel 52

Aufriß der Kirche von Norden. Mit Chorturm und tambourloser Kuppel. Grau lavierte Federzeichnung, Dächer und Gesimsabdeckung gelb laviert. – Zu SE 66 gehörig. Vermutlich Studienzeichnung aus dem Umkreis Neumanns. – Maßstab mit Ziffern, ohne Maßeinheit. – 39,8 × 55,4 cm.

Pröll, Kirchenbauten (1936), 13, 117. – Teufel I (1936), 60. – Heß, Münsterschwarzach (1938), 24 Anm. 4, 32, 50, 55. – Neumann, Neresheim II (1947), 12, 14. – Reuther, Limbach (1948), 54. – Teufel II (1957), 59. – Hotz, Sammlung Eckert (1965), 13. – Schneider, Münsterschwarzach (1984), 27, 31, 47 f., 83 f., 91, 94, 113, Abb. 60.

SE 68
Münsterschwarzach (Kreis Kitzingen), Abteikirche St. Felicitas
Tafel 53

Teilrisse zum Neubau der Abteikirche. – Synoptische Aneinanderreihung der Orthogonalprojektion einer Langhaustravée von innen, im Schnitt und von außen gesehen, Aufriß eines Fassadenfensters, Säulen- und Pilastergrundriß mit Korrekturen. Grau und rot (Mauerschnitt, Pilaster- und Säulengrundriß, Fenstersprossen) lavierte Federzeichnung mit Bleistiftkorrekturen (oberer Laufgang über den Seitenkapellen, Abdeckung der Abseiten) und mit Bleistiftergänzungen (Ergänzung des Fensters rechts zum Fassadenfenster). Maßangaben in Bleistift: »20 sh 6 Zoll« (Arkadenschnitt), »2 Zoll vorliegend« (Hauptgesims), »19 Zoll« und »31 Schuh 20 Zoll« (Pilaster der Außenansicht). Eigenhändige Beschriftung: »Profil oder durchsch[n]it von der neü erbauenden Kirchen in löbl: Closter Münster Schwartzach Sambt der Architectur von Aussen Inwendig und deren Fenstern. Balthasar Neumann Major.«. Ein Maßstab mit Ziffern ohne Maßeinheit, ein weiterer unbeschriftet. – 47,2 × 50,0 cm.

Pröll, Kirchenbauten (1936), 118 f. – Heß, Münsterschwarzach (1938), 29–31, 43 f., 55, 64, Abb. 17. – Ausstellungskatalog Würzburg (1953), 40, Nr. B 99. – Hotz, Sammlung Eckert (1965), 14. – Schneider, Münsterschwarzach (1984), 27, 30 f., 43 f., 60 f., 176, Abb. 52–54.

SE 69
Münsterschwarzach (Kreis Kitzingen), Abteikirche St. Felicitas
Tafel 54

Teilrisse für die Vierungskuppel in zwei Varianten. – Links unten halber Grundriß einer großen Tambourkuppel; links oben zwei halbe Schnitte in der Diagonalen einer kleineren, im Dachwerk versteckten Kuppel mit großer Laterne bzw. der großen Tambourkuppel. Rechts oben Ansicht des Tambours der großen Kuppel, rechts unten Ansicht des Kuppeldachs und der Laterne der großen Kuppel. Getuschte, grau lavierte Federzeichnung; rot laviert (Mauerwerk der Kuppel im Grundriß u. l.), rot punktiert (geschnittenes Mauerwerk bei den Kuppelschnitten o. l. und in der Ansicht), blau (Dachflächen), gelb (Dachschnitte). Bleistiftkorrekturen links des Kuppelschnitts: Geänderter Kuppelkontur, Sternbekrönung des flankierenden Treppenturms. Maßstab mit Ziffern, ohne Maßeinheit. – 62,5 × 80,6 cm.

Knapp, Werke (1929), 49, Abb. 26. – Pröll, Kirchenbauten (1936), 12 f., 120 f. – Teufel I (1936), 60. – Heß, Münster-

schwarzach (1938), 30f., 47, Abb. 14. – Neumann, Neresheim II (1947), 12, 14. – Katalog »Plan und Bauwerk« (1952), 33, Nr. 122. – Ausstellungskatalog Würzburg (1953), 40, Nr. B 101. – Reuther, Kirchenmodelle (1953), 30. – Teufel II (1957), 59. – Hotz, Sammlung Eckert (1965), 14. – Holst, Wölbformen (1981), 23, Abb. 7. – Reuther, B. N. (1983), Abb. 158. – Schneider, Münsterschwarzach (1984), 27, 31, 39f., 63, 79–84, 93, 114, 155, Abb. 35–39.

SE 70+
Münsterschwarzach (Kreis Kitzingen), Abteikirche St. Felicitas
Abb. 12

Aufriß und Mauergrundriß der Westfassade. Lavierte Federzeichnung, kalligraphisch beschriftet: »Prospect der Faciata ahn der Neuen Kierchen In Dem Closter Münster Schwartzach.« Signiert und datiert: »Balthasar Neumann Obristlieutenant Wurtzbourg den 22. Martii 1736«. Sorgfältig gezeichneter Präsentationsplan, Johann Georg Bernhard Fischer zugeschrieben. Vielleicht Vorlage für einen nicht zur Ausführung gelangten Kupferstich. – Maßstab unbeschriftet. – 160,0 × 60,0 cm.

Weitere Entwürfe für Münsterschwarzach: SE 228, SE LXXXXV+, SE LXXXXVI+, SE LXXXXVIII+. – Würzburg, Sammlungen des Historischen Vereins, Nr. 84, 1367, 1835 (verbrannt 1945). – Würzburg, Staatsarchiv, Säkul. 38/1537 (verbrannt 1945). – Entwurf für Orgel und Orgelempore: Karlsruhe, Generallandesarchiv, Großherzogliches Hausfideikommiß, Inv.-Nr. 4/1 schwarz. – Modelle: München, Bayerisches Nationalmuseum, Originalmodell von 1727. – Würzburg, Mainfränkisches Museum, Rekonstruktionsmodell aus dem 19. Jahrhundert (verbrannt 1945).

Knapp, Werke (1929), 52, Abb. 29. – Pröll, Kirchenbauten (1936), 12f., 122f. – Heß, Münsterschwarzach (1938), 18, 24 Anm. 4, 29, 35, 51, 53f., 64, Abb. 19. – Schmitt, Kirchenfassaden (1945), 102f., 105, 111, 114, Abb. 124. – Reuther, Kirchenbauten (1960), 23. – Hotz, Sammlung Eckert (1965), 14. – Schneider, Münsterschwarzach (1984), 26–28, 31f., 34, 41, 44–47, 62, 93f., 101f., 104–106, 110–113, Abb. 58, 159–162.

SE 71
Vierzehnheiligen (Kreis Lichtenfels), Katholische Pfarr- und Wallfahrtskirche Mariä Himmelfahrt
Tafel 55 (Rolle)

Situationsplan, mit Rotstift schraffierter Umriß des Neubaues nach der Ausführungsplanung von 1742 sowie der neuen Propstei gegenüber der Nordfront der Kirche. – Den Kirchenbezirk soll eine im Osten und Westen abgerundete Terrasse umschließen mit Zugang an der Südwestecke der neuen Propstei. In Bleistift skizzierter Grundriß der alten Kirche, deren Kirchenplatz und der alten Propstei und des Jägerhauses. Der Hochaltar der alten Kirche, d. h. zugleich die Gnadenstätte liegt genau unter der Vierung des Neubaues. Geringfügig abweichende Varianten der Terrasse in Bleistift. Mehrere Vermerke von Neumanns Hand: Nahe dem Hauptportal »32 grad« und Richtungspfeil (in Bleistift), östlich der neuen Propstei »hof«, beim Jägerhaus »garten« (in Rotstift); mehrere Maßzahlen im Ostteil der Kirche. Bleistift- und Rotstift-Hilfslinie z. B. Achsenkreuz durch die alte und neue Kirche. Maßstab mit Ziffern, ohne Maßeinheit. In Bleistift seitlich rechts unten beschriftet: »14 Heiligen 289«. Zur 1. Planung von 1742 gehörig. Das Blatt ist die Skizze zur Reinzeichnung von SE 72+ in der ursprünglichen Fassung. – 74,5 × 54,5 cm.

Teufel, Vierzehnheiligen (1922), 59–69. – Pröll, Kirchenbauten (1936), 123. – Teufel I (1936), 14f., 55f., Abb. 26. – Teufel II (1957), 53f., Abb. 26. – Hotz, Sammlung Eckert (1965), 14. – Reuther, Vierzehnheiligen (1974), 7.

SE 72+
Vierzehnheiligen (Kreis Lichtenfels), Katholische Pfarr- und Wallfahrtskirche Mariä Himmelfahrt
Abb. 13

Situationsplan mit alter Kirche sowie erster und zweiter Neubauplanung. Außerdem alte Propstei, Jägerhaus und zwei Vorschläge für die Lage der neuen Propstei (gegenüber der Nordfront der Kirche und nordöstlich des Chores). – Zu SE 78, SE 80 und SE 89 gehörig. Mehrfarbig lavierte Federzeichnung. Der Grundriß der Propstei im Nordosten in zwei Varianten und mit Bleistiftskizze. Skizzierte Wege und Andeutungen des Geländes mit Baumbestand. Kirche und neue Propstei sind durch einen während der Ausführung aufgegebenen Übergang verbunden. Eigenhändig beschriftet, signiert und datiert: »Haubt Plan von der Kirchen zu 14 Hayl. Wirtzburg den 26 Julii 1742 Balthasar Neumann Obrist.«. Die Gebäude von Neumanns Hand bezeichnet, außerdem am Westflügel der Propstei an ausgeführter Stelle eigenhändiger Vermerk: »steinbruch«. Der größere Neubau-Grundriß sowie Propstei-Neubau seitlich des Chores nachträglich in den älteren Plan eingezeichnet. – Zur 1. Planung von 1742 gehörig. – Vgl. SE 71. – 97,8 × 53,5 cm.

Teufel, Vierzehnheiligen (1922), 59–69, Abb. 5. – Knapp, Werke (1929), 51, Abb. 27. – Pröll, Kirchenbauten (1936), 24, 124. – Teufel I (1936), 56–58, 113, 131f., Abb. 27. – Hegemann, Altarbaukunst (1937), 43. – Heß, Münsterschwarzach (1938), 71. – Teufel, Pläne (1941), 178. – Teufel II (1957), 32f., 54, 128, 185f., Abb. 8. – Oswald, Vierzehnheiligen (1961), 212. – Hotz, Sammlung Eckert (1965), 15. – Reuther, Vierzehnheiligen (1974), 7, 9.

SE 73+
Vierzehnheiligen (Kreis Lichtenfels), Katholische Pfarr- und Wallfahrtskirche Mariä Himmelfahrt
Abb. 14 und Fig. 2

Grundriß der Wallfahrtskirche in zwei Varianten. Getuschte Federzeichnung; daneben mit Bleistift gezeichneter Längs- und Querschnitt der Kirche. – An der linken Grundrißhälfte Bleistiftkorrekturen, die insbesonders den Übergang vom Langhaus zur Vierung betreffen. Einige Maßangaben in Bleistift. – Frühestes bekanntes Blatt zur

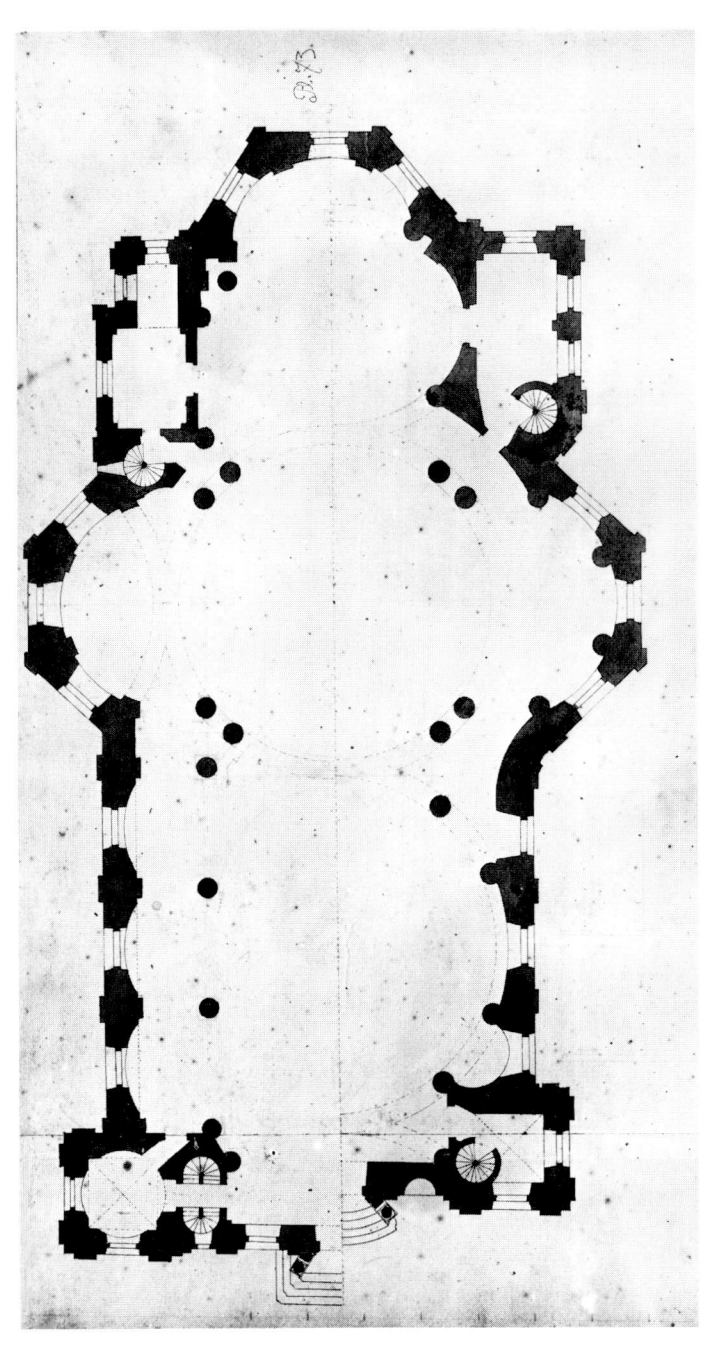

Fig. 2: Detail aus SE 73⁺. Institut für Kunstgeschichte der Universität Würzburg.

Planung von 1742. Die linke Grundrißhälfte ist Grundlage für SE 76–SE 81 und SE 89, SE 90⁺, die rechte Variante für SE 74, SE 75, letztlich auch für die Planung von 1744. Die Schnitte gehören zur linken Hälfte, sind jedoch durch nachträgliches Einzeichnen der Empore im dritten Langhausjoch im Sinne von SE 80 verändert. Maßstab unbeschriftet. – 77,5 × 55,5 cm.

Hauttmann, Kirchl. Baukunst (1921), 208, Abb. S. 206. – Teufel, Vierzehnheiligen (1922), 59–69, Abb. 7. – Pröll, Kirchenbauten (1936), 24, 26, 41, 125–127. – Teufel I (1936), 32, 58–65, 71, 74–76, 78–81, 92, Abb. 29. – Heß, Münsterschwarzach (1938), 46, 67. – Eckstein, Vierzehnheiligen (1939), 44, 56f., Abb. 19. – Schenk, Kirchenbaukunst (1939), 43f., 46, 69, Fig. 25. – Teufel, Pläne (1941), 163–187, Abb. 1–7. – Neumann, Neresheim I (1942), 102f. – Schmitt, Kirchenfassaden (1945), 141f., 145, Abb. 147. – Neumann, Neresheim II (1947), 46–50, 72, Abb. 18. – Teufel, B. N. (1953), 54f., Abb. S. 52. – Möller, Krohne (1956), 242f. – Teufel II (1957), 53, 55, 57, 59, 61–72, 89, 94f., 97, 115–118, 204, Abb. 28. – Oswald, Vierzehnheiligen (1961), 212f. – Lehmann, Neumann (1962), 232, Abb. 12. – Kömstedt, Bauten und Baumeister (1963), 43. – Hotz, Sammlung Eckert (1965), 15. – Otto, Interiors (1971), 172–175. – Otto, Space into Light (1979), 115f. – Holst, Wölbformen (1981), 31f., 34f., 39, Abb. 23.

SE 74
Vierzehnheiligen (Kreis Lichtenfels), Katholische Pfarr- und Wallfahrtskirche Mariä Himmelfahrt
Tafel 56

Grundriß, aus SE 73⁺ rechts entwickelt. – Dunkel- und hellgrau lavierte Federzeichnung. Rasuren und Korrekturen am Übergang vom Langhaus zum Querschiff. Ausradierte Hilfslinien noch schwach erkennbar. Maßstab in Schuh. – Sogenanntes »Privatobjekt« Neumanns, von diesem »selbst und vor sich entworffen«. Zur Planung von 1742 gehörend. – 73,2 × 55,2 cm.

Hauttmann, Kirchl. Baukunst (1921), 208. – Teufel, Vierzehnheiligen (1922), 59–69. – Pröll, Kirchenbauten (1936), 23–25, 42, 128. – Teufel I (1936), 58, 76. – Teufel, Pläne (1941), 171f., 181, Abb. 9. – Neumann, Neresheim I (1942), 102f. – Schmitt, Kirchenfassaden (1945), 142. – Neumann, Neresheim II (1947), 48f., Abb. 19. – Teufel II (1957), 68, 70, 72, 118. – Oswald, Vierzehnheiligen (1961), 213. – Hotz, Sammlung Eckert (1965), 15. – Otto, Interiors (1971), 173–175. – Schütz, B. N. (1986), 144, Abb. S. 144 unten.

SE 75
Vierzehnheiligen (Kreis Lichtenfels), Katholische Pfarr- und Wallfahrtskirche Mariä Himmelfahrt
Tafel 57

Grundriß. – Entwurf der Kirche, zur Planung von 1742 gehörend. Variante zu SE 74 mit einer größeren, längsovalen Kuppel im Langhaus und einer geänderten Vorhalle. Dunkel- und hellgrau lavierte Federzeichnung. Ausradierte Hilfslinien noch schwach erkennbar. Maßstab in Schuh. – 73,0 × 55,0 cm.

Hauttmann, Kirchl. Baukunst (1921), 208. – Teufel, Vierzehnheiligen (1922), 59–69, Abb. 9. – Pröll, Kirchenbauten (1936), 23–25, 42, 129. – Teufel I (1936), 58, 76f., 92, Abb. 41. – Teufel, Pläne (1941), 171f., 174, 178, Abb. 10. – Schmitt, Kirchenfassaden (1945), 142, Abb. 149. – Neumann, Neresheim II (1947), 49, 206–210, 214, Abb. 60. – Ausstellungskatalog Würzburg (1953), 46, Nr. B 134. – Teufel II (1957), 68, 70, 72, 94f., 118, Abb. 39. – Oswald, Vierzehnheiligen (1961), 213. – Kömstedt, Bauten und Baumeister (1963), 43. – Hotz, Sammlung Eckert (1965), 15. – Otto, Interiors, 174f., Abb. 127. – Otto, Space into Light (1979), 116, Abb. 128. – Thies, Grundrißfiguren (1980), 47–49, Abb. 20. – Holst, Wölbformen (1981), 32.

SE 76
Vierzehnheiligen (Kreis Lichtenfels), Katholische Pfarr- und Wallfahrtskirche Mariä Himmelfahrt
Tafel 58

Entwurf, Grundriß in zwei halbseitigen Varianten. – Zur Planung von 1742 gehörend. Die rechte Hälfte entspricht der linken Grundrißhälfte von SE 73+. Die linke Hälfte ist durch Rasuren und Zutaten nachträglich aus der reinen Säulenbasilika (vgl. SE 80) in die ausgeführte Form einer Emporenkirche verändert. Hell- und dunkelgrau lavierte Federzeichnung mit Bleistifteintragungen: Skizzierte Säulen in der Vorhalle, Änderungen am Übergang Langhaus-Vierung bzw. Vierung-Chor sowie am Chorschluß; ferner in Bleistift Hilfslinien. Rasuren am Treppeneinbau in der nordöstlichen Ecke Querhaus-Chor. Signiert (r. u.): »Balth: Neumann Obrist von Wirtzburg«. Mit Bleistift bezeichnet (l. u.): »14 Hayl. Kirchen«. Maßstab in Schuh. – 72,5 × 55,0 cm.

Teufel, Vierzehnheiligen (1922), 59–69. – Pröll, Kirchenbauten (1936), 24, 41. – Teufel I (1936), 58, 78, Abb. 42. – Teufel, Pläne (1941), 172f., 178, Abb. 11. – Neumann, Neresheim I (1942), 102. – Neumann, Neresheim II (1947), 44f., Abb. 17. – Möller, Krohne (1956), 275, Nr. 328. – Teufel II (1957), 55–57, 62f., 68, 118, 200, Abb. 38. – Oswald, Vierzehnheiligen (1961), 212. – Kömstedt, Bauten und Baumeister (1963), 43, Abb. 74. – Hotz, Sammlung Eckert (1965), 15f. – Otto, Interiors (1971), 172f. – Hotz, Zisterzienserklöster (1982), Abb. S. 60.

SE 77
Vierzehnheiligen (Kreis Lichtenfels), Katholische Pfarr- und Wallfahrtskirche Mariä Himmelfahrt
Tafel 59

Grundriß des Erdgeschosses. – Zur Planung von 1742 gehörend. Der Entwurf entspricht der veränderten linken Grundrißhälfte von SE 76. Von Neumann eigenhändig beschriftet (oben Mitte mit Tinte): »Grundtriss von 14 Hayligen«. Unten Grundriß der südlichen Emporen, eigenhändig bezeichnet: »zweiter theil undt grundt riss des gangs darauf«. Am 3. Langhausjoch in Bleistift skizzierte Variante der Empore mit geschwungener Brüstung. Signiert (l. u.): »Balthasar Neumann Obrist v Wirtzburg.«. Grau lavierte Federzeichnung. Maßstab in Schuh. – 57,8 × 76,7 cm.

Teufel, Vierzehnheiligen (1922), 59–69. – Pröll, Kirchenbauten (1936), 24, 41f., 131f. – Teufel I (1936), 15, 58, 66, 68, Abb. 33. – Neumann, Neresheim I (1942), 102. – Schmitt, Kirchenfassaden (1945), 141f., 146, Abb. 148. – Neumann, Neresheim II (1947), 71. – Reuther, Limbach (1948), 69. – Möller, Krohne (1956), 81, 242f., 257, Nr. 327, Abb. 81. – Teufel II (1957), 62f., 76, Abb. 29. – Oswald, Vierzehnheiligen (1961), 212. – Kömstedt, Bauten und Baumeister (1963), 43, 62. – Hotz, Sammlung Eckert (1965), 16. – Otto, Interiors (1971), 173f. – Reuther, Vierzehnheiligen (1974), 7. – Schelter, Vierzehnheiligen (1986), 96, Abb. 6. – Schütz, B. N. (1986), 145, Abb. S. 145 unten.

SE 78
Vierzehnheiligen (Kreis Lichtenfels), Katholische Pfarr- und Wallfahrtskirche Mariä Himmelfahrt
Tafel 60

Grundriß der Kirche und der südlichen Emporen wie SE 77 mit Abweichungen in den beidseitigen Anbauten des Chores. – Zur 1. Planung von 1742 gehörend; zusammengehörig mit SE 72+, SE 80 und SE 89. Grau getuschte Federzeichnung mit Bleistiftkorrekturen bzw. Bleistiftergänzungen: Balustraden in den Seitenschiffen gegen Mittelschiff und Vierung, Kreuze, Kennzeichnung Gnadenstätte in der Vierung, Altäre, Hilfslinien. Beschriftung von Neumanns Hand (r. o.): »Grundt Riss von der Ney zu Erbauenden Kirchen zu Vierzehn Hayligen«, am Emporengrundriß eigenhändige Bemerkung: »Dießer theil zeiget den Obern gang.« Am Grundriß des Erdgeschosses die Buchstaben »C« und »D«, Bezeichnung »Sacristey«. Datiert und signiert (r. u.): »Wirtzburg den 26 Julii 1742 Balthasar Neumann Obrist«. Maßstab in Schuh. – Vgl. SE 89. – 58,7 × 77,3 cm.

Hauttmann, Kirchl. Baukunst (1921), 208, Abb. S. 206. – Teufel, Vierzehnheiligen (1922), 59–69, Abb. 6. – Teufel, Kunstbuch (1923), Taf. 3. – Pröll, Kirchenbauten (1936), 24, 42, 133. – Teufel I (1936), 17, 58, 66, 68, 74, 86. – Heß, Münsterschwarzach (1938), 67. – Eckstein, Vierzehnheiligen (1939), 40, 44, Abb. 20. – Schenk, Kirchenbaukunst (1939), 42. Taf. XII, Fig. 2, 24. – Teufel, Pläne (1941), 172–175, Abb. 12. – Schmitt, Kirchenfassaden (1945), 143, Abb. 150. – Ausstellungskatalog Würzburg (1953), 46, Nr. B 130. – Möller, Krohne (1956), 275, Nr. 329. – Teufel II (1957), 62f., 66, 76, 87, 118. – Oswald, Vierzehnheiligen (1961), 212. – Hotz, Sammlung Eckert (1965), 16. – Otto, Interiors (1971), 173f. – Reuther, Vierzehnheiligen (1974), 7.

SE 79+
Vierzehnheiligen (Kreis Lichtenfels), Katholische Pfarr- und Wallfahrtskirche Mariä Himmelfahrt
Abb. 15

Längsschnitt zur linken Grundrißvariante SE 76 in der ursprünglichen Form d. h. ohne Emporen. – Lavierte Federzeichnung. Signiert (r. u.): »Balt. Neumann Obrist von Wirtzburg.« Maßstab in Schuh. – 55,2 × 70,5 cm.

Zugehörige Fassade (mit geringen Abweichungen): Nürnberg, Germanisches National-Museum, HB 23576c.

Teufel, Vierzehnheiligen (1922), 59–69, Abb. 12. – Pröll, Kirchenbauten (1936), 26, 44, 134f. – Teufel I (1936), 68, 70, 74, 122, Abb. 36. – Knapp, B. N. (1937), Abb. 19 unten. – Teufel, Pläne (1941), 173f. – Neumann, Neresheim I (1941), 102. – Schmitt, Kirchenfassaden (1945), 143, Abb. 152. – Neumann, Neresheim II (1947), 44f., Abb. 16. – Teufel II (1957), 63f., 66, 131, Abb. 32. – Reuther, Kirchenbauten (1960), 30. – Oswald, Vierzehnheiligen (1961), 212f. – Lehmann, Neumann (1962), 221, 232. – Hotz, Sammlung Eckert (1965), 16. – Otto, Interiors (1971), 172f. – Otto, Space into Light (1979), Abb. 126.

SE 80
Vierzehnheiligen (Kreis Lichtenfels), Katholische Pfarr- und Wallfahrtskirche Mariä Himmelfahrt
Tafel 61

Längsschnitt durch die Kirche mit Emporen. – Zur ersten Planung von 1742 gehörend; zusammengehörig mit SE 72⁺, SE 78 und SE 89. Grau, rot (Mauerschnitte), gelb (Dachlinie) und blau (Turmhelm) lavierte Federzeichnung. Von Neumanns Hand beschriftet (oben): »Profil oder Durchschnidt der lenge inwendig von der Neyen 14 Hayligen Kirchen«. Signiert (r. u.): »Balthasar Neumann Obrist von Wirtzburg.« Maßstab in Schuh. – 58,7 × 77,5 cm.

Teufel, Vierzehnheiligen (1922), 59–69, Abb. 10. – Pröll, Kirchenbauten (1936), 26f., 136f. – Teufel I (1936), 15, 67f., 74, 89, 122, Abb. 34, 48. – Knapp, B. N. (1937), Abb. 58. – Eckstein, Vierzehnheiligen (1939), 40, Abb. 17. – Teufel, Pläne (1941), 173f. – Neumann, Neresheim I (1942), 102. – Schmitt, Kirchenfassaden (1945), 143, Abb. 151. – Neumann, Neresheim II (1947), 43, 71, Abb. 15. – Reuther, Limbach (1948), 58, 69. – Ausstellungskatalog Würzburg (1953), 46, Nr. B 131. – Teufel, B. N. (1953), Abb. S. 49. – Teufel II (1957), 62f., 66, 76, 89, 131, Abb. 30, 45. – Hotz, Beiträge (1961), 311. – Oswald, Vierzehnheiligen (1961), 212. – Lehmann, Neumann (1962), 221, 232, Abb. 13. – Hotz, Sammlung Eckert (1965), 16. – Otto, Interiors (1971), 173f. – Reuther, Vierzehnheiligen (1974), 7. – Otto, Space into Light (1979), Abb. 127. – Reuther, B. N. (1983), Abb. 172. – Schütz, B. N. (1986), 144f., Abb. S. 145 oben.

SE 81
Vierzehnheiligen (Kreis Lichtenfels), Katholische Pfarr- und Wallfahrtskirche Mariä Himmelfahrt
Tafel 62

Aufriß der Nordfront. – Zur 2. Planung von 1744 gehörend. Zugehörig SE 87 und SE 88. Grau und blau (Dächer) lavierte Federzeichnung. Maßstab in Schuh. – 76,7 × 63,1 cm.

Teufel, Vierzehnheiligen (1922), 59–69. – Pröll, Kirchenbauten (1939), 26, 138f. – Teufel I (1936), 25, 95. – Teufel, Pläne (1941), 179. – Teufel II (1957), 77, 83, 106. – Hotz, Sammlung Eckert (1965), 17. – Reuther, Vierzehnheiligen (1974), 9.

SE 82
Vierzehnheiligen (Kreis Lichtenfels), Katholische Pfarr- und Wallfahrtskirche Mariä Himmelfahrt
Tafel 63

Zwischenentwurf. – Grundriß der Emporenkirche mit Altären an allen Vierungspfeilern und zweisäuligem Gnadenaltar am Übergang des Langhauses zur höher gelegenen Vierung. Vermutlich von Gottfried Heinrich Krohne oder nach dessen Planung von 1743; die Bleistiftkorrekturen von der Hand Balthasar Neumanns führen zur endgültigen Planung hin. Grau, rot (Außensockel, Altäre) und hellrosa (Fundamente) lavierte Federzeichnung. Bleistifteintragungen mit Korrekturen: Nordwestlicher Vierungspfeiler, Säulen in der Vierung, Korrekturen in der Vorhalle, an der Fassade. Maßstab unbeschriftet. – 42,6 × 58,9 cm.

Zugehörig, jedoch in Einzelheiten abweichend: Nürnberg, Germanisches National-Museum, HB 23576 b 6.

Hauttmann, Kirchl. Baukunst (1921), Abb. S. 206. – Teufel, Vierzehnheiligen (1922), 59–69, Abb. 8. – Pröll, Kirchenbauten (1936), 25, 140f. – Teufel I (1936), 19, 23f., 32, 80–82, 92, 105, Abb. 43. – Heß, Münsterschwarzach (1938), 67. – Eckstein, Vierzehnheiligen (1939), 44, 64f., Abb. 21. – Teufel, Pläne (1941), 175, 177, Abb. 14. – Schmitt, Kirchenfassaden (1945), 146f., Abb. 154. – Neumann, Neresheim II (1947), 51f., 54f., 58, Abb. 20. – Möller, Krohne (1956), 80, 82, 242f., 275, Nr. 326, Abb. 82. – Teufel II (1957), 26, 29, 32f., 42, 63, 76f., 106, 118, 203, 206, Abb. 40. – Körnstedt, Bauten und Baumeister (1963), 61f. – Hotz, Sammlung Eckert (1965), 17. – Schütz, B. N. (1986), 146f., Abb. S. 146 oben.

SE 83
Vierzehnheiligen (Kreis Lichtenfels), Katholische Pfarr- und Wallfahrtskirche Mariä Himmelfahrt
Tafel 64

Grundriß. – Zur 2. Planung von 1744 gehörend. Zugehörig SE 84–SE 86. Die Planung ausgehend von den Bleistiftkorrekturen auf SE 82. Schwarz getuschte, rot (Sockel) und rosa (Gewölbegrundrisse und Außensockel) lavierte Federzeichnung. Hilfslinien zur Konstruktion der Kuppeln in Bleistift. Maßstab mit Ziffern, ohne Maßeinheit. – 40,6 × 55,3 cm.

Looshorn, Bamberg (1907), Taf. bei S. 256. – Hauttmann, Kirchl. Baukunst (1921), 208. – Teufel, Vierzehnheiligen (1922), 59–69, Abb. 1. – Teufel, Kunstbuch (1923), Taf. 4. – Pröll, Kirchenbauten (1936), 25, 142f. – Teufel I (1936), 19, 25, 82–86, 90, 92, 106, Abb. 44. – Teufel, Pläne (1941), 175f., 178, 182, 186. – Neumann, Neresheim I (1942), 104. – Schmitt, Kirchenfassaden (1945), 150, 152, Abb. 161. – Neumann, Neresheim II (1947), 54, 58f., 72, Abb. 21. – Katalog »Plan und Bauwerk« (1952), 31, Nr. 113. – Ausstellungskatalog Würzburg (1953), 47, Nr. B 136. – Reuther, Gewölbebau (1953), 63. – Reuther, Kirchenmodelle (1953), 31. – Teufel, B. N. (1953), Abb. S. 53. – Möller, Krohne (1956), 243. – Teufel II (1957), 32, 52, 77, 83, 86f., 89, 201, Abb. 41. – Reuther, Kirchenbauten (1960), Taf. 60. – Freeden III (1963), Abb. S. 52. – Körnstedt, Bauten und Baumeister (1963), Abb. 76. – Hotz, Sammlung Eckert (1965), 17. –

Reuther, Vierzehnheiligen (1974), 9, Abb. S. 12. – Freeden IV (1981), Abb. S. 54. – Holst, Wölbformen (1981), 34f., Abb. 25. – Reuther, B. N. (1983), Abb. 171.

SE 84
Vierzehnheiligen (Kreis Lichtenfels), Katholische
Pfarr- und Wallfahrtskirche Mariä Himmelfahrt
Tafel 65

Aufriß und Grundriß der Westfassade. – Zur 2. Planung von 1744 gehörend. Zugehörig SE 83, SE 85 und SE 86. Grau, rot (Grundriß) und gelb (Fenster) lavierte Federzeichnung. Maßstab in Schuh. – 55,5 × 40,5 cm.

Looshorn, Bamberg (1907), Taf. bei S. 256. – Hauttmann, Kirchl. Baukunst (1921), 208. – Teufel, Vierzehnheiligen (1922), 59–69, Abb. 2. – Pröll, Kirchenbauten (1936), 26, 144f. – Teufel I (1936), 25, 82–85, 90–95, 109, Abb. 45, 61. – Teufel, Pläne (1941), 175f., 179, Abb. 18. – Schmitt, Kirchenfassaden (1945), 150, 152f., Abb. 162. – Katalog »Plan und Bauwerk« (1952), 32, Nr. 116. – Ausstellungskatalog Würzburg (1953), 47, Nr. B 138. – Reuther, Gewölbebau (1953), 63. – Reuther, Kirchenmodelle (1953), 31. – Teufel II (1957), 77, 92, 94, 106, Abb. 42, 45. – Freeden II (1960), Abb. S. 49. – Hotz, Sammlung Eckert (1965), 18. – Reuther, Einwirkungen (1973), 80. – Reuther, Vierzehnheiligen (1974), 9, Abb. S. 13. – Muth, B. N. (1978), Abb. – Reuther, Zeichnungen (1979), 42.

SE 85
Vierzehnheiligen (Kreis Lichtenfels), Katholische
Pfarr- und Wallfahrtskirche Mariä Himmelfahrt
Tafel 66

Aufriß der Nordfront. – Zur 2. Planung von 1744 gehörend. Zugehörig SE 83, SE 84 und SE 86. Grau und gelb (Fenster) lavierte Federzeichnung. Rechts unten in Bleistift später beschriftet: »Vierzehnheiligen«. Maßstab in Schuh. – 40,5 × 55,0 cm.

Looshorn, Bamberg (1907), Taf. bei S. 256. – Hauttmann, Kirchl. Baukunst (1921), 208. – Teufel, Vierzehnheiligen (1922), 59–69, Abb. 3. – Pröll, Kirchenbauten (1936), 26, 146. – Teufel I (1936), 25, 82–85, 90–95, Abb. 46. – Teufel, Pläne (1941), 179. – Schmitt, Kirchenfassaden (1945), 151, Abb. 163. – Katalog »Plan und Bauwerk« (1952), 31, Nr. 114. – Ausstellungskatalog Würzburg (1953), 47, Nr. B 137. – Reuther, Gewölbebau (1953), 63. – Reuther, Kirchenmodelle (1953), 31. – Teufel II (1957), 77f., 94, Abb. 43. – Reuther, Franken (1963), 82–84, Abb. 17. – Hotz, Sammlung Eckert (1965), 18. – Reuther, Vierzehnheiligen (1974), 9. – Reuther, Zeichnungen (1979), 42.

SE 86
Vierzehnheiligen (Kreis Lichtenfels), Katholische
Pfarr- und Wallfahrtskirche Mariä Himmelfahrt
Tafel 67

Längsschnitt. – Zur 2. Planung von 1744 gehörend. Zugehörig SE 83–SE 85. Grau, rot (Mauerschnitte) und gelb (Fenster) lavierte Federzeichnung; am Eingang zum Nordturm Rasur. Maßstab in Schuh. – 39,9 × 55,2 cm.

Hauttmann, Kirchl. Baukunst (1921), 208. – Teufel, Vierzehnheiligen (1922), 59–69, Abb. 4. – Teufel I (1936), 25, 82–90, 95, 97, 106, 109, Abb. 47, 49. – Knapp, B. N. (1937), Abb. 19 oben. – Teufel, Pläne (1941), 179. – Neumann, Neresheim I (1942), 104. – Neumann, Neresheim II (1947), 54, 56–63, 71f., Abb. 22. – Reuther, Limbach (1948), 70. – Katalog »Plan und Bauwerk« (1952), 31, Nr. 115. – Ausstellungskatalog Würzburg (1953), 47, Nr. B 135. – Reuther, Gewölbebau (1953), 63. – Reuther, Kirchenmodelle (1953), 31. – Teufel II (1957), 77, 87, 89, 94, 108, Abb. 44, 45. – Hotz, Sammlung Eckert (1965), 18. – Otto, Interiors (1971), 177f., Abb. 128. – Reuther, Vierzehnheiligen (1974), 9. – Otto, Space into Light (1979), Abb. 131. – Holst, Wölbformen (1981), 34f., 39, Abb. 24. – Reuther, B. N. (1983), Abb. 170. – Schelter, Vierzehnheiligen (1986), 98, Abb. 7. – Schütz, B. N. (1986), Abb. S. 146 unten.

SE 87
Vierzehnheiligen (Kreis Lichtenfels), Katholische
Pfarr- und Wallfahrtskirche Mariä Himmelfahrt
Tafel 68

Grundriß. – Zur 2. Planung von 1744 gehörend. Zugehörig SE 81 und SE 88, jedoch abweichend davon in der Ausbildung der Fassade. Korrekturen (dunkelgrau) an den Turmfenstern. Grau und rosa (Sockel) lavierte Federzeichnung. Hilfslinien zur Konstruktion der Kuppeln in Bleistift. Der Plan ist auf zwei zusammengeklebte Blätter gezeichnet. Maßstab unbeschriftet. – 103,3 × 60,0 cm.

Teufel, Vierzehnheiligen (1922), 59–69. – Pröll, Kirchenbauten (1936), 25, 148. – Teufel I (1936), 25, 86, 91, 95, 99, Abb. 51. – Teufel, Pläne (1941), 175f., 182. – Ausstellungskatalog Würzburg (1953), 47, Nr. B 139. – Reuther, Kirchenmodelle (1953), 31. – Teufel II (1957), 52, 77, 83, 87, 89, 104, 106, 110, Abb. 47. – Hotz, Sammlung Eckert (1965), 18. – Otto, Interiors (1971), 177–179, Abb. 131. – Reuther, Vierzehnheiligen (1974), 9. – Otto, Space into Light (1979), Abb. 129. – Schelter, Vierzehnheiligen (1986), 98, Abb. 7. – Schütz, B. N. (1986), 147, Abb. S. 146 unten.

SE 88
Vierzehnheiligen (Kreis Lichtenfels), Katholische
Pfarr- und Wallfahrtskirche Mariä Himmelfahrt
Tafel 69

Aufriß der Westfassade und Ansicht einer Turmhaube, darunter halbseitige Grundrisse von Erd- und Obergeschoß der Fassade. – Zur 2. Planung von 1744 gehörend. Zugehörig SE 81 und SE 87. Getuschte und grau sowie blau (Dächer) lavierte Federzeichnung. Maßstab unbeschriftet. – 82,5 × 56,9 cm.

Teufel, Vierzehnheiligen (1922), 59–69. – Lohmeyer, Baumeister II (1929), Abb. 87. – Pröll, Kirchenbauten (1936), 26, 149. – Teufel I (1936), 25, 91, 95, 108f., Abb. 52. – Teufel, Pläne (1941), 179. – Ausstellungskatalog Würzburg (1953), 47, Nr. B 140, Abb. 44. – Reuther, Kirchenmodelle (1953), 31. – Teufel II (1957), 53, 77, 83, 106, Abb. 1. – Freeden III (1963), Abb. S. 53. – Hotz, Sammlung Eckert (1965), 18. – Reuther, Einwirkungen (1973), 80. – Reuther,

Vierzehnheiligen (1974), 9. – Otto, Space into Light (1979), Abb. 134. – Freeden, IV (1981), Abb. S. 55.

SE 89
Vierzehnheiligen (Kreis Lichtenfels), Katholische Pfarr- und Wallfahrtskirche Mariä Himmelfahrt
Tafel 70

Grundriß (unten) und Schnitt (oben rechts) der Ecke zwischen Langhaus und nördlichem Querhaus sowie Querschnitt (oben links) durch das nördliche Seitenschiff. – Zur 1. Planung von 1742 gehörend; zu SE 72 +, SE 78 und SE 80 gehörig, vgl. SE 78 und die dort angegebene Schnittlinie »C–D«. Grau, rot (Mauerschnitte, Pilaster- und Säulenbasen) und gelb (Dachwerk und Sockelgrundrisse) lavierte Federzeichnung. Von Neumanns Hand beschriftet (links): »seiten Profill« und (rechts): »Dießes ist ein stuckh von den durchschnid der 14 Hayl. Kirchen wie in den grundtriß von C in D bemerckhet ist so wohl alß von der seiten A: B: damit mann die obere gäng undt doppelte fenster ersehen könne.« Durch Buchstaben »A–B«, »C–D« bezeichnete Schnittlinien. Datiert und signiert (r. u.): »Wirtzburg den 26 Julii 1742 Balthasar Neumann Obrist«. Maßstab in Schuh. – 60,2 × 46,8 cm.

Teufel, Vierzehnheiligen (1922), 59–69. – Pröll, Kirchenbauten (1936), 26, 150. – Teufel I (1936), 15, 17, 32, 67f., 74, Abb. 35. – Neumann, Neresheim I (1942), 102. – Neumann, Neresheim II (1947), 43, 71. – Reuther, Limbach (1948), 69. – Katalog »Plan und Bauwerk« (1952), 32, Nr. 117. – Ausstellungskatalog Würzburg (1953), 46, Nr. B 132. – Teufel II (1957), 62f., 66, 76, Abb. 31. – Oswald, Vierzehnheiligen (1961), 212. – Hotz, Sammlung Eckert (1965), 17. – Otto, Interiors (1971), 173f. – Reuther, Vierzehnheiligen (1974), 7.

SE 90 +
Vierzehnheiligen (Kreis Lichtenfels), Katholische Pfarr- und Wallfahrtskirche Mariä Himmelfahrt

Wie SE 89, jedoch ohne Text und Signatur. Lavierte Federzeichnung.

Teufel, Vierzehnheiligen (1922), 59–69, Abb. 11. – Pröll, Kirchenbauten (1936), 151. – Teufel I (1936), 68. – Teufel II (1957), 63. – Hotz, Sammlung, Eckert (1965), 17. – Reuther, Vierzehnheiligen (1974), 7.

SE 91
Vierzehnheiligen (Kreis Lichtenfels), Katholische Pfarr- und Wallfahrtskirche Mariä Himmelfahrt
Tafel 71

Grundriß über dem Hauptgesims mit Kuppeln; Turmdachausmittlung und Dachkonstruktion über dem nördlichen Seitenschiff. – Studienplan von Franz Ignaz Michael Neumann, 1753, vgl. SE 92 +. Im Einzelnen nicht mit der Ausführung übereinstimmend. Nicht vollendete Federzeichnung; Hilfslinien zur Konstruktion der Kuppeln in Bleistift. Signiert und datiert (r. u.): »Fr. Ign. Mich. á Neumann 1753.« Ohne Maßstab. – 70,0 × 48,0 cm.

Teufel, Vierzehnheiligen (1922), 59–69, Abb. 14. – Pröll, Kirchenbauten (1936), 25, 152. – Teufel I (1936), 98f., 105, Abb. 56. – Weiler, F. I. M. Neumann (1937), 5. – Teufel, Pläne (1941), 175f. – Neumann, Neresheim II (1947), 64. – Teufel II (1957), 110f., Abb. 50. – Reuther, Konstruktionsriß (1958), 43. – Hotz, Sammlung Eckert (1965), 18. – Treeck, F. I. M. Neumann (1973), 19, 20, 25f., Abb. 1. – Reuther, Vierzehnheiligen (1974), 9.

SE 92 +
Vierzehnheiligen (Kreis Lichtenfels), Katholische Pfarr- und Wallfahrtskirche Mariä Himmelfahrt
Abb. 16

Grundriß mit Altären und Plattenbelag des Fußbodens, halbseitig für Erd- (links) und Emporengeschoß (rechts). – Studienplan von Franz Ignaz Michael Neumann, 1754. Der Plan zeigt noch wie SE 87 und SE 83 die äußeren Eingänge der Sakristeien und der westlichen Diagonalseiten der Querarme, die schon 1745 geändert worden waren. Lavierte Federzeichnung, signiert und datiert (r. u.): „Fr. Ign. Mich. a Neumann 1754.« Maßstab in Schuh. – Ca. 72,0 × 51,0 cm.

Weitere Pläne zu Vierzehnheiligen: Nürnberg, Germanisches National-Museum, HB 23576: Projekte von Gottfried Heinrich Krohne, Johann Jacob Michael Küchel, Maximilian von Welsch; dazu Ansicht und Schnitt des ausgeführten Baues von Johann Caspar Haas, Zimmermeister aus Höchstadt/Aisch; ferner Grundriß und Fassade aus der späten Bauzeit (oder Bauaufnahme). – Modelle: Bamberg, Historischer Verein, Inv.-Nr. 210 H; Schwürbitz, Kreis Lichtenfels, Privatbesitz (laienhafte spätere Arbeit).

Teufel, Vierzehnheiligen (1922), 59–69, Abb. 15. – Lohmeyer, Baumeister II (1929), Abb. 86. – Pröll, Kirchenbauten (1936), 25, 153. – Teufel I (1936), 86, 88f., 127, Abb. 57. – Hegemann, Altarbaukunst (1937), 22f., 35f., Abb. 21. – Knapp, B. N. (1937), Abb. 59. – Weiler, F. I. M. Neumann (1937), 5. – Teufel, Pläne (1941), 175f., 178, 181–184, Abb. 15–17, 19. – Hager, Bauten (1942), Abb. 94. – Neumann, Neresheim II (1947), 64. – Reuther, Limbach (1948), 70f., Abb. 37. – Teufel II (1957), 53, 87, 110f., 137, Abb 51. – Reuther, Konstruktionsriß (1958), 43. – Hotz, Sammlung Eckert (1965), 19. – Treeck, F. I. M. Neumann (1973), 19, 20, 25f., Abb. 2. – Reuther, Vierzehnheiligen (1974), 9. – Schütz, B. N. (1986), 173ff., Abb. S. 175 oben.

SE 93
Klosterlangheim (Kreis Lichtenfels), Klosteranlage
Tafel 72

Situationsplan der Gesamtanlage, Zustand von 1690. – Beschriftet: »Eigentlicher Grund-Rieß/deß löblichen Stiffts und Closters Langheimb,/Anno. 1690«. Braun, grün und gelb angelegte Federzeichnung, mit Bezeichnung der einzelnen Gebäude: »Kirchenbau«, »Sepultur«, »Creuz-Gartten«, »Refectorium« (2 ×), »mittel Thor«, »Eußerer Closter Hoff«, »Sieghaus«, »Capellen«, »Abtey«, »Hoffhaltung«, »Speis-Keller«, »Innerer Hoff«, »Canzley«, »Küchengartten«, »Küchen«, »Herrschafftl: Lust Gartten«, »Wagen-Haus«, »Fisch-Haus«, »Küchenhoff«, »Krancken-Haus«, »Kirch-

Gartten«, »V. P. Prioris/R. P. Joannis Gärtten«, »Conventsgartten«, »Bütten Haus«, »Alte Bursnerey«, »Breu-Haus«, »öber Thor«, »Darr Haus«, »Bier Kellerey«, »Backh und Mühl-Haus«, »Schüth-Haus«, »Wagen-Schopffen«, »Maststallung«, »Hund-Stallung«, »Viehe Haus«, »Capellen«, »Städel« (2×), »Stadel«, »Schwein Stallung«, »Schweinställ«, »Vihestall« (2×), »unter Thor«, »Gaststallung«, »alter Keller«, »Capellen«. Außerhalb der Klostermauern vor dem unteren Tor: »Schmieden«, »Bren-Haus«, »Ziegel Hütten«, »Stadel«, »Wirths Haus«, »Secretariat«, links des Bachlaufs der Leuchsen: »Alter Stadel«. Mit Rotstift und Bleistift sind Umrisse von Neubauten eingezeichnet, die einen an die Kirche südlich anschließenden, regelmäßigen Komplex andeuten (vgl. zu diesem SE 97 und SE 103). Mit nach Norden weisendem Pfeil und »Maaß-Staab von 400 Nürnberger Werckh-Schuhen«. – 59,8 × 44,0 cm.

Pröll, Kirchenbauten (1936), 17, 159f. – Lehmann, Langheim (1956), Abb. 1. – Möller, Krohne (1956), 219, 262, Nr. 166. – Hotz, Sammlung Eckert (1965), 19. – Hotz, Zisterzienserklöster (1982), Abb. S. 44.

SE 94
Klosterlangheim (Kreis Lichtenfels), Abteikirche und Kloster
Tafel 73

Erdgeschoß-Grundriß der Kirche, des südlich anschließenden Kreuzgangs und der Klostergebäude. – Projekt von Gottfried Heinrich Krohne für den Umbau der Kirche und Neubau des Klosters, um 1735/42: Der Kirche soll eine neue Fassade vorgelegt werden. Im Langhaus werden das 3., 5., 7. und 9. Pfeilerpaar entfernt. Der Kreuzganghof wird neu geplant. Ein Querflügel mit stattlichem Treppenhaus schließt sich an und verbindet die ab 1690 errichteten und noch projektierten Bauten mit dem Abteiflügel. Grau getuschte Federzeichnung mit Beschriftung von der Hand Krohnes: »Grund-Riss Von dem Ersten Stockwerck.« (=Erdgeschoß). Maßstab in Schuh. – Zugehörig SE 95 und SE 96. – 42,6 × 63,0 cm.

Pröll, Kirchenbauten (1936), 17, 161f. – Lehmann, Langheim (1956), Abb. 4. – Möller, Krohne (1956), 220, 262, Nr. 169. – Hotz, Sammlung Eckert (1965), 20.

SE 95
Klosterlangheim (Kreis Lichtenfels), Abteikirche und Kloster
Tafel 74

Obergeschoßgrundriß der Kirche und der südlich anschließenden Klostergebäude. – Projekt von Gottfried Heinrich Krohne für den Umbau der Kirche und Neubau des Klosters (um 1735/42): Gelblich lavierte Federzeichnung mit Beschriftung von der Hand Krohnes: »Grund-Riss Von dem zweyten Stockwerck« (= 1. Obergeschoß). Maßstab in Schuh. – Zugehörig SE 94 und SE 96. – 42,2 × 63,6 cm.

Pröll, Kirchenbauten (1936), 17, 163. – Lehmann, Langheim (1956), Abb. 5. – Möller, Krohne (1956), 220, 262, Nr. 170. – Hotz, Sammlung Eckert (1965), 20.

SE 96
Klosterlangheim (Kreis Lichtenfels), Abteikirche und Kloster
Tafel 75

Grundriß des zweiten Obergeschosses der Kirche und der südlich anschließenden Klostergebäude. – Projekt von Gottfried Heinrich Krohne für den Umbau der Kirche und Neubau des Klosters (um 1735/42). Hellrosa und grau lavierte Federzeichnung. In Bleistift der Südflügel (rechts) verlängert, so daß von dem Quertrakt mit Treppenhaus ein Ehrenhof entsteht. Die Kapelle mit Vorräumen im Mitteltrakt mit Bleistift durchstrichen. Diese Änderungen wohl von der Hand Balthasar Neumanns. Von Krohne eigenhändig bezeichnet: »Grund-Riss von dem dritten Stockwerck« (= 2. Obergeschoß). Maßstab in Schuh. – Zugehörig SE 94 und SE 95. – 42,4 × 63,2 cm.

Pröll, Kirchenbauten (1936), 17, 164. – Lehmann, Langheim (1956), Abb. 6. – Möller, Krohne (1956), 77, 220, 262, Nr. 171, Abb. 75. – Lehmann, Neumann (1962), 214. – Hotz, Sammlung Eckert (1965), 20.

SE 97
Klosterlangheim (Kreis Lichtenfels), Abteikirche und Kloster
Tafel 76

Drei Grundrisse: Erdgeschoß von Kirche und der südlich anstoßenden Klostergebäude, sowie zwei Obergeschosse der Klostergebäude. – Projekt von Johann Leonhard Dientzenhofer für einen Umbau der Kirche und teilweisen Neubau des Klosters, um 1690: In das westliche Joch der Kirche wird eine Vorhalle mit Doppelturmfassade eingerückt. Der Klosterneubau mit vier Binnenhöfen. Grau getuschte Federzeichnung; im – nicht fertig gezeichneten – Erdgeschoßgrundriß Rasuren im Bereich der Haupttreppe und Hilfslinien in Bleistift. Links Doppelkreis (Bleistift). Zwei Maßstäbe in Tusche mit Ziffern und ohne Maßeinheit, drei weitere Maßstäbe mit Ziffern in Bleistift, ohne Maßeinheit. – Vgl. SE 93 und SE 103. – 53,1 × 71,6 cm.

Keller, Treppenhaus (1936), 100. – Pröll, Kirchenbauten (1936), 17, 165f. – Mayer, Langheim (1951), Abb. S. 65. – Lehmann, Langheim (1956), Abb. 2. – Möller, Krohne (1956), 219, 262, Nr. 168. – Hotz, Sammlung Eckert (1965), 19.

SE 98
Klosterlangheim (Kreis Lichtenfels), Abteikirche und Kloster
Tafel 77

Erdgeschoß-Grundriß von Kirche und Kloster. – Projekt von Balthasar Neumann für einen Neubau der Kirche und Erweiterung der Klostergebäude, um 1742/43. Die Kirche als dreischiffige Säulenbasilika mit Doppelturmfassade, großer Ovalkuppel auf Wandsäulen und mit nach außen dreiseitig, innen halbrund schließendem Chor geplant. Durch Einbauten in den ausladenden nördlichen Querhausarm wird im Innenraum die Symmetrie mit dem kurzen südlichen Querhausarm optisch wiedergewonnen. Im Sinne der Bleistiftkorrektur auf SE 96 wird als Pendant zur Kirchenfront ein tiefer Ehrenhof mit vorspringendem Mittelpavillon vorgeschlagen, der das Vestibül und ein repräsentatives Treppenhaus aufnimmt. Dahinter folgt ein rechteckiger Binnenhof; an diesen nördlich (links) anschließend ein weiterer, zum Chor der Kirche hin offener Hof mit nach Osten ausspringendem Risalit. Grau getuschte Federzeichnung. Im Bereich der Kuppel (Wandsäulen in den Kreuzarmen) und an der südlichen Chorwand Bleistiftkorrekturen. Korrekturen in Blei auch am Nebentreppenhaus im Mittelbau sowie im Refektoriumssaal. Verschiedene Hilfslinien in Blei und zahlreiche Maßangaben entlang der Fensterreihen des nördlichen Ehrenhoftraktes sowie am Südflügel, aufaddiert mit »256 schuh«. Maßangaben auch am oberen Rand. Beschriftet mit Bleistift (o. l.): »Langheim«. Zwei Maßstäbe mit Ziffern, ohne Maßeinheit. – Vgl. SE 99–SE 102, SE 104 [+]. – 58,0 × 67,9 cm.

Mayer, Umland (1930), Abb. 84. – Pröll, Kirchenbauten (1936), 17f., 167f. – Neumann, Neresheim II (1947), 67, Abb. 25. – Teufel, B. N. (1953), Abb. S. 39. – Lehmann, Langheim (1956), Abb. 11. – Möller, Krohne (1956), 220, 263, Nr. 175. – Lehmann, Neumann (1962), 217, Abb. 3. – Hotz, Sammlung Eckert (1965), 21. – Otto, Interiors (1971), 110f.

SE 99
Klosterlangheim (Kreis Lichtenfels), Abteikirche und Kloster
Tafel 78

Erdgeschoß-Grundriß von Kloster und Kirche. – Projekt von Balthasar Neumann für einen Neubau der Kirche und Erweiterung der Klostergebäude, um 1742/43. Variante zu SE 98 ohne Einbauten im nördlichen Querarm der Kirche, die Vierungspfeiler ohne halbrunde Nischen. Veränderungen in den Klostergebäuden betreffen vor allem das Haupttreppenhaus. Mit Bleistift beschriftet (l. o.): »Langheim«. Grau getuschte Federzeichnung. Maßstab in Schuh. – Vgl. SE 98, SE 100–SE 102, SE 104 [+]. – 59,4 × 78,0 cm.

Pröll, Kirchenbauten (1936), 17f., 169. – Mayer, Langheim (1951), Abb. S. 66. – Lehmann, Langheim (1956), Abb. 9. – Möller, Krohne (1956), 220, 263, Nr. 173. – Lehmann, Neumann (1962), 217, Abb. 2. – Hotz, Sammlung Eckert (1965), 21. – Otto, Interiors (1971), 110f.

SE 100
Klosterlangheim (Kreis Lichtenfels), Abteikirche und Kloster
Tafel 79

Grundriß des ersten Obergeschosses von Kloster und Kirche. – Projekt von Balthasar Neumann für einen Neubau der Kirche und Erweiterung der Klostergebäude, um 1742/43. Grau getuschte Federzeichnung. Maßstab in Schuh. Mit Bleistift beschriftet (l. o.): »Langheim«. – Vgl. SE 98, SE 99, SE 101, SE 102, SE 104 [+]. – 59,2 × 77,3 cm. Papier rechts oben angesetzt.

Pröll, Kirchenbauten (1936), 17f., 170. – Lehmann, Langheim (1956), Abb. 10. – Möller, Krohne (1956), 220, 263 Nr. 174. – Lehmann, Neumann (1962), 217. – Hotz, Sammlung Eckert (1965), 21. – Otto, Interiors (1971), 110f.

SE 101
Klosterlangheim (Kreis Lichtenfels), Abteikirche und Kloster
Tafel 80

Grundriß des ersten Obergeschosses von Kloster und Kirche. – Projekt Balthasar Neumanns für einen Neubau der Kirche und Erweiterung der Klostergebäude, um 1742/43. Im Querschiff beidseitig Emporen. Die Ovalkuppel mit Bleistift skizziert. Grau getuschte Federzeichnung, signiert (r. u.): »Balt: Neumann Obrist von Wirtzburg«. Maßstab unbeschriftet. Mit Bleistift beschriftet (r. u.): »Langheim«. – Vgl. SE 98–SE 100, SE 102, SE 104 [+]. – 57,0 × 67,8 cm.

Lohmeyer, Baumeister II (1929), Abb. 82. – Pröll, Kirchenbauten (1936), 17f., 171. – Lehmann, Langheim (1956), Abb. 12. – Möller, Krohne (1956), 78, 220, 263, Nr. 176, Abb. 76. – Lehmann, Neumann (1962), 217. – Hotz, Sammlung Eckert (1965), 21. – Otto, Interiors (1971), 110f. – Hotz, Zisterzienserklöster (1982), Abb. S. 48.

SE 102
Klosterlangheim (Kreis Lichtenfels), Abteikirche und Kloster
Tafel 81 (Rolle)

Vier z. T. nur in den Umrissen skizzierte Grundrisse von Kirche und Kloster. Projekt von Balthasar Neumann für einen Neubau der Kirche und Erweiterung der Klostergebäude, 1742. Der Plan ist der früheste Entwurf Neumanns für Langheim. Links oben: Grundriß der Gesamtanlage mit Tektur für den nordöstlichen Querflügel (Infirmerie) mit Kapelle entweder als ovaler Mittelbau oder mit rechteckigem Grundriß; einzelne Räume beschriftet: »Capitel« (Saal östlich des Kreuzgangs), »Biblioth«, »refectorium« (Räume südlich des Kreuzgangs); die doppeltürmige Kirche als dreischiffige Säulenbasilika mit ovaler Vierungskuppel auf Dreiviertelwandsäulen geplant, das Querhaus tritt nicht über die Flucht der Seitenschiffe hinaus; im Gegensatz zu SE 98–SE 101 ist der südöstliche, rückwärtige Klosterhof nicht nach Osten geschlossen, vor dem Ehrenhof eine ausschwingende Balustrade. Links unten: Zugehöriger Grundriß des ersten Obergeschosses der Gesamtanlage. Mitte oben: Variante zum ersten Obergeschoß der Gesamtanlage; ausführlicher werden nur die Kirche – mit vortretendem Querhaus – und das Haupttreppenhaus behandelt. Rechts oben: Skizze einer Variante zum Obergeschoß des Haupttreppenhauses; die übrigen Klostergebäude nur in Umrißlinien angedeutet. – Bleistiftzeichnung. Zwei Maßstäbe mit Ziffern, ohne Maßeinheit. – Vgl. SE 98 – SE 101, SE 104 [+]. – 63,0 × 76,9 cm.

Knapp, Werke (1929), 53, Abb. 30. – Pröll, Kirchenbauten (1936), 17, 172. – Mayer, Langheim (1951), 66f. – Lehmann, Langheim (1956), Abb. 7. – Möller, Krohne (1956),

220, 262, Nr. 172. – Lehmann, Neumann (1962), 214f., 217, Abb. 1. – Hotz, Sammlung Eckert (1965), 20f. – Otto, Interiors (1971), 110f. – Schneider, Münsterschwarzach (1984), 10.

SE 103
Klosterlangheim (Kreis Lichtenfels), Abteikirche und Kloster
Tafel 82

Grundriß der Kirche und des Erdgeschosses der Klostergebäude. – Projekt von Johann Leonhard Dientzenhofer für einen Umbau der Kirche und teilweisen Neubau des Klosters, um 1690: Vorskizze zu SE 97, in Einzelheiten der Raumaufteilung abweichend. Bleistiftvorzeichnung; die Ausarbeitung in Tusche nicht vollendet. Maßstab mit Ziffern in Bleistift, ohne Maßeinheit. – Vgl. SE 93 und SE 97. – 74,9 × 60,9 cm.

Pröll, Kirchenbauten (1936), 17, 173. – Mayer, Langheim (1951), 65. – Lehmann, Langheim (1956), Abb. 3. – Möller, Krohne (1956), 219, 262, Nr. 167. – Hotz, Sammlung Eckert (1965), 20.

SE 104 +
Klosterlangheim (Kreis Lichtenfels), Abteikirche
Abb. 17

Grundriß der Kirche mit nördlichem Kreuzgangflügel. – Projekt Balthasar Neumanns für einen Neubau der Kirche, um 1742/43. Bis auf wenige Details (Fehlen der Spindeltreppe im abgetrennten nördlichen Querhausarm, Verminderung der Kreuzgangfenster) mit SE 98 übereinstimmend. Grau lavierte Federzeichnung. Maßstab in Schuh. – Vgl. SE 98, SE 105–SE 108. – 73,0 × 55,0 cm.

Zeller, B. N. (1928), 132. – Pröll, Kirchenbauten (1936), 17f., 174f. – Teufel I (1936), 71f., 74, Abb. 38. – Teufel, Pläne (1941), 169. – Neumann, Neresheim I (1942), 4f., 100. – Schmitt, Kirchenfassaden (1945), 112f., 118, 142, Abb. 129. – Teufel, B. N. (1953), 41. – Möller, Krohne (1956), 220. – Teufel II (1957), 64, 66, Abb. 35. – Reuther, Kirchenbauten (1960), 30, Abb. 46. – Kömstedt, Bauten und Baumeister (1963), 43, 76, Abb. 78. – Hotz, Sammlung Eckert (1965), 22. – Otto, Interiors (1971), 110–115, Abb. 78. – Otto, Space into Light (1979), Abb. 107. – Holst, Wölbformen (1981), 24, 38, Abb. 10.

SE 105
Klosterlangheim (Kreis Lichtenfels), Abteikirche
Tafel 83

Längsschnitt durch die Kirche. – Projekt Balthasar Neumanns für einen Neubau der Kirche 1742/43. Dem vierjochigen Langhaus ist im Westen ein Orgeljoch vorgelagert. Langhaus und Chorjoch mit gegurteter Tonne mit tiefeinschneidenden Stichkappen überwölbt. Der Chorschluß mit stichkappiger Halbkuppel. Die längsgerichtete Vierungskuppel mit Laterne ruht auf gekuppelten Dreiviertelsäulen vor abgeschrägten Vierungsecken; die Pendentifs mit sitzenden Pilastern besetzt. Vor der südlichen Querhausstirnwand Empore. Angabe der Stuckierung, der Wandbilder und des Figurenschmucks. Grau, grün und braun (Fenster und Fenstersprossen des Chororatoriums) lavierte Federzeichnung. Orgelempore in Bleistift skizziert. Signiert (r. u.): »Balt: Neumann Obrist von Wirtzburg«. Ohne Maßstab. – Vgl. SE 104 +, SE 106, SE 107 +, SE 108. – 58,4 × 70,7 cm.

Knapp, Werke (1929), 53, Abb. 31. – Pröll, Kirchenbauten (1936), 17f., 44, 176f. – Teufel I (1936), 63, 74, Abb. 39. – Neumann, Neresheim I (1942), 4f., 100. – Schmitt, Kirchenfassaden (1945), 112f., Abb. 130. – Neumann, Neresheim II (1947), 67f., 81, Abb. 24. – Mayer, Langheim (1951), Abb. S. 67. – Ausstellungskatalog Würzburg (1953), 43, Nr. B 115, Abb. 41. – Teufel, B. N. (1953), 41, Abb. S. 43. – Möller, Krohne (1956), 220. – Teufel II (1957), 61, 64, 66, Abb. 37. – Reuther, Kirchenbauten (1960), 30, Taf. 45. – Lehmann, Neumann (1962), 217, Abb. 4. – Kömstedt, Bauten und Baumeister (1963), 76, Abb. 69. – Hotz, Sammlung Eckert (1965), 22. – Otto, Interiors (1971), 27, 111–115, 118f., Abb. 79, 80, 81, 82. – Otto, Space into Light (1979), Abb. 108, 109, 110, 111. – Holst, Wölbformen (1981), 24f., 38, Abb. 10. – Hotz, Zisterzienserklöster (1982), Abb. S. 42. – Reuther, B. N. (1983), Abb. 149. – Schneider, Münsterschwarzach (1984), 87. – Hansmann, B. N. (1986), 152–156, Abb. 45. – Schütz, B. N. (1986), 98ff., Abb. S. 101 oben.

SE 106
Klosterlangheim (Kreis Lichtenfels), Abteikirche
Tafel 84

Zwei Querschnitte durch die Kirche: links durch das östliche Langhausjoch mit Ansicht der Vierungskuppel und des Querhauses; rechts durch die Vierung. – Projekt Balthasar Neumanns für einen Neubau der Kirche 1742/43. Rosa (Mauerquerschnitte), gelb (Dachwerk) und hellgrün (Dächer) kolorierte, grau lavierte Federzeichnung. Signiert (r. u.): »Balt: Neumann Obrist von Wirtzburg«. Zwei Maßstäbe in Schuh. – Zugehörig zu SE 108. Vgl. SE 104 +, SE 105 und SE 107 +. – 58,7 × 77,0 cm.

Pröll, Kirchenbauten (1936), 17f., 178f. – Ausstellungskatalog Würzburg (1953), 43, Nr. B 117. – Teufel, B. N. (1953), 41. – Hotz, Sammlung Eckert (1965), 22. – Otto, Interiors (1971), 111–114, 116, 118, Abb. 83. – Otto, Space into Light (1979), Abb. 112. – Holst, Wölbformen (1981), 24. – Schütz, B. N. (1986), 98–102, Abb. S. 99.

SE 107 +
Klosterlangheim (Kreis Lichtenfels), Abteikirche
Abb. 18

Zwei Querschnitte durch die Kirche. Replik von SE 106. Kolorierte und grau lavierte Federzeichnung. Ohne Signatur. Maßstab in Schuh. – Ca. 57,0 × 77,0 cm.

Pröll, Kirchenbauten (1936), 17f., 180. – Teufel, B. N. (1953), 41. – Hotz, Sammlung Eckert (1965), 22.

SE 108
Klosterlangheim (Kreis Lichtenfels), Abteikirche
Tafel 85

Aufriß der Doppelturmfassade. – Projekt Balthasar Neumanns für einen Neubau der Kirche, um 1742/43. Im Untergeschoß siebenachsige, im Obergeschoß fünfachsige, repräsentativ gegliederte Fassade mit reichem figürlichen und ornamentalen Schmuck. – Hellbraun (Portal) und hellgrün (Dachflächen) kolorierte, grau lavierte Federzeichnung. Signiert (r. u.): »Balt: Neumann Obrist von Wirtzburg«. Ohne Maßstab. – Zugehörig zu SE 106. Vgl. SE 104⁺, SE 105, SE 107⁺. – 60,8 × 45,5 cm.

Lohmeyer, Baumeister II (1929), Abb. 83. – Pröll, Kirchenbauten (1936), 17, 181 ff. – Teufel I (1936), 71, 74, 90, Abb. 40. – Schmitt, Kirchenfassaden (1945), 112 f., 144, Abb. 131. – Mayer, Langheim (1951), Abb. S. 67. – Ausstellungskatalog Würzburg (1953), 43, Nr. B 116, Abb. 40. – Teufel, B. N. (1953), 41, Abb. S. 42. – Möller, Krohne (1956), 220. – Teufel II (1957), 53, 64, 66, 93, Abb. 36. – Reuther, Kirchenbauten (1960), 30, Taf. 44. – Freeden III (1963), Abb. S. 51. – Reuther, Franken (1963), 72, 81 f., Abb. 19. – Hotz, Sammlung Eckert (1965), 22. – Otto, Interiors (1971), 110 f. – Otto, Space into Light (1979), Abb. 106. – Schneider, Etwashausen (1979), 150. – Freeden, IV (1981), Abb. S. 53. – Hotz, Zisterzienserklöster (1982), Abb. S. 42. – Reuther, B. N. (1983), Abb. 150. – Schneider, Münsterschwarzach (1984), 110. – Hansmann, B. N. (1986), 152–156, Abb. 46. – Schütz, B. N. (1986), 98 ff., Abb. S. 99.

SE 109
Neresheim (Kreis Aalen), Abteikirche Hll. Ulrich und Afra
Tafel 86

Situationsplan der Abteigebäude, Grundriß der Kirche in zwei halbseitigen Varianten und perspektivischer Situationsplan der Gartenanlagen mit Orangerie. – Vorentwurf für den Neubau der Abteikirche, Juli/November 1747. Für die Abteikirche sind zwei Varianten in Vorschlag gebracht. Die linke Hälfte ist weitgehend mit der rechten Hälfte des Grundrisses SE 111 links identisch: Dreischiffige Säulenbasilika mit Doppelturmfassade, querovaler Vorhalle, Querschiff, Vierungskuppel auf längsovalem Grundriß (punktiert) über gedoppelten Dreiviertelsäulen. Rechteckiger Chor mit halbrundem, von kleineren Türmen flankiertem Schluß. – Die rechte Grundriß-Variante nachträglich über Rasur hinzugefügt: Bei dieser kleineren und einfacheren Kirche mit rechteckigem Querhaus ist das Seitenschiff zu einem Gang verengt; die von einfachen Dreiviertelsäulen getragene Kuppel über kreisrundem Grundriß (gestrichelt). Rot (linker Grundriß), grau (rechter Grundriß), gelb (Grundriß der Klostergebäude), grün und hellrosa (Garten) lavierte Federzeichnung; der zu übernehmende Turm der alten Kirche schwarz getuscht. Bleistifteintragungen: Anschluß des Klosters (mit Treppenhaus) an das Querhaus der neuen Kirche, Hilfslinien in den Kirchengrundrissen, Schnittlinie vom Vierungsmittelpunkt zum rechten Querhausflügel, bezeichnet »A–B«. Maßstab in »pedes«. – 59,2 × 44,1 cm.

Fuchs, Neresheim (1914), 8, Abb. S. 12. – Pröll, Kirchenbauten (1936), 27 ff., 41 ff., 184 f. – Neumann, Neresheim I (1942), 4–14, 32, 98, 102, Taf. 3. – Neumann, Neresheim II (1947), 80 f., 87–91, 108, Fig. 4, 5, Abb. 28. – Reuther, Limbach (1948), 55, 71 f., Abb. 40. – Ausstellungskatalog Würzburg (1953), 48, Nr. B. 142. – Katalog »Plan und Bauwerk« (1953), 33, Nr. 124. – Lehmann, Neumann (1962), 222, 234 f., Abb. 17. – Kömstedt, Bauten und Baumeister (1963), 46, Abb. 78. – Hotz, Sammlung Eckert (1965), 22 f. – Otto, Interiors (1971), 186 f. – Katalog Stuttgart (1975), 98, Nr. 4, Abb. S. 98. – Otto, Space into Light (1979), 123, Abb. 140. – Hansmann, B. N. (1986), 167.

SE 110
Neresheim (Kreis Aalen), Abteikirche Hll. Ulrich und Afra
Tafel 87

Situationsplan der gesamten Klosteranlage mit Grundriß des Kirchenneubaus. – Vorentwurf für den Neubau der Abteikirche und – soweit dadurch bedingt – für den Umbau der Gesamtanlage, 1747. Der Plan ist aus neun Papierstücken verschiedener Qualität und Größe zusammengesetzt. Wie die Umrisse erkennen lassen, wurde aus dem Plan der Grundriß einer weiter westlich gelegenen Kirche ausgeschnitten, die Stelle hinterklebt und ein neuer Grundriß eingezeichnet. Die Kirche wird nach Osten verschoben. Die Einwölbung des Langhauses erfolgt über schräggestellte Pfeiler; die längsgerichtete Vierungskuppel wird von zwei Korbbogenwölbungen in den rechteckigen Querhausarmen begleitet. – Rot (bestehender Turm, Grundriß der Klostergebäude, des Gartens, der Umfassungsmauern und eines Wirtschaftsgebäudes) lavierte Federzeichnung, Kirchengrundriß und Anschluß an das Kloster schwarz getuscht. Zahlreiche Bleistiftkorrekturen: Verschiebung der Gartenanlage, nördliche Umfassungsmauer, Wirtschaftsgebäude, Treppe zur Abtei; unten zwei Querschnitte von Wirtschaftsgebäuden. Einige Räume im Ostflügel des Klosters von Neumann mit Blei bezeichnet: »sacristey«, »ornat«, »capitel«; ein Bau des Vorhofes »ochsenstall«. – Maßstab in Schuh. – 70,4 × 113,0 cm.

Fuchs, Neresheim (1914), 8, Abb. S. 12. – Pröll, Kirchenbauten (1936), 27, 29, 186 f. – Neumann, Neresheim I (1942), 19–33, 35, 38, 47, 54–56, 98, Taf. 5. – Neumann, Neresheim II (1947), 95 f., 100–109, 112, 114, 124, 131–133, 193, 197, Fig. 7 f., 10, Abb. 29. – Lehmann, Neumann (1962), 235, Abb. 18. – Kömstedt, Bauten und Baumeister (1963), 47–50, 62 f. – Hotz, Sammlung Eckert (1965), 23. – Katalog Stuttgart (1975), 101, Nr. 9, Abb. S. 101. – Otto, Space into Light (1979), 124, Abb. 141. – Holst, Wölbformen (1981), 10, Abb. 1.

SE 111
Neresheim (Kreis Aalen), Abteikirche Hll. Ulrich und Afra
Tafel 88

Zwei Grundrisse, der linke in zwei halbseitigen Varianten. – Vorentwurf für den Neubau der Abteikirche, 16. Juli 1747. Bei allen drei Entwürfen handelt es sich jeweils um eine dreischiffige Basilika mit Doppelturmfassade, Vorhalle, Querschiff, Vierungskuppel, Chor und halbrundem Chorschluß. Die beiden Varianten des linken Grundrisses schlagen eine Säulenbasilika mit kreisrunder oder längsovaler Vierungskuppel auf gedoppelten Dreiviertelsäulen vor. Der rechte Grundriß bringt eine weitergehende Durcharbeitung vor allem der Ostteile: Drei längsovale Kuppeln in der Querachse und Gestaltung von Chor und Chorschluß als Dreikonchenanlage. – Schwarz getuschte (linker Halbgrundriß), rot (rechter Halbgrundriß) und rosa (Profile) bzw. grau (rechter Grundriß) lavierte Federzeichnung. Eigenhändige Beschriftung Neumanns in brauner Tinte: am linken Grundriß »Zweyerley Projecten als der Rothe Nach Welchen die Profiler gemacht und der Schwartze mit Einer Runden Kuppol.«, außerdem Bezeichnungen: »Sacristey« und »alter thurn«; am rechten Grundriß »N 3. Ein tritteres Project Zu Einer Kirchen«, auch hier Bezeichnungen »Sacristey« und »alter thurn«. Datiert und signiert (l. u.): »Wirtzburg den 16 Julii 1747 Balthasar Neumann Obrister der Artilleri Und des Löbl. Fränckischen Crays. Ingenieur und Architect.« Maßstab mit Ziffern, ohne Maßeinheit. – Vgl. Zur rechten Variante des linken Grundrisses SE 109. – 47,3 × 59,0 cm.

Fuchs, Neresheim (1914), 8, Abb. S. 12. – Fuchs, Zeichnungen (1917), Abb. 2. – Hauttmann, Kirchl. Baukunst (1921), 210, Abb. S. 212. – Pröll, Kirchenbauten (1936), 27 ff., 41 ff., 188 f. – Schenk, Kirchenbaukunst (1939), 41 f., Fig. 23. – Neumann, Neresheim I (1942), 4–14, 32, 98, 102, Taf. 2. – Neumann, Neresheim II (1947), 72 f., 80–91, Fig. 2, 3, Abb. 27. – Ausstellungskatalog Würzburg (1953), 48, Nr. B 141. – Lehmann, Neumann (1962), 214, 222, 234 f., Abb. 16. – Kömstedt, Bauten und Baumeister (1963), 46. – Hotz, Sammlung Eckert (1965), 23. – Otto, Interiors (1971), 186 f. – Katalog Stuttgart (1975), 97 f., Nr. 3, Abb. S. 98. – Katalog »Fünf Architekten« (1976), 85. – Otto, Space into Light (1979), 123, Abb. 139. – Reuther, Zeichnungen (1979), 65. – Hansmann, B. N. (1986), 167.

SE 112
Neresheim (Kreis Aalen), Abteikirche Hll. Ulrich und Afra
Tafel 89 (Rolle)

Längsschnitt, Querschnitt durch das Querhaus, Grundriß, halber Querschnitt durch das Langhaus und halber Aufriß der Westseite. – Vorentwurf für den Neubau der Abteikirche, Juli/November 1747. Vorschlag einer dreischiffigen Pfeilerbasilika mit drei längsovalen Kuppeln in der Querachse und Emporen im Chor. Die Hauptkuppel auf gedoppelten Freisäulen. – Rot (Mauerschnitte), gelb (Dachwerk, bekrönende Vasen und Kreuze), blau (Dächer) und grau lavierte Federzeichnung. Grundriß schwarz getuscht. Hilfslinien in Bleistift z. T. noch sichtbar. Maßstab mit Ziffern, ohne Maßeinheit. – 52,1 × 73,9 cm.

Fuchs, Neresheim (1914), 8–11, Abb. S. 12. – Fuchs, Zeichnungen (1917), Abb. 3. – Hauttmann, Kirchl. Baukunst (1921), 211, Abb. S. 212. – Lohmeyer, Baumeister II (1929), Abb. 85. – Pröll, Kirchenbauten (1936), 27–31, 190 ff. – Knapp, B. N. (1937), Abb. 62 oben. – Weiler, F. I. M. Neumann (1937), 11. – Schenk, Kirchenbaukunst (1939), 45, 69, Fig. 27. – Neumann, Neresheim I (1942), 9 f., 14–21, 23, 31–36, 39–41, 54, 89 f., 98, 100, 103–105, 107, Taf. 4. – Neumann, Neresheim II (1947), 49, 60, 72 f., 86 f., 90–97, 99, 108–113, 115–117, 130, 166 f., Abb. 30. – Reuther, Limbach (1948), 72. – Ausstellungskatalog Würzburg (1953), 48, Nr. B 144. – Reuther, Dachwerke (1955), 50. – Einsingbach, Planfunde (1959), 34. – Reuther, Kirchenbauten (1960), 30 f. – Katalog »Barock am Bodensee« (1962), Abb. 39. – Kömstedt, Bauten und Baumeister (1963), 47, 50. – Hotz, Sammlung Eckert (1965), 23. – Katalog Stuttgart (1975), 99, Nr. 5, Abb. S. 99. – Ortner, B. N. (1978), Abb. S. 77. – Otto, Space into Light (1979), 124, Abb. I. – Holst, Wölbformen (1981), 35 f., Abb. 30. – Hansmann, B. N. (1986), 169. – Schütz, B. N. (1986), 178–180, Abb. S. 179.

SE 113
Neresheim (Kreis Aalen), Abteikirche Hll. Ulrich und Afra
Tafel 90

Grundriß der Kirche. – Vorentwurf für den Neubau der Abteikirche, Dezember 1747. Der Grundriß ist eine Weiterbildung der ersten Vorentwürfe, vgl. SE 112: Schmäleres, zweischaliges Langhaus mit Emporen; eingezogener Chor mit seitlichen Emporen, gerade geschlossene Querschiffarme; Vierungskuppel längsoval auf gedoppelten Freisäulen; die Querhausarme mit Tonnenwölbung. – Grau und rosa lavierte Federzeichnung. Anschlußmauern zum Klostergebäude teils in Bleistift. – Maßstab in Bleistift mit Ziffern, ohne Maßeinheit. – Variante zu SE 114; zugehörig der Aufriß SE 115. – 25,9 × 38,4 cm.

Weißenberger, Neresheim (1934), 112, 114, Abb. 54. – Pröll, Kirchenbauten (1936), 27–30, 193. – Hotz, Sammlung Eckert (1965), 23. – Katalog Stuttgart (1975), 100, Nr. 7. – Otto, Space into Light (1979), 124, Abb. 142.

SE 114
Neresheim (Kreis Aalen), Abteikirche Hll. Ulrich und Afra
Tafel 91

Grundriß der Kirche. – Vorentwurf für den Neubau der Kirche, Dezember 1747. Der Grundriß ist eine Weiterbildung der ersten Vorentwürfe, vgl. SE 112: Schmäleres, zweischaliges Langhaus mit Emporen, gerade geschlossene Querschiffarme. Vierungskuppel längsoval auf gedoppelten Freisäulen; die Querhausarme mit Tonnenwölbung. Vgl. SE 113, dort die Korrekturen z. T. übernommen. Der Zugang vom Kloster zum Chor und die seitlichen Fassadenabschlüsse sind noch nicht gelöst. Rot, gelb (bestehender Turm) und grau lavierte Federzeichnung, Bleistiftkorrekturen (Verbreiterung der Fassade, Eingang zum Chor vom östlichen Kreuzgangflügel). Einige Maßangaben in Bleistift. Maßstab in Schuh. – 39,2 × 62,0 cm.

Fuchs, Neresheim (1914), 8, Abb. S. 12. – Weißenberger, Neresheim (1934), 112, 115, Abb. 55. – Pröll, Kirchenbauten (1936), 27–30, 194. – Neumann, Neresheim I (1942), 33–36, 38–41, 98. – Neumann, Neresheim II (1947), 109–117, Fig. 11. – Reuther, Limbach (1948), 72. – Kömstedt, Bauten und Baumeister (1963), 48, 50, 62 f. – Hotz, Sammlung Eckert (1965), 24. – Katalog Stuttgart (1975), 100, Nr. 6.

SE 115
Neresheim (Kreis Aalen), Abteikirche Hll. Ulrich und Afra
Tafel 92

Aufriß der Westfassade. – Vorentwurf für den Neubau der Abteikirche, Dezember 1747: Zweigeschossige konvexe Fassade. Dem konkav eingezogenen Untergeschoß der Mittelachse ist eine kleine Säulenhalle vorgelegt. Im Dreieckgiebel drei Wappen. Der alte Turm soll ein neues Obergeschoß und eine für Neumann typische Bedachung erhalten. – Grün (Fenster), gelb (Turm- und Kuppelkreuz) und grau lavierte Federzeichnung. Beschriftung von Neumanns Hand in brauner Tinte (r. o.): »Littera C Die vordere Faciata der Ney Erbauenden Kirchen des löblichen stifts undt Closters Neresheimb«; ferner am Aufriß: »Closter«, »alt stehender Thurn«, »neyer aufsatz«. Signiert und datiert (r. u.): »Balt: Neumann Obrister. Wirtzburg den 27 xbr« (= Dezember) »1747.« Maßstab in Schuh. – 48,9 × 43,3 cm.

Fuchs, Neresheim (1914), 10f., Abb. S. 13. – Fuchs, Zeichnungen (1917), Abb. 5. – Weißenberger, Neresheim (1934), 112, 119, Abb. 56. – Pröll, Kirchenbauten (1936), 27, 31, 195f. – Neumann, Neresheim I (1942), 33, 78. – Neumann, Neresheim II (1947), 109. – Ausstellungskatalog Würzburg (1953), 48, Nr. B 143. – Reuther, Kirchenbauten (1960), 31, Abb. 62. – Hotz, Sammlung Eckert (1965), 24. – Katalog Stuttgart (1975), 100, Nr. 8, Abb. S. 100. – Reuther, B. N. (1983), Abb. 163.

SE 116
Neresheim (Kreis Aalen), Abteikirche Hll. Ulrich und Afra
Tafel 93

Grundriß der Kirche. – Vorläufiger Ausführungsentwurf für den Neubau der Abteikirche, 1748: Vorschlag einer kreuzförmigen Kirche mit einer Abfolge von sieben Ovalkuppeln. Am Chorhaupt Turm für die Chor- und Meßglocke. Die Fassadenbreite entsprechend der Bleistiftkorrektur in SE 114. Querhausarme geringfügig variierend. – Grau getuschte Federzeichnung, bestehender Turm gelb laviert. Die Gewölbelinien in den Querhausarmen mit Bleistift skizziert. Bleistiftkorrekturen an der Lisenengliederung des nördlichen Querschiffarmes; Bleistifthilfslinien für die Ovalkonstruktionen. Maßstab in Schuh. – 42,8 × 59,3 cm.

Der Grundriß SE 116 ist mit dem »Großen Regensburger Plan« (Regensburg, Fürst Thurn und Taxis Zentralarchiv, Rep. XIV, oben III) nahezu identisch.

Weißenberger, Neresheim (1934), 112, Abb. 57. – Pröll, Kirchenbauten (1936), 27, 29f., 197. – Neumann, Neresheim I (1942), 37. – Reuther, Limbach (1948), 72. – Hotz, Sammlung Eckert (1965), 24. – Katalog Stuttgart (1975), 103.

SE 117
Neresheim (Kreis Aalen), Abteikirche Hll. Ulrich und Afra
Tafel 94

Grundriß der mittelalterlichen und der neuen Kirche. – Situationsplan von Leonhard Stahl und Änderung des Ausführungsentwurfes durch Balthasar Neumann für den Neubau der Abteikirche, Oktober 1748. Rechts Grundriß der mittelalterlichen Kirche, links des begonnenen Neubaues entsprechend SE 116. Gelb (alte Kirche), dunkelgrau (bereits aufgemauerte Fundamente) und hellgrau (noch auszuführende Fundamente der neuen Kirche) lavierte Federzeichnung. Bleistiftkorrekturen: An der Nordostseite des Chors, am Übergang vom Chor zum Querhaus, gerader Abschluß der Querarme, am Übergang vom Querhaus zum Langhaus, Gewölbelinien in den Querhausarmen, Altäre und Stufen am Chorbeginn, Abgrenzung des Neubaues gegen die alte Kirche. Diese Korrekturen von Neumanns Hand, um die beim Bau aufgetretenen Schwierigkeiten zu beheben. Bezeichnungen in grauer Tusche und Legende von Leonhard Stahl: Am Grundriß der alten Kirche »A«, am Neubau der Grundriß von der nordwestlichen Vierungsecke bis zur dritten Fensterachse des Langhauses auf der Südseite schwarz getuscht und mit »B« – »B« bezeichnet, an den vier Langhausfenstern der Nordseite je ein Kreuzchen und »C«, bei der dritten Fensterachse von Westen an der Nordseite skizziertes Fundamentstück und »D«. Rechts oben: »Explicatio. Der grundriß welcher mit Litt: A bezeichnet und gelb illuminirt ist zeiget die alte annoch stehende Kirchen, allwo zu sehen wie weit die neu angefangene Kirchen Sich in daß alt Kirchen gebäude hinein streket, Litt: B deutet an, wie weit die Fundamenten an der Kirchen auff beyden Seithen herauß gemauert Seyn, Solches aber deutlicher anzudeuten hab ich es mit der Schwartzen farb So weit überlegt, wie weit nemlich in der neuen Kirchen avanciret worden. Lit. C deutet an Jene fenster Mittel, welche nach ihro Hochwürden und Gnaden Meinung einander gleich könnten eingetheilet werden. Lit: D zeigt an Jenen ort allwo daß Fundamenth 27 Schuh tieff worden.« Datiert und signiert (r. u.): »Neresheim den 8ten October 1748 Leonard Stahl.« Maßstab in Schuh. – 53,3 × 38,5 cm.

Fuchs, Neresheim (1914), 8f., Abb. S. 13. – Fuchs, Zeichnungen (1917), Abb. 4. – Weißenberger, Neresheim (1934), 112, 115, Abb. 59. – Pröll, Kirchenbauten (1936), 29, 198f. – Neumann, Neresheim I (1942), 37, 40f., 43, 68, Taf. 7. – Neumann, Neresheim II (1947), 113, 116f., 119, 145, Abb. 33. – Reuther, Limbach (1948), 72, Abb. 39. – Ausstellungskatalog Würzburg (1953), 48, Nr. B 145. – Reuther, Gewölbebauten (1953), 64. – Reuther, Kirchenbauten (1960), 79, 83. – Kömstedt, Bauten und Baumeister (1963), 47, 50, 62f., Abb. 79. – Hotz, Sammlung Eckert (1965), 24f. – Katalog Stuttgart (1975), 103, Nr. 13, Abb. S. 103. – Tüchle/Weißenberger, Neresheim (1975), 36ff., Abb. 3. – Otto, Space into Light (1979), 125, Abb. 143. – Holst, Wölbformen (1981), 35, 56, Abb. 29.

SE 118
Neresheim (Kreis Aalen), Abteikirche Hll. Ulrich und Afra
Tafel 95

Teilgrundriß des Chores und Grundriß der südöstlichen Vierungspartie. Vorläufiger Ausführungsentwurf, 1748. Ein Teilgrundriß der südöstlichen Vierungspartie in Rot und ein Teilgrundriß des Chores in Schwarz sind übereinandergezeichnet. Links ist der Grundriß der Vierungsecke z. T. spiegelbildlich in Bleistift wiederholt. Erläuternde Bleistiftskizze am linken Altarraumfenster, Hilfslinien in

Blei. Schwarz und hellrot getuschte Federzeichnung. Rot ausgezogener Maßstab mit nur zwei Ziffern in Bleistift, ohne Maßeinheit. – Vgl. SE 116. – 53,9 × 63,4 cm.

Fuchs, Neresheim (1914), Abb. S. 12. – Pröll, Kirchenbauten (1936), 200. – Neumann, Neresheim I (1942), 37. – Neumann, Neresheim II (1947), 113. Reuther, Kirchenbauten (1960), 83. – Hotz, Sammlung Eckert (1965), 25. – Katalog Stuttgart (1975), 103, Nr. 12.

SE 119
Neresheim (Kreis Aalen), Abteikirche Hll. Ulrich und Afra
Tafel 96

Grundriß der Kirche. – Variante des endgültigen Ausführungsentwurfs zur Erweiterung des Chores, 1749/50. Schwarz (Mauergrundrisse), hellgrau (Gewölbefelder und Fenster) und dunkelgrau (alter Turm und Umfassungsmauer) lavierte Federzeichnung. Im Chor und an der nördlichen Langhauswand Zahleneinträge in Bleistift von Neumanns Hand. Maßstab mit Ziffern, ohne Maßeinheit. – 53,0 × 32,0 cm.

Fuchs, Neresheim (1914), 9, Abb. S. 13. – Weißenberger, Neresheim (1934), 112, 115, Abb. 60. – Pröll, Kirchenbauten (1936), 29, 201. – Teufel I (1936), Abb. 32. – Neumann, Neresheim I (1942), 64 f., 77–79, 84 f., Taf. 15. – Neumann, Neresheim II (1947), 141, 154 f., 160 f., Abb. 40. – Ausstellungskatalog Würzburg (1953), 49, Nr. B 149. – Reuther, Gewölbebau (1953), 64. – Teufel, B. N. (1953), Abb. S. 64. – Teufel II (1957), 99, Abb. 34. – Kömstedt, Bauten und Baumeister (1963), 63. – Hotz, Sammlung Eckert (1965), 25. – Katalog Stuttgart (1975), 108, Nr. 22. – Schütz, B. N. (1986), Abb. S. 181.

SE 120
Neresheim (Kreis Aalen), Abteikirche Hll. Ulrich und Afra
Tafel 97

Grundriß der alten und neuen Kirche sowie Längsschnitt durch den Neubau. – Ausführungsentwurf von 1749, in den die Korrekturen von SE 117 übernommen sind. Rot (Mauerschnitte und Sockel), gelb (Fenster, Dachwerk, Turmspitzen und Bestand der alten Kirche mit Turm) sowie grau lavierte Federzeichnung; Grundriß des Neubaues schwarz getuscht. Maßstab unbeschriftet. – 53,7 × 39,1 cm.

Fuchs, Neresheim (1914), 9, 11, Abb. S. 13. – Weißenberger, Neresheim (1934), 112, 114 f., Abb. 61. – Pröll, Kirchenbauten (1936), 30, 202. – Neumann, Innenraum (1937), Abb. S. 276. – Eckstein, Vierzehnheiligen (1939), Abb. 90, 91. – Neumann, Neresheim I (1942), 42 f., 46–48, 51–53, 58, 67–69, 89, Taf. 8. – Neumann, Neresheim II (1947), 118–120, 122 f., 125, 127, 129 f., 134, 144–146, Abb. 34. – Reuther, Limbach (1948), 49. – Katalog »Plan und Bauwerk« (1952), 33, Nr. 125. – Ausstellungskatalog Würzburg (1953), 48, Nr. B 146. – Reuther, Gewölbebau (1953), 64. – Reuther, Konstruktionsriß (1958), 44. – Reuther, Kirchenbauten (1960), 83. – Freeden II (1960), Abb. S. 56. – Reuther, Kirchenbauten (1960), 31, Abb. 63. – Lehmann, Neumann (1962), Abb. 19. – Freeden III (1963), Abb. S. 63 unten. – Kömstedt, Bauten und Baumeister (1963), 63. – Hotz, Sammlung Eckert (1965), 25. – Katalog Stuttgart (1975), 104, Nr. 14, Abb. S. 105. – Tüchle/Weißenberger, Neresheim (1975), 36 ff., Abb. 4. – Otto, Space into Light (1979), Abb. 145. – Reuther, B. N. (1983), Abb. 159. – Hansmann, B. N. (1986), 169, Abb. 52.

SE 121
Neresheim (Kreis Aalen), Abteikirche Hll. Ulrich und Afra
Tafel 98 (Rolle)

Grundriß der Kirche. – Ausführungsentwurf, Januar/Februar 1749. Der ursprüngliche Planungsstand ist schwarz laviert, die Veränderungen (Pfeiler, Freisäulen, eingestellte Säulen in den Emporenöffnungen) nachträglich rot eingetragen. Rot (Veränderungen), rosa (Gesims) und hellgelb (Altbau) lavierte Federzeichnung. Maßstab in Bleistift, unbeschriftet. – 60,0 × 94,2 cm.

Pröll, Kirchenbauten (1936), 30, 203. – Neumann, Neresheim I (1942), 42, 48, 51, 53, 58–60, 62, 64 f., 67–71, 73, 75 f., 78, 80–82, Taf. 10. – Neumann, Neresheim II (1947), 118 f., 125, 127, 130, 134–153, 157 f., Fig. 12 a.b, Abb. 35. – Ausstellungskatalog Würzburg (1953), 49, Nr. B 151. – Reuther, Kirchenbauten (1960), 83. – Hotz, Sammlung Eckert (1965), 25. – Katalog Stuttgart (1975), 106, Nr. 15. – Tüchle/Weißenberger, Neresheim (1975), 36 ff., Abb. 5. – Otto, Space into Light (1979), 125. – Freeden, IV (1981), Abb. S. 64.

SE 122
Neresheim (Kreis Aalen), Abteikirche Hll. Ulrich und Afra
Tafel 99

Grundriß der Kirche, halbseitig in zwei verschiedenen Höhen: Rechts in Höhe der Emporen, links mit der Projektion des Hauptgesimses. – Ausführungsentwurf von 1749. Reinzeichnung der roten Variante von SE 121. – Grau (Neubau rechte Hälfte), schwarz (Neubau linke Hälfte), hellrot (Gesimse) und gelb (bestehender Turm) lavierte Federzeichnung mit Bleistift-Eintragungen am südöstlichen Übergang Vierung Chor, vor dem nordwestlichen Freisäulenpaar der Vierungskuppel sowie links unten oberhalb des Maßstabs. Rechts unten verblaßte Bleistiftschrift: »Neresheim Schwaben«(?). Maßstab in Schuh. – 58,9 × 91,2 cm.

Weißenberger, Neresheim (1934), 112, Abb. 62. – Pröll, Kirchenbauten (1936), 30, 204. – Neumann, Neresheim I (1942), 42, 62–71, 73, 75–78, 80–82, 84 f., Taf. 12. – Neumann, Neresheim II (1947), 118, 139, 141–162, Abb. 39. – Reuther, Kirchenbauten (1960), 83. – Hotz, Sammlung Eckert (1965), 25. – Otto, Interiors (1971), 187, Abb. 141. – Katalog Stuttgart (1975), 108, Nr. 21, Abb. S. 108.

SE 123
Neresheim (Kreis Aalen), Abteikirche Hll. Ulrich und Afra
Tafel 100

Längsschnitt durch die Kirche. – Ausführungsentwurf, Anfang 1749. Der Längsschnitt entspricht im wesentlichen dem Plan SE 120. Im dritten Langhausjoch ist nachträglich eine Empore, mit Säulen in der Emporenöffnung, eingezeichnet sowie links davon der Zugang zur Klausur verändert. Hellrot (Mauerschnitte), gelb (Fenster, Dachwerk, Turmhelme) und grau lavierte Federzeichnung. Maßstab unbeschriftet. – 62,9 × 93,5 cm.

Pröll, Kirchenbauten (1936), 32, 205. – Knapp, B. N. (1937), Abb. S. 62 unten. – Neumann, Neresheim I (1942), 42–44, 46–53, 57–59, 62, 67–69, 88–90, 94, Taf. 11. – Neumann, Neresheim II (1947), 118–120, 122 f., 125–127, 129 f., 133–135, 138, 144–146, 165–167, 171, 219, Abb. 36. – Reuther, Kirchenbauten (1960), 83. – Hotz, Sammlung Eckert (1965), 26. – Katalog Stuttgart (1975), 106, Nr. 16, Abb. S. 107.

SE 124
Neresheim (Kreis Aalen), Abteikirche Hll. Ulrich und Afra
Tafel 101

Längsschnitt durch die Kirche sowie halber Grundriß der Kuppellaterne. – Ausführungsentwurf, März 1749. Der Längsschnitt entspricht im wesentlichen dem Schnitt SE 123. Die dort angebrachten Korrekturen sind berücksichtigt: Hinterlegung aller Pfeiler mit Pilastern, entsprechende Verkröpfung des Gebälks, Empore im dritten Langhausjoch, Zugang zum Kloster. Eine weitere Empore ist im westlichen Chorjoch in Bleistift angedeutet. Hellrot (Mauerschnitte), gelb (Fenster, Dachwerk, Turmhelme) und grau lavierte Federzeichnung mit eigenhändiger Beschriftung Neumanns (braune Tinte) rechts unten: »Durch(sch)nit oder Profill der gantz Neyen Kirchen des löbl. Closters Neeresheimb dur(ch) die gantze lenge der Kirchen nach den grundt riss in Einerley grösse nach den Maß«. Datiert und signiert (r. u.): »Wirtzburg den 20 Martii 1749 Balthasar Neumann Obrister«. Maßstab in Schuh. – 62,9 × 93,2 cm.

Fuchs, Neresheim (1914), 9, 11, Abb. S. 12. – Fuchs, Zeichnungen (1917), Abb. 6. – Weißenberger, Neresheim (1934), 112, 115, Abb. 63. – Pröll, Kirchenbauten (1936), 32, 206. – Neumann, Neresheim I (1942), 42, 46 f., 52, 57–59, 61, 67–69, 87–90, Taf. 13. – Neumann, Neresheim II (1947), 118, 122 f., 133–136, 144–146, 164–167, 219, Abb. 38. – Reuther, Limbach (1948), 72 f. – Katalog »Plan und Bauwerk« (1952), 33, Nr. 126. – Ausstellungskatalog Würzburg (1953), 49, Nr. B 147, Abb. 47. – Reuther, Kirchenbauten (1960), 83. – Freeden III (1963), Abb. S. 63 oben. – Hotz, Sammlung Eckert (1965), 26. – Otto, Interiors (1971), 187, Abb. 140. – Ulrich, Neresheim (1974), 17, Abb. 2.1/9. – Katalog Stuttgart (1975), 106, Nr. 17. – Tüchle/Weißenberger, Neresheim (1975), Taf. 33. – Freeden IV (1981), Abb. S. 65. – Holst, Wölbformen (1981), 39, 56, Abb. 28. – Schütz, B. N. (1986), Abb. S. 183.

SE 125
Neresheim (Kreis Aalen), Abteikirche Hll. Ulrich und Afra
Tafel 102

Querschnitt durch das Langhaus (links) und halber Querschnitt durch das Zwickeljoch zwischen Langhaus und Vierung. – Ausführungsentwurf, Anfang 1749. Rot (Mauerschnitte) und grau lavierte Federzeichnung mit mehreren kleinen Bleistiftskizzen von der Hand Neumanns: Im Querschnitt links Korrektur der Höhe des Umgangs sowie des Dachansatzes. Rechts neben dem Halbquerschnitt oben Skizze eines oberen Fassadenfensters (beschriftet: »die obe ....«), neben der Laternenkuppel Korrekturskizze der Dächer im Vierungsbereich, darunter Skizze der Fassadenbrüstung (beschriftet: »die altane«), unten in der Schnittlinie Vorzeichnung für den Laternengrundriß. Ohne Maßstab. – 65,4 × 43,6 cm.

Pröll, Kirchenbauten (1936), 32, 207. – Neumann, Neresheim I (1942), 20, 22, 25 f., 57, Taf. 9. – Neumann, Neresheim II (1947), 96, 98, 101 f., 124, 134, Abb. 31. – Reuther, Kirchenbauten (1960), 83. – Hotz, Sammlung Eckert (1965), 26. – Katalog Stuttgart (1975), 108, Nr. 20.

SE 126
Neresheim (Kreis Aalen), Abteikirche Hll. Ulrich und Afra
Tafel 103

Aufriß zur Westfassade der Kirche. – Ausführungsentwurf, März 1749. Stumpfrot (Kuppel- und Laternendach), blau (Querhausdach), gelb (Kuppelkreuz, Dachvasen und Uhrring mit Stundenzeiger) und grau lavierte Federzeichnung mit eigenhändiger Beschriftung Neumanns (in brauner Tinte) oben rechts: »Auftrag der forderen Faciata der Neyen Kirchen In den löbl. Closter Neeresheimb Nach den beyligenden grundt riss welches alles nach Einen Maß nach den grundt riss gezeichnet.« Datiert und signiert (r. o.): »Wirtzburg den 20 martii 1749 Balthasar Neumann Obrister«. Maßstab in Schuh. – 62,8 × 50,2 cm.

Fuchs, Neresheim (1914), 11, Abb. S. 13. – Fuchs, Zeichnungen (1917), Abb. 1. – Weißenberger, Neresheim (1934), 112, 116, 119, Abb. 64. – Pröll, Kirchenbauten (1936), 31, 208 f. – Neumann, Neresheim I (1942), 68 f. – Neumann, Neresheim II (1947), 144 f. – Katalog »Plan und Bauwerk« (1952), 33, Nr. 127. – Ausstellungskatalog Würzburg (1953), 49, Nr. B 148, Abb. 46. – Reuther, Kirchenbauten (1960), 83. – Coulin, Architekten zeichnen (1962), Abb. 16. – Hotz, Sammlung Eckert (1965), 26. – Katalog Stuttgart (1975), 106.

SE 127
Neresheim (Kreis Aalen), Abteikirche Hll. Ulrich und Afra
Tafel 104

Aufriß zur Westfassade der Kirche. – Der Aufriß stimmt mit SE 126 weitgehend überein. Bereichert ist die plastische Dekoration: Schmuckvasen auf der Altanenbrüstung, Figuren und Vasen auf der Attika, reichere Ausführung der Wappenumrahmung im Giebeldreieck. Das Kuppeldach durch aufgelegte Rippen gegliedert. Hellrot (Kuppel- und Laternendach), grün (Querhausdach), gelb (Fenster,

Kuppelkreuz, Dachvasen und Uhrring mit Stundenzeiger), braun (Portal) und grau lavierte Federzeichnung. Maßstab in Schuh. – 65,2 × 48,3 cm.

Pröll, Kirchenbauten (1936), 31, 210. Reuther, Kirchenbauten (1960), 83. – Hotz, Sammlung Eckert (1965), 26. – Katalog Stuttgart (1975), 108, Nr. 19, Abb. S. 109. – Otto, Space into Light (1979), Abb. 152.

SE 128
Neresheim (Kreis Aalen), Abteikirche Hll. Ulrich und Afra
Tafel 105

Halber Querschnitt durch das Querhaus und halber Aufriß der Westfassade. – Ausführungsentwurf Anfang 1749. Rot (Mauerschnitte) und grau lavierte Federzeichnung; links oben kleine Bleistiftskizze. Grundriß eines Fensters in Rundung(?), Bleistiftkorrektur des Hauptgesimses am Querschnitt (Tieferlegung des Querhausfensters). Maßstab mit Ziffern in Bleistift; unbeschriftet. – 72,3 × 65,1 cm.

Fuchs, Neresheim (1914), 10f., Abb. S. 12. – Weißenberger, Neresheim (1934), 112, 116, Abb. 65. – Pröll, Kirchenbauten (1936), 31, 211. – Neumann, Neresheim I (1942), 26, 42, 44, 52, 68, 89f., Taf. 14. – Neumann, Neresheim II (1947), 118, 121, 129, 166f., Abb. 37. – Ausstellungskatalog Würzburg (1953), 49, Nr. B 150. – Reuther, Kirchenbauten (1960), 83. – Hotz, Sammlung Eckert (1965), 27. – Katalog Stuttgart (1975), 110, Nr. 23, Abb. S. 111.

SE 129
Neresheim (Kreis Aalen), Abteikirche Hll. Ulrich und Afra
Tafel 106 (Rolle)

Vorschlag für die Wölbung und für die Dachstühle der Kirche. – Von Franz Ignaz Michael Neumann, 1755. In der Mitte: Linke Hälfte Schnitt unterhalb der Gewölbe, rechts Aufsicht auf die Gewölbe. Beidseits neun Schnitte, deren Lage im Grundriß durch Buchstaben bezeichnet sind, ferner halber Querschnitt und halber Aufriß der Laterne und Aufriß eines Kuppelfensters. Rot (Armierungen), hellrot (Mauerschnitte), gelb (Armierungen), olivgrün (Dachfläche) und grau lavierte Federzeichnung. An allen Teilen Buchstaben zur Markierung. Eigenhändige Erläuterungen Ignaz Neumanns (in schwarzer Tinte): »NB. Weitere höhemaasen von dieser kirchen seynd nicht mehr ins künftige von gantz unten oder mitten hinauf, sondern entweder oben von dem innerem oder äusseren Architraph abzunehmen und seynd besonders die zuspringende bögen, gewölber, und Cupplen auch das gantze tachwerck entweder von dem inneren oberen hauptgesimbs, oder dem daraufstehenden sockel à 2½ schuhe hoch als ohnehin dortigen anfang aller zusprengender gewölber in ihrem vergrösserten maas abzutragen; und wird einstens in natura alle reale locirung der angebrachten schlauteren, nehmlichen nur solche sowohl nach ihrer rechter höhe bey denen gewölber als auch gerade oder schieffen lauff und recht abzunehmenden winckel wohl anzulegen und einzumauren auff das besteste und fleisigste anbefohlen.« – »A b Profil durch den chor gegen die mittlere kuppel anzusehen, worinnen hauptseglichen bey oben und mitten gesprengten kleinen böglein die durch das dunckelroth angezeigte eisen vorzu-

nehmende vesthaltung und weitere verwahrung deren ruinos dargestellten 3. pfeilern der breite und höhe nach vor allen anderen mus beobachtet werden, und ist solches im profil und grundriss Nmo. 1, 2, 3, 4 bey denen 3. chorpfeilern lincker hand, so mann in die kirchen hineingehet, wegen ihrem dem breiten weg nach hinein warts trohenden ruin auch schon in oberen kleinen gewölben bey num: 5. allenthalben herabgefallenen schlues- und gewölb-steinen unumbgänglichen nicht zu hinterlassen, welche nehmliche operation/: so sich ins künftigen ohne einiges verhoffen in anderen kirchen pfeileren etwas gefährliches auch alldorten äuseren solte:/ ebenfals vorzunehmen. Die verwahrung aber deren 3. obgemelden gefährlichen pfeileren, und ihren dem langen weeg nach anliegenden großen gewölben/: wie solches der länge nach im grundriss Num: 6. 7. zu sehen:/ mus im chor auf der rechten sowohl, als lincken seiten vorgenommen und nachgehends die Nischen bey Num: 8. im grundriss angewölbet werden.« – »C D. Profil durch den mittleren hauptgurt im chor, wo sich dieser von denen schieffen 2. lesinen aus oben eingewölb grad verwendet, und wie im solchen seine nischen und der fenster-schild sambt dem hinteren bogen in der höhe dicke und weite sich einschneidet.« – »E F Profil durch der hintersten chor kuppel, wie in solcher die einspringende abgröpfung auf beyden seiten an dem gewölb rings umb hervorragt, und sich die schilder darin schneiden.« – »G. H. Profil durch das langhaus gegen die mittlere Hauptkuppel zu anzuschauen.« – »J K Profil durch dem mittleren hauptgurt im langhaus, worinnen das nehmliche wie im chor durch C D. zu sehen.« – »L M Profil durch eine Creützkuppel gegen die Mittlere Haupt Cuppel anzusehen.« – »N. O. Profil überzwerg durch eine Creutz Cuppel gegen L anzusehen.« – »N O P halb Profil des Creutzes überhaupt durch die mittlere und einer anderen Creütz Cuppel.« – »Q R S Profil durch die Mittlere Haupt Cuppel bey einen oberen Cuppel-fenster mitten deren 2. saulen entzweygeschnitten, woraus die vollkommene vesthaltung des hauptwercks der gantzen Kirchen abzunehmen.« – »T U. Kuppel-fenster von aussen her anzusehen, derer 4. in die kuppel oberhalb versetzet werden.« Datiert und signiert (u. r.): »Neresheim d. 1. August 1755 Ignat. Franc. Mich. v. Neumann Wircebg«. Das Adelsprädikat »v« in der Signatur nachträglich mit brauner Tinte eingefügt. Das Blatt ist oben und rechts durch angeklebte Papierstücke vergrößert. Bei Schnitt A »Profil durch den Chor« Korrekturzeichnung aufgeklebt. Maßstab in Schuh. – 102,2 × 71,5 cm.

Weitere Pläne für Neresheim: Regensburg, Fürstlich Thurn- und Taxis'sches Zentralarchiv, Rep. XIV oben III; Rep. XIV, 97, 1. – Stuttgart, Württembergische Landesbibliothek, Sammlung Nicolai, Band 3 fol. 78 unten. – Wallerstein, Fürstlich Öttingen-Wallerstein'sches Archiv, VI, 122, 5. – Wien, Haus-, Hof- und Staatsarchiv, Reichshofratsakten, Obere Registratur S. 55 fol. 584, 589, 590, 594, 597.

Weißenberger, Neresheim (1934), 105, 112, Abb. 66. – Knapp, B. N. (1937), Abb. S. 60. – Weiler, F. I. M. Neumann (1937), 6. – Neumann, Neresheim I (1942), 86f. – Schmorl, B. N. (1946), Abb. S. 65. – Neumann, Neresheim II (1947), 163f. – Ausstellungskatalog Würzburg (1953), 49, Nr. B 152, Abb. 48. – Reuther, Gewölbebau (1953), 57, 61, 65, Abb. S. 65. – Reuther, Dachwerke (1955), 45, 50, Abb. 7. –

Reuther, Konstruktionsriß (1958), 40–49, Abb. 1–5. – Reuther, Kirchenbauten (1960), 31 f., 79, 83, Abb. 66. – Kömstedt, Bauten und Baumeister (1963), 77, Abb. 80. – Hotz, Sammlung Eckert (1965), 27 f. – Treeck, F. I. M. Neumann (1973), 12, 21, 22, 25 f., Abb. 5. – Ulrich, Neresheim (1974), 19, Abb. 2.1/10. – Katalog Stuttgart (1975), 112, Nr. 28, Abb. S. 113. – Klaus Dierks, in: Reuther, B. N. (1983), 239–243, Abb. 160, 161, 162, Faltblatt-Beilage. – Schneider, Münsterschwarzach (1984), 43, 45 f. – Hansmann, B. N. (1986), 170, Farbtafel 17.

SE 130 +
Merkershausen (Stadt Bad Königshofen, Kreis Rhön-Grabfeld), Katholische Pfarrkirche St. Martin

Grundriß, Seitenansicht und Fassade des Kirchenneubaues. – Planung 1737. Mit Beschriftung: »Copia von Tit. Herrn Obristleutnant Neumann seinem Original, so wohl grunthriß als auch der aufdrag Einer Seithen ahnzusehen zur neuen Kirchen auf Mörthershausen Ambts Königshofen der Vestung Johann Michael Schmitt Maurermeister alda.« – Zugehörig SE 131 +, SE 132 +.

Reuther, Landkirchen (1953), 161. – Reuther, Kirchenbauten (1960), 74. – Hotz, Sammlung Eckert (1965), 28.

SE 131 +
Merkershausen (Stadt Bad Königshofen, Kreis Rhön-Grabfeld), Katholische Pfarrkirche St. Martin

Situationsplan mit Grundriß der alten und der neuen Kirche. – Planung 1737. Mit Erläuterungen. Datiert und signiert: »Geschehen Königshofen den 2 Maii 1737 Joh. Michael Schmitt Maurermeister alda.« – Zugehörig SE 130 +, SE 132 +.

Reuther, Landkirchen (1953), 161. – Reuther, Kirchenbauten (1960), 74. – Hotz, Sammlung Eckert (1965), 28.

SE 132 +
Merkershausen (Stadt Bad Königshofen, Kreis Rhön-Grabfeld), Katholische Pfarrkirche St. Martin

Vorder- und Seitenansicht, Längs- und Querschnitt sowie Grundriß der neuen Kirche mit altem Turm. – Planung 1737. – Zugehörig SE 130 +, SE 131 +.

Reuther, Landkirchen (1953), 161. – Reuther, Kirchenbauten (1960), 74. – Hotz, Sammlung Eckert (1965), 28.

SE 133 +
Burgebrach (Kreis Bamberg), Katholische Pfarrkirche St. Veit

Situationsplan mit Grundriß, Aufriß und Schnitt für einen Kirchenneubau. – Entwurf Balthasar Neumanns, 1730. Mit Erläuterungen bezeichnet: »Grundriß von der neuen Kirche zu BurgEbrach in Franken«. Datiert und signiert: »Würtzburg den 10. Febr. 1730 Balthasar Neumann Obristlieut.«

Weitere Entwürfe zur Kirche von Burgebrach: Würzburg, Universitätsbibliothek, Delin. I/1, 73 (Grundriß) und Delin. I/1, 74 (Portal).

Reuther, Landkirchen (1953), 158. – Reuther, Kirchenbauten (1960), 51. – Hotz, Sammlung Eckert (1965), 29. – Ludwig, Dachwerke (1982), 37.

SE 134 +
Gemeinfeld (Markt Burgpreppach, Kreis Haßberge), Katholische Pfarrkirche Maria Geburt

Entwurf für den Kirchenneubau von Balthasar Neumann, 1737. – Bezeichnet: »Ney zu erbauente Kirchen In gemeinsfelt ambts Hoffingen«(?). Datiert und signiert: »Würtzburg den 8. Martii 1737 Balthasar Neumann Obristlieut.« – Die Lesart des alten Inventars der Sammlung Eckert – »gemeinsfelt ambts Höpfingen« – ist sicher irrig. Höpfingen (Neckar-Odenwald-Kreis) war nie Sitz eines Amtes; auch gibt es in der dortigen Umgebung keinen Ort »Gemeinsfeld«. Der ehemalige Amtssitz Hofheim (Kr. Haßberge) begegnet in Archivalien des 18. Jahrhunderts häufig als »Hoffingen«.

Reuther, Landkirchen (1953), 161. – Hotz, Sammlung Eckert (1965), 29. – Ludwig, Dachwerke (1982), 39.

SE 135 +
Modellentwurf für eine Landkirche

Grundrisse, Aufriß, Querschnitt mit Gewölbe und Längsschnitt mit Flachdecke einer Kirche. Schematischer Entwurf von Balthasar Neumann, 1750. Mit Erläuterungen, bezeichnet: »Zu Modell«. Datiert und signiert: »Wirtzburg den 1. Junii 1750 Balt. Neumann Obrist.«

Zu den Modellentwürfen Balthasar Neumanns für Landkirchen vgl.: M. Renner, Unbekannte Briefe und Quellen zum Wirken Balthasar Neumanns 1728–1753, in: Mainfränkisches Jahrbuch für Geschichte und Kunst 13, 1961, 145 Nr. 9 und Anm. 16.

Hotz, Sammlung Eckert (1965), 29.

SE 136 +
Schonungen (Kreis Schweinfurt), Alte Katholische Pfarrkirche St. Georg

Aufriß der Westfassade, Seitenansicht und Grundriß des Kirchenneubaues. – Bezeichnet: »Schonungen Kirchbau«.

Reuther, Landkirchen (1953), 161. – Reuther, Kirchenbauten (1960), 85 f. – Hotz, Sammlung Eckert (1965), 29.

SE 137+
Nicht bestimmter Kirchenbau
Abb. 19

Grundriß, Längs- und Querschnitt und Fassadenriß einer Kirche mit Chorturm. – Das Stück Papier mit Aufriß der Fassade angeklebt. Kolorierte Federzeichnung, Maßstab in Schuh.

Hotz, Sammlung Eckert (1965), 29.

SE 138+
Nicht bestimmter Kirchenbau

Querschnitt, Seitenansicht und Grundriß einer Kirche mit übernommenem alten Turm. – Maßstab in Schuh.

Hotz, Sammlung Eckert (1965), 30.

SE 139+
Nicht bestimmter Kirchenbau

Duplikat von SE 138. – Maßstab in Schuh.

Hotz, Sammlung Eckert (1965), 30.

SE 140+
Michelau (Kreis Schweinfurt), Katholische Filialkirche St. Michael und St. Georg

Situationsplan mit Grundriß einer Kirche, ähnlich SE 141+. – Bleistiftbeschriftung unleserlich. Maßstab in Schuh.

Reuther, Landkirchen (1953), 160. – Hotz, Sammlung Eckert (1965), 30.

SE 141+
Michelau (Kreis Schweinfurt), Katholische Filialkirche St. Michael und St. Georg

Seitenansicht mit Turmhaube auf angeklebtem Blatt, Querschnitt, Grundriß und Aufriß der Fassade für den Neubau der Kirche. – Beschriftet, datiert und signiert: »Diese Kirche nacher Michelau ist zu gewöhlmen von seiner hochfürst. Gnaden gnädigst anbefohlen undt aprobiret wordten Gaybach den 5. August 1736. Balt. Neumann Obristlieut.«

Reuther, Landkirchen (1953), 159f. – Hotz, Sammlung Eckert (1965), 30. – Ludwig, Dachwerke (1982), 38.

SE 142+
Michelau (Kreis Schweinfurt), Katholische Filialkirche St. Michael und St. Georg

Grundriß, Aufriß der Fassade, Längs- und Querschnitt für den Neubau der Kirche.

Reuther, Landkirchen (1953), 159f. – Reuther, Kirchenbauten (1960), 75. – Hotz, Sammlung Eckert (1965), 30. – Ludwig, Dachwerke (1982), 38.

SE 143+
Schnackenwerth (Kreis Schweinfurt), Katholische Pfarrkirche St. Andreas
Abb. 20

Aufriß der Fassade, Längs- und Querschnitt, Grundriß und Seitenansicht für den Neubau einer zweijochigen Kirche mit eingezogenem Chor und Chorturm. – Planung Balthasar Neumanns, 1744. Bezeichnet: »Kirchen Riß von Schnacken Wehr«. Mit eigenhändiger Beschriftungen Neumanns am Aufriß der Fassade: »Eysserlicher auftrag gegen der strass undt dorf«; am Längsschnitt: »Innerlicher Durchschnid nach der Länge der Kirchen«; am Grundriß: »grundt riss der Kirchen« und: »thurn undt Sacristey«; am Querschnitt: »Innerlicher Durchschnidt übers Creytz«; an der Seitenansicht: »Auftrag der Kirchen äusserlich der langen seiten undt der Chor«. Datiert und signiert (r. u.): »Wirtzburg den 18ten Juli 1744 Balthasar Neumann Obrister«.

Hegemann, Altarbaukunst (1937), 45. – Reuther, Landkirchen (1953), 164f. – Reuther, Kirchenbauten (1960), 75. – Hotz, Sammlung Eckert (1965), 30f. – Ludwig, Dachwerke (1982), 42, Abb. 5.

SE 144+
Zell (vielleicht Zella bei Dermbach/Thüringen oder Unterzell, Kreis Würzburg), Propsteikirche

Grundriß, bezeichnet und signiert: »Grundriß der Kirche nach der Probstei Zell. Balth. Neumann.« Maßstab in »piés«.

Hotz, Sammlung Eckert (1965), 31. – Hotz, Skizzenbuch (1981), 26.

SE 145+
Euerbach (Kreis Schweinfurt), Katholische Pfarrkirche St. Michael

Situationsplan mit Neubau in zwei verschiedenen Stellungen. Daneben Grundriß und Querschnitt des Neubaues. – Bezeichnet: »Eyerbach«. – Vgl. SE 146+.

Reuther, Landkirchen (1953), 162. – Reuther, Kirchenbauten (1960), 54. – Hotz, Sammlung Eckert (1965), 31. – Ludwig, Dachwerke (1982), 87.

SE 146+
Euerbach (Kreis Schweinfurt), Katholische Pfarrkirche St. Michael
Abb. 21

Grundriß, halber Querschnitt und halber Aufriß der Fassade, unvollendet. – Variante zu SE 145+; in Bleistift bezeichnet: »Eyerbacher Kirche«. Feder- und Bleistiftzeichnung, Maßstab unbeschriftet.

Reuther, Landkirchen (1953), 162. – Reuther, Kirchenbauten (1960), 54. – Hotz, Sammlung Eckert (1965), 31. – Ludwig, Dachwerke (1982), 87, 213, Abb. 19.

SE 147⁺
Nicht bestimmter Kirchenbau
Abb. 22

Seitenansicht, Grundriß, Aufriß der Einturmfassade, Längsschnitt und Querschnitt einer unbekannten Landkirche mit vierachsigem Langhaus und rund schließendem Chor. – Vermutlich Studienarbeit eines Zeichners im Neumann-Büro. Kolorierte Federzeichnung. Maßstab mit Ziffern, ohne Maßeinheit.

Schmitt, Kirchenfassaden (1945), 74f., Abb. 91. – Reuther, Landkirchen (1953), 167f., Abb. 13. – Hotz, Sammlung Eckert (1965), 31. – Schneider, Etwashausen (1979), 151.

SE 148⁺
Schraudenbach (Kreis Schweinfurt), Katholische Filialkirche St. Jakobus d. Ä.
Abb. 23

Längsschnitt, Querschnitt und Grundriß einer dreiachsigen Kirche mit eingezogenem Chor und Chorturm. – Mit Bleistift bezeichnet: »Schraudenbach«. Vermutlich Vorentwurf. Kolorierte Federzeichnung, Maßstab in Schuh.

Reuther, Landkirchen (1953), 167. – Reuther, Kirchenbauten (1960), 86. – Hotz, Sammlung Eckert (1965), 32. – Ludwig, Dachwerke (1982), 205, Abb. 4.

SE 149⁺
Nicht bestimmter Kirchenbau
Abb. 24

Aufriß der dreiachsigen Fassade, Seitenansicht, Querschnitt und Grundriß einer dreiachsigen Kirche mit eingezogenem Chor. – Übernommener, älterer(?) Turm an der Seite des Chors. Am Chorbogen Schönbornwappen. Kolorierte Federzeichnung, Maßstab in Schuh. – Vgl. SE 150⁺.

Hotz, Sammlung Eckert (1965), 32. – Ludwig, Dachwerke (1982), 207, Abb. 7.

SE 150⁺
Nicht bestimmter Kirchenbau

Duplikat von SE 149⁺.

Hotz, Sammlung Eckert (1965), 32.

SE 151⁺
Grafenrheinfeld (Kreis Schweinfurt), Katholische Pfarrkirche Kreuzauffindung
Abb. 25

Aufriß einer fünfachsigen Fassade, Grundriß, Längsschnitt vom Chor bis zum zweiten Langhausjoch und Querschnitt einer Kirche mit zweiachsigem Langhaus, Querhaus und Chorturm. – Das Langhaus als Zweischalenraum mit schmalem Emporengang geplant. Im Grundriß SE 181⁺ verwandt. Wohl Vorentwurf mit geringeren Abmessungen. Kolorierte Federzeichnung, Maßstab in Schuh. – Zugehöriger Grundriß SE 152⁺.

Reuther, Kirchenbauten (1960), 60. – Hotz, Sammlung Eckert (1965), 32. – Ludwig, Dachwerke (1982), 44f., Abb. 9, 10.

SE 152⁺
Grafenrheinfeld (Kreis Schweinfurt), Katholische Pfarrkirche Kreuzauffindung

Grundriß, zugehörig zu SE 151⁺.

Hotz, Sammlung Eckert (1965), 32. – Ludwig, Dachwerke (1982), 45.

SE 153⁺
Röthlein (Kreis Schweinfurt), Katholische Pfarrkirche St. Jakobus d. Ä.

Querschnitt und Grundriß für den Kirchenneubau. – Bezeichnet: »Rödleiner Kirche«; signiert: »Balthasar Neumann Obristlieut.«

Reuther, Landkirchen (1953), 167f. – Reuther, Kirchenbauten (1960), 85. – Hotz, Sammlung Eckert (1965), 32. – Ludwig, Dachwerke (1982), 40, 45.

SE 154⁺
Röthlein (Kreis Schweinfurt), Katholische Pfarrkirche St. Jakobus d. Ä.

Querschnitt, Seitenansicht, Aufriß der Turmfassade und Grundriß für den Kirchenneubau.

Reuther, Landkirchen (1953), 167f. – Reuther, Kirchenbauten (1960), 85. – Hotz, Sammlung Eckert (1965), 33. – Ludwig, Dachwerke (1982), 41.

SE 155⁺
Röthlein (Kreis Schweinfurt), Katholische Pfarrkirche St. Jakobus d. Ä.

Grundriß für den Kirchenneubau in größerem Maßstab. – Zugehörig SE 156⁺ und SE 157⁺.

Reuther, Landkirchen (1953), 167f. – Reuther, Kirchenbauten (1960), 85. – Hotz, Sammlung Eckert (1965), 33. – Ludwig, Dachwerke (1982), 41.

SE 156⁺
Röthlein (Kreis Schweinfurt), Katholische Pfarrkirche St. Jakobus d. Ä.
Abb. 26

Aufriß der Turmfassade mit Querschnitt für den Kirchenneubau. – Der Querschnitt ist durch das letzte Langhausjoch mit Blick zum Portal gelegt. An der Fassade über dem Portal Wappenkartusche. – Zugehörig SE 155⁺ und SE 157⁺. Kolorierte Federzeichnung; Maßstab mit Ziffern, ohne Maßeinheit.

Reuther, Kirchenbauten (1960), 85. – Hotz, Sammlung Eckert (1965), 33. – Ludwig, Dachwerke (1982), 40, 159, 222, Abb. 37.

SE 157⁺
Röthlein (Kreis Schweinfurt), Katholische Pfarrkirche St. Jakobus d. Ä.

Aufriß der Seitenfront für den Kirchenneubau; – zugehörig zu SE 155⁺ und SE 156⁺.

Reuther, Kirchenbauten (1960), 85. – Hotz, Sammlung Eckert (1965), 33. – Ludwig, Dachwerke (1982), 41.

SE 158⁺
Eyershausen (Stadt Bad Königshofen, Kreis Rhön-Grabfeld), Katholische Pfarrkiche St. Wendelin
Abb. 27

Seitenansicht, Grundriß und Aufriß der Turmfassade zum Neubau einer Kirche mit vierachsigem Langhaus und eingezogenem Chor. – Entwurf von Johann Michael Schmitt, Königshofen, 1752. – Kolorierte Federzeichnung, bezeichnet (r. u.): »Eyershauer Kirch«. Unter der Turmfront Vermerk von der Hand Schmitts: »gegen aufgang und dorf«. Signiert und datiert (r. u.): »J. Michel Schmitt M.Mstr. zu Königshofen 1752.« Maßstab in Schuh. Am rechten Rand beschädigt.

Vgl. den Entwurf von J. M. Schmitt im Pfarrarchiv Eyershausen mit kleineren Abweichungen.

Hotz, Sammlung Eckert (1965), 33.

SE 159⁺
Michelau (Kreis Schweinfurt), Katholische Filialkirche St. Michael und St. Georg
Abb. 28

Grundriß, Querschnitt durch das östliche Langhausjoch und Aufriß der Turmfassade für den geplanten Neubau. – Entwurf, 1736/37. Im Gegensatz zur Ausführung sieht der Plan ein dreijochiges, mit einer Stichkappentonne überwölbtes Langhaus vor. Die Eingangshalle im Turmuntergeschoß ellipsenförmig geplant, die Dekoration der Einturmfassade reicher. Getuschte Federzeichnung, mit Bleistift bezeichnet »Michelau«. Maßstab in Schuh.

Schmitt, Kirchenfassaden (1945), 59f., Abb. 67. – Reuther, Landkirchen (1953), 159f., Abb. 5. – Reuther, Kirchenbauten (1960), 75. – Hotz, Sammlung Eckert (1965), 33. – Ludwig, Dachwerke (1982), 38, 205, Abb. 3.

SE 160⁺
Oberlauda (Main-Tauber-Kreis), Katholische Pfarrkirche St. Martin
Abb. 29

Seitenansicht, Aufriß der Turmfassade und Grundriß einer Kirche mit Einturmfassade, dreiachsigem Langhaus, eingezogenem Altarraum mit dreiseitigem Schluß. – Beschriftet: »Project einer Neuzubauten Kirch zu oberLauda« – »Seiten Prospect«, »Porthal« und »Grundriß«, daran: »Sacristey«. Federzeichnung. Maßstab unbeschriftet. – Der Bau wurde mit vereinfachter Wandgliederung 1790 ff. ausgeführt.

Hotz, Sammlung Eckert (1965), 34.

SE 161⁺
Höpfingen (Neckar-Odenwaldkreis), Katholische Pfarrkirche St. Ägidius
Abb. 30

Aufriß der Turmfassade, Seitenansicht, Querschnitt und Grundriß für einen Kirchenneubau. Entwurf von Balthasar Neumann, 1742. Plan einer Kirche mit Einturmfassade, dreiachsigem Langhaus, eingezogenem Altarraum mit dreiseitigem Schluß. – Kolorierte Federzeichnung, bezeichnet (oben): »Höpffinger Kirchen-Riss«. Im Grundriß Maßangaben in Schuh. Datiert und signiert (r. u.): »Wirtzburg den 18. Januarii 1742 Balt. Neumann Obrist«. Maßstab in Schuh. – Vgl. SE 162⁺.

Schmitt, Kirchenfassaden (1945), 60f., Abb. 68. – Reuther, Landkirchen (1953), 164, Abb. 10. – Reuther, Kirchenbauten (1960), 63. – Hotz, Sammlung Eckert (1965), 34. – Ludwig, Dachwerke (1982), 41f., 204, Abb. 1.

SE 162⁺
Höpfingen (Neckar-Odenwaldkreis), Katholische Pfarrkirche St. Ägidius

Duplikat von SE 161⁺ ohne Signatur Neumanns. Kolorierte Federzeichnung.

Reuther, Kirchenbauten (1960), 63. – Hotz, Sammlung Eckert (1965), 34. – Ludwig, Dachwerke (1982), 42.

SE 163⁺
Retzbach (Kreis Main-Spessart), Katholische Pfarrkirche St. Laurentius
Abb. 31

Ansicht der Südseite, Grundriß, Aufriß der Turmfassade und Querschnitt durch das östliche Langhausjoch mit Blick zum Altar. – Entwurf Balthasar Neumanns zum Neubau der Kirche mit Einturmfassade, dreijochigem Langhaus, eingezogenem Altarraum mit dreiseitigem Schluß, 1736. Am Chorbogen Schönbornwappen. Kolorierte Federzeichnung, von Neumann beschriftet (oben): »Retzbacher Kirchen bau welcher von seiner hochfürst. gnaden gnädigst beliebt wordten Würtzburg den 11 April 1736«. Signiert (r. u.): »Balthasar Neumann Obristlieut.« Maßstab in Schuh. – Vgl. SE 164⁺.

Schmitt, Kirchenfassaden (1945), 29–31, Abb. 29. – Reuther, Landkirchen (1953), 160. – Reuther, Kirchenbauten (1960), 84f. – Hotz, Sammlung Eckert (1965), 34. – Ludwig, Dachwerke (1982), 37f.

SE 164⁺
Retzbach (Kreis Main-Spessart), Katholische Pfarrkirche St. Laurentius
Abb. 32

Duplikat von SE 163⁺, jedoch ohne Beschriftung und Signatur. Auf der Mittelachse Maßangaben; eine Empore mit Bleistift(?) in den Plan skizziert. Kolorierte Federzeichnung, Maßstab in Schuh.

Reuther, Landkirchen (1953), 160. – *Reuther, Kirchenbauten (1960)*, 84f. – *Hotz, Sammlung Eckert (1965)*, 34. – *Ludwig, Dachwerke (1982)*, 38, 207, Abb. 8.

SE 165⁺
Nicht bestimmter Kirchenbau
Abb. 33

Querschnitt durch das Langhaus, halbe Seitenansicht (Turm und anschließendes Langhausjoch) kombiniert mit halbem Längsschnitt (restliches Langhaus und Altarraum) sowie Grundriß einer Kirche. – Kolorierte Federzeichnung, Maßstab in Schuh.

Hotz, Sammlung Eckert (1965), 35.

SE 166⁺
Dittigheim (Main-Tauber-Kreis), Katholische Pfarrkirche St. Vitus
Abb. 34

Aufriß der Turmfassade, Seitenansicht, Querschnitt durch das Langhaus, Längsschnitt und Grundriß für den Neubau der Kirche; dazu Grundriß des Kranzgesimses. – Der Vorschlag sieht eine Einturmfassade, ein dreijochiges, tonnengewölbtes Langhaus und einen eingezogenen Altarraum mit dreiseitigem Schluß vor. Kolorierte Federzeichnung. Zwei Maßstäbe in Schuh. – Vgl. SE 167⁺.

Reuther, Kirchenbauten (1960), 53. – *Hotz, Sammlung Eckert (1965)*, 35. – *Ludwig, Dachwerke (1982)*, 42–44, 206, Abb. 6.

SE 167⁺
Dittigheim (Main-Tauber-Kreis), Katholische Pfarrkirche St. Vitus
Abb. 35

Aufriß der Turmfassade, Seitenansicht, Querschnitt durch das Langhaus, Längsschnitt, Grundriß für den Neubau der Kirche, dazu Grundriß des Kranzgesimses. – Variante zu SE 166⁺: Änderung der Portalzone und der Langhauswölbung. Kolorierte Federzeichnung mit Bleistiftkorrekturen (Veränderung der Wandpfeiler im Langhaus und der Außengliederung des Altarraumes). Ein Maßstab mit Ziffern ohne Maßeinheit, ein weiterer in Schuh. – Vgl. SE 166⁺, SE 170⁺.

Reuther, Kirchenbauten (1960), 53. – *Hotz, Sammlung Eckert (1965)*, 35. – *Ludwig, Dachwerke (1982)*, 44.

SE 168⁺
Dittigheim (Main-Tauber-Kreis), Katholische Pfarrkirche St. Vitus
Abb. 36

Längsschnitt und Grundriß für den Neubau der Kirche. Entwurf Neumanns von 1744 für eine Kirche mit Turmfassade, dreiachsigem Langhaus und dreiseitig schließendem Altarraum, beide mit Voutendecke. Im Grundriß von Neumann eigenhändig bezeichnet: »Von Holtz geschalte Kirchen nacher Dittigheimb«. Kolorierte Federzeichnung, signiert (r. u.): »Balthasar Neumann Obrister«. Maßstab in Schuh. – Vgl. SE 169⁺.

Schmitt, Kirchenfassaden (1945), 38f., Abb. 36. – *Reuther, Landkirchen (1953)*, 162. – *Reuther, Kirchenbauten (1960)*, 53. – *Hotz, Sammlung Eckert (1965)*, 35. – *Ludwig, Dachwerke (1982)*, 44.

SE 169⁺
Dittigheim (Main-Tauber-Kreis), Katholische Pfarrkirche St. Vitus

Replik von SE 168⁺, ohne Signatur. Mit Bleistift bezeichnet: »Dittigheimb ohne gewöhlm.« – Vgl. SE 168⁺.

Reuther, Landkirchen (1953), 162. – *Reuther, Kirchenbauten (1960)*, 53. – *Hotz, Sammlung Eckert (1965)*, 35.

SE 170⁺
Dittigheim (Main-Tauber-Kreis), Katholische Pfarrkirche St. Vitus
Abb. 37

Querschnitt durch das Langhaus, Längsschnitt, Grundriß, Aufriß der Turmfassade und Seitenansicht für den Neubau der Kirche. – Entwurf Neumanns 1744. Der Plan ist eine Variante des Vorschlags SE 167⁺ mit Änderungen der Portalzone, der Langhauswände und der Altarraumwölbung. Bezeichnet: »Dittigheimer Kirchen Riss«. Kolorierte Federzeichnung, von Neumann eigenhändig beschriftet, datiert und signiert (r.): »nach dießen riss ist die Kirchen in natura von mir in loco angelegt worden undt demnach zu bauen wehre. Wirtzburg den 2 August 1744 Balthasar Neumann Obrister.« Maßstab in Schuh. – Vgl. SE 171⁺.

Schmitt, Kirchenfassaden (1945), 38f., Abb. 37. – *Reuther, Landkirchen (1953)*, 162, Abb. 6. – *Reuther, Kirchenbauten (1960)*, 53. – *Hotz, Beiträge (1961)*, 316. – *Hotz, Sammlung Eckert (1965)*, 35f. – *Ludwig, Dachwerke (1982)*, 44. – *Hansmann, B. N. (1986)*, 147, Abb. 41.

SE 171⁺
Dittigheim (Main-Tauber-Kreis), Katholische Pfarrkirche St. Vitus
Abb. 38

Duplikat von SE 170⁺. Kolorierte Federzeichnung, bezeichnet: »Dittigheimer Kirchen Riß«. Im Grundriß von Neumanns Hand beschriftet: »gewöhlmbte kirchen von stein«. Signiert (r. u.): »Balthasar Neumann Obrister«. Maßstab in Ziffern, ohne Maßeinheit.

Ein weiterer Plan zur Kirche in Dittigheim entsprechend SE 170⁺ und SE 171⁺ mit Sakristei am Chorjoch: Koblenz: Staatsarchiv, Abt. 702 Nr. 3865.

Reuther, Landkirchen (1953), 162. – *Reuther, Kirchenbauten (1960)*, 53. – *Hotz, Sammlung Eckert (1965)*, 36. – *Ludwig, Dachwerke (1982)*, 44.

SE 172 +
Dittigheim (Main-Tauber-Kreis), Katholische Pfarrkirche St. Vitus

Situationsplan mit Grundriß und Querschnitt der alten Kirche sowie Grundriß für einen Neubau mit Querschiff. – Entwurf von 1739. Bezeichnet: »Dittigheimb«.

Reuther, Landkirchen (1953), 162. – Reuther, Kirchenbauten (1960), 53. – Hotz, Beiträge (1961), 316. – Hotz, Sammlung Eckert (1965), 36. – Ludwig, Dachwerke (1982), 44.

SE 173 +
Dittigheim (Main-Tauber-Kreis), Katholische Pfarrkirche St. Vitus
Abb. 39

Querschnitt durch das Langhaus, Grundriß einer Kirche mit Einturmfassade, zweijochigem Langhaus, Querschiff und Altarraum mit eingezogener Rundapsis sowie Aufriß der Turmfassade. – Entwurf von 1739. Getuschte und lavierte Federzeichnung. Mit Bleistift bezeichnet: »Dittigheimb«. Maßstab in Schuh.

Schmitt, Kirchenfassaden (1945), 38 f., Abb. 38. – Reuther, Landkirchen (1953), 162. – Reuther, Kirchenbauten (1960), 53. – Hotz, Beiträge (1961), 316, Abb. S. 313. – Hotz, Sammlung Eckert (1965), 36. – Reuther, Einwirkungen (1973), 78. – Ludwig, Dachwerke (1982), 44.

SE 174 +
Heusenstamm (Kreis Offenbach/Main), Katholische Pfarrkirche St. Cäcilia und St. Barbara
Abb. 40

Aufriß der Turmfassade, Querschnitt durch das Langhaus, Seitenansicht und Grundriß einer Kirche mit Einturmfassade, zweijochigem Langhaus, Querschiff und Altarraum mit eingezogenem, dreiseitigem Schluß. – Der Grundriß entspricht der Bleistiftzeichnung auf SE 202. Kolorierte Federzeichnung. Maßstab in Schuh.

Schmitt, Kirchenfassaden (1945), 36–38, Abb. 35. – Reuther, Landkirchen (1953), 162. – Reuther, Kirchenbauten (1960), 61. – Hotz, Beiträge (1961), 316, Abb. S. 315. – Hotz, Sammlung Eckert (1965), 36. – Otto, Interiors (1971), 96, Abb. 65. – Reuther, Einwirkungen (1973), 78. – Otto, Space into Light (1979), Abb. 67. – Ludwig, Dachwerke (1982), 39, 204, Abb. 2.

SE 175
Wiesentheid (Kreis Kitzingen), Katholische Pfarrkirche St. Mauritius
Tafel 107

Aufriß der Westfassade zum Neubau der Kirche. – Über dem Portal an der dem Turm vorgeblendeten Fassade großes Schönborn-Wappen. Die beiden Voluten des Obergeschosses geringfügig variierend. Unten Grundriß des freien Turmgeschosses und der Laterne. Blau (Turmhelm) und grau lavierte Federzeichnung; im Turmgrundriß Innenbegrenzung der Mauern und die Diagonalen mit Bleistift skizziert. Beschriftung in brauner Tinte (unten) von Neumanns Hand: »Kürchen Faciata von Wißenthaid mit seinem thurn abgeben den 15 Xbr (= Dezember) 1727«. Signiert (r. u.): »Balt: Neumann«. Maßstab mit Ziffern, ohne Maßeinheit. – 42,7 × 17,2 cm.

Ein weitgehend identischer Plan: Koblenz, Staatsarchiv, Abt. 702 Nr. 247 links (im Dekor reicherer Studienplan von Johannes Seitz, 1736).

Pröll, Kirchenbauten (1936), 9. – Heß, Münsterschwarzach (1938), 52. – Ausstellungskatalog Würzburg (1953), 39, Nr. B 94. – Reuther, Landkirchen (1953), 157 f. – Reuther, Kirchenbauten (1960), 100. – Hotz, Beiträge (1961), 305, 307, Abb. S. 307. – Domarus, Wiesentheid (1962), 7 f., Abb. 4. – Hotz, Sammlung Eckert (1965), 36 f. – Reuther, Einwirkungen (1973), 78. – Ludwig, Dachwerke (1982), 68, 209, Abb. 11. – Reuther, B. N. (1983), Abb. 176.

SE 176
Wiesentheid (Kreis Kitzingen), Katholische Pfarrkirche St. Mauritius
Tafel 108

Aufriß der Westfassade zum Neubau der Kirche. – Vorschlag einer Turmfassade, die flächiger gehalten ist als die Fassade SE 175: Durchgehende Pilastergliederung statt Säulen, Fenster statt Figurennischen. Auf den Ecken der Attika die allegorischen Figuren von Glaube und Hoffnung. Federzeichnung, bezeichnet (oben) in brauner Tinte: »Wißend–Heyd«. Ohne Maßstab. – 45,5 × 25,3 cm.

Pröll, Kirchenbauten (1936), 9. – Reuther, Landkirchen (1953), 157 f. – Reuther, Kirchenbauten (1960), 100. – Hotz, Beiträge (1961), 308. – Hotz, Sammlung Eckert (1965), 37. – Reuther, Einwirkungen (1973), 78. – Ludwig, Dachwerke (1982), 68, 209, Abb. 12.

SE 177
Wiesentheid (Kreis Kitzingen), Katholische Pfarrkirche St. Mauritius
Tafel 109

Seitenansicht der westlichen Kirchenhälfte (Turm und drei Langhausjoche) sowie Querschnitt durch das Langhaus mit Einblick in den Chor. – Vorentwurf, zum Fassadenaufriß SE 176 gehörig, jedoch von anderer Hand. Blau (Dächer und Eisenarmierung), gelb (Dachwerk) und grau lavierte Federzeichnung. Zwei Maßstäbe mit Ziffern, ohne Maßeinheit. – 44,6 × 62,2 cm.

Weitere Pläne zu Wiesentheid: Würzburg, Staatsarchiv; Graf von Schönborn'sches Archiv: Drei Blätter mit alter Kirche, Umbauplan und Grundriß-Skizzen zum Neubau. – Würzburg, Mainfränkisches Museum, Inv. Nr. S. 48691: Grundrisse, Schnitt und Aufriß des Turmobergeschosses und Aufriß einer Säule.

Pröll, Kirchenbauten (1936), 9. – Reuther, Landkirchen (1953), 157 f. – Reuther, Schübler und B. N. (1955), 350, 352. – Reuther, Kirchenbauten (1960), 100. – Hotz, Beiträge (1961), 308–310, Abb. S. 306. – Hotz, Sammlung Eckert (1965), 37. – Ludwig, Dachwerke (1982), 68, 82–84, 210, Abb. 13, 14.

SE 178⁺
Nicht bestimmter Kirchenbau
Abb. 41

Situationsplan mit Grundriß eines Vorgängerbaues (gestrichelt) und eines projektierten Kirchenneubaus, der im rechten Winkel zur alten Kirche angeordnet ist. – Neubau mit zweiachsigem Langhaus, ausladendem Querhaus (z. T. auf den Fundamenten der alten Kirche), rechteckigem Chor und innen halbrund, außen dreiseitig schließendem Altarraum. Das Langhaus ebenfalls mit halbrundem Schluß. Kolorierte Federzeichnung. Maßstab in Schuh. Der Plan bezieht sich nicht, wie verschiedentlich in der Literatur angenommen, auf den Neubau der Kirche in Wiesentheid oder Grafenrheinfeld, da die örtlichen Gegebenheiten in beiden Fällen nicht mit dem Plan übereinstimmen. Eine Variante der gleichen Planung zeigt SE 179⁺.

Reuther, Gewölbebau (1953), 60. – Reuther, Kirchenbauten (1960), 100. – Hotz, Sammlung Eckert (1965), 37. – Ludwig, Dachwerke (1982), 68.

SE 179⁺
Nicht bestimmter Kirchenbau

Situationsplan mit Grundriß eines Vorgängerbaues und eines projektierten Kirchenneubaues. – Der Neubaugrundriß ist eine Variante von SE 178⁺. Kolorierte Federzeichnung. – Zugehörig SE 180⁺.

Reuther, Gewölbebau (1953), 60. – Reuther, Kirchenbauten (1960), 100. – Hotz, Sammlung Eckert (1965), 37.

SE 180⁺
Nicht bestimmter Kirchenbau

Längs- und Querschnitt zu SE 179⁺.

Reuther, Gewölbebau (1953), 60. – Reuther, Kirchenbauten (1960), 100. – Hotz, Sammlung Eckert (1965), 37.

SE 181⁺
Grafenrheinfeld (Kreis Schweinfurt), Katholische Pfarrkirche Kreuzauffindung
Fig. 3

Situationsplan mit alter Kirche und projektiertem Neubau. – Planung Balthasar Neumanns, 1748. – Lageplan der alten, kreuzförmigen Kirche innerhalb eines Gadenberings, den ringsum ein Graben umgibt. Eingezeichnet der geplante Neubau zu einer Kirche mit zweiachsigem Langhaus, wenig ausspringendem Querhaus und halbrund schließendem Altarraum. Das Langhaus von schmalen Emporen umzogen. Kolorierte Federzeichnung, bezeichnet: »Grundriß des gräffen Reinfelter Kirchen blatzes«. Datiert und signiert: »Wirtzburg d. 31. August 1748 Balthasar Neumann Obrister«. – Vgl. SE 151⁺.

Der Plan SE 181⁺ ist nur in einer Nachzeichnung (KDM Bayern, III, 1. Bez. Amt Schweinfurt) überliefert.

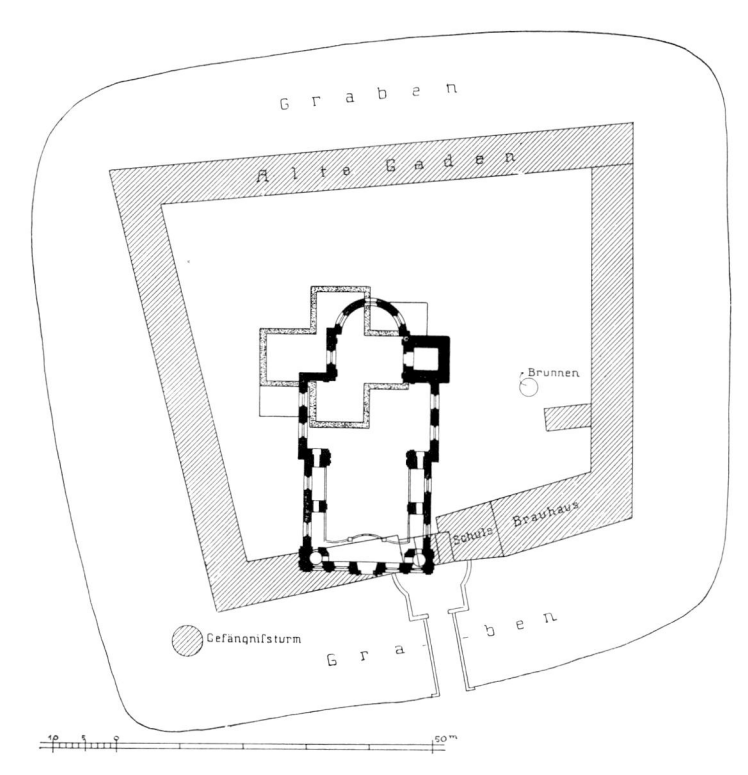

Fig. 3: SE 181⁺. nach: Die Kunstdenkmäler von Unterfranken und Aschaffenburg XVII. Stadt und Bezirksamt Schweinfurt, bearbeitet von Felix Mader und Georg Lill, München 1917, Fig. 110.

Kunstdenkmäler Schweinfurt (1917), 146f., Fig. 110. – Reuther, Limbach (1948), 77. – Reuther, Gewölbebau (1953), 60. – Reuther, Landkirchen (1953), 166. – Reuther, Kirchenbauten (1960), 61. – Hotz, Sammlung Eckert (1965), 38. – Ludwig, Dachwerke (1982), 45.

SE 182⁺
Grafenrheinfeld (Kreis Schweinfurt), Katholische Pfarrkirche Kreuzauffindung

Grundriß und Schnitt für einen Kirchenneubau. – Beschriftet: »Grundriß der Ney zu erbauen seienden Kirchen In Gräffen Reinfeld Sambt den durchschnitt Wie diese inwendig und zu gewölmen ist«. Datiert und signiert: »Wirtzburg den 31. August 1748 Balthasar Neumann Obrister.« – Vgl. SE 183⁺.

Kunstdenkmäler Schweinfurt (1917), 146f. – Reuther, Limbach (1948), 77. – Reuther, Gewölbebau (1953), 60. – Reuther, Landkirchen (1953), 166. – Reuther, Kirchenbauten (1960), 61. – Hotz, Gößweinstein (1961), Abb. 1. – Hotz, Sammlung Eckert (1965), 38. – Ludwig, Dachwerke (1982), 45.

SE 183+
Grafenrheinfeld (Kreis Schweinfurt), Katholische Pfarrkirche Kreuzauffindung

Grundriß und Schnitt für einen Kirchenbau. – Replik von SE 182+ ohne Beschriftung und ohne Signatur.

Reuther, Gewölbebau (1953), 60. – Reuther, Landkirchen (1953), 166. – Reuther, Kirchenbauten (1960), 61. – Hotz, Sammlung Eckert (1965), 38. – Ludwig, Dachwerke (1982), 45.

SE 184+
Dettelbach (Kreis Kitzingen), Katholische Pfarrkirche St. Augustinus
Abb. 42

Längsschnitt, Seitenansicht, Grundriß und Querschnitte durch Langhaus und Chor für einen weitgehenden Umbau der spätgotischen Kirche. – Planung von Balthasar Neumann, 1753. Das fünfachsige Langhaus soll als dreischiffige tonnengewölbte Hallenkirche neu gebaut werden. Der tiefe, dreiseitig schließende Chor verwendet die Südfront des spätgotischen Baues. Der alte Turm soll abgebrochen, ein neuer an der Nordseite des Chors im Winkel zum Langhaus erbaut werden. Kolorierte Federzeichnung. Von Neumann eigenhändig bezeichnet: »Dettelbacher Kirchen Riss. Profill in der Länge der Kirchen inwendig. auftrag gegen die Kellerey. Profill zum Langhaus. Profill in den Chor«. Kennzeichnende Buchstaben »A – G«. Datiert und signiert (r. u.): »Wirtzburg den 6. Martii 1753 Balthasar Neumann Obrister.«

Weitere Pläne zur Pfarrkirche in Dettelbach: Würzburg, Staatsarchiv: HV Ms. f. 479 »Dettelbach, den Kirchenbau allda betr. mit einem Riß de anno 1753«, ebenda Neubauplan von Johann Müller von 1753. – Ein einfacherer Plan von Johann Müller und ein aufwendigerer von Koch, beide 1751 (Würzburg, Staatsarchiv, Misc. 3237) 1945 verbrannt. – Vgl. Renner, Briefe, S. 146, Abb. 37.

Hotz, Sammlung Eckert (1965), 38. – Ludwig, Dachwerke (1982), 44–47.

SE 185
Gößweinstein (Kreis Forchheim), Katholische Pfarr- und Wallfahrtskirche zur Heiligsten Dreifaltigkeit
Tafel 110

Situationsplan mit alter und neuer Kirche sowie mit den benachbarten Gebäuden (Franziskanerkloster, Schule, Kaplanei und Pfarrhaus entsprechend ihrer Situierung vor dem Brand von 1746). – Die Achse des Neubaus ist nach Süden verschoben. Die Umfassungsmauern variierend: Hellgraue Mauerfluchten zur alten Kirche gehörig, dunkelgraue Mauer auf den Neubau bezogen. Bleistiftkorrekturen betreffen ebenfalls die Begrenzung des Geländes, u. a. ist die von Küchel ausgeführte halbrunde Terrasse als Bleistiftskizze eingetragen. – Hellrot (alte Kirche), grün (Brunnen im Pfarrhof) und grau lavierte Federzeichnung. Das Papier aus vier Teilen zusammengeklebt. – Mit Bleistift beschriftet: »Gössweinstein«. Eine Maßangabe in Bleistift. Maßstab mit Ziffern, ohne Maßeinheit. – 61,2 × 43,6 cm.

Pröll, Kirchenbauten (1936), 212. – Reuther, Kirchenbauten (1960), 59f. – Kunstdenkmäler Pegnitz (1961), 191, Abb. 114. – Hotz, Sammlung Eckert (1965), 38.

SE 186+
Gößweinstein (Kreis Forchheim), Katholische Pfarr- und Wallfahrtskirche zur Heiligsten Dreifaltigkeit
Abb. 43

Grundriß für einen Kirchenneubau. – Frühester erhaltener Plan Neumanns für Gößweinstein, 1729/30. – Vorschlag einer Kirche mit dreijochigem Langhaus, mit polygonal schließenden Querhausarmen und ebensolchem Altarraum. Da kein Chorjoch vorgesehen ist, wirkt die Ostpartie sehr gedrungen. Dreiviertelsäulen an den Vierungspfeilern nehmen die Gurtbogen der Konchen auf. Die Langhauskapellen stark abgesondert. Fassade mit kräftig vorspringendem Mittelturm. Als Alternative ist eine Zweiturmfront (nachträglich?) punktiert angedeutet. Getuschte Federzeichnung. Maßstab mit Ziffern, ohne Maßeinheit. – 23,3 × 12,2 cm.

Pröll, Kirchenbauten (1936), 14, 40, 213. – Schmitt, Kirchenfassaden (1945), 74f., 108, Abb. 92. – Reuther, Kirchenbauten (1960), 59f. – Hotz, Beiträge (1961), 309. – Kunstdenkmäler Pegnitz (1961), 191f. – Hotz, Sammlung Eckert (1965), 39.

SE 187
Gößweinstein (Kreis Forchheim), Katholische Pfarr- und Wallfahrtskirche zur Heiligsten Dreifaltigkeit
Tafel 111

Grundriß für den Kirchenneubau. – Vorentwurf Balthasar Neumanns, 1729/30. – Chor – mit einem Vorjoch –, Querhaus und Langhaus sind weitgehend dem ausgeführten Bau angenähert. Der starke eingezogene Frontturm wird von zwei fast quadratischen Kapellen flankiert. Der Umriß der alten Kirche ist in schwach gestrichelten Linien angegeben. Im Langhaus gestrichelte Konstruktionslinien. Bleistiftzeichnung, Maßstab in Schuh. – 60,7 × 43,7 cm. Zugehöriger Halbgrundriß, Seitenaufriß und Schnitt durch das Querhaus in: Koblenz, Staatsarchiv, Abt. 702 Nr. 6542 Blatt 50.

Pröll, Kirchenbauten (1936), 13f., 214. – Schmitt, Kirchenfassaden (1945), 108. – Hotz, Beiträge (1961), 309f. – Reuther, Kirchenbauten (1960), 59f. – Kunstdenkmäler Pegnitz (1961), 193. – Hotz, Sammlung Eckert (1965), 39.

SE 188
Gößweinstein (Kreis Forchheim), Katholische Pfarr- und Wallfahrtskirche zur Heiligsten Dreifaltigkeit
Tafel 112

Grundriß für den Kirchenneubau. – Vorentwurf Balthasar Neumanns, 1729/30. – Die Planung verbindet den Grundriß SE 187 mit einer seitlich ausspringenden Doppelturmfassade. Diese in zwei halbseitigen Varianten: Links mit Dreiviertelsäulen, rechts mit Pilastergliederung. Die Eingangshalle halbrund. Grau getuschte Federzeichnung, Bleistifteintragungen: Kommunionbank und Anordnung der Seitenaltäre in zwei halbseitigen Varianten (links am südöstlichen Vierungspfeiler, rechts freistehend im Querhaus), Angabe der Kapellenaltäre und der Bankblöcke im Langhaus, verschiedene Maßangaben. An den Stirnseiten der Querarme sind die Fenster durch Rasuren zu Türen verändert. An Türmen und Fassaden ist der äußere Sockel nicht eingezeichnet. Maßstab mit Ziffern, ohne Maßeinheit. – 46,9 × 27,5 cm.

Pröll, Kirchenbauten (1936), 215. – Schmitt, Kirchenfassaden (1945), 108. – Reuther, Kirchenbauten (1960), 59f. – Kunstdenkmäler Pegnitz (1961), 193. – Hotz, Sammlung Eckert (1965), 39.

SE 189
Gößweinstein (Kreis Forchheim), Katholische Pfarr- und Wallfahrtskirche zur Heiligsten Dreifaltigkeit
Tafel 113

Grundriß für den Kirchenneubau. – Ausführungsentwurf Balthasar Neumanns, 1730. Der Plan entspricht weitgehend dem ausgeführten Bau. Abweichend nimmt die Vierungskuppel ohne Stichkappen das ganze Vierungsquadrat ein. Hellrosa (Innen- und Außensockel, Altarsäulen und Tabernakel des Hochaltares), hellgelb (Beichtstühle), hellgrau (Altäre, Balustergeländer) und schwarz lavierte Federzeichnung. Maßstab mit Ziffern, ohne Maßeinheit. – 56,2 × 41,5 cm.

Pröll, Kirchenbauten (1936), 216f. – Teufel I (1936), 63, Abb. 30. – Hegemann, Altarbaukunst (1937), 33f. – Reuther, Limbach (1948), 49. – Ausstellungskatalog Würzburg (1953), 41, Nr. B 105. – Teufel, B. N. (1953), 32f., Abb. 30. – Schädler, Gößweinstein (1957), Abb. 1. – Teufel II (1957), 61. – Reuther, Kirchenbauten (1960), 59f. – Kunstdenkmäler Pegnitz (1961), 194, Abb. 116. – Hotz, Sammlung Eckert (1965), 39. – Otto, Space into Light (1979), Abb. 52.

SE 190
Gößweinstein (Kreis Forchheim), Katholische Pfarr- und Wallfahrtskirche zur Heiligsten Dreifaltigkeit
Tafel 114

Aufriß und Mauergrundriß der Fassade. – Ausführungsentwurf Balthasar Neumanns, 1730. – Der Ausführung weitgehend entsprechend. Rot (Grundriß), grüngelb (Fenster), braungelb (Portal) und grau lavierte Federzeichnung. Maßstab mit Ziffern, ohne Maßeinheit. – Vgl. SE 191+. – 55,1 × 40,0 cm.

Ein nahezu identischer Fassadenplan, Studienzeichnung von Johann Lang um 1750, in: Berlin, Staatliche Museen Preußischer Kulturbesitz, Kunstbibliothek, Hdz. 5941.

Pröll, Kirchenbauten (1936), 218f. – Schmitt, Kirchenfassaden (1945), 108, 110, Abb. 127. – Reuther, Kirchenbauten (1960), 59f. – Kunstdenkmäler Pegnitz (1961), 194, Abb. 113. – Hotz, Sammlung Eckert (1965), 39. – Reuther, Zeichnungen (1979), 74. – Reuther, B. N. (1983), Abb. 139.

SE 191+
Gößweinstein (Kreis Forchheim), Katholische Pfarr- und Wallfahrtskirche zur Heiligsten Dreifaltigkeit
Abb. 44

Grundriß für den Kirchenneubau. – Ausführungsentwurf Balthasar Neumanns, 1730. Duplikat von SE 189 in größerem Maßstab, jedoch ohne Skizzierung der Gewölbe. Die Altäre in Chor und Querhaus z. T. nur in Bleistift skizziert. Getuschte Federzeichnung. Zwei Maßstäbe in Schuh. – 109,0 × 58,5 cm.

Entwürfe von Anselm Franz Freiherrn von Ritter zu Gruenstein zur Kirche in Gößweinstein (um 1727/28) in: Kiedrich (Rheingau), Familienarchiv der Freiherrn Ritter zu Groenesteyn.

Pröll, Kirchenbauten (1936), 220. – Reuther, Kirchenbauten (1960), 59f. – Hotz, Sammlung Eckert (1965), 39.

SE 192
Maria-Limbach (Kreis Haßberge), Katholische Wallfahrts- und Pfarrkirche Mariae Heimsuchung
Tafel 115

Grundriß der alten Kirche und Grundriß zum Neubau in zwei halbseitigen Varianten sowie Querschnitt. – Vorentwürfe Balthasar Neumanns, 1751. Die linke halbseitige Variante bringt eine Chorturmkirche mit Vorjoch, dreiachsigem Langhaus und eingezogenem doppeljochigem Chor mit halbrund schließendem Altarraum. Ein schmaler Emporengang zieht sich um Langhaus und Chor. Die rechte Planvariante zeigt im Langhaus zwei querovale Kuppeln. Der Querschnitt entspricht der linken Grundrißvariante. In Bleistift skizziert Sakristei und Wendeltreppe an der Südostecke des Chores. Hellrot (Mauerschnitte), gelb (Grundriß der alten Kirche, Dachwerk), schwarz (linke Planvariante) und hellgrau lavierte Federzeichnung mit Rasur am Chor. Das rechte obere Viertel des Planes fehlt. Maßstab mit Ziffern, ohne Maßeinheit. – 45,3 × 60,0 cm.

Pröll, Kirchenbauten (1936), 37, 221f. – Weiler, F. I. M. Neumann (1937), 4. – Neumann, Neresheim II (1947), 132, 198, 201, Abb. 55. – Reuther, Limbach (1948), 3, 28–31, 46, 77, Abb. 14. – Reuther, Limbach I (1948), 355f., 358f. – Reuther, Mainfranken (1949), 160, Abb. S. 160. – Reuther, Variante zu Limbach (1952), 360. – Ausstellungskatalog Würzburg (1953), 50, Nr. B 153. – Reuther, Gewölbebau (1953), 60. – Reuther, Landkirchen (1953), 166f., Abb. 12. – Reuther, Limbach II (1953), 209–211. – Reuther, Limbach III (1960), 3f., 6, Abb. 12. – Reuther, Kirchenbauten (1960), 72. – Hotz, Sammlung Eckert (1965), 40. – Otto, Interiors (1971), 134–136, Abb. 90, 91. – Otto, Space into Light (1979), 111f., Abb. 123. – Holst, Wölbformen (1981), 55, Abb. 55. – Ludwig, Dachwerke (1982), 97f., Abb. 20. – Reuther, B. N. (1983), Abb. 156. – Hansmann, B. N. (1986), 165f.

SE 193 +
Maria-Limbach (Kreis Haßberge), Katholische Wallfahrts-
und Pfarrkirche Mariae Heimsuchung
Abb. 45

Grundriß, Teillängsschnitt und Teilquerschnitt. – Ausführungsentwurf von Balthasar Neumann, 1751. Grundriß der Kirche mit Emporenumgang, Schnitt durch den Turm und den Chor sowie Querschnitt durch eine Achse der rechten Seitenräume mit Emporengang mit Langhausanschluß. Das Blatt rechts beschnitten. Federzeichnung; Grundriß schwarz getuscht, Schnitte in mehreren Farben laviert. Am Grundriß Hilfslinien in Bleistift. Maßstab mit Ziffern.

Pröll, Kirchenbauten (1936), 36f., 223f. – Weiler, F. I. M. Neumann (1937), 4. – Reuther, Limbach (1948), 28, 31f., 46, Abb. 15. – Reuther, Limbach I (1948), Abb. S. 358. – Reuther, Variante zu Limbach (1952), 360. – Reuther, Gewölbebau (1953), 60. – Reuther, Limbach II (1953), 211. – Reuther, Limbach III (1960), 6. – Reuther, Kirchenbauten (1960), 72. – Hotz, Sammlung Eckert (1965), 40. – Otto, Space into Light (1979), 111f., Abb. 121. – Ludwig, Dachwerke (1982), 98.

SE 194
Maria-Limbach (Kreis Haßberge), Katholische Wallfahrts-
und Pfarrkirche Mariae Heimsuchung
Tafel 116

Aufriß der Fassade zum Neubau der Kirche. – Ausführungsentwurf von Balthasar Neumann, 1751. Durch Lisenen gegliederte fünfachsige Fassade; im Dreieckgiebel Schönborn-Wappen.

Pröll, Kirchenbauten (1936), 37, 225. – Reuther, Limbach (1948), 28, 32–34, 46, Abb. 16. – Reuther, Variante zu Limbach (1952), 361. – Reuther, Gewölbebau (1953), 60. – Reuther, Limbach II (1953), 211. – Reuther, Limbach III (1960), 6. – Reuther, Kirchenbauten (1960), 31, 72, Taf. 51. – Hotz, Sammlung Eckert (1965), 40. – Ludwig, Dachwerke (1982), 98. – Hansmann, B. N. (1986), 166.

SE 195
Maria-Limbach (Kreis Haßberge), Katholische Wallfahrts-
und Pfarrkirche Mariae Heimsuchung
Tafel 117

Ansicht der Längsseite von Osten (die Kirche liegt in Nord-Süd-Richtung). – Ausführungsentwurf von Balthasar Neumann, 1751. Hellrot (Dachflächen), blau (Turmhelm) und grau lavierte Federzeichnung. Maßstab in Schuh. – 44,0 × 56,0 cm.

Pröll, Kirchenbauten (1936), 37, 226. – Weiler, F. I. M. Neumann (1937), 4. – Reuther, Limbach (1948), 28, 34f., 46, Abb. 17. – Reuther, Gewölbebau (1953), 60. – Reuther, Limbach II (1953), 211. – Reuther, Limbach III (1960), 6. – Reuther, Kirchenbauten (1960), 37, 72. – Hotz, Sammlung Eckert (1965), 40. – Ludwig, Dachwerke (1982), 98, 214, Abb. 21.

SE 196
Maria-Limbach (Kreis Haßberge), Katholische Wallfahrts-
und Pfarrkirche Mariae Heimsuchung
Tafel 118

Perspektivischer Längsschnitt, oben Wappen des Fürstbischofs Friedrich Carl von Schönborn, links von posaunenblasendem Engel getragene Schriftrolle mit dem Gnadenbild und angedeuteter Legende. – Stichvorlage von Ignaz Michael Neumann, 1753. Längsschnitt durch Turm, Chor und Langhaus der Kirche sowie perspektivische Darstellung der Fassade und einem kurzen Stück der anstoßenden, östlichen Langhausmauer. Im Vordergrund Arbeitsgeräte, beidseits umgebende Landschaft. Die Beschriftung auf dem Legendenzettel nur mit Bleistift angedeutet. Grau lavierte Federzeichnung, signiert (r. u.): »Ign: Mich: Neumann delineavit 1753.« – 52,8 × 62,1 cm.

Variante (Studienzeichnung) zu den Plänen von Maria-Limbach, vermutlich von Georg Neussel, um 1755: Bamberg, Staatsbibliothek, Pläne unbestimmter Provenienz Nr. 67.

Pröll, Kirchenbauten (1936), 37, 227. – Weiler, F. I. M. Neumann (1937), 4, 12, Taf. I. – Reuther, Limbach (1948), 21, 28, 35f., 46, Abb. 18. – Reuther, Limbach I (1948), 358, Abb. S. 359. – Reuther, Mainfranken (1949), Abb. S. 169 oben. – Ausstellungskatalog Würzburg (1953), 50, Nr. B 154, Abb. 49. – Reuther, Landkirchen (1953), 167. – Reuther, Limbach II (1953), 211, Taf. 8. – Reuther, Gewölbebau (1953), 60. – Reuther, Konstruktionsriß (1958), 43. – Einsingbach, Planfunde (1959), Abb. S. 39. – Reuther, Limbach III (1960), 6, Abb. 10. – Reuther, Kirchenbauten (1960), 72. – Freeden III (1963), Abb. S. 65. – Reuther, Franken (1963), 125f., Abb. 44. – Hotz, Sammlung Eckert (1965), 40. – Otto, Interiors (1971), 134, Abb. 92. – Treeck, F. I. M. Neumann (1973), 18, 25f., Abb. 3. – Otto, Space into Light (1979), Abb. 120. – Freeden IV (1981), Abb. S. 66. – Ludwig, Dachwerke (1982), 98, 109–111, Abb. 22, 23. – Reuther, B. N. (1983), Abb. 148. – Hansmann, B. N. (1986), 166, Abb. 51.

SE 197 +
Nicht bestimmter Kirchenbau

Längsschnitt, Grundriß und Aufriß der Fassade einer Kirche mit zwei rings umlaufenden Emporen und gotischem Chor.

Hotz, Sammlung Eckert (1965), 40.

SE 198 +
Holzkirchen (Kreis Würzburg), Ehemalige Propsteikirche
St. Sixtus

Grundriß des Neubaues. – Vorentwurf Balthasar Neumanns für eine Zentralkirche (Quadrat mit Oktogon). Hellbraun getuschte Federzeichnung.

Reuther, Kirchenbauten (1960), 65. – Hotz, Sammlung Eckert (1965), 41. – Manitz, Dientzenhofer (1981), 176, Anm. 2.

SE 199 a⁺
Holzkirchen (Kreis Würzburg), Ehemalige Propsteikirche St. Sixtus

Grundriß des Neubaues. – Vorentwurf Balthasar Neumanns für eine Zentralkirche (Oktogon mit Seitenkapellen). Hellbraun getuschte Federzeichnung.

Reuther, Kirchenbauten (1960), 65. – Hotz, Sammlung Eckert (1965), 41. – Manitz, Dientzenhofer (1981), 176, Anm. 2.

SE 199 b
Holzkirchen (Kreis Würzburg), Ehemalige Propsteikirche St. Sixtus
Tafel 119

Aufriß der Nordfront des geplanten Neubaues. – Ausführungsentwurf Balthasar Neumanns für Zentralbau (Oktogon) mit gewalmtem, achtseitigem Kuppeldach und Laterne, um 1726. Grau lavierte Federzeichnung, Fenster und Türen schwarz getuscht. Maßstab mit Ziffern, ohne Maßeinheit. – 44,0 × 26,8 cm.

Weitere Pläne zu Holzkirchen: Würzburg, Universitätsbibliothek, Del. II/118; Würzburg, Mainfränkisches Museum, Inv. Nr. S 48691.

Lohmeyer, Baumeister II (1929), Abb. 84. – Pröll, Kirchenbauten (1936), 8. – Ausstellungskatalog Würzburg (1953), 39, Nr. B 92. – Reuther, Kirchenbauten (1960), 65. – Freeden III (1963), Abb. S. 19 rechts. – Hotz, Sammlung Eckert (1965), 41. – Otto, Space into Light (1979), Abb. 33. – Freeden IV (1981), Abb. S. 21 rechts. – Manitz, Dientzenhofer (1981), 176, Anm. 2.

SE 200
Nicht bestimmter Kirchenbau
Tafel 120

Querschnitt, Aufriß der Fassade und Grundriß der sechsseitigen Turmlaterne einer kleinen Kirche mit dachreiterähnlichem Frontturm; am Giebel leerer Wappenschild, dessen Helmzier, Herzogshut, Schwert und Stab, deuten auf den Fürstbischof von Würzburg als Bauherrn. Hellrot (Mauerschnitte, Dachfläche), gelb (Dachwerk) und grau lavierte Federzeichnung, ohne Maßstab. – 47,0 × 33,0 cm.

Hotz, Sammlung Eckert (1965), 41. – Ludwig, Dachwerke (1982), 222, Abb. 36.

SE 201⁺
Würzburg, Wallfahrtskirche »Käppele«

Aufriß der zweitürmigen Fassade und Grundriß der Kirche mit links anstoßender Kapelle. Skizzenhaftes Blatt, signiert: »Boltzer Dröxel Maurermeister« (= Balthasar Trexler).

Pröll, Kirchenbauten (1936), 36, 92–94. – Hotz, Sammlung Eckert (1965), 41.

SE 202
Heusenstamm (Kreis Offenbach), Katholische Pfarrkirche St. Cäcilia und St. Barbara
Tafel 121

Grundriß zum Neubau der Kirche; Grundriß des freien Turmobergeschosses. – Vorentwurf Balthasar Neumanns, 1738/39. Vorschlag einer Kirche mit Turmfassade, einschiffigem, zweijochigem Langhaus, Querhaus mit dreiseitig schließenden Armen, eingezogenem Chor mit halbrundem Schluß. In den Vierungsecken Säulen. Mit Bleistift ist eingezeichnet der Grundriß einer Kirche mit wenig ausladendem, geradeschließendem Querhaus und größerem, dreiseitig schließendem Chor. Dieser skizzierte Grundriß entspricht dem Plan SE 174⁺. Bleistiftkorrekturen ferner am Emporenaufgang und an der inneren Turmwand. Grau getuschte Federzeichnung mit Zahlenangaben, u. a. »18 Sch hoch die saulen allein«, (r.) in Bleistift. Eigenhändige Beschriftung Neumanns in brauner Tinte (r. u.): »Dießer thurn undt faciata kan zum andern grundt riss auch gebracht werden, Undt der thurn oben mit steinwerckh ohne runde saulen.« Diese Angabe bezieht sich auf SE 174⁺. Maßstab in Schuh. – 40,8 × 29,6 cm.

Variante zum Plan SE 202 mit dreijochigem Langhaus: Koblenz, Staatsarchiv, Abt. 702, Nr. 6542, Blatt 100.

Pröll, Kirchenbauten (1936), 19f., 228. – Ausstellungskatalog Würzburg (1953), 41, Nr. B 107. – Reuther, Landkirchen (1953), 162. – Reuther, Kirchenbauten (1960), 62, Taf. 38. – Hotz, Beiträge (1961), 316, Abb. S. 315. – Hotz, Sammlung Eckert (1965), 41f. – Otto, Interiors (1971), 96, Abb. 61. – Otto, Space into Light (1979), Abb. 65. – Ludwig, Dachwerke (1982), 40. – Reuther, B. N. (1983), Abb. 141.

SE 203
Heusenstamm (Kreis Offenbach), Katholische Pfarrkirche St. Cäcilia und St. Barbara
Tafel 122

Grundriß zum Neubau der Kirche. – Vorentwurf Balthasar Neumanns, 1738/39. Vorschlag einer Kirche mit Turmfassade, einschiffigem, zweijochigem Langhaus, Querhaus mit dreiseitig schließenden Armen; der im Außenbau ebenfalls dreiseitige Chorschluß innen halbrund. In den Vierungsecken Säulen. Grau getuschte Federzeichnung mit Bleistifteintragungen: Korrekturen an den Pilastern des Chorschlusses, an den Vierungsecken und skizzierte Vierungskuppel. Die Korrekturen von SE 202 werden teilweise übernommen (Chorschluß, Turminnenseite); die Korrekturen auf SE 203 entsprechen dem Planvorschlag SE 204 (gerundete Vierungsecken). Maßstab mit Ziffern in Bleistift, ohne Maßeinheit. – 43,2 × 25,8 cm.

Pröll, Kirchenbauten (1936), 19f., 229. – Reuther, Landkirchen (1953), 162. – Reuther, Kirchenbauten (1960), 62. – Hotz, Beiträge (1961), 316. – Hotz, Sammlung Eckert (1965), 42. – Otto, Interiors (1971), 96, Abb. 62. – Ludwig, Dachwerke (1982), 40.

SE 204
Heusenstamm (Kreis Offenbach), Katholische Pfarrkirche St. Cäcilia und St. Barbara
Tafel 123

Grundriß zum Neubau der Kirche und des Pfarrhauses. – Ausführungsentwurf Balthasar Neumanns 1739. Der Plan entspricht im wesentlichen dem korrigierten Vorentwurf SE 203. Rechts oben Erdgeschoß Grundriß eines Wohnhauses. Grau lavierte Federzeichnung; rechts neben dem Langhausgrundriß Bleistiftzeichnung (am Querschnitt der Langhauswand; die Gewölbelinien in Bleistift, ebenso Treppenstufen des Haupteingangs. Maßstab mit einzelnen Ziffern in Bleistift, ohne Maßeinheit. Maßstab beim Pfarrhausgrundriß mit Ziffern, ohne Maßeinheit. – 48,0 × 70,0 cm.

Pröll, Kirchenbauten (1936), 19f., 230. – Reuther, Landkirchen (1953), 162. – Müller, Heusenstamm (1956), Abb. 1. – Reuther, Kirchenbauten (1960), 62. – Hotz, Beiträge (1961), 316, Abb. S. 315. – Hotz, Sammlung Eckert (1965), 42. – Otto, Interiors (1971), 96, Abb. 63. – Ludwig, Dachwerke (1982), 40.

SE 205
Heusenstamm (Kreis Offenbach), Katholische Pfarrkirche St. Cäcilia und St. Barbara
Tafel 124

Aufriß der Fassade. – Ausführungsentwurf, 1739. Grau lavierte Federzeichnung. Maßstab unbeschriftet. – 50,8 × 33,0 cm.

Pröll, Kirchenbauten (1936), 19f., 231. – Ausstellungskatalog Würzburg (1953), 41, Nr. B 108. – Reuther, Landkirchen (1953), 162. – Reuther, Kirchenbauten (1960), 62, Taf. 37. – Hotz, Sammlung Eckert (1965), 42. – Ludwig, Dachwerke (1982), 40. – Reuther, B. N. (1983), Abb. 142. – Hansmann, B. N. (1986), 116f., Abb. 38.

SE 206
Kitzingen-Etwashausen, Katholische Heiligkreuzkirche
Tafel 125

Grundriß zum Neubau der Kirche. – Ausführungsentwurf, 1740. Im Grundriß dem ausgeführten Bau weitgehend entsprechend. Die gestrichelten Gewölbelinien entsprechen dagegen nicht der 1744 vollendeten Einwölbung. Grau lavierte Federzeichnung mit Korrekturen (Emporentreppe, Eingangstreppe und seitliche Abschlüsse der Fassade) sowie Hilfslinien in Bleistift. Maßstab in Bleistift mit Ziffern, ohne Maßeinheit. – 60,5 × 39,0 cm.

Pröll, Kirchenbauten (1936), 21f., 232f. – Reuther, Landkirchen (1953), 163f. – Reuther, Kirchenbauten (1960), 68. – Hotz, Sammlung Eckert (1965), 42. – Otto, Interiors (1971), Abb. 34, 68–71, Abb. 34. – Ludwig, Dachwerke (1982), 129.

SE 207 +
Kitzingen-Etwashausen, Katholische Heiligkreuzkirche
Abb. 46

Aufriß der Fassade, Grundriß, Querschnitt durch Vierung und Querhaus sowie Längsschnitt zum Neubau der Kirche. – Ausführungsentwurf, 1740. Der Grundriß entspricht im wesentlichen dem ausgeführten Bau und dem Plan SE 206, das Gewölbe nicht der 1744 vollendeten Einwölbung. Lavierte Federzeichnung mit Bleistiftkorrektur (seitlicher Fassadenabschluß). Maßstab in Schuh.

Lohmeyer, Baumeister II (1929), Abb. 89. – Pröll, Kirchenbauten (1936), 21f., 234ff. – Hegemann, Altarbaukunst (1937), 42. – Lohmeyer, B. N. (1937), Abb. S. 34. – Schmitt, Kirchenfassaden (1945), 80, Abb. 96. – Neumann, Neresheim II (1947), 32–35, Abb. 12. – Reuther, Landkirchen (1953), 163f. – Reuther, Kirchenbauten (1960), 68. – Lehmann, Neumann (1962), 229. – Hotz, Sammlung Eckert (1965), 42. – Otto, Interiors (1971), 72, 75. – Holst, Wölbformen (1981), 25. – Ludwig, Dachwerke (1982), 129, 218, Abb. 28.

SE 208
Kitzingen-Etwashausen, Katholische Heiligkreuzkirche
Tafel 126

Zwei Grundriß-Varianten, Fassadenaufriß und Querschnitt durch Vierung und Querhaus. – Vorentwurf zum Kirchenneubau 1740, mit nur einjochigem Langhaus. Die beiden Grundrisse in der Fassadengestaltung und durch die Ecksäulen in den Querhausarmen unterschieden. Der Querschnitt folgt dem rechten Grundriß. Angeklebt war ein heute verlorener Grundriß der Südwestecke des Langhauses, zugehörig zu einer zweijochigen Variante entsprechend SE 206, SE 207 +, SE 209. Rötlich (Dächer), gelb (Dachwerk) und grau lavierte Federzeichnung; Mauerwerkschnitte des Querschnitts mit Rötel koloriert. Bleistiftkorrekturen am linken Grundriß (Verlängerung des Langhauses, Altäre). Die beiden Querhausabschlüsse (ohne Ecksäulen) im linken Grundriß über Rasuren. Maßstab unbeschriftet. – 64,2 × 51,3 cm.

Scherf, Etwashausen (1932), Abb. 1. – Pröll, Kirchenbauten (1936), 21f., 237f. – Teufel I (1936), 63. – Hegemann, Altarbaukunst (1937), 42. – Neumann, Neresheim II (1947), 31f., 35, Abb. 11. – Ausstellungskatalog Würzburg (1953), 42, Nr. B 111. – Reuther, Landkirchen (1953), 163f. – Teufel II (1957), 61. – Reuther, Kirchenbauten (1960), 68. – Lehmann, Neumann (1962), 229. – Hotz, Sammlung Eckert (1965), 43. – Otto, Interiors (1971), 68–71, Abb. 35. – Otto, Space into Light (1979), 89, Abb. 84. – Holst, Wölbformen (1981), 25. – Ludwig, Dachwerke (1982), 129, 218, Abb. 29.

SE 209
Kitzingen-Etwashausen, Katholische Heiligkreuzkirche
Tafel 127

Aufriß der Fassade. – Grundriß und Querschnitt durch Vierung und Querhaus. Ausführungsentwurf von Balthasar Neumann, 1740. Im Grundriß und Fassadenaufriß dem ausgeführten Bau im wesentlichen entsprechend. Die gestrichelten Gewölbelinien entsprechen dagegen nicht der 1744 vollendeten Einwölbung. Hellrot (Mauerwerkschnitte und Hauptgesims), gelb (Dachwerk), schwarz (Grundriß) und grau lavierte Federzeichnung mit Bleistiftbeschriftung von Neumanns Hand (oben Mitte): »Kitzinger Chatolisch Kirch«. Maßstab unbeschriftet. – 69,9 × 55,5 cm.

Sedlmaier/Pfister, Residenz (1923), Anm. 86. – Pröll, Kirchenbauten (1936), 21 f., 239. – Hegemann, Altarbaukunst (1937), 42. – Ausstellungskatalog Würzburg (1953), 42, Nr. B 110. – Reuther, Landkirchen (1953), 163 f. – Reuther, Kirchenbauten (1960), 68. – Hotz, Sammlung Eckert (1965), 43. – Otto, Interiors (1971), 68–71. Abb. 36. – Otto, Space into Light (1979), Abb. 85. – Holst, Wölbformen (1981), 25. – Ludwig, Dachwerke (1982), 129, 219, Abb. 30. – Schütz, B. N. (1986), Abb. S. 119.

SE 210
Würzburg, Wallfahrtskirche »Käppele«
Tafel 128

Zwei Grundrisse, davon der linke in zwei halbseitigen Varianten; rechts Querschnitt durch das Langhaus, zum Grundriß in der Mitte gehörend. – Vorentwurf von Balthasar Neumann für einen 1740 beabsichtigten Neubau. Dreikonchenanlage mit zweiachsigem Langhaus, das in querovale Räume aufgelöst ist bzw. von einem Queroval überwölbt wird. Der linke Grundriß zeigt als Rücklagen der Säulenpaare in der Vierung gekuppelte Pilaster anstelle der Dreiviertelsäulen wie sie der Grundriß in der Blattmitte vorsieht. Vgl. zu dieser Lösung auch SE 211. Auf der Spitze des Turmhelms Figur, Maria mit Kind als »Patrona Franconiae« (mit Herzogshut). Grau und blau (Dächer) lavierte Federzeichnung. Zwei Maßstäbe in Schuh, beim rechten Maßstab Maßeinheit in Bleistift. – 62,2 × 81,4 cm.

Teufel I (1936), 62, 75, Abb. 31. – Neumann, Neresheim I (1942), 47. – Schmitt, Kirchenfassaden (1945), 80, Abb. 98. – Neumann, Neresheim II (1947), 27–32, 124, Abb. 10. – Teufel, B. N. (1953), 54, Abb. S. 65. – Teufel II (1957), 61, 67, 72, Abb. 25. – Reuther, Kirchenbauten (1960), 68. – Reuther, Etwashausen (1961), 1 ff. – Hotz, Beiträge (1961), 317, Abb. S. 319. – Lehmann, Neumann (1962), 229. – Hotz, Sammlung Eckert (1965), 43. – Otto, Interiors (1971), 67–70, 104, Abb. 74. – Otto, Space into Light (1979), Abb. 101. – Holst, Wölbformen (1981), 32, 56, Abb. 21.

SE 211
Würzburg, Wallfahrtskirche »Käppele«
Tafel 129

Querschnitt durch Vierung und Querhaus, Grundriß und Fassadenaufriß. – Entwurf für den 1740 beabsichtigten Neubau. Dreikonchenanlage mit zweiachsigem Langhaus mit einem Queroval. Der Grundriß entspricht dem von SE 210 (Mitte). Rot (Mauerschnitte und Altarmensen), gelb (Dachwerk), blau (Dächer), schwarz (Grundriß) und grau lavierte Federzeichnung. In der Mitte über dem Chorgrundriß Vermerk von Neumanns Hand in Bleistift. »gegen den berg«. Dies spricht gegen die frühere Bestimmung des Planes als Entwurf für die Heiligkreuzkirche in Kitzingen-Etwashausen. Maßstab in Schuh. – 55,6 × 88,1 cm.

Ausstellungskatalog Würzburg (1953), 43, Nr. B 113. – Reuther, Kirchenbauten (1960), 68. – Hotz, Beiträge (1961), 317, Abb. S. 316. – Reuther, Etwashausen (1961), 3, Anm. 3. – Hotz, Sammlung Eckert (1965), 43. – Otto, Interiors (1971), 67–70, 104, Abb. 75. – Hansmann, B. N. (1986), 163, Abb. 50. – Schütz, B. N. (1986), Abb. S. 144 oben (Detail).

SE 212
Würzburg, Wallfahrtskirche »Käppele«
Tafel 130

Querschnitt durch Vierung und Querhaus sowie Fassadenaufriß. – Entwurf für den 1740 beabsichtigten Neubau. Übereinstimmend mit SE 211 mit Ausnahme der Gewölbe, außerdem hier auf der Spitze des Turmhelmes Figur, Maria mit Kind, wie bei SE 210. Hellrot (Mauerschnitte), gelb (Dachwerk), blau (Dächer) und grau lavierte Federzeichnung. Maßstab in Schuh. – 55,4 × 74,2 cm.

Neumann, Neresheim II (1947), 33. – Reuther, Kirchenbauten (1960), 68. – Hotz, Beiträge (1961), 317. – Hotz, Sammlung Eckert (1965), 43. – Otto, Interiors (1979), 67–70, 104, Abb. 76.

SE 213⁺
Würzburg, Wallfahrtskirche »Käppele«
Abb. 47

Grundriß einer Dreikonchenanlage mit kurzem Langhaus. – Vorentwurf für den 1740 beabsichtigten Neubau. Der Entwurf bereitet die linke Variante im Grundriß SE 210 links, vor. Das Langhaus wird durch die Wölbung der Dreikonchenanlage so angeschlossen, daß der Grundriß der Gewölbe eine Vierkonchenanlage widerspiegelt. Bleistiftkorrekturen (Verlängerung und Gliederung des Langhauses, konvexe Fassade sowie an der Vierung). Grau getuschte Federzeichnung. Maßstab in Schuh.

Neumann, Neresheim II (1947), 27 f., 47, Abb. 9. – Reuther, Kirchenbauten (1960), 68. – Hotz, Beiträge (1961), 317. – Reuther, Etwashausen (1961), 3, Anm. 11. – Hotz, Sammlung Eckert (1965), 44. – Holst, Wölbformen (1981), 55, Abb. 52.

SE 214⁺
Würzburg, Wallfahrtskirche »Käppele«
Abb. 48

Fassadenaufriß. – Vorentwurf für den 1740 beabsichtigten Neubau; zum Grundriß SE 213⁺ gehörend. In der Figurennische der Einturmfassade Statue der »Maria gravida« entsprechend dem Kirchenpatrozinium (Mariä Heimsuchung).

Schmitt, Kirchenfassaden (1945), 80 f., Abb. 99. – Neumann, Neresheim II (1947), 27. – Teufel II (1957), 72. – Reuther, Kirchenbauten (1960), 68. – Hotz, Beiträge (1961), 317. – Hotz, Sammlung Eckert (1965), 44.

SE 215
Forchheim, Katholische Spitalkirche St. Katharina
Tafel 131

Aufriß der Fassade, Querschnitt und Grundriß; darin rot gestrichelte Konstruktionslinien der Gewölbe. – Entwurf von Balthasar Neumann für einen nicht ausgeführten Neubau der Spitalkirche, 1748. Fünfachsige Fassade mit Dreieckgiebel. An ein breites, kurzes Langhaus schließt der kleeblattförmige Altarraum an. Die in das Langhaus eingebaute Empore vervollständigt den Dreipaßgrundriß des Altarraumes zu einem Vierpaß. Rot (Mauerschnitte, Altarmarkierungen), gelb (Dachwerk, Fassadenfenster), schwarz (Emporenbrüstungen), und grau lavierte Federzeichnung. Beschriftung von Neumanns Hand (r.o.) »Ney zu erbauende Hospital Kirchen in Vorcheimb«. Datiert und signiert (r.u.) »Wirtzburg den 12 Martii 1748 Balthasar Neumann Obrister«. Links ein Stück Papier angeklebt. Hier über die in Tusche ausgezogene Umrahmung des Blattes hinausgreifende Bleistiftskizze eines Vorbaues am Grundriß. Bleistiftergänzungen und Korrekturen: Am Querschnitt links Seitenansicht eines Anbaues; am Fassadenriß Veränderungen an den Fenstern und Korrektur des Giebels. Maßstab unbeschriftet. – 55,0 × 39,9 cm.

Weitere Pläne für Spital und Spitalkirche: Neubaupläne von Johann Jacob Michael Küchel: Bamberg, Staatsarchiv, Rep. A 240 R 1172 und Berlin, Kunstbibliothek der ehem. Staatlichen Museen, Hdz. 5914 und 5915. Entwürfe von Johann Roppelt: Bamberg, Staatsarchiv, Rep. A 240 R. 919 und Würzburg, Mainfränkisches Museum, Inv. Nr. S 39550; Neubaupläne von Johann Georg Roppelt 1778: Berlin, Kunstbibliothek der ehem. Staatlichen Museen, Hdz. 6033 und Würzburg, Mainfränkisches Museum, Inv. Nr. S 39549; Variante zur letzten Planung (von Joseph Clemens Madler?): Berlin, Kunstbibliothek der ehem. Staatlichen Museen, Hdz. 6018; Bauaufnahme 2. H. 18. Jh.: Bamberg, Staatsarchiv, Rep. A 240 R. 920 und Würzburg, Mainfränkisches Museum, Inv. Nr. S 39548.

Kupfer, Forchheim (1927), Abb. S. 67. – Lohmeyer, Baumeister II (1929), Abb. 90. – Reuther, Limbach (1948), 28, 45f., Abb. 22. – Reuther, Landkirchen (1953), 165. – Ausstellungskatalog Würzburg (1953), 42, Nr. B 109. – Reuther, Kirchenbauten (1960), 22, 54, Abb. 48. – Reuther, Franken (1963), 61, 68f., Abb. 13. – Hotz, Sammlung Eckert (1965), 44. – Otto, Interiors (1971), 64, Abb. 33. – Otto, Space into Light (1979), 95ff., Abb. 95. – Reuther, B. N. (1983), Abb. 136. – Hansmann, B. N. (1986), 152, Abb. 44.

SE 216 +
Odenheim (Kreis Bruchsal), Katholische Pfarrkirche St. Michael
Abb. 49

Situationsplan, Längsschnitt, halber Querschnitt und halbe Fassade. Dazu Grundriß als Tektur für einen beabsichtigten Neubau. – Entwurf von Franz Ignaz Michael Neumann, 1775. Vorschlag für eine Kirche auf ovalem Grundriß mit Kugelkalotte. Fassade mit Dreieckgiebel. Von der Kirche führt ein Gang zu dem abseits stehenden Turm. Mit bezeichnenden Buchstaben. Unterzeichnet: »Bruchsal den 4ten Dezember 1775. Entworfen und gezeichnet von F. I. M. v. Neumann Fränk. Krs. Artil. Obrister.«

Vom Originalplan SE 216 ist nur eine Aufnahme der Tektur (Kirchengrundriß) überliefert. Eine Kopie befindet sich in: Generallandesarchiv Karlsruhe, Abt. 229/79223, vgl. M. Weis, a. a. O.

Weiler, F. I. M. Neumann (1937), 30ff., Abb. 9, 10. – Hotz, Sammlung Eckert (1965), 44. – Treeck, F. I. M. Neumann (1973), 9, 108ff., Abb. 60. – Weis, Odenheim (1984), 97f., Abb. 1.

SE 217 +
Nicht bestimmter Kirchenbau

Grundriß einer Schottenkirche.

Hegemann, Altarbaukunst (1937), 42. – Hotz, Sammlung Eckert (1965), 45.

SE 218 +
Bad Neustadt (Kreis Rhön-Grabfeld), Katholische Pfarrkirche Mariae Himmelfahrt

Querschnitt und Seitenansicht der gotischen Kirche, die in der Beschriftung als baufällig bezeichnet wird. Beschriftet: »Auftrag u. Profil ... Von der alten Kirchen zu Neustadt ahn der Saal«. Signiert: »Johann Michael Schmitt Rathßbürger und Maurermeister zu Königshofen.«

Hotz, Sammlung Eckert (1965), 45.

SE 219 +
Rom, Kirche S. Nicolo da Tolentino
Abb. 50

Grundriß, Aufriß und Seitenansicht der Fassade. – Schraffierte Federzeichnung. Maßstab in »Palmi Romani«.

Hotz, Sammlung Eckert (1965), 45.

SE 220 +
Nicht bestimmter Kirchenbau

Seitenansicht, Längsschnitt und Grundriß einer großen dreischiffigen Barockkirche, nach den alten Verzeichnissen »im Stile Joseph Greising«. Lavierte Federzeichnung, die Mauerschnitte rot angelegt.

Hotz, Sammlung Eckert (1965), 45.

SE 221 +
Fulda, Domkirche St. Salvator und Bonifatius

Grundriß der Kirche, beschriftet: »Grund Riß des Füldter hohen Stiffts Baus.«

Hotz, Sammlung Eckert (1965), 45.

SE 222+
Würzburg, Ehemalige Stiftskirche Haug
Abb. 51

Grundriß der Kirche und der Sakristei; eingetragen von der Einrichtung auch das Chorgestühl. – In Details geringfügig von der Ausführung abweichend (Kapellenwände). Nach dem alten Verzeichnis der Sammlung Eckert »wahrscheinlich aus der Bauzeit der Kirche«. Getuschte Federzeichnung mit Maßangaben. Maßstab in Schuh.

Ein weiterer Plan von Stift Haug von J. M. Fischer, in: Bamberg, Staatsbibliothek, VIII D (Plansammlung unbestimmter Provenienz) Nr. 57.

Schmitt, Kirchenfassaden (1945), 92, Abb. 115. – Hotz, Sammlung Eckert (1965), 46.

SE 223+
Nicht bestimmter Kirchenbau

Grundriß einer barocken Pfeilerbasilika mit eckig vorstehendem Portal.

Hotz, Sammlung Eckert (1965), 46.

SE 224+
Obertheres (Kreis Haßberge), Ehemalige Benediktinerabtei St. Stephan und St. Vitus
Abb. 52

Grundriß der Gesamtanlage mit der 1715–24 von Joseph Greising erbauten Kirche. Vorentwurf für die Gesamtanlage, von gleicher Hand wie SE 225. Maßstab in Schuh.

Hotz, Sammlung Eckert (1965), 46. – Hegemann, Altarbaukunst (1937), 31–33, Abb. 19.

SE 225
Obertheres (Kreis Haßberge), Ehemalige Benediktinerabtei St. Stephan und St. Vitus
Tafel 132

Aufriß und Mauergrundriß der Kirchenfassade mit Turm. – Zu SE 224+ gehörend. Vorentwurf um 1716. Hellrot (Grundriß), grün-rot (Turmfenster) und grau lavierte Federzeichnung. Maßstab in Schuh. – 56,1 × 33,0 cm.

Hotz, Theres (1961), 322f., Abb. S. 323. – Reuther, Franken (1963), 128, 136, Abb. 48. – Hotz, Sammlung Eckert (1965), 46.

SE 226+
Würzburg, Augustinerkirche (ehem. Dominikanerkirche)
Fig. 4

Grundriß der alten Kirche, darüber gezeichnet Grundriß des neuen dreischiffigen Langhauses unter Beibehaltung des gotischen Chores. – Kolorierte Federzeichnung, beschriftet: »Grund Riß des löbl. Gotteshauses der Herrn P. P. Dominikaner in Wirtzburg«. Datiert und signiert: »Wirtzburg den 19. Februarii 1741 Balt. Neumann Obristlieut.«

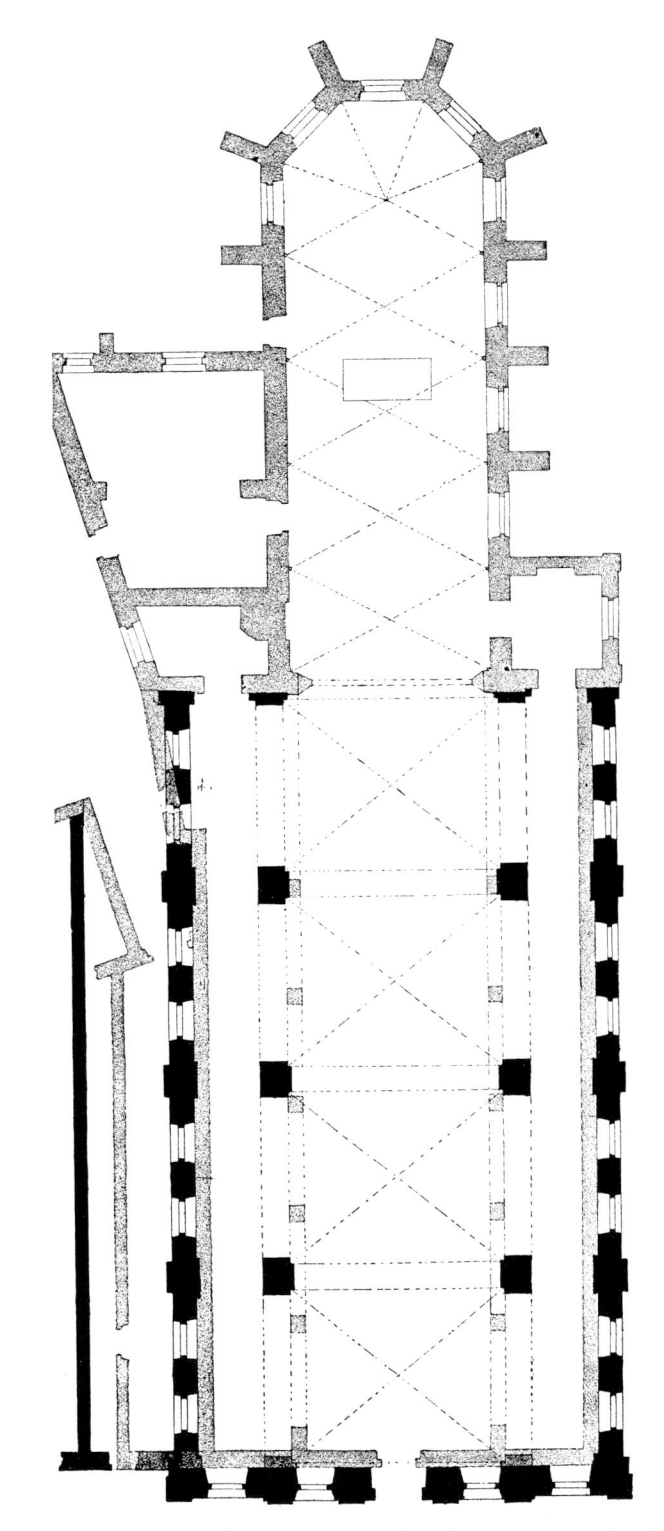

Fig. 4: SE 226+. nach: Die Kunstdenkmäler von Unterfranken und Aschaffenburg XII. Stadt Würzburg, bearbeitet von Felix Mader, München 1915, Fig. 97.

Der Plan SE 226+ ist nur in einer Nachzeichnung (KDM Bayern, III, 12 Stadt Würzburg) überliefert.

Kunstdenkmäler Würzburg (1915), Abb. 97. – Pröll, Kirchenbauten (1936), 20. – Reuther, Limbach (1948), 45. – Hotz, Sammlung Eckert (1965), 46. – Otto, Interiors (1971), 154, Abb. 117.

SE 227 +
Prag, Heilige Stiege der Kirche im Karlshof
Abb. 53

Querschnitt, Längsschnitt, Fassadenaufriß und halber Grundriß der Heiligen Stiege bei der Kirche im Karlshof in Prag. – Bauaufnahme. Getuschte und lavierte Federzeichnung. Mit bezeichnenden Buchstaben, am Längsschnitt beschriftet: »unschuldige Altar«, »stall«, »Geburth Christi«. Am Grundriß Bleistiftskizzen, hinter dem Aufriß Teilansicht der Kirche. Maßstabbeschriftung. »Ein halber hießiger prager werckschuh« und »12. Kleine werckschuh«. Das Blatt ist als Grundlage für Neumanns Entwürfe zur Heiligen Stiege auf dem Kreuzberg in Bonn-Poppelsdorf anzusprechen.

Schulten, Kreuzberg (1960), Abb. 8. – Hotz, Sammlung Eckert (1965), 47. – Hansmann, B. N. (1986), 149, Abb. 43.

SE 228
Münsterschwarzach (Kreis Kitzingen), Abteikirche St. Felicitas
Tafel 133

Aufriß des Chorturmes mit Grundriß der Attika und des freien Turmgeschosses. – Rot (Grundriß des Obergeschosses), schwarz (Grundriß der Attika) und grau lavierte Federzeichnung. Maßstab in Schuh. – 59,2 × 36,0 cm.

Heß, Münsterschwarzach (1938), 24, Anm. 4, 31, 56, Anm. 41, Abb. 16. – Reuther, Limbach (1948), 53f. – Reuther, Kirchenbauten (1960), 77. – Hotz, Sammlung Eckert (1965), 47. – Schneider, Münsterschwarzach (1984), 27, 31, 44, 91–94, Abb. 56, 57.

SE 229 +
Kitzingen, Katholische Stadtpfarrkirche St. Johannes d. T.

Querschnitt und Ansicht des gotischen Turmes mit Zwiebeldach, ferner Grundriß in größerem Maßstab sowie Aufriß und Querschnitt der beiden oberen Turmgeschosse.

Hotz, Sammlung Eckert (1965), 47.

SE 230 +
Nicht bestimmter Kirchenbau

Querschnitt, Ansicht und Grundriß eines gotischen Turmes, umgestaltet und mit Zwiebeldach versehen.

Hotz, Sammlung Eckert (1965), 47.

SE 231 +
Nicht bestimmter Bau

Aufriß und Grundriß eines Turmobergeschosses mit Zwiebeldach.

Hotz, Sammlung Eckert (1965), 47.

SE 232 +
Nicht bestimmter Bau

Duplikat von SE 231 +.

Hotz, Sammlung Eckert (1965), 48.

SE 233 +
Nicht bestimmter Bau

Querschnitt und Grundriß der Holzkonstruktion eines Zwiebeldaches.

Hotz, Sammlung Eckert (1965), 48.

SE 234 +
Nicht bestimmter Bau

Ansicht und Grundriß eines Eckgebäudes mit im Hof eingebauter Kirche, möglicherweise katholische Kirche und Kuratiehaus in Bayreuth (Eckgebäude Friedrich-Ludwigstraße).

Hotz, Sammlung Eckert (1965), 48.

SE 235 +
Maria-Limbach (Kreis Haßberge), Katholische Wallfahrts- und Pfarrkirche Mariae Heimsuchung

Aufriß, Aufsicht, Querschnitt und Grundriß des Turmobergeschosses mit Zwiebeldach. Mit Erläuterungen, signiert: »Ignat. Mich. Neumann concepit et delin 1753.« – Vgl. SE 196.

Weiler, F. I. M. Neumann (1937), 4. – Reuther, Landkirchen (1953), 167. – Reuther, Limbach II (1953), 214. – Reuther, Limbach III (1960), 8. – Reuther, Kirchenbauten (1960), 72. – Hotz, Sammlung Eckert (1965), 48. – Treeck, F. I. M. Neumann (1973), 19. – Ludwig, Dachwerke (1982), 98.

SE 236 +
Nicht bestimmter Kirchenbau
Abb. 54

Schnitt durch Vierung und Querhaus einer großen Emporenkirche mit drei tambourlosen Kuppeln über Vierung und Querhausarmen. Der Chor wird von zwei Türmen flankiert ferner findet sich je ein Turm an den Querschiffenden. – Studienarbeit (?) von Franz Ignaz Michael Neumann, um 1750. Kolorierte Federzeichnung. Maßstab mit Ziffern, ohne Maßeinheit.

Hegemann, Altarbaukunst (1937), 29–31, 40, 47, 49, 53, Abb. 18. – Reuther, Limbach (1948), 49. – Hotz, Sammlung Eckert (1965), 48. – Trenschel, Wagner (1968), 36, Abb. 10. – Treeck, F. I. M. Neumann (1973), 23, 25f., 76, Abb. 4. – Hansmann, B. N. (1986), 254.

SE 237 +
Würzburg, ehemalige Jesuitenkirche St. Michael
Abb. 55

Situationsplan mit mehreren Grundriß-Varianten. – Entwurf von Balthasar Neumann für einen Kirchenneubau, wohl 1742. Kolorierte Federzeichnung mit Bleistiftskizzen am Chor der alten Kirche. Maßstab in Schuh. – 104,0 × 123,0 cm.

Freeden I (1937), 48, Abb. 23. – Reuther, Kirchenbauten (1960), 106. – Hotz, Sammlung Eckert (1965), 50. – Schütz, Jesuitenkirche (1978), 58, Taf. 13 b.

SE 238 +
Würzburg, ehemalige Jesuitenkirche St. Michael
Abb. 56

Situationsplan ähnlich SE 237 + mit zwei übereinander gezeichneten Grundrissen für den projektierten Kirchenbau, mit entgegengesetzter Lage des Chores, 1742. Der eine geostete Grundriß bis auf Einzelheiten mit SE 243 übereinstimmend; der zweite Grundriß zeigt keine stilistische Verbindung mit Werken Balthasar Neumanns; er wurde in späterer Zeit (von Franz Ignaz Michael Neumann?) nachgetragen und entspricht dem klassizistischen Bau. Kolorierte Federzeichnung. Maßstab mit Ziffern, ohne Maßeinheit.

Neumann, Nachfolger (1927), 17f., 20. – Reuther, Limbach (1948), 64, 79. – Reuther, Kirchenbauten (1960), 106. – Hotz, Sammlung Eckert (1965), 49. – Otto, Interiors (1971), 121–123. – Schütz, Jesuitenkirche (1978), 58f., Taf. 14 b.

SE 239 +
Mainz, ehemalige Jesuitenkirche St. Ignatius
Abb. 57

Längsschnitt und halber Grundriß in Emporenhöhe. – Vorentwurf, 1742. Von SE 241 + nur geringfügig abweichend. Kolorierte Federzeichnung, bezeichnet »N. 2«. Beschriftet: »Mainzer Jesuiten Kirche, der Grundriß da Von folgt bey der Würzburg Jesuiten Kirche.« Maßstab unbeschriftet.

Döbler, Thoman (1915), 20f., Abb. 8. – Hauttmann, Kirchl. Baukunst (1921), 210. – Neumann, Nachfolger (1927), 19, 21. – Hegemann, Altarbaukunst (1937), 39, 42, 44f. – Knapp, B. N. (1937), Abb. S. 54. – Weiler, F. I. M. Neumann (1937), 11. – Neumann, Neresheim I (1942), 98f. – Neumann, Neresheim II (1947), 39, Abb. 14. – Reuther, Limbach (1948), 49, 54, 66. – Reuther, Mainfranken (1949), 170. – Teufel, B. N. (1953), Abb. S. 48. – Einsingbach, Planfunde (1959), 33, Abb. S. 37. – Reuther, Kirchenbauten (1960), 74. – Kunstdenkmäler Mainzer Kirchen (1961), Abb. 203. – Hotz, Sammlung Eckert (1965), 50. – Otto, Interiors (1971), 121–125, Abb. 89. – Schütz, Jesuitenkirche (1978), 50, Taf. 13 a. – Hofmann, Kolloquium (1979), 325. – Otto, Space into Light (1979), 107f., Abb. 115. – Holst, Wölbformen (1981), 28–30, 38, Abb. 16. – Hansmann, B. N. (1986), 170. – Schütz, B. N. (1986), Abb. S. 124.

SE 240 +
Mainz, ehemalige Jesuitenkirche St. Ignatius
Abb. 58

Zwei Querschnitte durch Langhaus und Mittelkuppel mit Teilgrundrissen. – Zu SE 239 + gehörig; bezeichnet »N 3« und »N 4«. Kolorierte Federzeichnung. Maßstab in Schuh.

Döbler, Thoman (1915), 20f., Abb. 6. – Reuther, Limbach (1948), 66. – Einsingbach, Planfunde (1959), 33, Taf. 3. – Reuther, Kirchenbauten (1960), 74. – Kunstdenkmäler Mainzer Kirchen (1961), Abb. 204. – Hotz, Sammlung Eckert (1965), 50. – Otto, Interiors (1971), 121–125, Abb. 88. – Schütz, Jesuitenkirche (1978), 56, Taf. 14 a. – Otto, Space into Light (1979), 107f., Abb. 116. – Holst, Wölbformen (1981), 28–30. – Schütz, B. N. (1986), Abb. S. 124.

SE 241 +
Mainz, ehemalige Jesuitenkirche St. Ignatius
Abb. 59

Zwei ineinander gezeichnete Grundrisse mit Bleistiftvermerk: »NB. die 2 profil von dieser Mayntzer Jesuiter Kirch in grauen sind weiter forn.« – Grau und rot getuschte Federzeichnung. Der rote Grundriß stammt von Johann Valentin Thoman, der graue von Balthasar Neumann. Vorentwurf von 1742; Vierungskuppel mit Laterne, am Emporengeschoß in Langhaus und Vierung Dreiviertelsäulen. Maßstab mit Ziffern, ohne Maßeinheit. – 41,7 × 59,3 cm.

Döbler, Thoman (1915), 20f., Abb. 7, 9. – Reuther, Limbach (1948), 66. – Einsingbach, Planfunde (1959), 33, Taf. 4. – Reuther, Kirchenbauten (1960), 74. – Kunstdenkmäler Mainzer Kirchen (1961), Abb. 200. – Hotz, Sammlung Eckert (1965), 49. – Otto, Interiors (1971), 121–125, Abb. 84, 85. – Schütz, Jesuitenkirche (1978), 50f., 53f., 56, Taf. 15. – Hofmann, Kolloquium (1979), 325. – Otto, Space into Light (1979), 107f., Abb. 113. – Holst, Wölbformen (1981), 26–30, 38, Abb. 12, 14, 15.

SE 242 +
Mainz, ehemalige Jesuitenkirche St. Ignatius
Abb. 60

Zwei Grundrisse in Emporenhöhe (Varianten). – Vorentwürfe, wohl von Johann Valentin Thoman um 1742. Der untere Grundriß dem grauen, von Thoman gezeichneten Grundriß von SE 241 + eng verwandt, jedoch mit entgegengesetzter Lage des Chores. Lavierte Federzeichnung, Maßstab mit Ziffern, ohne Maßeinheit.

Neumann, Nachfolger (1927), 19f. – Hotz, Sammlung Eckert (1965), 49. – Schütz, Jesuitenkirche (1978), 58, Taf. 18 b.

SE 243
Würzburg, ehemalige Jesuitenkirche St. Michael
Tafel 134 (Rolle)

Grundriß (halbseitig in verschiedenen Höhen) sowie Längsschnitt. – Vorentwurf von Balthasar Neumann, um 1750. Vierung mit Flachkuppel, die im Außenbau nicht in

Erscheinung tritt. Der Grundriß der einen Variante im Situationsplan SE 238+ entsprechend. Rot (Mauerschnitte, Gesimse), gelb (Altarkennzeichnung), schwarz (Grundriß) und grau lavierte Federzeichnung. In Bleistift skizzierte Gewölbelinien, außerdem Bleistifteintragungen im Nordteil; im Chor Maßangabe »48«. Im Grundriß die südliche Stützengruppe der Orgelempore vom Längsschnitt abweichend, die nördliche radiert und dem Schnitt entsprechend neu eingezeichnet. Maßstab in Schuh. – 61,7 × 77,3 cm.

Neumann, Nachfolger (1927), 18. – Hoffmann, Süddt. Kirchenbau (1938), 169, Abb. S. 169. – Reuther, Limbach (1948), 28, 45f., 48, 55, Abb. 21, 36. – Reuther, Limbach I (1948), 362, Abb. S. 358. – Reuther, Mainfranken (1949), 170. – Ausstellungskatalog Würzburg (1953), 43, B 114. – Reuther, Jesuitenkirchen (1954), 40, Abb. S. 34. – Reuther, Kirchenbauten (1960), 28, 106, Taf. 47. – Lehmann, Neumann (1962), 232, Abb. 11. – Hotz, Sammlung Eckert (1965), 49. – Otto, Interiors (1971), 121–123, Abb. 86. – Schütz, Jesuitenkirche (1978), 59, Taf. 19 c. – Reuther, Zeichnungen (1979), 75. – Holst, Wölbformen (1981), 31, 39, Abb. 20. – Reuther, B. N. (1983), Abb. 177. – Schütz, B. N. (1986), Abb. S. 129.

SE 244+
Würzburg, ehem. Jesuitenkirche St. Michael
Abb. 61

Querschnitt durch das Langhaus mit Ansicht der Kuppel und des dachreiterähnlichen Chorturms. – Entwurf für den geplanten Neubau, um 1750; am Triumphbogen Wappen des Fürstbischofs Carl Philipp von Greiffenclau (1749–1754). Zu SE 245+ gehörend. Kolorierte Federzeichnung. Ohne Maßstab.

Reuther, Limbach (1948), 64, 79. – Reuther, Kirchenbauten (1960), 106. – Hotz, Sammlung Eckert (1965), 50. – Schütz, Jesuitenkirche (1978), 58, Taf. 19a. – Reuther, Zeichnungen (1979), 75.

SE 245+
Würzburg, ehemalige Jesuitenkirche St. Michael
Abb. 62

Aufriß der Fassade zum geplanten Neubau der Kirche. – Um 1750. Zu SE 244+ gehörig; am Giebel Wappen des Fürstbischofs Carl Philipp von Greiffenclau (1749–1754). Kolorierte Federzeichnung. Maßstab mit Ziffern, ohne Maßeinheit.

Neumann, Nachfolger (1927), 21. – Lohmeyer, Baumeister II (1929), Abb. 88. – Reuther, Kirchenbauten (1960), 106. – Hotz, Sammlung Eckert (1965), 51. – Reuther, Zeichnungen (1979), 75.

SE 246+
Würzburg, ehemalige Jesuitenkirche St. Michael
Abb. 63

Aufriß der Fassade zum geplanten Neubau der Kirche. – Um 1750; am Giebel das Wappen des Fürstbischofs Carl Philipp von Greiffenclau (1749–1754). Variante von SE 245+. Kolorierte Federzeichnung, mit Bleistift beschriftet: »Jesuiter Fronte dahier.« Maßstab mit Ziffern, ohne Maßeinheit.

Neumann, Nachfolger (1927), 21f. – Reuther, Kirchenbauten (1960), 106. – Hotz, Sammlung Eckert (1965), 51. – Reuther, Einwirkungen (1973), 80. – Schütz, Jesuitenkirche (1978), 58, Taf. 19b. – Reuther, Zeichnungen (1979), 75.

SE 247+
Würzburg, ehemalige Jesuitenkirche St. Michael(?)
Abb. 64

Aufriß und Mauergrundriß einer Fassade mit oval geschwungenem Grundriß. – Projekt zur Vorblendung einer neuen figurenreichen Fassade vor einen bestehenden Bau. Die Bestimmung auf Würzburg-St. Michael ist fraglich. Kolorierte Federzeichnung. Maßstab unbeschriftet. – 48,4 × 30,4 cm.

Hotz, Sammlung Eckert (1965), 51.

SE 248+
Würzburg, ehemalige Jesuitenkirche St. Michael

Querschnitt und Aufriß der Fassade. Plan zum ausgeführten Bau von Johann Philipp Geigel, um 1765. Zu SE 249+ gehörend.

Neumann, Nachfolger (1927), 22. – Hotz, Sammlung Eckert (1965), 51.

SE 249+
Würzburg, ehemalige Jesuitenkirche St. Michael
Abb. 65

Seitenansicht zu SE 248+, darunter halber Grundriß des Turm-Obergeschosses. – Plan zum ausgeführten Bau, um 1765. Kolorierte Federzeichnung, signiert: »J. P. Geigel delin«. Maßstab in Schuh.

Neumann, Nachfolger (1927), 23, Abb. 3. – Hotz, Sammlung Eckert (1965), 51.

SE 250+
Würzburg, ehemalige Jesuitenkirche St. Michael

Grundriß mit zwei Türmen am Chor, Querschnitt und Aufriß der Fassade. – Vorentwurf, um 1765. Zu SE 251+ gehörend. Signiert: »J. P. Geigel.«

Neumann, Nachfolger (1927), 24. – Hotz, Sammlung Eckert (1965), 51.

SE 251⁺
Würzburg, ehemalige Jesuitenkirche St. Michael

Grundriß, Querschnitt und Fassadenaufriß. Der Querschnitt entspricht SE 250⁺, auch der Grundriß zeigt weitgehende Übereinstimmung. Signiert: »A. H. (= Aloys Heinrich) Geigel.«

Weitere Entwürfe zur Würzburger Jesuitenkirche: Würzburg, Universitäts-Bibliothek, Delin. IX (Projekt von Franz Ignaz Michael Neumann); Würzburg, Mainfränkisches Museum: Studienzeichnung von Lorenz Finck (Inv. Nr. S 39451).

Neumann, Nachfolger (1927), 24. – Hotz, Sammlung Eckert (1965), 52.

SE 252⁺
Nicht bestimmter Kirchenbau

Grundriß, Seitenansicht, Fassadenaufriß, Querschnitt und Emporengrundriß sowie Dachgebälk einer barocken Kirche. Signiert: .»Ruland«.

Hotz, Sammlung Eckert (1965), 52.

SE 253⁺
Nicht bestimmter Kirchenbau
Abb. 66

Längsschnitt durch eine große frühklassizistische Kirche mit Tambourkuppel und einer Gruft unter dem Chor. – Lavierte Federzeichnung. Maßstab mit Ziffern, ohne Maßeinheit. – 43,4 × 58,3 cm.

Hotz, Sammlung Eckert (1965), 52.

SE 254⁺
Göllersdorf/Niederösterreich, Katholische Pfarrkirche Hl. Martin
Abb. 67

Grundriß der gotischen Kirche. – Grau lavierte Federzeichnung, zu SE 255⁺, SE 256⁺, SE 257⁺, SE 259⁺ gehörig; von Johann Lucas von Hildebrandt bezeichnet »N° 1.« Von Hildebrandts Hand beschrifteter Maßstab in Klafter. – 57,2 × 44,0 cm.

Grimschitz, Kirchenbauten (1929), 291–293, Abb. 59. – Grimschitz I (1932), 146. – Grimschitz II (1959), 145f., 170. – Hotz, Sammlung Eckert (1965), 52. – Paulus, Schlösser (1982), 168.

SE 255⁺
Göllersdorf/Niederösterreich, Katholische Pfarrkirche Hl. Martin
Abb. 68

Längsschnitt der gotischen Kirche. – Zu SE 254⁺, SE 256⁺, SE 257⁺, SE 259⁺ gehörig. Grau lavierte Federzeichnung, die Mauer- und Gewölbeschnitte rosa, das Dachwerk sepiabraun angelegt. Von Johann Lucas von Hildebrandt eigenhändig bezeichnet: »N° 2.« Maßstab in Klafter, von Hildebrandts Hand beschriftet. – 45,0 × 60,0 cm.

Grimschitz, Kirchenbauten (1929), 291–293, Abb. 61. – Grimschitz I (1932), 146. – Grimschitz II (1959), 145f., 170. – Hotz, Sammlung Eckert (1965), 52. – Paulus, Schlösser (1982), 168.

SE 256⁺
Göllersdorf/Niederösterreich, Katholische Pfarrkirche Hl. Martin
Abb. 69

Querschnitt der gotischen Kirche. – Zu SE 254⁺, SE 255⁺, SE 257⁺, SE 259⁺ gehörig. Grau lavierte Federzeichnung, Mauer- und Gewölbeschnitte rosa, Dachwerk sepiabraun angelegt. Von Johann Lucas von Hildebrandt eigenhändig bezeichnet: »N° 3.« Maßstab in Klafter, von Hildebrandts Hand beschriftet. – 52,5 × 37,0 cm.

Grimschitz, Kirchenbauten (1929), 291–293. – Grimschitz I (1932), 146. – Grimschitz II (1959), 145f., 170. – Hotz, Sammlung Eckert (1965), 52f. – Ludwig, Dachwerke (1982), 53. – Paulus, Schlösser (1982), 168.

SE 257⁺
Göllersdorf/Niederösterreich, Katholische Pfarrkirche Hl. Martin
Abb. 70

Grundriß zum barocken Umbau der Kirche. – Zu SE 254⁺, SE 255⁺, SE 256⁺, SE 259⁺ gehörig. Grau lavierte Federzeichnung, von Johann Lucas von Hildebrandt eigenhändig beschriftet: »N° 4.« Maßstab in Klafter, von Hildebrandts Hand bezeichnet. – 57,8 × 43,0 cm.

Grimschitz, Kirchenbauten (1929), 291–293, Abb. 60. – Grimschitz I (1932), 146. – Grimschitz II (1959), 145f., 170, Abb. 230. – Hotz, Sammlung Eckert (1965), 53. – Paulus, Schlösser (1982), 168.

SE 258⁺
Göllersdorf/Niederösterreich, Katholische Pfarrkirche Hl. Martin

Grundriß zum barocken Umbau. – Wiederholung von SE 257⁺ als Stichvorlage, dunkler laviert. Maßstab in Klafter.

Grimschitz I (1932), 146. – Grimschitz II (1959), 145f., 170. – Hotz, Sammlung Eckert (1965), 53. – Paulus, Schlösser (1982), 168.

SE 259⁺
Göllersdorf/Niederösterreich, Katholische Pfarrkirche Hl. Martin
Abb. 71

Längsschnitt zum barocken Umbau. – Zugehörig zu SE 254⁺, SE 255⁺, SE 256⁺, SE 257⁺. Grau lavierte Federzeichnung, Mauer- und Gewölbeschnitte rosa, Dachwerk sepiabraun angelegt. Von Johann Lucas von Hildebrandt eigenhändig bezeichnet: »Num^ro. 5.« Maßstab in Klafter, von Hildebrandts Hand beschriftet. – 44,0 × 57,5 cm.

Grimschitz, Kirchenbauten (1929), 291–293, Abb. 62. – Grimschitz I (1932), 146. – Grimschitz II (1959), 145 f., 170. – Hotz, Sammlung Eckert (1965), 53. – Ludwig, Dachwerke (1982), 53 f. – Paulus, Schlösser (1982), 168.

SE 260 +
Göllersdorf/Niederösterreich, Katholische Pfarrkirche Hl. Martin

Längsschnitt zum barocken Umbau. – Wiederholung von SE 259 + als Stichvorlage, dunkler laviert. Maßstab in Klafter.

Grimschitz I (1932), 146. – Grimschitz II (1959), 145 f., 170. – Hotz, Sammlung Eckert (1965), 53. – Paulus, Schlösser (1982), 168.

SE 261 +
Stranzendorf/Niederösterreich, Katholische Pfarrkirche Hll. Peter und Paul
Abb. 72

Grundriß der Kirche mit perspektivischem Situationsplan des Kirchplatzes. – Zu SE 263 +, SE 265 gehörig. Kolorierte Federzeichnung, von Johann Lucas von Hildebrandt bezeichnet: »Num° 1.« Maßstab in Klafter, von Hildebrandts Hand beschriftet. – 53,0 × 40,8 cm.

Grimschitz, Kirchenbauten (1929), 281–285, Abb. 53. – Grimschitz I (1932), 145. – Grimschitz II (1959), 129, 169, Abb. 231. – Hotz, Sammlung Eckert (1965), 53. – Paulus, Schlösser (1982), 168.

SE 262 +
Stranzendorf/Niederösterreich, Katholische Pfarrkirche Hll. Peter und Paul

Grundriß der Kirche mit Situationsplan. – Wiederholung von SE 261 + als Stichvorlage. Grau lavierte Federzeichnung. Maßstab in Klafter.

Grimschitz II (1959), 129, 169. – Hotz, Sammlung Eckert (1965), 54. – Paulus, Schlösser (1982), 168.

SE 263 +
Stranzendorf/Niederösterreich, Katholische Pfarrkirche Hll. Peter und Paul
Abb. 73

Längsschnitt der Kirche. – Zu SE 261 +, SE 265 + gehörig. Grau lavierte und kolorierte Federzeichnung in sepiabrauner Tinte, von Johann Lucas von Hildebrandt eigenhändig bezeichnet: »2.«. Maßstab in Klafter, von Hildebrandts Hand beschriftet. – 46,0 × 43,2 cm.

Grimschitz, Kirchenbauten (1929), 281–285, Abb. 52. – Grimschitz I (1932), 145. – Grimschitz II (1959), 129, 169. – Hotz, Sammlung Eckert (1965), 54. – Paulus, Schlösser (1982), 168.

SE 264 +
Stranzendorf/Niederösterreich, Katholische Pfarrkirche Hll. Peter und Paul
Abb. 74

Längsschnitt der Kirche. Wiederholung von SE 263 + als Stichvorlage, dunkler laviert. Maßstab in Schuh und Klafter. – 46,0 × 44,6 cm.

Grimschitz, Kirchenbauten (1929), 281–285. – Grimschitz I (1932), 145. – Grimschitz II (1959), 129, 169. – Hotz, Sammlung Eckert (1965), 54. – Paulus, Schlösser (1982), 168.

SE 265 +
Stranzendorf/Niederösterreich, Katholische Pfarrkirche Hll. Peter und Paul
Abb. 75

Aufriß der Turmfassade der Kirche. – Zu SE 261 +, SE 263 + gehörig. Grau lavierte Federzeichnung in sepiabrauner Tinte, von Johann Lucas von Hildebrandt eigenhändig bezeichnet: »3«. Maßstab in Klafter, von Hildebrandts Hand beschriftet. – 48,4 × 27,0 cm.

Grimschitz, Kirchenbauten (1929), 281–285, Abb. 51. – Grimschitz I (1932), 145, Abb. 230. – Grimschitz II (1959), 129, 169, Abb. 234. – Hotz, Sammlung Eckert (1965), 54. – Reuther, Einwirkungen (1973), 66. – Paulus, Schlösser (1982), 168.

SE 266 +
Stranzendorf/Niederösterreich, Katholische Pfarrkirche Hll. Peter und Paul

Aufriß der Turmfassade der Kirche. – Wiederholung von SE 265 + als Stichvorlage, dunkler laviert.

Grimschitz II (1959), 129, 169. – Hotz, Sammlung Eckert (1965), 54. – Paulus, Schlösser (1982), 168.

SE 267 +
Weierburg/Niederösterreich, Katholische Filialkirche Hl. Kunigunde
Abb. 76

Grundriß der Kirche mit Situationsplan des Kirchplatzes. – Zu SE 268 + gehörig. Grau lavierte Bleistiftzeichnung, mit Rötelstift übergangen. Von Johann Lucas von Hildebrandt eigenhändig bezeichnet: »Num^ro 4«. Maßstab in Klafter, von Hildebrandts Hand beschriftet. – 55,0 × 41,3 cm.

Grimschitz, Kirchenbauten (1929), 285 f., Abb. 56. – Grimschitz I (1932), 145. – Grimschitz II (1959), 130, 169. – Hotz, Sammlung Eckert (1965), 54. – Paulus, Schlösser (1982), 169.

SE 268+
Weierburg/Niederösterreich, Katholische Filialkirche
Hl. Kunigunde
Abb. 77

Aufriß der Kirchenfassade mit perspektivischer Darstellung des Vorplatzes. – Zu SE 267+ gehörig. Grau lavierte Bleistiftzeichnung mit Rötelstift übergangen. Maßstab von Johann Lucas von Hildebrandt in Klaftern bezeichnet. – 49,0 × 41,0 cm.

Grimschitz, Kirchenbauten (1929), 285f., Abb. 55. – Grimschitz I (1932), 145. – Grimschitz II (1959), 130, 169, Abb. 235. – Hotz, Sammlung Eckert (1965), 55. – Paulus, Schlösser (1982), 169.

SE 269+
Göllersdorf/Niederösterreich, Spitalkloster mit
Loreto-Kapelle und Gruftkapelle
Abb. 78

Grundriß der Gesamtanlage. – Der Plan zeigt das Erdgeschoß des Spitalklosters mit dem anschließenden Zentralbau und an diesen angebaute Gruftkapelle. Zugehörig zu SE 270+ und SE 271+. Grau lavierte Federzeichnung, z.T. sepiabraun angelegt. Von Johann Lucas von Hildebrandt eigenhändig bezeichnet: »num° 6.« Maßstab in Klafter mit Ziffern und Maßeinheit von Hildebrandts Hand. – 25,5 × 61,2 cm.

Grimschitz, Kirchenbauten (1929), 260f., Abb. 22. – Grimschitz I (1932), 141. – Grimschitz II (1959), 85, Abb. 92. – Hotz, Sammlung Eckert (1965), 55. – Paulus, Schlösser (1982), 168.

SE 270+
Göllersdorf/Niederösterreich, Spitalkloster mit
Loreto-Kapelle und Gruftkapelle

Grundriß der Gesamtanlage. – Der Plan zeigt das Obergeschoß. Zugehörig zu SE 269+ und SE 271+. Rosa (Dächer) und grau lavierte Federzeichnung, z.T. sepiabraun angelegt. Von Johann Lucas von Hildebrandt eigenhändig bezeichnet: »7«. – 25,0 × 61,7 cm.

Grimschitz I (1932), 141. – Grimschitz II (1959), 85. – Hotz, Sammlung Eckert (1965), 55. – Paulus, Schlösser (1982), 168.

SE 271+
Göllersdorf/Niederösterreich, Spitalkloster mit
Loreto-Kapelle und Gruftkapelle
Abb. 79

Aufriß der Gesamtanlage. – Rechts das Spitalkloster, links Loretokapelle und Gruftkapelle. Zugehörig zu SE 268+ und SE 269+. Grau lavierte Federzeichnung, teilweise mit sepiabrauner Tinte übergangen. Von Johann Lucas von Hildebrandt eigenhändig bezeichnet: »8«. Über dem Kirchenportal Bleistiftvermerk wegen Anbringung des Wappens. Maßstab in Klafter mit Maßeinheit von Hildebrandts Hand. – 40,5 × 62,7 cm.

SE 254+– SE 271+ wurden von Johann Balthasar Gutwein 1740/41 für die 4. Ergänzungsserie zum Schönborn-Stichwerk, das 1722/23 erschienen war, in Kupfer gestochen.

Grimschitz, Kirchenbauten (1929), 260f., Abb. 23. – Grimschitz I (1932), 141, Abb. 91. – Grimschitz II (1959), 85, Abb. 91. – Hotz, Sammlung Eckert (1965), 55. – Paulus, Schlösser (1982), 168. – Reuther, Einwirkungen (1973), 66.

SE 272a+
Göllersdorf/Niederösterreich, Katholische Pfarrkirche
Hl. Martin

Aufriß des achteckigen Turmgeschosses. Grau lavierte Federzeichnung, beschriftet: »Göllersdorfferischer Kirchenturm«.

Grimschitz II (1959), 85. – Hotz, Sammlung Eckert (1965), 55.

SE 272b
Werneck (Kreis Schweinfurt), Schloß
Taf. 135

Grundriß der Gesamtanlage. – Federzeichnung mit grau lavierten Mauern und grünbraun kolorierten Terrassen und der Wern. Eckpavillons noch mit gerundeten Ecken, daher vor dem Frühjahr 1734 entstanden. Haupttreppe noch zweiläufig. Der ursprünglich vorgesehene Verbindungsbau im Hof (vgl. SE 277, SE 279+) nachträglich radiert und durch zwei Türme entsprechend der Variante von SE 273b–SE 276 und durch ein abschließendes Gitter ersetzt. In Bleistift Korrekturen im südwestlichen Pavillon, Treppenstufen vor dem Eingang in den östlichen Hofflügel, vorgerissene Teile der unvollendeten Terrassenanlagen und Hilfslinien. Zahlreiche Radierungen im Bereich der Wirtschaftsgebäude. Bezeichnung mit Buchstaben »I« und »C« in brauner Tinte und »F« in Bleistift. Maßstab in Sepiatinte von Johann Lucas von Hildebrandt beziffert, ohne Maßeinheit. – 81,0 × 62,1 cm.

Vgl. Berlin, Kunstbibliothek, Hdz. 4746 (4751, 4752). – Würzburg, Historischer Verein XII B 29a (verbrannt 1945). – Frankfurt, Privatbesitz, Aufriß der Gartenfront und Aufriß des nordwestlichen Eckpavillons mit anschließenden Vorgebäuden von Joseph Raphael Tatz, datiert 3. März 1734.

Hertz, Werneck (1918), 8–11, 15, Abb. 3, 4. – Zeller, B. N. (1928), 140, Abb. 25. – Grimschitz I (1932), 145, Abb. 222. – Ausstellungskatalog Würzburg (1953), 28, Nr. B 40. – Grimschitz II (1959), 149f., 169f., Abb. 211. – Reuther, Kirchenbauten (1960), 97. – Hotz, Sammlung Eckert (1965), 56. – Reuther, Treppenanlagen (1970), 148. – Reuther, Zeichnungen (1979), 47f., 50. – Paulus, Schlösser (1982), 78, 99, 113–115, Abb. 84. – Paulus, Schloßkirche von Werneck (1982), 217.

SE 273 a +
Göllersdorf/Niederösterreich, Katholische Pfarrkirche Hl. Martin

Aufriß der Kirchenfassade und des Turmes. – Wiederholung von SE 274 a + als Stichvorlage, dunkler laviert. Maßstab in Klafter.

Von Johann Balthasar Gutwein für die 4. Ergänzungsserie zum Schönborn-Stichwerk in Kupfer gestochen.

Hotz, Sammlung Eckert (1965), 56. – Paulus, Schlösser (1982), 168.

SE 273 b
Werneck (Kreis Schweinfurt), Schloß
Taf. 136

Grundriß des Hauptbaues. – Mit Bleistift von Balthasar Neumann bezeichnet: »Souterrain und Keller«. SE 273 b bis SE 276 zusammengehörig, Plansatz von März 1735. In der Mitte Wappen des Fürstbischofs Friedrich Carl von Schönborn. Grau lavierte Federzeichnung. Der ursprünglich vorgesehene Verbindungsbau im Hof (vgl. SE 277, SE 279+) nachträglich radiert und durch zwei im Grundriß variierende Türme und durch ein Gitter ersetzt (Planungsstufe August 1740). In Bleistift Konstruktionslinien des Hofkirchenovals und Korrekturen; achteckigen Pfeiler im Raum unter der Sala terrena und Treppe im Vestibül und im östlich angrenzenden Raum einskizziert, Treppe an den nordwestlichen Pavillon angefügt. Zahlreiche Rasuren (u. a. im Grundriß der Kirche), die Korrekturlavierung im Ostflügel mit bräunlicher Färbung. Im Vestibül Bleistiftnotiz: (»Salon«?), zwei unbeschriftete Maßstäbe. – 62,5 × 76,3 cm.

Hertz, Werneck (1918), 12–14, Abb. 6. – Grimschitz II (1959), 150 f. – Reuther, Kirchenbauten (1960), 97. – Hotz, Sammlung Eckert (1965), 56. – Otto, Interiors (1971), Abb. 17. – Reuther, Einwirkungen (1973), 74. – Reuther, Zeichnungen (1979), 47. – Paulus, Schlösser (1982), 79, Abb. 86.

SE 274 a +
Göllersdorf/Niederösterreich, Katholische Pfarrkirche Hl. Martin
Abb. 80

Aufriß der Kirchenfassade und des Turmes. – Zugehörig SE 273 a. Im Giebel Schönborn-Wappen, seitlich allegorische Figuren, oben Gruppe eines reitenden Hl. Martin mit dem Bettler. Grau lavierte Federzeichnung, von Johann Lucas von Hildebrandt eigenhändig bezeichnet: »N° 6.« Maßstab in Klafter, von Hildebrandt beschriftet. – 52,7 × 40,0 cm.

Grimschitz, Kirchenbauten (1929), 291–293, Abb. 63. – Grimschitz I (1932), 146, 176, Abb. 231. – Hotz, Sammlung Eckert (1965), 56. – Paulus, Schlösser (1982), 168.

SE 274 b +
Werneck (Kreis Schweinfurt), Schloß
Abb. 81

Grundriß des Hauptbaues. – Mit Bleistift von Balthasar Neumann eigenhändig bezeichnet: »erstes Stockwerck« (= Erdgeschoß). SE 273 b–SE 276 zusammengehörig, Plansatz vom März 1735. Grau lavierte Federzeichnung, in der Mitte Wappen des Fürstbischofs Friedrich Carl von Schönborn. Mit Bleistifteintragungen und Korrekturen im Vestibül. Der ursprünglich vorgesehene Verbindungsbau im Hof (vgl. SE 277) nachträglich radiert und durch zwei im Grundriß variierende Türme ersetzt (Planungsstufe August 1740). Schloßkapelle als Konchenraum, Haupttreppe dreiläufig. Doppelsäulen im Vestibül und freistehende Säulen vor den acht Pilastern in der Sala terrena getilgt (siehe SE 277). Maßzahlen in einzelnen Räumen von Johann Lucas von Hildebrandt. Zwei Maßstäbe mit Ziffern von Johann Lucas von Hildebrandt beschriftet, ohne Maßeinheit. – 62,5 × 76,5 cm.

Hertz, Werneck (1918), 12–14, Abb. 7. – Zeller, B. N. (1928), 140. – Grimschitz I (1932), 145, Abb. 221. – Grimschitz II (1959), 150 f., 169 f. – Reuther, Kirchenbauten (1960), 97. – Hotz, Sammlung Eckert (1965), 57. – Otto, Interiors (1971), Abb. 18. – Reuther, Einwirkungen (1973), 66, 74, Abb. 3. – Reuther, Zeichnungen (1979), 47. – Paulus, Schlösser (1982), 79, Abb. 87.

SE 275 +
Werneck (Kreis Schweinfurt), Schloß
Abb. 82

Grundriß des Hauptbaues. – Mit Bleistift von Balthasar Neumanns Hand bezeichnet: »Haubtstockwerck«. SE 273 b–SE 276 zusammengehörig, Plansatz vom März 1735. Grau lavierte Federzeichnung, in der Mitte Wappen des Fürstbischofs Friedrich Carl von Schönborn. Der ursprünglich vorgesehene Verbindungsbau im Hof nachträglich radiert und durch zwei im Grundriß variierende Türme ersetzt (Planungsstufe August 1740). Kirche als Oval mit Konchenkranz und Emporen, Haupttreppe dreiläufig. Korrekturen im Mittelbau. Maßzahlen in einzelnen Räumen von Johann Lucas von Hildebrandt. Ein Maßstab unbeschriftet, ein weiterer mit Ziffern in Bleistift von Johann Lucas von Hildebrandt beschriftet. – 62,5 × 76,5 cm.

Hertz, Werneck (1918), 12–14, Abb. 8. – Zeller, B. N. (1928), 140. – Grimschitz I (1932), 146. – Grimschitz II (1959), 150 f., 170. – Reuther, Kirchenbauten (1960), 97. – Hotz, Sammlung Eckert (1965), 57. – Reuther, Treppenanlagen (1970), 148. – Otto, Interiors (1971), Abb. 19. – Reuther, Einwirkungen (1973), 74. – Reuther, Zeichnungen (1979), 47. – Paulus, Schlösser (1982), 79, 114, Abb. 88.

SE 276
Werneck (Kreis Schweinfurt), Schloß
Tafel 137

Grundriß des Hauptbaues. – Mit Bleistift von Balthasar Neumann beschriftet: »Trittes Stockwerckh« (= 2. Obergeschoß). Zusammengehörig mit SE 273 b–SE 275, Plansatz vom März 1735. Grau lavierte Federzeichnung, in der Mitte Wappen des Fürstbischofs Friedrich Carl von Schönborn. Der ursprünglich vorgesehene Verbindungsbau im Hof nachträglich radiert und durch zwei im Grundriß variierende Türme ersetzt (Planungsstufe August 1740). Rasuren und Veränderung der Raumeinteilung im Ostflügel der Gartenseite und des Hofes sowie im Vestibül und in den westlichen Eckpavillons mit Bleistiftkorrekturen. Treppenhaus mit Bleistift gezeichnet, Wand zum westlichen Korridor getilgt. Zwei unbeschriftete Maßstäbe. – 62,5 × 76,3 cm.

Hertz, Werneck (1918), 12–14, Abb. 9. – Grimschitz II (1959), 150f. – Reuther, Kirchenbauten (1960), 97. – Hotz, Sammlung Eckert (1965), 57. – Otto, Interiors (1971), Abb. 20. – Reuther, Einwirkungen (1973), 74. – Reuther, Zeichnungen (1979), 47f. – Paulus, Schlösser (1982), 79, Abb. 89.

SE 277
Werneck (Kreis Schweinfurt), Schloß
Tafel 138

Teilgrundriß des Hauptbaues mit Verbindungsbau im Ehrenhof, übereinander Fundamente (rötlich laviert), Keller (nur mit Feder) und Erdgeschoß (grau laviert) eingetragen. – In brauner Tinte beschriftet, datiert und signiert: »Fundamenter, Keller Undt Ersters stockwerckh von Werneck. Den 21 Martij 1735 Balthasar Neumann Obristlieu«. Haupttreppe bereits dreiläufig. Maßangaben in brauner Tinte und Bleistift, Bezeichnungen mit A, B, C, Numero 1–22 (»NB no 9«) und seitlich »... Von D biss E seynt 22 schuh hoch in fundamenten dan 15½ schuh hoch biss Pflaster in bau«. Maßstab in Schuh. – 52,0 × 72,6 cm.

Vgl. SE 279⁺ und Berlin, Kunstbibliothek, Hdz. 4746 (Grundriß vor 1734), Hdz. 4747–4750 (Aufrisse, von Joseph Raphael Tatz als Stichvorlagen gezeichnet).

Hertz, Werneck (1918), 11, 15, Abb. 5. – Grimschitz I (1932), Abb. 220. – Ausstellungskatalog Würzburg (1953), 28, Nr. B 39. – Grimschitz II (1959), 150, 152. – Reuther, Kirchenbauten (1960), 97. – Hotz, Sammlung Eckert (1965), 57. – Reuther, Treppenanlagen (1970), 148, Abb. 6. – Reuther, Zeichnungen (1979), 47. – Paulus, Schlösser (1982), 79, 82, 115, Abb. 85. – Paulus, Werneck (1984), 96, Abb. 3.

SE 278⁺
Werneck (Kreis Schweinfurt), Schloß

Grundriß für Stiegenhaus und anstoßende Räume. – Werkplan mit Maßangaben.

Grimschitz II (1959), 150. – Reuther, Kirchenbauten (1960), 97. – Hotz, Sammlung Eckert (1965), 57. – Reuther, Zeichnungen (1979), 47.

SE 279⁺
Werneck (Kreis Schweinfurt), Schloß
Abb. 83

Souterrain-Grundriß der nördlichen Hälfte des Hauptbaues mit geplantem Verbindungstrakt im Hof. – Kolorierte Federzeichnung. Maßstab unbeschriftet.

Hertz, Werneck (1918), 14f., Abb. 10. – Reuther, Kirchenbauten (1960), 97. – Hotz, Sammlung Eckert (1965), 58. – Reuther, Zeichnungen (1979), 47.

SE 280
Werneck (Kreis Schweinfurt), Schloß
Tafel 139

Erdgeschoß-Grundriß der nordwestlichen Hälfte der Wirtschaftsgebäude mit Nordwestpavillon des Hauptbaues. – Federzeichnung, Mauern grau, Öfen und Kamine rot laviert. Maßstab in Schuh. – 72,1 × 50,5 cm.

Vgl. Berlin, Kunstbibliothek, Hdz. 4747–4750 (Aufrisse von Tatz gezeichnet). Weitere Pläne zu Schloß Werneck: Berlin, Kunstbibliothek, Hdz. 4746, 4751, 4752. – Würzburg, Staatsarchiv, Rep. der Risse und Pläne, Würzburger Serie I/91 (3) (Entwurf von Johann Michael Fischer zur Wernregulierung mit Lageplan von Schloß, Park und Dorf, 1750). – Würzburg, Historischer Verein XII. B 29a (verbrannt 1945, Gesamtanlage, von B. Neumann signiert und 1733 datiert, Abb. 2 bei Hertz, Werneck [1918]).

Reuther, Kirchenbauten (1960), 97. – Hotz, Sammlung Eckert (1965), 58. – Reuther, Zeichnungen (1979), 47. – Paulus, Schlösser (1982), 79.

SE 281
Werneck (Kreis Schweinfurt), Schloß
Tafel 140

Grundriß der Schloßkapelle (entsprechend der Ausführung) und des angrenzenden Schloßflügels. – Zeitgenössischer Plan nach 1740. Federzeichnung. Der geometrische Grundriß rötlich, der eingezeichnete, perspektivische Grundriß grau laviert. Hilfslinien und Ofen in der Sakristei in Bleistift. Am linken Rand in Bleistift Hermenpilaster mit Gebälkstück skizziert. Maßstab unbeschriftet. – 34,0 × 50,5 cm.

Weitere Pläne zur Schloßkapelle SE C⁺–SE CII⁺.

Hertz, Werneck (1918), 14ff., Abb. 11. – Zeller, B. N. (1928), 140, Abb. 27. – Ausstellungskatalog Würzburg (1953), 28, Nr. B 41. – Reuther, Kirchenbauten (1960), 97. – Hotz, Sammlung Eckert (1965), 58. – Reuther, Schloßkapelle zu Werneck (1968), 113, Abb. 4. – Reuther, Zeichnungen (1979), 47. – Paulus, Schlösser (1982), 103, Abb. 115.

SE 282
Werneck (Kreis Schweinfurt), Schloß
Tafel 141

Aufriß der Ehrenhoffront des Mittelbaues. – Bauaufnahme von 1812 (wie SE 283, SE 284, SE 285⁺). Unvollendete Bleistiftzeichnung beschriftet: »Nördliche Haupt Facade gegen den inneren Schloßhof gefertigt 4 Aug 1812 zu Werneck«. Detailbezeichnungen im Aufriß, Beischrift: »xxx der fronton gehöhrt aufs Mittel. rechts und links sind bogenfrontons«. Am Rand Detailskizzen und einzelne Maßangaben. Maßstab mit Ziffern, ohne Maßeinheit. – 43,2 × 54,9 cm.

Hotz, Sammlung Eckert (1965), 58. – Reuther, Zeichnungen (1979), 47.

SE 283
Werneck (Kreis Schweinfurt), Schloß
Tafel 142

Aufriß der Ehrenhoffront des Westflügels. – Bauaufnahme von 1812 (wie SE 282, SE 284, SE 285⁺). Unvollendete Bleistiftzeichnung, beschriftet: »Ansicht des Flügelbaues rechts der Hauptfacade im Schloßhof.« Mit Detailskizzen, einigen Maßangaben und Bleistifteintragungen: »glatt«, »⅓ der Höhe a b«, »– 38.6 – bis unter d. ...«, »Lisen(?), 2.6 aus Kapitael«. Maßstab unbeschriftet. 60,4 × 60,0 cm.

Hotz, Sammlung Eckert (1965), 58. – Reuther, Zeichnungen (1979), 47.

SE 284
Werneck (Kreis Schweinfurt), Schloß
Tafel 143

Aufriß der Gartenfront des Westflügels. – Bauaufnahme von 1812 (wie SE 282, SE 283, SE 285⁺). Unvollendete Bleistiftzeichnung, beschriftet: »Wirkliche Ansicht der Fassade gegen den Garten«. Entsprechend dem Vermerk »Profiel A« im Dach der Rücklage über dem Aufriß Schnitt durch das Dach mit dem Hinweis: »Hohe Profil A im Aufnahmbuch«. Mit Maßangaben und Vermerken: »Facade von 11 Fenster«, »Zwischenbau gegen den Garten auf westlicher Seiten«, »der bauch der Schlußstein ist bey den fenstern d. II. Etag a b, in den schlußstein d. III. Etage ... sind gerad« und »die Schneckengruppe kommt in allen frontons vor«. Maßstab mit Ziffern, ohne Maßeinheit. – 63,4 × 49,3 cm.

Hotz, Sammlung Eckert (1965), 58. – Reuther, Zeichnungen (1979), 47.

SE 285⁺
Werneck (Kreis Schweinfurt), Schloß

Aufriß der Gartenfront. – Bauaufnahme von 1812 (wie SE 282–SE 284). Unvollendete Bleistiftzeichnung, beschriftet: »Hauptfacade mit der vorliegenden Terrasse gegen Süden«.

Hotz, Sammlung Eckert (1965), 59. – Reuther, Zeichnungen (1979), 47.

SE 286⁺
Würzburg, Residenz
Abb. 84

Je ein Grundriß für Erd- und Obergeschoß. – Grau lavierte Federzeichnung. Früheste erhaltene Würzburger Planung mit nur zwei Binnenhöfen, Oktober/Dezember 1719. Im Erdgeschoß-Grundriß die einzelnen Räume durch Ziffern bezeichnet. Durchfahrten durch die Nebenhöfe und durch das Corps de logis. Hofkirche im Nordosten. An den rückwärtigen Eckpavillons im Hauptgeschoß Altanen, die den Weg zwischen Residenz und Ostgarten überbrücken sollten. Im Süden schließt sich der alte Kammerbau an den Neubau an (siehe parallel geführte Linien an den Rücklagen der Südfront). Die Lage ist ähnlich dem alten Petrini-Schlößchen, d. h. die Mittelachse ist auf die heutige Theaterstraße ausgerichtet. Maßstab mit Ziffern am linken Teil, ohne Maßeinheit.

Eckert, Residenzpläne (1917), 25, Taf. 2. – Rose, Spätbarock (1922), 133, Anm. 1, 173. – Sedlmaier/Pfister, Residenz (1923), 12, Abb. 11. – Zeller, B. N. (1928), 128–130, 140, Abb. 2. – Lohmeyer, Baumeister II (1929), 141, Abb. 91. – Keller, Treppenhaus (1936), 98. – Pröll, Kirchenbauten (1936), 14. – Lohmeyer, B. N. (1937), Abb. S. 25. – Schmorl, B. N. (1946), Abb. S. 48. – Reuther, Kirchenbauten (1960), 103. – Freeden III (1963), Abb. S. 17. – Hotz, Sammlung Eckert (1965), 59. – Andersen, Profanbauformen (1966), Abb. 41. – Freeden, IV (1981), Abb. S. 15. – Hubala, Genie (1984), 166 f., Abb. 2. – Hubala u. a., Residenz (1984), 102, 104, 116 ff., 198, Fig. 28. – Dehio, Geschichte (1986), 362. – Hansmann, B. N. (1986), 176. – Schütz, B. N. (1986), 46 f., Abb. S. 47.

SE 287⁺
Würzburg, Residenz

Zwei Grundrisse des Mittelbaues für Erd- und Obergeschoß. – Gegenüber SE 286⁺ Veränderung der Treppenläufe, die Trennwand zwischen den beiden Stiegenhäusern und dem zwischen ihnen liegenden Vestibül ist entfallen. Grau lavierte Federzeichnung. Maßstab mit Ziffern, ohne Maßeinheit. – 62,0 × 72,5 cm.

Eckert, Residenzpläne (1917), 27. – Sedlmaier/Pfister (1923), 13. – Keller, Treppenhaus (1936), 98. – Hotz, Sammlung Eckert (1965), 59.

SE 288⁺
Würzburg, Residenz
Abb. 85

Grundriß des Erdgeschosses. – Zugehörig zu SE 289⁺. Würzburger »Reaktionsgrundriß« auf die Mainzer Planung, 1720. Lavierte Federzeichnung, mit Bleistift bezeichnet: »G«. Doppelte Stiegenanlage, rechteckige, flache Risalite in den Seitenfronten und an der Gartenfassade, dreifache Durchfahrt durch das Corps de logis und Arkaden an den Ehrenhofseiten. Maßstab in Schuh.

Eckert, Residenzpläne (1917), 28, Taf. II, 1. – Sedlmaier/Pfister, Residenz (1923), 19, Abb. 16. – Herrmann, Neue Entwürfe (1928), 124. – Reuther, Kirchenbauten (1960), 103. – Hotz, Sammlung Eckert (1965), 59. – Katalog »Fünf Architekten« (1976), 73. – Reuther, Zeichnungen (1979), 26. – Hubala u. a., Residenz (1984), 125.

SE 289 +
Würzburg, Residenz
Abb. 86

Grundriß des Hauptgeschosses. – Zugehörig zu SE 288 +, 1720. Lavierte Federzeichnung, Räume beziffert, mit Bleistift bezeichnet: »G 2«. Maßstab in Schuh.

Eckert, Residenzpläne (1917), 28, Taf. II, 2. – Rose, Spätbarock (1922), 133. Anm. 1. – Sedlmaier/Pfister, Residenz (1923), 19. – Zeller, B. N. (1928) 128–130, Abb. 3. – Reuther, Kirchenbauten (1960), 103. – Hotz, Sammlung Eckert (1965), 59. – Hubala u. a., Residenz (1984), 125.

SE 290 +
Würzburg, Residenz
Abb. 87

Grundriß des Erdgeschosses mit doppelter Stiegenanlage und Ovalrisaliten in den Seitenfronten. – »Abgeänderter Mainzer Grundriß«, vor 1723. Flache Risalite an den Gartenfrontrücklagen, dreifache Durchfahrt durch das Corps de logis. – Lavierte Federzeichnung. Im nordwestlichen Binnenhof sind die Außenmauern der Nordostecke nicht eingezeichnet. Maßstab mit Ziffern, Maßeinheit »Pied«.

Eckert, Residenzpläne (1917), 29f., 61, Taf. III, 1. – Rose, Spätbarock (1922), 172. – Sedlmaier/Pfister, Residenz (1923), 19, Anm. 51. – Zeller, B. N. (1928), 128–130, Abb. 5. – Reuther, Kirchenbauten (1960), 103. – Hotz, Sammlung Eckert (1965), 60. – Hubala u. a., Residenz (1984), 125.

SE 291
Würzburg, Residenz
Tafel 144

Grundriß des Erdgeschosses. – Sogenannter »ovalreicher Grundriß« der Mainzer Planung, vor 1723. Federzeichnung, Mauern grau, Öfen und Kamine rot laviert, bezeichnet »D 2«. Im Nordblock mehrere Ovale in Bleistift skizziert und, ihnen entsprechend, der Nordzwischentrakt weiter westlich angelegt. Maßstab in »pieds« und »Toises«. – 58,3 × 75,0 cm.

Vgl. SE 331 +. – Siehe nördliche Grundrißhälfte: Paris, Cabinet des Estampes, Nachlaß Robert de Cotte, Nr. 1195. – Variante zum südlichen kleinen Ovalsaal der Gartenfront: Würzburg, Universitätsbibliothek, Delin II 192 (mit eigenhändiger Beschriftung Balthasar Neumanns in Bleistift). Siehe auch Grundriß in Stuttgart, Württembergische Landesbibliothek, Slg. Nicolai Bd. 2 f. 31 (Variante zu SE 291). – Berlin, Kunstbibliothek, Hdz. 4674 (Aufriß der Ehrenhoffassade).

Eckert, Residenzpläne (1917), 30f., 61, 71, Taf. III, 2. – Eckert, Residenzmuseum (1921), Abb. 3. – Rose, Spätbarock (1922), 172. – Sedlmaier/Pfister, Residenz (1923), 17f., 30, 144, Anm. 51, Abb. 13. – Lohmeyer, Schönbornschlösser (1927), Abb. S. 30. – Lohmeyer, Baumeister I (1928), 200, Abb. 48. – Zeller, B. N. (1928), 129, Abb. 6. – Keller, Treppenhaus (1936), 98. – Katalog »Plan und Bauwerk« (1952), 26, Nr. 74. – Ausstellungskatalog Würzburg (1953), 22, Nr. B 6. – Reuther, Kirchenbauten (1960), 103. – Hotz, Sammlung Eckert (1965), 60. – Reuther, Zeichnungen (1979), 29. – Hubala u. a., Residenz (1984), 125ff., 144, 146.

SE 292 +
Würzburg, Residenz
Abb. 88

Situationsplan mit schematischem Grundriß der Residenz, in deren Seitenfronten rechteckige Risalite. – Bezeichnungen von Balthasar Neumann: Am Grundriß der Residenz »Hochfirstliche Würtzburgische Residentz Haubt Plan.« und »Kirchen« (im Südwesten eingetragen!); am östlichen Gartenteil »D« – »D Cascaten«, »Wahl Mauer«, »C Untere Mauer«, »Taxis Promenade«; am südöstlichen Gartenteil »F. Grosse Allée«, »E Orangerie auszustellen«, »E u. K Plaz«, »Q Einsetz«, »H Orangerie in Boden zu Sezen«, »R Gärtners Treib-Häuser« – »S. V. Mistbeth und ander«; bei den Wirtschaftsgebäuden auf dem sogenannten Probsthausen-Gelände »Metzgerey oder Remise N«, »Remisen M«, »Holtzhof«, »J Ritter Kuchen«, »Fourier-Keller und Ritterkoch-Stallung«, »Stallung« (mehrmals), »Sch(m)it«, »Schlosser, Wagner«, »offene Reithschul«, »geteckte Reithschul«, »Ballhaus«, »Hofgärtners Wohnung«; südlich des Gartens »St. Affera Closter«; am Residenzplatz »Vorblatz«; nordöstlich der Residenz »Rennweger thor«, nordwestlich am Rosenbacher Hof »Herrn von Rosenbach«; südwestlich des Residenzplatzes »Sondischer Hoff« und »Herr von Greiffenclau«; im Westen »alter Statt graben«, »herr graff von Hatzfelt«, »Herr von Bechelsheimb«, »Ketten gass«, »Stift Hauger Hof«, »Jesuiter«, »Burgerliche Hauser«, »St. S(t)ephans thor«, »St S(t)ephans Closter«. Rechts oben Windrose mit Angabe »Nord«. Ganz links Geländequerschnitt mit Beschriftung von Neumanns Hand: »Profil P« und »Profil durch de(n) garten«. Kolorierte Federzeichnung, signiert und datiert (u. r.): »Balthasar Neumann Obristlieut. Würtzburg den 11 Januarii 1730«. Maßstab in Schuh. – 42,1 × 51,4 cm.

Eckert, Residenzpläne (1917), 73, 136, Taf. X, 1. – Sedlmaier/Pfister, Residenz (1923), 39, 53, 142, 147, Anm. 147, 148, 465, 466, 468, 475, 481, Abb. 38. – Herrmann, Neue Entwürfe (1928), 126. – Freeden I (1937), 46, 48, Abb. 21. – Reuther, Kirchenbauten (1960), 103. – Bauer, Hofgarten (1961), 10, Taf. 7. – Hotz, Sammlung Eckert (1965), 60. – Otto, Interiors (1971), 165. – Rizzi, Kuppelkirchenbauten (1976), 145. – Reuther, Zeichnungen (1979), 44. – Hubala u. a., Residenz (1984), 124ff., Fig. 34.

SE 293
Würzburg, Residenz
Tafel 145

Kellergrundriß des Südflügels mit Hofkirche. – Bleistiftzeichnung mit eigenhändigem Vermerk Balthasar Neumanns (in Sepiatinte): »Daß original seiner hochfürst. gnaden abgeschikt nacher Wien den 22 xbr (= Dezember) 1730. Balt: Neumann Obristlieu.« Maßstab in Schuh. – 48,8 × 38,4 cm.

Eckert, Residenzpläne (1917), 89. – Reuther, Kirchenbauten (1960), 103. – Hotz, Sammlung Eckert (1965), 60 f.

SE 294⁺
Würzburg, Residenz
Abb. 89

Grundriß des Erdgeschosses, zusammengehörig mit SE 296⁺, SE 297⁺, SE 300⁺. – Lavierte Federzeichnung mit Beschriftung: »Grundris des Hochfürstl. Würtzburg. Residentz Gebäues untersten Stocks auff dem boden.« Mit eigenhändigem Vermerk Balthasar Neumanns: »Ersterer Plan zur Ebenen Erden Corrigirt undt Eingericht bey seiner hochfürst. gnaden in Wien den 25. 7br (= September) 1730.« Im Norden rechteckiger Risalit, Oval aber angedeutet. Die Mittelpartie mit Gartensaal und Stiegenhaus ausgeschnitten und mit neuer Darstellung hinterklebt (nur noch ein großes Treppenhaus, bis zum 2. Nordhof ausgedehnt!); Blatt rechts beschädigt. Maßstab in Schuh.

Eckert, Residenzpläne (1917), 83–85, 106, 115, Taf. XII, 1. – Rose, Spätbarock (1922), 172. – Sedlmaier/Pfister, Residenz (1923), 40, Anm. 224, 290, Abb. 39. – Zeller, B. N. (1928), 130 ff., Abb. 11. – Keller, Treppenhaus (1936), 100. – Reuther, Kirchenbauten (1960), 103. – Hotz, Sammlung Eckert (1965), 61. – Katalog »Fünf Architekten« (1976), 73. – Rizzi, Kuppelkirchenbauten (1976), 145. – Reuther, Zeichnungen (1979), 26, 29. – Hotz, Skizzenbuch (1981), 40. – Hubala u. a., Residenz (1984), 140, 150. – Dehio, Geschichte (1986), 364.

SE 295
Würzburg, Residenz
Tafel 146

Erdgeschoßgrundriß des Corps de logis: Treppenhaus, Vestibül, Gartensaal und Räume gegen den Ehrenhof. – Vgl. SE 294⁺ Bleistiftzeichnung. Mit Feder Säulengrundrisse der Ehrenhoffassade nachgezogen und im Vestibül Korrekturen vorgenommen. Antritt der Haupttreppe ursprünglich etwas weiter südlich angelegt. Konstruktion des Gartensaalovals erkennbar. Maßstab in Würzburger Schuh, von Balthasar Neumann beziffert. – 36,3 × 47,8 cm.

Eckert, Residenzpläne (1917), 83, 85, 115. – Ausstellungskatalog Würzburg (1953), 25, Nr. B 24. – Hotz, Sammlung Eckert (1965), 61.

SE 296⁺
Würzburg, Residenz

Grundriß des unteren Mezzaningeschosses, zugehörig zu SE 294⁺, SE 297⁺, SE 300⁺. – September 1730. Lavierte Federzeichnung, bezeichnet: »Grundris des Hochfürstl. Würzburg. Residentz Gebäues, Ersten Mezanen auff dem untersten Stock«.

Eckert, Residenzpläne (1917), 83, 85, 115. – Sedlmaier/Pfister, Residenz (1923), 40, Anm. 224. – Reuther, Kirchenbauten (1960), 103. – Hotz, Sammlung Eckert (1965), 61. – Rizzi, Kuppelkirchenbauten (1976), 145. – Hubala u. a., Residenz (1984), 140, 150.

SE 297⁺
Würzburg, Residenz
Abb. 90 und Fig. 5

Grundriß des Hauptgeschosses. Zusammengehörig mit SE 294⁺, SE 296⁺, SE 300⁺. – Lavierte Federzeichnung, bezeichnet: »Grundris des Hochfürstl: Würtzburg: Residentz Gebäues des Haubt oder mittel Stocks.« Mit eigenhändiger Beschriftung Neumanns: »Zweyter (darunter: »Ersterer«) undt haubt stock der hochfürst. Residentz in Würtzburg. Corrigirt undt Eingericht bey seiner hochfürst. Gnaden in Wien den 25 7br (= September) 1730.« Signiert: »Balthasar Neumann Obristlieu.« Mit Bezeichnung aller Räume der Südhälfte: an der Gartenfront (Von N nach S): »Anticamera«. »Audientz Zimmer«, »Schlaf Zimmer«, »Cabinet«, »Retirada«, »quarde Robes«, »Cammerdiner«, Gallerie«; an der Südseite: »Cammerdiner«, »Camer Laquei«, »Loca«, »Officie(rs) taffel«, »Silber Stuben«, »Cavalier taffel«, »Music Zimmer«, »Hoff Capellen« (darin »orgel«, »Oratorium«); an der Westseite: »Schlafz.«, »Cammerdiner«, »Aufwarth Zimmer«, »quarda robba«, »Bibliotheca«, »Retirad«, »Cabinet«; gegen den Ehrenhof: »Schlaf Zimmer«, »Retirata«, »Audientz Zimmer«, »Anticamera« (2×); im Zwischentrakt: »Oratorium«, »Haus Capellen«, »Sa(c)ristei«, »Caplan«. Im Norden Beschriftung in Bleistift, vom Seitenpavillon gegen den Uhrzeigersinn: »Anter Kammer«, »Capelle«, »loca«, »schlaff«, »Audientz«, »Sahl«, »Audientz«, »schlaffen«, »Cabinet«, (radiert), »Cammerdiner«, »garderobes«, »loca«, »Vor Obristentafel«, »Cavallier Speißzimmer«. In der Nordfront rechteckiger Risalit, in der Südfront über Rasur in Bleistift skizzierter Ovalrisalit. Flache Risalittafeln an den Gartenfrontrücklagen. An der Ehrenhoffassade Arkaden mit Balusterbrüstungen eingetragen, dagegen an den Ehrenhofseiten Fenster. Rasuren im Südzwischentrakt und am südlichen Treppenhaus des Corps de logis. Der Grundriß der Mittelpartie ausgeschnitten und aufgeklebt. Über dem Grundriß der Hofkirche im Südflügel in Bleistift skizzierter Grundriß eines Ovals mit Säulenstellungen. Maßstab in »Würtzburger Schuhe«. – 57,5 × 81,1 cm.

Eckert, Residenzpläne (1917), 83, 85 f., 92, 107, 115, Taf. XII, 2. – Rose, Spätbarock (1922), 172. – Sedlmaier/Pfister, Residenz (1923), 40, 42, 73, Anm. 224, 290, Abb. 40. – Grimschitz, Kollektivist. Problem (1925), 18. – Herrmann, Neue Entwürfe (1928), 124, 130. – Zeller, B. N. (1928), 131, 133, Abb. 8. – Keller, Treppenhaus (1936), 100. – Pröll, Kir-

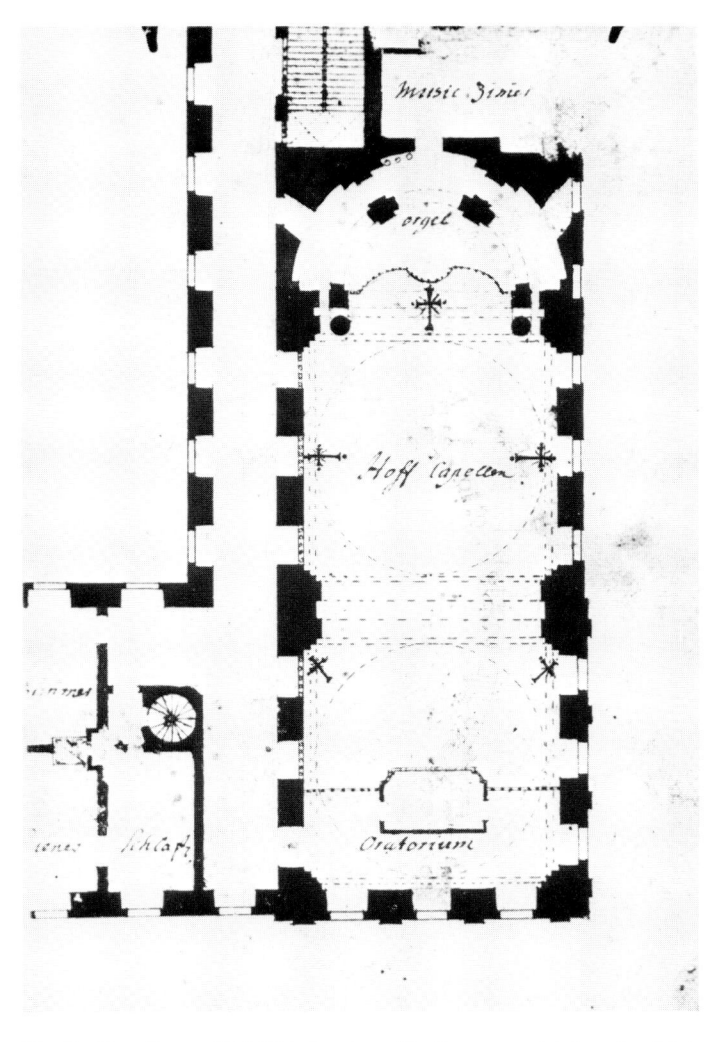

Fig. 5: Detail aus SE 297⁺. Institut für Kunstgeschichte der Universität Würzburg, Nachlaß Professor Schenk.

chenbauten (1936), 14f. – Hegemann, Altarbaukunst (1937), 12, Abb. 5. – Neumann, Neresheim II (1947), 72. – Grimschitz II (1959), 140. – Reuther, Kirchenbauten (1960), 103. – Hotz, Sammlung Eckert (1965), 61f. – Katalog »Fünf Architekten« (1976), 73. – Rizzi, Kuppelkirchenbauten (1976), 145. – Reuther, Zeichnungen (1979), 26, 29. – Hotz, Skizzenbuch 1 (1981), 40. – Hubala u.a., Residenz (1984), 140, 150f., 155f., Fig. 51.

SE 298
Würzburg, Residenz
Tafel 147

Hauptgeschoß-Grundriß des Südflügels mit dem südlichen Teil des Corps de Logis. – Um 1730. SE 297⁺ weitgehend entsprechend, mit rechteckigem Risalit in der Seitenfront. Bleistiftzeichnungen mit Korrekturen und Ziffern zur Bezeichnung der Räume. Ohne Maßstab. – 46,1 × 38,4 cm.

Eckert, Residenzpläne (1917), 86. – Reuther, Kirchenbauten (1960), 103. – Hotz, Sammlung Eckert (1965), 62. – Hubala u.a., Residenz (1984), 150.

SE 299⁺
Würzburg, Residenz

Zwei Grundrisse für Erd- und Obergeschoß der Haupttreppe im Mittelbau. – Wohl von 1730. Mit Bleistift bezeichnet: »Erster Stock«, »zweyter Stock« und »littera G«.

Eckert, Residenzpläne (1917), 76f., 84. – Sedlmaier/Pfister, Residenz (1923), Anm. 84. – Herrmann, Neue Entwürfe (1928), 127, Anm. 2. – Keller, Treppenhaus (1936), 100. – Hotz, Sammlung Eckert (1965), 62.

SE 300⁺
Würzburg, Residenz
Abb. 91

Grundriß des oberen Mezzaningeschosses (zu SE 294⁺, SE 296⁺, SE 297⁺). – September 1730. Lavierte Federzeichnung, bezeichnet: »Grundris des Hochfürstl: Würtzburg: Residentz Gebäues Obersten Mezanen.« Maßstab in »Würtzburger Schuhe«. – 59,4 × 83,6 cm.

Eckert, Residenzpläne (1917), 86. – Sedlmaier/Pfister, Residenz (1923), 40, Anm. 224. – Reuther, Kirchenbauten (1960), 103. – Hotz, Sammlung Eckert (1965), 62. – Rizzi, Kuppelkirchenbauten (1976), 145. – Hubala u.a., Residenz (1984), 140, 150.

SE 301⁺
Würzburg, Residenz
Abb. 92

Keller-Grundriß der südlichen Hälfte. – Zu SE 302⁺ und SE 303⁺ gehörig. Von Johann Lucas von Hildebrandt eigenhändig beschriftet: »Grund Riss der Halb Hochfürst. Residenz in Würtzburg, wie es unter der Erden Zu Bauen seye, Erstl: die Geschickhte grund Riss haben in A. und B. wie die schwartz gedupfte Linien zeigen, die Haubt gemäuer welche auf alle weiß nicht seyn können, Sondern werden gemacht wie diser und anderer Riss gemacht seyn, allhier seind die Keller und Holtz gwölber durchauß gezeichnet wie sie seyn können, man kan aber auslassen waß man will, Ingl. seynd auch durchauß Keller fenster angemerckht, können aber die jenige offen gelassen werden welche mann will, Hingegen aber werden durchauß die angemerckhte blindfellung gelassen werden, Imübrigen können die Keller und Holtz gwölber eingetheillet werden nach belieben. Ihro Hochfürstl: gnaden Haben gdst nur ain Eyssgrueben verwilliget, wie in Lit. C. zu sehen ist. D ist ein gwölb vor die Comestibilia, E Ein anders vor die frembte wein.« Die in der Beschriftung genannten Buchstaben finden sich am Grundriß. Dort außerdem von Hildebrandts Hand einzelne Räume in Bleistift bezeichnet: »holtz gwölber«, »speis gwölb«, »frembte wein«; einige weitere Bezeichnungen unleserlich. Sepiabraun lavierte Federzeichnung, signiert (r.u.): »Jo: Luc: de Hildebrandt inv. et del. Ao 1731«. Maßstab in Schuh. – 61,5 × 50,0 cm.

Eckert, Residenzpläne (1917), 104f., 107. – Sedlmaier/Pfister, Residenz (1923), Anm. 122. – Grimschitz I (1932), 143f., Abb. 205. – Grimschitz II (1959), 140, 167, Abb. 210. – Reuther, Kirchenbauten (1960), 103. – Hotz, Sammlung Eckert (1965), 62f. – Otto, Interiors (1971), 165. – Rizzi, Kuppelkirchenbauten (1976), 146–150.

SE 302 +
Würzburg, Residenz
Abb. 93 und Fig. 6

Grundriß des Erdgeschosses. – Zugehörig zu SE 301 + und SE 303 +. Grau lavierte Federzeichnung mit vereinzelten Bleistiftkorrekturen, von Johann Lucas von Hildebrandt eigenhändig beschriftet: »Grund Riss der halb Hochfürstl: Residenz in Würtzburg Zu Ebner Erden, weill man aniezo Bauen wird dise seithen, welche der andern schon gebauten außwendig gleich ist, Hat man hier nicht vill zu Erindern, und bleiben die gelegenheit denen andern abrissen schier uniform, Und wan ein Profil von den alten Gebäu vorhanden wäre gewest, hätte man auch zu diesen einen anderen gemacht, wie letztlich begehrt ist worden, indessen aber können sie die Fundamenta und auch auß der Erden fahrn, bey der Capelln aber wird man dato auß der Erden nichts anfangen«. Im südwestlichen Binnenhof unleserliche Beschriftung in Bleistift. Das Treppenhaus hinter dem Chor der Hofkirche ist als Tektur aufgeklebt. Alle Räume der südlichen Hälfte von Hildebrandt eigenhändig bezeichnet (im Uhrzeigersinn): »Einfahrt«, »Sala terrena«, »Dragoner Zimmer«, »Dragoner Officier Zimmer«, »Zukkerbacher«, »Zuckerbacherey«, »Klein Hoff«, »Anticammera«, »Audienz Zimmer«, »Schlaff Zimmer«, »gabinet«, »Retirada«, »Cammer Diener«, »vor Frembte«, »Diener Zimmer«, »Ein gwölb«, »Loca«, »Bacherey«, »Bachmeister«, »Köch Zimmer«, »Haubt Kuchel«, »Paramenten gwölb«, »Sacristia«, »Hoff Kirchen«, »Caplan«, »Kirchen Diener«, »Gwölber« (2 ×), »brodtspeicher«, »Silber Stuben«, »Silber Wasch«, »Mund Schenckh«, »Ritter Schenckh«, »Hoff Fourier«, »Kuchelmeister«, »Kuchl Schreiber«, »Speis gwölber«; in der Mitte des Blattes Wappen des Fürstbischofs Friedrich Carl von Schönborn. Signiert (r. u.): »Jo: Luc: de Hildebrandt inv. et del. Ao 1731«. Maßstab in Schuh. – 61,5 × 50,0 cm.

Eckert, Residenzpläne (1917), 92, 101, 106, Taf. XIV, 1. – Rose, Spätbarock (1922), 173. – Sedlmaier/Pfister, Residenz (1923), 46, Anm. 122, 290, Abb. 46. – Herrmann, Neue Entwürfe (1928), 129. – Zeller, B. N. (1928), 131 f. – Grimschitz I (1932), 144, Abb. 203. – Grimschitz II (1959), 140, 167, Abb. 208. – Reuther, Kirchenbauten (1960), 103. – Hotz, Sammlung Eckert (1965), 63. – Otto, Interiors (1971), 165. – Rizzi, Kuppelkirchenbauten (1976), 146–150, Abb. 73. – Hubala u. a., Residenz (1984), 147, 151, 155 f., 193, 199, Fig. 46, 52.

SE 303 +
Würzburg, Residenz
Abb. 94

Grundriß des Hauptgeschosses. – Zugehörig zu SE 301 + und SE 302 +. Grau lavierte Federzeichnung mit einigen Bleistiftkorrekturen. Alle Räume der Südhälfte von Johann Lucas von Hildebrandt eigenhändig bezeichnet: (im Uhrzeigersinn) »Sal de gardes«, »Haubt Sahl«, »Sal de gardes«, »Communica(ti)on Zimmer«, »Höfflein«, »Taffel Zimmer«, »Durchgang«, »Stallmeister«, »Anticammera«, »Audienz Zimmer«, »Schlaff Zimmer«, »gabinet«, »Retirada«, »galeria«, »Cammerdiener Zimmer« (2 ×), »Loca«, »Officier taffel-Zimmer«, »Taffeltecker«, »Cavallier Taffel-

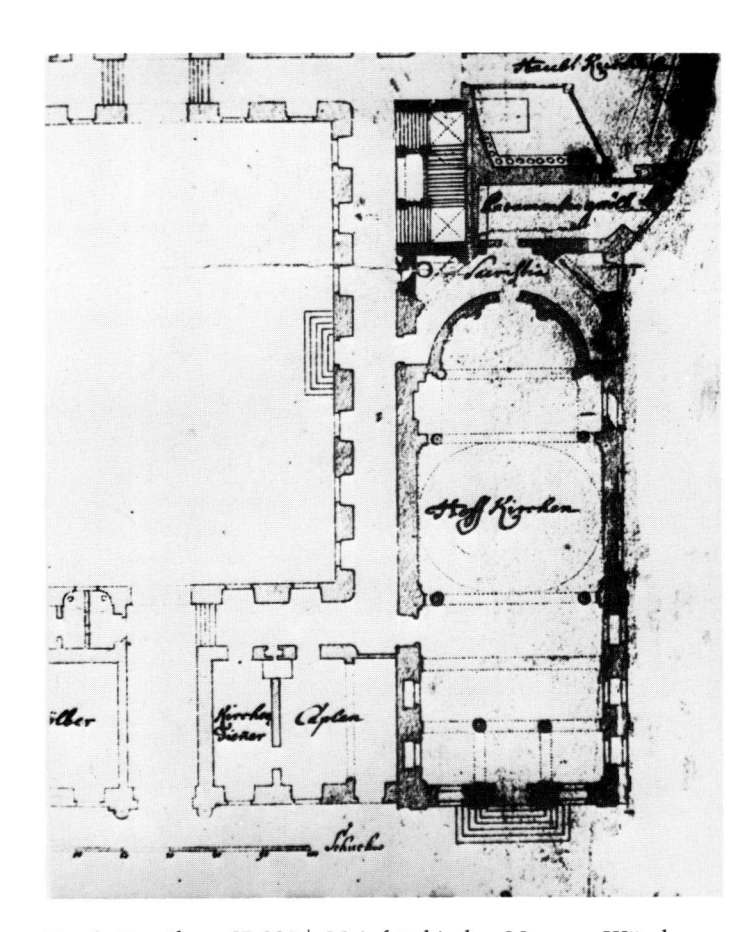

Fig. 6: Detail aus SE 302 +. Mainfränkisches Museum Würzburg.

Zimmer«, »Musicalien-Zimmer«, »Hoffkirchen« (darin: »Oratorium«), »Auffwart-Zimmer«, »Cammer Diener Zimmer«, »quardaroba«, »Haus Bibliotheca«, »Retirada«, »Gabinet«, »Schlaff Zimmer«, »Retirada«, »Baldagin Zimmer«, »Anticamera« (2 ×), »oratorium«, »Cammer Capell«, »Sacristia«, »Sacristia Diener«, »Capellan«. In der Mitte des Blattes Wappen des Fürstbischofs Friedrich Carl von Schönborn. Signiert (r. u.): »Jo: Luc: de Hildebrandt inv: et del. A° 1731«. Maßstab in Schuh. – 60,3 × 50,0 cm.

Eckert, Residenzpläne (1917), 92, 107, Taf. XIV, 2. – Rose, Spätbarock (1922), 173. – Sedlmaier/Pfister, Residenz (1923), 46, Anm. 122, Abb. 47. – Lohmeyer, Baumeister I (1928), 192, Abb. 38. – Herrmann, Neue Entwürfe (1928), 129. – Zeller, B. N. (1928), 130–132, Abb. 10. – Knapp, Werke (1929), 48 f., Abb. 24. – Grimschitz I (1932), 144, Abb. 204. – Pröll, Kirchenbauten (1936), 14 f. – Grimschitz II (1959), 140, 167, Abb. 209. – Reuther, Kirchenbauten (1960), 103. – Hotz, Sammlung Eckert (1965), 63 f. – Otto, Interiors (1971), 165. – Rizzi, Kuppelkirchenbauten (1976), 146–150, Abb. 74. – Hubala u. a., Residenz (1984), 147, 155 f., 193, 199.

SE 304⁺
Würzburg, Residenz
Fig. 7

Grundriß des Mittelbaues mit doppelseitiger Stiegenanlage, daneben mit Bleistift skizzierter Querschnitt.

Sedlmaier/Pfister, Residenz (1923), 33, Anm. 86, Abb. 34. – Keller, Treppenhaus (1936), 99. – Hotz, Sammlung Eckert (1965), 64.

SE 305⁺
Würzburg, Residenz
Abb. 95

Grundriß des Hauptgeschosses. – Um 1723. Chor der Hofkirche im nördlichen Ovalrisalit, Langhaus im anschließenden Zwischentrakt (Idee Germain Boffrands). Doppelseitiges Stiegenhaus. Lavierte Federzeichnung. Maßstab in Schuh.

Vgl. den seitenverkehrt wiedergegebenen Grundriß in Germain Boffrand, Livre d'Architecture, Paris 1745, Pl. LVI. – Würzburg, Mainfränkisches Museum, Inv. Nr. S. 45779 (Längsschnitt mit Kirche im Oval mit Langhaus). – Zur Kirche im Oval: Koblenz, Staatsarchiv, Abt. 702 Nr. 6542 Blatt 48.

Eckert, Residenzpläne (1917), 51f., 65, 68, Taf. X, 1. – Sedlmaier/Pfister, Residenz (1923), 33, Abb. 32. – Herrmann, Neue Entwürfe (1928), 126. – Zeller, B. N. (1928), Abb. 9. – Keller, Treppenhaus (1936), 99. – Reuther, Kirchenbauten (1960), 103. – Hotz, Sammlung Eckert (1965), 64. – Katalog »Fünf Architekten« (1976), 72. – Reuther, Zeichnungen (1979), 25. – Hubala u.a., Residenz (1984), 147, 155.

SE 306⁺
Würzburg, Residenz

Grundriß der nördlichen Hauptstiege mit Anschluß der umliegenden Räume, entsprechend SE 305⁺.

Eckert, Residenzpläne (1917), 59. – Sedlmaier/Pfister, Residenz (1923), Anm. 86. – Hotz, Sammlung Eckert (1965), 64.

SE 307⁺
Würzburg, Residenz
Abb. 96

Grundriß des Hauptgeschosses. – Um 1734. Schwarz lavierte Federzeichnung. Vgl. SE 297⁺; u.a. Treppenhaus, Ehrenhoffassade (Arkaden mit Balusterbrüstungen, Doppelsäulen an der Einfahrt), Fenster an den Ehrenhofseiten und Südoval übereinstimmend. SE 307⁺ aber ohne Risalitbildung an den Gartenfrontrücklagen; Hofkirche mit Kurvierung und Säulenstellung, halbseitig mit Empore (dagegen zeigt SE 297⁺ eine frühere Stufe). Bleistiftkorrekturen an den Raumeinteilungen. Maßstab in Schuh.

Eckert, Residenzpläne (1917), 98, 104, 107, Taf. X, 2. – Sedlmaier/Pfister, Residenz (1923), 47f., 73, 97, 115, Anm. 224, 290, 294, 295, Abb. 48. – Boll, Rezension (1924), 309. – Zeller, B. N. (1928), 130, 132, Abb. 12c. – Pröll, Kirchenbauten (1936), 15. – Knapp, B. N. (1937), Abb. S. 18. – Reuther, Kirchenbauten (1960), 103. – Hotz, Sammlung Eckert (1965), 64. – Katalog »Fünf Architekten« (1976), 80. – Reuther, Zeichnungen (1979), 35, 43.

SE 308⁺
Würzburg, Residenz
Abb. 97

Hauptgeschoß-Grundriß des Mittelbaues: Kaisersaal, Weißer Saal und Treppenhaus mit Anschluß der umliegenden Räume. – Lavierte Federzeichnung. Maßstab in Ziffern, ohne Maßeinheit.

Eckert, Residenzpläne (1917), 108. – Sedlmaier/Pfister, Residenz (1923), 74, Anm. 131. – Hotz, Sammlung Eckert (1965), 64. – Reuther, Zeichnungen (1979), 35.

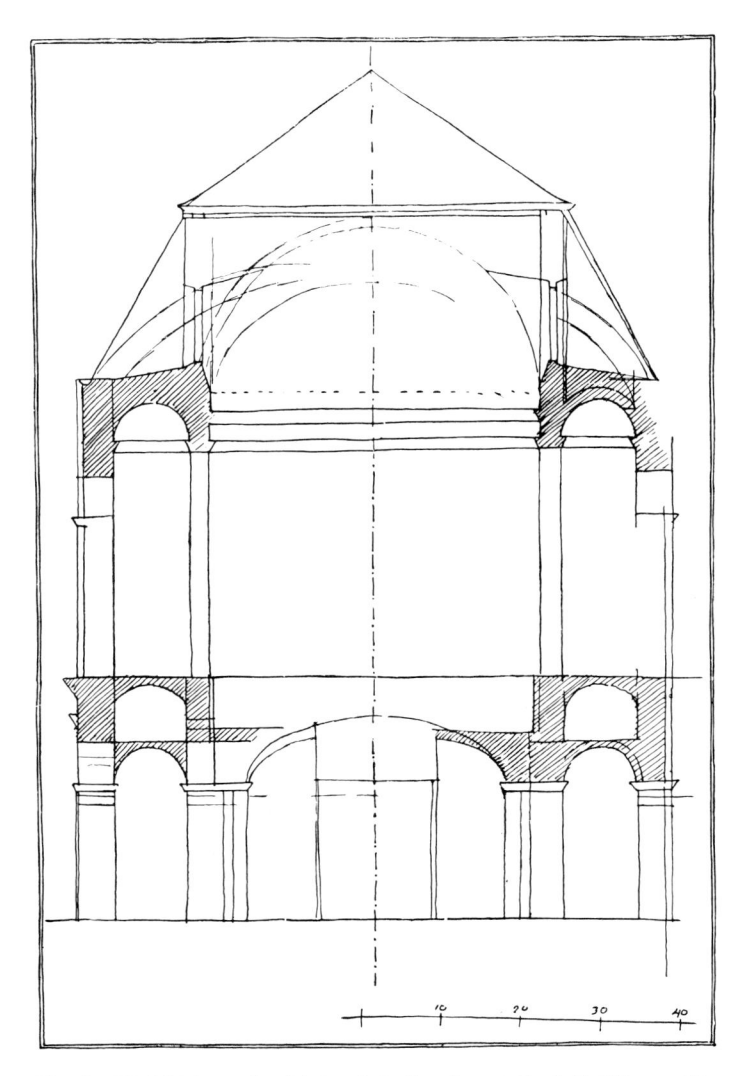

Fig. 7: SE 304⁺. nach: Richard Sedlmaier / Rudolf Pfister, Die fürstbischöfliche Residenz zu Würzburg, München 1923, Abb. 34.

SE 309
Würzburg, Residenz
Tafel 148

Grundriß zur geplanten Kirche im Oval. – Um 1723. Schwarz und grau lavierte Federzeichnung, im Osten Hauptaltar und Nebenaltar in Fensternische einskizziert, im Süden neuer Anschluß an den Zwischentrakt in Bleistift nachträglich einskizziert. Zirkeleinstiche markiert. Maßangaben in Schuh und Zoll. Maßstab in Schuh. – 59,8 × 77,7 cm.

Vgl. Berlin, Kunstbibliothek, Hdz. 4681, insbesondere die Bleistiftkorrekturen an der Anschlußstelle.

Eckert, Residenzpläne (1917), 63, Taf. VIII, 1. – Sedlmaier/Pfister, Residenz (1923), Anm. 57. – Ausstellungskatalog Würzburg (1953), 22, Nr. B 7. – Reuther, Kirchenbauten (1960), 103. – Hotz, Sammlung Eckert (1965), 65.

SE 310
Würzburg, Residenz
Tafel 149

Erdgeschoßgrundriß der geplanten Kirche im Oval. – Um 1722. Der Zwischentrakt zwischen den Binnenhöfen ist als Durchgangshalle gestaltet. Ungleichmäßig grauschwarz lavierte Federzeichnung. In den Umgang z. T. andere Säulenstellung mit Bleistift eingetragen. Rasur an der Fensternische im Südosten. Konstruktionslinien für Oval in Bleistift. – Zugehörig zu SE 311+. Maßangaben im Oval, Maßstab in »Pieds«. – 43,9 × 74,1 cm.

Eckert, Residenzpläne (1917), 64, 70, Taf. VIII, 2. – Sedlmaier/Pfister, Residenz (1923), Anm. 57. – Reuther, Kirchenbauten (1960), 103. – Hotz, Sammlung Eckert (1965), 65.

SE 311+
Würzburg, Residenz

Grundriß des Obergeschosses zu SE 310, mit Empore. – Lavierte Federzeichnung.

Eckert, Residenzpläne (1917), 64. – Reuther, Kirchenbauten (1960), 103. – Hotz, Sammlung Eckert (1965), 65.

SE 312
Würzburg, Residenz
Tafel 150

Grundriß zur geplanten Kirche im Oval mit Zugang vom Rennweg. – Um 1723. Halbseitig oben und unten für Erd- und Obergeschoß, in je zwei halbseitigen Varianten links und rechts. Federzeichnung, Mauern, Pfeiler und Säulen schwarz, Anschlußmauern der Residenzflügel und Altar grau, Fenster und Säulenpiedestale wässrig-grau, vortretende Sockel und Empore (Baluster) rot laviert. Maßstab mit Ziffern, ohne Maßeinheit. – 60,0 × 40,5 cm.

Vgl. SE LXXII+ (rechte Variante von Grund- und Aufriß) und »Bamberger Aufriß« in Bamberg, Staatliche Bibliothek, Pläne unbestimmter Provenienz, Nr. 53. Weitere Pläne zur »Kirche im Oval«: Berlin, Kunstbibliothek, Hdz. 4675, 4677, 4679, 4681, 4697. – SE LXVIII+, SE LXX+, SE LXXII+. – Würzburg, Historischer Verein Nr. XII B, 183 (Fassade der Hofkirche im Oval, 1945 verbrannt, Abb. bei Reuther, Zeichnungen [1979], 23).

Eckert, Residenzpläne (1917), 63, 70, Taf. VIII, 3. – Sedlmaier/Pfister, Residenz (1923), 22, Abb. 20. – Katalog »Plan und Bauwerk« (1952), 28, Nr. 86. – Teufel II (1957), 43. – Reuther, Kirchenbauten (1960), 103. – Hotz, Sammlung Eckert (1965), 65.

SE 313+
Würzburg, Residenz
Abb. 98

Grundriß und Längsschnitt der Hofkirche im Südflügel. – 1731. Federzeichnung mit Bleistiftkorrekturen (Südseite am Grundriß mit Säulen, am Längsschnitt skizzierter Kreuzaltar). Maßstab in Bleistift mit Ziffern, ohne Maßeinheit. – 53,7 × 40,0 cm.

Eckert, Residenzpläne (1917), 91, Taf. VIII, 4. – Sedlmaier/Pfister, Residenz (1923), 42, Abb. 41. – Herrmann, Neue Entwürfe (1928), 130. – Pröll, Kirchenbauten (1936), 15 f. – Teufel I (1936), 61. – Heß, Münsterschwarzach (1938), 42. – Schenk, Kirchenbaukunst (1939), 29, 31, 56, 66 f., Taf. V, Fig. 2. – Neumann, Neresheim II (1947), 18 f., 72. – Teufel II (1957), 62, 89. – Reuther, Kirchenbauten (1960), 103. – Hotz, Sammlung Eckert (1965), 65. – Otto, Interiors (1971), 165. – Passavant, B. N. oder Hildebrandt (1971), 6 f., Abb. 4. – Reuther, Einwirkungen (1973), 69, 77. – Rizzi, Kuppelkirchenbauten (1976), 145, 148, Abb. 75. – Hotz, Skizzenbuch 1 (1981), 42. – Hubala u. a., Residenz (1984), 156, 158, 160, Fig. 53.

SE 314+
Würzburg, Residenz
Abb. 99

Aufriß, Grundriß und Fassadenschnitt des nordwestlichen Eckrisalites des Nordblockes. – Um 1721/22. Kolorierte Federzeichnung aus dem Büro Hildebrandts. Über den Hauptgeschoßfenstern Wappen des Herzogtums Franken, der Familie Schönborn und des Hochstifts Würzburg. Neben dem mittleren Hauptgeschoß-Fenster Maßangabe: »29½ Schuh die hehe«, am Untergeschoß Buchstaben A, B, C (Pilaster); D, E, F (Gebälk); G (Erdgeschoßfenster), H (Mezzaninfenster), L, M, N (Sockel). Erdgeschoß entsprechend der Ausführung, Hauptgeschoß in Proportionierung und im Detail abweichend. Maßstab in Ziffern, ohne Maßeinheit. – 96,0 × 51,0 cm.

Eckert, Residenzpläne (1917), 32, 54, Taf. IV. – Eckert, Residenzmuseum (1921), Abb. 4. – Sedlmaier/Pfister, Residenz (1923), 18, Abb. 14. – Herrmann, Neue Entwürfe (1928),

113, Anm. 1. – Lohmeyer, Baumeister II (1929), 145, Abb. 95. – Grimschitz I (1932), Abb. 202. – Richter, Lünenschloß (1939), 87. – Grimschitz II (1959), 136, Abb. 213. – Hotz, Sammlung Eckert (1965), 65. – Reuther, Einwirkungen (1973), 81. – Reuther, Zeichnungen (1979), 26. – Hubala, Genie (1984), 168 ff., Abb. 8. – Hubala u. a., Residenz (1984), 138–143, Abb. S. 40, Fig. 37, 38. – Dehio, Geschichte (1986), 363. – Hansmann, B. N. (1986), 177 f., Abb. 55.

SE 315
Würzburg, Residenz
Tafel 151

Grundriß der Fundamente für Vestibül, Treppenhaus und Gartensaal. – 1735. Federzeichnung mit zahlreichen Maßangaben ohne Maßeinheit, aber mit Zusätzen »dief«, »hoch«, »breid«, und Beschriftung: »disen aufnahm an fues boden genumb« und »NB No. 1 ist der absatz 5 schuh liegen bleiben«. Hauptachsen und Korrekturen in Bleistift eingetragen. Maßstab mit Ziffern, ohne Maßeinheit. – 61,0 × 80,0 cm.

Hotz, Sammlung Eckert (1965), 66.

SE 316+
Würzburg, Residenz

Grundriß des Dachstuhls zweier Risalite mit Verbindungsbau, vom Nordflügel. –

Dachstuhlpläne von 1740 in Stuttgart, Württembergische Landesbibliothek, Slg. Nicolai Bd. 5.

Hotz, Sammlung Eckert (1965), 66.

SE 317
Würzburg, Wirtschaftsgebäude an der Residenz
Tafel 152

Grundriß der geplanten Wirtschaftsgebäude südlich der Residenz auf dem sogenannten Probsthausen-Gelände. – Bleistiftskizze, Grundriß mit Lineal gerissen, Korrekturen der Inneneinteilung freihändig. An einigen Räumen Spuren von Bleistiftbezeichnungen. Ohne Maßstab. – 40,5 × 65,4 cm.

Vgl. Berlin, Kunstbibliothek, Hdz. 4676, 4713–4716, 4718, 4719. Dazu SE 292+, SE 330+, SE 334+, SE 335+. – Heidelberg, Universitätsbibliothek, Heid.Hs. 3897, f. 60v, 61v.

Hotz, Sammlung Eckert (1965), 68.

SE 318+
Würzburg, Residenz

Querschnitt durch das Treppenhaus mit Dachkonstruktion. – Signiert: »Jakob Löffler Zimmer Meister 1771.«

Hotz, Sammlung Eckert (1965), 66.

SE 319+
Würzburg, Residenz

Querschnitt der Dachkonstruktion über der Hofkirche. – Um 1810. Beschriftet: »Profil von dem Kirchen Dach Stuhl auf der Großherzoglichen Residenz in Würtzburg. Erklärung A) der neue Dachleist wenn die steinernen Rinnen abgenommen werden, B) die Kniewand wo die Dachleist aufgesattelt werden.«

Hotz, Sammlung Eckert (1965), 66.

SE 320
Würzburg, Residenz
Tafel 153

Grundriß der nördlichen Hälfte des Ehrenhofgitters. – 1737. Grau lavierte Federzeichnung, der Eckblock rosa angelegt. Mit Maßangaben und mit Bleistift Variante im linken und Korrektur am rechten Teil eingetragen. Ferner punktierte Meßlinien und Vermerk: »Dieße lini Hat von dem Punctierten Zierckhel biß in den Haubt Punkt 93 schuhe 6 Zoll«. Signiert (l. u.): »Jo: Luc. von Hildebrandt Kay. Rath prim. Ingen. und Hoff archit. inven. et deli. 1737.« Maßstab in Schuh. – 59,3 × 93,0 cm.

Vgl. hierzu Würzburg, Martin von Wagner-Museum der Universität, Inv. Nr. 477. – Berlin, Kunstbibliothek, Hdz. 4721, Hdz. 4722.

Eckert, Residenzpläne (1917), 134. – Sedlmaier/Pfister, Residenz (1923), 51, Anm. 333. – Hofmann, Ehrenhofgitter (1927), 172, Abb. 144. – Zeller, B. N. (1928), 136. – Grimschitz I (1932), 144. – Grimschitz II (1959), 142, 168. – Hotz, Sammlung Eckert (1965), 66. – Mainka, Ehrenhofgitter (1978), 1, 3 f., 7, 19–22, 27 f., 38. – Reuther, Zeichnungen (1979), 38, 45.

SE 321+
Würzburg, Residenz
Abb. 100

Aufriß und Grundriß des Ehrenhofgitters mit den Eckpavillonkanten. – 1733. Im Grundriß auch die Ehrenhoffassade angegeben. Grau lavierte Federzeichnung, der Grundriß des Ehrenhofgitters rosa, die Mauergrundrisse schwarz angelegt. Originalzeichnung von Johann Lucas von Hildebrandt. Maßstab in Schuh, von anderer Hand. – 50,0 × 71,0 cm.

Vgl. Berlin, Kunstbibliothek Hdz. 4721, Hdz. 4722.

Dreger, Hildebrandt (1907), Abb. S. 282. – Eckert, Residenzpläne (1917), 134f., Taf. XV, 1. – Sedlmaier/Pfister, Residenz (1923), 51, 109, Anm. 141, 337, Abb. 98. – Lohmeyer, Baumeister I (1928), 192, Abb. 39. – Zeller, B. N. (1928), 136. – Grimschitz I (1932), 144, 174, Abb. 212. – Grimschitz II (1959), 142, 168, Abb. 224. – Hotz, Sammlung Eckert (1965), 66f. – Mainka, Ehrenhofgitter (1978), 1, 3f., 13–18, 20–22, 25, 28, 39, Abb. II. – Reuther, Zeichnungen (1979), 38.

SE 322+
Würzburg, Residenz
Abb. 101

Entwurf zum Ehrenhof-Gitter. – Variante zu SE 321+. Aufriß des Gitters und der Eckpavillonkanten. Lavierte Federzeichnung. Ohne Maßstab. – 55,0 × 131,0 cm.

Vgl. Berlin, Kunstbibliothek, Hdz. 4721, Hdz. 4722. – Früher Grundriß eines Ehrenhofgitters auf SE 331+ und in Stuttgart, Württembergische Landesbibliothek, Slg. Nicolai, 2. f. 31. – Frühe Ansicht des Gitters in Berlin, Kunstbibliothek, Hdz. 4676. Siehe auch Ehrenhofabschluß Robert de Cottes in Paris, Cabinet des Estamps, Nr. 1194.

Dreger, Hildebrandt (1907), Abb. S. 283. – Eckert, Residenzpläne (1917), 134f., Taf. XV, 3. – Sedlmaier/Pfister, Residenz (1923), 51, 109f., Anm. 141, 337, Abb. 99. – Hofmann, Ehrenhofgitter (1927), 174, Abb. 145. – Zeller, B. N. (1928), 136. – Hotz, Sammlung Eckert (1965), 67. – Reuther, Einwirkungen (1973), Abb. 20. – Mainka, Ehrenhofgitter (1978), 1, 3f., 28–31, 33, 35f., 38, 40, 42f., Abb. XI. – Reuther, Zeichnungen (1979), 38, 45. – Hubala u. a., Residenz (1984), Fig. 87.

SE 323+
Würzburg, Residenz
Abb. 102

Grundriß des Erdgeschosses mit Ehrenhofgitter. – 1745. Lavierte Federzeichnung mit Maßangaben in Bleistift. Am oberen Rand beschriftet: »Grundriß deß ersten Hauptstocks...« Die Beschriftung zum großen Teil überklebt. Signiert und datiert (r. u.): »Johann Wilhelm Kayser Delinavit Mens: Januarii Anno 1745«. Maßstab in Schuh.

Sedlmaier/Pfister, Residenz (1923), Anm. 81. – Hotz, Sammlung Eckert (1965), 67. – Reuther, Zeichnungen (1979), 43.

SE 324+
Würzburg, Residenz

Grundriß des Erdgeschosses. – Wie SE 323+, jedoch ohne Signatur.

Hotz, Sammlung Eckert (1965), 67.

SE 325+
Würzburg, Residenz
Abb. 103

Grundriß des ersten Halbgeschosses. – Lavierte Federzeichnung mit Korrekturen und Maßangaben in Bleistift. Am unteren Rand zum großen Teil überklebte Beschriftung von gleicher Hand wie bei SE 323+. Bleistiftvermerk: »1tes halb geschoß«. Ohne Maßstab.

Sedlmaier/Pfister, Residenz (1923), 73. – Hotz, Sammlung Eckert (1965), 67. – Reuther, Zeichnungen (1979), 43.

SE 326
Würzburg, Residenz
Tafel 154

Teilgrundriß des ersten Halbgeschosses (vom Mittelpavillon bis zum südlichen Ovalrisalit). – 1745. SE 325+ entsprechend. Kolorierte Federzeichnung mit eigenhändigen Erläuterungen Balthasar Neumanns: »Erstere Metzanen in der Hochfürst. Residentz zu Würzburg worinen die geheime Cancelleyen sich befinden«; Mauern grau, Öfen und Kamine rot, eine Trennwand zwischen Registratur und dem Schlafzimmer gelb laviert; am Grundriß Ziffern in Rötel und Bezeichnungen von Neumanns Hand in brauner Tinte: »gegen den garten«, »unter der gallerie«, »bett verwaltern bleibt«, »wirtzburgische Cancelley et Registratur« (A 1, 2), »von Borie arbeit und schlaf Zimmer« (3), »ahnsprag Zimmer von Borie« (4), »dessen Diener Zimmer« (5), »vorblatz«, »Bambergische Cancelley bleibt« (6), zweimal »bleibt frey« (7, 8), »hofrath Degen« (9), »Degen« (9), »bedieneter dessen, undt Cancelley Diener« (9), »Pater beicht vatter bleibt«, »Der hindere hoff In der hochfürst. Residentz undt waß in denen Zimmren geschrieben, daß ist nach den zweyten project die verEnderung deren quardieren, so wohl für beyde Herrn Referendariis alß Cancelleyen. ut in litteris.« Bleistiftkorrekturen im Zimmer rechts des »Vorblatz«, andere Einteilung in (A 1) und (6), Rasur schafft Durchgang zwischen »Degen« und »bedieneter dessen...«. Datiert und signiert (unter der Erläuterung): »Wirtzburg den 26 Martii 1745 Balthasar Neumann Obrister«. Maßstab in »Wirtzburger schue« und von Balthasar Neumann eigenhändig mit Ziffern bezeichnet. – 21,6 × 29,4 cm.

Sedlmaier/Pfister, Residenz (1923), Anm. 290. – Ausstellungskatalog Würzburg (1953), 27, Nr. B 37. – Hotz, Sammlung Eckert (1965), 67f.

SE 327+
Würzburg, Residenz

Grundriß des zweiten Halbgeschosses. – Lavierte Federzeichnung.

Hotz, Sammlung Eckert (1965), 68.

SE 328 +
Würzburg, Residenz

Grundriß des zweiten Halbgeschosses. – SE 327 + entsprechend.

Hotz, Sammlung Eckert (1965), 68.

SE 329 +
Würzburg, Residenz

Teilgrundriß. – Sämtliche an der Nordfront liegende Räume mit Kirche im Oval. Vor 1723, da der Eckrisalit zum Ostgarten noch dreiachsig geplant ist. – 180,0 × 57,0 cm.

Weitere Entwürfe zur Würzburger Residenz: Bamberg, Staatliche Bibliothek, Plansammlung unbestimmter Provenienz 53, 54, 59, 62–64. Berlin, Kunstbibliothek, Hdz. 3993, Hdz. 4672–Hdz. 4712, Hdz. 4722, Hdz. 4724, Hdz. 5615, Hdz. 5646, Hdz. 5647. – Darmstadt, Hessische Landes- und Hochschulbibliothek, Mappe 231/10. – Frankfurt/Main, Historisches Museum (Umgestaltung der Toscana-Zeit). – München, Bayerisches Hauptstaatsarchiv, Pläne nach 1803. – München, Bayerisches Nationalmuseum, Nr. D. 946. – München, Technische Hochschule, Inv.-Nr. 2252. – Nürnberg, Germanisches Nationalmuseum, Kupferstichkabinett, Hz. 3426. – Paris, Cabinet des Estamps, Nachlaß Robert de Cotte 1194–1197. – Stuttgart, Kupferstichkabinett. – Würzburg, Historischer Verein, XII B 53, 54, 189, 194 (1945 verbrannt). – Würzburg, Mainfränkisches Museum, Inv. Nr. S. 45779 (großer Längsschnitt). – Würzburg, Martin von Wagner-Museum der Universität, Graphische Sammlung, Maße 19, 21, 23, 44, 60, 92, 95, 98, 100, 116–119, 123, 125–132, 134–147, 160. – Würzburg, Sammlung Lockner. – Würzburg, Schloß- und Gartenverwaltung (3 Grundrisse von 1816–1819). – Würzburg, Staatsarchiv, Admin. fasc. 702/V 15998 und 15999, Bausachen XIV Nr. 355 Bd. I–IV (Briefbeilagen).

Eckert, Residenzpläne (1917), 61. – Hotz, Sammlung Eckert (1965), 68. – Schneider, Münsterschwarzach (1984), 45.

SE 330 +
Würzburg, Residenz und Hofgarten
Abb. 104

Situationsplan mit Bastionen, Residenz und geplanten Wirtschaftsgebäuden. – Um 1730. Lavierte Federzeichnung mit Bleistiftskizzen. Am östlichen Gartenteil ein Papierstück aufgeklebt. Ohne Maßstab.

Sedlmaier/Pfister, Residenz (1923), Anm. 466, 476, 482. – Freeden I (1937), 47, Abb. 22. – Hotz, Sammlung Eckert (1965), 68.

SE 331 +
Würzburg, Hofgarten
Abb. 105

Grundriß, Projekt für die Gestaltung der Gartenanlagen östlich und südlich der Residenz mit Orangerie im Osten und Laubengang im Süden. – Um 1720–22. Von Maximilian von Welsch (?). Frühdatierung durch den Residenzgrundriß (dreifache Durchfahrten, Ovale) wahrscheinlich. Bereits Ehrenhofgitter eingetragen. Kolorierte Federzeichnung, die rechte Hälfte des östlichen Parterres (Variante, vgl. SE 292 +) und die Residenz in Bleistift, das Orangeriegebäude über eine einfachere, konvex verlaufende, rot getönte Anlage gezeichnet. Maßstab in Schuh. – 59,0 × 78,0 cm.

Residenzgrundriß (Nordhälfte) vgl. Stuttgart, Württembergische Landesbibliothek, Slg. Nicolai, 2 f. 31. Zur Gartenanlage siehe »Thesenblatt Reitzenstein«, von Balthasar Neumann gestochen von Johann Salver 1722/23, Würzburg, Mainfränkisches Museum, Inv. Nr. S. 43849. Entwurf für ein Orangeriegebäude in der Ostbastion von Joseph Raphael Tatz 1722, Berlin, Kunstbibliothek, Hdz. 4720.

Sedlmaier/Pfister, Residenz (1923), 17f., 39, 142f., 147, Anm. 465, 466, 467, 472, 481, Abb. 117. – Bauer, Hofgarten (1961), 7, Taf. 5. – Hennebo/Hoffmann, Gartenkunst (1965), Abb. 143. – Hotz, Sammlung Eckert (1965), 69.

SE 332 +
Würzburg, Residenz und Hofgarten
Abb. 106

Situationsplan mit Residenz und Teilen des Festungsgürtels. Darunter perspektivische Grundrißskizze mit Orangerie und Wirtschaftsgebäuden im Süden (vgl. SE 334 +) und Aufgang zur Bastion im Osten. – Kolorierte Federzeichnung. Maßstab mit Ziffern, ohne Maßeinheit.

Eckert, Residenzpläne (1917), 139. – Sedlmaier/Pfister, Residenz (1923), Anm. 143, 466, 482. – Bauer, Hofgarten (1961), 11, 13. – Hotz, Sammlung Eckert (1965), 69.

SE 333 +
Würzburg, Hofgarten

Grundriß der projektierten südlichen Gartenanlagen. – Kolorierte Federzeichnung.

Sedlmaier/Pfister, Residenz (1923), Anm. 466, 479, 482. – Hotz, Sammlung Eckert (1965), 69.

SE 334 +
Würzburg, Hofgarten und Wirtschaftsgebäude
Abb. 107

Grundriß der projektierten südlichen Gartenanlagen mit abschließender Orangerie. Im Westen Wirtschaftsgebäude, Stallungen und Theater, darunter Aufriß der Westfassade dieser Bauten. – Kolorierte Federzeichnung mit einzelnen Bleistifteintragungen am Grundriß östlich der Wirtschaftsbauten. Maßstab in Schuh.

Vgl. Berlin, Kunstbibliothek, Hdz. 4713, 4718.

Eckert, Residenzpläne (1917), 139. – Sedlmaier/Pfister, (1923), Anm. 143, 466, 482. – Bauer, Hofgarten (1961), 11f., Taf. 8. – Hennebo/Hoffmann, Gartenkunst (1965), Abb. 141. – Hotz, Sammlung Eckert (1965), 69. – Reuther, Zeichnungen (1979), 38.

SE 335 +
Würzburg, Residenz mit Hofgarten
Abb. 108

Gesamtgrundriß der Residenz mit projektierten Gartenanlagen, einer Orangerie im Süden, Wirtschaftsgebäuden und Stallungen, südlich der Orangerie Kloster St. Affra. – Um 1750. Kolorierte Federzeichnung, signiert (u. r.): »J. M. F. del.« (= Johann Michael Fischer). Über der Darstellung Wappen des Fürstbischofs Carl Philipp von Greiffenclau (1749–1754) aufgeklebt. Maßstab in Schuh. – 64,4 × 86,7 cm.

Eckert, Residenzpläne (1917), 139–141, Tafel XI, 2. – Sedlmaier/Pfister, Residenz (1923), 53, 142, 145, 148, Anm. 147, 152, 385, 392, 466, 468, 469, 481, Abb. 52. – Zeller, B. N. (1928), 136, Abb. 15. – Bauer, Hofgarten (1961), 13, 16, Taf. 10. – Hotz, Sammlung Eckert (1965), 69. – Reuther, Zeichnungen (1979), 43 f.

SE 336 +
Würzburg, Hofgartengebäude

Grundriß zu einem Laubengang mit pavillonartigem Abschluß. – 1751. Bezeichnet, datiert und signiert: »Grundriß von den Perseaux in den hochfürstlichen Residentzgarten in Wirtzburg. Wirtzburg den 24. October 1751. Balthasar Neumann Obrister.«

Sedlmaier/Pfister, Residenz (1923), Anm. 466. – Hotz, Sammlung Eckert (1965), 69.

SE 337 +
Würzburg, Hofgartengebäude

Quer- und Längsschnitt zu SE 336 +. – 1751. Beschriftet, datiert und signiert: »Auftrag Eines theils von den Perseaux mit einem Cabinet in den hochfürstl. Residentzgarten in Wirtzburg. Wirtzburg d. 24. Octobr. 1751. Balth. Neumann Obrister.«

Sedlmaier/Pfister, Residenz (1923), Anm. 466. – Hotz, Sammlung Eckert (1965), 70.

SE 338 +
Würzburg, Hofgartengebäude
Abb. 109

Grundriß, Querschnitt und Aufriß der der Residenz zugewandten Fassade des geplanten Orangeriegebäudes im Süden. – 1753. Kolorierte Federzeichnung, von Balthasar Neumann eigenhändig beschriftet: »Grosses glaßhaus und Einsatz Zur orangerie In den Hochfürst. gardten bey den Nonnen Closter St. Affera alß die Faciata gegen der Residentz stehend.« Am Aufriß: »Faciata gegen der hochfürst. Residentz«; am Grundriß: »Die seiten gegen der Residentz undt amb End des gartens«, »Die seiten gegen des Nonnen Closters welche die gantze nachmittags sonne hat«, »vorwarths ligende parterres«; am Schnitt: »Profill Zum glaßhauß«, »Zum Pavillon«, »obst keller«. Datiert und signiert: »Wirtzburg den 9 Junii 1753 Balthasar Neumann Obrister«. Im Orangeriegiebel Wappen des Fürstbischofs Carl Philipp von Greiffenclau (1749–1754). Zwei Maßstäbe mit Ziffern ohne Maßeinheit, von Neumanns Hand bezeichnet: »Mastab Zum grundtriss« und »Mastab Zum Profill«. – 61,5 × 96,0 cm.

Eckert, Residenzpläne (1917), 140. – Sedlmaier/Pfister, Residenz (1923), 53, 148, Anm. 466, Abb. 53. – Zeller, B. N. (1928), 136, Abb. 16. – Lohmeyer, Baumeister II (1929), 173, Abb. 120. – Reuther, Dachwerke (1955), 47. – Bauer, Hofgarten (1961), 16. – Hotz, Sammlung Eckert (1965), 70. – Ludwig, Dachwerke (1982), Abb. 38.

SE 339 +
Würzburg, Hofgarten
Abb. 110

Perspektivischer Grundriß zur Ausgestaltung des östlichen Gartenteils. Links schematisches Geländeprofil mit Maßangaben. – 1767. Kolorierte Federzeichnung mit bezeichnenden Buchstaben am Grundriß und Erläuterungen von der Hand Franz Ignaz Michael Neumanns: »Idée d'un plan general du Jardin, cascades, Jets d'eau, et d'autres Bâtiments derrière la Résidence de Wircebourg, A. A. A. La Résidence. B. B. B. Rempart principal du bastion. C. Trianon sur le rempart, faisant face à la Résidence. L'Ordre en est Ionique isolé de colonnes Accouplées. L'entre-colonnement est à pleine ouverture. L'architrave est à la grecque par tout en platebande. Pont d'arcs, point de pilastres ou Piliers n'entrent dans la Construction. La Salle est longue 36, et large 32 pieds. Elle est accotée de deux bas-cotés pour les buffets, et flanquée de deux cabinets en enfilade. D. D. Pavillons du même Ordre menants par deux berseaux Au deux cabinets de la Salle. E. Maison de la machine dans le Fossé, pour pousser L'eau venante du moulin prochain aux reservoirs. F. Réservoir principal de 300 Foudres, qui prend l'eau de la machine, la communique à gauche au reservoir G. de 380 Foudres, à droite derrière le berceau à la maison H, et de là au reservoir I. de 100 Foudres. H. Maison d'une autre machine et de reservoir, pour monter Les eaux passantes par dessous, et les verser dans son reservoir mis là dessus de 80 Foudres, à en Fournir les eaux hautes à deux Piramides colossales près de deux pavillons DD, de meme qu'à Deux tablettes piramidales à plusieurs plats. Sur la terrasse par Devant les pavillons à treillage K., et aux deux bassins sur Le grand palier du milieu L. K. K. K. K. K. Terrasse autor du devant les pavillons, berseaux, Et le Trianon. L. L. Grand palier par devant le Trianon, du quel on descend A deux cotés par deux escaliers au bas rempart. M. M. Bas rempart en pente. N. N. N. N. Pentes du bas rempart servantes de contre-allées garnies de Statues, Canapés, et d'arbres plantés en quinconce en partie, et par dessus couverts de verdure carrée. O. O. La haute Mer de Neptune en cascade de trois degré; à Different variation: au milieu du dernier dégré sont couché Neptune et Amphitrite versants quantité d'eau de leur pot au milieu; la dessus du quel un dracon vomit plusieurs jets d'eau. Aux deux cotés sont addassé deux grouppes de Dauphins Sur quelques cuvettes debordantes. Au bas dans ce bassin il y aura Deux pieces de chevaux marins, et une de Sirenes au milieu; le bord En bas de bassin sera chargé de deux monstres marins; la balustrade Du palier et des deux rampes sera garnie de grouppes d'enfants jouants De coquilles, poissons, Fleurs et Fruits marins: toutes ces pieces joueront ses Eaux dans la Mer. Les coins de la balustrade de la terrasse en haut seront occupés de Tritons et de Nymphes alternativement. P.P. Grand égout de la Mer en differentes cascades tombantes d'un Talut de gazon et composées de plusieurs nappes, plats, crédences et tablettes. Le bord d'en haut sur ces cascades sera chargé de quatre principaux vents en Figures de Dieux, et celui d'en bas, de Tritons, de Sphynx, et d'autres monstres marins, dont tout sera allusion à la Poésie choisie Du Milieu. Q. Q. Picèces d'eau de Flore, et de Ceres. Chaque Fontaine avancée Du milieu de là avec ses deux Compartiments de gazon, Fleurs, Statues, et d'orangers, les cuvettes addasées aux coins de la droite et de la gauche Feront harmonie pareille à leur Déesse. R. R. Allée principale, qui entre deux tapis de belle pelouse servis de quatre paniers pleins de Fleurs, et entre deux boulingrins en compartiments mene au grand éscalier entouré de quatre pareils paniers sur leurs tapis de belle pelouse. S. S. S. S. Allées de Flore et de Ceres. Entre les boulingrins et les murs De deux pentes masquées de bancs, canapés et vases de Fleurs, tout est Egalment disposé du milieu de chaque Déesse. T. T. T. T. Quatre boulingrins en compartiment de gazon arrondi d'un Cordon d'anneaux de roses ou d'autres Fleurs differentes. De petites Contre-alléees sablées d'une autre couleur menent autour; et leurs platebandes en talut de gazon sont variées alternativement de Statues et d'orangers.« (Außer Eigennamen und Worten am Satzbeginn stehen die groß geschriebenen Worte zumeist am Zeilenanfang des Originaltextes). – Auf dem unten dargestellten Teil des Residenzgrundrisses ist das Blatt signiert (r. u.): »Projété et dessiné par Fr. I. M. de Neumann 1767«. Maßstab mit Ziffern, ohne Maßeinheit. – 56,2 × 38,8 cm.

Sedlmaier/Pfister, Residenz (1923), 145, Anm. 154, 466, 477, Abb. 119. – Weiler, F. I. M. Neumann (1937), 33. – Bauer, Hofgarten (1961), 17, Taf. 12. – Hotz, Sammlung Eckert (1965), 70–72. – Treeck, F. I. M. Neumann (1973), 8, 196–198, Abb. 68.

SE 340+
Würzburg, Hofgarten

Grundriß, Projekt für den Hofgarten mit Naturtheater.

Sedlmaier/Pfister, Residenz (1923), Anm. 466, 472, 479. – Hotz, Sammlung Eckert (1965), 72.

SE 341
Würzburg, Hofgarten
Tafel 155 (Rolle)

Perspektivische Ansicht der geplanten südlichen Gartenanlagen. – Planung von 1773/74, zu SE 342+ gehörend. Kolorierte Federzeichnung mit Buchstaben und Erläuterungen: »Prospect Des Prächtigen Residenz Gartens Wie solcher Von dem Grosen Cavalier Saal (im Südoval) gegen Dem Grosen Orangen Hauss an Zu sehen ist. A. Der Eingang an der Hof Kirch in dem Garten. B. Des Hof Gärtners Logi, Oder So Genanndtes Gesanden Hauß. C. An der Residenz die Fliegente Rabatten mit Pförschen Baum. D. Ein Große Vertiefung mit Waaßen und Glaaß Parteren, mit Zwey Zweyfachen Erhöhungen mit Gruppen auf Felßen Besetzet. E. Seind Orangen Parter oder Blätze. F. Ein Zweyfacher Taras Worauf ein von Roßen Besetzer Laberient, sich Befindet mit zwey Lust Häußern, von Roßen mit Nitzen und Gruppen Besetzet. G. Seint Erhöhte Blummen Körbe auf Tarassen. H. Ein Perso von Buchen mit 4. Cabinettern. I. Gleine Bosquets worin Gleine Pflantzschuhlen und Blummen Beether angebracht sein. K. Fliegende Rabatten mit Orangen und Opst Baumen besetzet. L. Großes Orangen Hauß durch Abänderung mitten durchbrochen und 14 Schuh Niedricher wirt. M. Der Große Waßer-Canaal bey dem Underen Eingang deß Gartens. N. Ein doppelte Tarassirung an Schluß des Gartens, an dem St: Affra Closter Garten, mit Einem Colonat Gang, Mit Dreyen von Tuftsteinen Cabinetern mit Esopischer Fabel von dem Vogels König nechst Spring wäßern. O. Daß Annanas, Treib und Blumen Gärtlein mit ein Langen Basseng. P. Die Treib und Glaaß Häußer an der Futtermauer. Q. Große Waaßen Stigen Mit Grotten und Feckßier Wäßern. R. Ein von Opstbaum Besetzter Gengange. S. Ein Promenate Zwischen den Beyden futter Mauren. T. Der Waal gang, mit Zwey Sommer Häußern. V. Die Fortifications Wercker sambt Statt Graben und der Glacy.« Am Teilgrundriß des südlichen Ovalrisalits der Residenz: »Der Runde Pavilion Vom Cavaliers Saal.« Signiert (r. u.): »Fecit et Invenit Jean Mayer cum Speciali Privilegio, S. R. I. P., ac E. B. et W. F. Ducis. Tempore Hortulanus Aulicus primus.« und »Deliniavit Josephus Kayser Hortulanii Aulici Socius primus 1773.« – 61,5 × 94,7 cm.

Siehe München, Bayerische Verwaltung der Staatlichen Schlösser, Gärten und Seen, Mappe 14a Nr. 2, 4, 10, 50. Zur Gestaltung des Südgartens vgl. allgemein: Stich »Thesenblatt Reitzenstein« von Neumann-Salver (1723); SE 292+, Berlin, Kunstbibliothek, Hdz. 4676, Hdz. 4713, Hdz. 4718. – Als Kupferstich erschienen bei Le Rouge, Paris.

Sedlmaier/Pfister, Residenz (1923), 143, 147f., Anm. 466, 471, 477, 481, 484, Abb. 122. – Hallbaum, Barockgärten (1929), 162, Abb. 91. – Ausstellungskatalog Würzburg (1953), 76, Nr. D 47. – Bauer, Hofgarten (1961), 20. – Hotz, Sammlung Eckert (1965), 72.

SE 342+
Würzburg, Residenz mit Hofgarten
Abb. 111

Gesamtgrundriß aller Gartenanlagen und Situation der Residenz und der angrenzenden Bauten. – Planung von 1773/74. Kolorierte Federzeichnung mit einer Tektur beim Klostergarten St. Affra. Bezeichnung der Situation: im Norden »Renweger Thor«, »Roßen bachischer Garten«, »Capuaner Gassen«, »Großer Hof Platz In der Residentz«, im Westen »Hatzfeldischer Schneller«, »Bechdelsheimischer Gartten«, »der Graben«, »Probsthaußen«, »Canonico Gick gartten«, »Zimmer Platz«, »Jesuitten Kirch«, »Gassen Hintter der alten Stadt Mauer«, im Süden »Kloster St: Afra«, »Kloster Gartten«. Einzelne Teile mit Großbuchstaben bezeichnet in vier Legenden erklärt: Residenz und Ostparterre: »N. I. Erklärung des Oberen Gartens: A. Ist der

Grundt Von der Hochfürstl. Residenz Sambt dero Vor Plätzen. B. der Bau Grundt Sambt Colonad, und Gebäuhen Von Baron Von Rosenbach. C. das Neüe Gesandten Hauß, fürsten Wacht Sambt Hoffgärtners Logi und der Colonad. D. der Große Gang Vor der Salatren. E. die Große Vertieffung mit Glaaß Parteren. F. die zwey Orangen Bosquet en Mosaique. G. die zwey Taxes Colonaden mit Bosquet Von Americanischen Gehöltz. H. die doppelte Waaßen Erhöhung oder Taras Gegen der Großen Cascade mit Waaßen Stiegen. J. die zwey Arcaden Gänge Mit Portal Von Eißen und mit Ruspen besetzet. K. das Grosse Wasser Stuck Krotiret mit Cascaden Wasserfällen, Und zwey Neben auffgehende Gängen. M. zwey Blumen Rabatten. N. zwey Waaßen Stiegen auf den Oberen Waal. O. die Cascade Grotte mit fecksier Wässern und Wasser fällen. P. die zwey Grosse Prächtige Stiegen Von Rothen Steinen Neben der Oberen Grotte mit Roßen Garniret. Q der obere Waal mit Palunster Figuren. Waaßen Riengs Herum besetzet auf der futter Mauer mit einen Gengans Von Ruspen und fliegenden Rabatten. R. das Große Sommer Hauß auf dem Waal zu Ende der Residenz mit einen Glocken Spiel. S. Zwey Chinesische Sommer Häußer auf denen Waal Ecken gegen Beyden Seyten.« (vgl. SE 344⁺), südöstliche Bastion und Gartenanlagen: »N. II. A. die Altana Hiendter dem Sommer Hauß mit Canape. B. das Sommer Hauß. C. der obere Waalgang mit Palunster Besetzet und fliegenden Rabatten. D. zwey Kleine Bosquets oder Labirent. E. die Große Waaßen Stiegen mit Einer Grotten und fecksier Wässern. F. der Mitlere Gang zwischen denen futter Mauern. G. die Große Steinerne Stiegen auf dem Waal. H. Seyndt Glaaß und Treibhäußer und zwey Pavillon an die Inneren futter Mauern. J. Ein kleines Annanas Treib Hauß. K. die Annanas bether. L. die früh- oder Treib Bether. M. Seyndt die Blumen Bether, sambt Gantzen Blumen Gärtlein. N. Seind zwey kleine Canal mit Spring Wässern. O. der Mitlere Gang mit einer Waaßen Erhöhung und fliegenden Rabatten mit Obst Bäumen Besetzet. P. eine Obst Plantage. Q. Vier kleine Bosquet mitin Evantail Von Ostbäumen Gezohgenen Spalliren. R. Plätze wo Blumen Standen und Ostbäume Gezogen werden zur Regruttirung des Gärttners. S. Ein zierliches Cabinet Welches den Prospect zu Eingang des Garttens Machet.« (vgl. SE 345), Garten im Süden der Residenz: »N. III. A. fliegende Rabatten mit Pförschen Bäumen an der Residentz Besetzet. B. Blumen Körb. C. Große Vertiefung Mit Waaßen Am Glaaß Parteren Und zwey Erhöhungen Mit Statuen besetzet. D. die Orangen Plätze en Crotesc. E. Großes Basseng. F. zweyfache Erhöhung Mit Waaßen, Worauf Ein Roßen Bosquet mit Nitzen sambt zwey Roßen Somer Häußern. G. zwey Erhöhungen mit Blumen Corbeil. H. zwey Bogen Gänge Mit Vier Lust Häußern. J. zwey Große Orangen Häußer. K. Colonade an der Kloster Garten Mauer. L. Berg Grotten Hauß mit Esopischer fabel Von der Nacht Eul und Wäßer Vögelen. M. zwey Neben Cabineter Von Tuffsteinern auf zwey Waaßen Tarassen. N. Ein Prächtiger Bau Welcher den Garten Schlüsset, um einen Schönen Prospect Machen Thudt Vom Renweger Gartten Thor. O. fliegenden Rabatten Mit Obst Bäumen Besetzet welche in Evantail Gezogen.« (vgl. SE 341), südwestlicher Abschnitt: »N. IIII. A. Eine Alle Mit Orangen Bäumen in Grundt wo Winters zeith Ein Hauß darüber Gebauet wird An der Großen Steinernen Colonad. B. Zwey Indianische Partere mit felßen, auf welchen zwey Indianische Lust Häußer Mit figuren Und Glöcklein Sich befinden. C. Ein Großer Labirent in Einer Vertiefung. D. Ein Großer Salon auf Einer Erhöhung Welcher dem Tempel Bachus Vorstellet mit dem Opfer Tisch deren Bachanalien. E. Großer Salon welcher den Tempel Flore Vorstellet, Mit Einen Gegebenen Festen der Göttin florae. F. Ein Antiquer Ruin Nach Gottischer Ordnung Glocken Spiel und Schönen Cabineten. G. Ein so genandts Stroh Hauß Mit Cabinettern. H. Ein Scheidter oder Köln Hauß, mit Cabinetteren. J. Ein alte Ruinoese Eremitten Kirch mit Eremitten zellen Und kleinen Gärttlein. K. Ein großer Canaal Mit Spiegel Wässern und Cascaden Wo der abfall der Wäßer vom Garten zusammen Kombt. L. Ein Kleines Gärtlein Vor blumen zwieplen Und Nägele Staffley. M. zwey Schlangen Bogen Gänge Von Obst Bäumen. N. Ein Schönes Gebäu zum Schluß des Garttens Wo Winters die lorie und Cereus auf zu behalten seynd.« (darunter die Signatur): »Fecit et Invenit Jean Mayer Hortulanus Aulicus Primarius cum permissione Sac. R. J. Principis et Episcopi Bambergensis et Wirzeburgensis Franconiae Orientalis Ducis Anno post partum Virginis 1774.« (vgl. SE 343). Unten rechts signiert: »Delineavit Ignatiu Heller Hortulani Aulici Socius primarius.« Maßstab, Maßeinheit »Schuh« in Bleistift. – 60,5 × 94,6 cm.

Vgl. Plansatz in München, Bayerische Verwaltung der Staatlichen Schlösser, Gärten und Seen, Mappe 14 a Nr. 1–4, 10–14, 18, 24, Mappe 14 b Nr. 50. – Nr. 13 – Auf und Grundriß eines Chinesischen Lusthauses, bezeichnet »Lit. S.« – bezieht sich auf die Legende »N. I.«; Nr. 12 – Orangerie und indianisches Parterre, bezeichnet »Lit. A. B.« – bezieht sich auf die Legende »N. IIII.« von SE 342. Nr. 11 weist das Glashaus »H« und Ananastreibhaus »J« der Legende »N. II«, das Gebäude »N« zum Rennweger Tor und das Glashaus »J« (auf Münchner Plan ohne Buchstabenbezeichnung) der Legende »N. III.« und das »Lorier-Hauß« – »N« der Legende »N. IIII« auf. – Der Plan SE 342⁺ erschien als Kupferstich in: J. P. Mayer »Pomona Franconica«, Nürnberg 1776; ferner mit französischer Beschriftung bei Le Rouge, Paris.

Sedlmaier/Pfister, Residenz (1923), 142f., 148, Anm. 156, 466, 471, 480, 481, 484, Abb. 118. – Hallbaum, Barockgärten (1929), 161f., Abb. 89. – Lohmeyer, Baumeister II (1929), 151, Abb. 99. – Bauer, Hofgarten (1961), 19–21, Taf. 14. – Hotz, Sammlung Eckert (1965), 72f.

**SE 343
Würzburg, Hofgarten
Tafel 156 (Rolle)**

Perspektivische Ansicht des geplanten Irrgartens mit südwestlichem Gartenteil. – Planung von 1773/74, zu SE 342⁺ gehörend. Kolorierte Federzeichnung mit Buchstaben und Erläuterungen: »Prospect Des Prächtigen Laborient, Wie solches Von Seiden des Alten oberen Grabens Anzusehen, Sambt Dero Prächtigen Gebäuern Nach den Ziffern Verzeignet. A. Der Eingang von dem Alten Stadt-Graben. B. Der Prächtige Gantz Neu Inventirte Laborient. C. Ein Cabinet Mit dem Tempel Flore, wo die Nimphen selbsten das Opfer Wittmen. D. Ein von Scheider Holtz zusammen Gesetzter Ruinoser Bau Nechst zwey Neben Cabinettern. E. Eine Alte Eremitage mit dero Hütten sambt ihrige gärtlein. F. Ein Großes Cabinet mit einen Prächtigen Tempel dem Bachus gewittmet und Dero Cermonie. G. Ein Alter Nach Gothischer Arth vorstellender Ruin. H. Ein Inventiertes Stroh-Hauß mit zwey neben Cabinetten. I. Seint Chinaesische Parteres mit Chinaesischen Cermonien. K. Die im Grund Stehende Orangerie an der Colonad. L. Das Neue Gesanden Hauß Sambt Gärtners Logi. M. Der Große Residenz Blatz. N. Daß Glaaßhauß Sambt den Großen Waßer Canal.« Signiert (r. u., l. u.): »Fecit et Invenit J. Mayer Hortulanus Aulicus cum permissione S. R. I. E. et P. B. et W. D. F.« und »Deliniavit Josephus Kayser Hortulanii Aulici Soci(us prim)us 1773«. – 60,8 × 94,0 cm.

Vgl. München, Bayerische Verwaltung der Staatlichen Schlösser, Gärten und Seen, Mappe 14 a Nr. 3. – Als Kupferstich erschienen bei Le Rouge, Paris.

Kunstdenkmäler Würzburg (1915), Abb. 378. – Sedlmaier/ Pfister, Residenz (1923), 143, 148, Anm. 466, 471, 484, 485, Abb. 123. – Lohmeyer, Baumeister II (1929), 153, Abb. 101. – Ausstellungskatalog Würzburg (1953), 76, Nr. D 48. – Bauer, Hofgarten (1961), 20, 24, Taf. 20. – Hotz, Sammlung Eckert (1965), 73. – Reuther, Zeichnungen (1979), 44.

SE 344+
Würzburg, Hofgarten
Abb. 112

Perspektivische Ansicht der östlichen Gartenanlagen mit Mauergrundriß der Residenz-Gartenfront. – Planung von 1773/74, zu SE 342+ gehörend. Kolorierte Federzeichnung, beschriftet: »Prospect Und Perspectiv Des Oberen Hochfürstlichen Hof und Residenz Gartens Wie Solcher von Seiden Des Grosen Garten Saales Gegen Orient Anzusehen.« Signiert (l. u.): »Fecit et Invenit Jean Mayer Hortulanus Aulicus Cum Permissu Sac. R. Im. Principis et Episcopi Bambergensis et Wüzeburgensis Franc. Orientalis Ducis. Anno 1774.« und »Deliniavit Josephus Kayser Socius Primarius Hortulani Aulici.« – 61,5 × 96,6 cm.

Weitere Pläne mit dem Ostgarten: Berlin, Kunstbibliothek, Hdz. 4676, 4713. – Kopie(?) nach J. P. Mayer in München, Bayerische Verwaltung der Staatlichen Schlösser, Gärten und Seen, Mappe 14 a Nr. 1. – Als Kuperstich erschienen bei Le Rouge, Paris.

Kunstdenkmäler Würzburg (1915), Abb. 377. – Sedlmaier/ Pfister, Residenz (1923), 143, 145f., Anm. 466, 471, 478, 484, Abb. 120. – Hallbaum, Barockgärten (1929), 165, Abb. 95. – Lohmeyer, Baumeister II (1929), Abb. 100 – Bauer, Hofgarten (1961), 20, 21, Taf. 16. – Hotz, Sammlung Eckert (1965), 73.

SE 345
Würzburg, Hofgarten
Tafel 157 (Rolle)

Perspektivische Ansicht des südöstlichen Gartenteils. – Planung von 1773/74, zu SE 342+ gehörend. Kolorierte Federzeichnung mit Buchstaben und Beschriftung. »Prospect der Glaß und Treib Häuser wie auch der Annanas und früh Bether Sambt dem Blumen Gärtlein im Alhießigen Residenz Garten. A. Ein Grün Begleides Lust Hauß auf dem Waal. B. Der Obere Waal Gang. C. Der Gang Zwischen denen Futter Mauren am Waal. D. Die Große Haupt Waaßen Stiegen mit Grottierung und fexier Wäßern. E. Der Mittere Haupt Gang auf zwey Seiden mit Opst Bäume in Fliegenden Rabatten. F. Ein Waßen Erhöhung worauf Sich Ein Große Grupe Befindet. G. eine Opst Plandage. H. Zwey Pavilions am Ende der Glaß und Treibhäuser. I. Die Glaß Häußer. K. Die Treibhäußer. L. Die Annanas Bether. M. Die früh Bether. N. Die Blumen Bether. O. Zwey Blumen Staffleyen. P. Steinerne Stiegen auf dem Waal zu gehen. Q. Zwey Posquets. R. Zwey Fliegende Rabatten mit orangerie und Espallier Baume Besetzet. S. Ein Prospect Gebau mit dem ansehen gegen das Renweger Thor. T. Ein Colonat an dere St. Affra Closter Mauer. U. Zwey Waßer Canael.« Signiert (r. u., l. u.): »Fecit et Invenit Jean Mayer Hortulanus Aulicus Cum Permissu Sac. R. Im. Principis et Episcopi Bambergensis et Wirzeburgensis Franc: Orientalis Ducis. Anno 1774« und »Deliniavit Josephus Kaiser Socius Primarius Hortulani aulici.« – 61,6 × 95,0 cm.

Zu Mayers Entwürfen siehe Würzburg, Historischer Verein, XII B 199 (verbrannt 1945) und Mayers Werk »Pomona Franconia« (Bd. 1), Nürnberg 1776. – München, Bayerische Verwaltung der Staatlichen Schlösser, Gärten und Seen, Mappe 14 a Nr. 4, Mappe 14 b Nr. 50. – In den Mappen 14 a, b auch Pläne für die Umgestaltung zu einem englischen Garten.

Sedlmaier/Pfister, Residenz (1923), Anm. 466, 480, 484. – Bauer, Hofgarten (1961), 20. – Hotz, Sammlung Eckert (1965), 74.

SE 346+
Bamberg, Domplatz
Abb. 113

Situationsplan zur Umgestaltung und Entwässerung des Platzes zwischen Dom und Residenz. – Wohl Kopie von Lorenz Finck nach Originalplan von Franz Ignaz Michael von Neumann von 1776. Kolorierte Federzeichnung mit Erläuterungen: »Dom-Kirch:«, »Dom-Kranz«, »esel Stall«, »Alte-Hofhaltung«, »Residenz«, »Resitenz«, »Cantzley Flügel«, »Dom Probsticher garden«, »Sumisari Hausel«, »Sumisari Kling«, »Hoff«, »Vicarius Prem«, »Vicarius Sachsen Mayer«, »Harkisches Haus«, »birbräuer ringlein Hoff«, »Einfahrt«, »holz laag« »waschhaus«, »garden«, »Einfahrt in Erthalischen Hoff«, »Apothecke«, »Marshaltisches haus«, »Bürgerliche häusser«, »Redwitzische garden Mauer«, »Redwitzischer-Hoff«, »Horneckischer-hoff«, »Wallendorfischer-hoff«, »Vicari-Haus«, »Capitul-Haus«; mehrfach vermerkt: »Dohle« (= Kanalablauf), auch »Dhole«. Vermerke und Anweisungen für Veränderungen: Am Domkranz: »Etwa nur ein wenig zu unterfangente dom Kranz Mauer«; am Fürstenportal: »Fast zur ineren Boden Ebene tiefer gesengter Eingang in Dom«; an der Domstraße: »Mehr zu versenckente neue Strassen«; an der Andreaskapelle: »verkleinerte alte Capelen«; am Eingang zur Alten Hofhaltung: »tiefer bis in zweyten bogen zu senckente Einfahrt«; vor der Alten Hofhaltung: »Neue Terasse Mauer samt vorliegender Muschel, darin der abfall von dem alten hof-haltungs wasser sich aus gisset« und »gleiches Stück neue Terassemauer.«; an der Oberen Karolinenstraße: »bleibende Strassen«; an der Residenz: »Ein Fahrt in die Residenz«, an deren Eckpavillon: »Maschinen und Brunen canal« sowie »Neuer Brunen davon der auftrag Nro: IV« und »Lochey-Strassen«; am Domplatz: »Residenz- oder Dom-Platz, wie solcher sich von allen Orten in die grose wasser Rinnen abtachet«, »Haupt Dohlen worein sich einiges wasser von ganzen Plaz eingiset« und »Wenige wasser Rinnen für den gantzen Platz«; an der Ecke des Stadionhofes: »etwas zu unterfangende Sockel mauerlein« und »gegen 15. Zoll Ein zu tieffente auf und abfahrt«; an der Karolinenstraße: »Rienen-ablauf«, »Neue in Forme de Chossée zu erhebente auf und abfahrt« und »Neuer abschräch«. Maßstab in Schuh. – 35,0 × 45,0 cm.

Vgl. Bamberg, Staatsarchiv, Rep. A 240 R. 1034 (Situationsplan des Domplatzes von 1739) und R. 301 (zur Brunnenmauer als östlichen Platzabschluß).

Mayer, Residenzen (1951), Abb. 47. – Paschke, Domplatz (1962), Abb. – Hotz, Sammlung Eckert (1965), 74 f. – Treeck, F. I. M. Neumann (1973), 193 f., Abb. 66.

SE 347
Bamberg, Untere Brücke
Tafel 158

Situationsplan mit Rathaus, Oberer und Unterer Brücke sowie Seitenansicht der letzteren. – 1784. Federzeichnung mit Bleistifteintragungen. Beschriftungen in Tinte: »rath-hauß«, »gewesene Mühl«, »daß fomendische hauß«, »anstosender nachbar«, »Strassen«, »anstosende heiser«, »anstosende heißer«, »hellerisches hauß«, »Strassen«, »Pfisterische hauß«; einige weitere, größtenteils unleserliche Angaben in Bleistift. (Bezeichnungen der Hauseigentümer, »Geslein«, »fischmühl«, »gesslein« ...). Papier dreimal angestückt. Maßstab in Schuh (in Bleistift bezeichnet). – 57,6 × 49,1 cm.

Weitere Pläne hierzu: Berlin, Kunstbibliothek, Hdz. 6023. – München, Bayerisches Hauptstaatsarchiv, Plansammlung Nr. 1485.

Hotz, Sammlung Eckert (1965), 75.

SE 348
Bamberg, Seesbrücke
Tafel 159

Zwei zusammengeklebte Blätter: Zwei Seitenansichten und Grundriß der neuen Brücke. – 1751. Bleistiftzeichnungen. Auf dem oberen Plan Bleistiftnotiz »52 Stein« und Maßstab in Schuh. Auf der unteren Hälfte Maßangaben und Beschriftungen von Neumanns Hand in brauner Tinte »Gnädigste Aprobation undt unterschrift von seiner hochfürst. Gnaden eodem dato.« – »grundtriss undt auftrag von der ney zu erbauenden seeßbruckhen in Bamberg.« Datiert und signiert (r. u.): »Bamberg den 21 September 1751 Balthasar Neumann Obrister von Wirtzburg«. Untere Hälfte wohl mit erstem Entwurf Balthasar Neumanns (sechsjochige Brücke) identisch, obere Hälfte der Ausführung näherstehend (vierjochig, vgl. SE 351). Zwei Skalen mit Angabe von Abstand und Dicke der Pfeiler. Maßstab in Schuh. – 39,6 × 31,8 cm.

Ausstellungskatalog Würzburg (1953), 75, Nr. D 41. – Hotz, Sammlung Eckert (1965), 75. – Hojer, Figurenschmuck (1967), 178 ff., Abb. 10.

SE 349
Bamberg, Seesbrücke
Tafel 160 (Rolle)

Querschnitt, Seitenansicht und Grundriß (halb Pfeilerschnitt, halb Aufsicht auf den Straßenbelag) der Seesbrücke. Seitlich Teilaufriß der abschließenden Häuser. – Um 1751. Federzeichnung, Wasser grünbraun, Erdreich braun, Mauerschnitte rosa, Rostpfähle gelb, sonst grau laviert mit Maßangaben, Bleistifteintragungen am Grundriß und Vermerk: »Die bis hier unter den Rostpfählen ausgespühlt- und hinweg gerissen wordene Sandboden-Tiefe worauf ...«. Das rechte untere Viertel des Blattes und ein Teil links am Rand abgerissen und verloren. Vgl. SE 348. Maßstab mit Ziffern. – 52,0 × 70,0 cm.

Vgl. Bamberg, Historischer Verein, Mappe 1 Nr. 25, Nr. 37. – Bamberg, Staatsbibliothek, Rep. VIII B, Sammlung Dros 61.

Hotz, Sammlung Eckert (1965), 75. – Hojer, Figurenschmuck (1967), 180, Abb. 11. – Reuther, B. N. (1983), Abb. 133.

SE 350
Bamberg, Seesbrücke
Tafel 161

Grundrißskizze des linken Brückenkopfes mit Aufriß- und Grundrißentwurf für ein den Platz abschließendes Wohnhaus. – Um 1751. Vgl. dazu SE 351. Bleistiftzeichnung, teilweise mit Feder übergangen, mit Korrekturen und Maßangaben in Bleistift. Mit Bleistift bezeichnet »abgeEnderter gedancken«. Beschriftung in brauner Tinte von der Hand Johann Jacob Michael Küchels: »A. Des Kauffmann Kratzers Hausser« – »B. freyer Platz so bebauet werden solle« – »C. rundung zur brucken« – »D. brucken« – »E. Facaden nach dem grund Riess.« Der Grundriß zu A rosa laviert. Links unten weitere Skizze, rechts unten beschriftet »19 ...«. Maßstab unbeschriftet. – 39,6 × 47,9 cm.

Hotz, Sammlung Eckert (1965), 76.

SE 351
Bamberg, Seesbrücke
Tafel 162

»Grund und Aufriss der in der hochfürstlichen Residenz-Stadt Bamberg im Jahre 1752 erbauten Seesbrucke, wie solche von Morgen anzusehen war, die Erklärung der Buchstaben ist am Ende der Verse zu finden.« – 1784. Mit Buchstaben an Aufriß und Grundriß. Kupferstich aus einem Flugblatt auf die Überschwemmung vom 27. Februar 1784; dazugehöriges Trauergedicht fehlt, signiert (l. u., r. u.): »Johann Georg Endres del:« – »Klauber Sculps Aug. Vind.« Vgl. SE 349 und SE 350. Maßstab in Schuh. – 26,1 × 38,9 cm.

Vgl. Bamberg, Staatsbibliothek, VB 220 (Vorstudien von Johann Georg Endres). Siehe ferner Bamberg, Historischer Verein, Rep. 2. Nr. 58.

Hotz, Sammlung Eckert (1965), 76. – Hojer, Figurenschmuck (1967), 172, Abb. 2.

SE 352 a
Bamberg, Seesbrücke
Tafel 163

»Prospekt der Anno 1784. den 27.ten Februarius durch eine Überschwemmung ruinirten Stadtseite, von der Weiden gegen die lange Steige in der Residenz Stadt Bamberg.« – Mit zerstörter Seesbrücke und Angaben über die Besitzer der beschädigten Häuser (von links nach rechts): »Bevern Holz Inspektor«, »Gräflich von Schönbornischer Stadel«, »Krug Hofwagner«, »Reicholt Weisgerber«, »Scheller Schuhemacher«, »Wenzel Altmacher«, »Ernesti Bordenwürcker«, »Rest der Brücke«, »Kratzer Handels Burger«, »Krieser Rothgerber«, »Bisoin Haus gehört ad PP. Capuciner und englischen Fräulein«, »Pfregner Drexler«, »Kinerin Schreiners Wittwe«, »Proly Büchsenmacher«, »Rothgerber Münkel«, »Müller Cadet«, »v. Heisdorff Postmeister u. Hofrath Stadel«, »Fischerin Canzelisten Wittwe«, »Zollnerische Schwester Haus«. Radierung, signiert (l. u.): »Nach der Natur gezeigent von L. Westen Stuck Lieutenant und Ingenieur von Bamberger Stand.« – (r. u.): »Zu haben bey Gebrüder Klauber in Augsburg 1784.« Gegenstück zu SE 352 b. – 36,9 × 48,3 cm.

Vgl. SE 353+. – Ferner München, Bayerische Verwaltung der Staatlichen Schlösser, Gärten und Seen, G 13 Ba 377.

Hotz, Sammlung Eckert (1965), 76. – Katalog »Leopold Westen« (1986), 340, Nr. 40.

SE 352 b
Bamberg, Seesbrücke
Tafel 164

»Prospekt des Anno 1784. den 27ten Februarius durch eine Überschwemmung ruinirten Steinweges auf der Wasserseite in der Hochfürstlichen Residenz-Stadt Bamberg.« Mit zerstörter Seesbrücke und Angabe der Besitzer der beschädigten Häuser: »Post Stallmeister Kegel«, »der Platz wo das alte Zuchthaus gestanden«, »Gehört zum alten Zuchthaus«, »Brehms Wittib vulgo Lucas«, »Roth Ochsen Wirth«, »Heiligenthalers Haus eigenthümlich dem Spital-Bütner«, »Engel Fuhrmann«, »Axters Wittwe Hofkammerräthin«, »Rest der Brücke«, »Lukane Kaufmann«, »Vollmeyer Traubenwirth«, »Seminet vulgo Einhorn«, »Ernst Wirth zum schwarzen Behren«, »Rothlauf vulgo Special«, »Der Rutlische Garten«, »Der Platnerische Garten«, »Schmidt vulgo Engelwirtshaus«. Radierung, signiert (l. u.): »Nach der Natur gezeigent von L. Westen Stuck-Lieutnant und Ingenieur von Bamberger Stadt.« – (r. u.): »Zu haben bey Gebrüder Klauber in Augsburg 1784.« Gegenstück zu SE 352 a. – 36,8 × 48,4 cm.

Vgl. SE 353+. – München, Bayerische Verwaltung der Staatlichen Schlösser, Gärten und Seen, G 14 Ba 378.

Hotz, Sammlung Eckert (1965), 76f. – Katalog »Leopold Westen« (1986), 341f, Nr. 43.

SE 353+
Bamberg, Seesbrücke

Ansicht der zerstörten Brücke. – Zeichnung, beschriftet, datiert und signiert: »Prospect der Anno 1784 den 27ten Februarius durch eine Überschwemmung ruinirten Sees-Brücke. Nach der Natur gezeichnet von L. Westen Stucklieutnant und Ingenieur den 5ten April 1784.« – 65,0 × 100,0 cm.

Siehe Berlin, Kunstbibliothek, Hdz. 6540 a/b (Notsteg nach der Zerstörung 1784). Bamberg, Schloßverwaltung, Stichvorlage von L. Westen.

Hotz, Sammlung Eckert (1965), 77.

SE 354+ und SE 355+
Schloß Seehof bei Bamberg

Situationsplan mit Erläuterungen. – Beschriftet: »Delinatio Geometrice Dess Hochfürstlichen Bamb. Jagdt Schlosses Marquardsburg oder Seehof genannt«. Signiert: »Fecit J. F. R. Z.« (= Johann Friedrich Rosenzweig d. J.). – 70,0 × 60,0 cm und 70,0 × 65,0 cm. – Zu den beiden Blättern fehlt in den alten Verzeichnissen der Sammlung Eckert eine differenzierende Beschreibung.

Weitere Pläne für Seehof (Bauten und Wasserleitung): Bamberg, Historischer Verein, Rep. 3 Nr. 777 und 781. – Bamberg, Staatsbibliothek, Sammlung Dros 151 und Sammlung Koch 20, Rep. B 64 Nr. 2f. 315. – Bamberg, Städtische Kunstsammlung, Inv. Nr. 606–622. – Berlin, Kunstbibliothek, Hdz. 6526. – Seehof, Schloßarchiv.

Hotz, Sammlung Eckert (1965), 77.

SE 356
Würzburg, Residenz
Tafel 165

Aufriß der Gartenfront. – Um 1723. Dem Pariser Ideenkreis nahestehend. Federzeichnung, Dächer blau, Fenster dunkelgrau, Schatten grau laviert, Dekoration in Farbe angegeben. Mit »B: Neumann« signiert (r. u.). Maßstab in Schuh. Auf der Rückseite irrtümliche alte Bezeichnung: »Bamberger Residenz«. – 17,4 × 48,9 cm.

Vgl. dazu Berlin, Kunstbibliothek, Hdz. 4684; siehe auch Hdz. 4682 (Aufriß von Robert de Cotte) und Hdz. 4683 (Aufriß von Germain Boffrand) und Paris, Cabinet des estamps, Nachlaß de Cotte, 1197.

Eckert, Residenzpläne (1917), 51, 54, 66, Taf. VII, 2. – Ekkert, Residenzmuseum (1921), Abb. 2. – Sedlmaier/Pfister, Residenz (1923), 31, 33f., Anm. 163, Abb. 31. – Herrmann, Neue Entwürfe (1928), 121, Anm. 1, 122, 124, 126, Anm. 4. – Katalog »Plan und Bauwerk« (1952), 27, Nr. 76, Abb. 13. – Ausstellungskatalog Würzburg (1953), 24, Nr. B 19. – Hotz, Sammlung Eckert (1965), 77. – Katalog »Fünf Architekten« (1976), 72, 75. – Reuther, Zeichnungen (1979), 25, 36.

SE 357+
Bamberg, Erthalscher Hof

Situationsplan, bezeichnet: »Nr. 1 gehörig zu Nr. 2«. Kolorierte Federzeichnung mit Texterläuterungen, signiert: »unterthänig gehorsamer Joseph Clemens Madler. Dom Capitl Zimmermeister.« Auf der Rückseite Vermerk: »620 Nr. 16 Erthalscher Hof zu Bamberg«. Dieser Vermerk bezieht sich auf die Versteigerung im Jahre 1804; im Versteigerungskatalog erscheinen die Pläne SE 357+–359+ unter der Positionsnummer 620. Vgl. SE 358+, SE 359+.

Hotz, Sammlung Eckert (1965), 77f.

SE 358+
Bamberg, Erthalscher Hof

Situationsplan mit Umrißlinien geplanter Neubauten, bezeichnet: »Nr. 2 gehörig zu Nr. 1«. Die weiteren Aufschriften und Erläuterungen sind mit Bleistift unterzeichnet: »F. I. M. v. Neumann Obrister.« Vgl. SE 357+, SE 359.

Hotz, Sammlung Eckert (1965), 78.

SE 359
Bamberg, Erthalscher Hof
Tafel 166 (Rolle)

Situationsplan mit Grundriß des Erdgeschosses. Kolorierte Federzeichnung, beschriftet: »Plan des gantzen Hoffs Ihro Hochwürden und Gnaden Herrn Herrn Dom Capitularen Carl Ehrthal zu Bamberg«. Weitere Bezeichnungen (im Uhrzeigersinn): »Dermahliger Garten«, »Die Gassen von St. Jacob in die Sutten Hinunter«, »Strassen gegen St. Jacob«, »Wachtstub«, »Thurn und Durchfahrt«, »Der Lanckheimische Hoff«, »Strassen gegen St. Jacob«, »Plan des Hoffs Ihro Hochwürden und Gnaden Herrn Herrn v. Rotenhann zu Bamberg«, »Gassen« (2×), »Einfuhr«, »Plan Ihro Hochfreyherrl: Excellenz Frau Generalin v. Bibra Hoffs«, »Anstossender Garten welcher Ihro Hochwürden und Gnaden Herrn Herrn Dom Capitularen Ludwig v. Erthal zugehörig«. – Neubauprojekt für das Grundstück Obere Karolinenstraße 7, »Zobelhof«, nicht für den sog. »Erthalhof« (oder »Madlershof«), Domgasse 11. Vgl. SE 357+, SE 358+. Maßangaben in Bleistift und Feder und unleserlich gewordene Bleistiftnotizen. Im Garten andere Rabattenfolge mit Zirkelschlägen ausprobiert. – 61,5 × 53,8 cm.

Hotz, Sammlung Eckert (1965), 78.

SE 360+
Nicht bestimmter Entwurf

Laubwerk (Laubarchitektur).

Hotz, Sammlung Eckert (1965), 78.

SE 361+
Würzburg, Alter Kranen und Lagerhaus
Abb. 114

Grundriß des projektierten Kranens und Lagerhauses, perspektivische Aufsicht auf den Gebäudekomplex. Vorentwürfe von Johann Philipp Geigel oder Johann Michael Fischer, 1767/68. Zugehörig SE 362+, SE 363+. Ursprünglich zwei einzelne Blätter (Rahmen!), dann zusammen aufgezogen. Kolorierte Federzeichnung. Zwei Maßstäbe in Schuh. In der Mitte rechts beschädigt.

Weiler, F. I. M. Neumann (1937), 12. – Seberich, Stadtbefestigung (1962), 97, Abb. 17. – Hotz, Sammlung Eckert (1965), 78. – Treeck, F. I. M. Neumann (1973), 187.

SE 362+
Würzburg, Alter Kranen
Abb. 115

Querschnitt und Aufriß des projektierten Kranens mit korinthischen Pilastern. – Vorentwurf von Johann Philipp Geigel oder Johann Michael Fischer 1767/68. Zugehörig zu SE 361+, SE 363+. Lavierte Federzeichnung. Maßstab in Fuß. – 36,1 × 44,0 cm.

Weiler, F. I. M. Neumann (1937), 12. – Hotz, Sammlung Eckert (1965), 79. – Treeck, F. I. M. Neumann (1973), 187.

SE 363+
Würzburg, Alter Kranen
Abb. 116

Längsschnitt durch den projektierten Kranen und den Ausleger, Grundriß des Kranens und Detailzeichnungen. – Vorentwurf von Johann Philipp Geigel oder Johann Michael Fischer, 1767/68. Zugehörig zu SE 361+, SE 362+. Lavierte Federzeichnung. Maßstab in Fuß.

Weiler, F. I. M. Neumann (1937), 12. – Hotz, Sammlung Eckert (1965), 79. – Treeck, F. I. M. Neumann (1973), 187.

SE 364+
Würzburg, Alter Kranen
Abb. 117

Teilgrundriß und Aufriß des projektierten Kranens. – Planung von Franz Ignaz Michael von Neumann, 1770. Zugehörig SE 365+, SE 367+, SE 369+, SE 370+. Federzeichnung signiert (r. u.): »Fr: Ing: Mich: v. Neumann Artiller: u. Ingen: Major«. Maßstab in Schuh.

Weiler, F. I. M. Neumann (1937), 12. – Hotz, Sammlung Eckert (1965), 79. – Treeck, F. I. M. Neumann (1973), 187.

SE 365⁺
Würzburg, Alter Kranen
Abb. 118

Quer- und Horizontalschnitt des projektierten Kranens. – 1770. Zugehörig SE 364⁺, SE 367⁺, SE 369⁺, SE 370⁺. Mit eigenhändigen Bezeichnungen der einzelnen Teile und Maßangaben: Am Querschnitt: »oberste Kranzstein« (jeweils links und rechts), »ganzer rundum umlaufender glatter Kranz«, »Thür« (2×), »fenster« (2×), »Sockel Von a im grund laufend bis b. und Von C ferner bis D«, »Tritt« (Die Buchstaben beziehen sich auf den Horizontalschnitt). Am Horizontalschnitt: »ganzer rund umlaufender platten Kranz«, »fenster« (4×), »Thür«, »2 Tritt«, links und rechts »steinernes brustwehr«. Kolorierte Federzeichnung, signiert (r. u.): »Fr: Ing: Mich: von Neumann Artill: u. Ingen: Major 1770.« Maßstab in Schuh.

Weiler, F. I. M. Neumann (1937), 12. – Hotz, Sammlung Eckert (1965), 79. – Treeck, F. I. M. Neumann (1973), 187.

SE 366⁺
Würzburg, Alter Kranen
Abb. 119

Grundriß und Aufriß mit Mauerschnitt des projektierten Kranens. Rechts Schnitt, Aufriß und Grundriß eines Tores zur Einfahrt in die anschließende Überwölbung der Straße. – Planung von Franz Ignaz Michael von Neumann, 1768. Zugehörig SE 371⁺. Werkzeichnung in Feder, laviert. Einzelne Teile von Franz Ignaz Michael von Neumann bezeichnet: am Krangrundriß »die Höhen dieser Quadern im boden seynd 18 zoll«; am Kranaufriß: »neuer Cordon« (2×), »Ufer Mauer Linien« und »Profil Zur Kran Rundung«; am Torschnitt: »Profil zu den zwey Thoren«, »Ufer Mauer Linien«, »Hintere und vordere Grund Linien«; am Toraufriß: »alter Thuer Cordon«, »ufer mauer linien«; am Torgrundriß: »Zwey solche Thoren seynd zumachen davon eines um 1 schuhe kürzer wird, wie die zwo Grund-Linien zeigen«. Maßstab mit Ziffern, ohne Maßeinheit.

Weiler, F. I. M. Neumann (1937), 12. – Hotz, Sammlung Eckert (1965), 79. – Treeck, F. I. M. Neumann (1973), 187 f., 190, Abb. 64.

SE 367⁺
Würzburg, Alter Kranen
Abb. 120

Querschnitt durch den Kranen mit Konstruktion des inneren Rades. – 1770. Zugehörig SE 364⁺, SE 365⁺, SE 369⁺, SE 370⁺. Kolorierte Federzeichnung mit Maßangaben und eigenhändiger Beschriftung: »NB. zwischen den Zangen gehöret noch eine kreuz-spannung eingemacht zu werden welche mann dahier nicht eingezeichnet hat, um den grundriß davon nicht zu confundiren. Die übrigen bögen unterziehungen weiset zeit und umständen von sich selbsten bey seiner aufrichtung.« Weitere Bemerkungen zur Konstruktion: links: »Mittellinie«, »zangen so in die Mauer gehen«, »zangen deren 16 benötigt sind«, »bogen stuck, derer 40 nothwendig sind«; rechts: »zangen so in die Mauer gehen«, »Mittel linien, auch waagerechte linie zum gewölb aufsatz«. Signiert (r. u.): »F. I. M. von Neumann Artiller. u. Ingen. Major«. Maßstab in Schuh.

Suppinger, Kulturdenkmäler (1928), 32 f., Abb. S. 33. – Weiler, F. I. M. Neumann (1937), 12. – Hotz, Sammlung Eckert (1965), 79. – Treeck, F. I. M. Neumann (1973), 187.

SE 368⁺
Würzburg, Alter Kranen
Abb. 121

Rand- und Ufersteine zur Gesamtanlage. – 1772. Lavierte Federzeichnung mit Erläuterungen von Franz Ignaz Michael von Neumann: (links) »Fig. I. Ufer Stein, davon zwey zuverfertigen, herein zu führen, und abzuladen sind auf dem Ufer nächst an der äusserlichen Kran mundung.« (darunter) »fig. I.«, »schmaler Seiten auftrag«, »langer Seiten auftrag«, »grundris«. (rechts) »Fig. II Radkugel, dergleichen 34 zu verfertigen, hereinzu führen, und abzuladen sind wie folget, als 6. innen gegen der stadt von den 3 grosen gewölbbögen (;) 12. unter dem grosen gewölb vor der inneren Kran-thür (;) 6 vor dem auffahrtsgatter-thor an der Schlachthaus-Mauer (;) 5 oben auf der Mitte des kran gewölbs (;) 5 oben auf dem Wall bey dem neuen gatter thor ins holz Magazin. Summa 34. Radkugeln.« (darunter) »fig. II«, »Neben seiten«, »Vordere seiten«. Radsteine anderer Größe unter »fig. II.« mit Bleistift durchgestrichen, dazu notiert: »NB. gilt dermalen noch nicht«. Datiert und signiert (r. u.): »Wirtzburg den 23. Sept. 1772. F. I. M. von Neumann Artiller u. Ingen. Major«. Maßstab in Schuh. – 34,5 × 33,7 cm.

Hotz, Sammlung Eckert (1965), 80.

SE 369⁺
Würzburg, Alter Kranen

Zeichnung zum Bohlensparren eines Mansardeicheldaches. – Um 1770. Vermutlich zugehörig zu SE 364⁺, SE 365⁺, SE 367⁺, SE 370⁺.

Hotz, Sammlung Eckert (1965), 80. – Treeck, F. I. M. Neumann (1973), 188.

SE 370⁺
Würzburg, Alter Kranen

Detailzeichnungen der Türen mit Erläuterungen. – 1770. Zugehörig SE 364⁺, SE 365⁺, SE 367⁺, SE 369⁺. Datiert und signiert: »Wirtzburg den 1. Juni 1770. Fr. Ing. Mich. v. Neumann Artiller. u. Ingen. Major.«

Weiler, F. I. M. Neumann (1937), 12. – Hotz, Sammlung Eckert (1965), 80. – Treeck, F. I. M. Neumann (1973), 187.

SE 371+
Würzburg, Alter Kranen
Abb. 122

Gesamtaufriß und Querschnitt des Kranens, Längsschnitt desselben, der überwölbten Straßenzufahrt und des Lagerhauses. – Planung von Franz Ignaz Michael von Neumann, 1768. Zugehörig SE 366+. Kolorierte Federzeichnung, signiert (r. u.): »Entworfen und gezeichnet von F: I: M: von Neumann Ingen: Major 1768.« Mit Beschriftung durch Franz Ignaz Michael von Neumann: »Äußerliche Vorstellung des krans über seinen doppelten scherwerck hinter der ufermauer und leinritt gegen das Wasser und der andern seite der stadt Jenseits des Fluss. Die ufer mauer, darauf die ebene fahrt und leinritt ist, ist an sich ganz, und hier nur der zeichnung nach unterbrochen fürgestellt, um rechter hand den steigenden, und linckerhand den fallenden boden, darhinter anzudeuten, auf welchem die güterfahrt, auch der durchfluß großes wassers durch beyde neben thoren hinter dem kran dahergehen. Vorn an der mitte des wercks und krans zeiget gleichsam Jenes über fluth, wasser, und besonders den Maynstrohm herschende Götter-paar das höchste Wappen Jenes glorreich regierenden Gnädigsten Lands Fürstens und Vatters als ersten Hauptstifter eines endlichen vollkommen florirenden Fränckischen Commerce in anlegung dieses wercks allen vorbeygehend- und fahrenden zur dancknehmigster unterthänigsten verehrung dar, davon beyde Götter gleichsam durch ihre füllhorns und besondere schutzes-vorstellung vorliegendem Maynfluß und seinem ganzen Land zu aller geseegnetsten beglückung, aufnahm, und fruchtbarster erspießlichkeit die untrügliche hoffnung selbst zu sicheren.« – »Durchschnitt angesehen gerad der mittel-linie nach von dem fluß in die stadt zwischen der kleinsten leinritts-seite, und den vordersten zwey thoren, mitten über die quer durch den kran, und schief durch die mittelwercks-mauern zu beyden seiten. Das steigen und abfallen des erdbodens ist daraus klar zu ersehen. Der kran-schnabel ist hinter dem durchschnitt gegen dem lager-haße der stadt zu umgedreht zu verstehen. Nebst des mechanismi und ganzer krans Construction ist auch das eine trettrad im durchschnitt mit zweenen trett-männern und das andere von aussen ganz anzusehen samt der halben an dem haupt-stamm oder drehe-baum bevestigten leiter, um bey angewachsenen großen wasser auch von oben des walls noch in den kran und trettträder kommen zu können.« – »Haupt Durchschnitt angesehen oberhalb des fluss vom holzmagazin gegen den zimmerplatz zu, unterhalb des fluss durch die zwischenfahrt in das mittlere thor von der neuen wage; Durch den wall darauf samt dem halben noch um 6: zoll darüber erhöhten wasser- und feuer-freyen lager hauß; durch die mittlere untere und obere thür in dem thor, und von dem wallgang darüber im kran; Durch dessen innerlichen steinernen umfang und ganzer Construction in seiner zimmer-, schlosserarbeit und mechanismo überhaupt, so wohl innen im kran selbst als ausser dem selben mittels seines drehe-sterzes; Item durch den leinritt und ebener ufer-fahrt an dem schmalsten mittel-weg; und endlich durch den Maynstrohm selbsten, in welchen noch sieben schuh weit vom ufer die kette vom schnabel herab über das mittel der meisten fracht-schiffen senckelrecht hinein raget.« Maßstab mit Ziffern, ohne Maßeinheit.

Suppinger, Kulturdenkmäler (1928), 32f., Abb. S. 31. – Weiler, F. I. M. Neumann (1937), 12. – Hotz, Sammlung Eckert (1965), 80f. – Treeck, F. I. M. Neumann (1973), 187, 189, Abb. 63.

SE 372+
Würzburg, Lagerhaus

Grundriß und Querschnitt des »Wasserfreyen Interimslagerhauses«. – Entwurf von Franz Ignaz Michael von Neumann, um 1770. Mit Erläuterungen, signiert: »Projectiert und gezeichnet von Fr. I. M. von Neumann Artill. und Ingen. Major.«

Weiler, F. I. M. Neumann (1937), 13. – Hotz, Sammlung Eckert (1965), 81. – Treeck, F. I. M. Neumann (1973), 187.

SE 373
Würzburg, Pferdeschwemme auf dem Residenzplatz
Tafel 167

Aufriß der geplanten Pferdeschwemme mit Obelisk, bekrönt vom Schönbornlöwen, am Sockel Pferdeköpfe als Wasserspeier; seitlich Kentauren, auf dem Beckenrand Pegasus, Bucephalus, und Ziervasen. Seitlich Profilschnitt der Wandung. Grau lavierte Federzeichnung, Sockel grünlich, Mauerschnitte rosa angelegt. Bezeichnet »tögel«. Wohl vom Januar 1733. Signiert (l. u.): »Jo. Luc. von Hildebrandt Kay. rath prim. Ingenieur und Hoff archit.« Maßstab in Schuh, von Johann Lucas von Hildebrandt bezeichnet. Plan unten beschädigt. – 41,3 × 65,7 cm.

Vgl. Würzburg, Martin von Wagner-Museum der Universität, Inv. Nr. 194 (unsignierte Kopie ohne Maßstab) und Inv. Nr. 263v (Vorentwurf zum Obelisken).

Dreger, Hildebrandt (1907), Abb. S. 285. – Eckert, Residenzpläne (1917), 136, Taf. XV, 2. – Sedlmaier/Pfister, Residenz (1923), Anm. 147. – Grimschitz I (1932), 144, Abb. 213. – Ausstellungskatalog Würzburg (1953), 27, Nr. B 36. – Grimschitz II (1959), 143, 168, Abb. 225. – Hotz, Sammlung Eckert (1965), 81.

SE 374+
Schloß Schönborn bei Göllersdorf/Niederösterreich

Grundriß des Erdgeschosses. – Lavierte Federzeichnung von Johann Lucas von Hildebrandt mit Bezeichnung der Räume. Zugehörig SE 375+. Maßstab in Klafter. Auf der Rückseite stand: »Gantze Rüll Schönborner Riss.« Diese Bemerkung bezieht sich auf die Übersendung der Planserie (SE 374+–375+ und SE 254+–274a+) an Balthasar Neumann, der 1740/41 die Übertragung auf Kupferplatten durch Johann Balthasar Gutwein veranlassen sollte.

SE 374+ war wohl als Vorlage für die 3. Ergänzungsserie zum Schönborn-Stichwerk, das 1722/23 erschien, bestimmt.

Hotz, Sammlung Eckert (1965), 82. – Paulus, Schlösser (1982), 168.

SE 375+
Schloß Schönborn bei Göllersdorf/Niederösterreich
Abb. 123

Grundriß des Obergeschosses, von Johann Lucas von Hildebrandt. – Lavierte Federzeichnung mit Bezeichnung der Räume (von links nach rechts): »Junger Herr/schafts-Zimm.«, »Bedien/te«, »Kammer-Jungfern-Zimmer«, »Cabinet«, »Kammer-Frau«, »Schlaff-Gemach«, »Frauen-Zimmer«, »Antichambre«, »Capelle«, »Oratorium«, »Bibliothe(k)«, »Guarde-robben«, »Schlaff-Zimmer«, »Cabinet«, »Anti-Chambre«, »Aufwart-Zimmer«, »Anti-Chambre«, »Sahl«, »Anti Chambre«, »Cabinet«, »Haupt Treppen«, »Schlaffgemach«, »Kammerdien. Zimmer«, »Kast-Zimmer«, »Kamm.dien.zimmer«, »Kamm.dien.zimmer«, »Gast-Zimmer«, »Cabinet«, »Kast-Zimmer«, »Cabinet«, »Stall-Meisters Zimmer«, »Bedienter«, »Stall-Meist.Zimm.«, »Kamm.dien.Zimmer«, »Ober – Officier Speiss Zimmer«, »Canzeley« (2×). Zugehörig SE 374+. Maßstab in Klafter. – 35,3 × 50,5 cm.

SE 375+ war wohl als Vorlage für die 3. Ergänzungsserie zum Schönborn-Stichwerk, das 1722/23 erschienen war, bestimmt.

Grimschitz I (1932), Abb. 60. – Grimschitz II (1959), Abb. 94. – Hotz, Sammlung Eckert (1965), 82. – Reuther, Einwirkungen (1973), 78. – Paulus, Schlösser (1982), 13, Abb. 5, 168.

SE 376+
Wien, Hofburg
Abb. 124

Grundriß der doppelten, jeweils dreiarmigen Treppenanlage mit zweifachem Umgang, anstoßender Vorhalle und Vestibül sowie Sala terrena. – Um 1747. Variante zum sogenannten »großen Projekt« Balthasar Neumanns. Vgl. SE 377+. Lavierte Federzeichnung. Maßstab beziffert, ohne Maßeinheit.

Vgl. den Obergeschoßgrundriß Berlin, Kunstbibliothek, Hdz. 4726.

Lohmeyer, Baumeister II (1929), Abb. 114. – Hotz, Sammlung Eckert (1965), 82. – Katalog »Fünf Architekten« (1976), 86 f. – Reuther, Zeichnungen (1979), 61, 63, 64.

SE 377+
Wien, Hofburg
Abb. 125

Grundriß der Treppenanlage mit doppeltem Umgang. – Um 1747. Zugehörig zum sog. »Großen Projekt« Balthasar Neumanns; Variante zu SE 376+. Lavierte Federzeichnung. Maßstab unbeschriftet.

Weitere Entwürfe zu Neumanns Projekten für die Wiener Hofburg: Berlin, Kunstbibliothek, Hdz. 4725–Hdz. 4734. – Koblenz, Staatsarchiv, Abt. 702 Nr. 2317.

Lohmeyer, Baumeister II (1929), Abb. 113. – Hotz, Sammlung Eckert (1965), 82. – Katalog Fünf Architekten (1976), 86 f. – Reuther, Zeichnungen (1979), 61, 64.

SE 378+
Würzburg, Juliusspital

Portalgrundriß mit der Aufschrift: »Julia Hospital«. Auf der Rückseite Säulenstellung mit Gebälk, daneben Vermerk: »Julia Hospital«.

Weitere Entwürfe zum Juliusspital: Berlin, Kunstbibliothek, Hdz. 5906 (Querschnitt durch den Fürstenbau vor 1745). – Würzburg, Archiv des Juliusspitals. – Würzburg, Mainfränkisches Museum, Inv. Nr. S 44599 und S 44600 (Aufriß des Südflügels um 1690, Aufriß der Hoffront des Fürstenbaues Anfang 18. Jh.).

Hotz, Sammlung Eckert (1965), 82.

SE 379+
Veitshöchheim (Kreis Würzburg), Schloß

Grundriß des bestehenden älteren Gebäudes mit den neuen beiderseitigen Anbauten. – Um 1750. Kolorierte Federzeichnung, beschriftet: »Oberer grundriß, daß rothe ist daß ney angebaude von beyden seiten«.

Hotz, Sammlung Eckert (1965), 83.

SE 380+
Nicht bestimmter Bau

Querschnitt, Aufriß und Grundriß eines zweigeschossigen Hauses mit Keller. – Beschriftet: »Praes den 7ten October 1748.«

Hotz, Sammlung Eckert (1965), 83.

SE 381+
Nicht bestimmtes Profangebäude

Querschnitt, zwei Grundrisse und Aufriß der Fassade eines rechteckigen Häuserblockes. Mit Tektur im Dach.

Hotz, Sammlung Eckert (1965), 83.

SE 382+
Bamberg, Erzbischöfliches Palais (früher Domherrnhof Rotenhan) Obere Karolinenstraße 5

Situationsplan mit Kellergrundriß. – Siehe zur Situation SE 359.

Hotz, Sammlung Eckert (1965), 83.

SE 383+
Bamberg, Erzbischöfliches Palais (früher Domherrnhof Rotenhan) Obere Karolinenstraße 5

Grundrisse der drei Stockwerke und Werksatz zum Dachstuhl.

Hotz, Sammlung Eckert (1965), 83.

SE 384
Bamberg, Erzbischöfliches Palais (früher Domherrnhof Rotenhan) Obere Karolinenstraße 5
Tafel 168

Längsschnitt und Grundrisse der Umfassungsmauern für drei Stockwerke. – Zugehörig der Aufriß SE 385. Federzeichnung, Mauerschnitte des Längsschnitts rot, Balken, Treppe und Maßleiste gelb, sonst hell- dunkelgrau laviert. Beim Grundriß des Hauptgeschosses die innere Aufteilung in Bleistift skizziert, dazu Bleistift-Bezeichnungen der einzelnen Räume: (im Uhrzeigersinn) »stigen«, »vorplatz«, »bedienten zimmer«, »vorplatz«, »stigen«, »Cammer dienerzimmer«, »stigen«, »anspragzimmer«, »Cabinet und schreibzimmer«, »schlafzimmer«, »gang«, »zimmer« (2 ×), »Salon«. Maßleiste unbeschriftet. – 38,5 × 50,2 cm.

Hotz, Sammlung Eckert (1965), 83.

SE 385
Bamberg, Erzbischöfliches Palais (früher Domherrnhof Rotenhan) Obere Karolinenstraße 5
Tafel 169

Aufriß der Fassade. – Vgl. SE 384. Mit dem Wappen der Familie Rotenhan im Giebel. Federzeichnung, das Dach rosa, sonst grau laviert. Gelb-schwarze Maßleiste unbeschriftet. – 47,8 × 38,6 cm.

Vgl. von Johann Jacob Michael Küchel signierter Fassadenaufriß in: Bamberg, Staatliche Bibliothek (Sammlung Dros) VIII B, Nr. 32.

Hotz, Sammlung Eckert (1965), 84.

SE 386 +
Bruchsal, Stiftsdechanei
Abb. 126

Aufriß und Mauergrundriß der Fassade. – Planung von Johann Leonhard Stahl, 1768. Siehe die dazugehörigen Grundrisse auf SE 387 +. Vgl. die Varianten SE 388 +, SE 389 +. Kolorierte Federzeichnung, von Johann Leonhard Stahl beschriftet: »Elevation Des neuen Dechaney Gebäudes auf Seythen Der Strasse.« Signiert und datiert (r. u.): »Inv: J: L: Stahl Cam: Spir: Cons: et Architectus. Bruchsalia d: 28.va 9^{bris} 1768«. Maßstab in Nürnberger Schuh. Auf der Rückseite Vermerk: »Praesentatum et Approbatum in Capitulo generali Sancti Andreae Bruchsall den 7ten April 1769.« – 31,6 × 46,0 cm.

Hotz, Sammlung Eckert (1965), 84.

SE 387 +
Bruchsal, Stiftsdechanei
Abb. 127

Grundrisse für Keller-, Erd- und Obergeschoß – Planung von Johann Leonhard Stahl, 1768. Zugehörig SE 386 +. Vgl. Variante SE 388 +. Kolorierte Federzeichnung, beschriftet: »GrundLaage Der Von Einem Hochadelichen Ritter Stifft Dahier neu Erbaut werden Wollenden Dechaney«. Alle Grundrisse von der Hand Johann Leonhard Stahls beschriftet und mit Erläuterungen versehen: »Plan de L'Etage Souterrain: Nro 1. Explicatio litt: A: Die grose Haupt Keller Treppe. B: Die Kleine Hauß Keller Treppen. C: Vor Keller. D: Kuchen Keller. E: Wein Keller. F: Neue Wein Keller. G: Senng Gruben dene S: v: priveter. H: Die fundamenten.« – »Plan du Premier on Bel Etage: Nro. 2 Explicatio litter: J: Die Haupt Stiege. K: Geräumiger Vor Platz bey der Stiege. L: Antechamber oder Vorzimmer Sowohl zur Capitul Stub, als zur Suite Der Dechanal Wohnung andienend. M: Capitul Stub. N: Repositur. O: Passage. P: Lieux. Q: Speyse Saal zur Dechanal Wohnung gehörig. R: Wohnzimmer. S: Schlaffzimmer. T. Alcove: V. Cabinet für Chaise Perier(?). W: Schreib Cabinet. X: Bediener Zimmer. Y: Wand Kasten oder Mauer Schrank zu verschiedenem Gebrauch dienend. Z: Speicher Stiege.« »Plan du Rez de Chaussee: Nro 3 Explicatio litter: a: Die Haupt Einfahrd, ... vor der Haupt Stiege Ahn Steigen. b: Vestibull. c: Grand Escalier. d: Cuisine. e: Garde Manger. f: office. g: Chambre pour Domestiques. h: Antechambre. i: Retirade oder Wohnzimmer. k: Chambre à Coucher. l: Alcove. m: Cabinet für Chaise de Commodité. n: Petit Cabinet. o: Garderobe oder Dienstzimmer. p: Passage. q: Büfet. r: lieux.« Signiert und datiert (r. u.): »Inv: J: L: Stahl Cam: Spir: Cons: et Architectus Bruchsalia Den 28.va 9br (= November) 1768«. Maßstab in Nürnberger Schuh. Auf der Rückseite Vermerk: »praesentatum et Approbatum in Capitulo generali Sancti Andreae Bruchsall den 17. December 1768«. – 67,4 × 50,0 cm.

Hotz, Sammlung Eckert (1965), 84.

SE 388 +
Bruchsal, Stiftsdechanei
Abb. 128

Aufriß der Fassade und drei Grundrisse für Keller-, Erd- und Obergeschoß. – Planung von Johann Leonhard Stahl, 1768. Variante zu SE 386 +, SE 387 +. Siehe auch SE 389 +. Kolorierte Federzeichnung, beschriftet: »Litra B:«. Alle Räume bezeichnet: »Nro 1 der Keller«. – »Nro 2 der Erste Stock«: »Einfahrt«, »gang«, »Vor zimmer«, »wohn zimmer«, »schlafzimmer« mit »beth«, »schreibzimmer«, »sv: privet«, »Vorhauß«, »bedienten zimmer«, »officianten zimmer«, »speißkammer«, »küchen« mit »wasserstein« und »schranck«, »Sv. privet«, »haupt-stiegen«. – »Nro 3 der zweyte Stock«: »hauptstiege«, »Vorhauß«, »Vor zimmer«, »gang«, »Sv: privet«, »kleine Capitel stuben«, »Depositor« mit »schranck« (2 ×), »einfeuerung«, »Capitel zimmer«, »Vor zimmer«, »Saal«, »Vor zimmer«, »wohn zimmer«, »Ercker«, »Schlafzimmer«, »beth«, »schranck«, »gang«. Zwei Maßstäbe: einer in Schuh, der andere mit Ziffern, ohne Maßeinheit. – 70,2 × 38,6 cm.

Hotz, Sammlung Eckert (1965), 84.

SE 389⁺
Bruchsal, Stiftsdechanei
Abb. 129

Aufriß der Fassade und Kellergrundriß. – Drittes Projekt der Planung von 1768 durch Johann Leonhard Stahl. Vgl. SE 386⁺–SE 388⁺. Kolorierte Federzeichnung. Am Aufriß »Nro. 4.«, am Grundriß »Nro. 1.« Maßstab in Schuh. – 42,3 × 37,2 cm.

Hotz, Sammlung Eckert (1965), 84.

SE 390⁺
Studienblatt: Wasserpumpwerk
Abb. 130

Entwurf eines Wasserpumpwerkes mit Radantrieb. – Studienblatt von Franz Ignaz Michael von Neumann, 1750. Perspektivische Gesamtansicht, zwei Seitenansichten, Draufsicht und mehrere Details. Kolorierte Federzeichnung, signiert (u. Mitte). »Fr: Ignat: M: de Neumann inven: et del: 1750 als ein ersteres probstück seiner invention in Mechanicis.« Mit Erläuterung von seiner Hand (r. u.): »NB dieses schwungrad an dieser Wellen müste vielmehr an der anderen haupt wellen seyn, wo das wasser rad ist.« Maßstab in Schuh. – 45,4 × 57,1 cm.

Weiler, F. I. M. Neumann (1937), 12. – Hotz, Sammlung Eckert (1965), 85. – Treeck, F. I. M. Neumann (1973), 3, 25 f., 188. Abb. 65.

SE 391⁺
Entwurf für ein »Lusthaus«

Grundriß für Erd- und Obergeschoß eines Lusthauses. – Wohl Studienblatt, beschriftet: »Plans d'une nouvelle maison de plaisance placee sur une vieille«. Zugehörig SE 392⁺–SE 396⁺.

Hotz, Sammlung Eckert (1965), 85. – Treeck, F. I. M. Neumann (1973), 199.

SE 392⁺
Entwurf für ein »Lusthaus«

Dachkonstruktion mit Holzgewölbe. – Zugehörig zu SE 391⁺.

Hotz, Sammlung Eckert (1965), 85. – Treeck, F. I. M. Neumann (1973), 199.

SE 393⁺
Entwurf für ein »Lusthaus«

Aufriß der Fassade zu SE 391⁺.

Hotz, Sammlung Eckert (1965), 85. – Treeck, F. I. M. Neumann (1973), 199.

SE 394⁺
Entwurf für ein »Lusthaus«

Längsschnitt zu SE 391⁺.

Hotz, Sammlung Eckert (1965), 85. – Treeck, F. I. M. Neumann (1973), 199.

SE 395⁺
Entwurf für ein »Lusthaus«

Seitenansicht zu SE 391⁺.

Hotz, Sammlung Eckert (1965), 85. – Treeck, F. I. M. Neumann (1973), 199.

SE 396⁺
Entwurf für ein »Lusthaus«

Querschnitt zu SE 391⁺.

Hotz, Sammlung Eckert (1965), 85. – Treeck, F. I. M. Neumann (1973), 199.

SE 397⁺
Würzburg, ehemals Hutten'sches Palais, Kapuzinerstraße 2
Abb. 131

Zwei Ansichten, Querschnitt und Grundriß einer Stiege mit geschmiedetem eisernem Geländer. – Entwurf von Franz Ignaz Michael von Neumann für eine Neuausstattung des Hutten'schen Palais in Würzburg, das sein Vater, Balthasar Neumann, 1722 als eigenes Wohnhaus erbaut, aber 1725 an die freiherrliche Familie Hutten verkauft hatte. Jetzt Rotkreuzklinik. Im Geländer für das mittlere Stockwerk (o. l.) Wappen der Familie Hutten. 1770. Kolorierte Federzeichnung, signiert (r. u.): »Entworfen von Fr: Ign: Mich: von Neumann Artiller u. Ingen: Major 1770.« Mit Erläuterungen von Franz Ignaz Michael von Neumann: »Stiegen-grund-riß.«, »Grund Vom untersten Stock« (in der dunklen Lavur), »Antritt«, »Pfeiler am antritt der stiegen«, »blummen-postement« (3 ×), »Ausgang«, »Profil durch die breite der stiegen«, »unteres stiegengewölb«, »stiegen-gewölb-dicke«, »tritt«, »Eisernes geländer«, »hölzerne rahm oder laden«, »Neues anzuplattende gesims«; linke Ansicht: »Unterer stock«, »Pfeiler-sockel«, »antritt«, »das untere der stiegen«, »Langes schräg-geländer mit eingesetzten brustbild« (= Helmzier) »zwischen zwey blummen postementern«, »Haupt-gebälck«, »Haupt-stock«, »Langes mittel-geländer im hauptstock mit darein zusetzenden Wappen zwischen zwey blummen postementern«, »Fernerer stiegen-antritt und wendung in oberen stock«; rechte Ansicht: »Unterster stiegen-auftritt«, »zugebögter Pfeiler«, »schräg geländer-anstoß am unteren Pfeiler«, »Seiten-geländer-eintheilung zwischen zwey blummen postementern«, »Haupt-stock«. Maßstab in »Würzburger schuhen und zollen«. Siehe auch SE 398⁺. – 52,4 × 41,5 cm.

Vgl. den Entwurf für das Gebäude: Würzburg, Universitätsbibliothek, Delin II/10.

Freeden I (1937), 31. - Weiler, F. I. M. Neumann (1937), 34. – Hotz, Sammlung Eckert (1965), 86. – Treeck, F. I. M. Neumann (1973), 198 f., Abb. 71.

SE 398 +
Würzburg, ehemals Hutten'sches Palais, Kapuzinerstraße 2

Entwurf für eine Treppenanlage. – Variante für die Neugestaltung des Treppenhauses wie SE 397 +, jedoch in Rokokoformen. Entwurf von Franz Ignaz Michael von Neumann, 1770.

Freeden I (1937), 31. – Weiler, F. I. M. Neumann (1937), 34. – Hotz, Sammlung Eckert (1965), 86.

SE 399 +
Würzburg, Hüberspflege, Kapuzinerstraße 4

Entwurf für eine neue Portalfassade. – Das Haus, 1722 von Kammerrat Johann David Hartmann erbaut, seit 1729 im Besitz der freiherrlichen Familie Zobel, wird 1797 vom Stadtmagistrat zur Einrichtung der Hüberspflege erworben. Anläßlich der Besitznahme durch diese Stiftung wurde ein neues Portal vorgeblendet. Der Entwurf beschriftet: »Präs. den 26. Octobr 1798 bey der Baukommission.« Siehe auch SE 400 +, SE 401 +.

Freeden I (1937), 115 Anm. 51. – Hotz, Sammlung Eckert (1965), 86.

SE 400 +
Würzburg, Hüberspflege, Kapuzinerstraße 4

Variante zu SE 399 +. – Vgl. auch SE 401 +.

Hotz, Sammlung Eckert (1965), 86.

SE 401 +
Würzburg, Hüberspflege, Kapuzinerstraße 4

Andere Variante zu SE 399 +. – Vgl. auch SE 400 +.

Weitere Pläne zur Hüberspflege: Würzburg, Universitätsbibliothek, Delin II/88–89 und 105.

Hotz, Sammlung Eckert (1965), 86.

SE 402 +
Höchberg (Kreis Würzburg), Pfarrhof

Aufrisse der Vorder- und Seitenfront sowie Grundrisse von Keller-, Erd- und Obergeschoß. – Beschriftet: »Neu einzurichtender Pfarrhof zu Höchberg.« Signiert: »J. Fischer 1780«.

Hotz, Sammlung Eckert (1965), 87.

SE 403 +
Würzburg, ehemaliger Domherrnhof Osternach, Hofstraße 5

Grundriß mit Tektur und Erläuterungen, beschriftet: »Aufnahme des domcapitl. ehemalich Freyherrl. Bettendorfischen nun Kesselstatischen Hofs«. – Die Kurie Osternach, 1734 im Besitz von Lothar Franz Melchior Philipp von Bettendorf, wird 1771 von Franz Karl Willibald von Kesselstadt bewohnt. Um diese Zeit erfolgte ein Umbau des Hauses, das im 19. Jahrhundert völlig verändert wurde. Signiert: »J. Fischer Art. Hauptmann und Hofarchitekt.« Zugehörig zu SE 404 +, SE 405 +.

Hotz, Sammlung Eckert (1965), 87.

SE 404 +
Würzburg, ehemaliger Domherrnhof Osternach, Hofstraße 5

Grundriß des ersten Obergeschosses. – Zugehörig zu SE 403 +, SE 405 +; bezeichnet: »Zweyter Stock«. Signiert: »J. Fischer Art. Hauptmann und Hofarchitekt.«

Hotz, Sammlung Eckert (1965), 87.

SE 405 +
Würzburg, ehemaliger Domherrnhof Osternach, Hofstraße 5

Grundriß des zweiten Obergeschosses. – Zugehörig zu SE 403 +, SE 404 +; bezeichnet: »Dritter Stock«. Signiert: »J. Fischer Art. Hauptmann und Hofarchitekt.«

Hotz, Sammlung Eckert (1965), 87.

SE 406 +
Nicht bestimmter Bau (Amtskellerei)

Zwei Grundrisse »zur Neuen Einrichtung des 2ten Stockes der Amtskellerey.«

Hotz, Sammlung Eckert (1965), 87.

SE 407 +
Würzburg, Alte Universität

Ansicht und Grundriß eines Teilbaues. – Beschriftet: »Prospekt eines inneren Gebäudes der Universität, wenn statt den doppelten einfache Fenster eingesetzt werden sollten.« Signiert: »H. A. Geigel.«

Hotz, Sammlung Eckert (1965), 88.

SE 408 +
Nicht bestimmter Kirchenbau

Grundriß einer Kirche und Aufriß der Fassade. – Im Stil an Greising erinnernd. Zeichnung von Zimmermeister Löffler.

Hotz, Sammlung Eckert (1965), 88.

SE 409 +
Turm zu einer nicht bestimmten Kirche

Turmobergeschoß mit Haube, Laterne und reichem Knopf, signiert: »Th. Jacob Löffler 1726«. Der Grundriß rosa in verschiedenen Tönen angelegt.

Hotz, Sammlung Eckert (1965), 88.

SE 410+
Turm einer nicht bestimmten Kirche

Turmobergeschoß mit Kuppel und Immaculata, signiert: »Th. J. L. (= Thomas Jacob Löffler) 1726«. Vgl. SE 409+.

Hotz, Sammlung Eckert (1965), 88.

SE 411+
Dachreiter eines nicht bestimmten Baues

Dachreiter mit Haube, Laterne und Kreuz, signiert: »Th. J. Löffler 1728«.

Hotz, Sammlung Eckert (1965), 88.

SE 412
Wiesentheid (Kreis Kitzingen), Gartenhaus
Tafel 170

Grundriß und Dachstuhl-Querschnitt. – Studienzeichnung von Johann Jakob Löffler, 1733. Federzeichnung; Treppen, Öfen, vorstehende Rahmenprofile im Grundriß rosa, Dachstuhl und Maßstab gelb laviert, Mauerwerk und Fensteröffnungen in Grautönen angelegt. Signiert (r. u.): »J: Jacob Löffler 1733«. Maßstab in Schuh. – 37,2 × 62,3 cm.

Vgl. den Grundriß in der Schrift des Wiesentheider Gärtners Johann Jacob Fülcken, Neue Gartenlust, Augsburg 1720.

Hotz, Sammlung Eckert (1965), 88. – Ludwig, Dachwerke (1982), Abb. 39.

SE 413
Maria-Limbach (Kreis Haßberge), Katholische Wallfahrts- und Pfarrkirche Mariae Heimsuchung
Tafel 171

Grundriß, Längsschnitt und Querschnitt mit Dachkonstruktion. – Federzeichnung, Grundriß und Turmschnitt schwarz, die anderen Mauerschnitte rosa, Dachstuhl und Turmspitze gelb und Turmhelm hellgrau laviert. Emporenbrüstungen einskizziert. – 44,5 × 59,7 cm.

Reuther, Limbach (1948), 28, 36–38, Abb. 19. – Reuther, Limbach I (1948), 360. – Reuther, Variante zu Limbach (1952), 360. – Reuther, Dachwerke (1955), 46, Abb. 2. – Reuther, Kirchenbauten (1960), 72. – Hotz, Sammlung Eckert (1965), 89. – Ludwig, Dachwerke (1982), 12, 98, 109–111, Abb. 24.

SE 414
Maria-Limbach (Kreis Haßberge), Katholische Wallfahrts- und Pfarrkirche Mariae Heimsuchung
Tafel 172

Halber Grundriß und halber Werksatz für die Dachkonstruktion, daneben zwei Querschnitte mit Dachgebälk. – Werkzeichnung von Johann Jakob Löffler, 1751. In die Querschnitte mit Bleistift Maßangaben, am Grundriß Turmrechteck und andere Konstruktionslinien mit Bleistift eingetragen und unten links »x-ist doppelt« notiert. Federzeichnung, Grundriß schwarz, Dachstuhl grau-gelb, Mauerschnitte rosa, sonst grau laviert. Signiert (r. u.): »J. J. L. 1751«. Maßstab in Schuh. – 46,0 × 56,8 cm.

Reuther, Limbach (1948), 28, 38, Abb. 20. – Reuther, Limbach I (1948), 360. – Reuther, Variante zu Limbach (1952), 360. – Reuther, Dachwerke (1955), 46, Abb. 1. – Reuther, Kirchenbauten (1960), 72. – Hotz, Sammlung Eckert (1965), 89. – Ludwig, Dachwerke (1982), 12, 98, 109–111, Abb. 25, 26, 27.

SE 415+
Nicht bestimmter Kirchenbau

Querschnitt einer Kirche mit Dachkonstruktion sowie Chorgrundriß mit daneben stehendem Turm. – Signiert: »J. Löffler 1768«.

Hotz, Sammlung Eckert (1965), 89.

SE 416+
Nicht bestimmter Kirchenbau
Abb. 132

Querschnitt durch den Chor und das Langhaus, Längsschnitt, Werksatz, Grundriß sowie Fassadenriß einer Kirche mit Einturmfassade, flachgedecktem Langhaus und eingezogenem, dreiseitig schließendem Chor. – Planzeichnung von Johann Jakob Löffler, 1764. Signiert (r. u.): »Jakob Löffler Zimmermeister den 29. September 1764.« Kolorierte Federzeichnung, Maßstab in Schuh.

Hotz, Sammlung Eckert (1965), 89.

SE 417+
Nicht bestimmter Kirchenbau

Dachreiter einer Kirche; Ansicht und Schnitt. – Planzeichnung von Johann Jakob Löffler. Signiert: »J. J. L.«

Hotz, Sammlung Eckert (1965), 89.

SE 418+
Nicht bestimmter Kirchenbau

Querschnitt durch ein Kirchendach mit Dachreiter, dazu Ansicht des Dachreiters. – Signiert: »Jakob Löffler Zimmermeister«.

Hotz, Sammlung Eckert (1965), 89.

SE 419+
Nicht bestimmter Turmbau

Querschnitt durch die Holzkonstruktion einer Turmhaube mit Laternen, ferner drei Werksätze. – Signiert: »Jakob Löffler Zimmermeister 1769«.

Hotz, Sammlung Eckert (1965), 89.

Das Skizzenbuch

Bearbeiter der Katalogtexte:
Elisabeth Sperzel / Hans-Peter Trenschel

SE I⁺
Nicht bestimmter Altar
Abb. 133

Aufriß eines Altares, seitlich mit den Hll. Petronilla und Thekla. Oben Taube des Hl. Geistes in der Wolkenglorie, nachträglich aufgeklebt. Kolorierte Federzeichnung mit Beschriftung: »Nro 1 wird wie Lapis Lasoli« – »Nro 2 wie agat« – »Nro 3 werden die feston von erhabener florenien arbeith. Das übrige alles Matt- und glanz vergoldt.« Am Aufriß die zugehörigen Ziffern. Ohne Maßstab. – 68,9 × 38,0 cm.

Hirsch, Skizzenbuch (1912), 23. – Hotz, Sammlung Eckert (1965), 90.

SE Ia⁺
Nicht bestimmter Altar
Abb. 134

Grund- und Aufriß eines Kreuzaltares; in der Mitte Kruzifix, darüber Wolkenglorie mit Engelsköpfchen. Lavierte Federzeichnung, rechts Variante mit Teilgrundriß in Bleistift. Wohl Antonio Bossi zuzuweisen. Siehe dazu SE XXV⁺, SE XXVI⁺ (in halbseitiger Variante Bleistiftskizze von SE Ia⁺ übernommen), SE XXX⁺ (gleiches Altarprofil, Aufsatz entsprechend der Bleistiftskizze von SE Ia⁺). Maßstab in Ziffern, ohne Maßeinheit, in Bleistift andere Bezifferungsfolge. – 42,2 × 24,5 cm.

Hirsch, Skizzenbuch (1912), 23. – Hotz, Sammlung Eckert (1965), 90.

SE II⁺
Nicht bestimmter Altar
Abb. 135

Aufriß eines Altares vor Arkadenpfeiler. Zwischen zwei anbetenden Engeln Tabernakel mit hohem Kruzifix vor einem leeren Rahmenfeld. Über Baldachin Wolkenglorie mit Hostienkelch und Bischofsinsignien haltenden Engeln. Zum gleichen Projekt wie SE III⁺ und SE XXXIII⁺ gehörig. Lavierte Federzeichnung, wohl von Johann Rudolf Byss (zum Stil vgl. mit SE III⁺). Maßstab mit Ziffern, ohne Maßeinheit.

Hirsch, Skizzenbuch (1912), 23. – Hotz, Sammlung Eckert (1965), 90.

SE III⁺
Nicht bestimmter Altar
Abb. 136

Aufriß eines Altares vor einem Arkadenpfeiler. Vor einem leeren Rahmen mit Baldachin Tabernakel und Kruzifixaufsatz, rechts und links anbetende Engel. Über dem Baldachin Wolkenglorie mit Hostienkelch und Bischofsinsignien tragenden Putten. Lavierte Federzeichnung. Wie SE II⁺ und SE XXXIII⁺ zum gleichen Projekt gehörig, aber in sehr malerischer Ausführung. Wohl von Johann Rudolf Byss (zum Stil vgl. SE XXXXII⁺). Maßstab in Bleistift beziffert, ohne Maßeinheit.

Hirsch, Skizzenbuch (1912), 23. – Hotz, Sammlung Eckert (1965), 91.

SE IV⁺
Bruchsal, Katholische Stadtkirche Unserer Lieben Frau
Abb. 137

Aufriß des Hochaltares. In gesprengtem Temprietto plastische Darstellung der Himmelfahrt Mariens, oben Hl. Dreifaltigkeit, umgeben von einer Wolkenglorie mit Putten. Seitlich Hll. Petrus und Paulus und auf dem Gebälk zwei Engel. Lavierte Federzeichnung. Ohne Maßstab.

Weitere Entwürfe für Kirche und Ausstattung: Karlsruhe, Generallandesarchiv, Pläne Bruchsal Nr. 64–87.

Hirsch, Skizzenbuch (1912), 23. – Hotz, Sammlung Eckert (1965), 91.

SE V links +
Nicht bestimmter Altar
Abb. 138

Linkes Blatt von zwei nebeneinander geklebten Blättern. Halber Grund- und Aufriß eines Altares. Lavierte Federzeichnung. Ohne Maßstab. Von Johann Wolfgang von der Auwera.

Vgl. Altarentwurf: Würzburg, Martin von Wagner-Museum der Universität, Inv. Nr. 74, Bleistiftzeichnung des gleichen halben Altaraufrisses, im Dekor geringfügig abweichend bzw. nicht so detailliert ausgeführt. Ebenfalls Auwera zugeschrieben.

Hirsch, Skizzenbuch (1912), 23. – Sedlmaier/Pfister, Residenz (1923), Anm. 119. – Hotz, Sammlung Eckert (1965), 97. – Paulus, Schlösser (1982), 169.

SE V rechts +
Stranzendorf/Niederösterreich, Katholische Pfarrkirche St. Peter und Paul
Abb. 138

Rechtes Blatt von zwei nebeneinander geklebten Blättern. Teilaufriß eines Seitenaltares mit Wandaufriß. Aus dem Baubüro Johann Lucas von Hildebrandts. Siehe SE Va +; vgl. ferner SE X +, SE XI +, SE XII +. Lavierte Federzeichnung. Ohne Maßstab.

Hirsch, Skizzenbuch (1912), 23. – Sedlmaier/Pfister, Residenz (1923), Anm. 119. – Hotz, Sammlung Eckert (1965), 97. – Paulus, Schlösser (1982), 169.

SE Va +
Stranzendorf/Niederösterreich, Katholische Pfarrkirche St. Peter und Paul
Abb. 139

Aufriß und Grundriß eines Seitenaltares sowie Wandaufriß der Kirche. Oben mit Monogramm »CARL« (zu beziehen auf Fürstbischof Friedrich Carl von Schönborn). Aus dem Baubüro Johann Lucas von Hildebrandts. Siehe SE V + rechts; ferner SE X +, SE XI +, SE XII +. Lavierte Federzeichnung, Grundriß in Bleistift angelegt. Ohne Maßstab. – 33,0 × 14,1 cm.

Hirsch, Skizzenbuch (1912), 23. – Hotz, Sammlung Eckert (1965), 97. – Paulus, Schlösser (1982), 169.

SE Vb +
Göllersdorf/Niederösterreich, Loretokirche
Abb. 140

Aufriß und Grundriß eines Seitenaltares sowie Wandaufriß der Kirche. Lavierte Federzeichnung. Aus dem Baubüro Johann Lucas von Hildebrandts, von diesem eigenhändig beschriftet: »Seiten altar in der loreto Kürchen.« Maßstab in Schuh, von Hildebrandts Hand bezeichnet. – 42,5 × 22,6 cm.

SE V +, SE Va +, SE Vb + wurden von Johann Balthasar Gutwein 1740/41 für die 4. Ergänzungsserie zum Schönborn-Stichwerk, das 1722/23 erschienen war, in Kupfer gestochen.

Hirsch, Skizzenbuch (1912), 23. – Grimschitz, Kirchenbauten (1929), 260f., Abb. 24. – Grimschitz I (1932), Abb. 228. – Grimschitz II (1959), 164, Abb. 135. – Hotz, Sammlung Eckert (1965), 91. – Paulus, Schlösser (1982), 168.

SE VI +
Nicht bestimmter Altar
Abb. 141

Perspektivischer Aufriß eines sechssäuligen Konchen-Hochaltares mit durchfensteter Lisenenhalbkuppel. In der Mitte Wolkenglorie und Erhebung eines Hl. Bischofs (Skulptur). Zwischen den Säulen Hl. Märtyrerin, Hl. Bischof, Hl. Krieger, männlicher Heiliger. Im Auszug auf seitlichen Voluten Engel mit Palmzweig bzw. mit Bild (Bildnis des Jesusknaben?). Über dem Kuppelaufsatz Auge Gottes in Wolkenglorie mit Putten. Apsisgesims und Wölbung des Kirchenbaus angegeben. Lavierte Federzeichnung. Ohne Maßstab.

Hirsch, Skizzenbuch (1912), 23. – Hotz, Sammlung Eckert (1965), 91f.

SE VII +
Würzburg, Residenz, Hofkirche im Südflügel
Abb. 142

Aufriß des Hochaltares mit Kolonnadenumgang. Monstranz auf einer Weltkugel als Tabernakel (Türchen punktiert), überhöht durch Baldachin mit Putten; seitlich anbetende Engel und auf eigenen Postamenten stehend Fides und Caritas. Hinter dem Altar in der mittleren Traveé Wandrelief der Kreuzigung Christi. Von Johann Lucas von Hildebrandt. Grau lavierte Federzeichnung, Mauerschnitte rosa angelegt. Im Stufenbau über der Altarmensa und am Kruzifixus von Hildebrandt mit Sepiatinte übergangen. Dekor des Altartisches vgl. u. a. mit SE Vb +, SE XIV +, SE LVI +. Maßstab in brauner Tinte mit Ziffern von Hildebrandts Hand, ohne Maßeinheit. – 24,8 × 28,0 cm.

Hirsch, Skizzenbuch (1912), 23. – Sedlmaier/Pfister, Residenz (1923), 100, Abb. 86. – Grimschitz I (1932), 144, Abb. 209. – Hegemann, Altarbaukunst (1937), 13, Abb. 10. – Grimschitz II (1959), 141, 168, Abb. 242. – Reuther, Kirchenbauten (1960), 103. – Hotz, Sammlung Eckert (1965), 92. – Rizzi, Kuppelkirchenbauten (1976), 146.

SE VIII +
Nicht bestimmter Altar
Abb. 143

Halber Grund- und Aufriß eines Hochaltares. Unten Apostel Petrus, Hl. Märtyrerin und Hl. Longinus, oben Hl. Dominikus und Putten. Lavierte Federzeichnung mit Bleistiftvermerk: »H. leutenambt Müller«. Ohne Maßstab.

Hirsch, Skizzenbuch (1912), 23. – Hotz, Sammlung Eckert (1965), 96. – Hotz, Skizzenbuch 1 (1981), 55.

SE IX⁺
Würzburg, Residenz, Hofkirche im Südflügel
Abb. 144

Aufriß eines Seitenaltares mit gedrehten Säulen und den Evangelisten Johannes und Markus. Lavierte Federzeichnung von Johann Wolfgang von der Auwera. Voraussetzung ist wohl SE XVIII⁺; demgegenüber Säulenstellung schräg ausgerichtet, entsprechend Auweras Veränderung des Aufsatzes mit ausgreifenden Volutenspangen. Vgl. auch zum selben Projekt SE LXXXII⁺ und SE LXXXIII⁺, ferner SE LXXXVII⁺. Altartisch in der Art von SE XI⁺, SE XII⁺, SE XIX⁺. Ohne Maßstab. – 31,0 × 13,4 cm.

Hirsch, Skizzenbuch (1912), 23. – Eckert, Residenzpläne (1917), 103. – Sedlmaier/Pfister, Residenz (1923), Anm. 284 und 306. – Hotz, Sammlung Eckert (1965), 92.

SE X⁺
Stranzendorf/Niederösterreich, Katholische Pfarrkirche St. Peter und Paul
Abb. 145

Aufriß und Grundriß eines Seitenaltares mit Wandaufriß der Kirche. Im Auszug des Altares Kartusche mit Monogramm »CARL« (zu beziehen auf Fürstbischof Friedrich Carl von Schönborn). Altar selbst weniger schmuckreich ausgeführt. Aus dem Baubüro von Johann Lucas von Hildebrandt. Variante zu SE XI⁺; siehe aber auch SE V⁺ rechts, SE Va⁺, SE XI⁺, SE XII⁺. Lavierte Federzeichnung. Oben links Bleistiftvermerk: »ins langhaus«. Maßstab mit Ziffern, ohne Maßeinheit.

Hirsch, Skizzenbuch (1912), 23. – Grimschitz I (1932), 145. – Grimschitz II (1959), 169. – Hotz, Sammlung Eckert (1965), 97. – Paulus, Schlösser (1982), 169.

SE XI⁺
Stranzendorf/Niederösterreich, Katholische Pfarrkirche St. Peter und Paul
Abb. 146

Aufriß und Grundriß eines Seitenaltares mit Wandaufriß der Kirche. Im Auszug des Altares Kartusche mit Monogramm »CARL« (zu beziehen auf Fürstbischof Friedrich Carl von Schönborn). Aus dem Baubüro von Johann Lucas von Hildebrandt. Siehe SE V⁺ rechts, SE Va⁺, SE X⁺, SE XII⁺. Grau lavierte Federzeichnung in sepiabrauner Tinte, Gewölbeschnitt rosa angelegt. Von Hildebrandts Hand beschriftet: »Seiten altar in der kürchen zu Stranzendorff«. Maßstab in Klafter, von Hildebrandt eigenhändig bezeichnet. – 41,0 × 19,4 cm.

Hirsch, Skizzenbuch (1912), 23. – Sedlmaier/Pfister, Residenz (1923), Anm. 119. – Grimschitz, Kirchenbauten (1929), 281–285, Abb. 50. – Grimschitz I (1932), 145. – Grimschitz II (1959), 169. – Hotz, Sammlung Eckert (1965), 97. – Paulus, Schlösser (1982), 169.

SE XII⁺
Stranzendorf/Niederösterreich, Katholische Pfarrkirche St. Peter und Paul
Abb. 147

Aufriß eines Seitenaltares und der Wand der Kirche. Im Auszug des Altares Kartusche mit Monogramm »CARL« (zu beziehen auf Fürstbischof Friedrich Carl von Schönborn). Aus dem Baubüro von Johann Lucas von Hildebrandt. Siehe SE V⁺ rechts, SE Va⁺, SE X⁺, SE XI⁺. Grau lavierte Federzeichnung. Maßstab in Klafter.

Keller, B. N. (1896), Fig. 42. – Hirsch, Skizzenbuch (1912), 23. – Hotz, Sammlung Eckert (1965), 97. – Paulus, Schlösser (1982), 169.

SE XIII⁺
Nicht bestimmter Altar
Abb. 148

Perspektivischer Aufriß und Grundriß eines Hochaltares mit seitlichen Durchgängen. Unten Hll. Petrus und Paulus, Johannes d. T. und Sebastian. Oben vier Putten, als Abschluß Taube des Hl. Geistes in Wolkenglorie. Apsisarchitektur im Aufriß angegeben. Lavierte Federzeichnung. Maßstab ohne Ziffern, mit Maßeinheit Schuh.

Hirsch, Skizzenbuch (1912), 23. – Hotz, Sammlung Eckert (1965), 98.

SE XIV⁺
Stranzendorf/Niederösterreich, Katholische Pfarrkirche St. Peter und Paul
Abb. 149

Aufriß und Grundriß des Hochaltares in der Apsis. Aus dem Baubüro von Johann Lucas von Hildebrandt. Grau lavierte Federzeichnung in sepiabrauner Tinte, die Gewölbe- und Mauerschnitte rosa angelegt. Mit eigenhändiger Beschriftung Hildebrandts: »Der Hohe altar in der kürchen zu Stranzendorff«. Dekoration entspricht der Ausführung, aber andere Proportionierung nach Verbreiterung des Altarblattes. Vgl. SE XV⁺, SE XVI⁺. Maßstab in Klafter, von Hildebrandts Hand bezeichnet. – 41,0 × 25,0 cm.

Hirsch, Skizzenbuch (1912), 23. – Sedlmaier/Pfister, Residenz (1923), Anm. 119. – Grimschitz, Kirchenbauten (1929), 285, Abb. 54. – Grimschitz II (1959), 129, 169, Abb. 232. – Hotz, Sammlung Eckert (1965), 98. – Paulus, Schlösser (1982), 169.

SE XV⁺
Stranzendorf/Niederösterreich, Katholische Pfarrkirche St. Peter und Paul
Abb. 150

Aufriß des Hochaltares in der Apsis. Aus dem Baubüro von Johann Lucas von Hildebrandt. Lavierte Federzeichnung. Vgl. SE XIV⁺, SE XVI⁺. Maßstab mit Ziffern, ohne Maßeinheit. – 26,5 × 17,3 cm.

Hirsch, Skizzenbuch (1912), 23. – Hotz, Sammlung Eckert (1965), 98. – Paulus, Schlösser (1982), 169.

SE XVI⁺
Stranzendorf/Niederösterreich, Katholische Pfarrkirche St. Peter und Paul
Abb. 151

Aufriß und Grundriß des Hochaltares in der Apsis. Aus dem Baubüro von Johann Lucas von Hildebrandt. Vgl. SE-XIV⁺, SE XV⁺ mit Abweichungen in Mensa, Tabernakel, Rahmung des Altarblattes und im Grundriß. Lavierte Federzeichnung. Maßstab in Klafter. – 32,2 × 18,6 cm.

Vgl. Studienzeichnungen: Würzburg, Martin von Wagner-Museum der Universität, Inv. Nr. 4758 (Hochaltar) und 4759 (Seitenaltar), Johann Peter Wagner zugeschrieben.

Hirsch, Skizzenbuch (1912), 23. – Grimschitz I (1932), 145. – Grimschitz II (1959), 169. – Hotz, Sammlung Eckert (1965), 98. – Paulus, Schlösser (1982), 169.

SE XVII⁺
Würzburg, Residenz, Hofkirche im Südflügel
Abb. 152

Aufriß eines Seitenaltares als Aedicula mit bekrönenden Voluten, Ziervasen und weiblicher Figur. Unvollendete Reinzeichnung der rechten Aufrißhälfte von SE XXVII⁺, wohl von Johann Rudolf Byss. Vgl. auch zum gleichen Projekt SE LXXIII⁺. Lavierte Federzeichnung. Ohne Maßstab.

Vgl. Detailzeichnung des halben Aufsatzes mit Vase, Girlanden und Voluten: Würzburg, Martin von Wagner-Museum der Universität, Inv. Nr. 171, Johann Wolfgang von der Auwera zugeschrieben.

Hirsch, Skizzenbuch (1912), 23. – Eckert, Residenzpläne (1917), 103. – Sedlmaier/Pfister, Residenz (1923), Anm. 306. – Hotz, Sammlung Eckert (1965), 92.

SE XVIII⁺
Würzburg, Residenz, Hofkirche im Südflügel
Abb. 153

Aufriß und zwei Grundrisse für einen Seitenaltar mit gedrehten Säulen und den Evangelisten Johannes und Markus. Grau lavierte Federzeichnung, Altargrundrisse rosa angelegt. Entwurf wohl dem Baubüro Johann Lucas von Hildebrandt zuzuweisen. Vgl. SE IX⁺, SE XI⁺, vor allem SE XIX⁺: Geschweifter Giebel mit Putten und Strahlenkreuz, Altarblattrahmen, Blattdekor in den Zwickeln und Altartisch. Die Altargrundrisse entsprechen denjenigen in dem Hofkirchengrundriß SE LXVI⁺ (ebenfalls von Hildebrandt). Maßstab in Ziffern in Bleistift von der Hand Hildebrandts, ohne Maßeinheit. Vgl. zum selben Projekt die Entwürfe SE IX⁺ und SE LXXXII⁺, SE LXXXIII⁺, ferner SE LXXXVII⁺. – 36,7 × 45,7 cm.

Hirsch, Skizzenbuch (1912), 23. – Eckert, Residenzpläne (1917), 103. – Sedlmaier/Pfister, Residenz (1923), Anm. 306. – Grimschitz II (1959), 168. – Reuther, Kirchenbauten (1969), 103. – Hotz, Sammlung Eckert (1965), 92.

SE XIX⁺
Göllersdorf/Niederösterreich, Katholische Pfarrkirche St. Martin
Abb. 154

Aufriß und Grundriß eines Seitenaltares sowie des Altarraumes. Grau lavierte Federzeichnung in sepiabrauner Tinte, Mauerschnitte rosa angelegt. Aus dem Baubüro von Johann Lucas von Hildebrandt. Von Hildebrandt eigenhändig beschriftet: »seithen altar zu gollersdorf«. Maßstab in Klafter, von Hildebrandts Hand bezeichnet. – 36,0 × 21,0 cm.

SE X⁺ – SE XII⁺, SE XIV⁺ – SE XVI⁺ und SE XIX⁺ wurden 1740/41 von Johann Balthasar Gutwein für die 4. Ergänzungsserie zum Schönborn-Stichwerk, erschienen 1722/23, in Kupfer gestochen.

Keller, B. N. (1896), Fig. 40. – Hirsch, Skizzenbuch (1912), 23. – Sedlmaier/Pfister, Residenz (1923), Anm. 119. – Grimschitz, Kirchenbauten (1929), Abb. 64. – Grimschitz I (1932), 146, Abb. 229. – Grimschitz II (1959), 170. – Hotz, Sammlung Eckert (1965), 99. – Paulus, Schlösser (1982), 168.

SE XX⁺
Würzburg, Residenz, Hofkirche im Südflügel
Abb. 155

Entwurf Johann Lucas von Hildebrandts für die Gestaltung der Hochaltarwand. Zur angedeuteten Wanddekoration vgl. SE LXXI⁺, SE LXXVIII⁺. Erstes Projekt für den Hochaltar mit freistehendem, säulengetragenem Kuppelaufbau. Unvollendete Bleistiftzeichnung. Ohne Maßstab. – 27,8 × 45,5 cm.

Hirsch, Skizzenbuch (1912), 23. – Eckert, Residenzpläne (1917), 101. – Sedlmaier/Pfister, Residenz (1923), Anm. 306. – Grimschitz I (1932), 144. – Grimschitz II (1959), 168. – Reuther, Kirchenbauten (1960), 103. – Broder, Byss-Studien (1965), 78. – Hotz, Sammlung Eckert (1965), 92.

SE XXI⁺
Nicht bestimmter Altar
Abb. 156

Aufriß eines zweisäuligen Altares in zwei halbseitigen Varianten, an den Außenseiten zwei weibliche Heilige auf Konsolen. Bleistiftzeichnung von Johann Wolfgang von der Auwera.

Siehe Altarentwurf: Würzburg, Martin von Wagner-Museum der Universität, Inv. Nr. 32, ausgeführt in brauner Tinte, grau laviert, Johann Wolfgang von der Auwera zugeschrieben; zeigt im Auszug aber die Dreifaltigkeit auf der Weltkugel.

Hirsch, Skizzenbuch (1912), 23. – Sedlmaier/Pfister, Residenz (1923), Anm. 284 und 306. – Hotz, Sammlung Eckert (1965), 99.

SE XXII⁺
Nicht bestimmter Altar
Abb. 157

Halber Aufriß eines Altares. Bleistiftzeichnung. Ohne Maßstab. – 67,5 × 16,9 cm.

Hirsch, Skizzenbuch (1912), 23. – Sedlmaier/Pfister, Residenz (1923), Anm. 306. – Hotz, Sammlung Eckert (1965), 99.

SE XXIII⁺
Würzburg, Residenz, Hofkirche im Südflügel
Abb. 158

Bekrönung des nördlichen Seitenaltares: Engelssturz. Bleistiftskizze von Antonio Bossi. Ohne Maßstab.

Hirsch, Skizzenbuch (1912), 23. – Sedlmaier/Pfister, Residenz (1923), Anm. 306. – Sauren, Bossi (1932), 13. – Hotz, Sammlung Eckert (1965), 93. – Hotz, Skizzenbuch 1 (1981), 85, Abb. 52.

SE XXIV⁺
Würzburg, Residenz, Hofkirche im Südflügel

Entwurf eines Seitenaltares. Keine Angaben und keine Photographie bekannt. Zuweisung lt. Sedlmaier/Pfister.

Hirsch, Skizzenbuch (1912), 23. – Sedlmaier/Pfister, Residenz (1923), Anm. 306. – Hotz, Sammlung Eckert (1965), 99.

SE XXV⁺
Nicht bestimmter Altar
Abb. 159

Aufriß eines Kreuzaltares in zwei halbseitigen Varianten, Altartisch nicht ausgearbeitet. Rechts und links Angaben des Altarraumes (?). Bleistiftzeichnung von Antonio Bossi. Vgl. SE Ia⁺, SE XXVI⁺ und SE XXX⁺. Maßstab seitlich angeklebt, mit Ziffern, ohne Maßeinheit.

Hirsch, Skizzenbuch (1912), 23. – Sauren, Bossi (1932), 9. – Hotz, Sammlung Eckert (1965), 90.

SE XXVI⁺
Nicht bestimmter Altar
Abb. 160

Aufriß eines Kreuzaltares in zwei halbseitigen Varianten. Vgl. SE Ia⁺, SE XXV⁺ und SE XXX⁺. Antonio Bossi zuzuschreibende Bleistiftzeichnung. Maßstab unbeschriftet.

Hirsch, Skizzenbuch (1912), 23. – Sauren, Bossi (1932), 9. – Hotz, Sammlung Eckert (1965), 90.

SE XXVII⁺
Würzburg, Residenz, Hofkirche im Südflügel
Abb. 161

Aufriß eines Seitenaltares in zwei halbseitigen Varianten. Von Johann Rudolf Byss. Links Apostel Paulus. Als Bekrönung Fürstenkrone oder weibliche Figur. Vgl. zum gleichen Projekt SE XVII⁺ und SE LXXIII⁺. Bleistiftzeichnung. Ohne Maßstab.

Hirsch, Skizzenbuch (1912), 23. – Eckert, Residenzpläne (1917), 103. – Sedlmaier/Pfister, Residenz (1923), Anm. 306. – Grimschitz, Kollektivist. Problem (1925), 15. – Broder, Byss-Studien (1965), 77. – Hotz, Sammlung Eckert (1965), 93.

SE XXVIII⁺
Nicht bestimmter Altar
Abb. 162

Aufriß eines Säulenaltares mit Krönung Mariens, drei Kirchenvätern und Putten im Auszug. Am Gebälk von Putten gehaltene Wappenkartusche mit Herzogshut, Krummstab und Schwert. Altararchitektur nur halbseitig ausgeführt, darin rechts Heiliger mit zwei Putten und Palmzweig. Bleistiftzeichnung. Ohne Maßstab.

Hirsch, Skizzenbuch (1912), 23. – Sedlmaier/Pfister, Residenz (1923), Anm. 306. – Hotz, Sammlung Eckert (1965), 100.

SE XXIX⁺
Würzburg, Residenz, Hofkirche im Südflügel

Entwurf eines Altares. Keine Angaben und keine Photographie bekannt. Zuweisung lt. Sedlmaier/Pfister.

Hirsch, Skizzenbuch (1912), 23. – Sedlmaier/Pfister, Residenz (1923), Anm. 306. – Hotz, Sammlung Eckert (1965), 100.

SE XXX⁺
Nicht bestimmter Altar
Abb. 163

Aufriß eines Kreuzaltares mit Baldachin und Pelikan als Bekrönung. Von Antonio Bossi. Altarmensa nur in Umrissen, entsprechend SE Ia⁺. Vgl. auch SE XXV⁺, SE XXVI⁺. Bleistiftskizze. Ohne Maßstab.

Hirsch, Skizzenbuch (1912), 23. – Hotz, Sammlung Eckert (1965), 100.

SE XXXI⁺
Trier, Katholische Pfarrkirche St. Paulin
Abb. 164

Aufriß und Grundriß eines Seitenaltares in zwei halbseitigen Varianten. Bleistiftzeichnung, 1752. Ohne Maßstab.

Vorentwurf: Koblenz, Staatsarchiv, Abt. 702 Nr. 253. Weitere Entwürfe ebd. Nr. 248–249 (Architektur), 250–254 (Altäre).

Hirsch, Skizzenbuch (1912), 23. – Hotz, Sammlung Eckert (1965), 100.

SE XXXII⁺
Brühl (Erftkreis), St. Maria von den Engeln (Schloßkirche)
Abb. 165

Aufriß und Grundriß des Hochaltares. Mittelgruppe Mariae Verkündigung, seitlich leuchtertragende und anbetende Engel. Bleistiftskizze teilweise mit Feder übergangen. Von Johann Wolfgang von der Auwera, 1745. In Bleistift an den Rändern Volute und Profile herausgezeichnet, im Grundriß Korrektur der Säulenstellung. Vgl. SE XXXVIII⁺. Zwei unbeschriftete Maßstäbe.

Hirsch, Skizzenbuch (1912), 23. – Sedlmaier/Pfister, Residenz (1923), Anm. 306. – Hotz, Sammlung Eckert (1965), 100. – Hansmann, Brühl (1978), 49, Abb. 5.

SE XXXIII⁺
Nicht bestimmter Altar
Abb. 166

Aufriß und Grundriß eines Altares in zwei halbseitigen Varianten vor einem Arkadenpfeiler. Mit von Putten gehaltener Draperie eines Baldachins. In der Bekrönung Kelch mit Hostie in einer Wolkenglorie mit Putten, die bischöfliche Insignien tragen. Bleistiftzeichnung von Antonio Bossi, mit Feder teilweise übergangen. Siehe SE II⁺, SE III⁺ zum gleichen Projekt. Ohne Maßstab.

Hirsch, Skizzenbuch (1912), 23. – Sedlmaier/Pfister, Residenz (1923), Anm. 106. – Sauren, Bossi (1932), 12. – Hotz, Sammlung Eckert (1965), 101.

SE XXXIV⁺
Nicht bestimmter Altar
Abb. 167

Aufriß und Grundriß eines Altares. Unten Relief mit büßender Magdalena, seitlich Anbetungsengel, oben Strahlenglorie mit Engel und Kronreif. Bleistiftzeichnung von Antonio Bossi. Maßstab unbeschriftet.

Hirsch, Skizzenbuch (1912), 23. – Sedlmaier/Pfister, Residenz (1923), 191, Anm. 276. – Hotz, Sammlung Eckert (1965), 101. – Hotz, Skizzenbuch 1 (1981), 87, Abb. 53.

SE XXXV⁺
Würzburg, Marienkapelle
Abb. 168

Aufriß und Grundriß der reichgeschmückten Kanzel an achteckigem Pfeiler. Auf dem Schalldeckel Pelikan. Grau lavierte Federzeichnung von Johann Wolfgang von der Auwera. Am Grundriß unleserlich bezeichnet. Ohne Maßstab.

Hirsch, Skizzenbuch (1912), 23. – Hotz, Sammlung Eckert (1965), 101. – Trenschel, Wagner (1968), 137, Abb. 51.

SE XXXVI⁺
Würzburg, Residenz, Hofkirche im Südflügel
Abb. 169

Aufriß des oberen Altares mit der Immaculata in eigenem Gehäuse, darüber die Dreifaltigkeit mit Gloriole. Über dem Baldachin mit reicher Draperie der Herzogshut. Bleistiftzeichnung von Antonio Bossi, 1735. Maßstab unbeschriftet.

Vgl. Vorentwurf für den oberen Altar, von Claude Curé: Würzburg, Martin von Wagner-Museum der Universität, Skizzenbuch WS 146, Nr. 5330.

Hirsch, Skizzenbuch (1912), 23. – Eckert, Residenzpläne (1917), 101. – Sedlmaier/Pfister, Residenz (1923), Anm. 307. – Sauren, Bossi (1932), 12 und 21. – Broder, Byss-Studien (1965), 79. – Hotz, Sammlung Eckert (1965), 93. – Hotz, Skizzenbuch 1 (1981), 85, Abb. 51.

SE XXXVII⁺
Nicht bestimmter Altar
Abb. 170

Aufriß eines Altares in zwei halbseitigen Varianten, links weibliche Heilige, rechts Putto. Reicher Aufsatz, stark gezeichnet (Feder?) und mit Quadratur belegt. Bleistiftzeichnung. Maßstab in Schuh.

Hirsch, Skizzenbuch (1912), 23. – Hotz, Sammlung Eckert (1965), 101.

SE XXXVIII⁺
Brühl (Erftkreis), St. Maria von den Engeln (Schloßkirche)
Abb. 171

Aufriß des Hochaltares. Unvollendete Bleistiftzeichnung, teilweise mit Feder nachgezogen. Vielleicht von Johann Wolfgang von der Auwera. Vgl. SE XXXII⁺. Ohne Maßstab.

Siehe auch: Koblenz, Staatsarchiv Abt. 702 Nr. 7318. Ferner: Würzburg, Martin von Wagner-Museum der Universität, Grundriß und Aufriß des Hochaltares (datiert 1745, signiert von Balthasar Neumann, 1945 verbrannt, Abb. 3 und 4 bei Hansmann, 1978).

Hirsch, Skizzenbuch (1912), 23. – Hotz, Sammlung Eckert (1965), 100. – Hansmann, Brühl (1978), 49, Abb. 6.

SE XXXIX⁺
Nicht bestimmter Altar
Abb. 172

Aufriß und Grundriß eines Hochaltares als viersäuliger apsidialer Kolonnadenaltar mit zentralem Kruzifix, bekrönenden Volutenspangen mit Herzogshut und leerer Wappenkartusche. Wohl von Johann Wolfgang von der Auwera. Der Grundriß des Chores zweifach angegeben, wobei der größere Grundriß in den Aufriß hineinreicht. Unvollendete Bleistiftzeichnung. Unbeschrifteter Maßstab.

Hirsch, Skizzenbuch (1912), 23. – Hotz, Sammlung Eckert (1965), 101.

SE XXXX +
Bamberg, Domkirche St. Peter und Georg

Fürstenstuhl. Bleistiftzeichnung (19. Jahrhundert). Keine weiteren Angaben und keine Photographie bekant.

Hirsch, Skizzenbuch (1912), 23. – Hotz, Sammlung Eckert (1965), 102.

SE XXXXI +
Nicht bestimmte Zeichnung

Gegenstand unbekannt. Von Hirsch übergangen. Keine Photographien bekannt.

Hotz, Sammlung Eckert (1965), 102.

SE XXXXII +
Würzburg, Schönbornkapelle
Abb. 173

Entwurf für den Hochaltar, von Johann Rudolf Byss, 1733/34. Auf Papier in Öl gemalt. Mensa und Tabernakel gelb, d. h. vergoldet; Altargemälde »Auferstehung Christi« im oberen Teil quadriert; seitlicher Wandaufriß in Bleistift skizziert.

Hirsch, Skizzenbuch (1912), 23. – Sedlmaier/Pfister, Residenz (1923), Anm. 265. – Boll, Schönbornkapelle (1925), 106 f., Abb. 48. – Broder, Byss-Studien (1965), 50 f. und 76. – Hotz, Sammlung Eckert (1965), 102.

SE XXXXIII +
Würzburg, Residenz, Hofkirche im Südflügel
Abb. 174

Aufriß und Grundriß eines Oratoriums. Graue Federzeichnung, die Grundflächen des Mauerwerks und Schatten grau, Schnittflächen durch das Oratorium, Ornamente und Fenstersprossen gelb, Fensterglas hellgrün angelegt. Nach Angaben Balthasar Neumanns in dessen Baubüro gezeichnet von Johann Georg Bernhard Fischer. Mit Beschriftung von Neumanns Hand: »grundtriss von hochfürst. oratorio in der hofkir(che) zu Würzburg« und »waß gelb undt illuminirt ist daß oratorium«. Signiert und datiert: »Balthasar Neumann Obrister den 9. 8bris (= Oktober) 1736«. Siehe auch Konkurrenzentwurf SE LXXV +. Maßstab in Schuh.

Hirsch, Skizzenbuch (1912), 23 f. – Eckert, Residenzpläne (1917), 102. – Sedlmaier/Pfister, Residenz (1923), 55 f., Anm. 315, Abb. 94. – Broder, Byss (1939), 14. – Broder, Byss-Studien (1965), 77. – Hotz, Sammlung Eckert (1965), 93. – Hotz, Skizzenbuch 1 (1981), 30 und 45 f.

SE XXXXIV +
Brühl (Erftkreis), Schloß Augustusburg
Abb. 175

Längsschnitt durch das Treppenhaus, Vorentwurf. Bleistiftzeichnung. Maßstab mit Ziffern, ohne Maßeinheit.

Weitere Entwürfe: Bonn, Landeskonservator Rheinland, Slg. Zengeler Nr. 22, 23.

Hirsch, Skizzenbuch (1912), 24. – Hotz, Sammlung Eckert (1965), 105. – Hansmann, Treppenhaus Brühl (1972), 41, Abb. 18. – Reuther, Konstruktion (1985), 247, Abb. 12.

SE XXXXV +
Würzburg, Schönbornkapelle
Abb. 176

Aufriß des Hochaltares mit der Auferstehung Christi, an der Altarmensa Beweinung Christi. Wandaufriß der Kapelle ebenfalls angegeben. Entwurf vermutlich von Germain Boffrand, 1723. Lavierte Federzeichnung. Figuren und Felsen grau vor tiefblauem Grund; rechts als Marmorfarben Rot und Schwarz notiert (in Bleistift). In Bleistift Schnecken im Bogenscheitel angedeutet. Maßstab unbeschriftet. – 48,0 × 34,6 cm.

Hirsch, Skizzenbuch (1912), 24. – Sedlmaier/Pfister, Residenz (1923), 191, Anm. 276. – Boll, Schönbornkapelle (1925), 104 ff., Abb. 47. – Sauren, Bossi (1932), 8. – Broder, Byss-Studien (1965), 50. – Hotz, Sammlung Eckert (1965), 102. – Hofmann, B. N. (1982), 293 f., Abb. 17.

SE XXXXVI +
Nicht bestimmter Entwurf
Abb. 177

Grund- und Aufriß für die Umgestaltung eines kleinen Orgelprospektes mit Empore. Grau getuschte Federzeichnung, Ende 17. Jahrhundert. Beschriftung links: »Alter prospect«, »fenster«, »Eingang in die Kirch«, »orth wo die blas-Pälch Verborgen seynd«, »Eingang in chor. 7 Schuhe hoch« und »Alter grund«. Beschriftung rechts: »Neuer prospect«, »Orgel«, »blas-Pälch«, »Eingang wird 9½ Schuhe hoch« und »Neuer grund«. Mit Erläuterungen und Maßangaben. Maßstab in Schuh. – 30,4 × 50,0 cm.

Hirsch, Skizzenbuch (1912), 24. – Hotz, Sammlung Eckert (1965), 105.

SE XXXXVII +
Würzburg, Schönbornkapelle
Abb. 178

Aufriß und Grundriß des östlichen Seitenaltares mit einer Pietà unter dem Kreuz. Altarmensa in zwei halbseitigen Varianten, die linke der ausgeführten Altarmensa sehr nahe. Lavierte Federzeichnung von Johann Wolfgang von der Auwera, 1734. Der Pilaster rechts unvollendet. Vgl. SE XXXXIX + und SE 41. Maßstab mit Ziffern, ohne Maßeinheit.

Vgl. ein Blatt mit 3 Vorentwürfen zur Pietà: Würzburg, Martin von Wagner-Museum der Universität, Inv. Nr. 139.

Hirsch, Skizzenbuch (1912), 24. – Sedlmaier/Pfister, Residenz (1923), Anm. 284. – Boll, Schönbornkapelle (1925), 102–104, Abb. 46. – Hotz, Sammlung Eckert (1965), 102. – Nadler, C. Curé (1974), 273.

SE XXXXVIII⁺
Würzburg, Residenz (?)
Abb. 179

Aufriß, Schnitt, Grundrißschnitt und ein Detail einer großen Fenstertür. Lavierte Federzeichnung. In Bleistift Maßstab bezeichnet »werch schuch«, »diese doffel«.

Hirsch, Skizzenbuch (1912), 24. – Hotz, Sammlung Eckert (1965), 105.

SE XXXXIX⁺
Würzburg, Schönbornkapelle
Abb. 180

Aufriß und Grundriß des westlichen Seitenaltares mit Magdalena unter dem Kreuz; Altarmensa in zwei halbseitigen Varianten. Lavierte Federzeichnung von Johann Wolfgang von der Auwera, 1734. Vgl. SE XXXXVII⁺ und SE 41. Maßstab in Schuh.

Vgl. zum gleichen Projekt Entwurf von Claude Curé: Würzburg, Martin von Wagner-Museum der Universität, Skizzenbuch WS 146, Nr. 5303.

Hirsch, Skizzenbuch (1912), 24. – Sedlmaier/Pfister, Residenz (1923), 284. – Boll, Schönbornkapelle (1925), 102–104, 106, Abb. 45. – Hotz, Sammlung Eckert (1965), 102. – Nadler, C. Curé (1974), 279, 281, Anm. 6 und 295, Anm. 4.

SE L⁺
Trier, Katholische Pfarrkirche St. Paulin
Abb. 181

Aufriß und Grundriß des Orgelprospektes mit Posaunenengeln und Wappenkartusche mit Kurhut und Insignien. Kolorierte Federzeichnung. Maßstab mit Ziffern, ohne Maßeinheit.

Vgl. Vorentwurf: Koblenz, Staatsarchiv, Abt. 702 Nr. 170. Weitere Pläne zur Kapellen-Ausstattung ebd. Nr. 166, 172–175, 2302, 2318 und 3849.

Hirsch, Skizzenbuch (1912), 24. – Hotz, Sammlung Eckert (1965), 105.

SE LI⁺
Würzburg, Residenz, Hofkirche im Südflügel
Abb. 182

Aufriß und Grundriß eines Altares in zwei halbseitigen Varianten mit seitlich anschließender Abschlußwand. Vgl. die Bleistifteintragungen bei SE LXVI⁺. Lavierte Federzeichnung. Schatten grau, Verzierungen gelb, Grund der gelben Gitter hellblau. Ohne Maßstab. – 44,4 × 50,0 cm.

Hirsch, Skizzenbuch (1912), 24. – Sedlmaier-Pfister, Residenz (1923), Anm. 306. – Hotz, Sammlung Eckert (1965), 93.

SE LII⁺
Nicht bestimmte Zeichnung

Ausgeschnittene bunte Figürchen, handwerklich. Keine Photographie bekannt.

Hirsch, Skizzenbuch (1912), 24. – Hotz, Sammlung Eckert (1965), 106.

SE LIII⁺
Würzburg, Residenz, Hofkirche im Südflügel

Grab Christi mit Kruzifix. Keine Photographie bekannt. Zuweisung lt. Sedlmaier/Pfister.

Hirsch, Skizzenbuch (1912), 24. – Sedlmaier/Pfister, Residenz (1923), Anm. 306. – Hotz, Sammlung Eckert (1965), 106.

SE LIV⁺
Würzburg, Residenz, Hofkirche im Südflügel

Hauptaltar der Hofkirche. Bleistiftzeichnung, die figürlichen Teile grau ausgezogen und laviert. Keine Photographie bekannt. Zuschreibung lt. Hirsch.

Hirsch, Skizzenbuch (1912), 24. – Hotz, Sammlung Eckert (1965), 106.

SE LV⁺
Würzburg, Residenz, Hofkirche im Südflügel

Hauptaltar der Hofkirche. Wie SE LIV⁺, jedoch koloriert, mit Wappen Friedrich Carls von Schönborn. Rechts unten teilweise erhaltene Beschriftung in brauner Tinte: »Concept //// Alter Druck ////«. Keine Photographie bekannt. Zuweisung lt. Hirsch.

Hirsch, Skizzenbuch (1912), 24. – Hotz, Sammlung Eckert (1965), 106.

SE LVI⁺
Würzburg, Residenz, Hofkirche im Südflügel
Abb. 183

Aufriß und Grundriß eines freistehenden Hochaltares vor einer Kolonnade, mit großer Weltkugel, über die Papst, Kaiser, König und geistlicher Fürst das Tabernakel mit Monstranz emporhalten. Vielleicht von Johann Rudolf Byss (vgl. SE LXXX⁺). Früher Entwurf, vgl. SE VII⁺ und SE LXVI⁺. Lavierte Federzeichnung. Maßstab in Schuh.

Vorentwürfe dazu: Würzburg, Martin von Wagner-Museum der Universität, Inv. Nr. 157 und Variante Nr. 158.

Hirsch, Skizzenbuch (1912), 24. – Sedlmaier/Pfister, Residenz (1923), Anm. 306. – Hotz, Sammlung Eckert (1965), 93.

SE LVII⁺
Nicht bestimmter Altar
Abb. 184

Grund- und Aufriß eines Altaraufsatzes mit Tabernakel. In der Mitte von Putten umschwebtes Auge Gottes in der Glorie, seitlich Anbetungsengel, als Bekrönung ein Kreuz, darunter Wappenkartusche mit ungedeutetem Wappen und Krone. Vgl. SE LIX⁺. Lavierte Federzeichnung, daneben in Bleistift einige Detailskizzen. Bezeichnet: »(Li)t. B:« in Tinte und »(de)r Altarstein ist lang 12'–3' breit, dan der aufsatz ... (bi)s gesimbs« in Bleistift. Maßangaben in Bleistift. – 51,6 × 33,1 cm.

Hirsch, Skizzenbuch (1912), 24. – Hotz, Sammlung Eckert (1965), 106.

SE LVIII⁺
Trier, Katholische Pfarrkirche St. Paulin
Abb. 185

Grund- und Aufriß eines Tabernakels für den Hochaltar mit ausgestellter Monstranz, dem Lamm auf dem Buch mit sieben Siegeln und mit seitlichen Anbetungsengeln. Lavierte Federzeichnung. Aufgeklebter Maßstab in Schuh.

Vgl. von »Balthasar Neumann Obrister von Wirtzburg« signierter Altaraufriß für St. Paulin: Koblenz, Staatsarchiv, Planslg. X, Johannes Seiz als Zeichner zugeschrieben (Lohmeyer, Johannes Seiz, Heidelberg 1914, Abb. 25). Hier gleicher Tabernakel.

Hirsch, Skizzenbuch (1912), 24. – Hotz, Sammlung Eckert (1965), 106. – Rizzi, Kuppelkirchenbauten (1976), 146.

SE LIX⁺
Nicht bestimmter Altar
Abb. 186

Aufriß eines Altares. Variante zu SE LVII⁺, mit Sockelreliefs biblischer Szenen. Kolorierte Federzeichnung. Bezeichnet: »lit: A:« Ohne Maßstab.

Keller, B. N. (1896), Fig. 41. – Hirsch, Skizzenbuch (1912), 24. – Hotz, Sammlung Eckert (1965), 107.

SE LX⁺
Nicht bestimmter Altar
Abb. 187

Aufriß eines Altares mit seitlichen Anbetungsengeln. Oben Gemäldefeld und Baldachin mit Auge Gottes in Glorie. Grau angetuschte Federzeichnung. Vielleicht von Johann Wolfgang von der Auwera. Maßstab beziffert, ohne Maßeinheit.

Hirsch, Skizzenbuch (1912), 24. – Hotz, Sammlung Eckert (1965), 107.

SE LXI⁺
Nicht bestimmter Altar
Abb. 188

Aufriß eines Altares in zwei halbseitigen Varianten. In der Mitte Weltkugel mit Schlange und Monstranz, seitlich Anbetungsengel bzw. Engel mit Weihrauchfaß, oben Putten und Draperie eines Baldachins. Vgl. SE LXIIa⁺ und auch SE LXV⁺. Grau lavierte Federzeichnung von Johann Wolfgang von der Auwera. Maßstab mit Ziffern in Bleistift, ohne Maßeinheit.

Vgl. Aufriß des gleichen Altares: Würzburg, Martin von Wagner-Museum der Universität, Inv. Nr. 72, ebenfalls mit halbseitigen Varianten und geringfügigen Abweichungen gegenüber SE LXI⁺. Braune Federzeichnung, blaugrau laviert, Johann Wolfgang von der Auwera zugeschrieben.

Hirsch, Skizzenbuch (1912), 24. – Sedlmaier/Pfister, Residenz (1923), Anm. 284. – Hotz, Sammlung Eckert (1965), 107.

SE LXII⁺
Nicht bestimmter Altar
Abb. 189

Aufriß eines Altares. Als Bekrönung Engel (mit Lanze und Kelch). An der Altarmensa Kartusche mit Kreuz. Lavierte Federzeichnung von Johann Wolfgang von der Auwera. Ohne Maßstab.

Vgl. Würzburg, Martin von Wagner-Museum der Universität, Inv. Nr. 21: Altarentwurf, braune Feder, graublau laviert, rechte Variante entspricht Aufriß SE LXII⁺, Auszug abweichend, anstelle der Engel Putten; ebenfalls Johann Wolfgang von der Auwera zugeschrieben.

Keller, B. N. (1896), Fig. 43. – Hirsch, Skizzenbuch (1912), 24. – Sedlmaier/Pfister, Residenz (1923), Anm. 284. – Hotz, Sammlung Eckert (1965), 107.

SE LXIIa⁺
Nicht bestimmter Altar
Abb. 190

Aufriß eines Altares. Zwei halbseitige Varianten zu SE LXI⁺, als Abschluß dreireifige Krone mit Kreuz und herabhängender Draperie. Vgl. auch SE LXV⁺. Grau lavierte Federzeichnung von Johann Wolfgang von der Auwera. Ohne Maßstab.

Siehe Altarentwurf: Würzburg, Martin von Wagner-Museum der Universität, Inv. Nr. 81, Skizze desselben Aufrisses; braune Federzeichnung, graublau laviert, rechte Variante mit mehr Zierangaben.

Hirsch, Skizzenbuch (1912), 24. – Sedlmaier/Pfister, Residenz (1923), Anm. 284. – Hotz, Sammlung Eckert (1965), 107.

SE LXIII⁺
Speyer, Klosterkirche St. Klara
Abb. 191

Aufriß und Grundriß des Hochaltares als sechssäuliger apsidialer Kolonnadenaltar mit seitlichen Durchgängen. Zu seiten der Immaculata die Hll. Klara und Elisabeth (?), außen die Hll. Franz von Assisi und Antonius von Padua. Aus dem Baubüro Balthasar Neumanns. Federzeichnung, Mauerschnitt und Grundriß rosa, sonst grau laviert. Maßstab unbeschriftet.

Zwei weitere Entwürfe: Speyer, Staatsarchiv, Hochstift Speyer 751b/14.

Hirsch, Skizzenbuch (1912), 24. – Hotz, Sammlung Eckert (1965), 107. – Hotz, Skizzenbuch 1 (1983), 57.

SE LXIV⁺
Worms, Domkirche St. Peter
Abb. 192

Grundriß für den Hochaltar als sechssäuliger apsidialer Kolonnadenaltar im Ostchor, 1738. Federzeichnung aus dem Baubüro Balthasar Neumanns. Altargrundriß rosa und gelb laviert. Maßstab unbeschriftet.

Hirsch, Skizzenbuch (1912), 24. – Hotz, Wormser Altar (1965), 12 ff., Abb. 5. – Hotz, Sammlung Eckert (1965), 108.

SE LXV⁺
Worms, Domkirche St. Peter
Abb. 193

Zwei Teilaufrisse und ein Grundriß für den Hochaltar im Ostchor, 1741. Kolorierte Federzeichnung; Treppenstufen und eine Säule links farbig marmoriert, der Grundriß grau, gelb und rosa angelegt, sonst graue Lavierungen. Von Johann Wolfgang von der Auwera nach Angaben Balthasar Neumanns. Maßstab unbeschriftet. – 177,0 × 68,0 cm.

Weitere Pläne: Bamberg, Staatliche Bibliothek VIII. D Nr. 52; Koblenz, Staatsarchiv, Abt. 702, 179; Würzburg, Martin von Wagner-Museum der Universität, Inv. Nr. 463 (Vorentwurf) und Skizzenbuch WS 146, Nr. 5324 (Petrus) sowie 5325 (Paulus), die beiden letzten von Johann Wolfgang von der Auwera. – Bozzetti für die Hauptfiguren: Würzburg, Mainfränkisches Museum, Inv. Nr. A. 14402, A. 14403, von Johann Wolfgang von der Auwera.

Hirsch, Skizzenbuch (1912), 24. – Sedlmaier/Pfister, Residenz (1923), Anm. 284. – Hotz, Wormser Altar (1965), 12 ff., Abb. 6. – Hotz, Sammlung Eckert (1965), 108. – Röhlig, Wormser Hochaltar (1968), 162 ff., Abb. 3.

SE LXVI⁺
Würzburg, Residenz, Hofkirche im Südflügel
Abb. 194

Grundriß (halbseitig für Erd- und Obergeschoß), von Johann Lucas von Hildebrandt, 1734. Siehe SE LXXIII⁺ (Grundriß zum Wandaufriß). Grau lavierte Federzeichnung; die Säulenpostamente der Seitenaltäre rosa, Hochaltarsäulen und innere Rahmung der Mensa hellocker angelegt. Bleistiftkorrekturen an den Emporen über Hochaltar und Eingang, für den Seitenaltar an der Südwand, eine östliche Abschlußwand (vgl. SE LI⁺), die Kanzel und Kanzelstiege. Hilfslinien und Randbemerkungen in Bleistift. Der Maßstab von Johann Lucas von Hildebrandt eigenhändig in Schuhen bezeichnet. – 96,0 × 45,2 cm.

Siehe auch: Berlin, Kunstbibliothek Hdz. 4689 und 4687, 4688; dazu SE 307⁺ und 313⁺.

Hirsch, Skizzenbuch (1912), 24. – Eckert, Residenzpläne (1917), 101 f. – Sedlmaier/Pfister, Residenz (1923), 42, 43, Abb. 42. – Boll, Rezension (1924), 308–310. – Grimschitz, Kollektivist. Problem (1925), 15, 18. – Knapp, Werke (1929), 49, Abb. 25. – Grimschitz I (1932), 144, Abb. 208. – Pröll, Kirchenbauten (1936), 15. – Grimschitz II (1959), 141, 168, Abb. 207. – Reuther, Kirchenbauten (1960), 103. – Hotz, Sammlung Eckert (1965), 94. – Otto, Interiors (1971), 170, Abb. 125. – Ausstellungskatalog, Fünf Architekten (1976), 77. – Reuther, Zeichnungen (1979), 34. – Holst, Wölbformen (1981), 17. Fig. 3c. – Hubala u. a., Residenz (1984), 158, Fig. 57.

SE LXVII⁺
Würzburg, Residenz, Hofkirche im Südflügel
Abb. 195

Perspektivischer Einblick von Westen. Grau in dickem Strich ausgezogen und grau angetuscht. Stichvorlage von Balthasar Neumann, 1744. Mit leerem Legendenzettel und Wappen des Fürstbischofs Friedrich Carl von Schönborn. Vgl. SE LXIX⁺.

Hirsch, Skizzenbuch (1912), 24. – Eckert, Residenzpläne (1917), 97, Taf. XIII. – Eckert, Residenzmuseum (1921), Abb. 6. – Sedlmaier/Pfister, Residenz (1923), Abb. 45. – Reuther, Kirchenbauten (1960), 103. – Hotz, Sammlung Eckert (1965), 94. – Hotz, Skizzenbuch 1 (1981), 49–52, Abb. 21. – Hotz, B. N. (1983), 34.

SE LXVIII⁺
Würzburg, Residenz, Hofkirche im Oval
Abb. 196

Innenaufriß mit Arkade unten und Säulenkolonnade oben, Mauerschnitt rechts und Schnitt durch ein Interkolumnium links in der Darstellung zusammengebracht. Vgl. SE LXX⁺ und SE LXXII⁺. Grau lavierte Federzeichnung. Maßstab mit Ziffern, ohne Maßeinheit.

Hirsch, Skizzenbuch (1912), 24. – Eckert, Residenzpläne (1917), 63 f., 70, Taf. IX, 2. – Sedlmaier/Pfister, Residenz (1923), 84. – Hotz, Sammlung Eckert (1965), 108.

SE LXIX⁺
Würzburg, Residenz, Hofkirche im Südflügel
Abb. 197

Stich nach SE LXVII⁺, mit reicherer Staffage. Der Legendenzettel ist noch leer, Probeabzug. Der fertige Stich von Johann Balthasar Gutwein gehört zu Balthasar Neumanns

Publikation 1745 zur Einweihung der Hofkirche: »Die Lieb zur Zierd Des Hauß GOTTES ...« – 61,0 × 44,0 cm.

Hirsch, Skizzenbuch (1912), 24. – Eckert, Residenzpläne (1917), 97. – Hotz, Sammlung Eckert (1965), 94. – Hotz, Skizzenbuch 1 (1981), 49. – Hotz, B. N. (1983), 30 ff.

SE LXX+
Würzburg, Residenz, Hofkirche im Oval
Abb. 198

Teilaufriß der Innengliederung, Teilschnitt und Teilgrundriß. Federzeichnung (Schnittflächen rosa, sonst grau laviert), beschriftet: »Plan, Elevation et Profil d'une partie de la Chapelle de la Nouvelle Residence de Vircebourg, projeté par M de Welsch, 1726.« Mit Buchstaben an der Darstellung und Erläuterungen von der Hand Maximilians von Welsch: »A. les grands Piliers pour Soutenir les colonnes au dessus, ornés des Niches avec des Statües. B. les Autels dans l'enfoncement des fenetres. C. porte au dessous de la Tribune de S. A. R.^me. D. la dite Tribune en Sallie. E. les Doc Salles pour les Cavaliers. F. les Colonnes pour Soutenir la voute du Dome. G. Profil d'un Autel. H. Niche avec Statüe. I. profil dela Colonne. K. le Coridor ou Doc Salle.« Siehe SE LXVIII+ und SE LXXII+. Maßstab: »Echelle« / »Piés«. – 47,5 × 32,2 cm.

Keller, B. N. (1896), 56, Fig. 20. – Hirsch, Skizzenbuch (1912), 26. – Eckert, Residenzpläne (1917), 64. – Sedlmaier/Pfister, Residenz (1923), 22, 84, Anm. 57, Abb. 25. – Lohmeyer, Schönbornschlösser (1927), Abb. – Herrmann, Neue Entwürfe (1928), 126. – Lohmeyer, Baumeister I (1928), Abb. 44. – Reuther, Kirchenbauten (1960), 103. – Hotz, Sammlung Eckert (1965), 108 f. – Hubala u. a., Residenz (1984), 154, Fig. 49. – Arens, M. v. Welsch (1986), 60–62, Abb. S. 61.

SE LXXI+
Würzburg, Residenz, Hofkirche im Südflügel
Abb. 199

Wandaufriß, Entwurf für die Dekoration. Federzeichnung mit Varianten, teilweise koloriert. Vlg. SE XX+, SE LXXIII+, SE LXXIII+, SE LXXXIII+. Gewölbestukkatur in Bleistift, wohl (nachträglich) von Antonio Bossi. Maßstab mit Bleistiftziffern, ohne Maßeinheit. – 86,8 × 50,4 cm.

Hirsch, Skizzenbuch (1912), 26. – Eckert, Residenzpläne (1917), 103. – Sedlmaier/Pfister, Residenz (1923), 42, Anm. 306, Abb. 43. – Herrmann, Neue Entwürfe (1928), 130. – Grimschitz I (1932), 144, Abb. 210. – Grimschitz II (1959), 141, 168, Abb. 222. – Reuther, Kirchenbauten (1960), 103. – Hotz, Sammlung Eckert (1965), 94. – Reuther, Einwirkungen (1973), 69, Abb. 10. – Rizzi, Kuppelkirchenbauten (1976), 71. – Hubala u. a., Residenz (1984), 154.

SE LXXII+
Würzburg, Residenz, Hofkirche im Oval
Abb. 200

Zwei Teilgrundrisse, ein Teilschnitt und ein Teilaufriß der Innengliederung. Siehe SE LXVIII+ und SE LXXII+. Lavierte Federzeichnung. Maßstab unbeschriftet.

Weitere Entwürfe zur Kirche im Oval: SE 305+, 309, 310, 311+, 312; ferner Berlin, Kunstbibliothek, Hdz. 4675, 4677, 4679, 4681, 4697.

Hirsch, Skizzenbuch (1912), 26. – Eckert, Residenzpläne (1917), 63, 70, Taf. IX, 1. – Sedlmaier/Pfister, Residenz (1923), 22, 84, Anm. 57, Abb. 21. – Reuther, Kirchenbauten (1960), 103. – Hotz, Sammlung Eckert (1965), 109.

SE LXXIII+
Würzburg, Residenz, Hofkirche im Südflügel
Abb. 201

Längsschnitt mit Mauergrundriß der Südwand. Grundriß entsprechend SE LXVI+. Bleistiftzeichnung, vielleicht von Antonio Bossi. Ein Seitenaltar in zwei halbseitigen Varianten. Federzeichnung, grau laviert mit rosa angelegtem Grundriß, wohl von Johann Rudolf Byss. Siehe Vorentwurf SE XXVII+ und Reinzeichnung SE XVII+. Maßstab in Schuh.

Hirsch, Skizzenbuch (1912), 26. – Eckert, Residenzpläne (1917), 103. – Sedlmaier/Pfister, Residenz (1923), Anm. 57 und 315. – Reuther, Kirchenbauten (1960), 103. – Broder, Byss-Studien (1965), 79. – Hotz, Sammlung Eckert (1965), 94.

SE LXXIV+
Gemälde-Entwurf
Abb. 202

Schwur des Junius Brutus beim Selbstmord der Lucretia. Von Anton Clemens Lünenschloß. In Sepia, mit Perspektivlinien in Tusche, Pentimenti in Bleistift oder grau laviert.

Weitere Skizze dazu: Würzburg, Martin von Wagner-Museum der Universität, Skizzenbuch WS 142, Nr. 7111.

Hirsch, Skizzenbuch (1912), 26. – Richter, Lünenschloß (1939), 26. – Hotz, Sammlung Eckert (1965), 109.

SE LXXV+
Würzburg, Residenz, Hofkirche im Südflügel
Abb. 203

Aufriß eines Oratoriums und Schnitt unterhalb des Mezzaninfensters mit Untersicht gegen Gebälk und Oratoriumboden. An der Brüstung Wappen Friedrich Carls von Schönborn, über dem Emporenfenster Spiegelmonogramm mit Herzogshut. Lavierte Federzeichnung, wohl von Johann Rudolf Byss (zum Stil vgl. SE LXXVII+ und SE LXXX+). Siehe Konkurrenzentwurf SE XXXXIII+. Maßstab mit Ziffern, ohne Maßeinheit. – 55,4 × 43,9 cm.

Hirsch, Skizzenbuch (1912), 26. – Eckert, Residenzpläne (1917), 102. – Sedlmaier/Pfister, Residenz (1923), Anm. 284, 307, 315, Abb. 93. – Broder, Byss (1939), 14. – Broder, Byss-Studien (1965), 77. – Hotz, Sammlung Eckert (1965), 95.

SE LXXVI⁺
Würzburg, Residenz, Hofkirche im Südflügel

Entwurf für den Fürstensitz neben dem Hochaltar, von Johann Rudolf Byss, 1737. Der obere Teil des Kirchenaufrisses mit Feder gezeichnet und grau laviert, Sitz und Baldachin in Bleistift und Rötel angelegt. – Keine Photographie bekannt.

Hirsch, Skizzenbuch (1912), 26. – Sedlmaier/Pfister, Residenz (1923), 188 f., Anm. 265. – Broder, Byss-Studien (1965), 78 f. – Hotz, Sammlung Eckert (1965), 95.

SE LXXVII⁺
Würzburg, Residenz, Hofkirche im Südflügel
Abb. 204

Zwei Altarentwürfe, einer davon auch in der Photographie nicht erhalten. Der andere zeigt einen halben Aufriß für den Hochaltar. In der Art von Johann Rudolf Byss (vgl. SE LXXV⁺, SE LXXX⁺). Kolorierte Federzeichnung, der Hintergrund rechts teilweise ausgeschnitten. Maßstab mit Ziffern, ohne Maßeinheit.

Hirsch, Skizzenbuch (1912), 26. – Eckert, Residenzpläne (1917), 101. – Sedlmaier/Pfister, Residenz (1923), Anm. 306. – Hotz, Sammlung Eckert (1965), 95.

SE LXXVIII⁺
Würzburg, Residenz, Hofkirche im Südflügel
Abb. 205

Querschnitt durch die Hofkirche für einen Dekorationsentwurf der Ostwand. Zweigeschossiger Aufriß mit Kolonnadenumgang hinter dem Hochaltar. Kolorierte Federzeichnung; Nachzeichnung eines nicht mehr erhaltenen Entwurfs Johann Lucas von Hildebrandts. Vgl. SE XX⁺ und SE LXXI⁺. Altar und Mittelstück der Emporenbrüstung von Johann Wolfgang von der Auwera eingezeichnet (Monstranz auf Weltkugel, begleitet von anbetenden Engeln; dahinter Kruzifix in volutenbekröntem Ziborium; seitlich Maria und Johannes). Vgl. SE LXXX⁺, SE LXXXI⁺, auch SE VII⁺. Maßstab unbeschriftet.

Hirsch, Skizzenbuch (1912), 26. – Eckert, Residenzpläne (1917), 101. – Sedlmaier/Pfister, Residenz (1923), 42, Anm. 119, 284 und 306, Abb. 44. – Boll, Rezension (1924), 310. – Herrmann, Neue Entwürfe (1928), 130. – Grimschitz I (1932), 144, Abb. 211. – Hegemann, Altarbaukunst (1937), 13 f. – Grimschitz II (1959), 141, 168, Abb. 221. – Reuther, Kirchenbauten (1960), 103. – Broder, Byss-Studien (1965), 79. – Hotz, Sammlung Eckert (1965), 95. – Otto, Interiors (1971), Abb. 123. – Reuther, Einwirkungen (1973), 69, Abb. 11. – Hubala u. a., Residenz (1984), 178, Fig. 59.

SE LXXIX⁺
Gemälde-Entwürfe
Abb. 206

Vier nebeneinandergeklebte Entwurfsvarianten (a, b, c, d) zu einem Altarbild. Bundeslade mit Lamm und versiegeltem Buch (a, b, d) bzw. Monstranz (c), umgeben von Moses, Aaron, Petrus und Paulus (a–d), darüber Trinität (a, b, d) bzw. Gnadenstuhl (c) in Glorie und im Kreis der Erzengel (a, b) bzw. der Tugenden Fides, Caritas, Spes (d). Unten Putten mit Tugendattributen (a–c) bzw. Engelsköpfchen (d). Lavierte Federzeichnungen, sehr fein und flott, wohl von Johann Wolfgang von der Auwera. Auf der zweiten von links Bezeichnung: »FW.«.

Hirsch, Skizzenbuch (1912), 26. – Sedlmaier/Pfister, Residenz (1923), Anm. 284. – Hotz, Sammlung Eckert (1965), 109.

SE LXXX⁺
Würzburg, Residenz, Hofkirche im Südflügel
Abb. 207

Aufriß und Grundriß des Hochaltares und des Kolonnadenumganges, seitlich stehend Maria und Magdalena (?). Von Johann Rudolf Byss, um 1736/37. Bleistift- und Federzeichnung, der Altaraufriß laviert. Vgl. hierzu Variante SE LXXXI⁺, ferner SE LXXVIII⁺. Maßstab mit Bleistiftziffern, ohne Maßeinheit. – 61,1 × 44,2 cm.

Hirsch, Skizzenbuch (1912), 26. – Eckert, Residenzpläne (1917), 101. – Sedlmaier/Pfister, Residenz (1923), Anm. 306. – Broder, Byss (1939), 14, Abb. 16. – Broder, Byss-Studien (1965), 77. – Hotz, Sammlung Eckert (1965), 95.

SE LXXXI⁺
Würzburg, Residenz, Hofkirche im Südflügel
Abb. 208

Aufriß und Grundriß des Hochaltares. Von Johann Rudolf Byss. Variante zu SE LXXX⁺, Kruzifix ohne Weltkugel und Monstranz. Bleistift- und Federzeichnung mit skizzierten Varianten, der Aufriß teilweise laviert. Siehe auch zum gleichen Projekt SE LXXVIII⁺. Maßstab mit Ziffern, ohne Maßeinheit. (Angeklebt waren zwei auch in Photographie nicht erhaltene Stiche Johann Balthasar Gutweins von Altarbildern.)

Hirsch, Skizzenbuch (1912), 26. – Eckert, Residenzpläne (1917), 101. – Sedlmaier/Pfister, Residenz (1923), Anm. 306. – Broder, Byss-Studien (1965), 77. – Hotz, Sammlung Eckert (1965), 95 f.

SE LXXXII⁺
Würzburg, Residenz, Hofkirche im Südflügel
Abb. 209

Grund- und Aufriß eines Seitenaltares mit geraden, kannelierten Säulen; ohne Aufsatz. Seitlich die Evangelisten Johannes und Markus beigefügt; die Figuren wohl von Johann Rudolf Byss. Vgl. zum selben Projekt SE IX⁺, SE XVIII⁺ (übereinstimmend Piedestale, Fries und Gesims der Säulenordnung, Altarblattrahmen, Evangelisten, allerdings bei SE LXXXII⁺ Schrägstellung der Säulen) und SE LXXXIII⁺, ferner SE LXXXVII⁺. Lavierte Federzeichnung. Maßstab in Schuh. – 49,5 × 37,3 cm.

Hirsch, Skizzenbuch (1912), 26. – Eckert, Residenzpläne (1917), 103. – Sedlmaier/Pfister, Residenz (1923), Anm. 306. – Hotz, Sammlung Eckert (1965), 96.

SE LXXXIII⁺
Würzburg, Residenz, Hofkirche im Südflügel
Abb. 210

Aufriß und Grundriß eines Seitenaltares mit gedrehten Säulen und den Evangelisten Johannes und Markus; oben die Allegorien Glaube, Liebe – Hoffnung. Kolorierte Federzeichnung als Vorlage für die farbige Gestaltung, aber halbseitig farblich variiert. Rechte Hälfte für die Ausführung maßgebend. Detaillierte Wiedergabe des Wandaufrisses der Hofkirche. Zuweisung an Johann Lucas von Hildebrandt entsprechend SE XVIII⁺ (abgesehen von der Ausrichtung der Säulen, dem Altartisch und den Tugendfiguren; Voraussetzung für SE LXXXVII⁺). Vgl. auch zum selben Projekt SE IX⁺, SE LXXXII⁺, ferner SE LXXXVII⁺. Ohne Maßstab.

Hirsch, Skizzenbuch (1912), 26. – Eckert, Residenzpläne (1917), 103f. – Sedlmaier/Pfister, Residenz (1923), 100, Anm. 306, Abb. 87. – Lohmeyer, Baumeister I (1928), Abb. 40. – Grimschitz I (1932), Abb. 214. – Grimschitz II (1959), 141, 168, Abb. 220. – Reuther, Kirchenbauten (1960), 103. – Broder, Byss-Studien (1965), 77. – Hotz, Sammlung Eckert (1965), 96. – Otto, Interiors (1971), 170. – Rizzi, Kuppelkirchenbauten (1976), 146. – Lietz, Fenster (1982), 60, Abb. 31.

SE LXXXIV⁺
Nicht bestimmter Altar
Abb. 211

Entwurf für einen Altar in zwei halbseitigen Varianten. In einem ornamentalen Rahmenaufsatz Kruzifix in Engelsglorie, überhöht von einem Baldachin; unten Putten mit Lanze und Essigschwamm. Von Johann Wolfgang von der Auwera. In Bleistift vorgezeichnet, hellgrau laviert und mit der Feder teilweise nachgezeichnet. Ohne Maßstab.

Hirsch, Skizzenbuch (1912), 27. – Sedlmaier/Pfister, Residenz (1923), Anm. 306. – Hotz, Sammlung Eckert (1965), 96.

SE LXXXV⁺
Mainz, Domkirche St. Martin und Stephan
Abb. 212

Erster Entwurf von Johann Wolfgang von der Auwera zum Grabmal für Johann Philipp von Schönborn, 1738. Aufriß. Oben im Aufsatz leere Wappenkartusche und Insignien des Kurfürsten. Dieser vor einem Kruzifix niederkniend, begleitet von einem Engel, seitlich die Allegorien Weisheit und Frieden. Grau laviert, stellenweise mit der Feder nachgezogen. Auf der Rückseite irrtümlicher Vermerk in Bleistift: »Idee des zu errichtenden Denkmals für Christoph Franz von Hutten Bischof zu Würzburg – nicht ausgeführt.« Gegenstück zu SE CXXVII⁺. Vgl. den zweiten Entwurf SE CXXV⁺ und Präsentationsentwurf CXXVI⁺. – 49,1 × 26,5 cm.

Der Entwurf wurde später bestimmend für das von Ferdinand Tietz ausgeführte Grabmal für Kardinal Damian Hugo von Schönborn in der Peterskirche Bruchsal. – Siehe Ideenskizze: Würzburg, Martin von Wagner-Museum der Universität, Inv. Nr. 109.

Hirsch, Skizzenbuch (1912), 27. – Sedlmaier, Grabmäler (1955), 28, Abb. 32. – Hotz, Sammlung Eckert (1965), 110f. – Maué, Wiener Skulpturen (1983), 55, Abb. 6. – Trenschel, Vorstudien (1986), 216f., Abb. 3.

SE LXXXVI⁺
Gößweinstein (Kreis Forchheim), Katholische Pfarr- und Wallfahrtskirche zur Heiligen Dreifaltigkeit
Abb. 213

Zwei Ansichten des Gnadenbildes (Krönung Mariens) mit Skizzen und Erläuterungen für ein neues Gehäuse. Links: »die diefung deß gehäuß«, »Auf dießes solle das Zierrathen baut zu stehen kommen«. Rechts: »3 schuch 2 zoll ist dieße achssel bieß zu dem greützlein«; »3 schuch 11½ zoll von Einer achssel bieß hier antrag«; »3 schuch 3½ zol bieß zuer achssel deß greützlein«. Federzeichnung, in Bleistift späterer Vermerk: »3 faltigkeit zu Gösweinstein im Bamberg. Bisthum«. Mit Maßangaben. Maßstab unbeschriftet. – 22,5 × 41,3 cm.

Hirsch, Skizzenbuch (1912), 27. – Hotz, Sammlung Eckert (1965), 112.

SE LXXXVII⁺
Würzburg, Residenz, Hofkirche im Südflügel
Abb. 214

Aufriß und Grundriß eines Seitenaltares mit Wandgliederung. Oben im Auszug Michaels-Kampf, seitlich Engel mit Flammenschwert und Blitzstrahlen. Entwurf von Johann Wolfgang von der Auwera, um 1736/37. Lavierte Federzeichnung. Ein Maßstab in Tusche in Schuh, ein weiterer in Bleistift nur mit Ziffern. Zu diesem Projekt siehe SE IX⁺, SE XVIII⁺, SE LXXXII⁺, SE LXXXIII⁺. – 61,7 × 42,2 cm.

Variante hierzu von Johann Wolfgang von der Auwera: Würzburg, Martin von Wagner-Museum der Universität, Inv. Nr. 62.

Hirsch, Skizzenbuch (1912), 27. – Eckert, Residenzpläne (1917), 103. – Sedlmaier/Pfister, Residenz (1923), 100, Anm. 284 und 306, Abb. 88. – Broder, Byss-Studien (1965), 77. – Hotz, Sammlung Eckert (1965), 96.

SE LXXXVIII⁺
Kitzingen–Etwashausen, Katholische Heiligkreuzkirche
Abb. 215

Grundriß mit eingezeichnetem Plattenbelag des Fußbodens. Grau lavierte Federzeichnung von Balthasar Neumann mit kalligraphischer Beschriftung: »Geometrischer Grundriß der nemlichen neuerlich erbauten chatolischen Kirchen zu Kitzingen in Etwahausen Erbauet und gezeichnet von Balthasar Neumann Seiner Hochfürstl. Gnaden Ingenieur Architecten und Obristen der Artillerie eines löbl. Fränckischen Creyses.« Vorlageblatt für den Stecher, vgl. SE LXXXXI⁺. Maßstab in Schuh.

Hirsch, Skizzenbuch (1912), 27. – Pröll, Kirchenbauten (1936), 21 f., 68. – Hotz, Sammlung Eckert (1965), 113. – Freeden, IV (1981), Abb. S. 52. – Hotz, Skizzenbuch 1 (1981), 49 f.

SE LXXXIX⁺
Kitzingen–Etwashausen, Katholische Heiligkreuzkirche
Abb. 216

Perspektivischer Schnitt zu SE LXXXVIII⁺. Grau lavierte Federzeichnung von Balthasar Neumann mit kalligraphischer Beschriftung: »Scenograffia oder innerlicher Perspectivischer Vorstellung der neuerlich erbauten Chatolischen Kirchen zu Kitzingen in Etwahausen dem Fürstenthumb Wirzburg zugehörig wie dieselbe inwendig erbauet und von Seiner Hochfürstlichen Gnaden FRIDERICH CARL Bischoffen zu Wirzburg und Hertzogen zu Francken etc. selbsten den 17 Octobris 1745 dem Allerhöchsten Gott geweyet worden. Erbauet und gezeichnet von Balthasar Neumann Seiner Hochfürstlich. Gnaden Ingenieur, Architecten und Obristen der Artillerie eines löblichen Fränckischen Creyses.« Vorlageblatt für den Stecher, vgl. SE LXXXXIII⁺.

Keller, B. N. (1896), Fig. 71. – Hirsch, Skizzenbuch (1912), 27. – Pröll, Kirchenbauten (1936), 21 f. – Knapp, B. N. (1937), 30, Abb. 48. – Schenk, Kirchenbaukunst (1939), 36, 67, Taf. IX, Fig. 1. – Reuther, Kirchenbauten (1960), 26, 68, Taf. 39. – Kömstedt, Bauten und Baumeister (1963), Abb. 66. – Reuther, Franken (1963), 124, Taf. 42. – Hotz, Sammlung Eckert (1965), 113. – Otto, Interiors (1971), 69 f., 74, Abb. 37. – Otto, Space into Light (1979), Abb. 86. – Hotz, Skizzenbuch 1 (1981), 49 f. – Ludwig, Dachwerke (1982), 143–145, Abb. 31. – Hotz, B. N. (1983), Abb. S. 37. – Hansmann, B. N. (1986), 118 f., Abb. 39.

SE LXXXX⁺
Kitzingen–Etwashausen, Katholische Heiligkreuzkirche
Abb. 217

Aufriß der Fassade, links oben Wappen des Fürstbischofs Friedrich Carl von Schönborn. Grau lavierte Federzeichnung von Balthasar Neumann mit kalligraphischer Beschriftung: »Geometrischer Auftrag oder fordere Faciata der neüerlich erbauten Chatolischen Kirchen zu Kitzingen in Etwahausen den Fürstenthumb Wirtzburg zugehörig und von Seiner Hochfürstlichen Gnaden FRIDERICH CARL Bischoffen zu Wirtzburg Hertzogen zu Francken etc. selbsten den 17 Octobris 1745 den Allerhöchsten Gott geweyet worden, Erbauet und gezeichnet von Balthasar Neumann Seiner Hochfürstl. Gnaden Ingenieur Architecten und Obristen der Artillerie eines löblichen Fränckischen Creyses.« Vorlageblatt für den Stecher, vgl. SE LXXXXIV⁺. Maßstab in Schuh.

Hirsch, Skizzenbuch (1912), 27. – Pröll, Kirchenbauten (1936), 21 f., 68. – Hotz, Sammlung Eckert (1965), 113. – Freeden IV (1981), Abb. S. 52. – Hotz, Skizzenbuch 1 (1981), 49 f. – Hotz, B. N. (1983), Abb. S. 41.

SE LXXXXI⁺
Kitzingen–Etwashausen, Katholische Heiligkreuzkirche
Abb. 218

Grundriß. Kupferstich nach SE LXXXVIII⁺, mit gleicher Legende. Maßstab in Schuh. Stich von Sebastian Dorn aus: »Wohlmeinende und Getreue Anmerckungen Über die bey Einweihung eines neuen Tempel Gottes ... in der Vorstadt zu Kitzingen ... jüngsthin erbauete Kirchen ...«, Würzburg 1745.

Hirsch, Skizzenbuch (1912), 27. – Pröll, Kirchenbauten (1936), 21 f., 68. – Freeden III (1963), Abb. S. 49. – Hotz, Sammlung Eckert (1965), 114. – Hotz, Skizzenbuch 1 (1981), 49 f. – Hotz, B. N. (1983), 39, Abb. S. 38.

SE LXXXXII⁺
Gemälde-Entwurf
Abb. 219

Gemälde-Skizze: Figurenreiche Allegorie auf die Regierung des Fürstbischofs Christoph Franz von Hutten (1724–1729). Zum Teil Bezeichnung der dargestellten Skulpturen: Hludovicus, Clodius, Merovenus, Clodoveus, Clodilta, Religion. Hinter der geflügelten Historia die Insignien und das Wappen des Fürstbischofs. Chronos ist zu Boden gestürzt, von rechts Prudentia, Iustitia und Ecclesia (?). Darüber Personifikation Würzburgs mit Rennfähnlein und Stadtplan auf dem Schild. Federzeichnung. – 34,4 × 22,1 cm.

Hirsch, Skizzenbuch (1912), 27. – Pröll, Kirchenbauten (1936), 21 f. – Hotz, Sammlung Eckert (1965), 109.

SE LXXXXIII⁺
Kitzingen–Etwashausen, Katholische Heiligkreuzkirche
Abb. 220

Perspektivischer Längsschnitt. Kupferstich angefertigt nach SE LXXXIX⁺, mit gleicher Legende. Oben links Wappen Friedrich Carls von Schönborn. Stich von Sebastian Dorn aus: »Wohlmeinende und Getreue Anmerckungen Über die bey Einweihung eines neuen Tempel Gottes ... in der Vorstadt zu Kitzingen ... jüngsthin erbauete Kirchen ...«, Würzburg 1745. Signiert: »S. Dorn. sc. Norim.«

Keller, B. N. (1896), Fig. 71. – Hirsch, Skizzenbuch (1912), 27. – Pröll, Kirchenbauten (1936), 20 f., 68. – Hotz, Sammlung Eckert (1965), 114. – Hotz, Skizzenbuch 1 (1981), 49 f. – Hotz, B. N. (1983), 39.

SE LXXXXIV⁺
Kitzingen–Etwashausen, Katholische Heiligkreuzkirche
Abb. 221

Aufriß der Fassade. Kupferstich nach SE LXXXX⁺, mit gleicher Legende. Stich von Sebastian Dorn aus: »Wohlmeinende und Getreue Anmerckungen Über die bey Einweihung eines neuen Tempel Gottes ... in der Vorstadt zu Kitzingen ... jüngsthin erbauete Kirchen ...«, Würzburg 1745. Maßstab in Schuh.

Hirsch, Skizzenbuch (1912), 27. – Pröll, Kirchenbauten (1936), 21 f., 68. – Freeden III (1963), Abb. S. 48. – Hotz, Sammlung Eckert (1965), 114. – Hotz, Skizzenbuch 1 (1981), 49 f. – Hotz, B. N. (1983), 39.

SE LXXXXV⁺
Münsterschwarzach (Kreis Kitzingen), Benediktinerabtei St. Felicitas
Abb. 222

Perspektivische Ansicht der Abtei mit teilweisem Längsschnitt der Kirche. Grau lavierte Federzeichnung von Balthasar Neumann. Leere Legenden-Umrahmungen und Wappen Friedrich Carls von Schönborn; im Bildteil die Wappen der Äbte Januarius Schwab (liegend) und Christoph Balbus (stehend). Stichvorlage, vgl. SE LXXXXVIII⁺.

Keller, B. N. (1896), Fig. 54. – Hirsch, Skizzenbuch (1912), 27. – Ritz, Kirchen und Klöster (1927), Abb. – Pröll, Kirchenbauten (1936), 13, 122 f. – Heß, Münsterschwarzach (1938), 24 f., Anm. 4. – Reuther, Kirchenbauten (1960), 77. – Hotz, Sammlung Eckert (1965), 114. – Hotz, Skizzenbuch 1 (1981), 49 f., Abb. 22. – Hotz, B. N. (1983), 28.

SE LXXXXVI⁺
Münsterschwarzach (Kreis Kitzingen), Benediktinerabtei St. Felicitas
Abb. 223

Grundriß der Kirche und des Klosters mit den Gartenanlagen. Kupferstich von Johann Balthasar Gutwein mit Beschriftung: »Ichnographia novae Basilicae Monasterij ad S. Felicitatem Münster Schwarzach Ord: S: Benedicti pag: Scenographice exhibitae«. Maßstab in »Wirtzburger Schue«. Stich aus: »Magna Gloria ... Abbatiae Schwarzacensis«, Würzburg 1743.

Keller, B. N. (1896), 155 f., Fig. 53. – Kunstdenkmäler Kitzingen (1911), Fig. 133. – Hirsch, Skizzenbuch (1912), 27. – Heß, Münsterschwarzach (1938), 26, Anm. 6. – Reuther, Kirchenbauten (1960), 77. – Hotz, Sammlung Eckert (1965), 114. – Otto, Space into Light (1979), Abb. 46. – Hotz, B. N. (1983), 28.

SE LXXXXVII⁺
Gemälde-Entwurf
Abb. 224

Allegorische Darstellung der Verleihung der Herzogswürde mit Fahne und Schwert durch die kaiserliche Potestas (thronend) an die Personifikation Würzburgs (mit Mauerkrone; Putten tragen Bischofsinsignien); darüber die Hll. Kilian, Kolonat und Totnan. Im Hintergrund Stadtansicht Würzburgs. Rechts oben und links unten Wappen des Würzburger Fürstbischofs Christoph Franz von Hutten. Grau lavierte Federzeichnung mit Korrekturen. Signatur: »Leunenschlos F. 1726«. – 34,5 × 22,7 cm.

Weitere Skizzen dazu: Würzburg, Martin von Wagner-Museum der Universität, Inv. Nr. 1222, 6029, 7140; Skizzenbuch WS 142 Nr. 6031, 6072, 6177, 7039, 7043, 7098, 7129.

Hirsch, Skizzenbuch (1912), 27. – Sedlmaier/Pfister, Residenz (1923), Anm. 247. – Richter, Lünenschloß (1939), 56, Abb. 31. – Hotz, Sammlung Eckert (1965), 109 f.

SE LXXXXVIII⁺
Münsterschwarzach (Kreis Kitzingen), Benediktinerabtei St. Felicitas
Abb. 225

Perspektivische Ansicht der Abtei mit teilweisem Längsschnitt durch die Kirche. Kupferstich nach SE LXXXXV⁺, nunmehr mit Legende: »SCENOGRAPHIA Novae Basilicae Monasterii ad S. Felicitatem Münster Schwartzach O. S. Benedicti in Franconia, quam super primum Lapidem á Rdss: et Celss: D. Christophoro Francisco Episcopo Wirceb: ex Illust. ex Equest: Familia ab Hutten in Stoltzenberg An(no) Xti: 1727 die 7. Mens: Junii positum á Januario p: m: ejusdem Monasterii Abbate exstructam, Rdss: et Celss: S. R. I. Princeps ac D(omi)nus D. Fridericus Carolus ex Illustriss: Domo Comitum de Schönborn D: G: Episc: Bamb: et Wirceb: F. O. Dux A'o Gloriosiss: Regim: Sui Bamb: et Wirceb: decimo quint: Reparatae vero Salutis Mil: Septin: quadrag: tertio Benedicti XIV. Summi Pontifi: quarto Caroli VII. Bavari: Rom: Imp: Secundo, Monasterii à piis Fundatoribus Mengingaudo et Irminae Com: de Rotenburg primum conditi noningent: Vig: Octavo, in honorem Domini ac Salvat: N. F. C. ejusque Genetricis S. P. Benedicti, Ss: Felicitatis et 7. Filiorum ejus, nec non Sebastiani M. M. in Festo Nativ: B: V: M: secundum ritus Ecclesiae consuetos. Sacratiss: manu Suá consecravit Christophoro hujus no(min)is primo Monasterii vero LXI Abbate et Religioso Conventu hum'me Famulantibus ac aeternam tanti beneficii memoriam jugiter Spondentibus.« Signiert: »D(omi)nus Balth: Neumann inclyti Circuli Franconici nec non Rdss: et Celss: S. R. I. Princi: Bamb: et Wirceb: F. O. D. Rei tormentariae Colonellus, ejusdemque in bellicis ac Civilibus, uti et hujus Basilicae Architectus primarius delineavit« und »Balth: Gutwein Aulae et Universitatis Chalcogr: incidit. Wirceb: 1743.« Auf der unteren Randleiste Wappen des Fürstbischofs Friedrich Carl von Schönborn. Rechts im Vordergrund zwei Wappen der Äbte: Januarius Schwab (1717–1742; liegend) und Christoph Balbus (1742–1766; stehend). Kupferstich von Johann Balthasar Gutwein aus: »Magna Gloria ... Abbatiae Schwarzacensis«, Würzburg 1743. – 43,0 × 41,8 cm.

Kunstdenkmäler Kitzingen (1911), Fig. 134. – Hirsch, Skizzenbuch (1912), 27. – Lohmeyer, Baumeister II (1929), Abb. 80. – Reuther, Kirchenbauten (1960), 77, Taf. 25. – Freeden III (1963), Abb. S. 21. – Hotz, Sammlung Eckert (1965), 114 f. – Otto, Interiors (1971), 91 f., Abb. 54. –

Muth, B. N. (1978), Abb. – Hotz, B. N. (1983), 28, Abb. S. 29. – Matsche, Kuppelfresken (1985), 251, Abb. 2.

SE LXXXXIX⁺
Studienzeichnung
Abb. 226

Längsschnitt und halber Grundriß eines Gebäudes. Lavierte Federzeichnung mit perspektivischen Konstruktionslinien. Der Augenpunkt ist durch ein Männlein markiert. Ohne Maßstab. – 35,5 × 25,3 cm.

Hirsch, Skizzenbuch (1912), 27. – Hotz, Sammlung Eckert (1965), 115.

SE C⁺
Werneck (Kreis Schweinfurt), Schloßkirche
Abb. 227

Grundriß der Schloßkirche mit Angabe des Plattenbelags. Lavierte Federzeichnung von Balthasar Neumann als Stichvorlage für SE CI⁺, beschriftet: »Plan oder Grundriss der neuerbauten Kirchen zu Werneck«. Vgl. SE 281. Maßstab unbeschriftet. – 37,9 × 48,9 cm.

Hirsch, Skizzenbuch (1912), 27. – Hertz, Werneck (1918), 16, Abb. 12. – Reuther, Kirchenbauten (1960), 97. – Hotz, Sammlung Eckert (1965), 115. – Reuther, Schloßkapelle von Werneck (1968), 113, Abb. 2. – Otto, Interiors (1971), Abb. 79. – Reuther, Zeichnungen (1979), 47.

SE CI⁺
Werneck (Kreis Schweinfurt), Schloßkirche
Abb. 228

Grundriß der Schloßkirche. Kupferstich nach SE C⁺, mit gleicher Legende.

Hirsch, Skizzenbuch (1912), 27. – Reuther, Kirchenbauten (1960), 97. – Hotz, Sammlung Eckert (1965), 116. – Reuther, Zeichnungen (1979), 47. – Paulus, Schlösser (1982), Abb. 114. – Paulus, Schloßkirche von Werneck (1982), Abb. 4.

SE CII⁺
Werneck (Kreis Schweinfurt), Schloßkirche
Abb. 229

Perspektivischer Längsschnitt durch die Schloßkirche. Grau lavierte Federzeichnung von Balthasar Neumann als Stichvorlage. Mit kalligraphischer Beschriftung: »Scenograffia Inerliche Perspectivische Vorstellung der neu erbauten Kirchen in dem auch neu erbauten Schlosses zu Werneck, welches Ambt Werneck den Fürstendum Wirtzburg zugehörig und von seiner Hochfürstlichen Gnaden selbsten den Allerhöchsten Gott eingeweyet den 15 Septembris 1745. das gantze Schloss und Kirchen neu gebauet. Das gantze Gebäu hergestellet und gezeichnet von Balthasar Neümann Seiner Hochfürstlichen Gnaden Ingenieur Architect und Obristen der Artillerie eines Hochlöblichen Fränckischen Creyses.« Links oben Wappen des Fürstbischofs Friedrich Carl von Schönborn.

Hirsch, Skizzenbuch (1912), 27. – Hertz, Werneck (1918), 16, Abb. 13. – Zeller, B. N. (1928), Abb. 26. – Knapp, Mainfranken (1937), Abb. 63. – Schenk, Kirchenbaukunst (1939), 32, Taf. VII. – Reuther, Kirchenbauten (1960), 97. – Hotz, Sammlung Eckert (1965), 116. – Reuther, Schloßkapelle von Werneck (1968), 113, Abb. 3. – Otto, Interiors (1971), 54, Abb. 22. – Otto, Space into Light (1979), Abb. 77. – Reuther, Zeichnungen (1979), 47. – Hotz, Skizzenbuch 1 (1981), 49f., Abb. 23. – Paulus, Schlösser (1982), 103, 105, Abb. 113. – Paulus, Schloßkirche von Werneck (1982), 219, 224, 228, Abb. 3. – Hotz, B. N. (1983), 40ff., Abb. S. 43. – Reuther, B. N. (1983), Abb. 76. – Hansmann, B. N. (1986), 251, Abb. 99.

SE CIIIa⁺
Würzburg, Domkirche St. Kilian
Abb. 230

Innenansicht gegen Osten mit Altar unter der Vierung zur St.-Bruno-Feier im Mai 1745. Grau lavierte, teilweise angetuschte Federzeichnung als Stichvorlage.

Hirsch, Skizzenbuch (1912), 27. – Hotz, Sammlung Eckert (1965), 116.

SE CIIIb⁺
Würzburg, Domkirche St. Kilian
Abb. 231

Kupferstich: »Wahre abbildung des in allhiesiger Hohen DombKirch zu Ehren des H: Brunonis Würtzburg: Bischoff und Beicht: auffgerichteten Prächtigen gerüsts, da dessen H. Leichnamb bey geschlossenen 700 Jährigen Jubelfests den 17ten Maii 1745 zur öffentlicher VerEhrung durch gantze acht täg auß gesetzet worden.« Am Altar Darstellung des Martyriums der Frankenapostel, daneben Halbfiguren der Hll. Kolonat, Andreas, Kilian und Totnan. Oben Kartusche mit der Aufschrift »BRUNO EPISCOBUS WIRCEB. – DUX«. Mit Signaturen: »Wolffg: Schmitt. del. a. Würtzburg.« und »G. F. Weigand sc.«

Hirsch, Skizzenbuch (1912), 27. – Hotz, Sammlung Eckert (1965), 116.

SE CIV⁺
Bruchsal, Katholische Pfarrkirche St. Peter
Abb. 232

Unausgeführter Entwurf eines Epitaphs für Kardinal Damian Hugo von Schönborn mit dessen Wappen und Inschriftprobe: »SISTE VIATOR«. Ein Putto hält die an einer Kette aufgereihte Jahreszahl MDCCXIII (das Jahr 1713 brachte Schönborns Ernennung zum Kardinal-Diakon) und den Anker der Spes, zwei weitere Putten mit Kelch und Kreuz der Fides und Waage der Justitia. Ferner Löwen mit den Insignien des Kardinals, Wappenkartuschen und oben Zeichen der Künste (Pegasus, Grundriß und Architektenzirkel). Lavierte Federzeichnung. Zur Vorlage für das ausgeführte Epitaph vgl. SE LXXXV⁺.

Hirsch, Skizzenbuch (1912), 28. – Hotz, Sammlung Eckert (1965), 117.

SE CV⁺
Würzburg, Schönbornkapelle
Abb. 233

Zwei auf ein Blatt geklebte Entwürfe für Teile der Außenskulptur (?). Siehe SE 33. Von Claude Curé, 1723/24. Oben: Obelisk mit gesenkten Fackeln und Totenkopf, begleitet von Tod mit Sense und einem Engel, der den Obelisken mit Lorbeer schmückt. Unten: Zwei geflügelte Gerippe fassen die Herzogskrone. Lavierte Federzeichnung mit je einem unbeschrifteten Maßstab.

Hirsch, Skizzenbuch (1912), 28. – Sedlmaier/Pfister, Residenz (1923), Anm. 220. – Boll, Schönbornkapelle (1925), 95f., Abb. 35. – Hotz, Sammlung Eckert (1965), 103. – Nadler, C. Curé (1974), 286, 291, 343f.

SE CVI⁺
Würzburg, Schönbornkapelle
Abb. 234

Entwurf für ein Schönborngrabmal. Von Claude Curé, um 1723. Kniender Fürstbischof mit emporweisendem Engel. Seitlich zwei Obeliske und trauernde Frauen; als Sarkophagrelief Auferstehung der Toten. Siehe SE CVII⁺, ferner SE CVIII⁺ bis CXI⁺, SE CXIII⁺, SE CXVI⁺, SE CXVIII⁺. Grau lavierte Federzeichnung. Unbeschriftete Maßleiste.

Hirsch, Skizzenbuch (1912), 28. – Sedlmaier/Pfister, Residenz (1923), Anm. 220. – Boll, Schönbornkapelle (1925), 98, Abb. 37. – Sedlmaier, Grabmäler (1955), 20f., Abb. 24. – Hotz, Sammlung Eckert (1965), 103. – Nadler, C. Curé (1974), 265, 312f.

SE CVII⁺
Würzburg, Schönbornkapelle
Abb. 235

Entwurf für ein Schönborngrabmal. Niedersinkender Fürstbischof mit emporweisendem Ruhmesgenius und zwei Putten mit fürstbischöflichen Insignien. Von Claude Curé, um 1723. Lavierte Federzeichnung. Siehe SE CVI⁺, ferner SE CVIII⁺ bis CXI⁺, SE CXIII⁺, SE CXVI⁺, SE CXVIII⁺. Unbeschriftete Maßleiste.

Hirsch, Skizzenbuch (1912), 28. – Sedlmaier/Pfister, Residenz (1923), Anm. 220. – Boll, Schönbornkapelle (1925), 98, Abb. 36. – Sedlmaier, Grabmäler (1955), 20f., Abb. 25. – Hotz, Sammlung Eckert (1965), 103. – Nadler, C. Curé (1974), 257, 316f.

SE CVIII⁺
Würzburg, Schönbornkapelle
Abb. 236

Entwurf zu einem Grabmal für Johann Philipp von Schönborn. Von Germain Boffrand, 1723. Hingelagerte Gestalt des Fürstbischofs mit tröstender allegorischer Figur. An dem Sarkophag Relief mit Szene aus dem Leben des Verstorbenen. Links Löwe mit der Waage der Justitia, rechts trauernde Justitia. Lavierte Federzeichnung. Embleme, Schriftfeld und Relief gelb getönt, mit Rötel überzeichnet. Maßstab in »pds de france«. Gegenstück zu SE CX⁺. Vgl. ferner SE CVI⁺, SE CVII⁺, SE CIX⁺, SE CXI⁺, SE CXIII⁺, SE CXVI⁺, SE CXVIII⁺.

Hirsch, Skizzenbuch (1912), 28. – Sedlmaier/Pfister, Residenz (1923), Anm. 247. – Boll, Schönbornkapelle (1925), 98f., Abb. 38. – Richter, Lünenschloß (1939), 80. – Sedlmaier, Grabmäler (1955), 21 Abb. 26. – Hotz, Sammlung Eckert (1965), 103.

SE CIX⁺
Würzburg, Schönbornkapelle
Abb. 237

Entwurf zu einem Grabmal für Johann Philipp Franz von Schönborn. Von Anton Clemens Lünenschloß, um 1720. Grabmal mit Liegefigur des Fürstbischofs unter Herzogshut und Baldachin, begleitet von zwei Allegorien mit Schwert und Lanze sowie dem Tod. Unten Schönbornwappen. Grau lavierte Federzeichnung, bezeichnet »A«. Gehört zu einer A bis E bezeichneten Folge zusammen mit SE CXI⁺, SE CXIII⁺, SE CXVI⁺, SE CXVIII⁺. Mit Inschriftprobe: »mortis memor ... sibi posuit«. Ohne Maßstab.

Hirsch, Skizzenbuch (1912), 28. – Sedlmaier/Pfister, Residenz (1923), Anm. 247. – Richter, Lünenschloß (1939), 89f. – Sedlmaier, Grabmäler (1955), 16ff., Abb. 16. – Hotz, Sammlung Eckert (1965), 103.

SE CX⁺
Würzburg, Schönbornkapelle
Abb. 238

Entwurf zu einem Grabmal für Johann Philipp Franz von Schönborn. Von Germain Boffrand, 1723. Fürstbischof in cathedra auf dem Sarkophag. Mit Inschrifttuch haltenden Gerippen, seitlich sitzend Glaube und Weisheit. Leeres Wappen mit Insignien und Löwen. Bleistift und Feder. Maßstab mit »6 pds de france«. Gegenstück zu SE CVIII⁺. Vgl. ferner SE CVI⁺, SE CVII⁺, SE CIX⁺, SE CXI⁺ und CXIII⁺, SE CXVI⁺, SE CXVIII⁺.

Hirsch, Skizzenbuch (1912), 28. – Sedlmaier/Pfister, Residenz (1923), Anm. 230 und 247. – Boll, Schönbornkapelle (1925), 99, Abb. 39. – Richter, Lünenschloß (1939), 80. – Sedlmaier, Grabmäler (1955), 21, Abb. 27. – Hotz, Sammlung Eckert (1965), 103. – Nadler, C. Curé (1974), 314.

SE CXI⁺
Würzburg, Schönbornkapelle
Abb. 239

Entwurf zu einem Grabmal für Johann Philipp Franz von Schönborn. Von Anton Clemens Lünenschloß, um 1720. Grabmal unter Baldachin, Sarkophag auf Löwen. Oben Ruhm, sich über Tod erhebend und das Medaillon des Fürstbischofs emporhaltend, unten trauernde Allegorien. Grau lavierte Federzeichnung, bezeichnet »C«. Gehört zu einer A bis E bezeichneten Folge zusammen mit SE CIX⁺, SE CXIII⁺, SE CXVI⁺, SE CXVIII⁺. Mit Inschriftprobe: »IPF ...«. Oben Maßstab.

Hirsch, Skizzenbuch (1912), 28. – Sedlmaier/Pfister, Residenz (1923), Anm. 247. – Boll, Schönbornkapelle (1925), 100f., Abb. 40. – Richter, Lünenschloß (1939), 89f. – Sedlmaier, Grabmäler (1955), 16f., Abb. 18. – Hotz, Sammlung Eckert (1965), 104.

SE CXII⁺
Mainz, Domkirche St. Martin und Stephan
Abb. 240

Querschnitt durch den Westchor, beidseits mit Schönborngrabmälern in einer frühen Planung. Siehe SE CXIV⁺ und SE CXVII⁺. Lavierte Federzeichnung, beschriftet: »Durchschnitt deß oberen Chor gegen den hohen altar, allwo ihro Churfürst. Gnaden zu knien pflegen und der plaz deren beyden Epitaphien sub lit. A et B zu Ersehen ist.« Maßstab in Schuh.

Hirsch, Skizzenbuch (1912), 28. – Hotz, Sammlung Eckert (1965), 111.

SE CXIII⁺
Würzburg, Schönbornkapelle
Abb. 241

Entwurf zu einem Grabmal für Johann Philipp Franz von Schönborn. Von Anton Clemens Lünenschloß, um 1720. Bischof als Liegefigur, gestützt von Religio, mit Engel und trauernder Caritas; dahinter Pyramide, bekrönt von Schönbornwappen. Grau lavierte Federzeichnung, bezeichnet »D«. Gehört zu einer A bis E bezeichneten Folge zusammen mit SE CIX⁺, SE CXI⁺, SE CXVI⁺, SE CXVIII⁺. Mit Inschriftprobe: »IOA P«. Ohne Maßstab.

Hirsch, Skizzenbuch (1912), 28. – Sedlmaier/Pfister, Residenz (1923), Anm. 247. – Boll, Schönbornkapelle (1925), 100f., Abb. 41. – Richter, Lünenschloß (1939), 89f. – Sedlmaier, Grabmäler (1955), 16f., Abb. 19. – Hotz, Sammlung Eckert (1965), 104.

SE CXIV⁺
Mainz, Domkirche St. Martin und Stephan
Abb. 242

Früher Entwurf eines Epitaphs für Lothar Franz von Schönborn; dieser kniend, hinter ihm Obelisk, Tod mit Pfeil, Putten mit Insignien, rechts Trauernde mit Wappen des Verstorbenen, links Engel mit Buch. Gegenstück zu SE CXVII⁺. Vgl. zum selben Projekt SE CXV⁺ und zur Anbringung SE CXII⁺. Grau lavierte Federzeichnung. Ohne Maßstab.

Hirsch, Skizzenbuch (1912), 28. – Hotz, Sammlung Eckert (1965), 111. – Trenschel, Vorstudien (1986), 216, Abb. 2.

SE CXV⁺
Mainz, Domkirche St. Martin und Stephan
Abb. 243

Entwurf eines Epitaphs für Lothar Franz von Schönborn. Aufwendigere Variante zu SE CXIV⁺. Vielleicht von Antonio Bossi (zum Zeichenstil vgl. SE XXXVI⁺). Bleistift- und Federzeichnung. Ohne Maßstab. – 34,5 × 22,7 cm.

Hirsch, Skizzenbuch (1912), 28. – Hotz, Sammlung Eckert (1965), 111.

SE CXVI⁺
Würzburg, Schönbornkapelle
Abb. 244

Entwurf zu einem Grabmal für Johann Philipp Franz von Schönborn. Von Anton Clemens Lünenschloß, um 1720. Sarkophag mit Liegefigur vor Pyramidenstumpf mit 12 leeren Wappenschilden der Ahnenprobe; davor Allegorie des Nachruhms mit Chronos, unten Schönbornwappen, Säulenstück und gebrochener Bischofsstab. Grau lavierte Federzeichnung, bezeichnet »B«. Gehört zu einer A bis E bezeichneten Folge zusammen mit SE CIX⁺, SE CXI⁺, SE CXIII⁺, SE CXVIII⁺. Mit Inschriftprobe: »Memoriae Immortalitati«. Ohne Maßstab. – 35,0 × 21,7 cm.

Hirsch, Skizzenbuch (1912), 28. – Sedlmaier/Pfister, Residenz (1923), Anm. 247. – Richter, Lünenschloß (1939), 89f., Abb. 27. – Sedlmaier, Grabmäler (1955), 16f., Abb. 17. – Hotz, Sammlung Eckert (1965), 104.

SE CXVII⁺
Mainz, Domkirche St. Martin und Stephan
Abb. 245

Früher Entwurf eines Epitaphs für Johann Philipp von Schönborn. Liegefigur des Verstorbenen mit großem Fama-Engel und zwei Putten. Gegenstück zu SE CXIV⁺. Irrtümlich mit Wappen des Kurfürsten Lothar Franz von Schönborn, was SE CXII⁺ zu erkennen gibt, das die Anbringung der Grabdenkmäler von SE CXIV⁺ und SE CXVII⁺ als Gegenstücke im Mainzer Dom zeigt. Grau getuschte Federzeichnung. Ohne Maßstab.

Hirsch, Skizzenbuch (1912), 28. – Hotz, Sammlung Eckert (1965), 111. – Trenschel, Vorstudien (1986), 216, Abb. 1.

SE CXVIII⁺
Würzburg, Schönbornkapelle
Abb. 246

Entwurf zu einem Grabmal für Johann Philipp Franz von Schönborn. Von Anton Clemens Lünenschloß, um 1720. Medaillonbildnis vor Kegelstumpf, unten Gruft mit Sarkophag und Chronos. Grau lavierte Federzeichnung mit Bleistiftkorrekturen, bezeichnet »E«. Gehört zu einer A bis E bezeichneten Folge zusammen mit SE CIX⁺, SE CXI⁺, SE CXIII⁺, SE CXVI⁺. Ohne Maßstab.

Hirsch, Skizzenbuch (1912), 28. – Sedlmaier/Pfister, Residenz (1923), Anm. 247. – Boll, Schönbornkapelle (1925),

100f., Abb. 42. – Richter, Lünenschloß (1939), 89f. – Sedlmaier, Grabmäler (1955), 16f., Abb. 20. – Hotz, Sammlung Eckert (1965), 104.

SE CXIX+
Heusenstamm (Kreis Offenbach), Katholische Pfarrkirche St. Cäcilia und Barbara
Abb. 247

Entwurf zu einem Epitaph für Anselm Franz von Schönborn († 1726) und seine Gemahlin Maria Theresia, geb. Gräfin von Montfort († 1751), mit zwei halbseitigen Varianten. Wohl von Johann Wolfgang von der Auwera. Grau lavierte Federzeichnung mit Beschriftung in Bleistift von Balthasar Neumanns Hand: »Dießes Concept muß durch oder gegen das fenster verkehret gesehen werdten, so stehet herr graf Ehrwein zur rechten hand der Frau Mutter«. Links eigenhändige Maßangabe Neumanns in Bleistift: »Dießes ist die höhe biß zum fenster nach den geschickhten Maaß«. Vgl. SE CXXIIa+ und SE CXXIV+. Maßstab in Schuh.

Hirsch, Skizzenbuch (1912), 28. – Hotz, Sammlung Eckert (1965), 118.

SE CXX+
Würzburg, Domkirche St. Kilian
Abb. 248

Unausgeführter Entwurf zur Bekrönung eines Grabmals für Fürstbischof Christoph Franz von Hutten (1724–1729). Mit dessen Wappen, Bischofsstab und Schwert, seitlich Totengerippe mit Sense und geflügeltem Stundenglas. Grau lavierte Federzeichnung. Später aufgeklebter Maßstab in Schuh. – 26,2 × 31,5 cm.

Hirsch, Skizzenbuch (1912), 28. – Hotz, Sammlung Eckert (1965), 116.

SE CXXI+
Mainz, Domkirche St. Martin und Stephan
Abb. 249

Zweiter Entwurf von Johann Wolfgang von der Auwera zum Epitaph für Lothar Franz von Schönborn, 1739. Sarkophag auf Schönborn-Löwen mit den Insignien, oben der Regent lagernd mit Chronos und Spes, seitlich Fides und Caritas mit leeren Schilden. Wappenkartusche und ausgespanntes Löwenfell für Inschrift leer. Gegenstück zu SE CXXV+. Vgl. den ersten Entwurf SE CXXVII+ und die Präsentationszeichnung SE CXXIII+. Grau lavierte Federzeichnung. Maßstab mit Ziffern, ohne Maßeinheit.

Siehe Ideenskizze: Würzburg, Martin von Wagner-Museum der Universität, Inv. Nr. 109.

Hirsch, Skizzenbuch (1912), 28. – Sedlmaier/Pfister, Residenz (1923), Anm. 284. – Sedlmaier, Grabmäler (1955), 29, Abb. 35. – Hotz, Sammlung Eckert (1965), 111. – Trenschel, Vorstudien (1986), 217, Abb. 8.

SE CXXIIa+
Heusenstamm (Kreis Offenbach), Katholische Pfarrkirche St. Cäcilia und Barbara
Abb. 250

Entwurf für ein Epitaph des Grafen Anselm Franz von Schönborn († 1726), wohl von Johann Wolfgang von der Auwera. Gegenstück zu SE CXXIV+. Vgl. auch SE CXIX+. Grau lavierte Federzeichnung. Ohne Maßstab.

Hirsch, Skizzenbuch (1912), 28. – Hotz, Sammlung Eckert (1965), 118.

SE CXXIIb+
Würzburg, Schönbornkapelle
Abb. 251

Grabmalentwurf für Kurfürst Johann Philipp von Schönborn. Von Maximilian von Welsch, um 1720/21. Liegefigur des Fürstbischofs, zu einem Kruzifix aufblickend. Begleitet von Franconia, dem bekränzten Ruhm, lagerndem Moenus, Putten mit Fackeln und Löwen. Oben Wappenkartusche gehalten von Engeln. Grau lavierte Federzeichnung, darüber und daneben in Bleistift Teilquerschnitt durch die Kapelle. Links in Bleistift Umriß-Skizze eines Fensters. Zugehörig zu SE 25 und 26. Vgl. ferner vorangehenden Entwurf von Georg Hennicke SE 24. Ohne Maßstab.

Hirsch, Skizzenbuch (1912), 28. – Sedlmaier/Pfister, Residenz (1923), Anm. 223. – Boll, Schönbornkapelle (1925), 67f., Abb. 18. – Lohmeyer, Schönbornschlösser (1927), Abb. – Sedlmaier, Grabmäler (1955), Abb. 22. – Reuther, Kirchenbauten (1960), 107. – Einsingbach, Idstein (1964), Abb. 11. – Hotz, Sammlung Eckert (1965), 104. – Nadler, C. Curé (1974), 257. – Arens, M. v. Welsch (1986), 79f., Abb. S. 79.

SE CXXIII+
Mainz, Domkirche St. Martin und Stephan
Abb. 252

Präsentationszeichnung von Johann Wolfgang von der Auwera zum Epitaph für Lothar Franz von Schönborn, 1739. Vgl. den ersten Entwurf SE CXXVII+ und den zweiten Entwurf SE CXXI+. Grau lavierte Federzeichnung wie SE CXXI+. Maßstab unbeschriftet.

Siehe Ideenskizze: Würzburg, Martin von Wagner-Museum der Universität, Inv. Nr. 109.

Hirsch, Skizzenbuch (1912), 28. – Hotz, Sammlung Eckert (1965), 112. – Trenschel, Vorstudien (1986), 217, Abb. 10.

SE CXXIV+
Heusenstamm (Kreis Offenbach), Katholische Pfarrkirche St. Cäcilia und Barbara
Abb. 253

Entwurf zu einem Epitaph der Gräfin Maria Theresia von Schönborn († 1751), wohl von Johann Wolfgang von der

Auwera. Gegenstück zu SE CXXIIa⁺. Vgl. auch SE CXIX⁺. Grau lavierte Federzeichnung. Ohne Maßstab.

Hirsch, Skizzenbuch (1912), 28. – Hotz, Sammlung Eckert (1965), 118.

SE CXXV⁺
Mainz, Domkirche St. Martin und Stephan
Abb. 254

Zweiter Entwurf von Johann Wolfgang von der Auwera zum Epitaph für Johann Philipp von Schönborn, 1739. Sarkophag auf Schönbornlöwen mit Insignien. Oben der Regent kniend, einem Engel mit Sternenkranz zugewandt; seitlich Pax und Prudentia; ausgespanntes Löwenfell für Inschriften und Wappen leer. Gegenstück zu SE CXXI⁺. Vgl. ferner ersten Entwurf SE LXXXV⁺ und Präsentationszeichnung SE CXXVI⁺. Grau lavierte Federzeichnung, mit Angaben über Material und Farben von Balthasar Neumanns Hand: »die 4 bildnussen von weissen Marmor«, »tompo schwartz« (verbessert mit Bleistift »tumba«), »daß Mi(ttlere) gelb«, »gesimbß schwartz« (in Bleistift »oder rod«), »consolen r(ot)«, »die loben von sandt stein verg(oldet) mit allen insign(ien)«, »daß untere schrift(»blatt« in Bleistift ergänzt) von gelben Marmor«. Blatt rechts beschädigt. Maßstab mit Ziffern, ohne Maßeinheit.

Siehe Ideenskizze: Würzburg, Martin von Wagner-Museum der Universität, Inv. Nr. 109.

Hirsch, Skizzenbuch (1912), 28. – Sedlmaier/Pfister, Residenz (1923), Anm. 284. – Sedlmaier, Grabmäler (1955), 29, Abb. 34. – Hotz, Sammlung Eckert (1965), 112. – Trenschel, Vorstudien (1986), 217, Abb. 7.

SE CXXVI⁺
Mainz, Domkirche St. Martin und Stephan
Abb. 255

Präsentationszeichnung von Johann Wolfgang von der Auwera zum Epitaph für Johann Philipp von Schönborn, 1739. Gegenstück SE CXXIII⁺. Vgl. ersten Entwurf SE LXXXV⁺ und zweiten Entwurf SE CXXV⁺. Lavierte Federzeichnung, wohl entsprechend den Farbangaben auf SE CXXV⁺. Unbeschrifteter Maßstab.

Siehe Ideenskizze: Würzburg, Martin von Wagner-Museum der Universität, Inv. Nr. 109.

Hirsch, Skizzenbuch (1912), 28. – Hotz, Sammlung Eckert (1965), 112. – Trenschel, Vorstudien (1986), 217, Abb. 9.

SE CXXVII⁺
Mainz, Domkirche St. Martin und Stephan
Abb. 256

Erster Entwurf von Johann Wolfgang von der Auwera zum Epitaph für Lothar Franz von Schönborn, 1738. Auf dem Sarkophag zu seiten des lagernden Regenten Chronos und Spes, letztere weist auf den auferstandenen Christus. Seitlich stehend Fides mit Schildszene: Konversion der Gemahlin Kaiser Karls VI., der braunschweigischen Prinzessin Elisabeth Christine (1707); sowie Caritas mit Schildszene: Krönung Kaiser Karls VI. Auf der Sarkophagkartusche das Kurfürstenkollegium um Kaiser Karl VI. Inschriftentuch und bekrönendes Wappen leer. Grau angetuschte Federzeichnung. Gegenstück zu SE LXXXV⁺. Vgl. den zweiten Entwurf SE CXXI⁺ und ferner die Präsentationszeichnung SE CXXIII⁺. Ohne Maßstab.

Siehe Ideenskizze: Würzburg, Martin von Wagner-Museum der Universität, Inv. Nr. 109.

Hirsch, Skizzenbuch (1912), 28. – Sedlmaier, Grabmäler (1955), 28, 32, Abb. 33. – Hotz, Sammlung Eckert (1965), 112. – Hofmann, Pommersfelden (1968), 30f., Abb. 13. – Trenschel, Vorstudien (1986), 216f., Abb. 4.

SE CXXVIII⁺
Rom, St. Peter
Abb. 257

Ansicht des Katafalks für Papst Innozenz XI. Bezeichnet: »(CAT)AFALCO ERETTO NELLA BASILICA VATICANA PER LE SOLLENNI ESEQVIE CELEBRATE NELLA MORTE (D)EL SOMMO PONTEFICE INNOCENTIO XI. SEGVITA LI XII. AGOSTO MDCXXXIX. Architettura d'Angelo Torronne. Inscrittione che stavano ne quattro lati dell'Urna nel Piedestallo ...« Kupferstich – oben links leicht beschädigt – mit umfangreicher italienischer Beschriftung und Signatur: »Si stampano in Roma da Gio: Giacomo de Rossi alla Pace con licenza de super.« Maßstab in Palmi.

Hirsch, Skizzenbuch (1912), 28. – Hotz, Sammlung Eckert (1965), 119.

SE CXXIX⁺
Rom, Palazzo Farnese
Abb. 258

Halber Grundriß, zwei Querschnitte und ein Längsschnitt des Theaters. Kolorierte Federzeichnung mit Beschriftung: »Pianta et Profillo del Theatro fatto nel Palazzo Farnese in Roma.« Studienzeichnung, signiert: »L.S. Creuznacher Artill: Lieut:« Maßstab in Palmi Romani.

Hirsch, Skizzenbuch (1912), 28. – Hotz, Sammlung Eckert (1965), 119.

Literaturverzeichnis

Andersen, Profanbauformen	Liselotte Andersen, Studien zu Profanbauformen Balthasar Neumanns. Die großen Residenzprojekte für Wien, Stuttgart und Karlsruhe, München 1966
Arens, M. v. Welsch	Fritz Arens, Maximilian von Welsch (1671–1745). Architekt der Schönbornbischöfe, München/Zürich 1986
Ausstellungskatalog Würzburg	Katalog der Ausstellung »Balthasar Neumann – Leben und Werk«, bearbeitet von Max H. von Freeden, Würzburg 1953
Bauer, Hofgarten	Christian Bauer, Der Würzburger Hofgarten, in: Mainfränkisches Jahrbuch für Geschichte und Kunst 13, 1961, 1 ff.
Boll, Rezension	Walter Boll, Rezension zu Sedlmaier/Pfister, Die fürstbischöfliche Residenz in Würzburg, in: Ernst Buchner/Karl Feuchtmayr (Hrsg.), Beiträge zur Geschichte der Deutschen Kunst 1, Augsburg 1924
Boll, Schönbornkapelle	Walter Boll, Die Schönbornkapelle am Würzburger Dom, München 1925
Brinckmann, Guarino bis B. N.	Albrecht Erich Brinckmann, Von Guarino Guarini bis Balthasar Neumann, Berlin 1932
Broder, Byss	Leo Broder, Der Solothurner Maler Johann Rudolf Byss (1660–1738), in: Zeitschrift für Schweizerische Archäologie und Kunstgeschichte 1, 1939, 1 ff.
Broder, Byss-Studien	Leo Broder, Studien zu Johann Rudolf Byss (1660–1738), in: Jahrbuch für Solothurnische Geschichte 38, 1965, 5 ff.
Burmeister, Dom und Neumünster	Werner Burmeister, Dom und Neumünster zu Würzburg. Deutsche Bauten 12, Burg bei Magdeburg 1928
Coulin, Architekten zeichnen	Claudius Coulin, Architekten zeichnen, Stuttgart 1962
Dehio, Geschichte	Georg Dehio, Geschichte der deutschen Kunst, Textband 3, Berlin/Leipzig 1986
Döbler, Thoman	Ferdinand Döbler, Johann Anton Valentin Thoman, in: Mainzer Zeitschrift 10, 1915, 1 ff.
Domarus, Wiesentheid	Max Domarus, Die St. Mauritiuskirche in Wiesentheid, Wiesentheid 1962
Dreger, Hildebrandt	Moritz Dreger, Über Johann Lucas von Hildebrandt, in: Kunst und Kunsthandwerk 10, 1907, 265 ff.
Eckert, Residenzmuseum	Georg Eckert, Das Würzburger Residenzmuseum und die Balthasar-Neumann-Ausstellung, in: Zentralblatt der Bauverwaltung 41, 1921
Eckert, Residenzpläne	Georg Eckert, Balthasar Neumann und die Würzburger Residenzpläne. Studien zur deutschen Kunstgeschichte 203, Straßburg 1917
Eckstein, Vierzehnheiligen	Hans Eckstein, Vierzehnheiligen, Berlin 1939
Einsingbach, Idstein	Wolfgang Einsingbach, Die Vollendung der Stadtkirche zu Idstein und das Georg-August-Epitaph, in: Mainzer Zeitschrift 59, 1964, 74 ff.
Einsingbach, Planfunde	Wolfgang Einsingbach, Neue Planfunde zu Balthasar Neumanns Mainzer Jesuitenkirche, in: Mainzer Zeitschrift 54, 1959, 33–40
Einsingbach, Welsch	Wolfgang Einsingbach, Johann Maximilian von Welsch. Neue Beiträge zu seinem Leben und zu seiner Tätigkeit für den Fürsten Georg August von Nassau-Idstein, in: Nassauische Annalen. Jahrbuch des Vereins für Nassauische Altertumskunde und Geschichtsforschung 74, 1963, 79 ff.

Engel/Freeden	Wilhelm Engel/Max H. von Freeden, Eine Gelehrtenreise durch Mainfranken 1660. Mainfränkische Hefte 15, Würzburg 1952
Franz, Banz	Heinrich Gerhard Franz, Die Klosterkirche Banz und die Kirchen Balthasar Neumanns in ihrem Verhältnis zur böhmischen Barockbaukunst, in: Zeitschrift für Kunstwissenschaft 1, 1947, 54 ff.
Franz, Böhmen	Heinrich Gerhard Franz, Bauten und Baumeister der Barockzeit in Böhmen, Leipzig 1962
Freeden I	Max H. von Freeden, Balthasar Neumann als Stadtbaumeister, Berlin 1937. Nachdruck Würzburg 1978
Freeden II	Max H. von Freeden, Balthasar Neumann – Vom Wirken und Schaffen des großen Baumeisters, Amorbach 1960
Freeden III	Max H. von Freeden, Balthasar Neumann, Leben und Werk. 2. erweiterte Auflage, München/Berlin 1963
Freeden IV	Max H. von Freeden, Balthasar Neumann – Leben und Werk. 3. erweiterte Auflage, München 1981
Fuchs, Neresheim	Willy P. Fuchs, Die Abteikirche zu Neresheim und die Kunst Balthasar Neumanns, Stuttgart 1914
Fuchs, Zeichnungen	Willy P. Fuchs, Die Zeichnungen Balthasar Neumanns zur Abteikirche von Neresheim und deren Ausführung, in: Zentralblatt der Bauverwaltung 37, 1917, 570 ff.
Grashoff, Dt. Barockarchitektur	Ehler W. Grashoff, Die Schloßkapelle von Anet und die deutsche Barockarchitektur, in: Zeitschrift des Deutschen Vereins für Kunstwissenschaft 7, 1949, 123 ff.
Grimschitz I	Bruno Grimschitz, Johann Lucas von Hildebrandt, Wien 1932
Grimschitz II	Bruno Grimschitz, Johann Lucas von Hildebrandt, Wien/München 1959
Grimschitz, Kirchenbauten	Bruno Grimschitz, Johann Lucas von Hildebrandts Kirchenbauten, in: Wiener Jahrbuch für Kunstgeschichte 6, 1929, S. 205–301
Grimschitz, Kollektivist. Problem	Bruno Grimschitz, Das kollektivistische Problem der Würzburger Residenz und der Schönbornkapelle am Würzburger Dom, in: Belvedere 8, 1925, 13–22
Hager, Bauten	Werner Hager, Die Bauten des deutschen Barocks 1690–1770, Jena 1942
Hallbaum, Barockgärten	Franz Hallbaum, Probleme der Erhaltung der fränkischen Barockgärten, in: Tag für Denkmalpflege und Heimatschutz Würzburg und Nürnberg 1928, Berlin 1929, 157 ff.
Hansmann, B. N.	Wilfried Hansmann, Balthasar Neumann. Leben und Werk, Köln 1986
Hansmann, Brühl	Wilfried Hansmann, Der Hochaltar Balthasar Neumanns in der Pfarrkirche St. Maria von den Engeln zu Brühl. Entwurf und Ausführung, in: Wallraf-Richartz-Jahrbuch 40, 1978, 49–57
Hansmann, Treppenhaus Brühl	Wilfried Hansmann, Das Treppenhaus und das Große Neue Appartement des Brühler Schlosses. Studien zur Gestaltung der Hauptraumfolge, Düsseldorf 1972
Hauttmann, Kirchl. Baukunst	Max Hauttmann, Geschichte der kirchlichen Baukunst in Bayern, Schwaben und Franken 1550–1780, München/Berlin/Leipzig 1921
Hegemann, Altarbaukunst	Hans W. Hegemann, Die Altarbaukunst Balthasar Neumanns, Marburg 1937
Hennebo/Hoffmann, Gartenkunst	Dieter Hennebo/Alfred Hoffmann, Geschichte der deutschen Gartenkunst 2, Hamburg 1965
Herrmann, Neue Entwürfe	Wolfgang Herrmann, Neue Entwürfe zur Würzburger Residenz, in: Jahrbuch der preußischen Kunstsammlungen 49, 1928, 111 ff.
Hertz, Werneck	Carmen Hertz, Balthasar Neumanns Schloßanlage zu Werneck, Berlin 1918
Heß, Münsterschwarzach	P. Salesius Heß, Balthasar Neumanns Kirchenbau in Münsterschwarzach, in: Abtei Münsterschwarzach. Festgabe zur Weihe der Kirche, Münsterschwarzach 1938, 1–76
Hirsch, Skizzenbuch	Fritz Hirsch, Das sog. Skizzenbuch Balthasar Neumanns, in: Zeitschrift für Geschichte der Architektur 8, 1912, 22 ff.
Hoffmann, Süddt. Kirchenbau	Ilse Hoffmann, Der süddeutsche Kirchenbau am Ausgang des Barocks. Münchener Beiträge zur Kunstgeschichte II, München 1938
Hofmann, Ehrenhofgitter	Friedrich H. Hofmann, Das Ehrenhofgitter der Residenz in Würzburg, in: Zeitschrift für Denkmalpflege 2, 1927–28, 171–187
Hofmann, B. N.	Walter Jürgen Hofmann, Balthasar Neumann und die Formierung seiner Architektur, in: Jahrbuch für fränkische Landesforschung 42, 1982, 249 ff.
Hofmann, Kolloquium	Walter Jürgen Hofmann, Das Balthasar-Neumann-Kolloquium 1978 in Würzburg, in: Kunstchronik 32, 1979, 322 ff.
Hofmann, Pommersfelden	Walter Jürgen Hofmann, Schloß Pommersfelden. Geschichte seiner Entstehung, Nürnberg 1968
Hojer, Figurenschmuck	Gerhard Hojer, Der Figurenschmuck des Ferdinand Dietz für die Bamberger Seesbrücke, in: Bayerisches Landesamt für Denkmalpflege, 26. Bericht, 1962, 170 ff.

Holst, de Cotte... u. B. N.	Maren Holst, Robert de Cottes Entwurf für die Schleißheimer Schloßkapelle und Balthasar Neumanns Schönbornkapelle am Würzburger Dom, in: Architectura 11, 1981, 147 ff.
Holst, Wölbformen	Maren Holst, Studien zu Balthasar Neumanns Wölbformen, Mittenwald 1981
Hotz, Beiträge	Joachim Hotz, Beiträge zur Kirchenbaukunst Balthasar Neumanns, in: Das Münster 14, 1961, 305 ff.
Hotz, B. N.	Joachim Hotz, Balthasar Neumann als Zeichner und Graphiker, München 1983
Hotz, Gößweinstein	Joachim Hotz, Neugefundener Entwurf für die Wallfahrtskirche Gößweinstein, in: Fränkisches Land (Beilage zum Neuen Volksblatt Bamberg) 8, Nr. 6, 1961
Hotz, Sammlung Eckert	Joachim Hotz, Katalog der Sammlung Eckert aus dem Nachlaß Balthasar Neumanns im Mainfränkischen Museum Würzburg. Quellen und Darstellungen zur Fränkischen Kunstgeschichte 3, Würzburg 1965
Hotz, Skizzenbuch	Joachim Hotz, Das »Skizzenbuch Balthasar Neumanns«: (Univ.-Bibliothek Würzburg, Delin. III); Studien zur Arbeitsweise d. Würzburger Meisters u. zur Dekorationskunst im 18. Jh., Wiesbaden 1981
Hotz, Theres	Joachim Hotz, Die Fassade der Abteikirche Theres, in: Das Münster 14, 1961, 321 ff.
Hotz, Wormser Altar	Joachim Hotz, Balthasar Neumanns Hochaltar im Wormser Dom, in: Der Wormsgau 1965, 9 ff.
Hotz, Zisterzienserklöster	Joachim Hotz, Zisterzienserklöster in Oberfranken, München/Zürich 1982
Hubala, Genie	Erich Hubala, Genie, Kollektiv und Meisterschaft – Zur Autorenfrage der Würzburger Residenzarchitektur, in: Festschrift für Martin Gosebruch, München 1984, 157–170
Hubala u. a., Residenz:	Erich Hubala / Otto Meyer / Wolf-Christian von der Mülbe, Die Residenz zu Würzburg, Würzburg 1984
Katalog »Barock am Bodensee«	Katalog der Ausstellung »Barock am Bodensee – Architektur«, Bregenz 1962
Katalog »Fünf Architekten«	Katalog der Ausstellung »Fünf Architekten aus fünf Jahrhunderten«, herausgegeben von E. Berckenhagen, Berlin 1976
Katalog »Leopold Westen«	Katalog der Ausstellung »Die Ingenieur- und Zeichenakademie des Leopold Westen und ihre Entwicklung 1794–1833«, Bamberg 1986
Katalog »Plan und Bauwerk«	Katalog der Ausstellung »Plan und Bauwerk«, München 1952
Katalog, Stuttgart	Katalog der Ausstellung »Balthasar Neumann in Baden-Württemberg«, Stuttgart 1975
Keller, Treppenhaus	Harald Keller, Das Treppenhaus im deutschen Schloß- und Klosterbau des Barock, München 1936
Keller, B. N.	Josef Keller, Balthasar Neumann, Würzburg 1896
Knapp, B. N.	Fritz Knapp, Balthasar Neumann – Der große Architekt seiner Zeit, Bielefeld/Leipzig 1937
Knapp, Mainfranken	Fritz Knapp, Mainfranken, Würzburg 1937
Knapp, Werke	Fritz Knapp, »Werke Balthasar Neumanns« (Ausstellung in Würzburg), in: Tag für Denkmalpflege und Heimatschutz Würzburg und Nürnberg 1928, Berlin 1929, 43 ff.
Kömstedt, Bauten und Baumeister	Rudolf Kömstedt, Von Bauten und Baumeistern des fränkischen Barocks, aus dem Nachlaß herausgegeben von Hans Reuther, Berlin 1963
Kunstdenkmäler Kitzingen	Die Kunstdenkmäler von Unterfranken und Aschaffenburg III, 2. Stadt und Bezirksamt Kitzingen, München 1911
Kunstdenkmäler Mainzer Kirchen	Die Kunstdenkmäler von Rheinland-Pfalz IV, 1. Mainzer Kirchen St. Agnes bis Hl. Kreuz, München/Berlin 1961
Kunstdenkmäler Pegnitz	Die Kunstdenkmäler von Oberfranken VIII, 2. Landkreis Pegnitz, München 1961
Kunstdenkmäler Schweinfurt	Die Kunstdenkmäler von Unterfranken und Aschaffenburg III, 17. Stadt und Landkreis Schweinfurt, München 1917
Kunstdenkmäler Würzburg	Die Kunstdenkmäler von Unterfranken und Aschaffenburg III, 12. Stadt Würzburg, München 1915. Nachdruck Wien 1981
Kupfer, Forchheim	Konrad Kupfer, Ein Kirchenbauplan Balthasar Neumanns für Forchheim, in: Der Fränkische Schatzgräber (Heimatkundliche Beilage zum Forchheimer Tagblatt) 5, 1927, 65 ff.
Lehmann, Langheim	Edgar Lehmann, Zur Baugeschichte des Zisterzienserklosters Langheim im 18. Jahrhundert, in: Zeitschrift für Kunstgeschichte 19, 1956, 259–277
Lehmann, Neumann	Edgar Lehmann, Balthasar Neumann und das Kloster Langheim, in: Zeitschrift für Kunstgeschichte 25, 1962, 213 ff.
Lietz, Fenster	Sabine Lietz, Das Fenster des Barock, München 1982

Lohmeyer, Baumeister	Karl Lohmeyer, Die Baumeister des rheinisch-fränkischen Barock, in: Wiener Jahrbuch für Kunstgeschichte 5, 1928 (=Baumeister I) und 6, 1929 (=Baumeister II). Dieselbe Arbeit in Buchform: Wien/Augsburg 1931
Lohmeyer, B. N.	Karl Lohmeyer, Balthasar Neumann, in: Mannheimer Geschichtsblätter 1937
Lohmeyer, Schönbornschlösser	Karl Lohmeyer, Schönbornschlösser, Heidelberg 1927
Lohmeyer, Seiz	Karl Lohmeyer, Johannes Seiz. Heidelberger Kunstgeschichtliche Abhandlungen I, Heidelberg 1914
Looshorn, Bamberg	Johann Looshorn, Die Geschichte des Bisthums Bamberg 7, Bamberg 1907
Ludwig, Dachwerke	Franzl Ludwig, Balthasar Neumann, Dachwerke seiner Landkirchen, Berlin 1982
Mainka, Ehrenhofgitter	Eckhard Mainka, Der Figurenschmuck des Ehrenhofgitters der Residenz zu Würzburg, Magisterarbeit Würzburg 1978
Manitz, Dientzenhofer	Bärbel Manitz, Ein Bauconcept Johann Dientzenhofers für Bamberg, in: 117. Bericht des Historischen Vereins Bamberg, 1981, 175–194.
Matsche, Kuppelfresken	Franz Matsche, Die Gestaltung gemalter Entwürfe für Kuppelfresken Johann Evangelist Holzers. Modello für das Vierungskuppelfresko der ehemaligen Benediktinerabtei von Münsterschwarzach, in: Intuition und Darstellung. Festschrift für Erich Hubala, München 1985, 251–261
Maué, Wiener Skulpturen	Claudia Maué, Wiener Skulpturen in Zeichnungen des Würzburger Bildhauers Johann Wolfgang van der Auwera, in: Mainfränkisches Jahrbuch für Geschichte und Kunst 35, 1983, 52 ff.
Mayer, Langheim	Heinrich Mayer, Das Zisterzienserkloster Langheim als Stätte alter Kunst, in: Fränkische Blätter (Beilage zum Fränkischen Tag), Bamberg 1951, 49 ff.
Mayer, Residenzen	Heinrich Mayer, Bamberger Residenzen, Bamberg 1951
Mayer, Umland	Heinrich Mayer, Die Kunst des Bamberger Umlandes, Bd. II, Bamberg 1930
Meintzschel, Welsch	Joachim Meintzschel, Studien zu Maximilian von Welsch. Veröffentlichung der Gesellschaft für Fränkische Geschichte VIII, 2, Würzburg 1963
Meulen, Kuppelräume	Jan van der Meulen, Die Gestaltung des umschreibenden Kreises geometrischer Raumkurven in Balthasar Neumanns sakralen Kuppelräumen, in: Festschrift für Wolfgang Schöne, Berlin 1986, 169 ff.
Möller, Krohne	Hans-Herbert Möller, Gottfried Heinrich Krohne, Berlin 1956
Müller, Heusenstamm	Otto Müller, Balthasar Neumanns Pfarrkirche in Heusenstamm, in: Deutsche Kunst und Denkmalpflege 1956, 35 ff.
Muth, B. N.	Hanswernfried Muth, Balthasar Neumann, Würzburg 1978
Nadler, C. Curé	Ute Nadler, Der Würzburger Hofbildhauer Claude Curé, Würzburg 1974
Neumann, Nachfolger	Franz Georg Neumann, Zwei Nachfolger Balthasar Neumanns. Johann Philipp Geigel und Heinrich Alois Geigel, Würzburg 1927
Neumann, Innenraum	Günther Neumann, Der Innenraum der Benediktinerabtei Neresheim, in: Das Bayerland 48, 1937, 275 ff.
Neumann, Neresheim I	Günther Neumann, Balthasar Neumanns Entwürfe für Neresheim, München 1942
Neumann, Neresheim II	Günther Neumann, Neresheim, München-Pasing 1947
Ortner, B. N.	Eugen Ortner, Der Barockbaumeister Balthasar Neumann, München 1978
Oswald, Vierzehnheiligen	Fritz Oswald, Zur Vorgeschichte der Wallfahrtskirche Vierzehnheiligen bis zum Jahr 1743, in: 97. Bericht des Historischen Vereins Bamberg, 1961, 201–214
Otto, Interiors	Christian F. Otto, Balthasar Neumann's Major Church Interiors, New York 1971
Otto, Space into Light	Christian F. Otto, Space into Light. The Churches of Balthasar Neumann, London 1979
Paschke, Domplatz	Hans Paschke, Der Domplatz und die Anfänge der Promenade in Bamberg, in: Fränkisches Land (Beilage zum Neuen Volksblatt) 9, 1962
Passavant, B. N. oder Hildebrandt	Günter Passavant, Balthasar Neumann oder Johann Lucas von Hildebrandt? – Zum Problem der Kollektivplanung der Schönbornkapelle am Würzburger Dom, in: Alte und moderne Kunst 16, 1971, 6–13
Passavant, Rezension	Günter Passavant, Rezension zu Bruno Grimschitz, Johann Lucas von Hildebrandt, in: Kunstchronik 1960, 197 ff.
Paulus, Schlösser	Helmut-Eberhard Paulus, Die Schönbornschlösser in Göllersdorf und Werneck, Nürnberg 1982
Paulus, Schloßkirche von Werneck	Helmut-Eberhard Paulus, Zu Geschichte und Ausstattung der Schloßkirche von Werneck, in: Jahrbuch der Bayerischen Denkmalpflege 36, 1982, 215 ff.

Paulus, Werneck	Helmut-Eberhard Paulus, Schloß Werneck. Zur Abhängigkeit der ersten, vor 250 Jahren erstellten Pläne von der Gestalt des alten Schlosses, in: Frankenbund, Jahrbuch 1984, 94 ff.
Pröll, Kirchenbauten	Franz Xaver Pröll, Kirchenbauten Balthasar Neumanns (ungedr. Diss.), Würzburg 1936
Renner, Briefe u. Quellen	Michael Renner, Unbekannte Briefe und Quellen zum Wirken Balthasar Neumanns (1728–1753), in: Mainfränkisches Jahrbuch für Geschichte und Kunst 13, 1961, 129–146
Reuther, B. N.	Hans Reuther, Balthasar Neumann. Der mainfränkische Barockbaumeister, München 1983
Reuther, Dachwerke	Hans Reuther, Barocke Dachwerke in Mainfranken, in: Deutsche Kunst und Denkmalpflege 1955, 44 ff.
Reuther, Domfassade	Hans Reuther, Entwürfe zur Umgestaltung der Würzburger Domfassade im 18. Jahrhundert, in: Heiliges Franken 2, 1954, 17–19
Reuther, Einwirkungen	Hans Reuther, Die künstlerischen Einwirkungen von Johann Lucas von Hildebrandt auf die Architektur Balthasar Neumanns, in: Architectura 3, 1973, 58 ff.
Reuther, Etwashausen	Hans Reuther, Eine Variante zu den Baurissen für die Heiligkreuzkirche zu Kitzingen-Etwashausen in der Staatlichen Bibliothek zu Bamberg, in: Heiliges Franken 9, 1961, 1 ff.
Reuther, Franken	Hans Reuther, Dome, Kirchen und Klöster in Franken, Frankfurt 1963
Reuther, Gewölbebau	Hans Reuther, Balthasar Neumanns Gewölbebau, in: Das Münster 6, 1953, 57–65
Reuther, Jesuitenkirche	Hans Reuther, Von St. Michael in München zu St. Michael in Würzburg. Ein Überblick über die Entwicklung der bayerischen Jesuitenkirchen, in: Heiliges Franken 2, 1954, 33–35, 39 f.
Reuther, Kirchenbauten	Hans Reuther, Die Kirchenbauten Balthasar Neumanns, Berlin 1960
Reuther, Kirchenmodelle	Hans Reuther, Die Kirchenmodelle Balthasar Neumanns, in: Heiliges Franken 1, 1953, 29 ff.
Reuther, Konstruktion	Hans Reuther, Die Konstruktion der Treppenarme im Stiegenhaus der Würzburger Residenz, in: Intuition und Darstellung. Festschrift für Erich Hubala, München 1985, 241–250
Reuther, Konstruktionsriß	Hans Reuther, Franz Ignaz Michael Neumanns Konstruktionsriß für Neresheim, in: Zeitschrift für Kunstgeschichte 21, 1958, 40 ff.
Reuther, Landkirchen	Hans Reuther, Die Landkirchen Balthasar Neumanns, in: Zeitschrift für Kunstgeschichte 16, 1953, 154 ff.
Reuther, Limbach	Hans Reuther, Johann Balthasar Neumanns Kirchenbau zu Maria-Limbach, Darmstadt 1948
Reuther, Limbach I	Hans Reuther, Die Baugeschichte und Gestalt der Wallfahrtskirche zu Maria-Limbach, in: Das Münster 2, 1948/49, 355–365
Reuther, Limbach II	Hans Reuther, Balthasar Neumanns Wallfahrtskirche Maria-Limbach, in: Mainfränkisches Jahrbuch für Geschichte und Kunst 5, 1953, 208–229
Reuther, Limbach III	Hans Reuther, Balthasar Neumanns Wallfahrtskirche Maria-Limbach, 2. ergänzte Auflage, Limbach 1960
Reuther, Mainfranken	Hans Reuther, Der spätbarocke Kirchenbau in Mainfranken, in: Zeitschrift für Kunst 1949, 160 ff.
Reuther, Schloßkapelle zu Werneck	Hans Reuther, Die Schloßkapelle zu Werneck und ihre Stellung in der mitteleuropäischen Barockarchitektur, in: Das Münster 21, 1968, 113–120.
Reuther, Schübler u. B. N.	Hans Reuther, Johann Jacob Schübler und Balthasar Neumann, in: Mainfränkisches Jahrbuch für Geschichte und Kunst 7, 1955, 345 ff.
Reuther, Treppenanlagen	Hans Reuther, Studien zu Treppenanlagen Balthasar Neumanns, in: Zeitschrift des Deutschen Vereins für Kunstwissenschaft 2, 1970, 141–174
Reuther, Variante zu Limbach	Hans Reuther, Eine unbekannte Variante zu den Baurissen für Maria-Limbach, in: Mainfränkisches Jahrbuch für Geschichte und Kunst 4, 1952, 359–362
Reuther, Vierzehnheiligen	Hans Reuther, Vierzehnheiligen, München/Zürich 1974
Reuther, Zeichnungen	Hans Reuther, Die Zeichnungen aus dem Nachlaß Balthasar Neumanns. Der Bestand in der Kunstbibliothek Berlin, Berlin 1979
Richter, Lünenschloß	Dorette Richter, Der Würzburger Hofmaler Anton Clemens Lünenschloß (1678–1763), Würzburg 1939
Ritz, Kirchen und Klöster	Josef M. Ritz, Barocke Kirchen und Klöster Unterfrankens, Augsburg 1927
Rizzi, Bruck/Leitha	W. G. Rizzi, Die Barockisierung der ehemaligen Augustinereremitenkirche in Bruck/Leitha und einige neue Beiträge zu den Landkirchenbauten Johann Lucas von Hildebrandts, in: Österreichische Zeitschrift für Kunst und Denkmalpflege 34, 1980, 35 ff.
Rizzi, Kuppelkirchenbauten	W. G. Rizzi, Die Kuppelkirchenbauten Johann Lucas von Hildebrandts, in: Wiener Jahrbuch für Kunstgeschichte, 29, 1976, 121 ff.

Röhlig, Wormser Hochaltar	Ursula Röhlig, Ein Entwurf Balthasar Neumanns für den Hochaltar des Domes zu Worms, in: Münchener Jahrbuch der Bildenden Kunst 19, 1968, 157 ff.
Rose, Spätbarock	Hans Rose, Spätbarock, München 1922
Sauren, Bossi	Helene-Maria Sauren, Antonio Giuseppe Bossi, ein fränkischer Stukkator, Würzburg 1932
Schädler, Gößweinstein	Alfred Schädler, Zur künstlerischen Arbeitsweise beim Bau und bei der Ausstattung der Wallfahrtskirche Gößweinstein, in: Deutsche Kunst und Denkmalpflege 1957, 27–39
Schelter, Vierzehnheiligen	Alfred Schelter, Vierzehnheiligen. Ein Zwischenbericht zur Restaurierung, in: Vom Main zum Jura. Heimatgeschichtliche Zeitschrift für den Landkreis Lichtenfels 3, 1986, 89 bis 110
Schenk, Kirchenbaukunst	Clemens Schenk, Balthasar Neumanns Kirchenbaukunst, Würzburg 1939
Schenk, Neumünster	Clemens Schenk, Die Würzburger Neumünsterfassade und ihre künstlerische Herkunft, in: Kunst in Mainfranken 1942, 19–30
Scherf, Etwashausen	Andreas Scherf, Die Kreuzkirche zu Kitzingen-Etwashausen, in: Fränkische Monatshefte 1932, 138 ff.
Schmitt, Kirchenfassaden	Charlotte Schmitt, Ein- und Zweiturmkirchenfassaden im fränkischen Barock, Frankfurt 1945
Schmorl, B. N.	Th. A. Schmorl, Balthasar Neumann, Räume und Symbolik des Spätbarock, Hamburg 1946
Schneider, Etwashausen	Erich Schneider, Balthasar Neumann und die Michaelskirche der Protestanten zu Kitzingen-Etwashausen, in: Jahrbuch für fränkische Landesforschung 39, 1979, 139 ff.
Schneider, Münsterschwarzach	Erich Schneider, Die barocke Benediktinerabteikirche Münsterschwarzach, Neustadt/Aisch 1984
Schnell, Käppele	Hugo Schnell, Das Käppele Würzburg, München 1938
Schütz, B. N.	Bernhard Schütz, Balthasar Neumann, Freiburg/Basel/Wien 1986
Schütz, Jesuitenkirche	Bernhard Schütz, Balthasar Neumanns Jesuitenkirche in Mainz und die Pläne für die Jesuitenkirche in Würzburg, in: Mainzer Zeitschrift 73/74, 1978/79, 49 ff.
Schulten, Kreuzberg	P. Walter Schulten, Bonn – Wallfahrtskirche auf dem Kreuzberg. Rheinische Kunststätten, Neue Folge, Neuß 1960
Seberich, Stadtbefestigung	Franz Seberich, Die Stadtbefestigung Würzburgs. 1. Teil: Mittelalter. Mainfränkische Hefte 39, Würzburg 1962
Sedlmaier, Grabmäler	Richard Sedlmaier, Wolfgang van der Auweras Schönborngrabmäler im Mainfränkischen Museum und die Grabmalkunst der Schönborn-Bischöfe. Mainfränkische Hefte 23, Würzburg 1955
Sedlmaier/Pfister, Residenz	Richard Sedlmaier/Rudolf Pfister, Die fürstbischöfliche Residenz zu Würzburg. Text- und Tafelband, München 1923
Suppinger, Kulturdenkmäler	Erwin Suppinger, Technische Kulturdenkmäler. Die alte Mainbrücke und der alte Mainkranen in Würzburg, Würzburg 1928
Teufel I	Richard Teufel, Vierzehnheiligen, Berlin 1936
Teufel II	Richard Teufel, Vierzehnheiligen, 2. veränderte Auflage, Lichtenfels 1957
Teufel, B. N.	Richard Teufel, Balthasar Neumann – Sein Werk in Oberfranken, Lichtenfels 1953
Teufel, Kunstbuch	Richard Teufel, Die Wallfahrtskirche Vierzehnheiligen. Süddeutsche Kunstbücher 20, Wien 1923
Teufel, Pläne	Richard Teufel, Der geometrische Aufbau der Pläne der Wallfahrtskirche Vierzehnheiligen, in: Zeitschrift für Kunstgeschichte 10, 1941/42, 163–167
Teufel, Vierzehnheiligen	Richard Teufel, Die Wallfahrtskirche Vierzehnheiligen 1743–1772, München 1922
Thies, Grundrißfiguren	Harmen Thies, Grundrißfiguren Balthasar Neumanns. Zum maßstäblich-geometrischen Rißaufbau der Schönbornkapelle und der Hofkirche in Würzburg, Florenz 1980
Treeck, F. I. M. Neumann	Peter van Treeck, Franz Ignaz Michael von Neumann, Würzburg 1973
Trenschel, Vorstudien	Hans-Peter Trenschel, Zur Rolle der Vorstudien bei Johann Wolfgang van der Auwera und Johann Peter Wagner, in: Entwurf und Ausführung in der europäischen Barockplastik, München 1986, 215 ff.
Trenschel, Wagner	Hans-Peter Trenschel, Die kirchlichen Werke des Würzburger Hofbildhauers Johann Peter Wagner. Veröffentlichungen der Gesellschaft für Fränkische Geschichte VIII, 4, Würzburg 1968
Tüchle/Weißenberger, Neresheim	H. Tüchle/P. Weißenberger (Hrsg.), Die Abteikirche Neresheim, Neresheim 1975

Ulrich, Neresheim	Michael Ulrich, Untersuchungen zum Tragverhalten barocker Holzkuppeln am Beispiel der Vierungskuppel in der Abteikirche Neresheim, Karlsruhe 1974
Weiler, F. I. M. Neumann	Clemens Weiler, Franz Ignaz Michael von Neumann, in: Mainzer Zeitschrift 32, 1937, 1 ff.
Weis, Odenheim	Markus Weis, Franz Ignaz Michael von Neumanns Entwurf zur Pfarrkirche von Odenheim »in forme eines ganz oval-Dome gebaues«, in: Jahrbuch der Staatlichen Kunstsammlungen in Baden-Württemberg 21, 1984, 97 ff.
Weißenberger, Neresheim	P. Paulus Weißenberger, Baugeschichte der Abtei Neresheim, Stuttgart 1934
Zeller, B. N.	Adolf Zeller, Balthasar Neumann und seine Arbeitsweise, in: Zeitschrift für Bauwesen 78, 1928, 127 ff.

Register der Personen
Die Hinweise des Registers beziehen sich auf die Seitenzahlen

Auwera, Johann Wolfgang von der, Bildhauer   12, 94, 95, 96, 98, 99, 100, 101, 102, 104, 105, 111, 112

Balbus, Christoph, Abt von Münsterschwarzach   107
Bayer, Georg, Architekt   12, 20
Bettendorf, Lothar Franz Melchior Philipp von, Domherr in Würzburg   90
Boffrand, Germain, Architekt   12, 22, 23, 73, 84, 99, 109
Bossi, Antonio, Stukkateur   93, 97, 98, 103, 110
Byss, Johann Rudolf, Maler   12, 93, 96, 97, 99, 100, 103, 104

Cotte, Robert de, Architekt   69, 76, 77, 84
Creuznacher, L. S., Artillerieleutnant   112
Curé, Claude, Bildhauer   12, 98, 100, 109

Dientzenhofer, Johann Leonhard, Architekt   12, 36, 38
Dorn, Sebastian, Kupferstecher   106, 107

Elisabeth Christine Prinzessin von Braunschweig   112
Endres, Johann Georg, Zeichner und Kupferstecher   83

Faber, Christoph, Maurer   12
Faber, Karl, Maurer   12
Finck, Lorenz, Architekt   63, 81
Fischer, Johann Georg Bernhard, Zeichner   19, 30, 99
Fischer, Johann Michael, Architekt   13, 59, 67, 78, 84, 90
Fülcken, Johann Jacob, Gärtner   91

Geigel, Aloys Heinrich, Architekt   11, 13, 63, 90
Geigel, Philipp, Architekt   11, 13, 62, 84
Greiffenclau, Carl Philipp von, Fürstbischof von Würzburg   62, 78
Greising, Joseph, Architekt   90
Groenesteyn, Anselm Franz Freiherr von Ritter zu, Architekt   53
Gutwein, Johann Balthasar, Kupferstecher   12, 65, 66, 86, 94, 96, 102, 104, 107

Haas, Johann Caspar, Zimmermann   35
Hartmann, Johann David, Hofkammerrat in Würzburg   90

Heller, Ignatius, Gärtner   80
Hennicke, Georg, Stukkateur-Architekt   12, 20, 21, 111
Hildebrandt, Johann Lucas von, Architekt   10, 11, 12, 18, 19, 24, 63, 64, 65, 66, 70, 71, 72, 74, 75, 86, 87, 94, 95, 96, 102, 104, 105
Hutten, Christoph Franz von, Fürstbischof von Würzburg   105, 106, 107, 111

Innozenz XI., Papst   112

Karl VI., Kaiser   112
Kayser, Johann Wilhelm, Zeichner   76
Kayser, Joseph, Gärtner   81
Kesselstadt, Franz Karl Willibald von, Domherr in Würzburg   90
Klauber, Kupferstecher   83
Koch, Architekt   52
Krohne, Gottfried Heinrich, Architekt   12, 33, 35, 36
Küchel, Johann Jacob Michael, Architekt   35, 52, 56, 82, 88

Lang, Johann, Zeichner   53
Le Rouge, Kupferstecher   79, 80, 81
Löffler, Jakob, Zimmermann   75
Löffler, Johann Jacob, Zimmermann   13, 20, 91
Löffler, Thomas Jacob, Zimmermann   90, 91
Lünenschloß, Anton Clemens, Maler   12, 103, 107, 109, 110

Madler, Joseph Clemens, Zimmermann   58, 84
Mayer, Johann Prokop, Gärtner   13, 80, 81
Mattern, Carl Maximilian, Schreiner   14
Müller, Johann, Maurer   52
Müller, Leutnant   94

Neumann, Balthasar, Architekt passim
Neumann, Franz Georg, Zeichner   11
Neumann, Franz Ignaz Michael, Architekt   9, 10, 12, 13, 35, 44, 54, 58, 60, 61, 78, 79, 81, 84, 86, 89, 90
Neumann, Valentin Franz, Dechant von Stift Neumünster in Würzburg   9
Neussel, Georg, Zeichner   54

Roppelt, Johann Georg, Architekt 58
Rosenzweig, Johann Friedrich d.J., Ingenieur 83
Rossi, Giacomo de, Kupferstecher 112

Salver, Johann, Kupferstecher 77, 79
Schmitt, Johann Michael, Maurer 45, 48, 58
Schmitt, Wolfgang, Zeichner 108
Schönborn, Anselm Franz von, General 111
Schönborn, Damian Hugo von, Fürstbischof von Speyer und
    Konstanz 105, 108
Schönborn, Friedrich Carl von, Fürstbischof von Würzburg und
    Bamberg 12, 54, 66, 67, 72, 94, 95, 100, 102, 103, 106, 107, 108
Schönborn, Johann Philipp von, Kurfürst-Erzbischof von Mainz
    sowie Fürstbischof von Würzburg und Worms 105, 109, 110,
    111, 112
Schönborn, Johann Philipp Franz von, Fürstbischof von
    Würzburg 18, 19, 21, 22, 23, 109, 110
Schönborn, Lothar Franz von, Kurfürst-Erzbischof von Mainz
    sowie Fürstbischof von Bamberg 110, 111, 112
Schönborn, Maria Theresia von 111
Schwab, Januarius, Abt von Münsterschwarzach 107
Seiz, Johannes, Architekt 17, 50, 101
Stahl, Johann Leonhard, Architekt 9, 13, 41, 88, 89

Tatz, Joseph Raphael, Zeichner 65, 67, 77
Thoman, Johann Valentin, Architekt 61
Tietz, Ferdinand, Bildhauer 105
Trexler, Balthasar, Maurer 55

Weigand, Georg Friedrich, Kupferstecher 108
Welsch, Maximilian von, Architekt 12, 17, 18, 21, 35, 77, 103,
    111
Westen, Leopold, Ingenieur 83

Zick, Januarius, Maler 14
Zick, Johannes, Maler 14

Register der Orte
Die Hinweise des Registers beziehen sich auf die Seitenzahlen

Bamberg, Dom 99
- Domherrnhof Rotenhan, siehe Erzbischöfliches Palais
- Domplatz 81
- Erthalscher Hof (Obere Carolinenstraße 7) 9, 84
- Erzbischöfliches Palais 87, 88
- Rathaus 82
- Seesbrücke 10, 82, 83
- Untere Brücke 82
- Zobelhof, siehe Erthalscher Hof

Bonn-Poppelsdorf, Hl. Stiege 60
Bruchsal, Pfarrkirche St. Peter 105, 108
- Schloß 14
- Stadtkirche 93
- Stiftsdechanei 9, 13, 88, 89
Brühl, Schloß Augustusburg 99
- Schloßkirche 98
Burgebrach, Pfarrkirche 9, 45

Dettelbach, Pfarrkirche 9, 52
Dittigheim, Pfarrkirche 9, 49, 50

Euerbach, Pfarrkirche 46
Euerdorf, Pfarrkirche 9
Eyershausen, Pfarrkirche 48

Forchheim, Spitalkirche 9, 58
Fulda, Dom 58

Gemeinfeld, Pfarrkirche 9, 45
Göllersdorf, Loretokirche 12, 65, 94
- Pfarrkirche 9, 12, 63, 64, 65, 66, 96
- Schloß Schönborn 86, 87
- Spital 12
Gößweinstein, Pfarr- und Wallfahrtskirche 9, 52, 53, 105
Grafenrheinfeld, Pfarrkirche 9, 47, 51

Heusenstamm, Pfarrkirche 50, 55, 56, 111
Höchberg, Pfarrhof 90
Höpfingen 45
- Pfarrkirche 9, 48

Hofheim 45
Hollfeld, Pfarrkirche 10
Holzkirchen, Propsteikirche 54, 55

Kitzingen, Stadtpfarrkirche 60
- Etwashausen, Heiligkreuzkirche 10, 12, 56, 57, 106, 107
Klosterlangheim, Abteikirche und Kloster 9, 10, 12, 13, 35, 36, 37, 38, 39
Königshofen 45, 48

Langheim, siehe Klosterlangheim

Mainz, Dom 105, 110, 111, 112
- Jesuitenkirche 9, 61
Maria-Limbach, Wallfahrtskirche 12, 53, 54, 60, 91
Merkershausen, Pfarrkirche 9, 12, 45
Michelau, Pfarrkirche 9, 46, 48
Münsterschwarzach, Abteikirche 9, 11, 12, 13, 27, 28, 29, 30, 60, 107

Neresheim 12
- Abteikirche 9, 11, 12, 13, 39, 40, 41, 42, 43, 44
Neustadt a. d. Saale, Pfarrkirche 9, 58

Oberlauda, Pfarrkirche 48
Obertheres, Abteikirche 59
Odenheim, Pfarrkirche 58

Paris 13
Prag, Hl. Stiege im Karlshof 60

Retzbach, Pfarrkirche 9, 48
Rödelmeyer, Pfarrkirche 9
Röthlein, Pfarrkirche 9, 47
Rom, Kirche S. Nicolo da Tolentino 58
- Palazzo Farnese 112
- St. Peter 112

Seehof bei Bamberg, Schloß 9, 10, 83
Schnackenwerth, Pfarrkirche 9, 46

Schonungen, Pfarrkirche 9, 45
Schraudenbach, Filialkirche 47
Speyer, Klosterkirche St. Klara 102
Stranzendorf, Pfarrkirche 12, 64, 94, 95, 96

Trier, Pfarrkirche St. Paulin 97, 100, 101

Unterzell, Propstei 9

Veitshöchheim, Schloß 87
Vierzehnheiligen, Wallfahrtskirche 10, 11, 12, 30, 31, 32, 33, 34, 35

Weierburg, Filialkirche 12, 64, 65
Werneck, Schloß 10, 11, 65, 66, 67, 68
– Schloßkirche 10, 12, 108
Wien 11, 13
– Hofburg 87
Wiesentheid, Gartenhaus 91
– Pfarrkirche 9, 50, 51
Worms, Dom 102
Würzburg 9, 10, 11, 12, 13, 14, 15
– Alter Kranen 10, 13, 84, 85, 86
– Alte Universität 90
– Augustinerkirche (ehemalige Dominikanerkirche) 9, 59
– Bischöfliche Kanzlei (Salhof) 20
– Dom 9, 17, 18, 19, 22, 24, 108, 111
– – Schönbornkapelle 11, 12, 13, 20, 21, 22, 23, 24, 99, 100, 109, 110, 111
– Domherrnhof Osternach (Hofstraße 5) 13, 90
– Hüberspflege 90
– Ehemals Huttensches Palais (Rotkreuzklinik, Kapuzinerstraße 2) 89, 90
– Jesuitenkirche St. Michael 13, 61, 62
– Juliusspital 87
– Käppele 13, 25, 26, 27, 55, 57
– Kloster St. Afra 78, 79, 81
– Lagerhaus am Alten Kranen 86
– Marienkapelle 98
– Neumünster 9, 11, 20

– »Petrini-Schlößchen« 68
– Regierungsgebäude auf dem Kürschnerhof 9
– Residenz 10, 11, 12, 13, 68, 69, 70, 71, 72, 73, 74, 75, 76, 77, 78, 81, 83, 100
– – Ehrenhofgitter 75, 76, 77
– – Hofgarten 10, 13, 77, 78, 79, 80, 81
– – Hofkirche 10, 74, 75, 94, 95, 96, 97, 98, 99, 100, 102, 103, 104, 105
– – Kirche im Oval 74, 77, 102, 103
– – Pferdeschwemme 86
– – Wirtschaftsgebäude 75, 77, 78
– Rotkreuzklinik, siehe Huttensches Palais
– Salhof 20
– Schottenkloster St. Jakob 19
– Stift Haug 59
– Universität 9

Zell, Propsteikirche 46

Ikonographisches Register
Die Hinweise des Registers beziehen sich auf die Seitenzahlen

Aaron 104
Hl. Andreas 108
Hl. Antonius von Padua 102
Auferstehung der Toten 109
Auge Gottes 94, 101
Hl. Augustinus 21

Hl. Barbara 21
Hl. Bonifatius 21
Hl. Bruno 108
Brutus, Junius 103
Bucephalus 86

Caritas 22, 94, 104, 105, 110, 111, 112
Christus, Auferstehung 99
– auferstandener 112
– Beweinung 99
– Grab 100
– Knabe 94
– Kreuzigung 94
Chronos 106, 110, 111, 112
Clodeveus 106
Clodilta 106
Clodius 106

Hl. Dominikus 94
Hl. Dreifaltigkeit 93, 96, 98, 104

Ecclesia 106
Hl. Elisabeth 102
Engelssturz 97
Erzengel 104

Fama 109, 110, 111
Franconia 111
Fides 94, 104, 111, 112
Hl. Franz von Assisi 102
Frieden, siehe Pax

Glaube, siehe Religio

Heilige, weiblich 94, 96, 98
– männlich 20
– unbekannt 94
– mit Palmzweig 97
Heiliger Geist 93, 95
Historia 106
Hludovicus (Ludwig) 106
Hoffnung, siehe Spes

Hl. Johannes Evangelist 21, 95, 96, 104, 105
Hl. Johann von Nepomuk 21
Hl. Johannes der Täufer 95
Justitia 106, 109

Hl. Katharina 21
Kentauren 86
Hl. Kilian 21, 107, 108
Kirchenväter 97
Hl. Klara 102
Hl. Kolonat 107, 108

Liebe, siehe Caritas
Longinus 94
Lucretia 103

Maria 104
– Gravida 57
– Himmelfahrt 93
– Immaculata 91, 98, 102
– mit Kind 57
– Krönung 97, 105
– Patrona Franconiae 57
– Verkündigung 98
Hl. Magdalena 98, 100, 104
Hl. Markus 21, 95, 96, 104, 105
Hl. Martin 66
Merovenus 106
Hl. Michael 105
Moenus 111
Moses 104

Hl. Nikolaus   26

Hl. Paulus   93, 95, 97, 102, 104
Pax   105, 112
Pegasus   86
Petronilla   93
Hl. Petrus   93, 94, 95, 102, 104
Pietà   24, 99
Potestas   107
Prudentia   105, 106, 109, 112

Religio   21, 50, 105, 106, 109, 110

Hl. Sebastian   21, 95
Spes   21, 22, 50, 104, 105, 111, 112

Hl. Thekla   93
Tod   109, 110, 111
Hl. Totnan   107, 108
Trinität, siehe Dreifaltigkeit

Weisheit, siehe Prudentia
Würzburg, Personifikation   106, 107

Nachweis der Bildvorlagen

Die Tafeln der erhaltenen Pläne wurden nach den Originalen im Mainfränkischen Museum Würzburg angefertigt.

Vorlagen der Abbildungen:

Institut für Kunstgeschichte der Universität Würzburg:
SE 47[+], SE 52[+], SE 56[+], SE 63[+], SE 70[+], SE 72[+], SE 73[+], SE 92[+], SE 104[+], SE 107[+], SE 137[+], SE 149[+], SE 151[+], SE 156[+], SE 158[+], SE 160[+], SE 170[+], SE 171[+], SE 173[+], SE 178[+], SE 184[+], SE 186[+], SE 191[+], SE 193[+], SE 207[+], SE 213[+], SE 219[+], SE 236[+], SE 246[+], SE 259[+], SE 261[+], SE 264[+], SE 265[+], SE 267[+], SE 274a[+], SE 274b[+], SE 275[+], SE 286[+], SE 289[+], SE 292[+], SE 300[+], SE 301[+], SE 330[+], SE 335[+], SE 346[+], SE 375[+];
SE I[+], SE V[+], SE VI[+], SE VIII[+], SE IX[+], SE XVIII[+], SE XX[+], SE XXVII[+], SE XXVIII[+], SE XXX[+], SE XXXII[+], SE XXXIV[+], SE XXXVIII[+], SE XXXIX[+], SE XXXXII[+], SE LI[+], SE LVI[+], SE LVIII[+], SE LXI[+], SE LXIV[+], SE LXIX[+], SE LXXII[+], SE LXXIII[+], SE LXXVII[+], SE LXXX[+], SE LXXXI[+], SE LXXXVIII[+], SE LXXXX[+], SE CI[+].

Institut für Kunstgeschichte der Universität Würzburg, Nachlaß Professor Schenk:
SE 14[+], SE 15[+], SE 16[+], SE 18[+], SE 44[+], SE 216[+], SE 247[+], SE 253[+], SE 297[+], SE 313[+], SE 314[+], SE 321[+], SE 323[+], SE 325[+], SE 331[+], SE 386[+], SE 387[+], SE 388[+], SE 389[+];
SE Va[+], SE X[+], SE XI[+], SE XII[+], SE XIV[+], SE XV[+], SE XVI[+], SE XIX[+], SE XXII[+], SE XXVI[+], SE XXXI[+], SE XXXIII[+], SE XXXVII[+], SE XXXXVI[+], SE XXXXVII[+], SE XXXXVIII[+], SE XXXXIX[+], SE L[+], SE LVII[+], SE LIX[+], SE LXVI[+], SE LXVIII[+], SE LXXIV[+], SE LXXV[+], SE LXXIX[+], SE LXXXV[+], SE LXXXVI[+], SE LXXXXI[+], SE LXXXXII[+], SE LXXXXV[+], SE LXXXXVII[+], SE LXXXXVIII[+], SE LXXXXIX[+], SE CIIIa[+], SE CIIIb[+], SE CIV[+], SE CV[+], SE CX[+], SE CXII[+], SE CXIII[+], SE CXIV[+], SE CXV[+], SE CXVI[+], SE CXVII[+], SE CXVIII[+], SE CXIX[+], SE CXX[+], SE CXXIIa[+], SE CXXIIb[+], SE CXXIII[+], SE CXXIV[+], SE CXXV[+], SE CXXVI[+], SE CXXVIII[+], SE CXXIX[+].

Mainfränkisches Museum Würzburg:
SE 7[+], SE 10[+], SE 79[+], SE 143[+], SE 146[+], SE 147[+], SE 148[+], SE 159[+], SE 161[+], SE 163[+], SE 164[+], SE 165[+], SE 166[+], SE 167[+], SE 168[+], SE 174[+], SE 214[+], SE 222[+], SE 224[+], SE 227[+], SE 237[+], SE 238[+], SE 239[+], SE 240[+], SE 241[+], SE 242[+], SE 244[+], SE 245[+], SE 249[+], SE 254[+], SE 255[+], SE 256[+], SE 257[+], SE 263[+], SE 268[+], SE 269[+], SE 271[+], SE 279[+], SE 288[+], SE 290[+], SE 294[+], SE 302[+], SE 303[+], SE 305[+], SE 307[+], SE 308[+], SE 322[+], SE 332[+], SE 334[+], SE 338[+], SE 339[+], SE 342[+], SE 344[+], SE 361[+], SE 362[+], SE 363[+], SE 364[+], SE 365[+], SE 366[+], SE 367[+], SE 368[+], SE 371[+], SE 376[+], SE 377[+], SE 390[+], SE 397[+], SE 416[+];
SE Ia[+], SE II[+], SE III[+], SE IV[+], SE Vb[+], SE VII[+], SE XIII[+], SE XXI[+], SE XXIII[+], SE XXV[+], SE XXXV[+], SE XXXVI[+], SE XXXXIII[+], SE XXXXIV[+], SE XXXXV[+], SE LX[+], SE LXII[+], SE LXIIa[+], SE LXIII[+], SE LXV[+], SE LXVII[+], SE LXX[+], SE LXXI[+], SE LXXVIII[+], SE LXXXII[+], SE LXXXIII[+], SE LXXXIV[+], SE LXXXVII[+], SE LXXXIX[+], SE LXXXXIII[+], SE LXXXXIV[+], SE LXXXXVI[+], SE C[+], SE CII[+], SE CVI[+], SE CVII[+], SE CVIII[+], SE CIX[+], SE CXI[+], SE CXXI[+], SE CXXVII[+].

Abbildungen

Abb. 1: *Würzburg, Dom, SE 7+*

Abb. 2: *Würzburg, Dom, SE 10⁺*

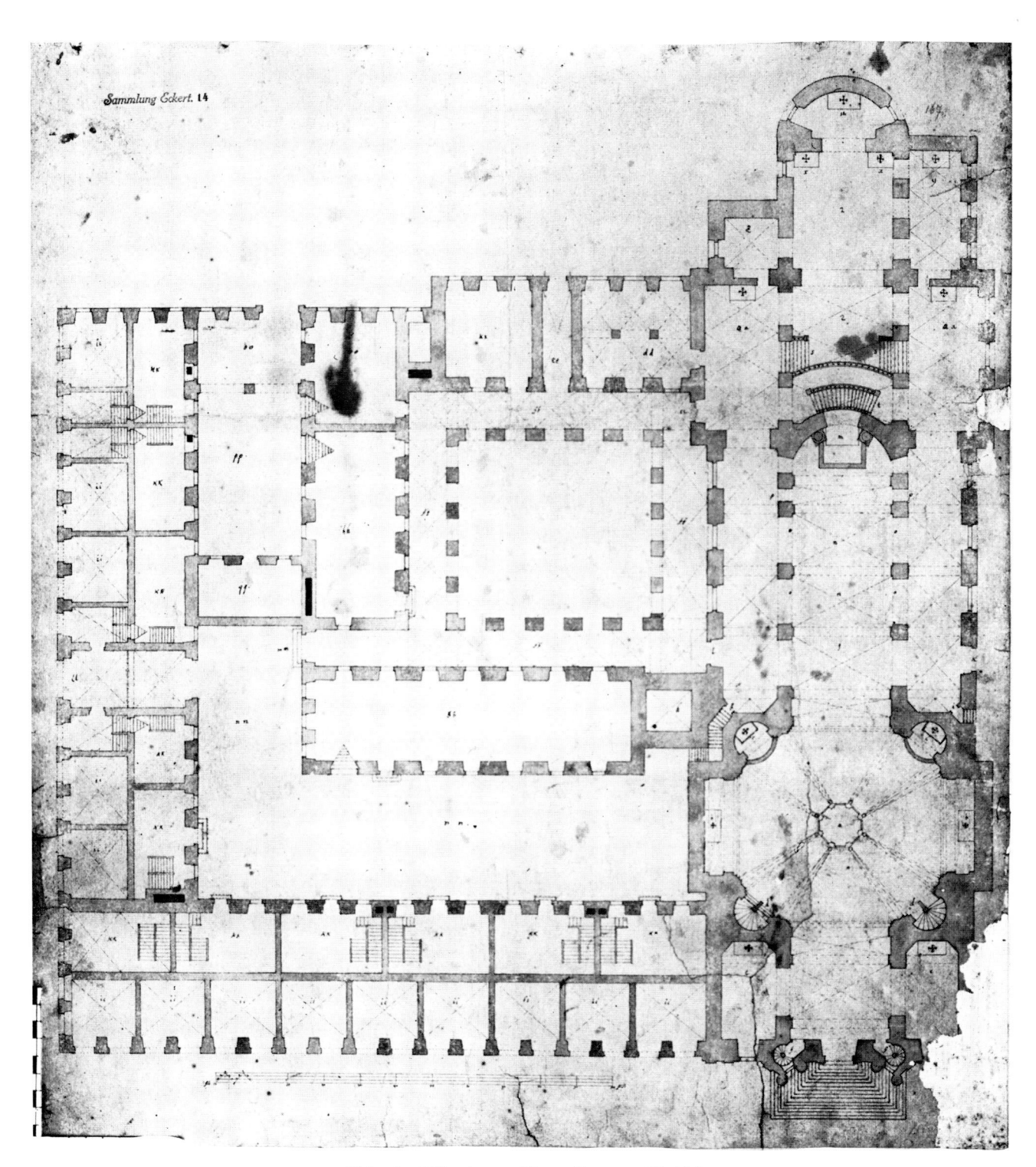

Abb. 3: *Würzburg, Neumünster, SE 14+*

Abb. 4: *Würzburg, Neumünster, SE 15+*

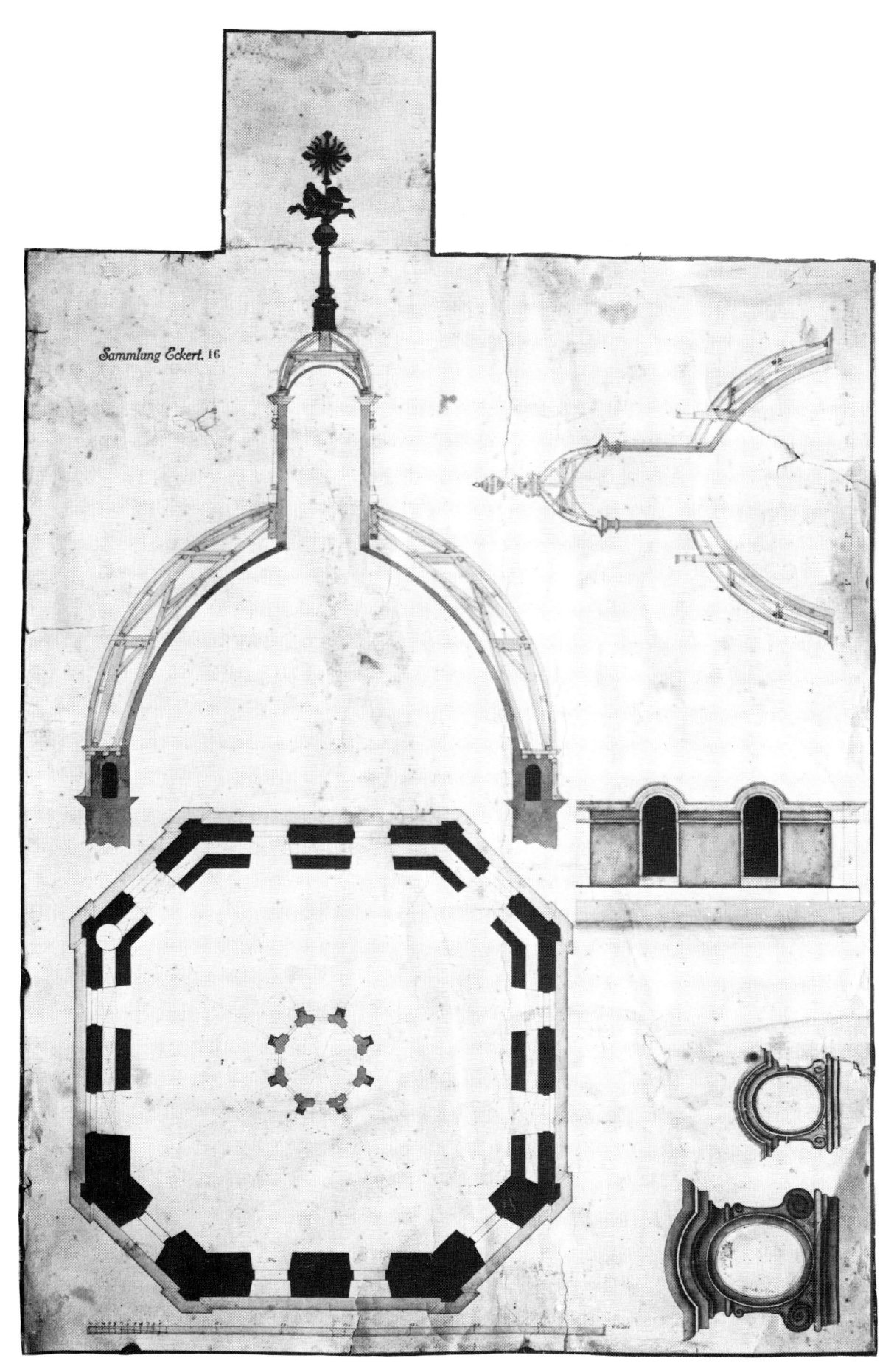

Abb. 5: *Würzburg, Neumünster, SE 16+*

Abb. 6: *Würzburg, Neumünster, SE 18+*

Abb. 7: *Würzburg, Schönbornkapelle, SE 44+*

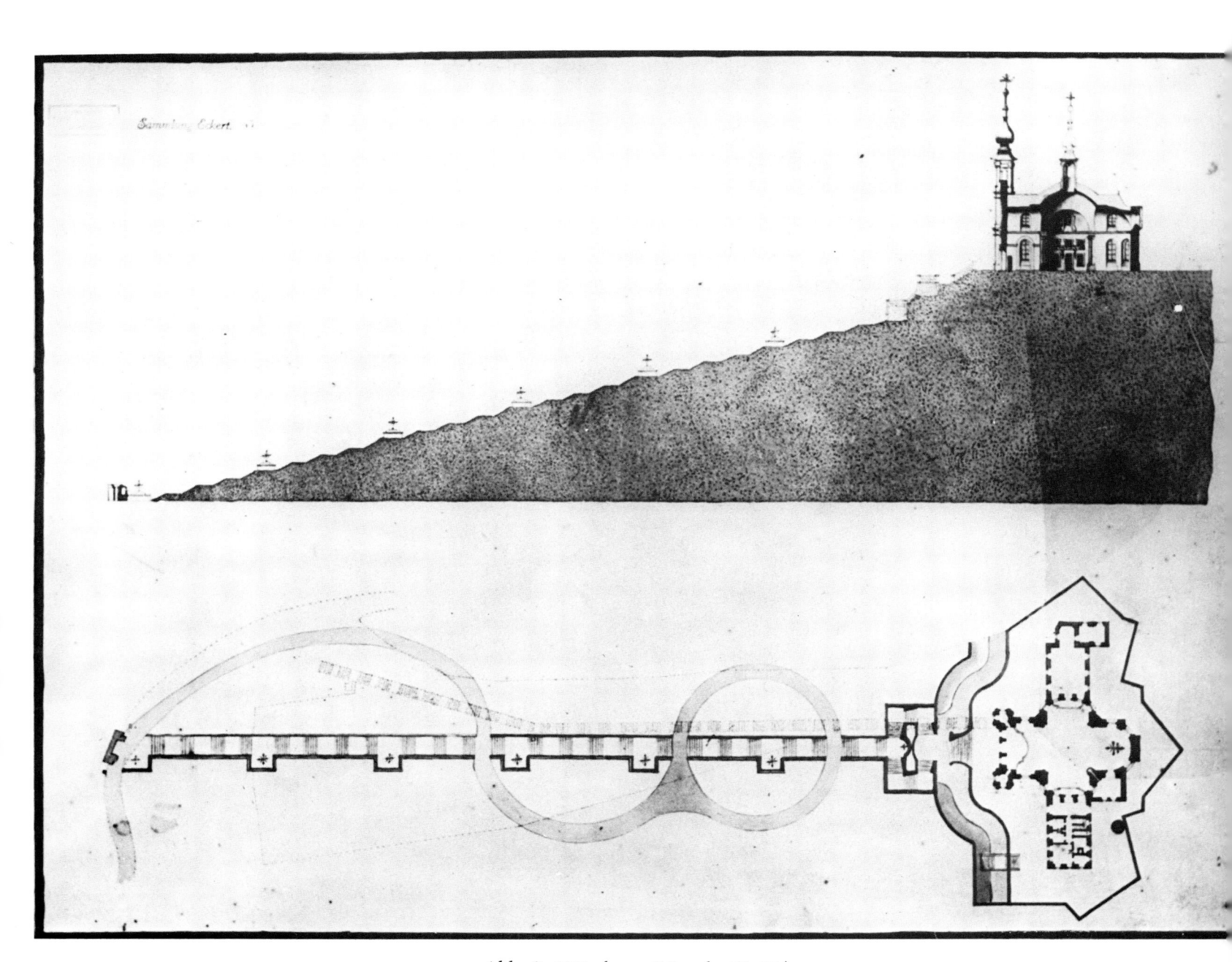

Abb. 8: *Würzburg, Käppele, SE 47+*

Abb. 9: *Würzburg, Käppele, SE 52⁺*

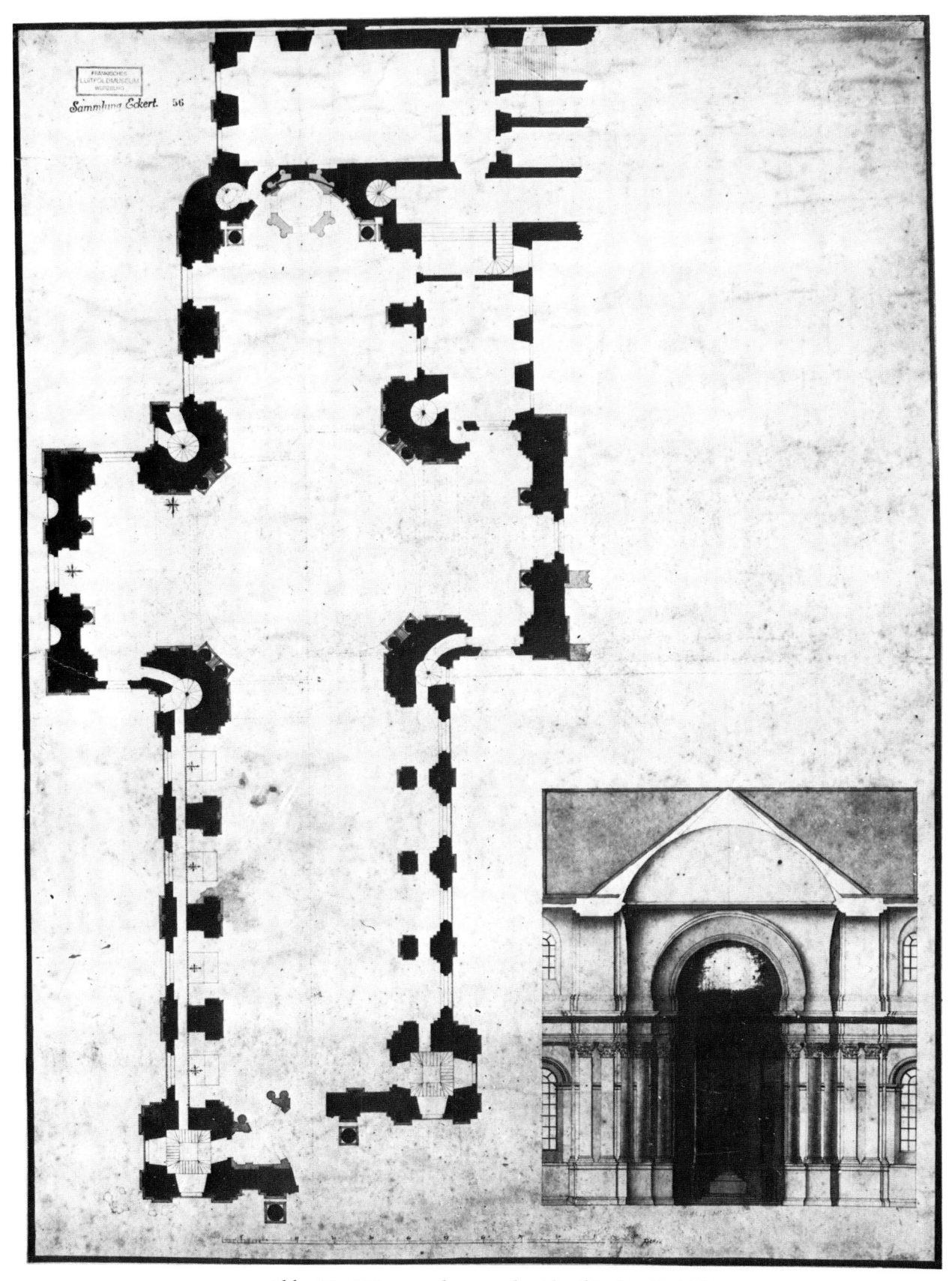

Abb. 10: *Münsterschwarzach, Abteikirche, SE 56⁺*

Abb. 11: *Münsterschwarzach, Abteikirche, SE 63*[+]

Abb. 12: *Münsterschwarzach, Abteikirche, SE 70+*

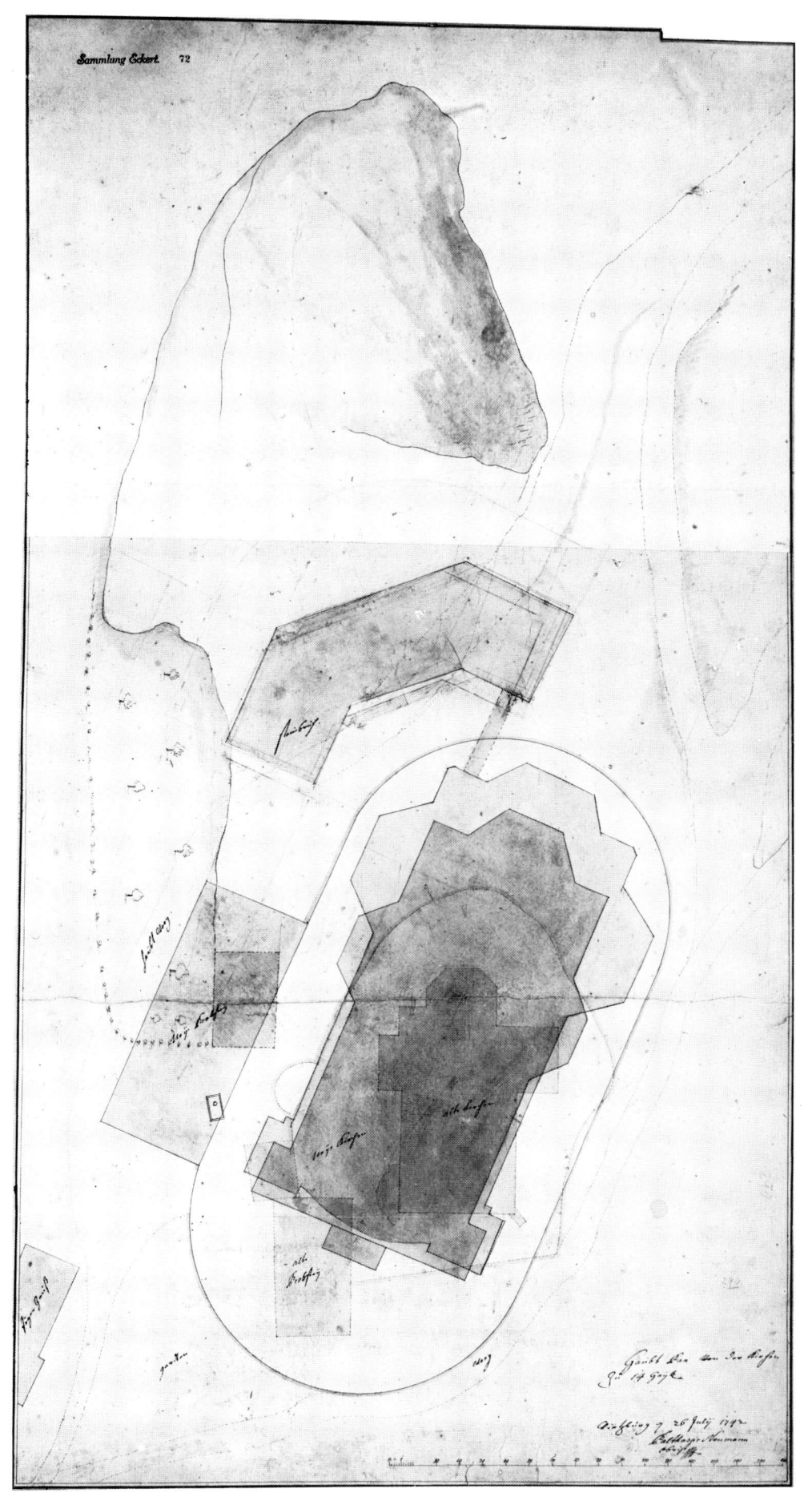

Abb. 13: *Vierzehnheiligen, Wallfahrtskirche, SE 72+*

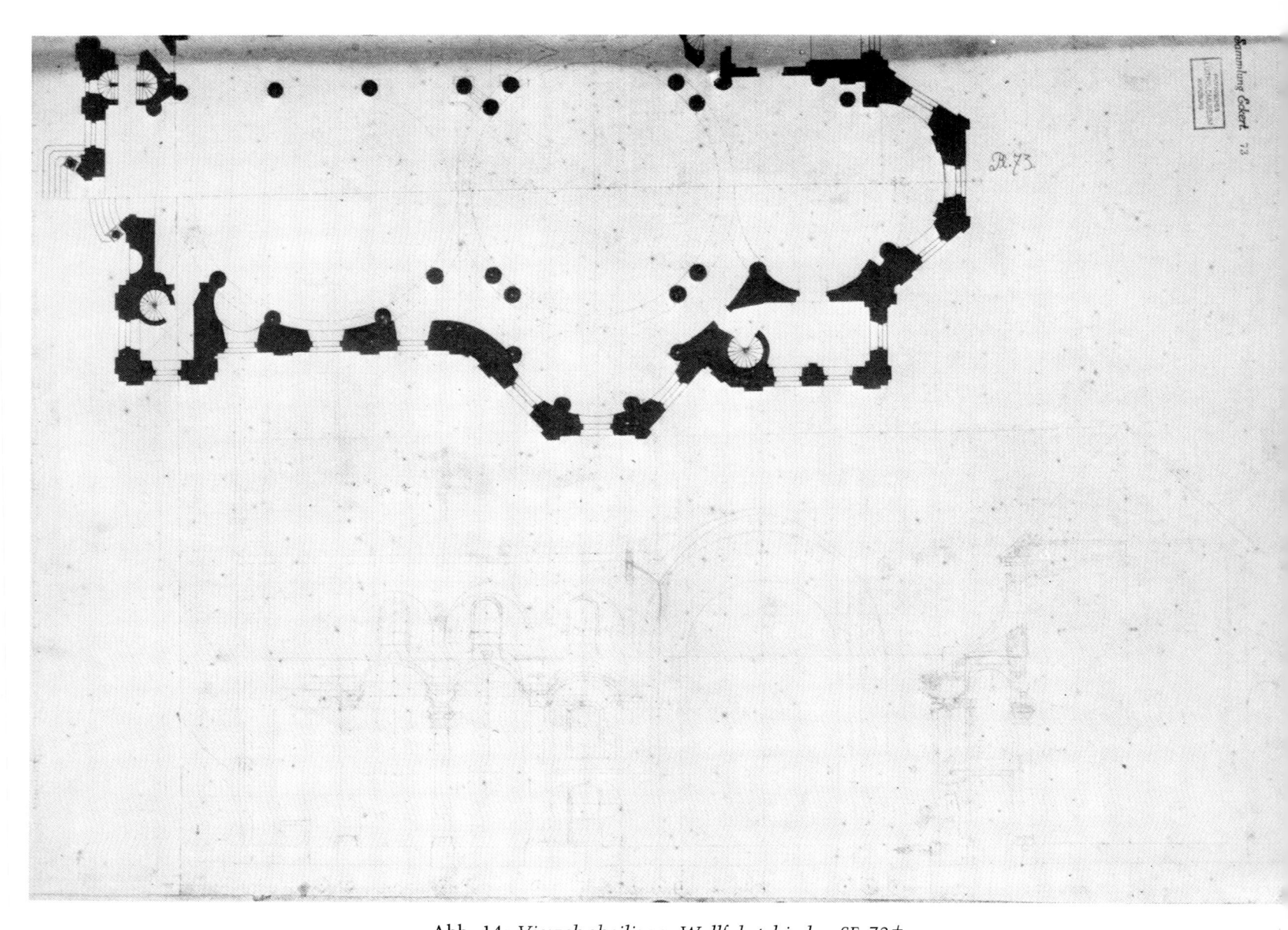

Abb. 14: *Vierzehnheiligen, Wallfahrtskirche, SE 73+*

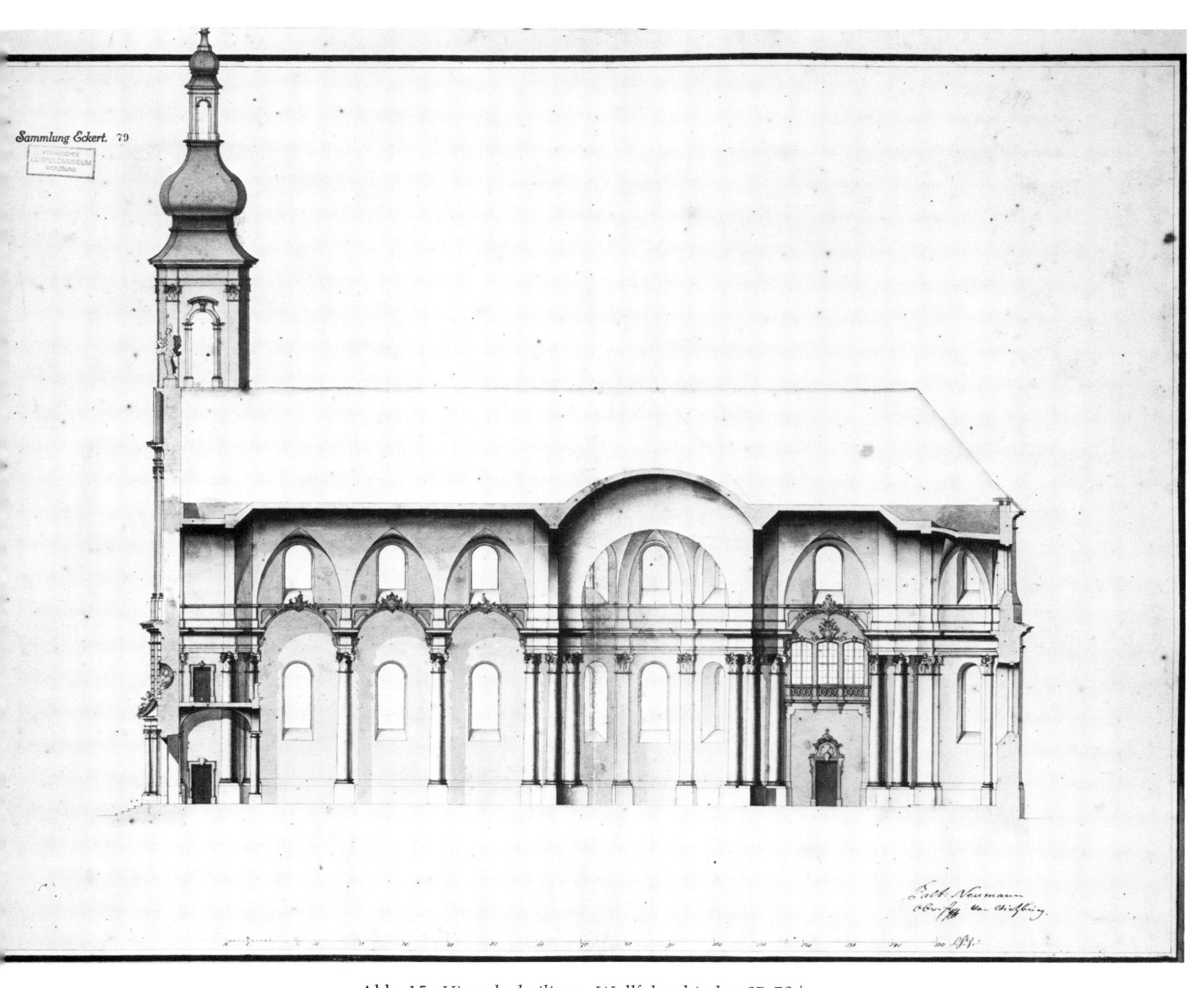

Abb. 15: *Vierzehnheiligen, Wallfahrtskirche, SE 79⁺*

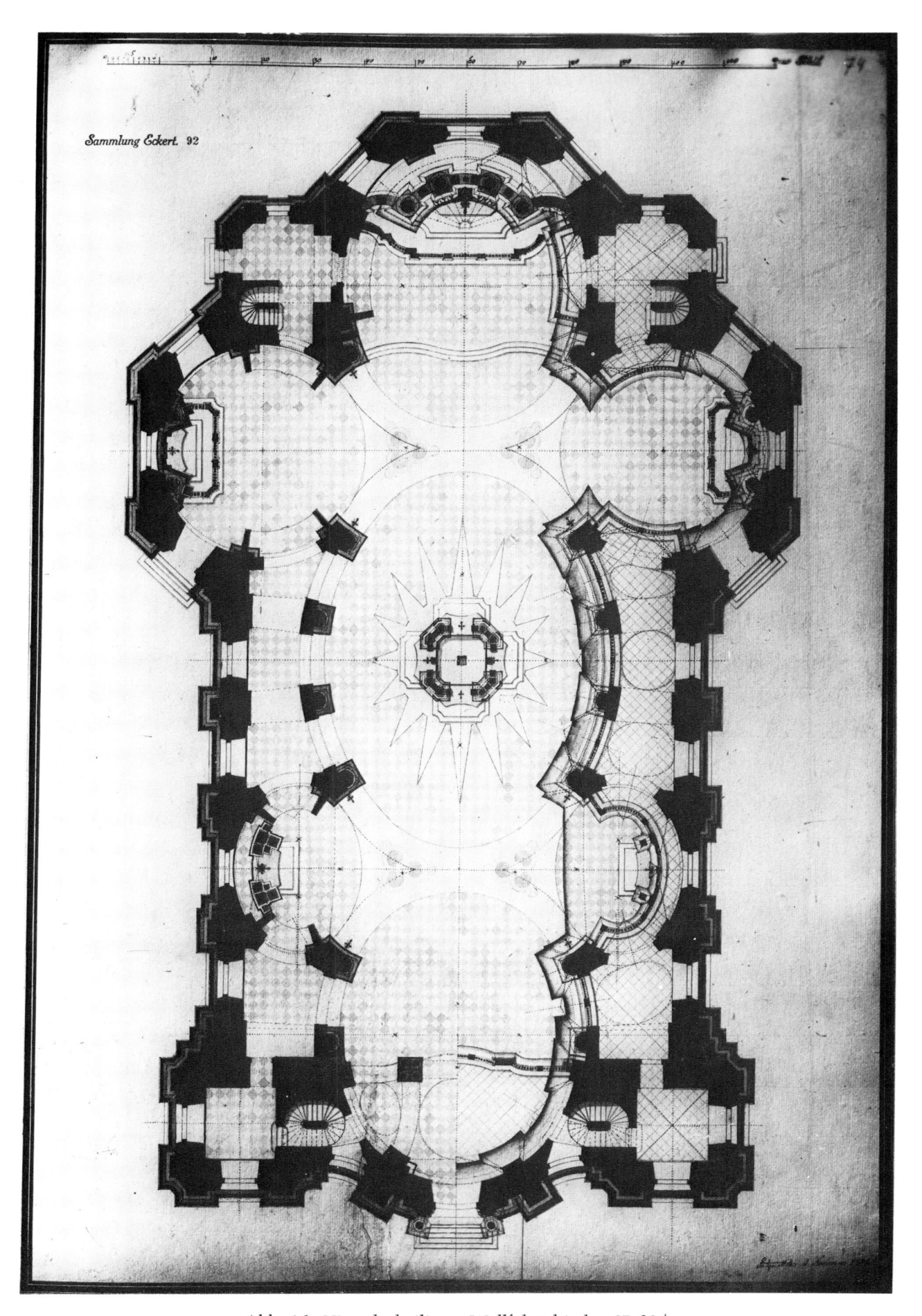

Abb. 16: *Vierzehnheiligen, Wallfahrtskirche, SE 92*[+]

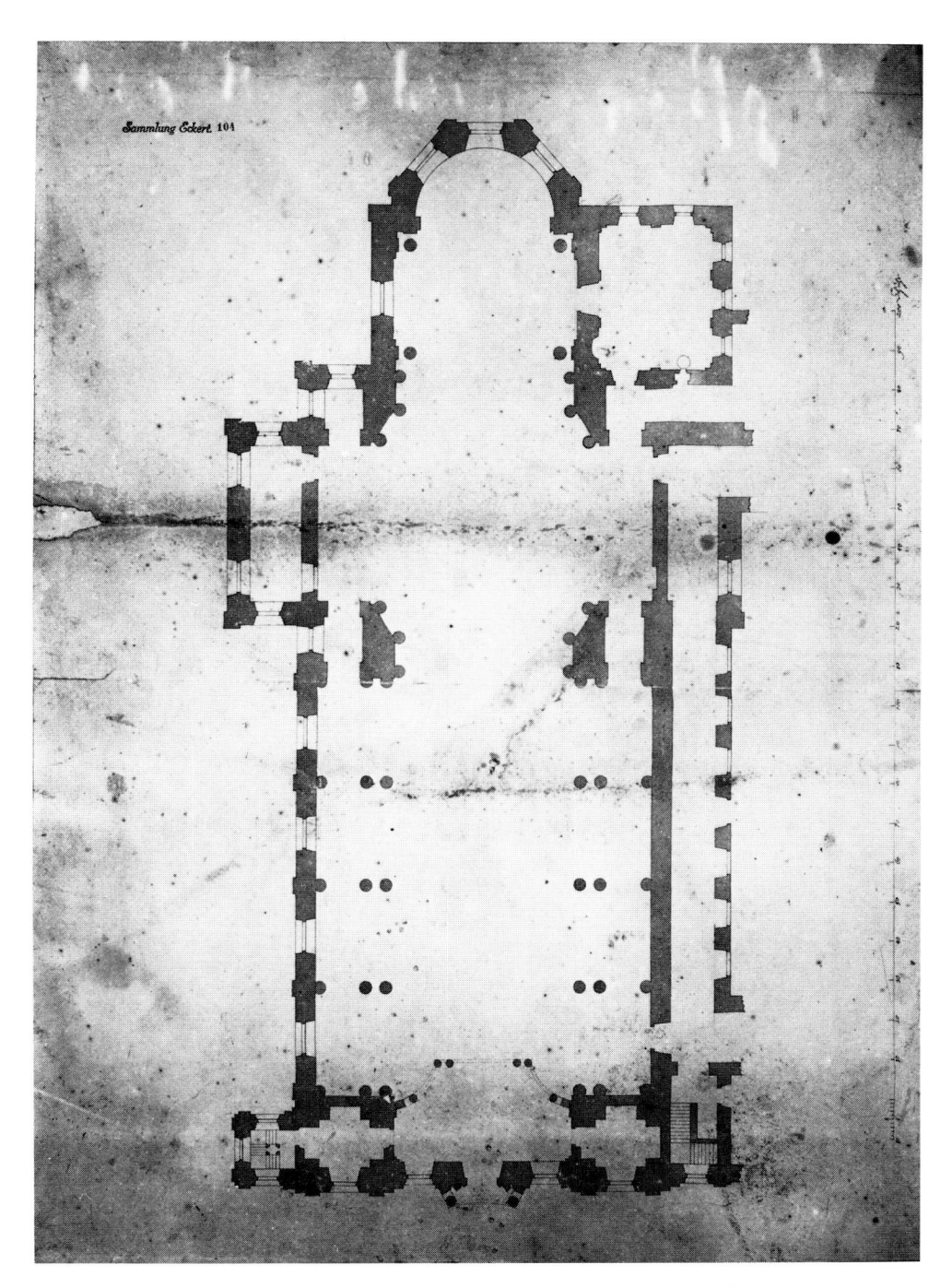

Abb. 17: *Klosterlangheim, Abteikirche, SE 104*⁺

Abb. 18: *Klosterlangheim, Abteikirche, SE 107+*

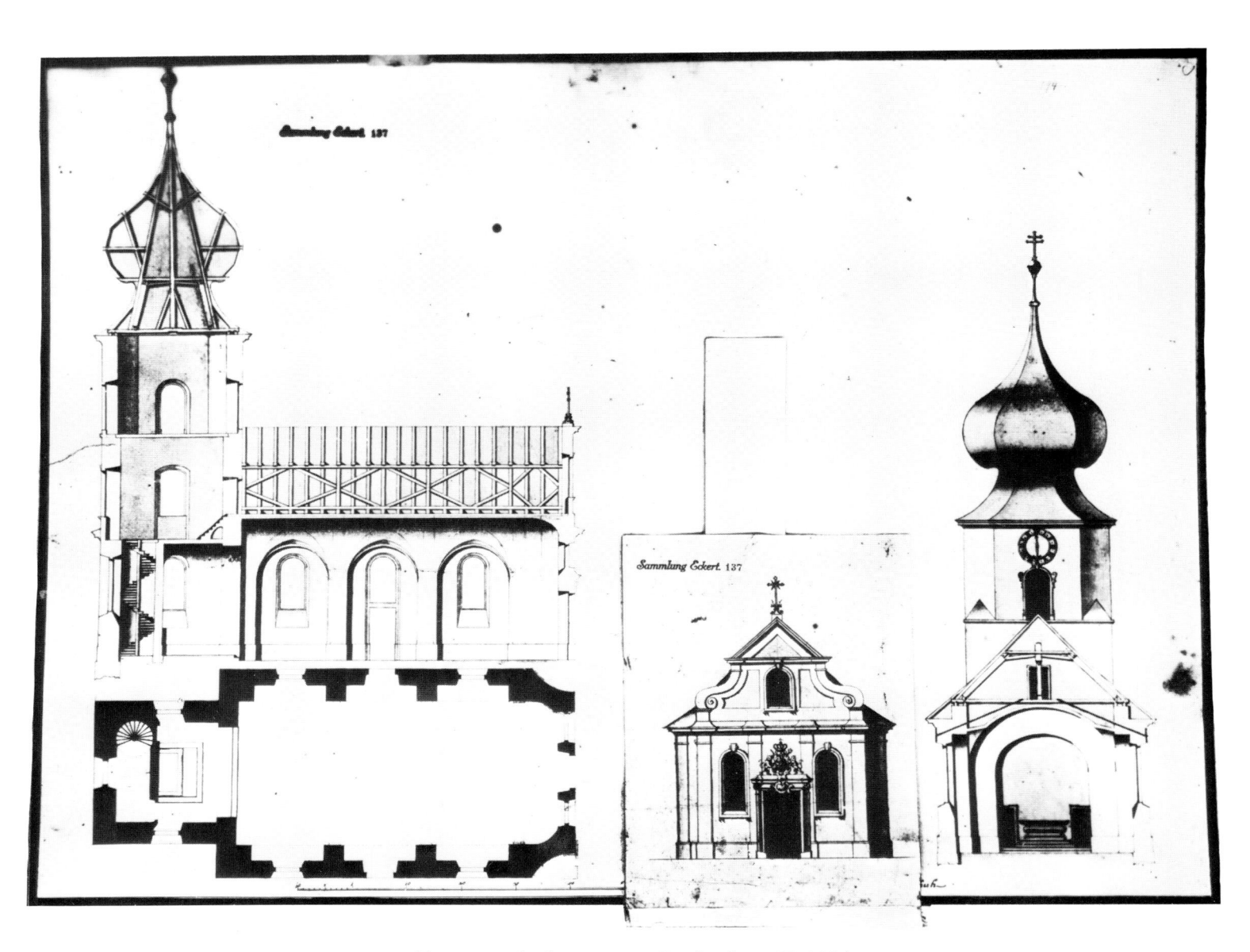

Abb. 19: *Nicht bestimmter Kirchenbau, SE 137+*

Abb. 20: *Schnackenwerth, Pfarrkirche, SE 143+*

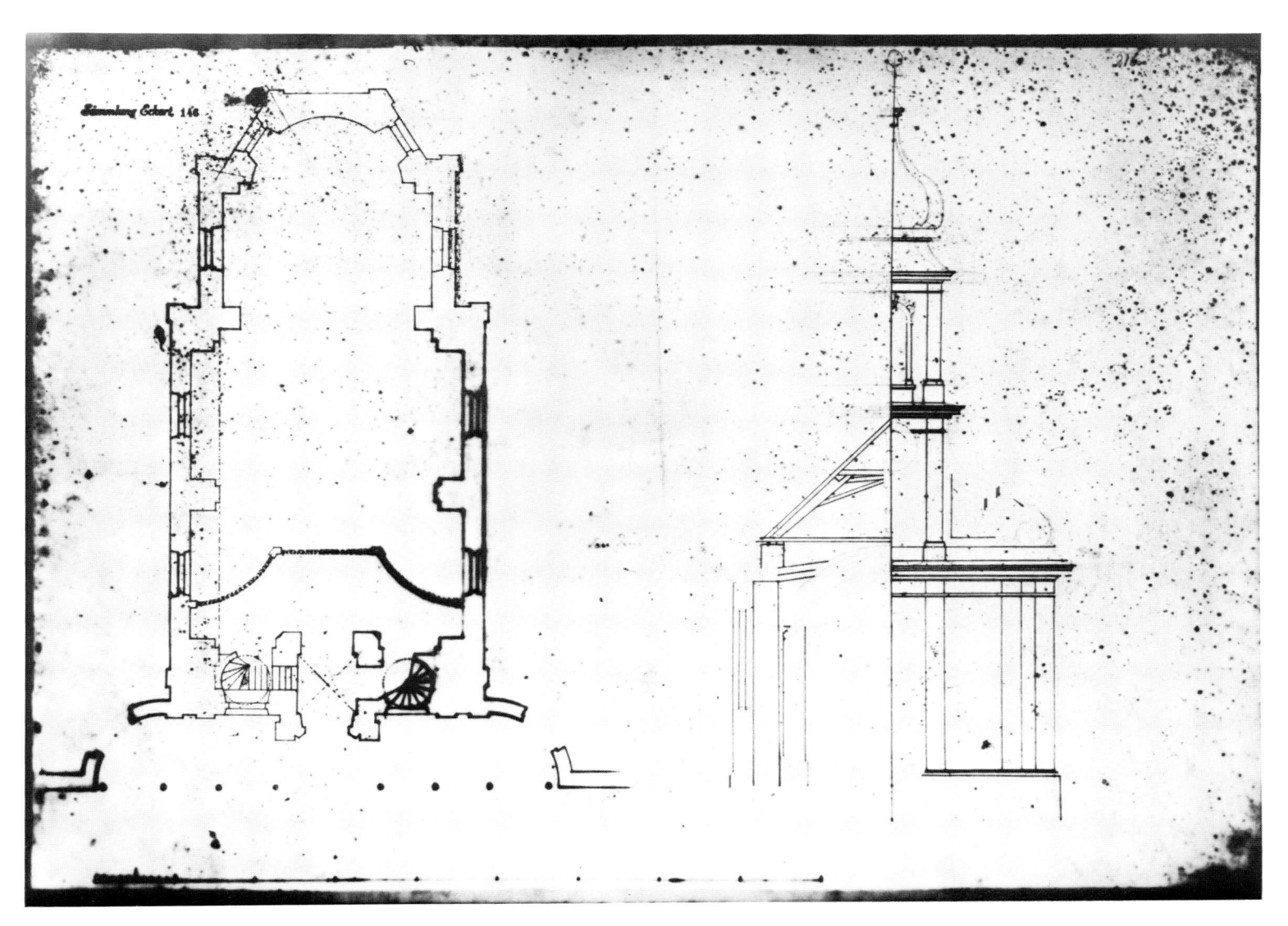

Abb. 21: *Euerbach, Pfarrkirche, SE 146+*

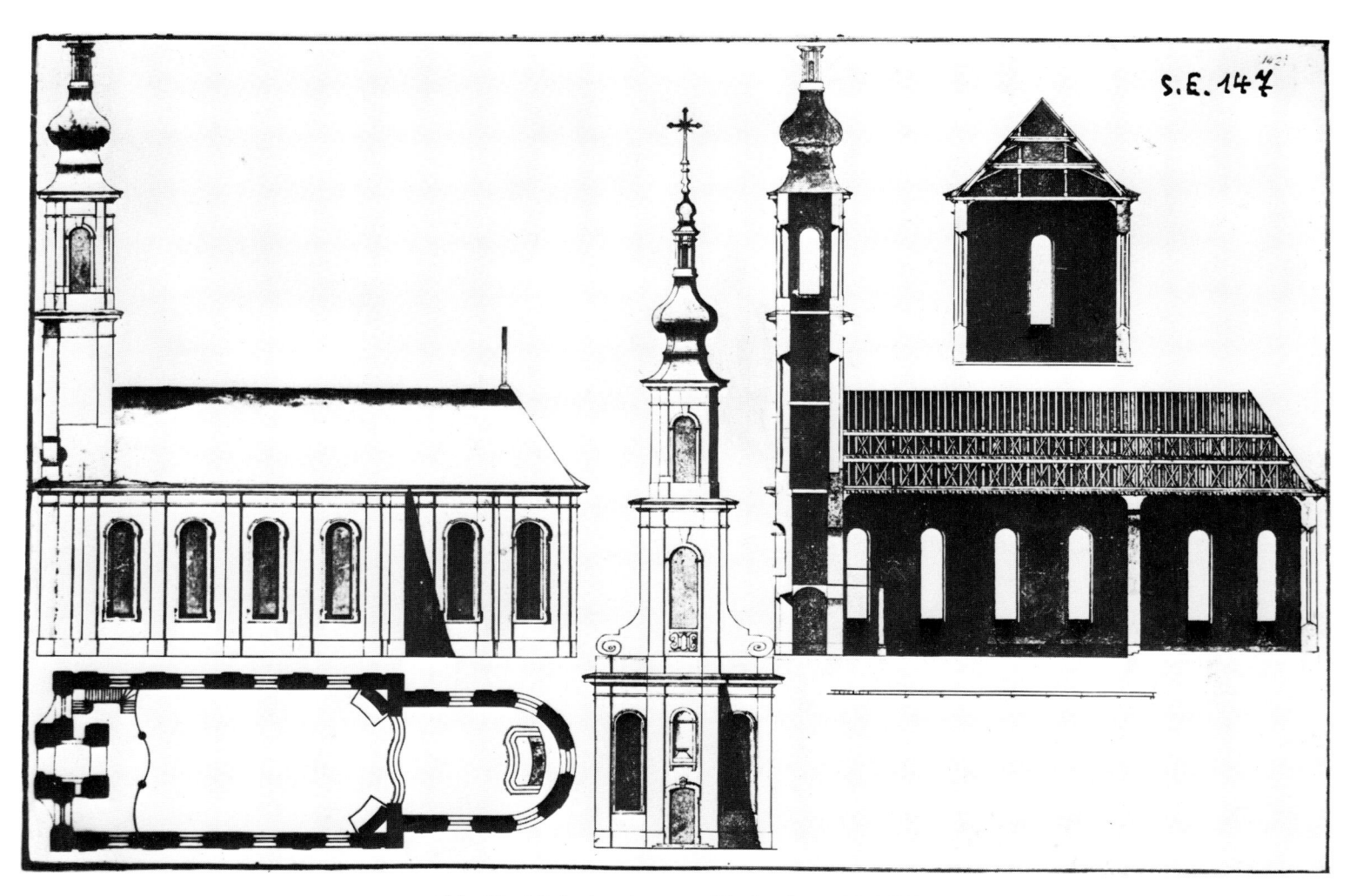

Abb. 22: *Nicht bestimmter Kirchenbau, SE 147+*

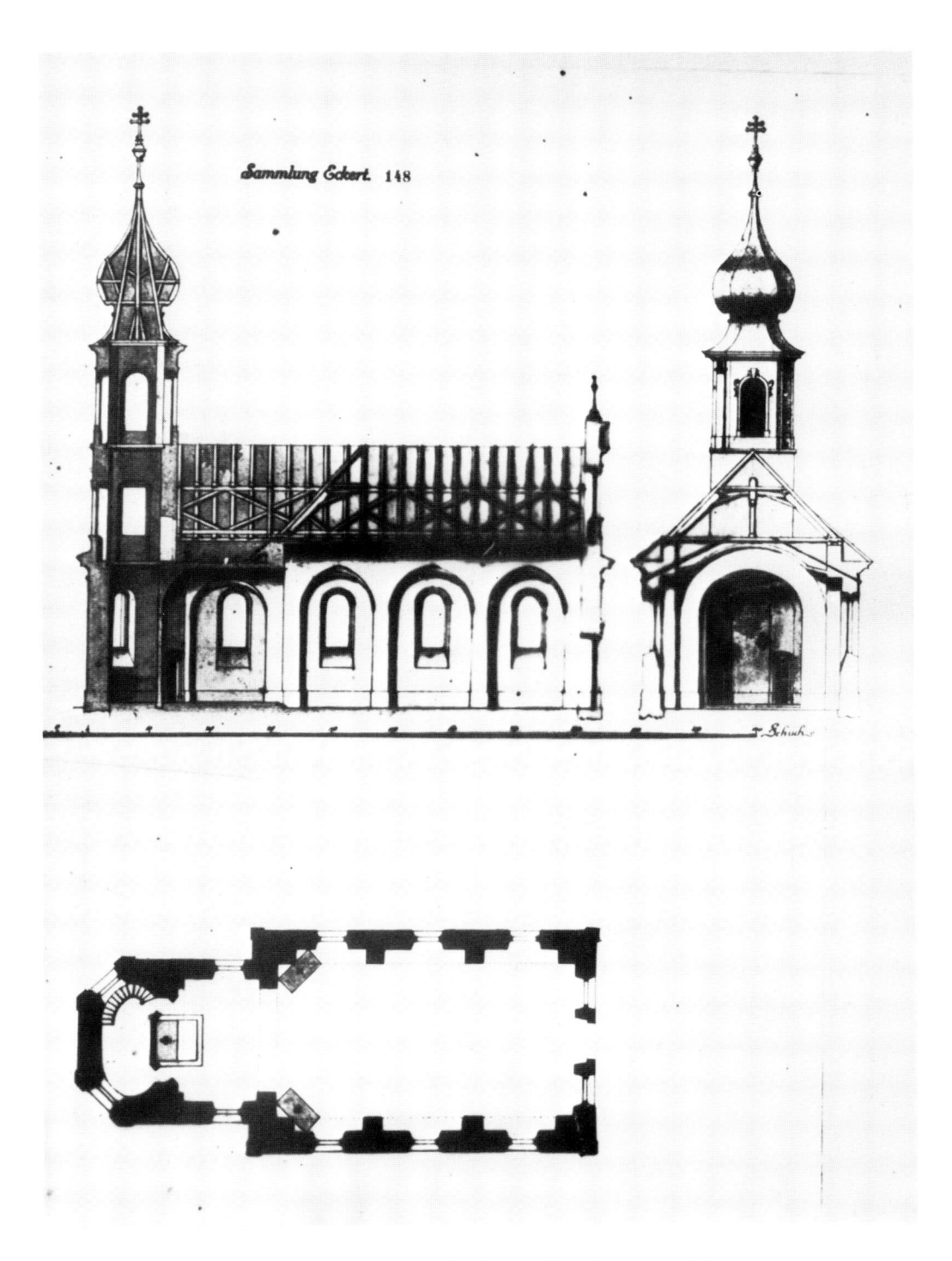

Abb. 23: *Schraudenbach, Filialkirche, SE 148*⁺

Abb. 24: *Nicht bestimmter Kirchenbau, SE 149+*

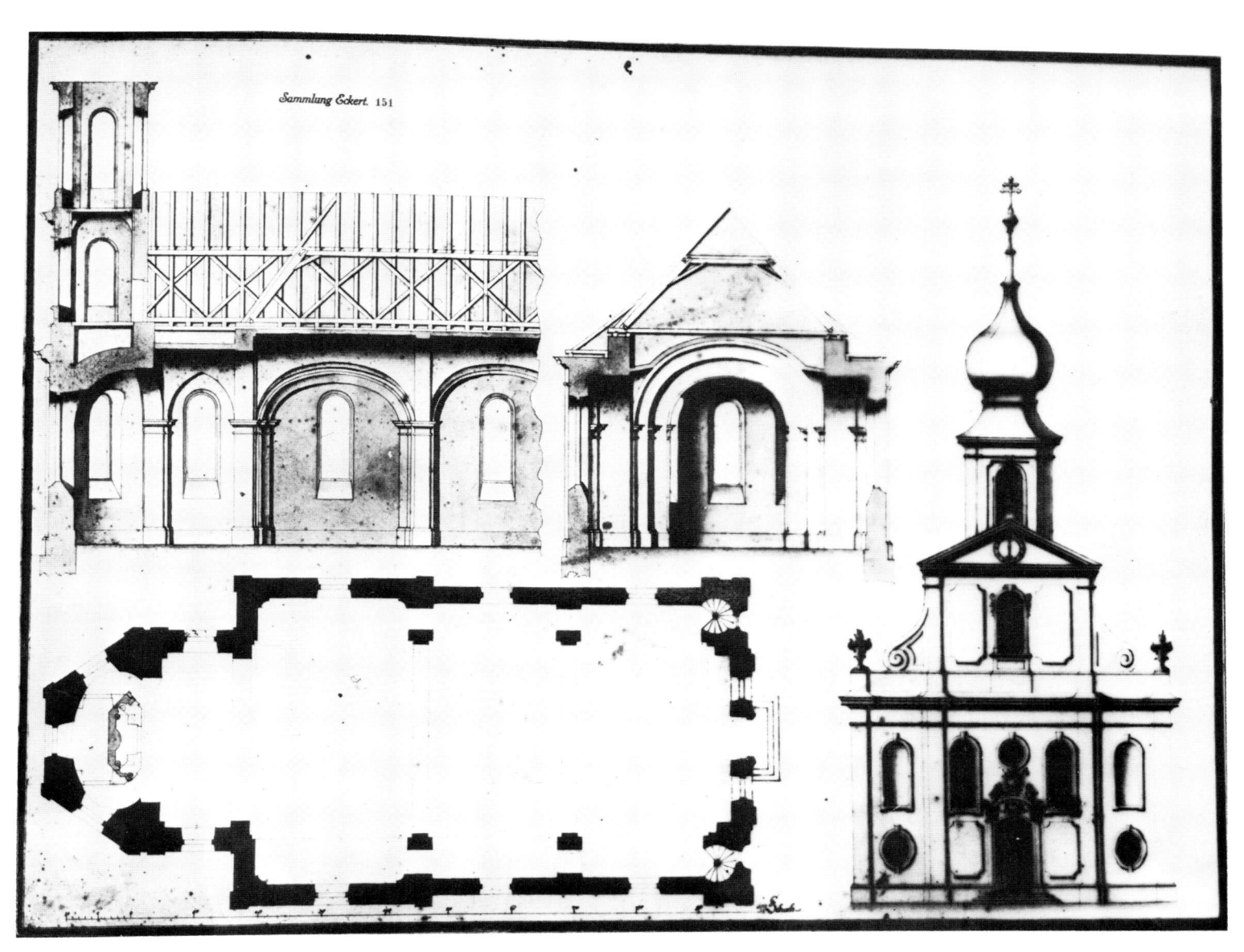

Abb. 25: *Grafenrheinfeld, Pfarrkirche, SE 151+*

Abb. 26: *Röthlein, Pfarrkirche, SE 156⁺*

Abb. 27: *Eyershausen, Pfarrkirche, SE 158+*

Abb. 28: *Michelau, Filialkirche, SE 159+*

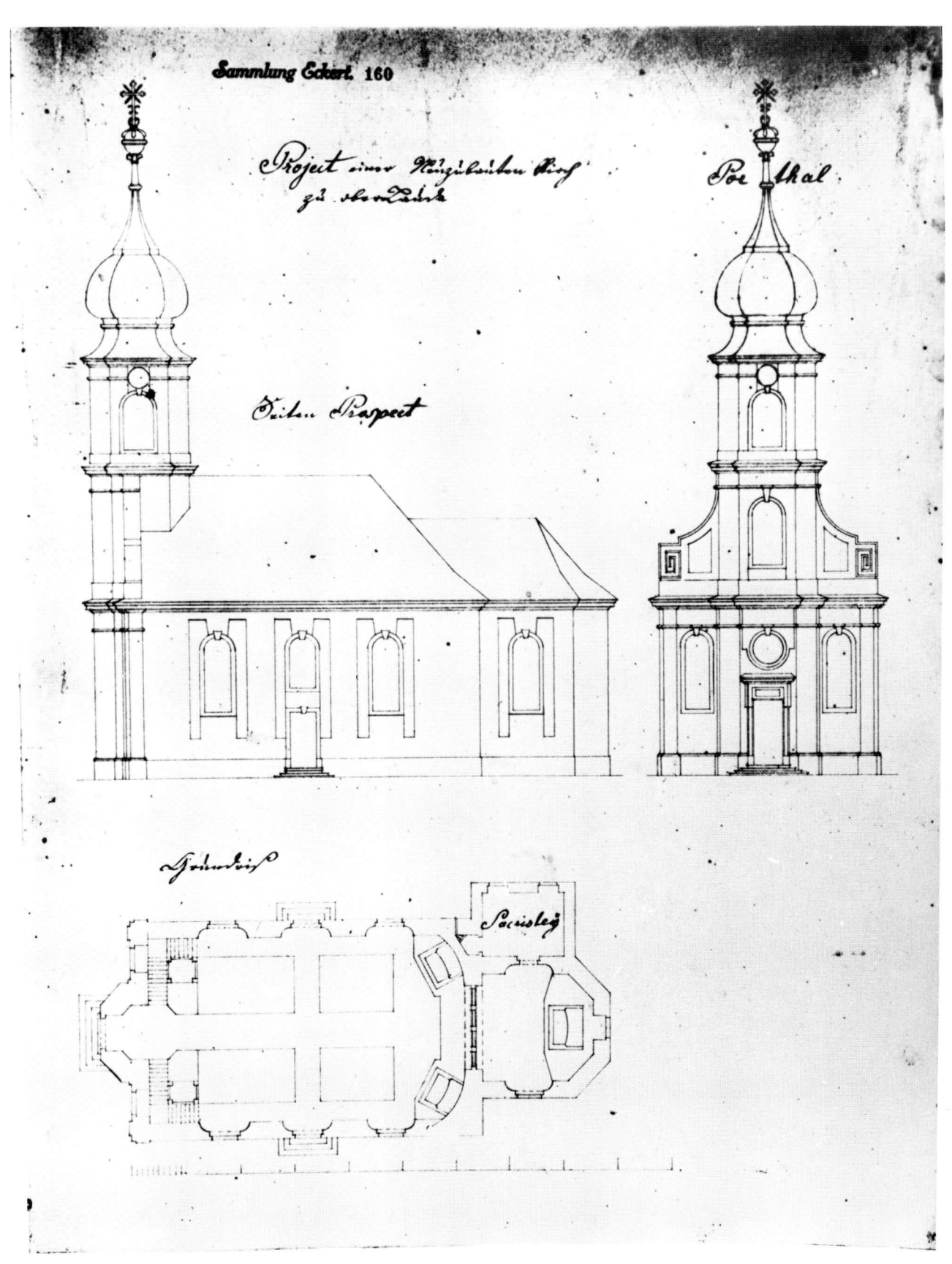

Abb. 29: *Oberlauda, Pfarrkirche, SE 160+*

Abb. 30: *Höpfingen, Pfarrkirche, SE 161+*

Abb. 31: *Retzbach, Pfarrkirche, SE 163+*

Abb. 32: *Retzbach, Pfarrkirche, SE 164+*

Abb. 33: *Nicht bestimmter Kirchenbau, SE 165+*

Abb. 34: *Dittigheim, Pfarrkirche, SE 166+*

Abb. 35: *Dittigheim, Pfarrkirche, SE 167+*

Abb. 36: *Dittigheim, Pfarrkirche, SE 168+*

Abb. 37: *Dittigheim, Pfarrkirche, SE 170⁺*

Abb. 38: *Dittigheim, Pfarrkirche, SE 171*+

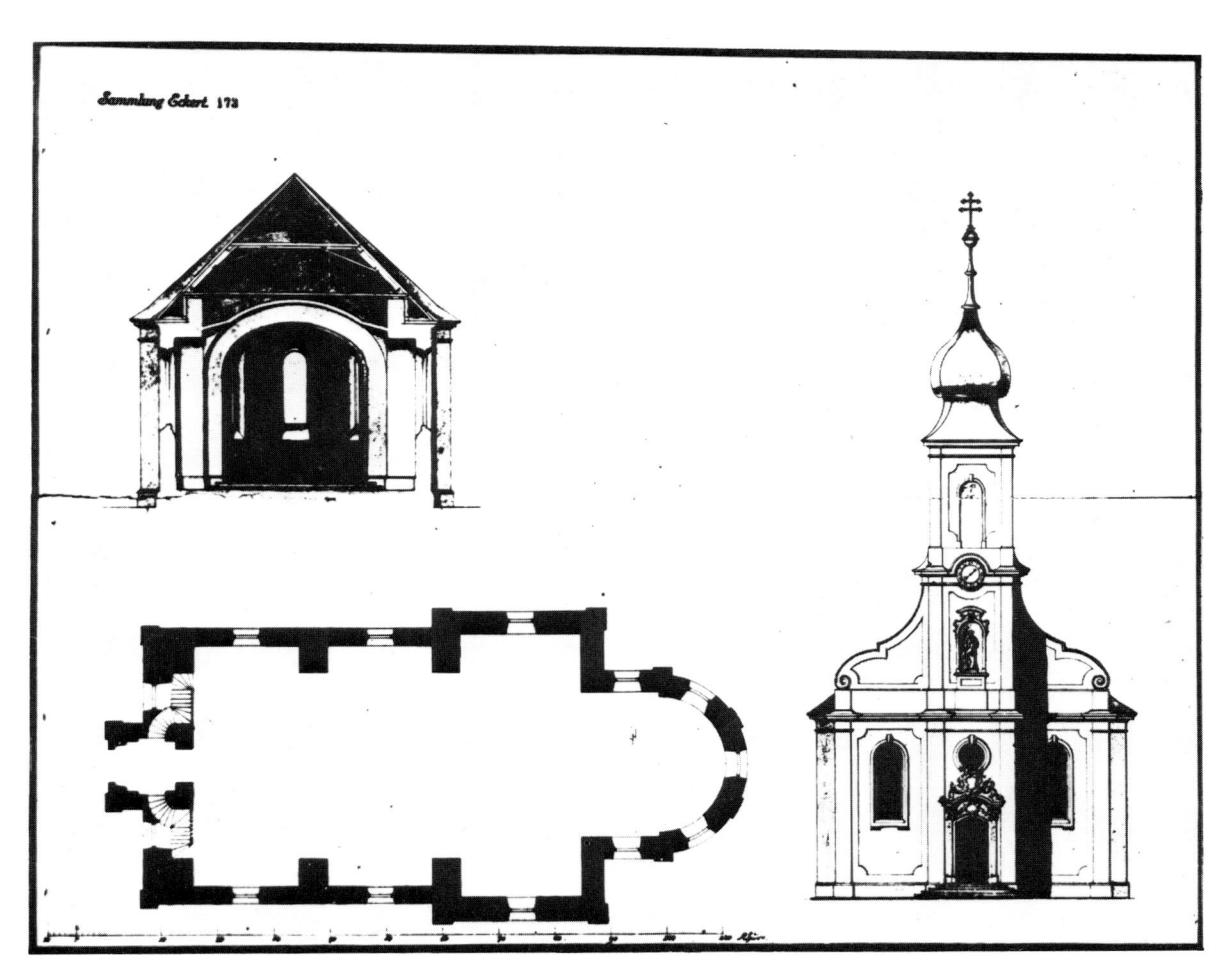

Abb. 39: *Dittigheim, Pfarrkirche, SE 173+*

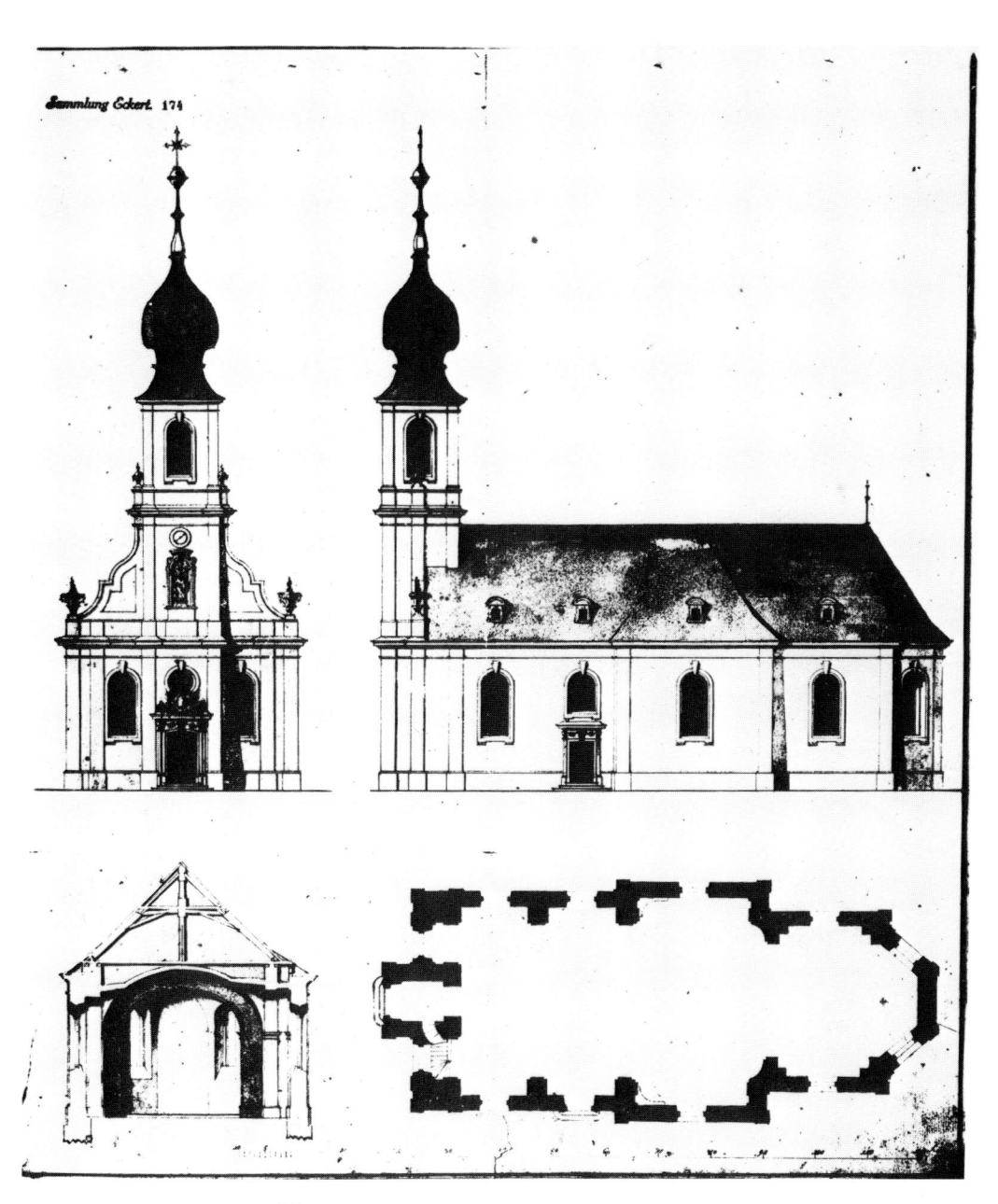

Abb. 40: *Heusenstamm, Pfarrkirche, SE 174+*

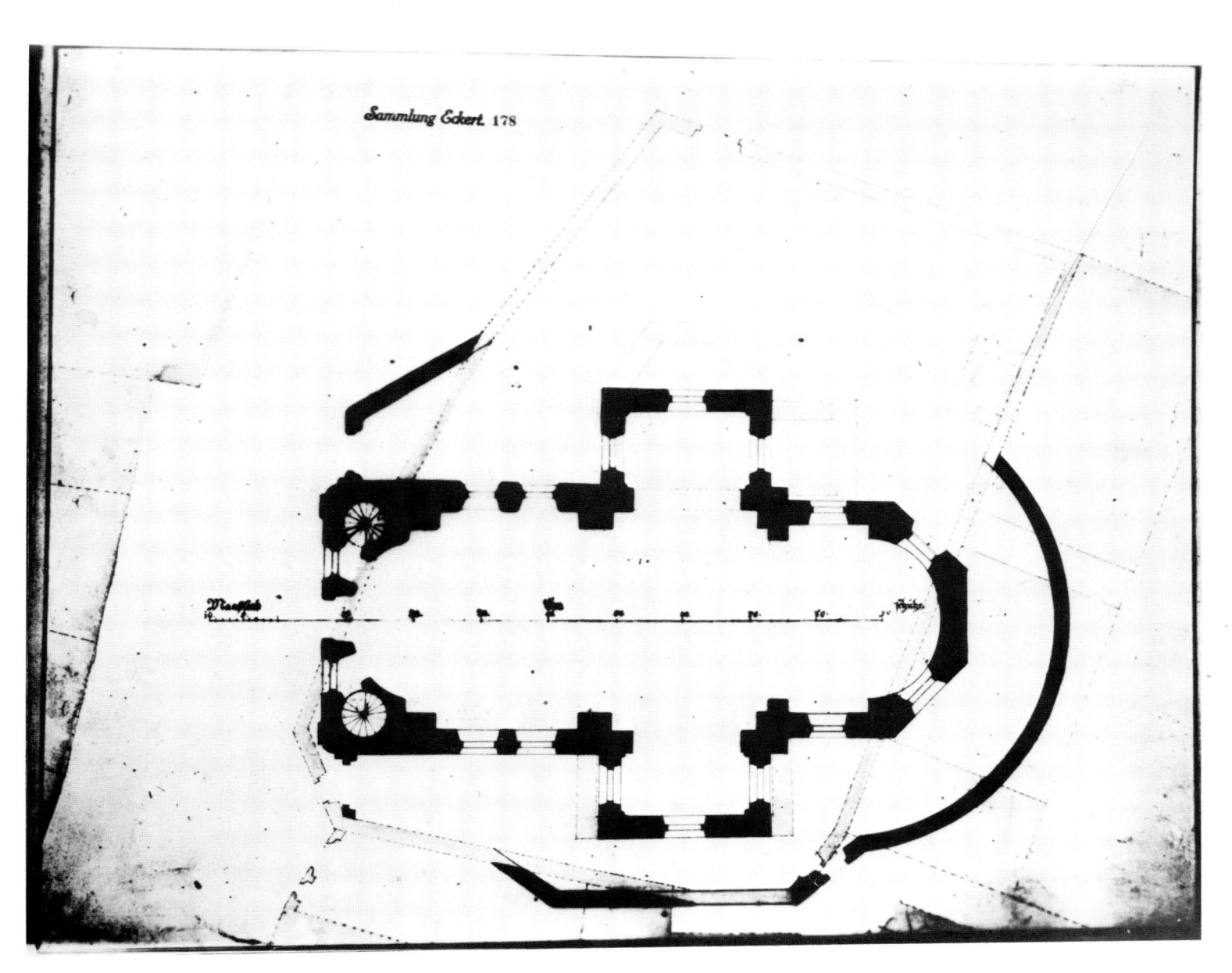

Abb. 41: *Nicht bestimmter Kirchenbau, SE 178+*

Abb. 42: *Dettelbach, Pfarrkirche, SE 184+*

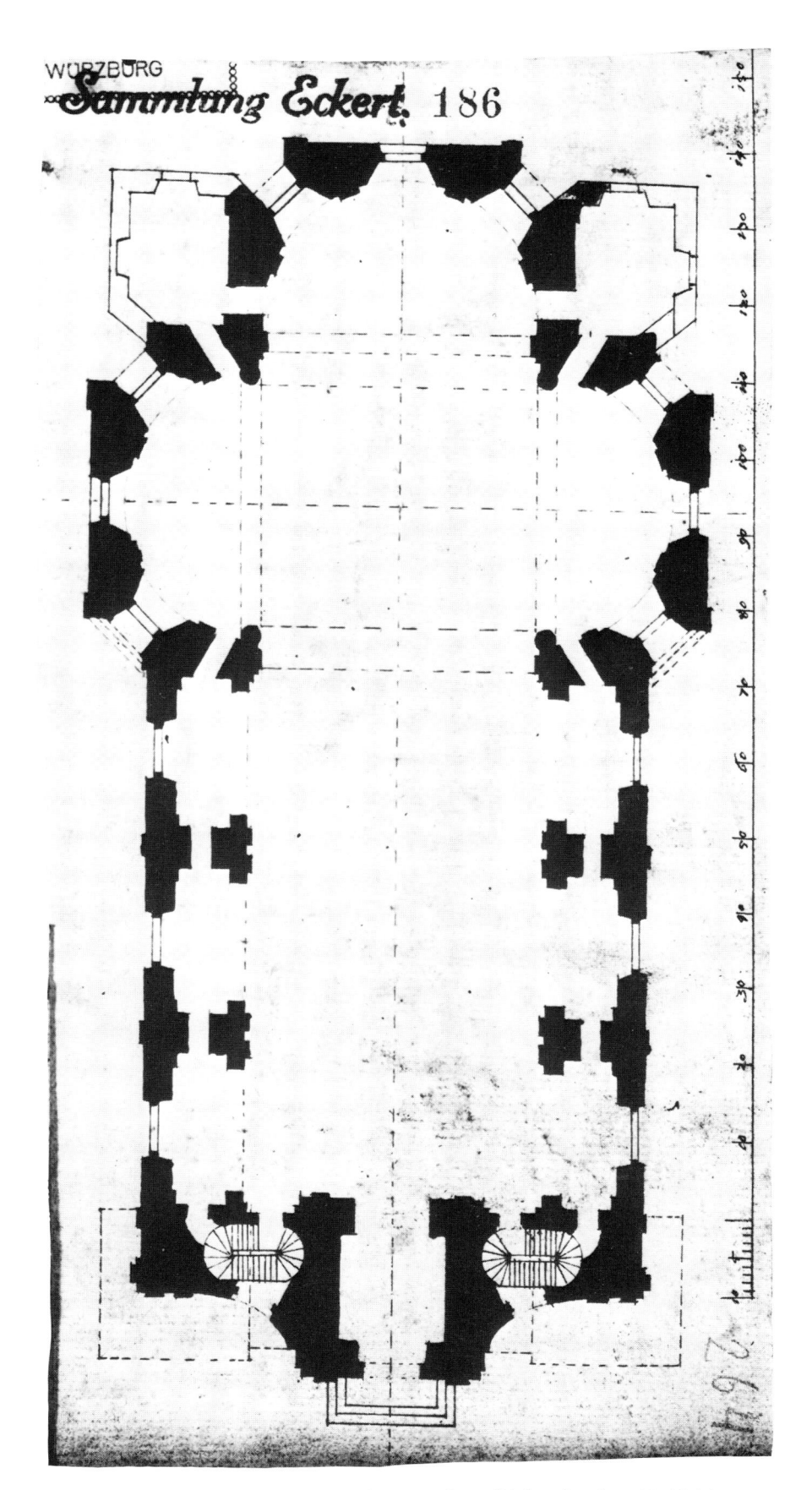

Abb. 43: *Gößweinstein, Pfarr- und Wallfahrtskirche, SE 186⁺*

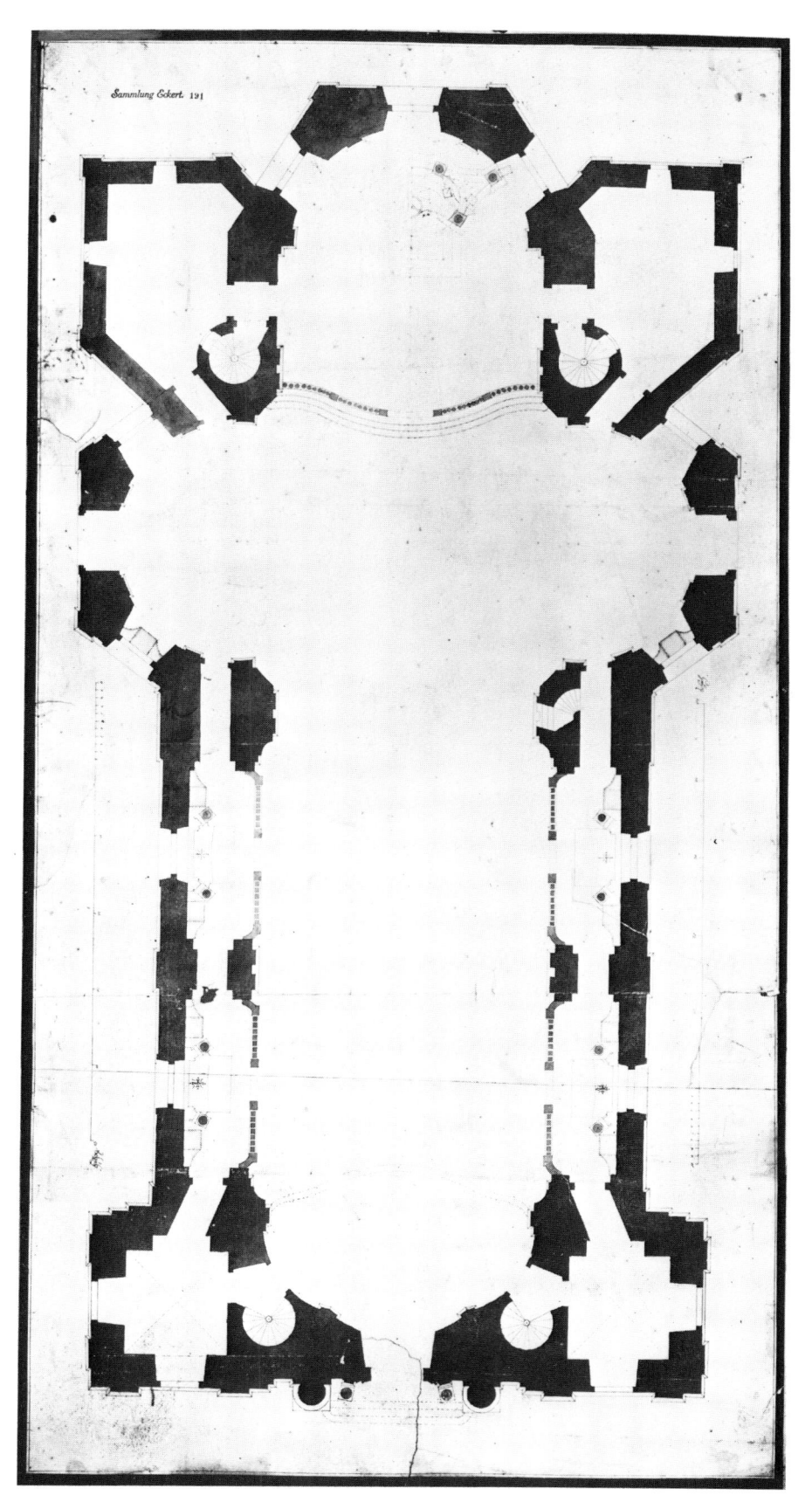

Abb. 44: *Gößweinstein, Pfarr- und Wallfahrtskirche, SE 191⁺*

Abb. 45: *Maria-Limbach, Wallfahrtskirche, SE 193+*

Abb. 46: *Kitzingen-Etwashausen, Heiligkreuzkirche, SE 207+*

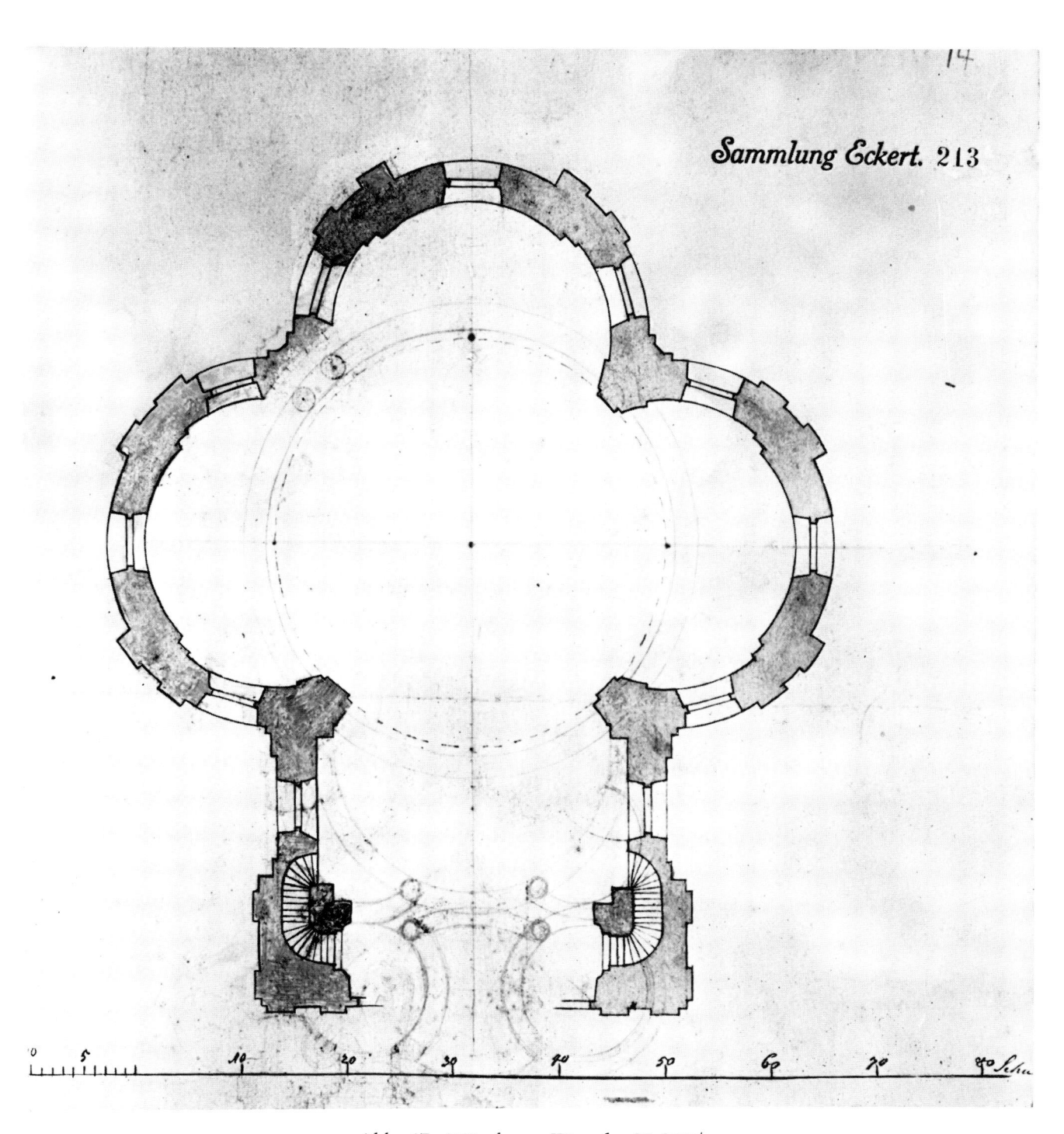

Abb. 47: *Würzburg, Käppele, SE 213*⁺

Sammlung Eckert. 214

Abb. 48: *Würzburg, Käppele, SE 214+*

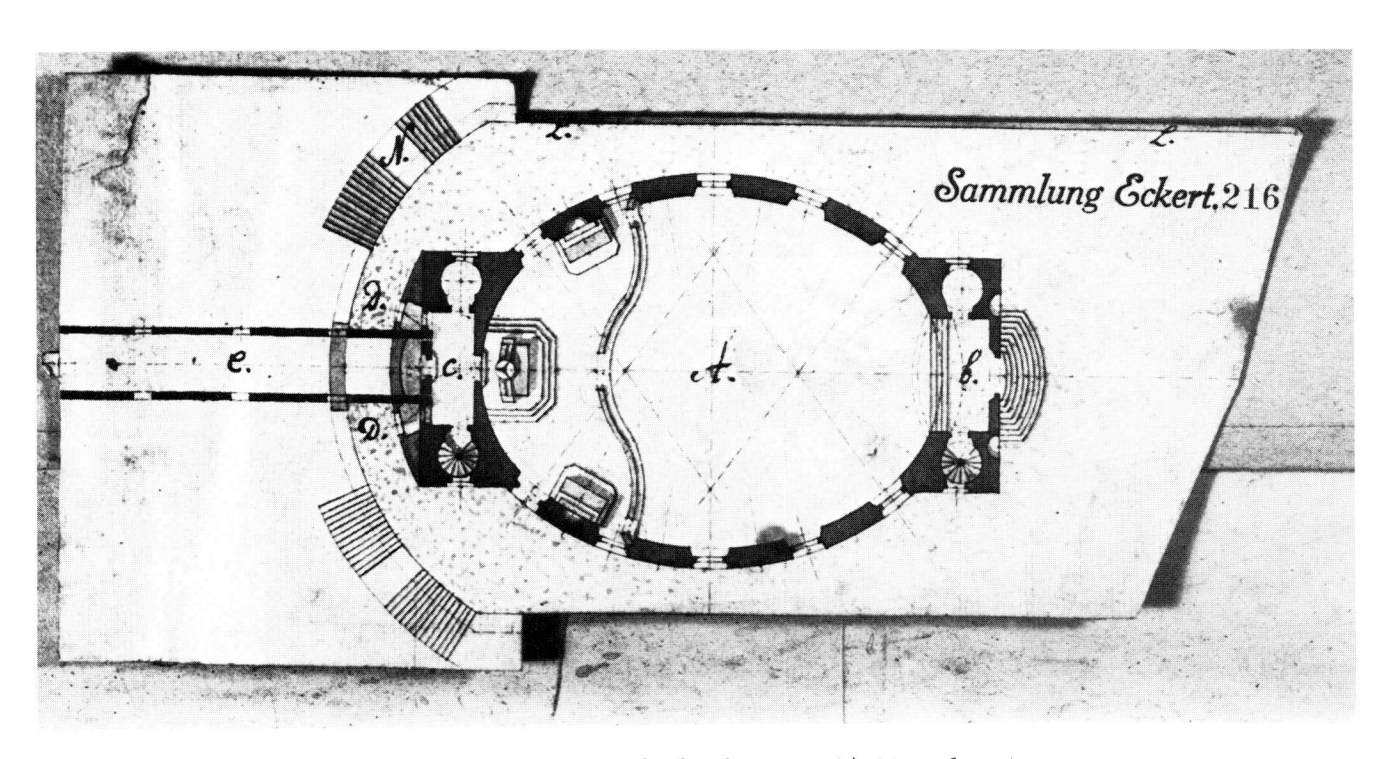

Abb. 49: *Odenheim, Pfarrkirche, SE 216+ (Ausschnitt)*

Abb. 50: *Rom, S. Nicolo da Tolentino, SE 219+*

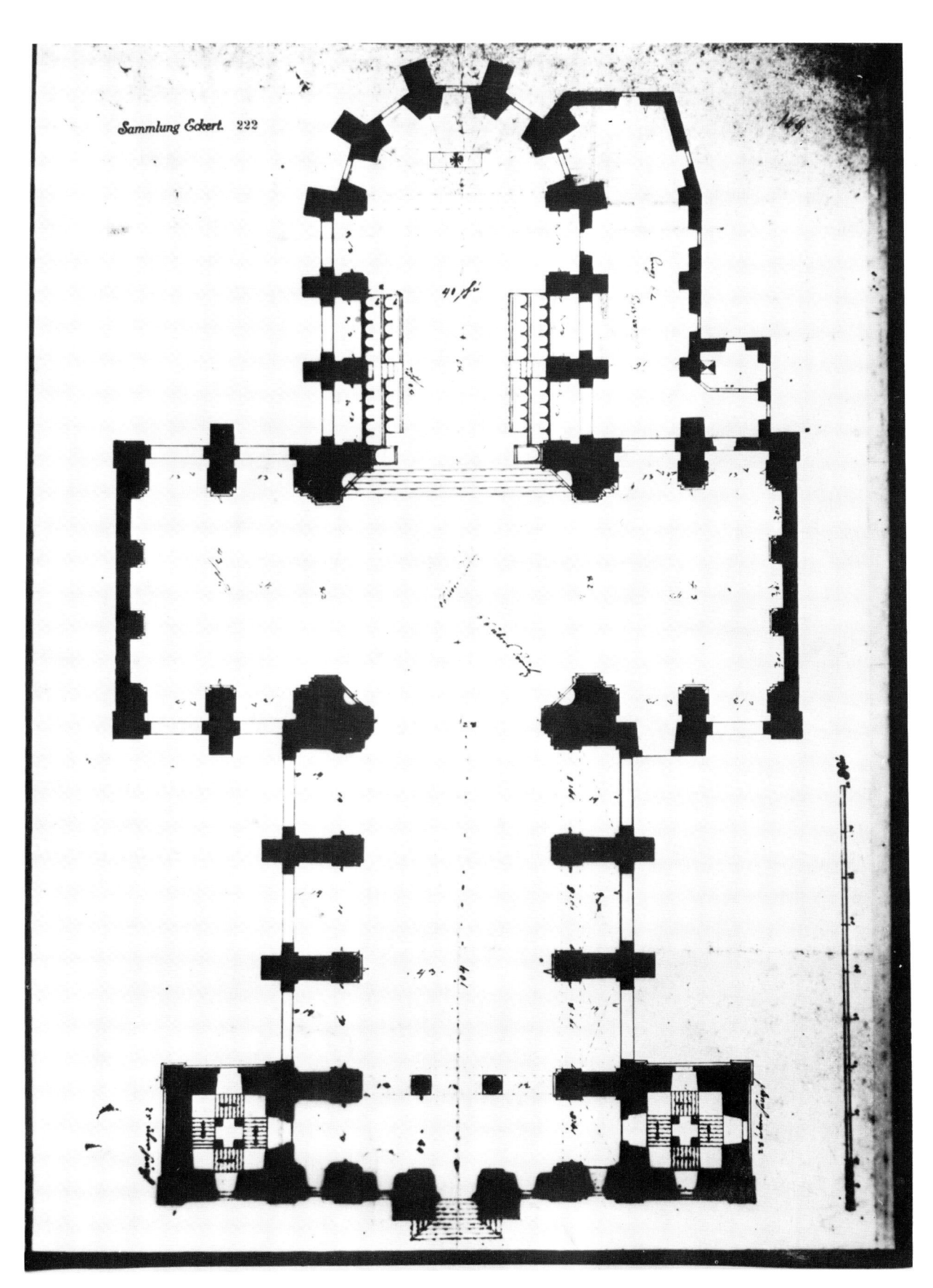

Abb. 51: *Würzburg, Stift Haug, SE 222*[+]

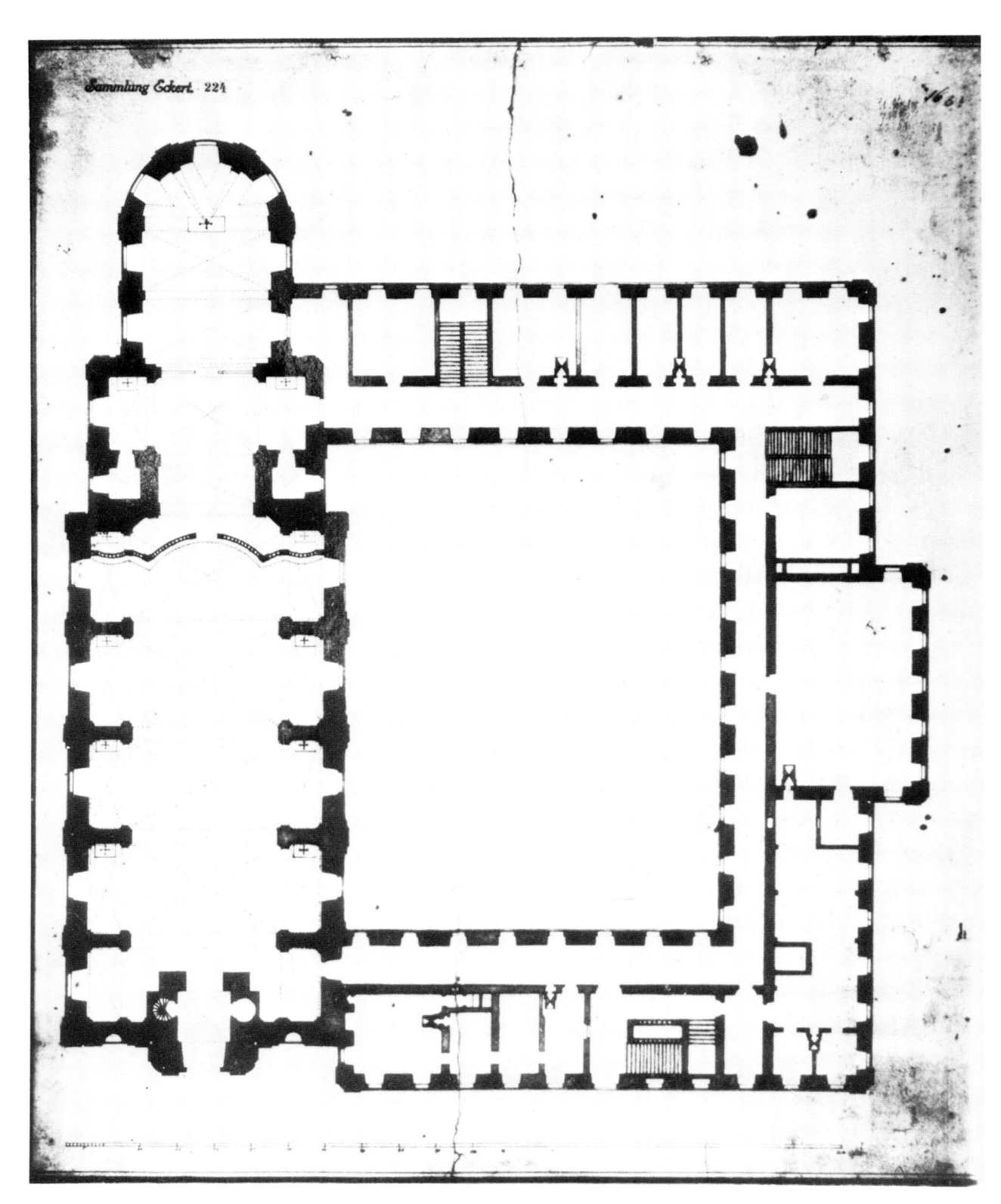

Abb. 52: *Obertheres, Benediktinerabtei, SE 224+*

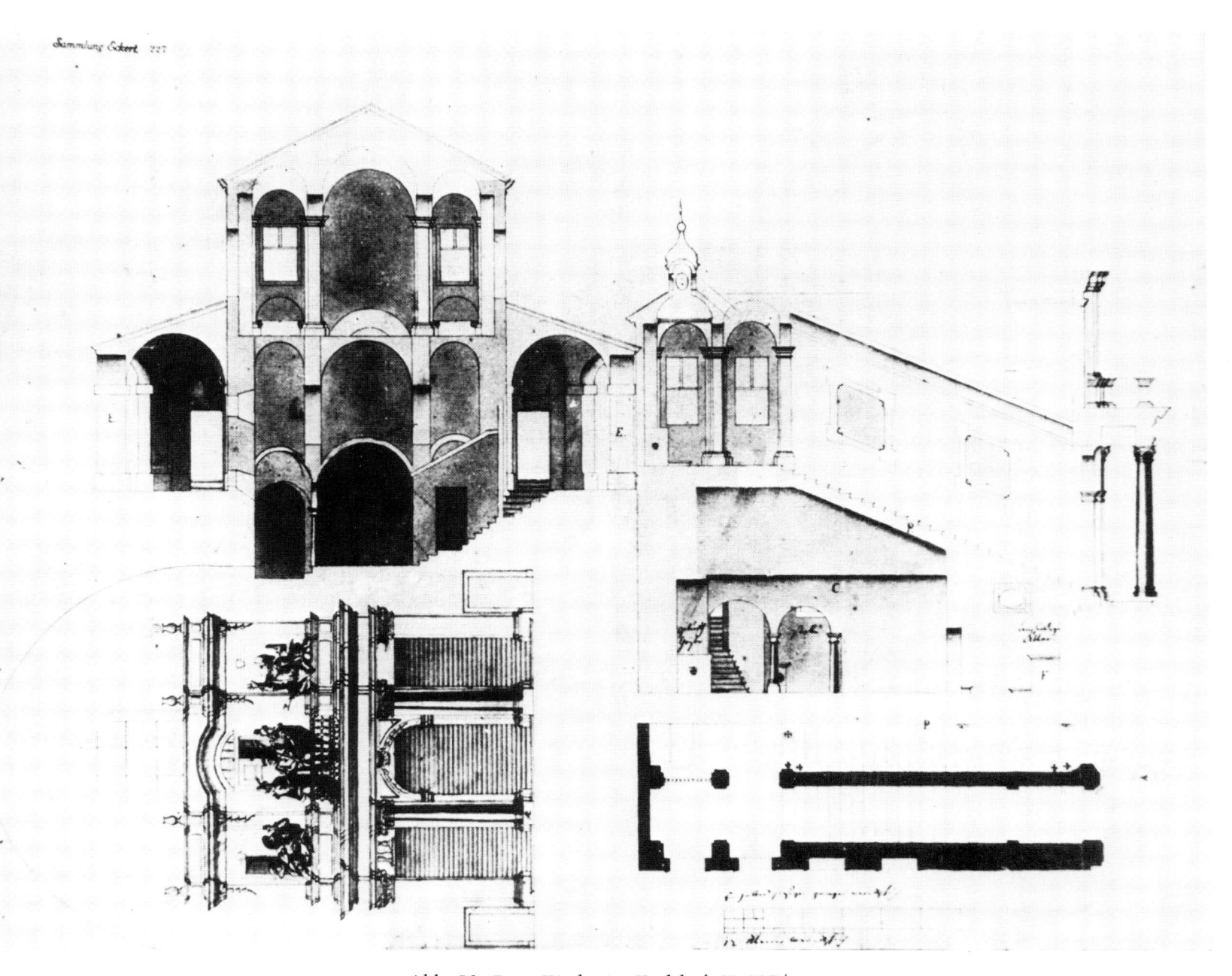

Abb. 53: *Prag, Kirche im Karlshof, SE 227+*

Abb. 54: *Nicht bestimmter Kirchenbau, SE 236+*

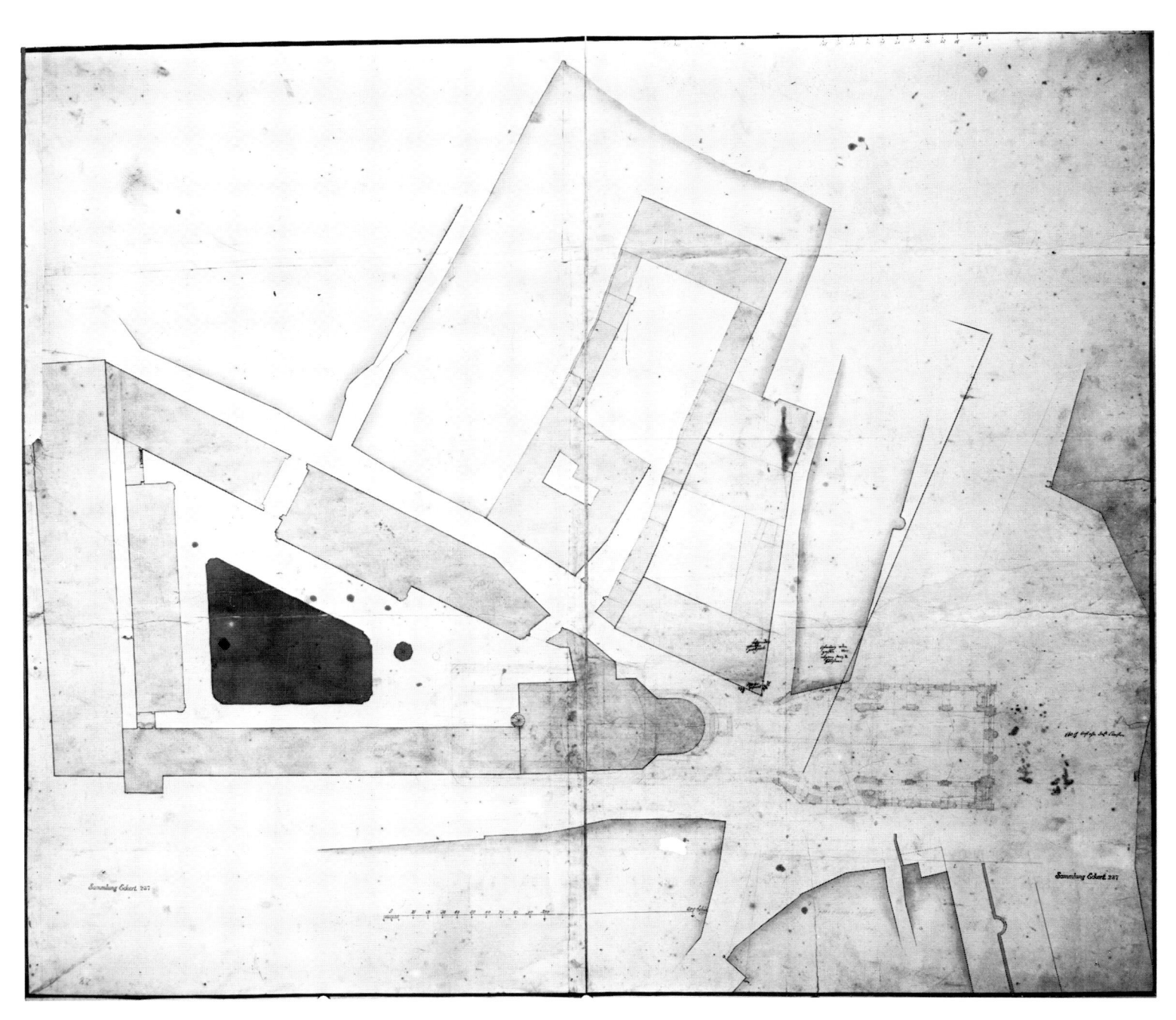

Abb. 55: *Würzburg, Jesuitenkirche, SE 237+*

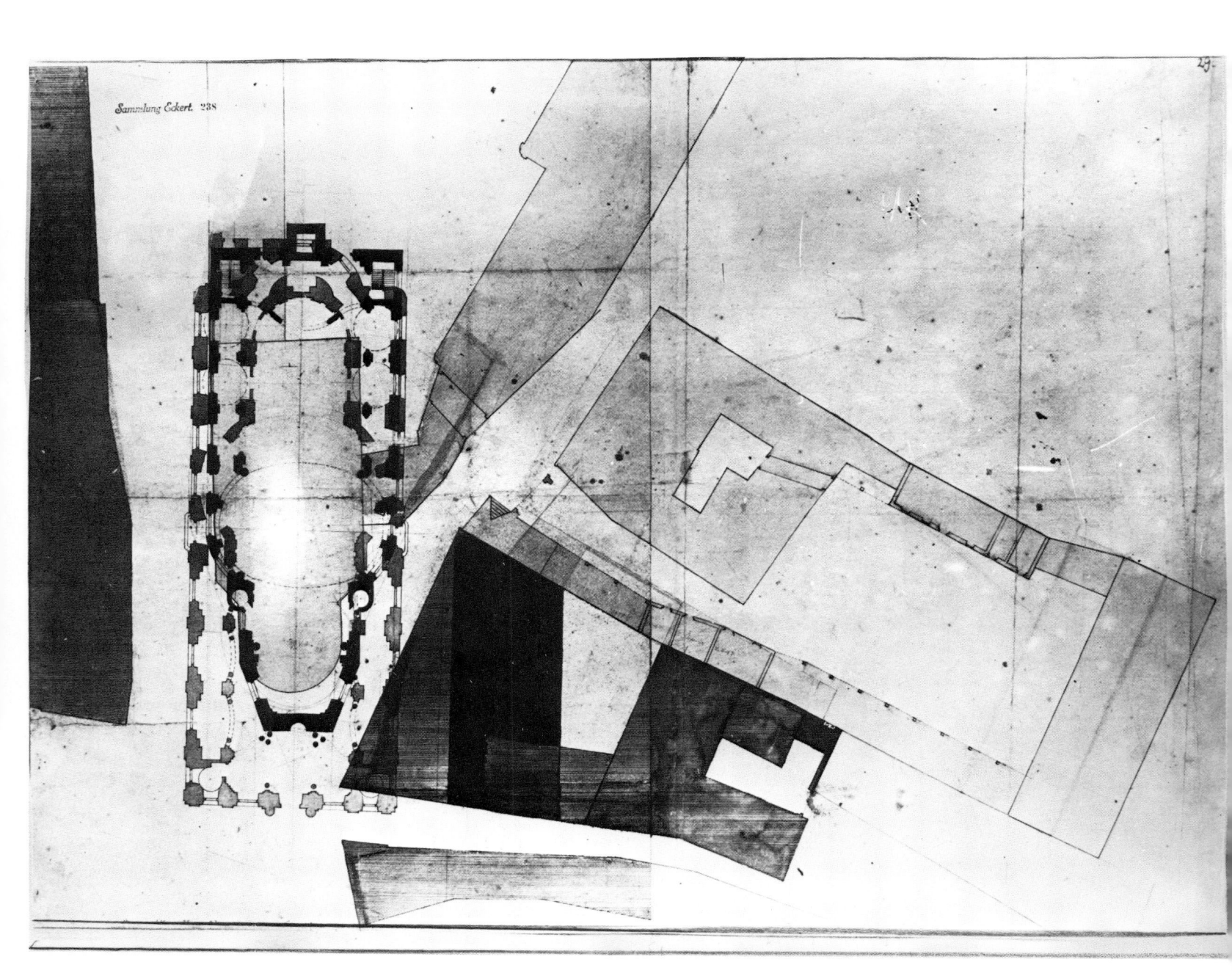

Abb. 56: *Würzburg, Jesuitenkirche, SE 238*[+]

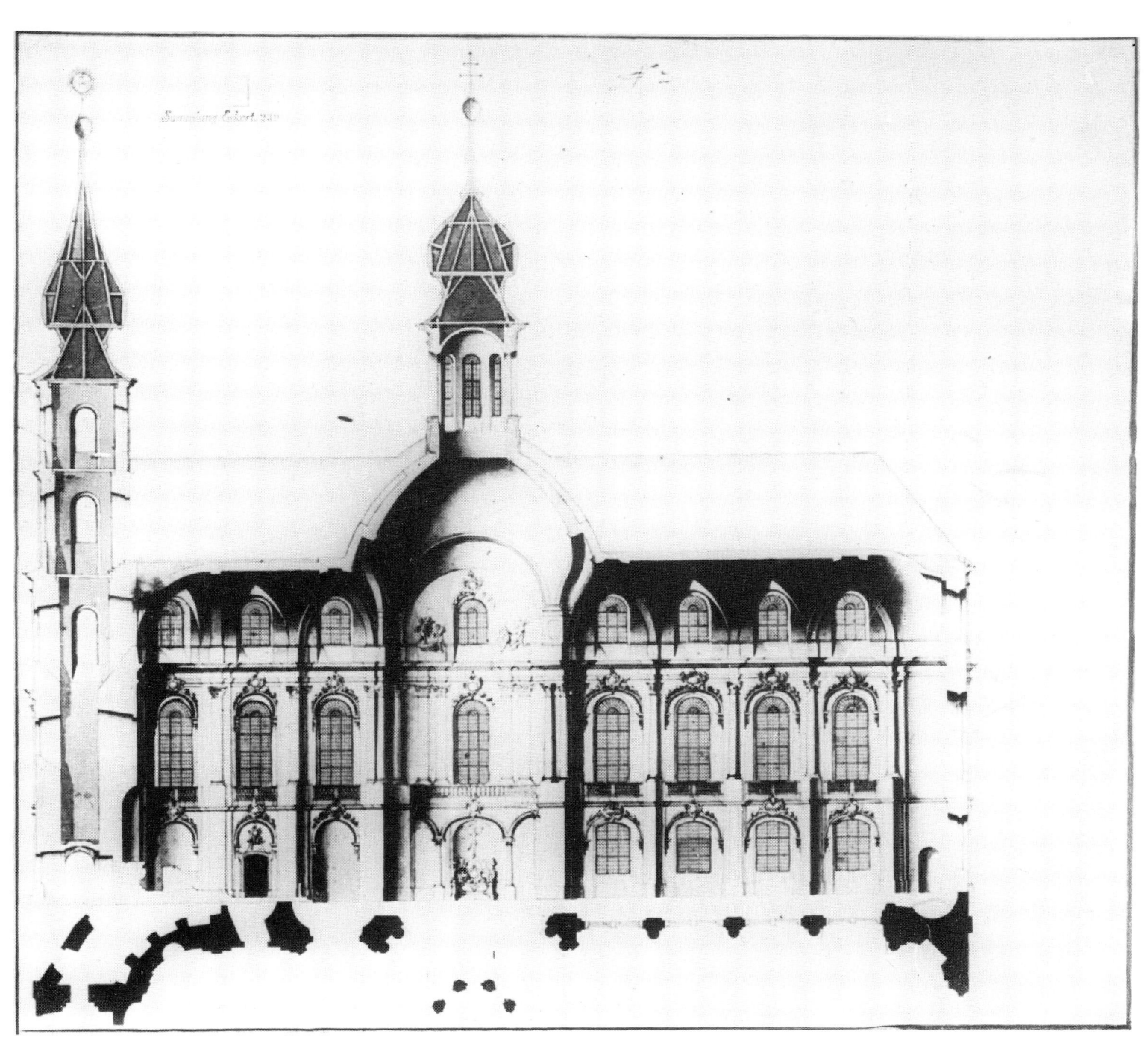

Abb. 57: *Mainz, Jesuitenkirche, SE 239+*

Abb. 58: *Mainz, Jesuitenkirche, SE 240+*

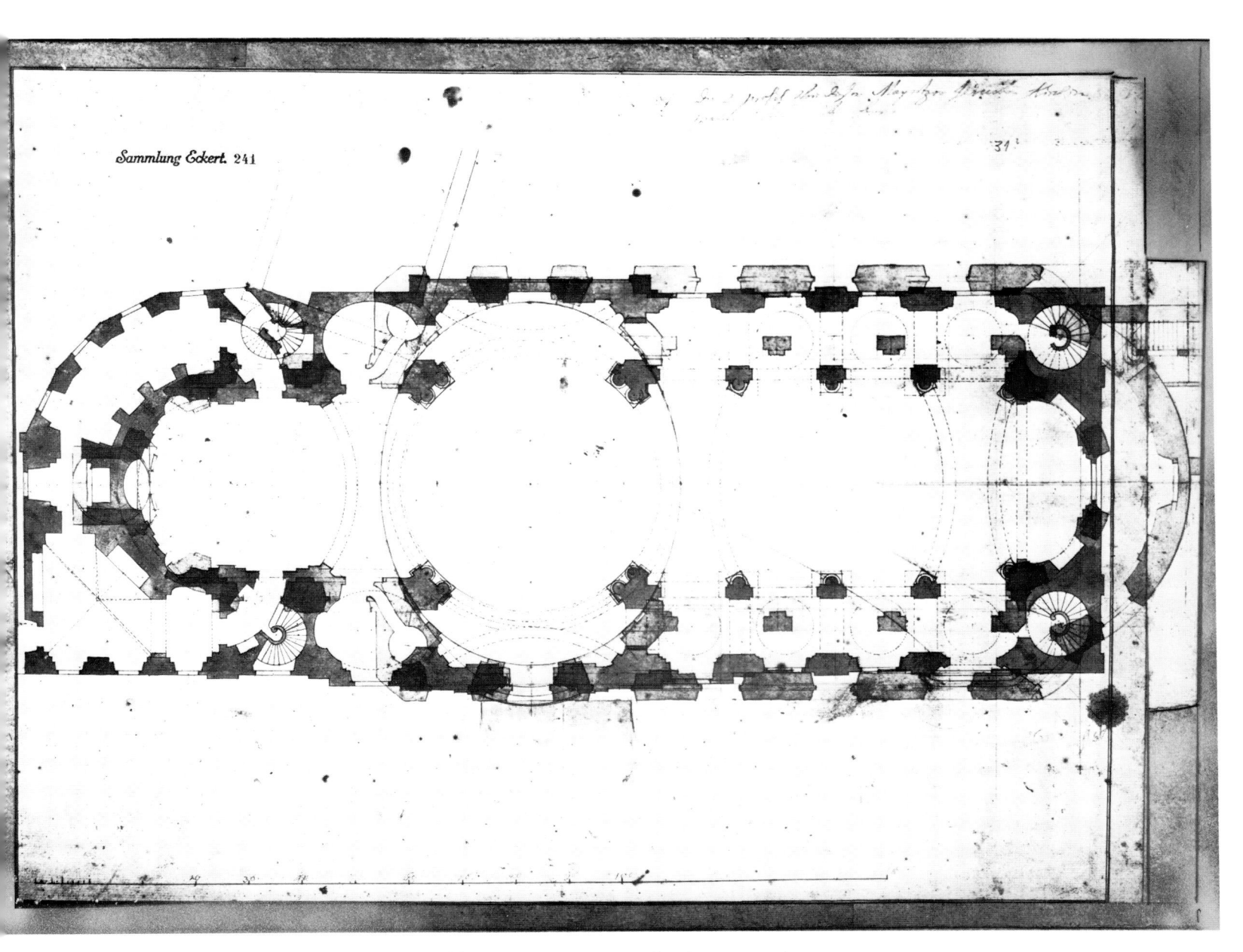

Abb. 59: *Mainz, Jesuitenkirche, SE 241*+

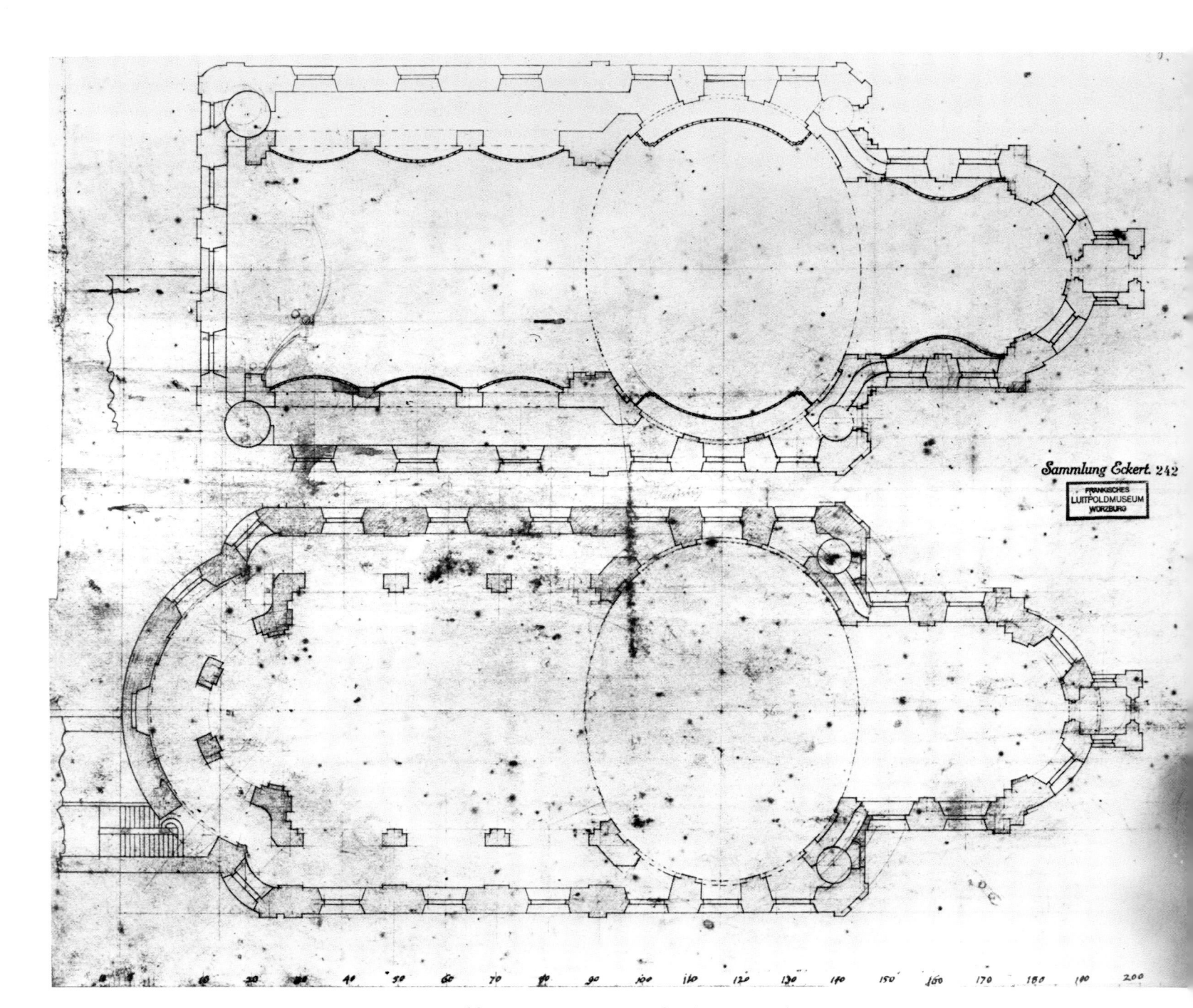

Abb. 60: *Mainz, Jesuitenkirche, SE 242+*

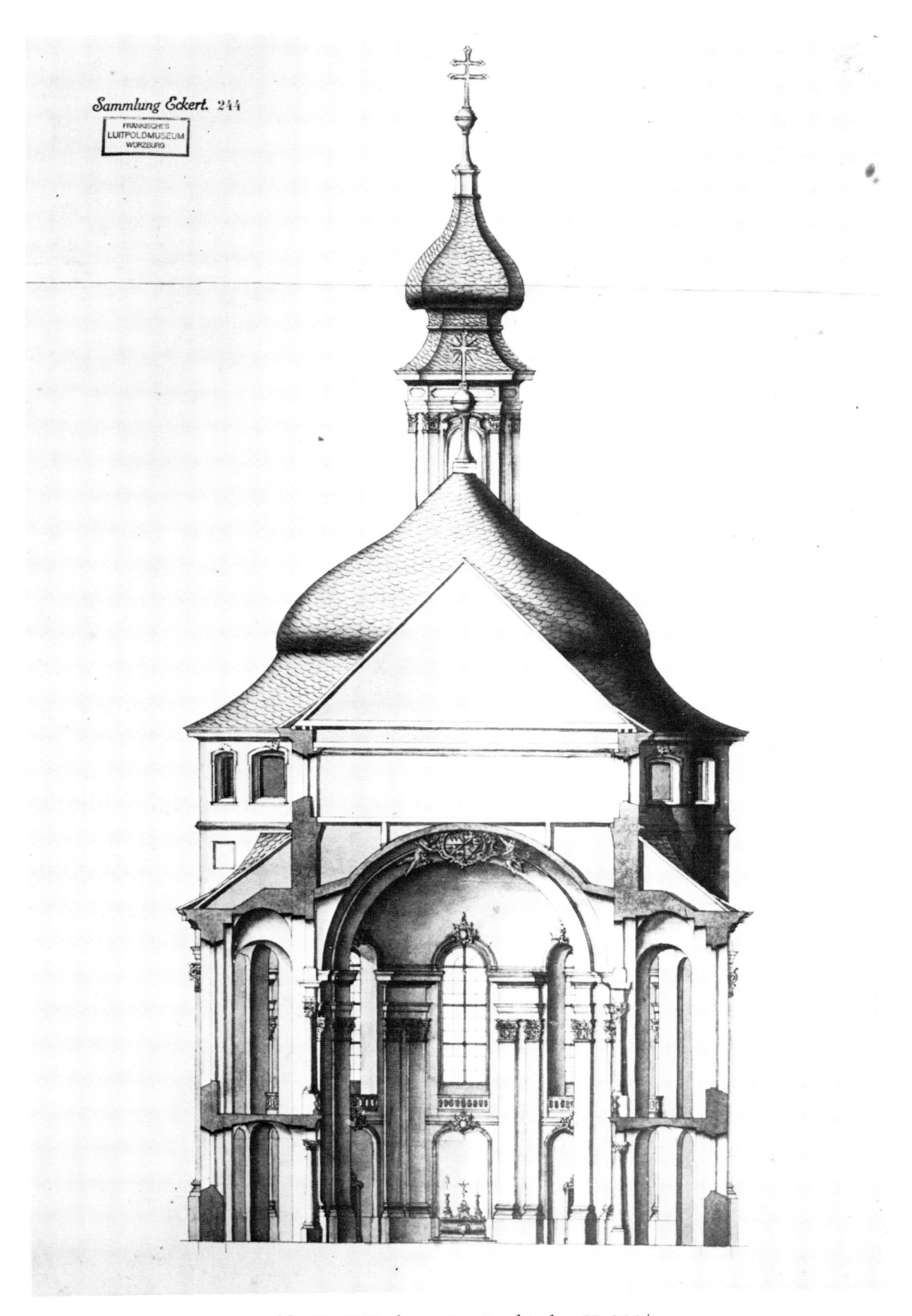

Abb. 61: *Würzburg, Jesuitenkirche, SE 244+*

Abb. 62: *Würzburg, Jesuitenkirche, SE 245*⁺

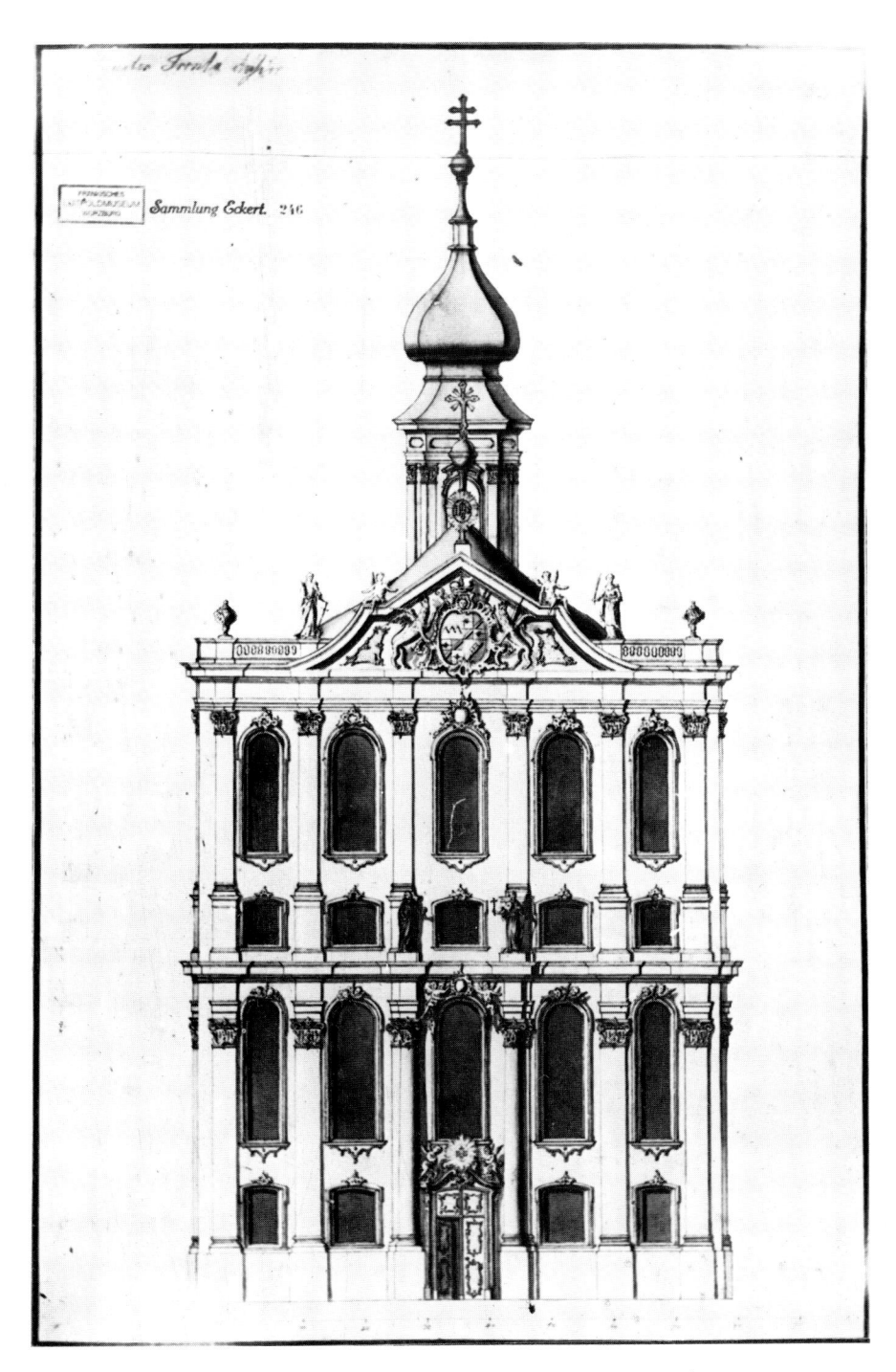

Abb. 63: *Würzburg, Jesuitenkirche, SE 246*[+]

Abb. 64: *Würzburg, Jesuitenkirche, SE 247+*

Abb. 65: *Würzburg, Jesuitenkirche, SE 249+*

Sammlung Eckert. 253.

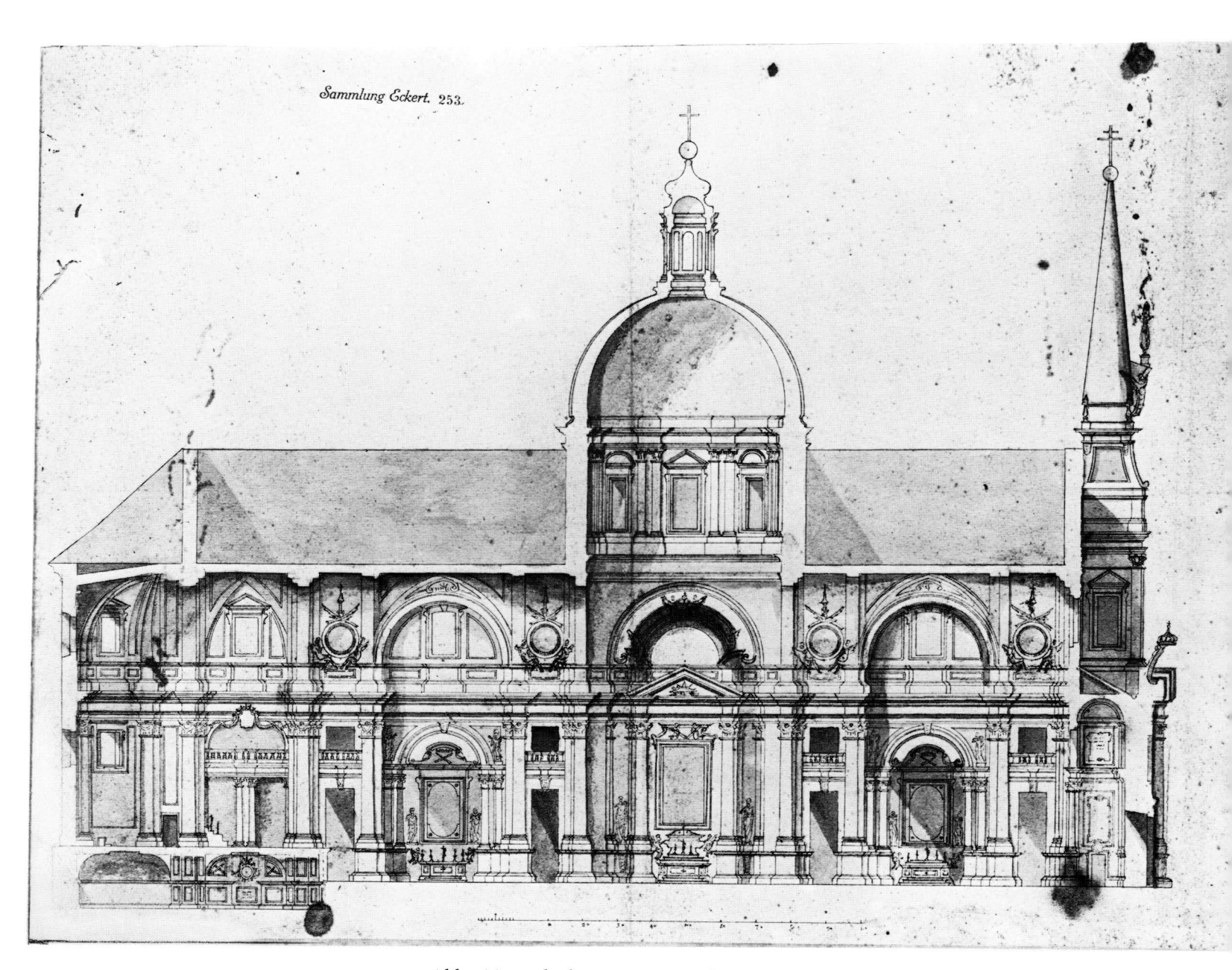

Abb. 66: *Nicht bestimmter Kirchenbau, SE 253+*

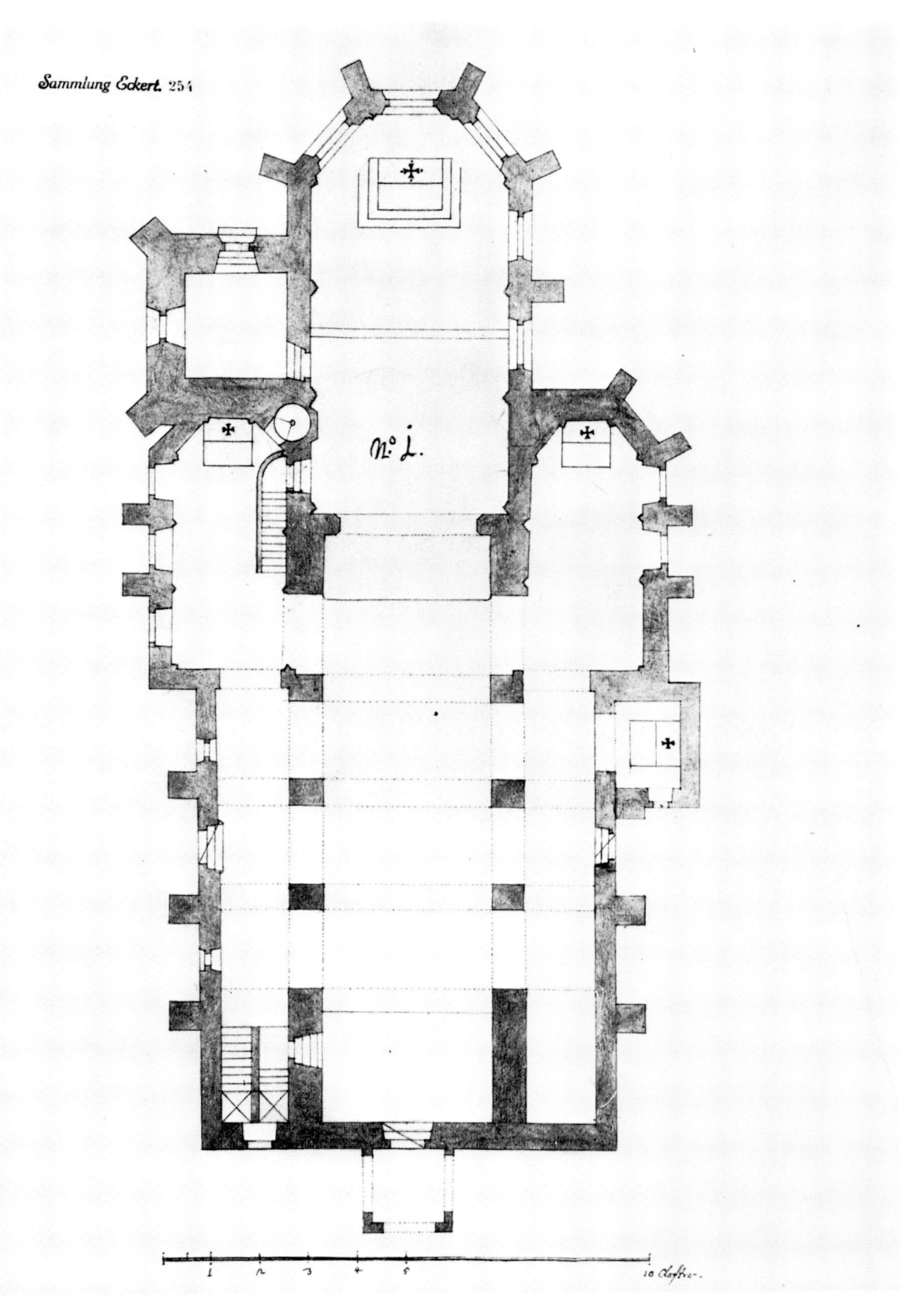

Abb. 67: *Göllersdorf, Pfarrkirche, SE 254+*

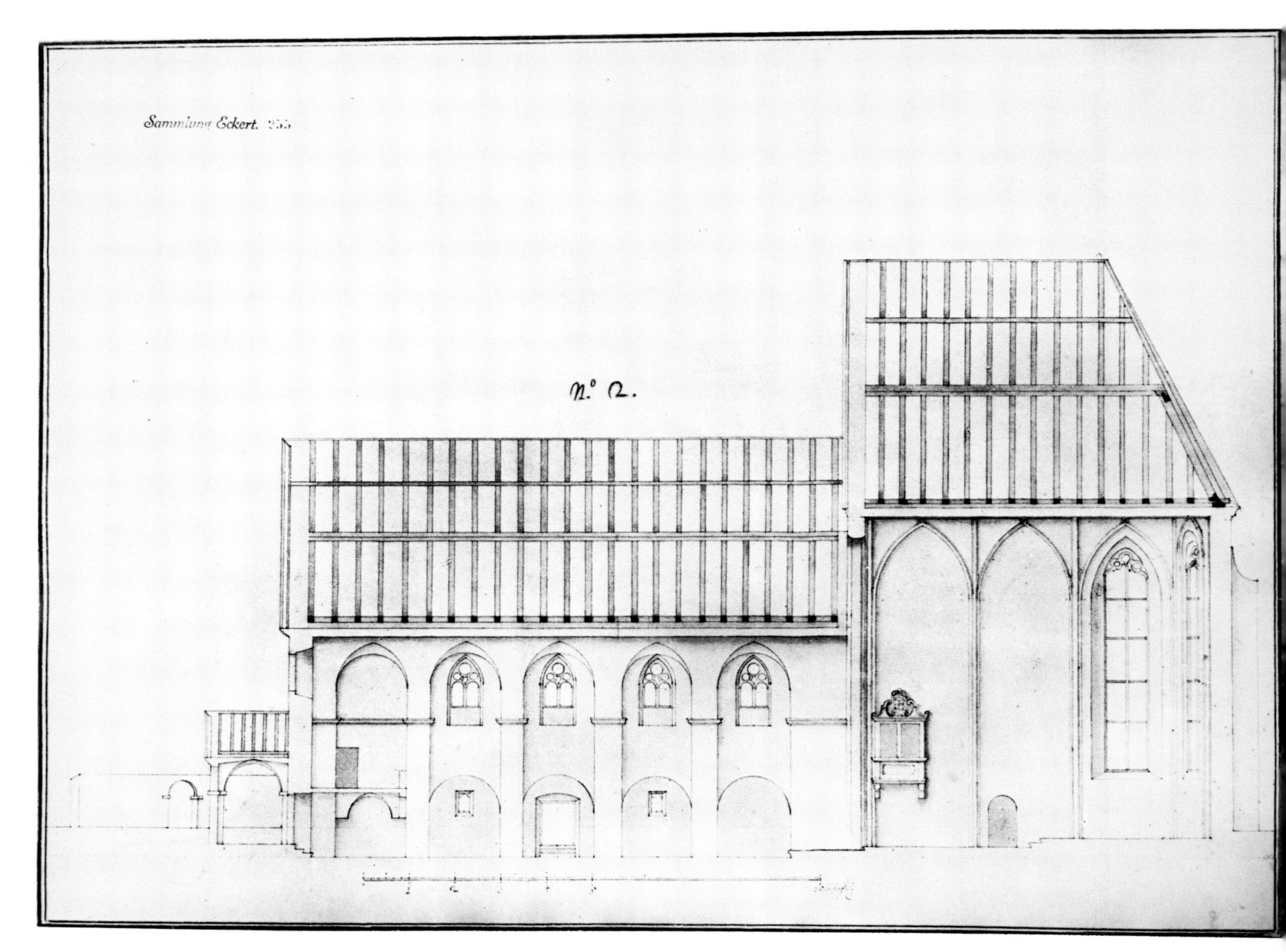

Abb. 68: *Göllersdorf, Pfarrkirche, SE 255⁺*

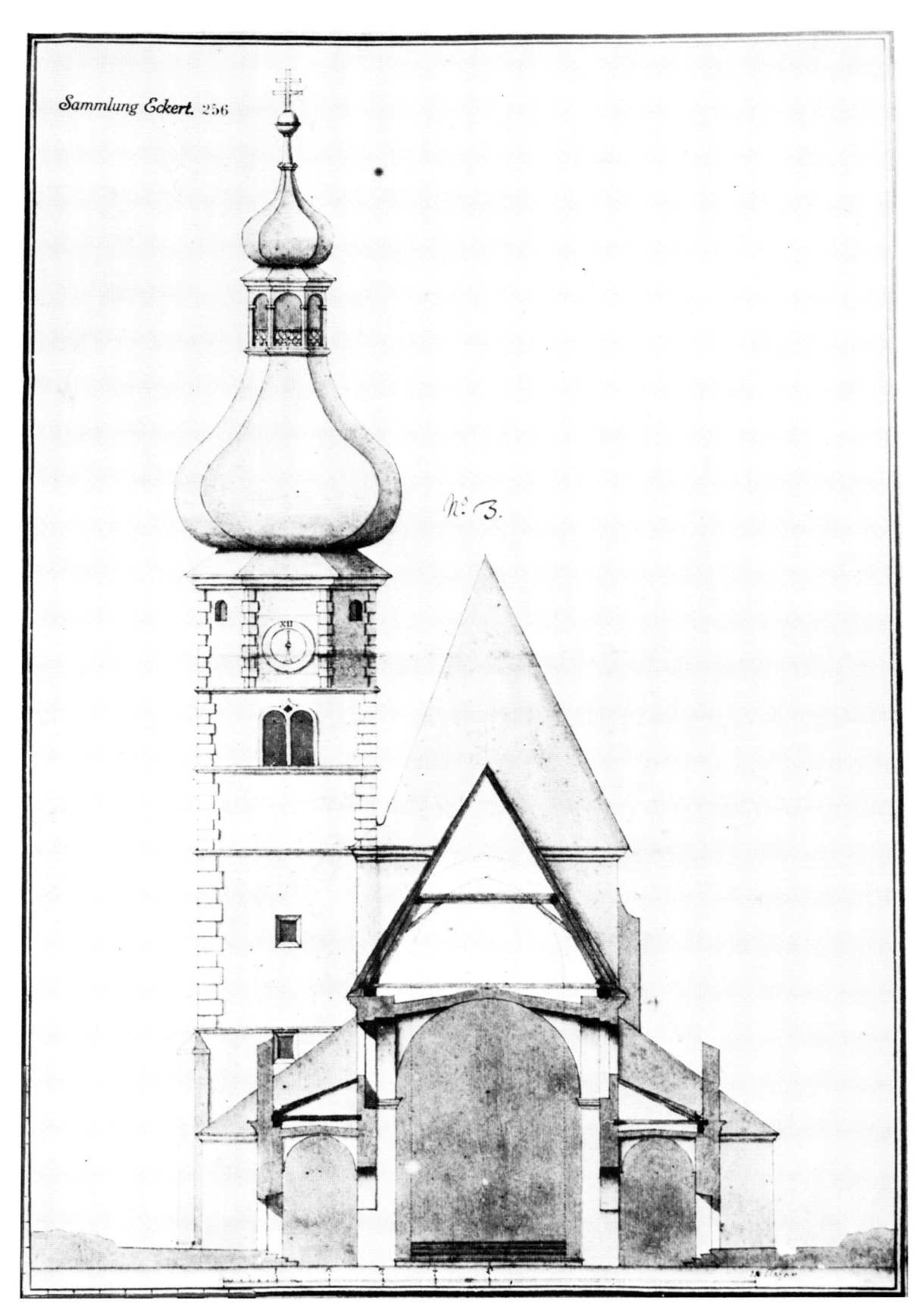

Abb. 69: *Göllersdorf, Pfarrkirche, SE 256*⁺

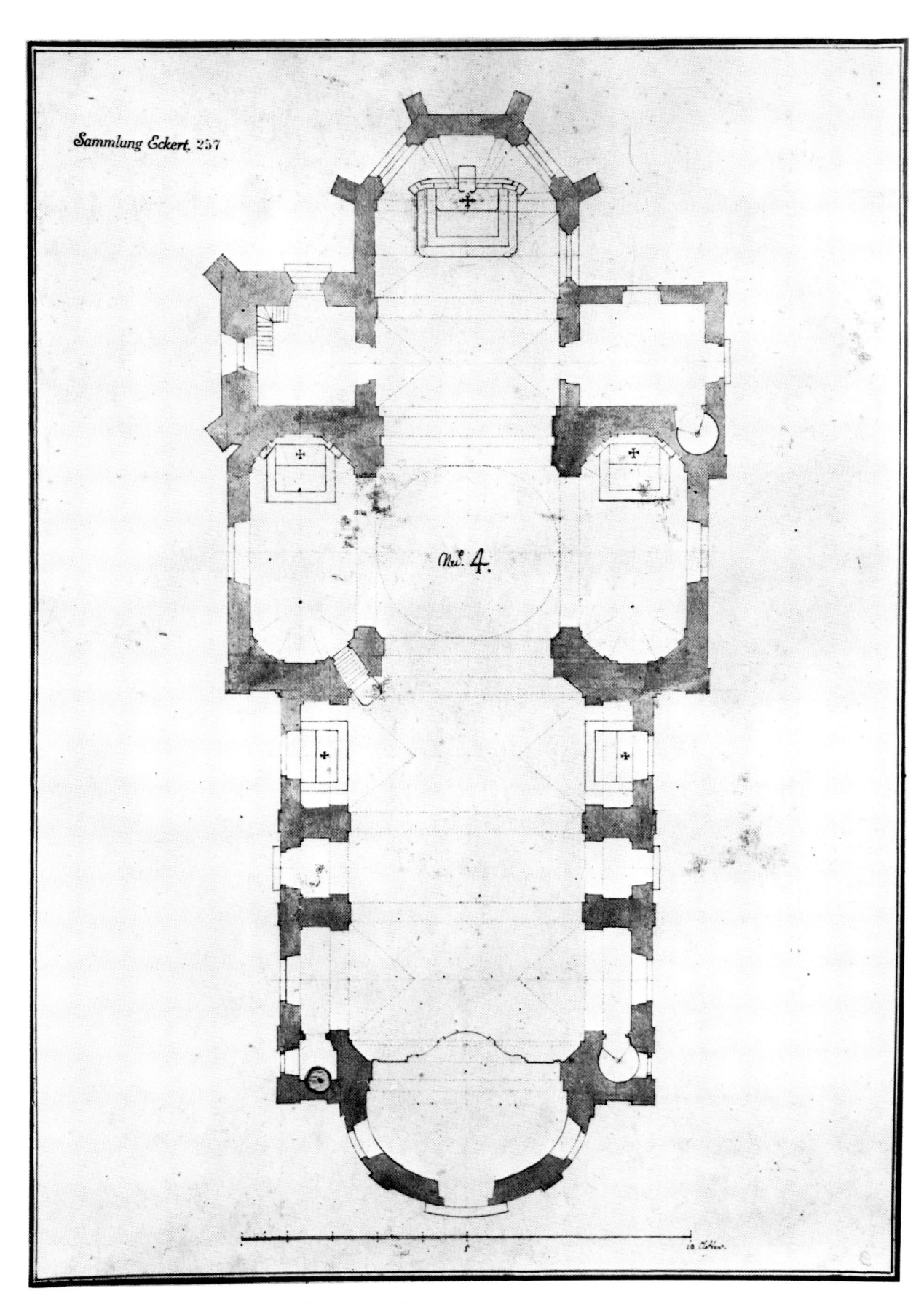

Abb. 70: *Göllersdorf, Pfarrkirche, SE 257⁺*

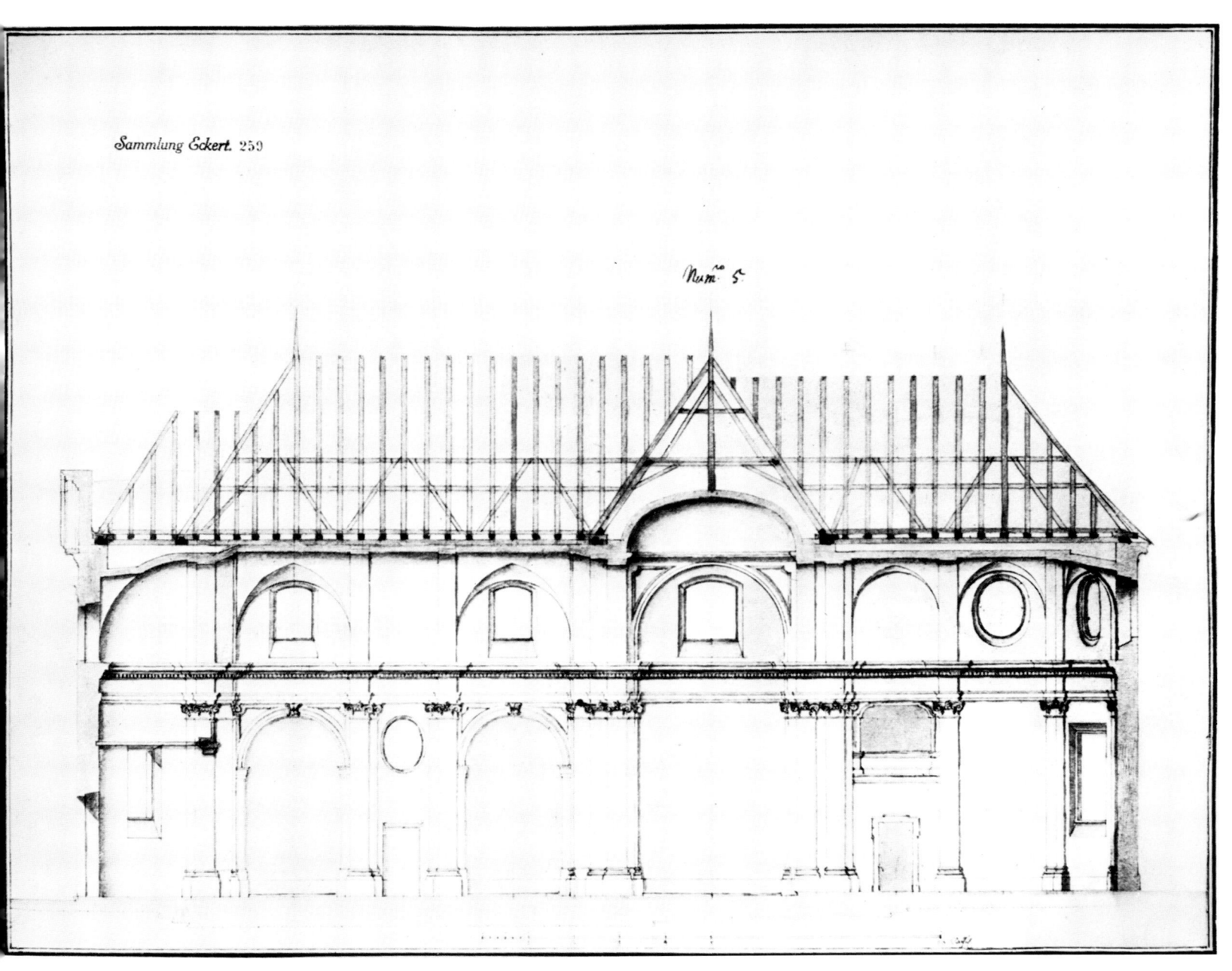

Abb. 71: *Göllersdorf, Pfarrkirche, SE 259+*

Abb. 72: *Stranzendorf, Pfarrkirche, SE 261+*

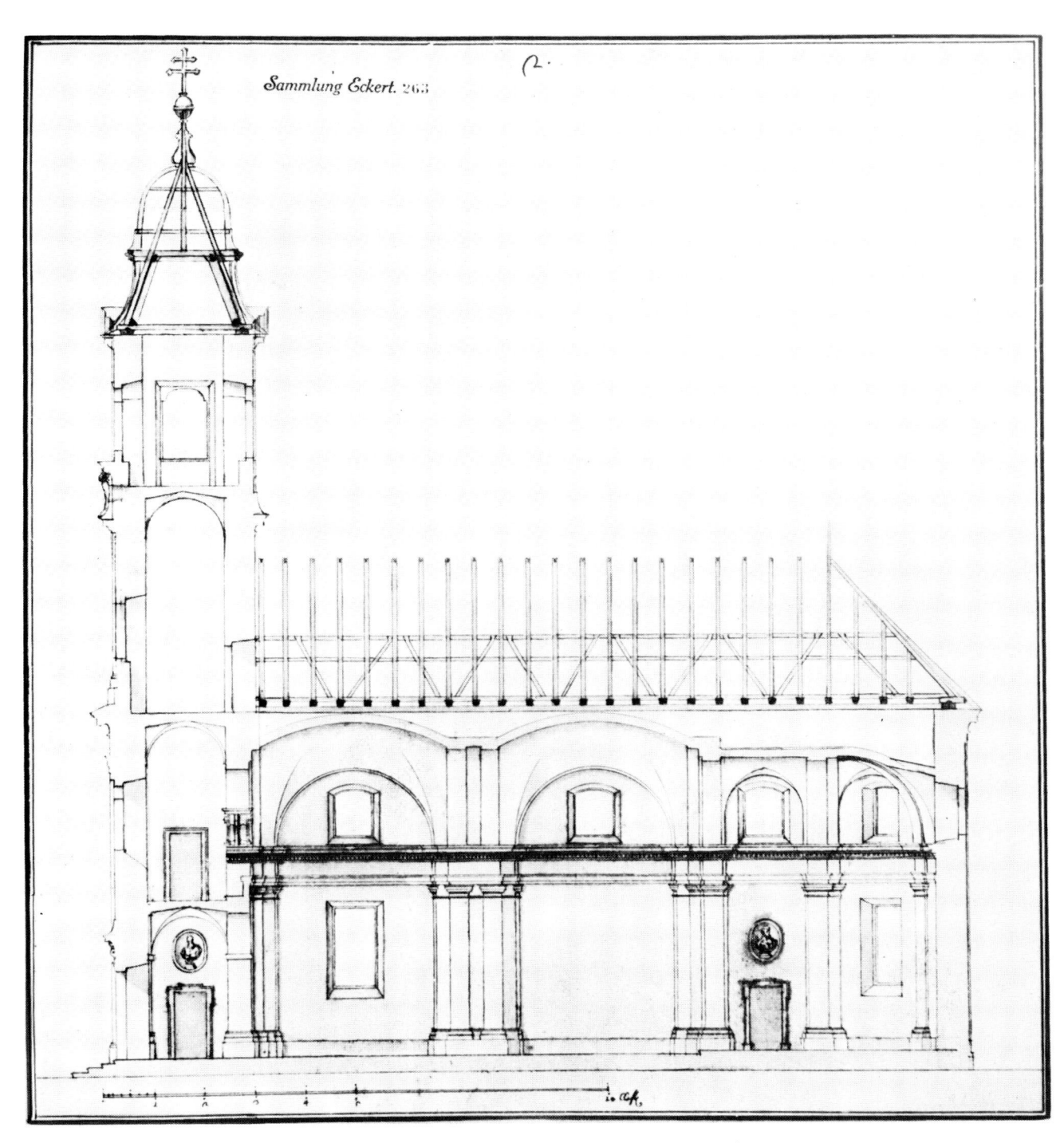

Abb. 73: *Stranzendorf, Pfarrkirche, SE 263⁺*

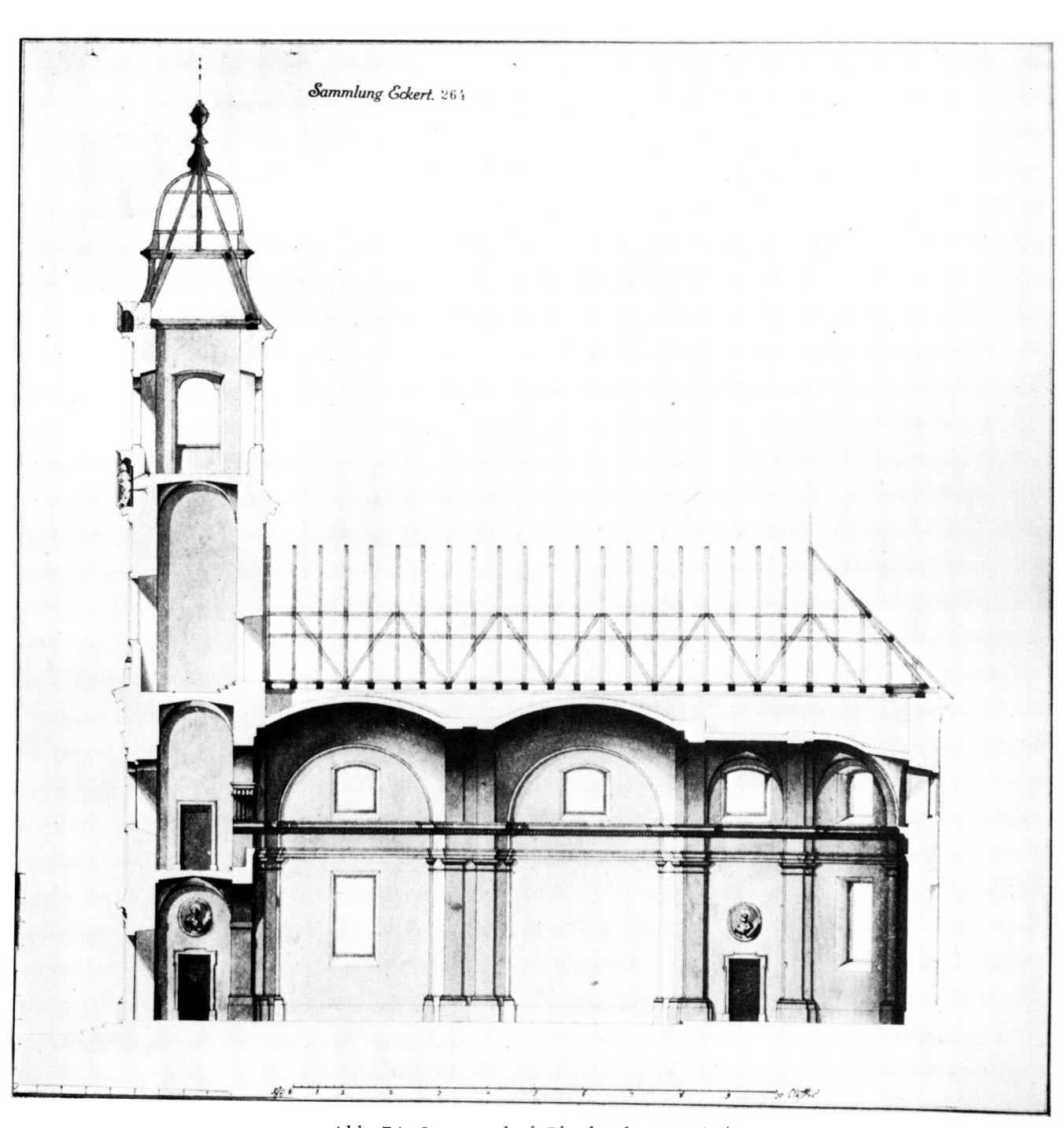

Abb. 74: *Stranzendorf, Pfarrkirche, SE 264+*

Abb. 75: *Stranzendorf, Pfarrkirche, SE 265*⁺

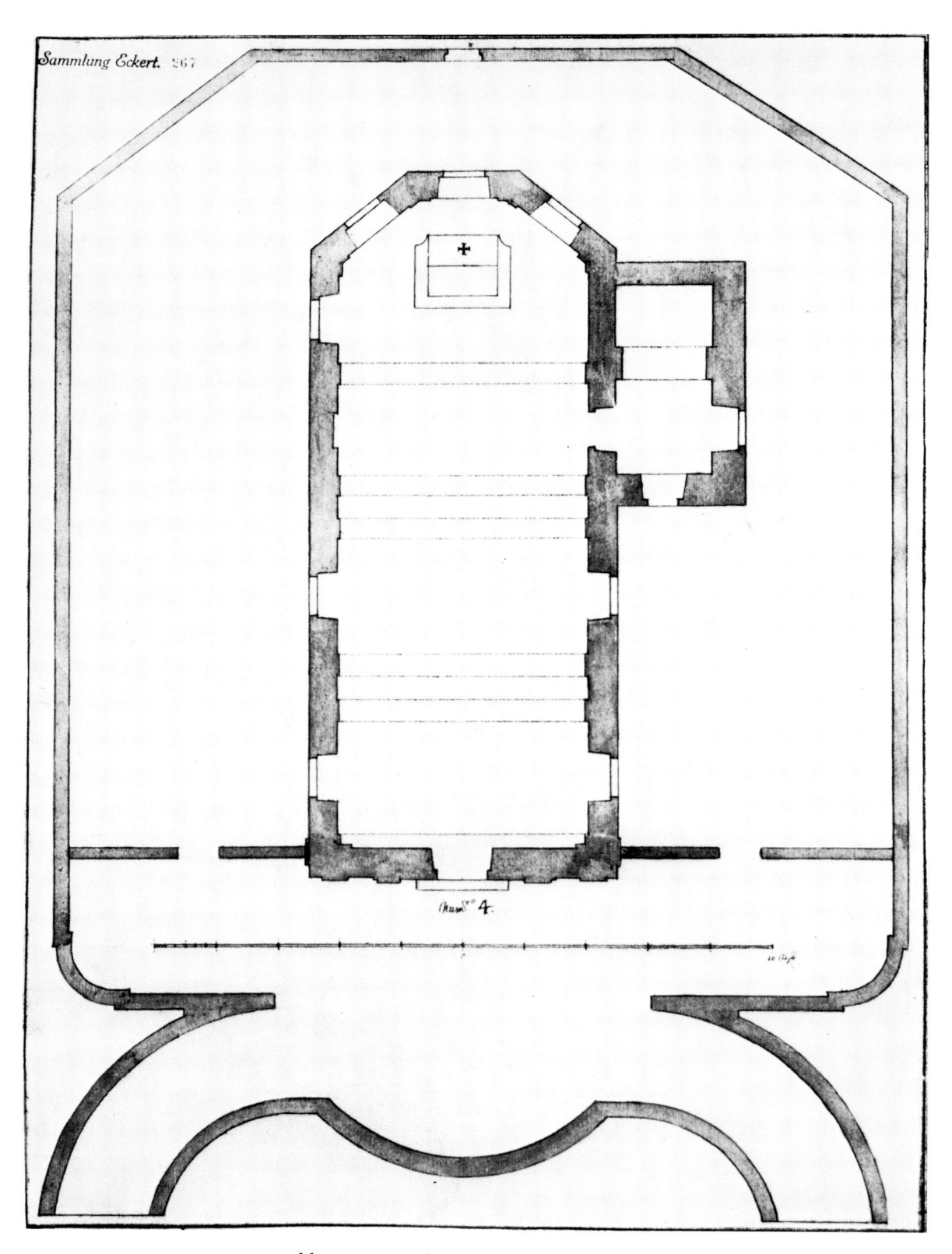

Abb. 76: *Weierburg, Filialkirche, SE 267+*

Abb. 77: *Weierburg, Filialkirche, SE 268+*

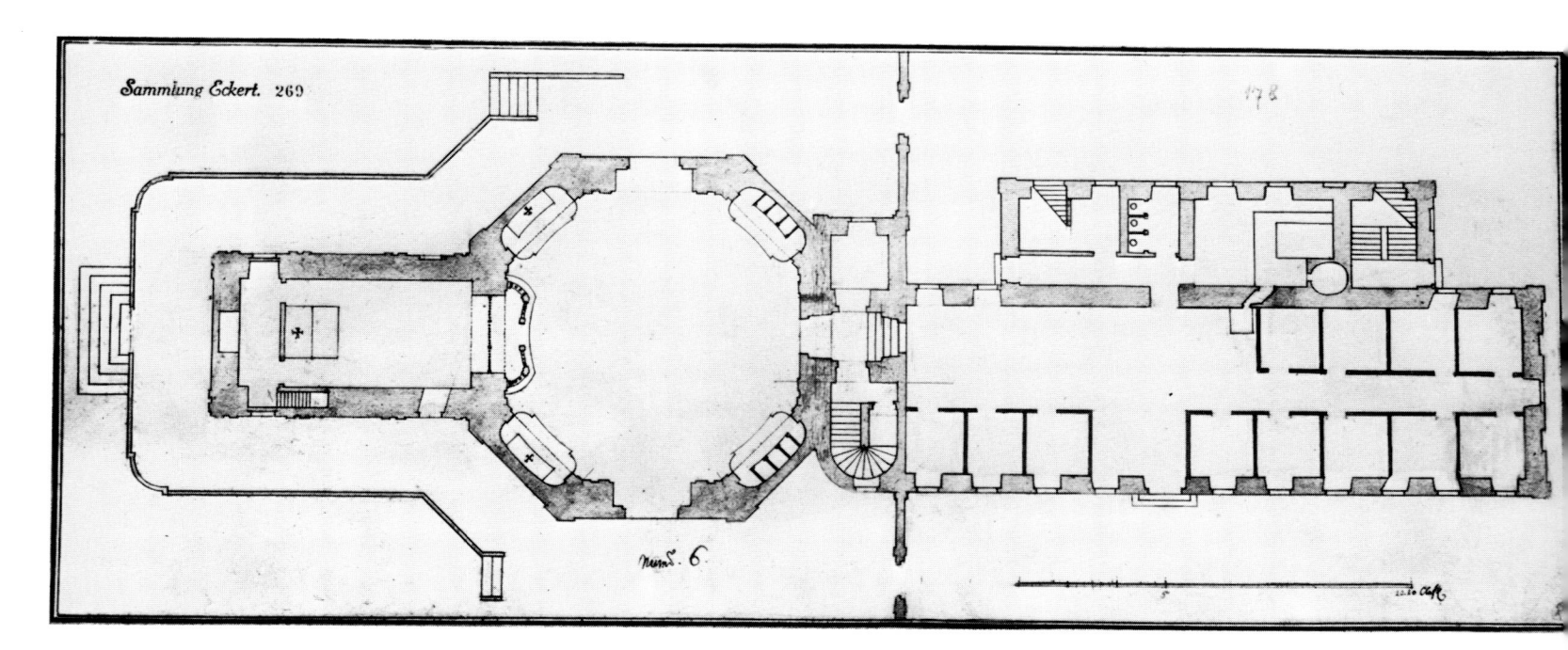

Abb. 78: *Göllersdorf, Spitalkloster, SE 269+*

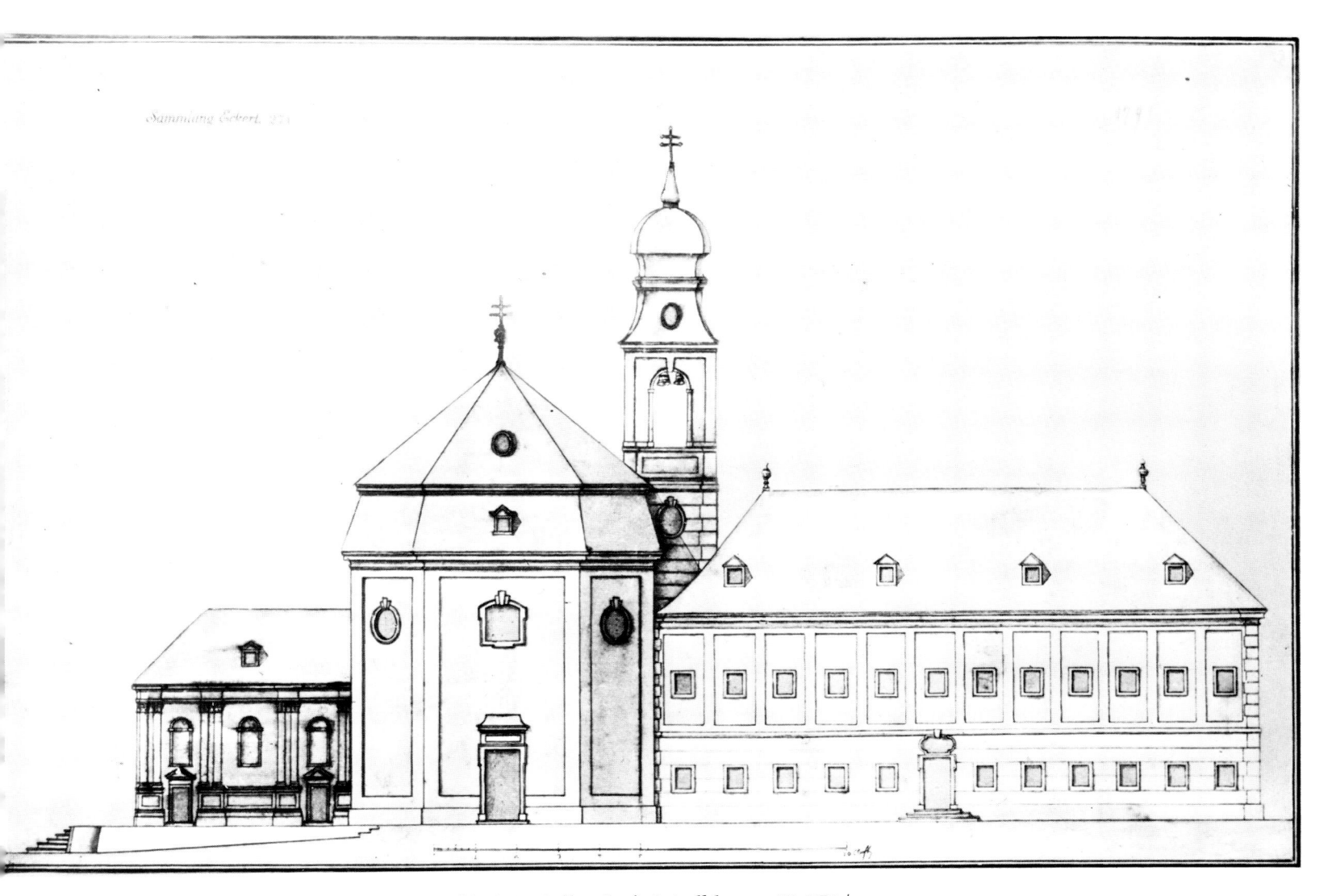

Abb. 79: *Göllersdorf, Spitalkloster, SE 271*[+]

Abb. 80: *Göllersdorf, Pfarrkirche, SE 274a+*

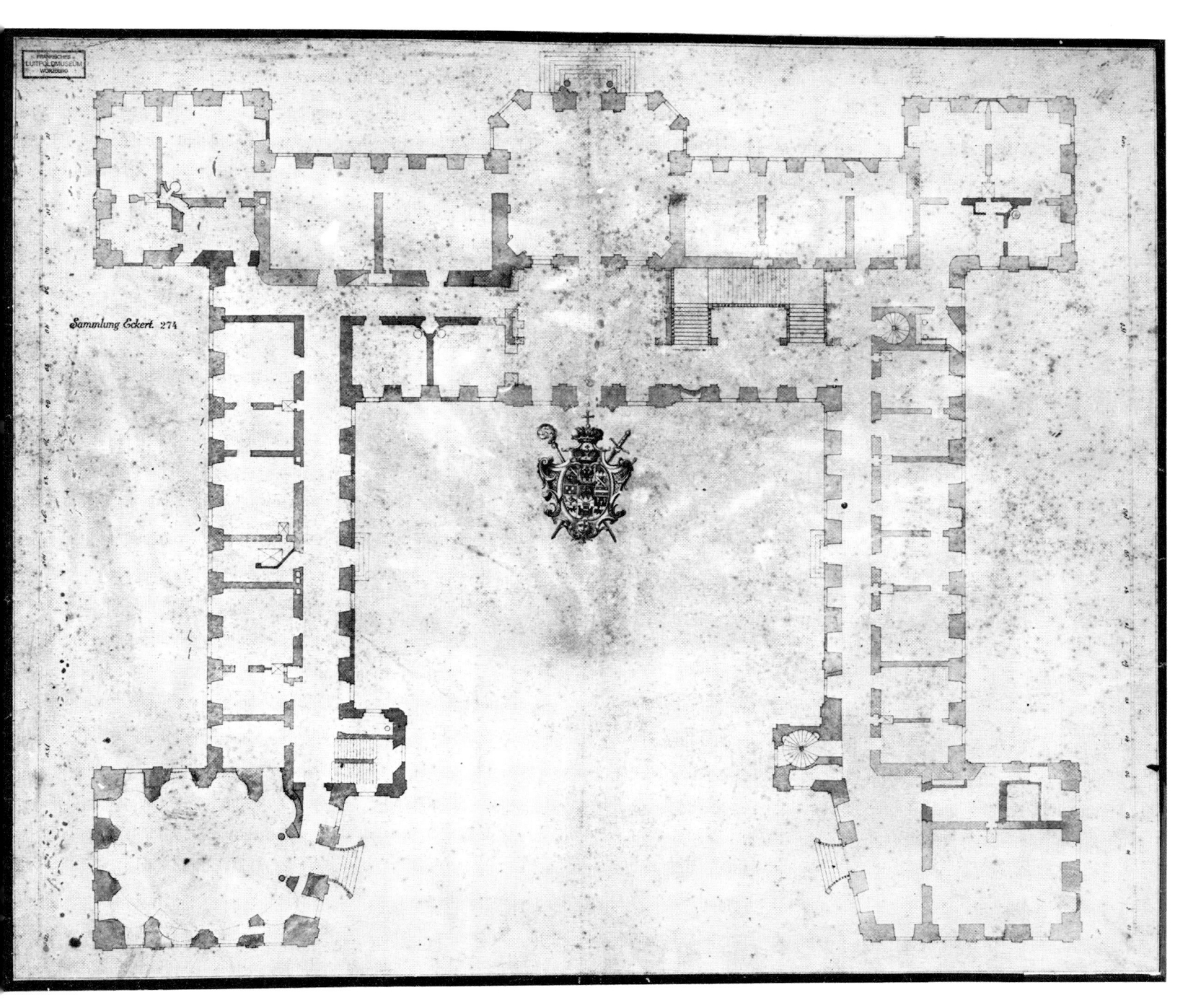

Abb. 81: Werneck, Schloß, SE 274b+

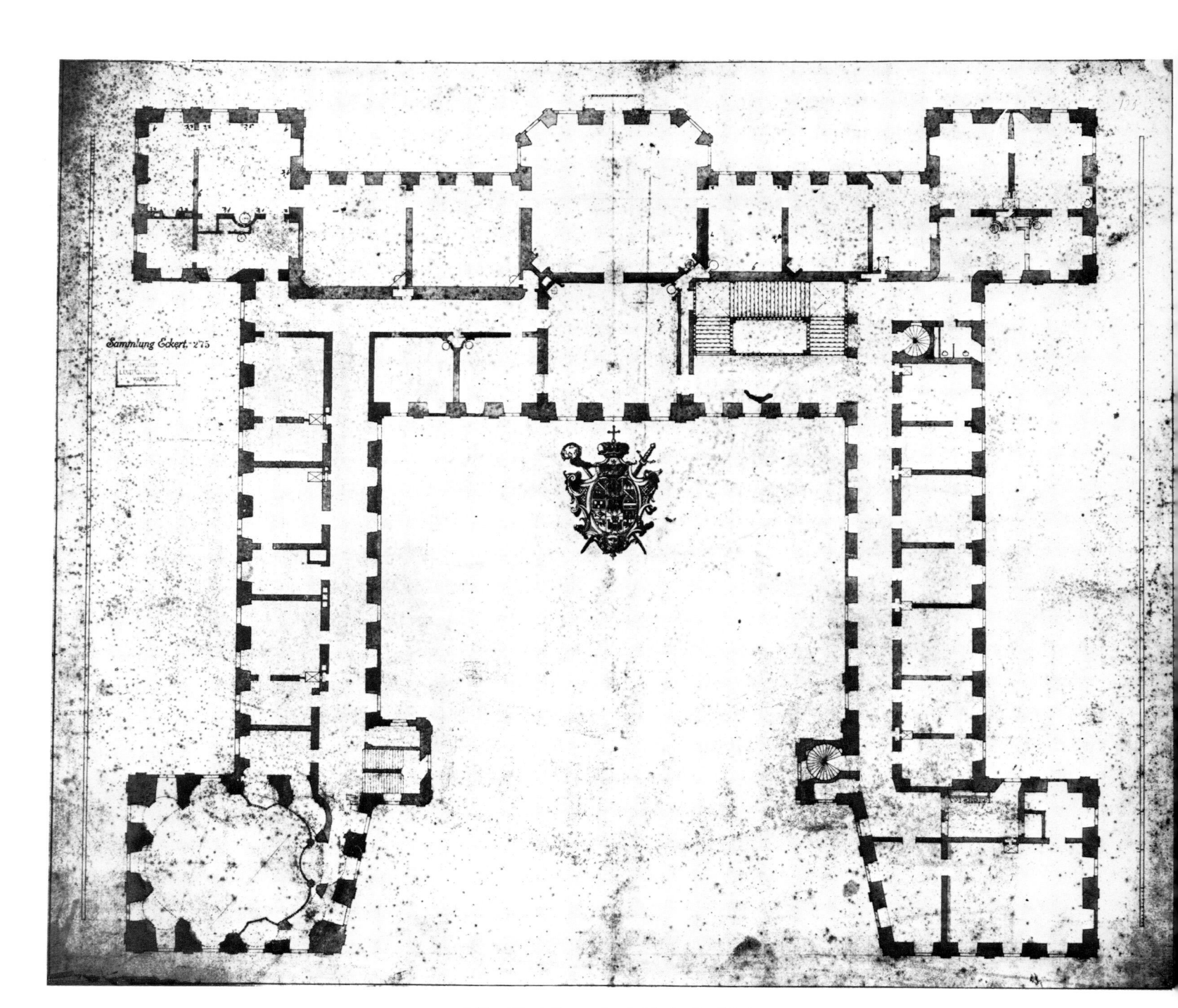

Abb. 82: *Werneck, Schloß, SE 275+*

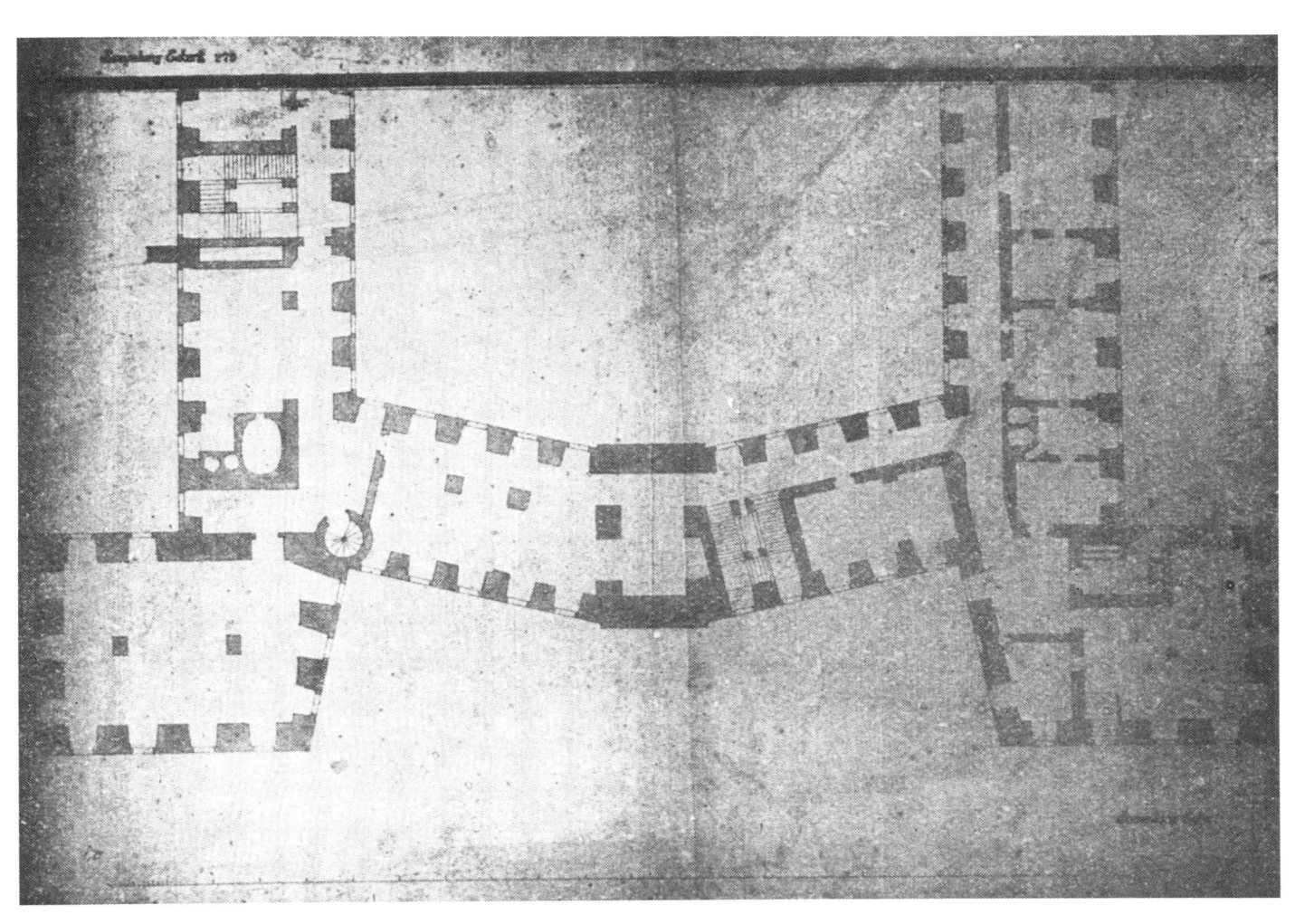

Abb. 83: *Werneck, Schloß, SE 279+*

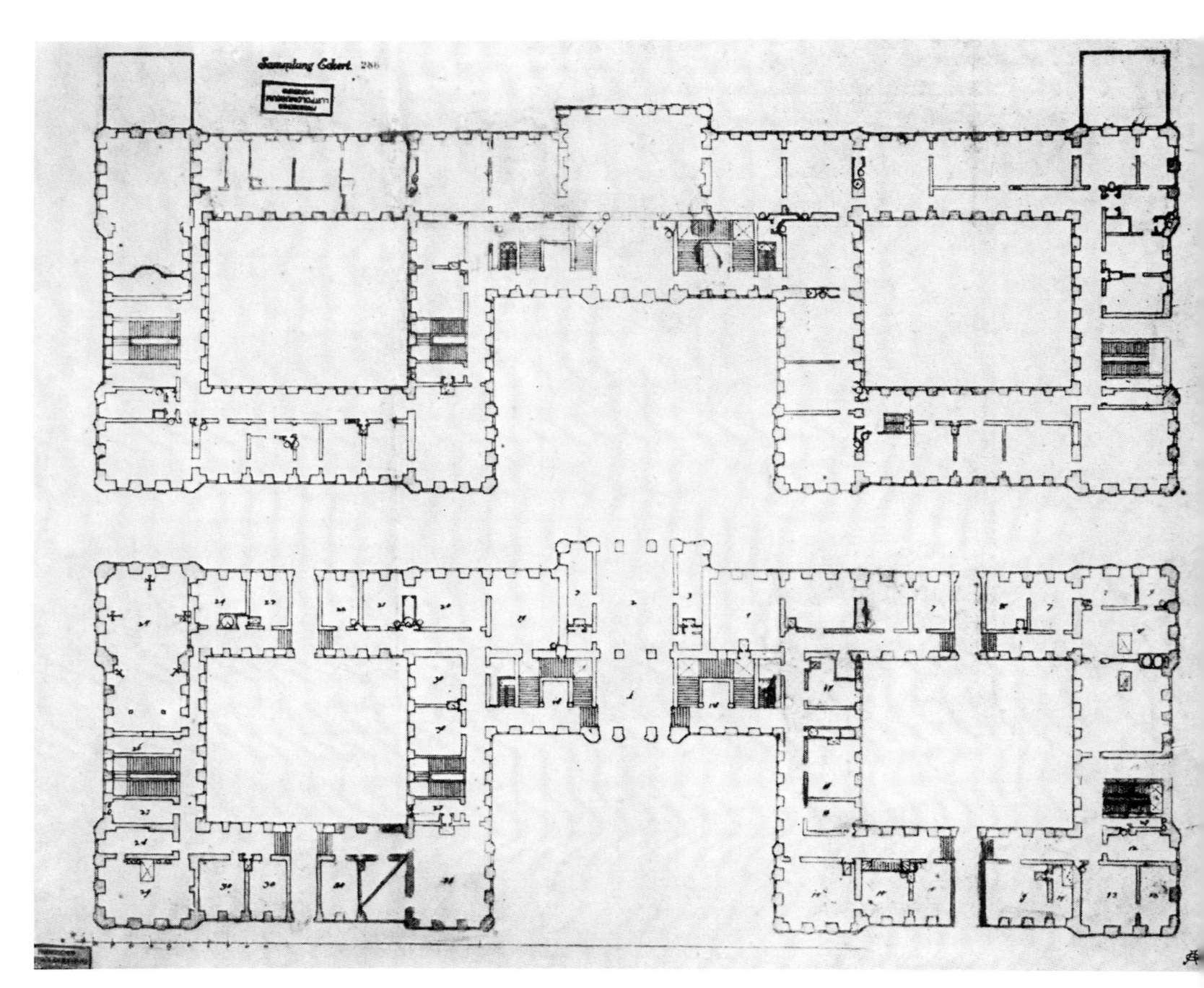

Abb. 84: *Würzburg, Residenz, SE 286+*

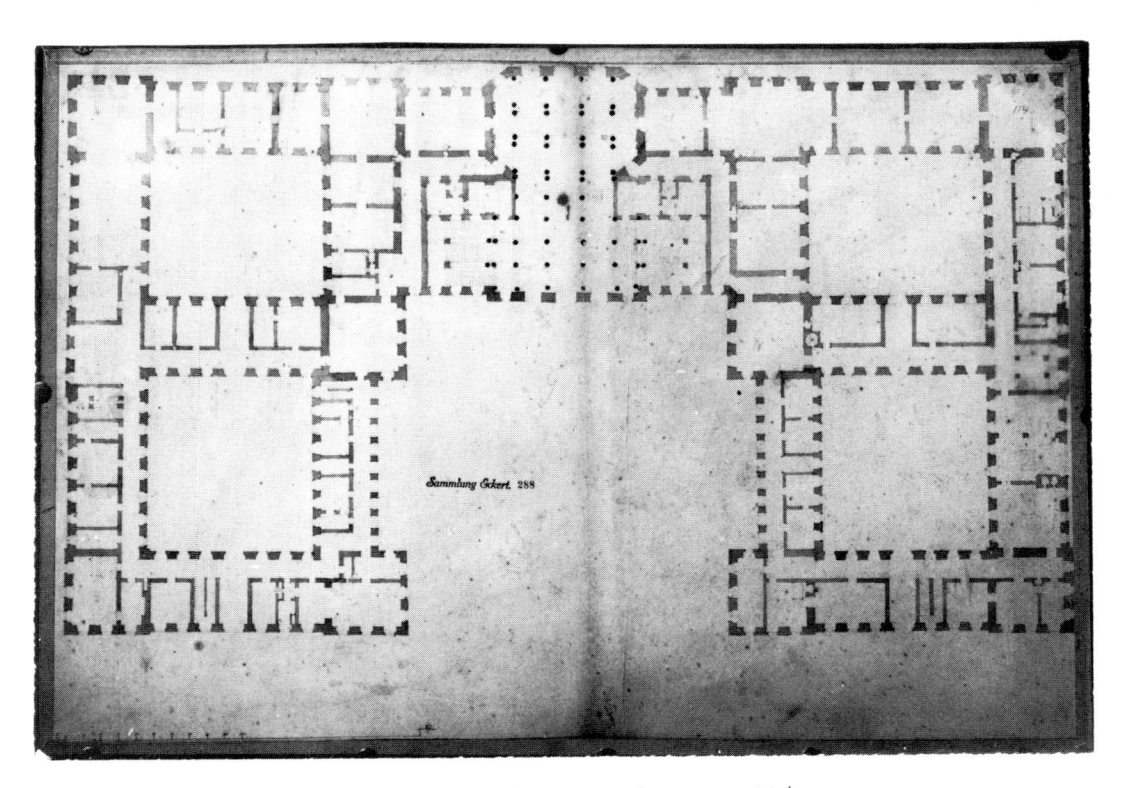

Abb. 85: *Würzburg, Residenz, SE 288*⁺

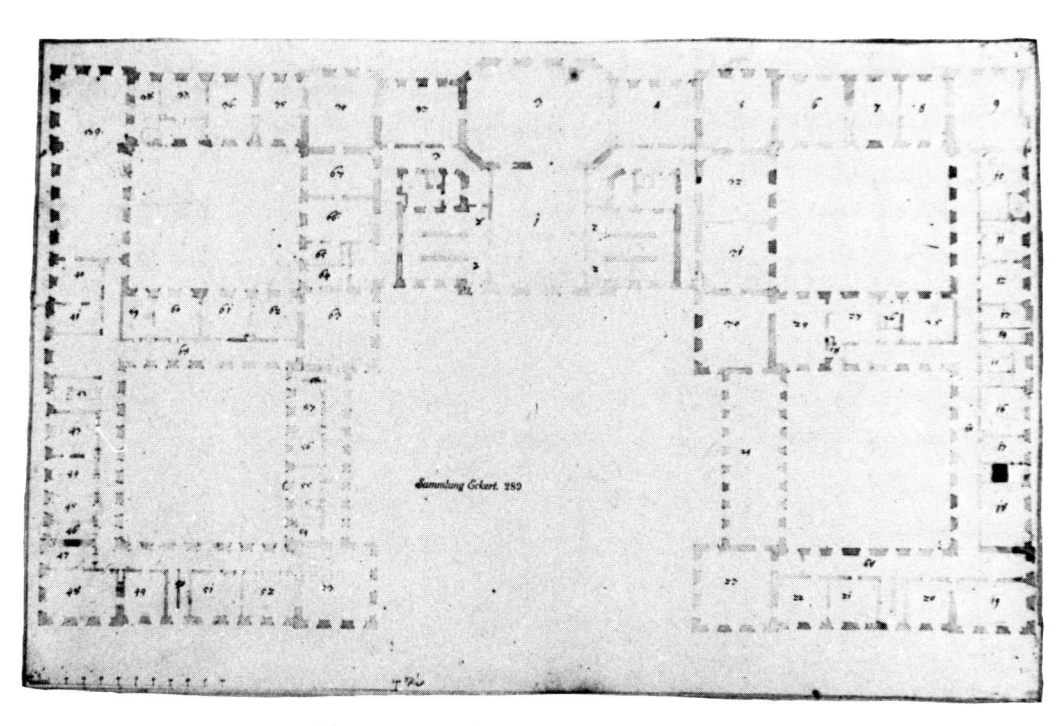

Abb. 86: *Würzburg, Residenz, SE 289+*

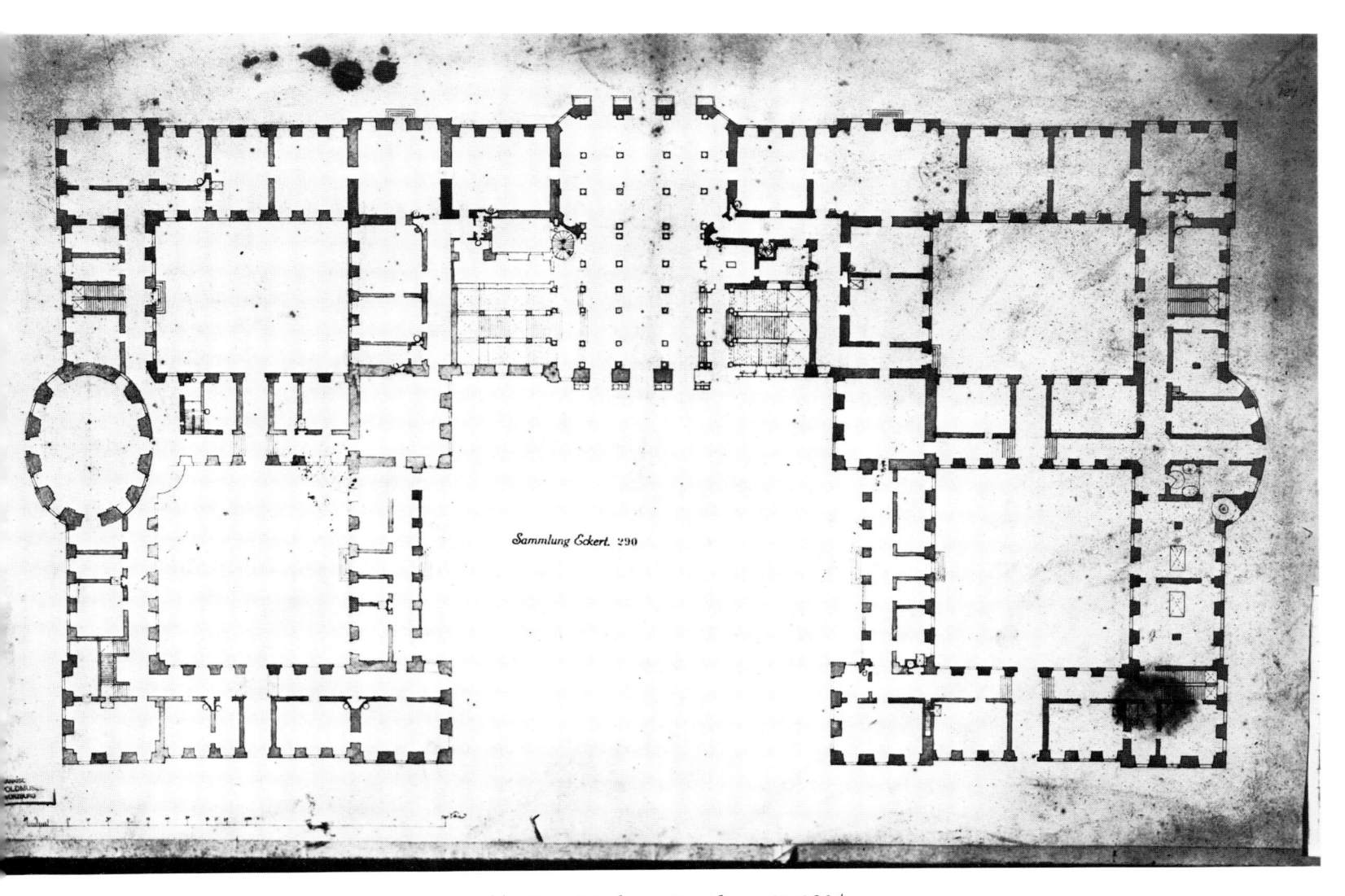

Abb. 87: Würzburg, Residenz, SE 290+

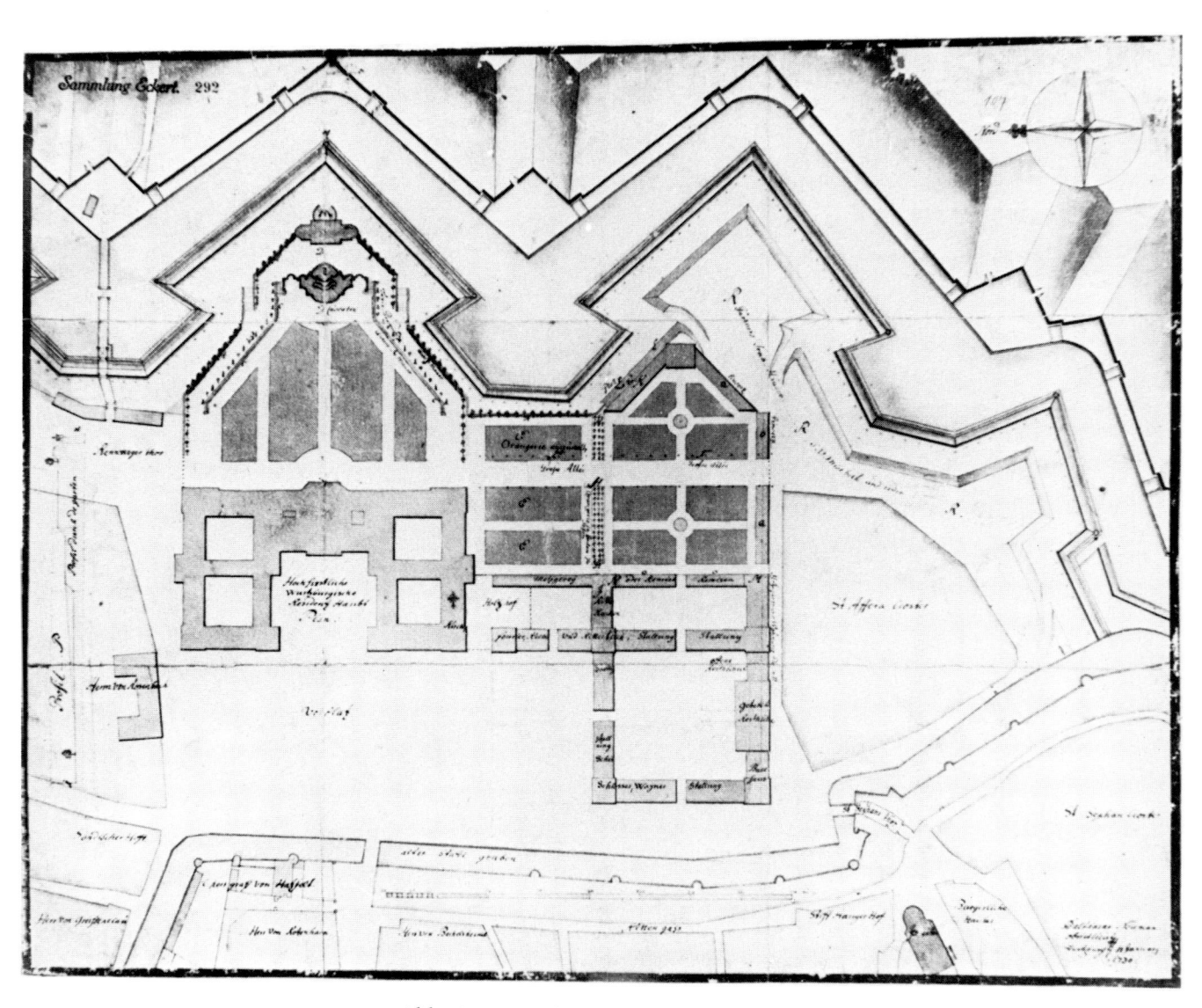

Abb. 88: *Würzburg, Residenz, SE 292+*

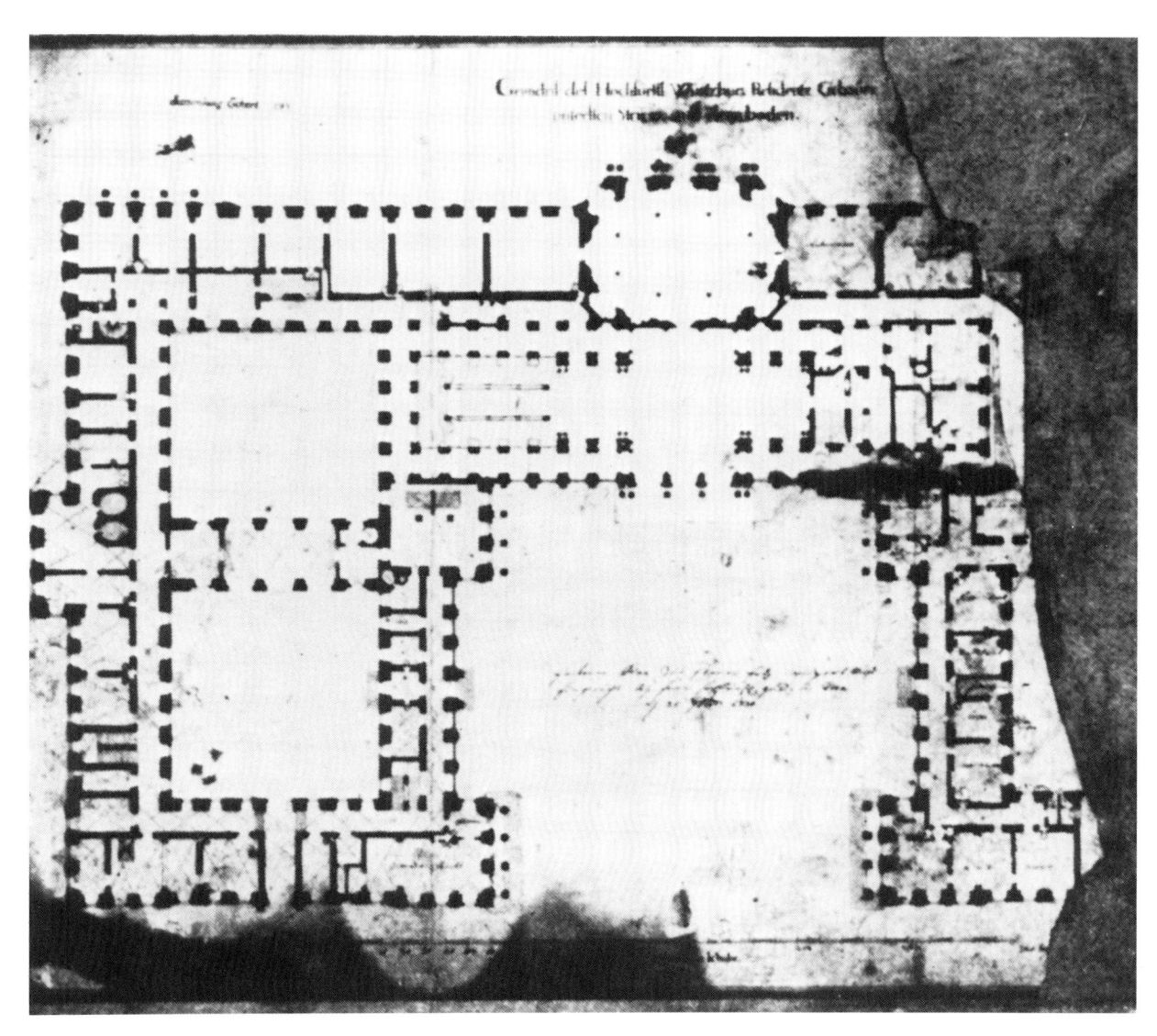

Abb. 89: *Würzburg, Residenz, SE 294+*

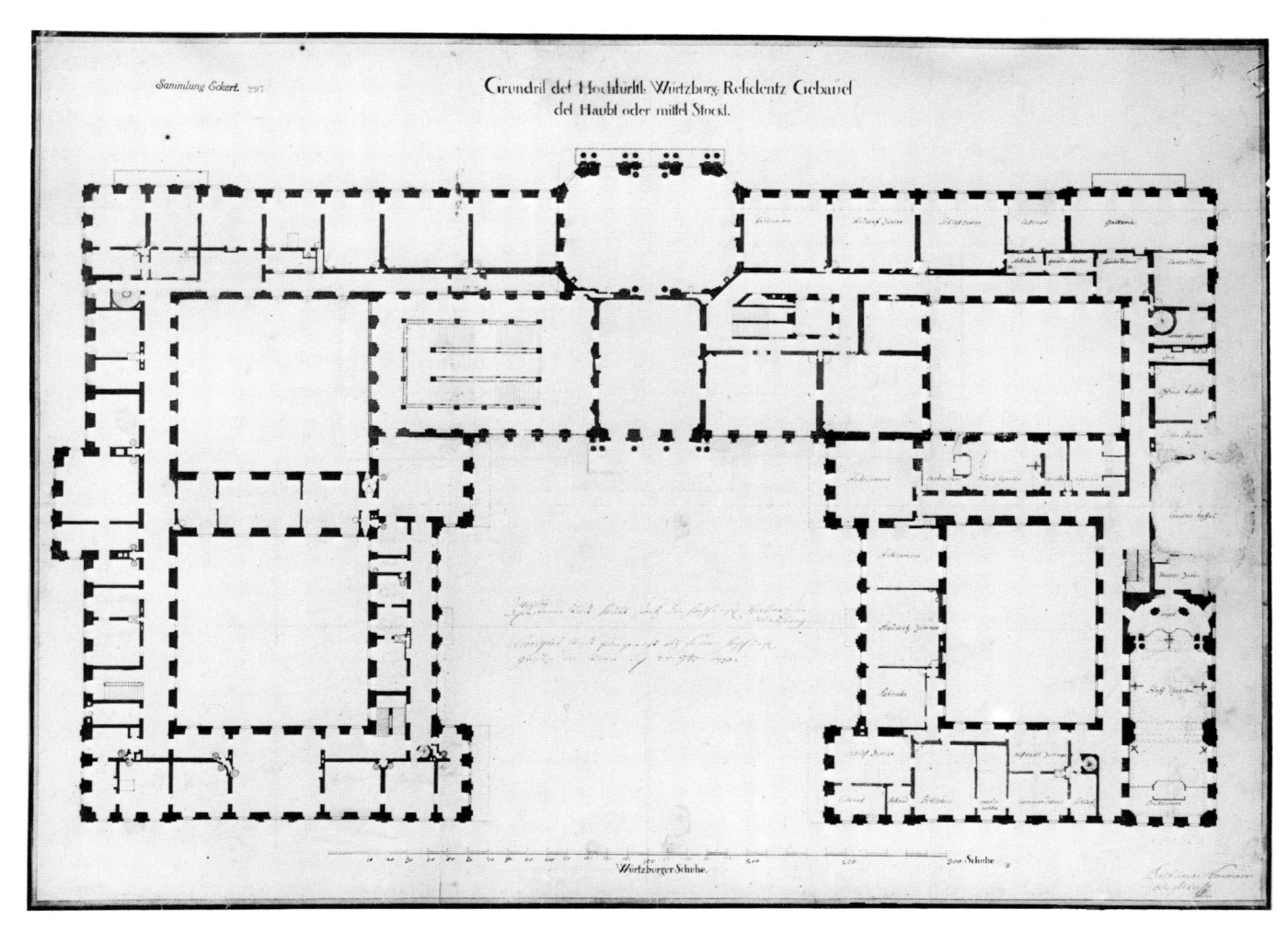

Abb. 90: *Würzburg, Residenz, SE 297⁺*

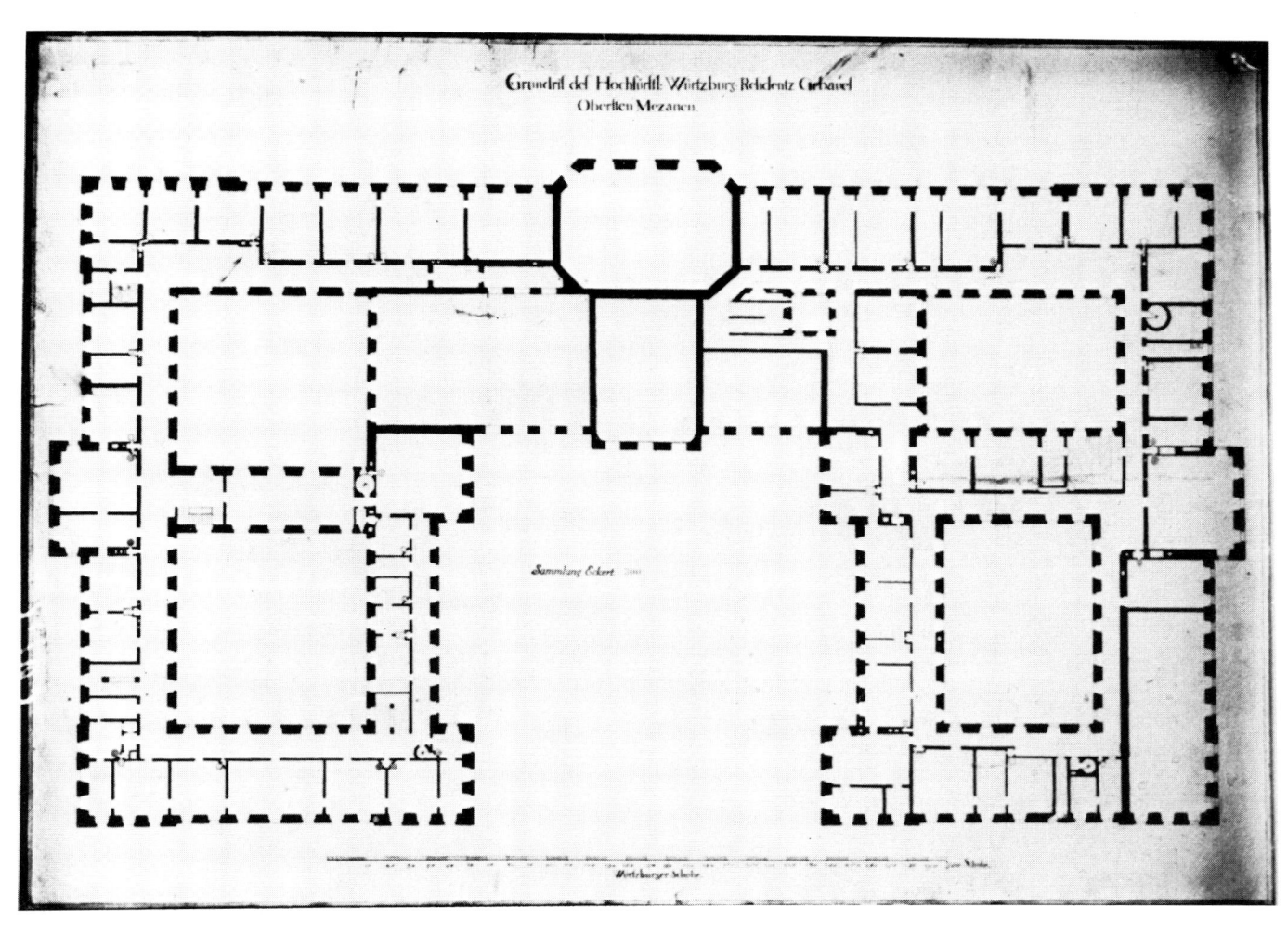

Abb. 91: *Würzburg, Residenz, SE 300+*

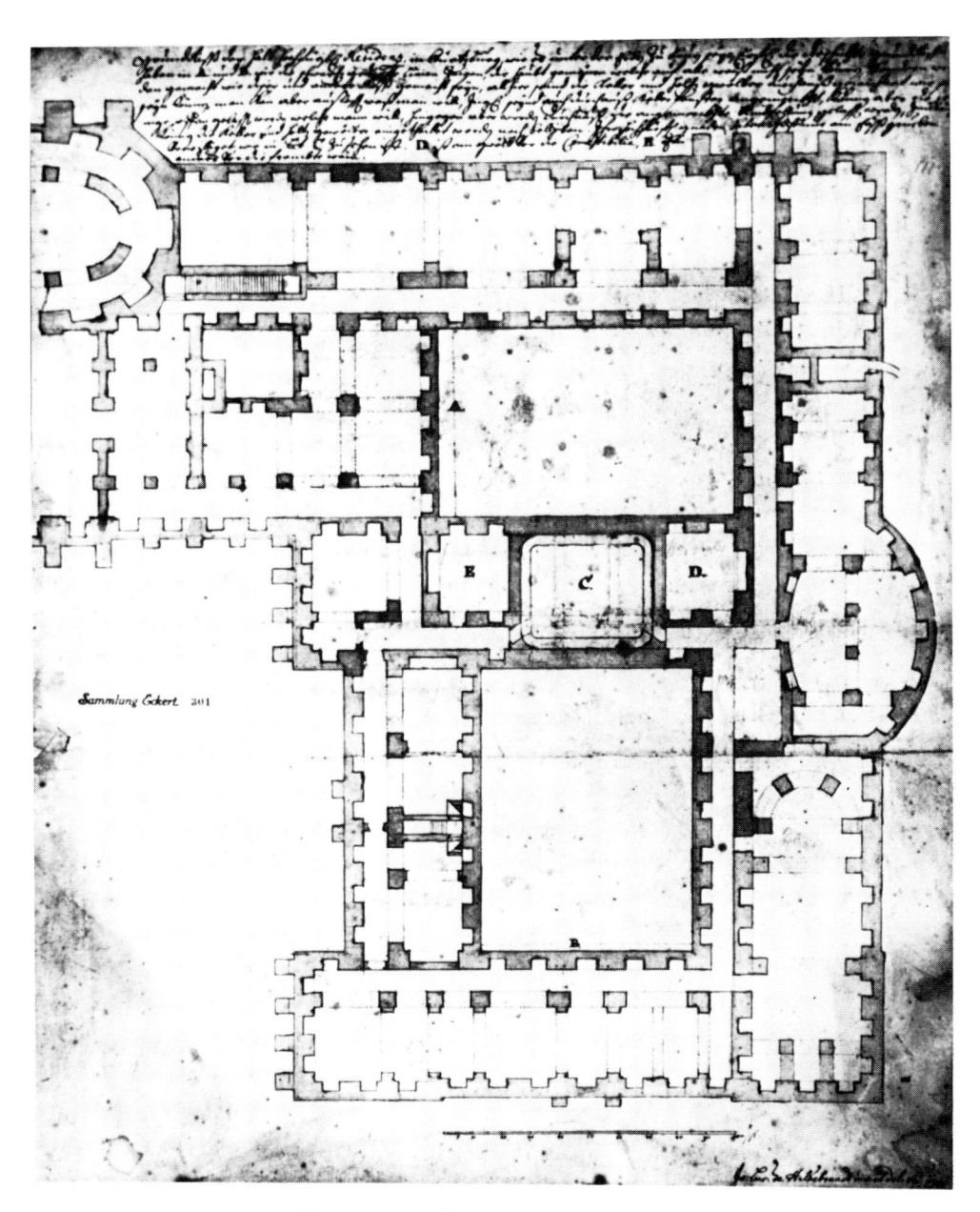

Abb. 92: *Würzburg, Residenz, SE 301*⁺

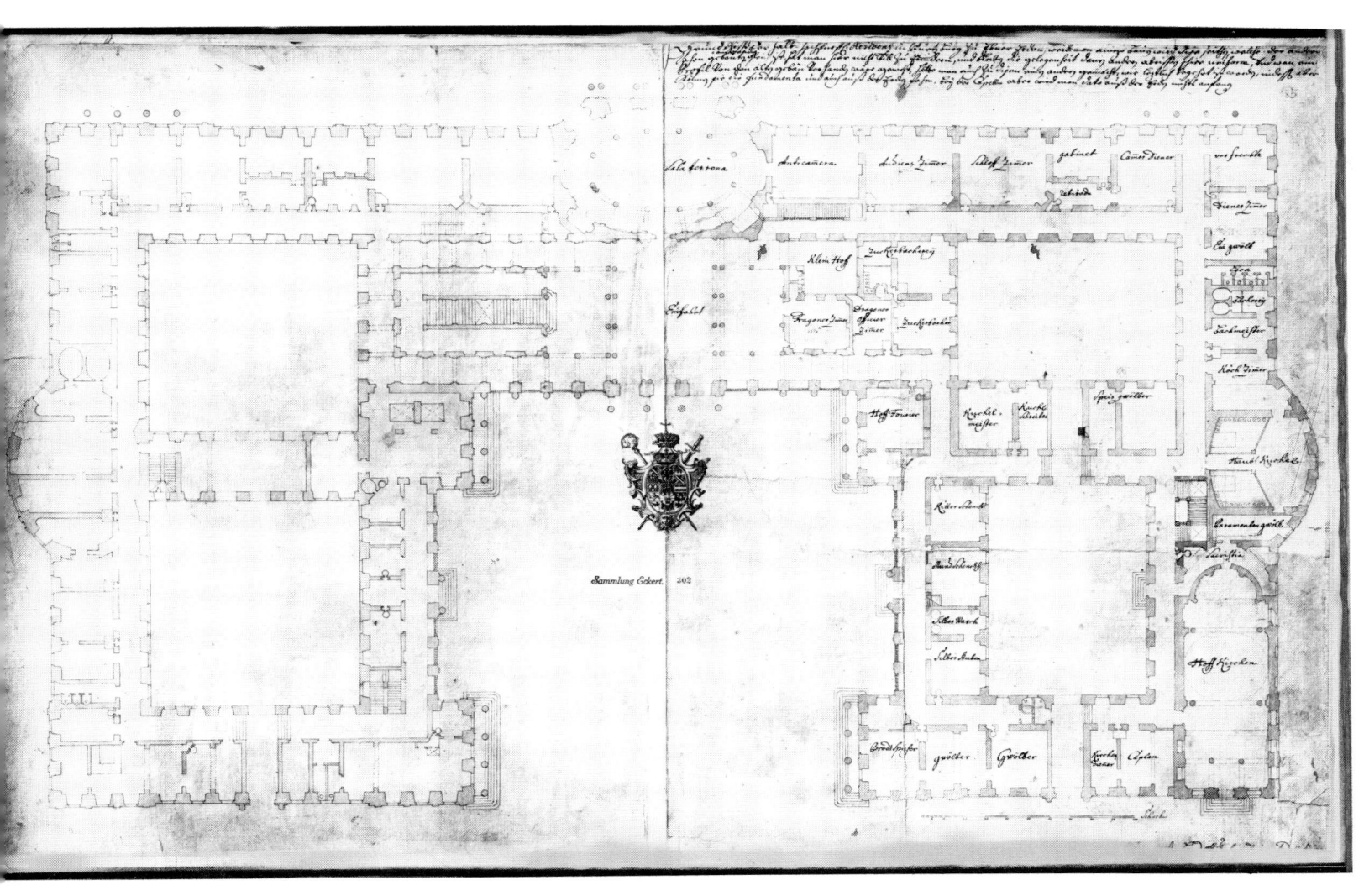

Abb. 93: Würzburg, Residenz, SE 302+

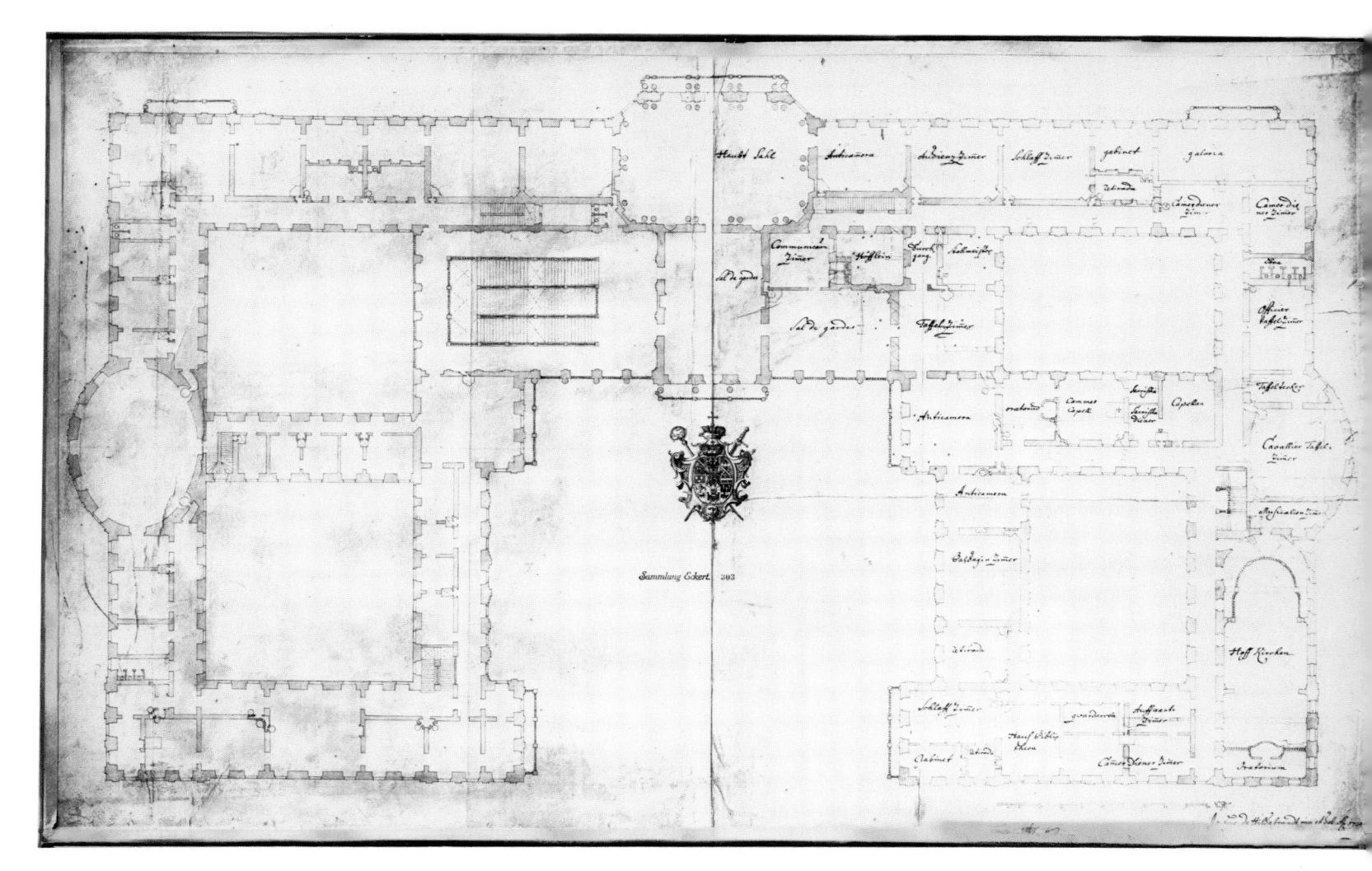

Abb. 94: *Würzburg, Residenz, SE 303+*

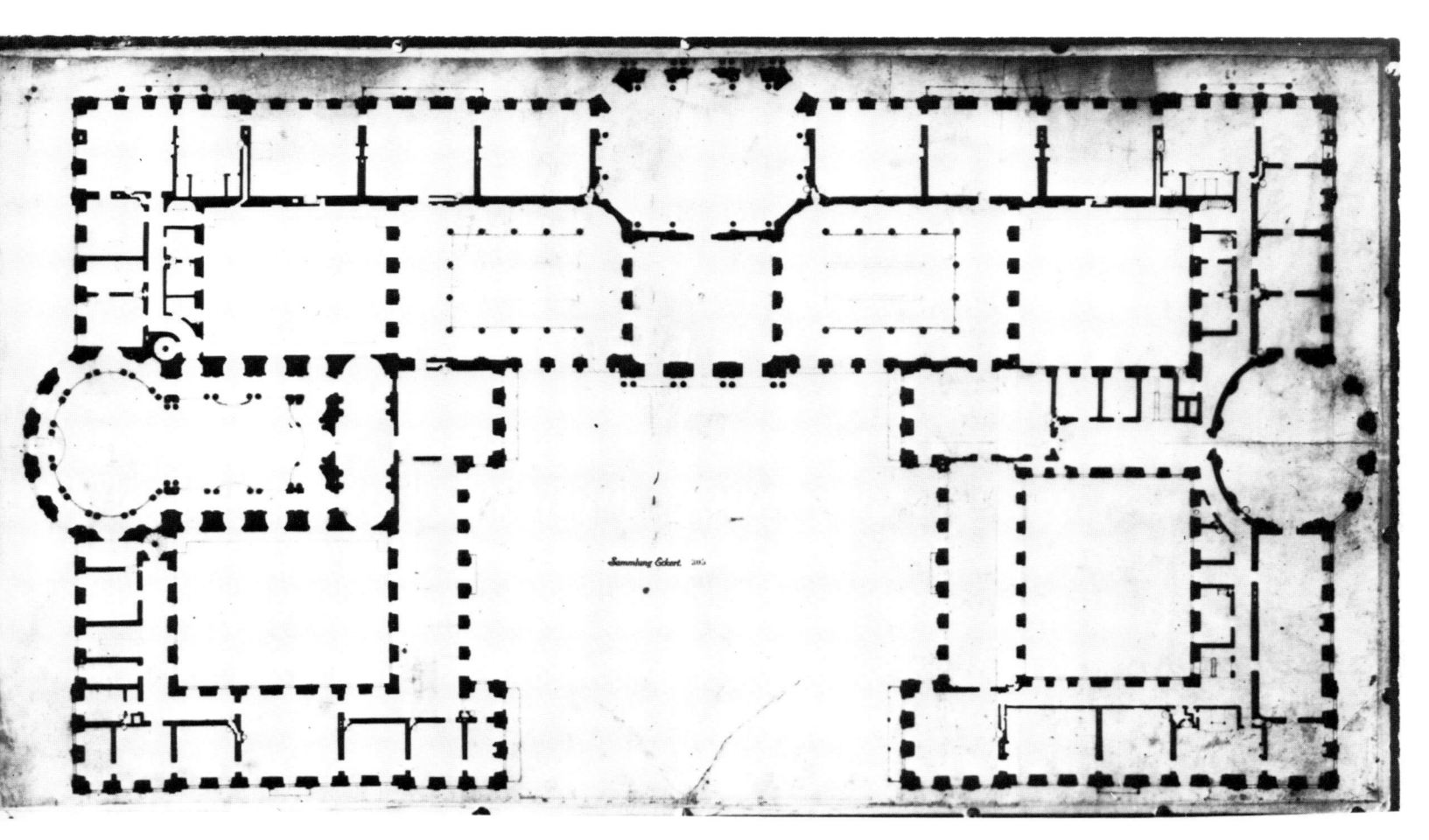

Abb. 95: *Würzburg, Residenz, SE 305*[+]

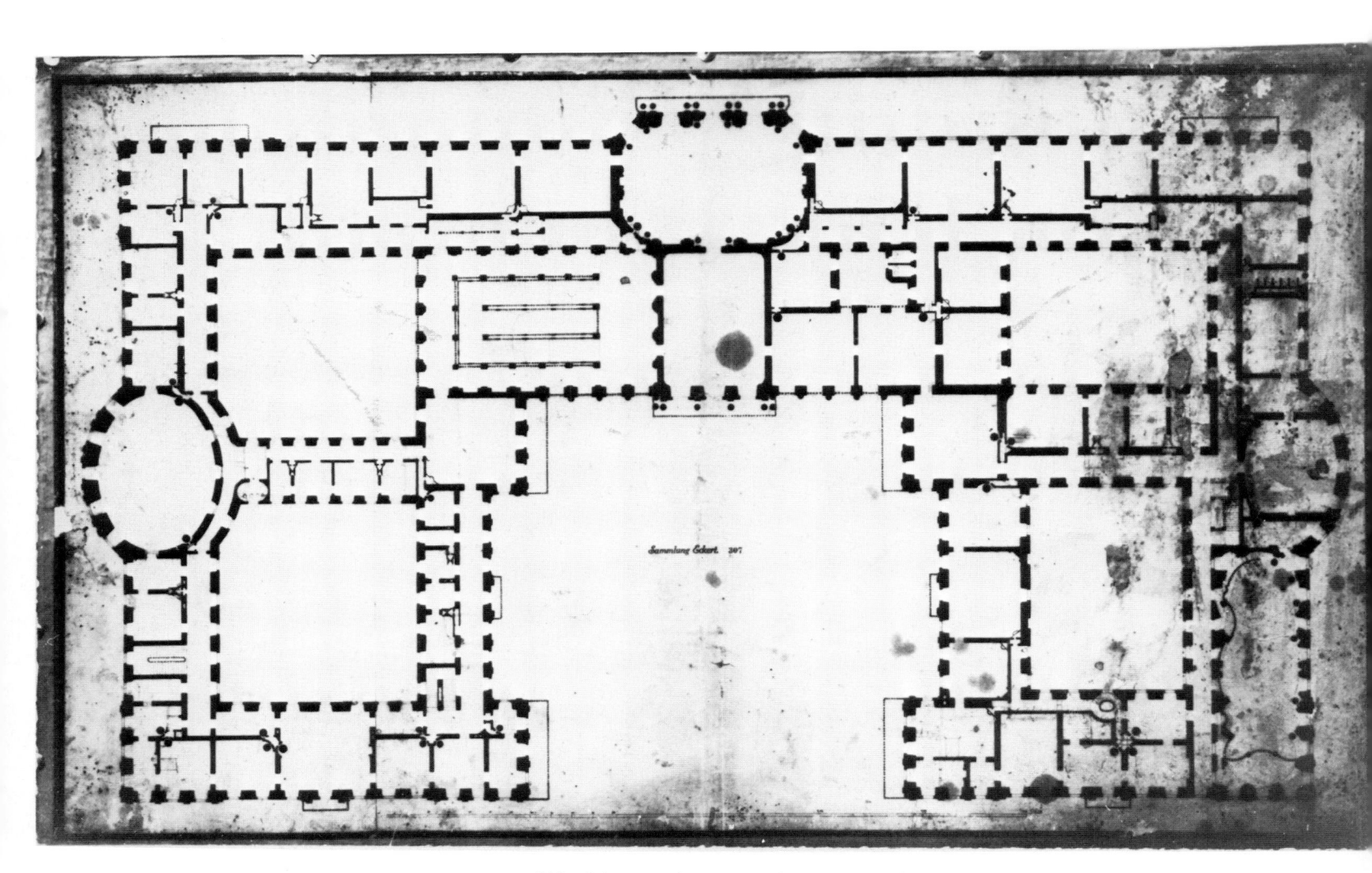

Abb. 96: *Würzburg, Residenz, SE 307+*

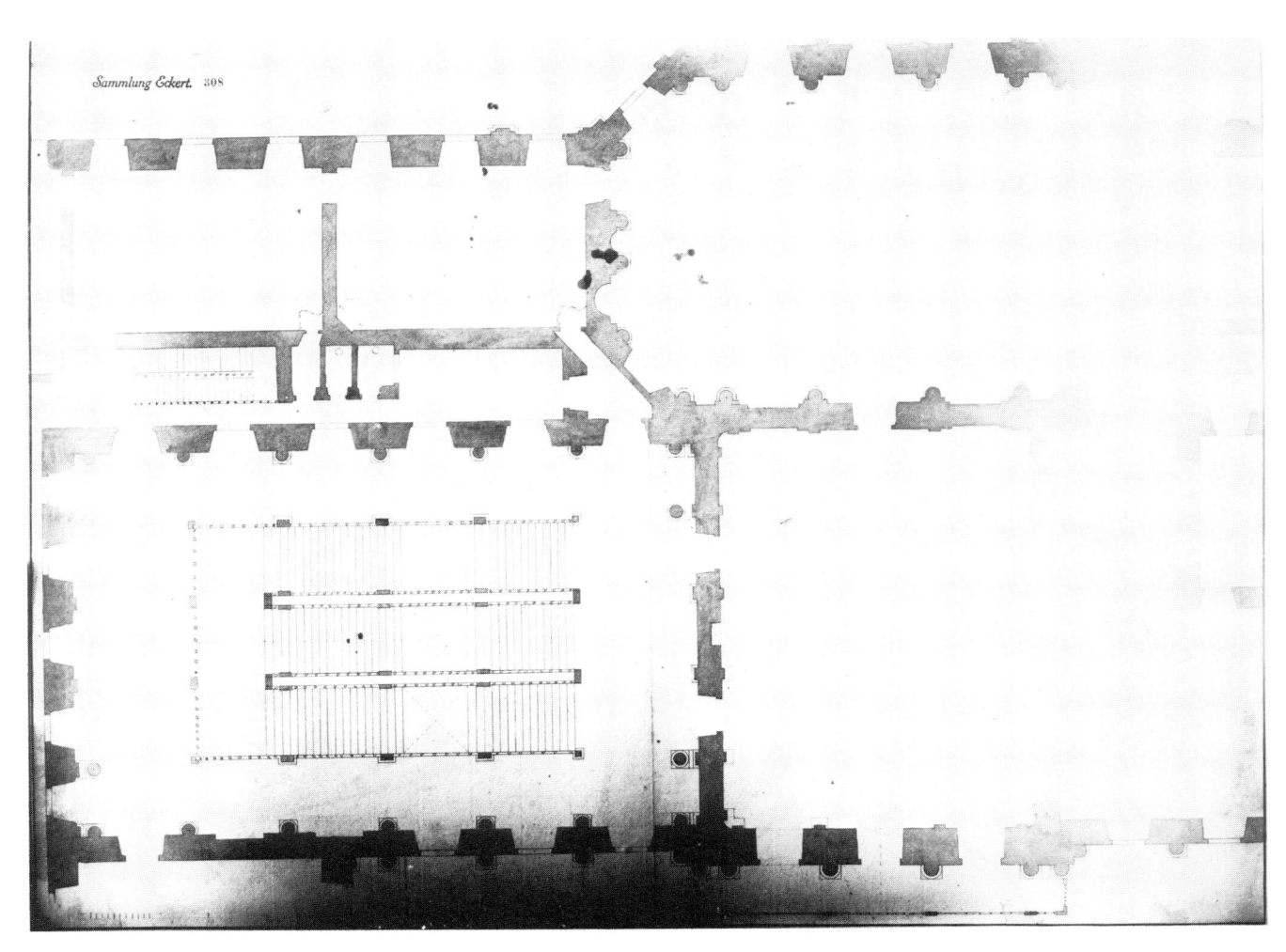

Abb. 97: *Würzburg, Residenz, SE 308⁺*

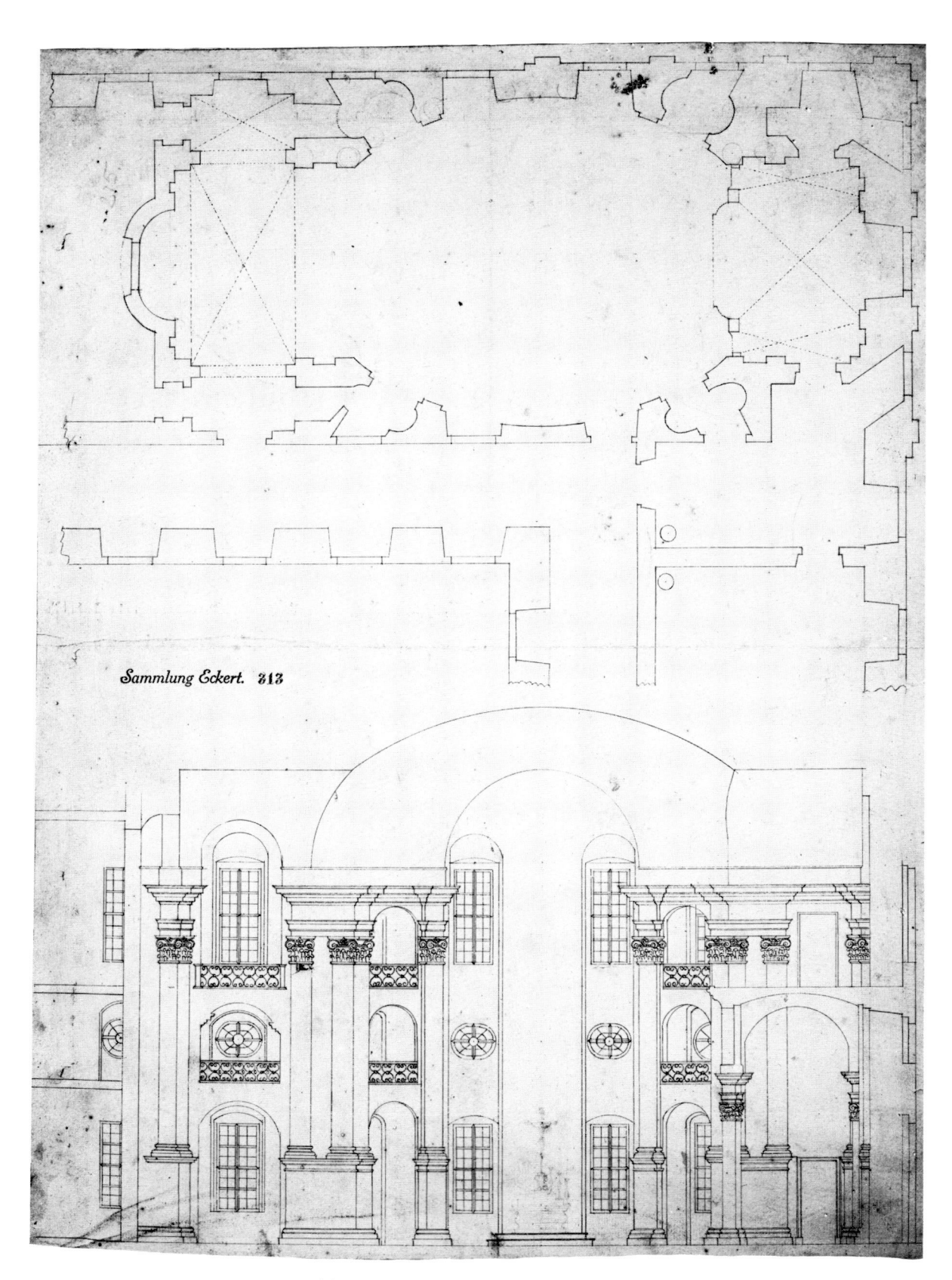

Abb. 98: *Würzburg, Residenz, SE 313+*

Abb. 99: Würzburg, Residenz, SE 314⁺

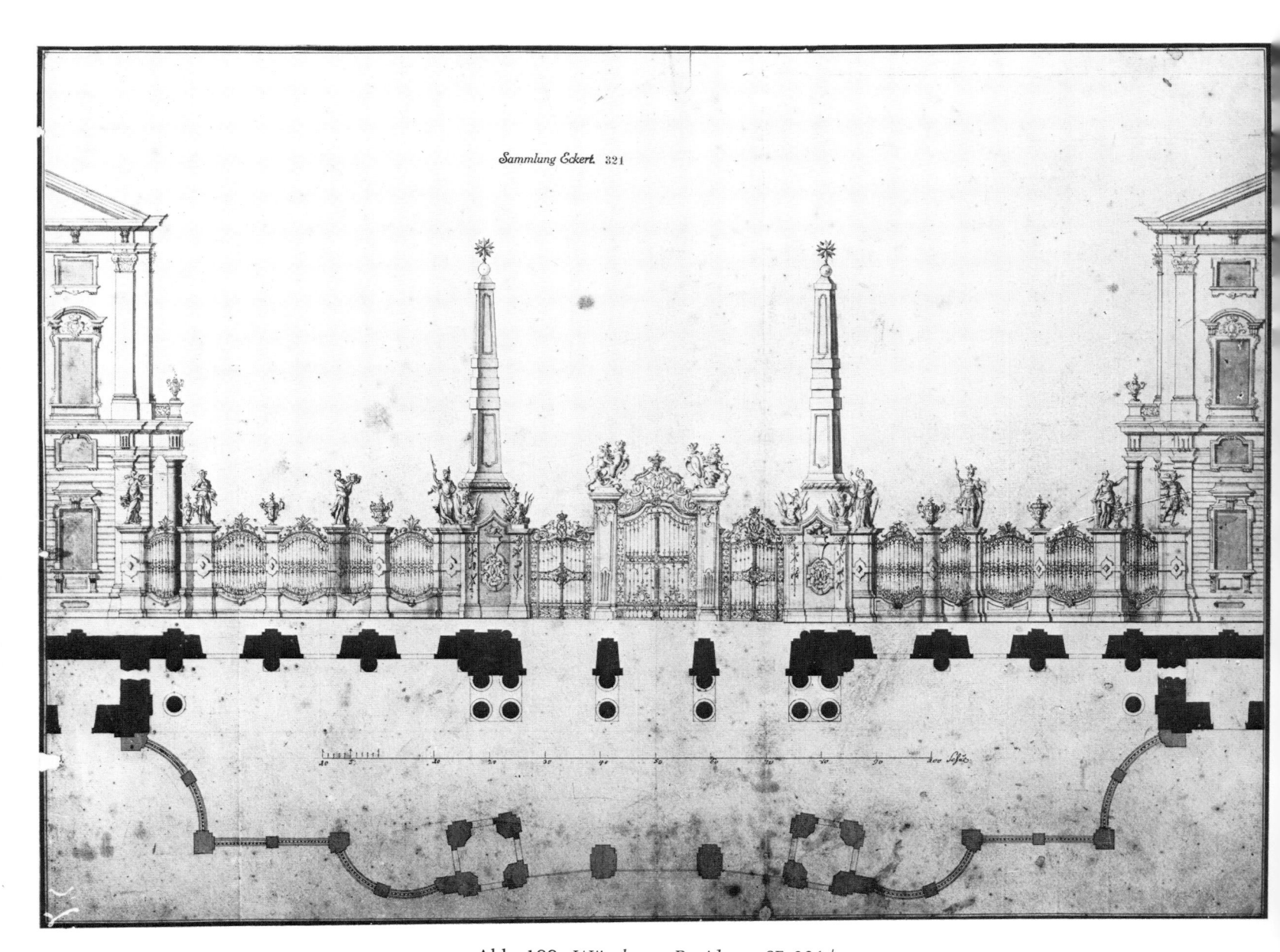

Abb. 100: *Würzburg, Residenz, SE 321+*

Abb. 101: *Würzburg, Residenz, SE 322+*

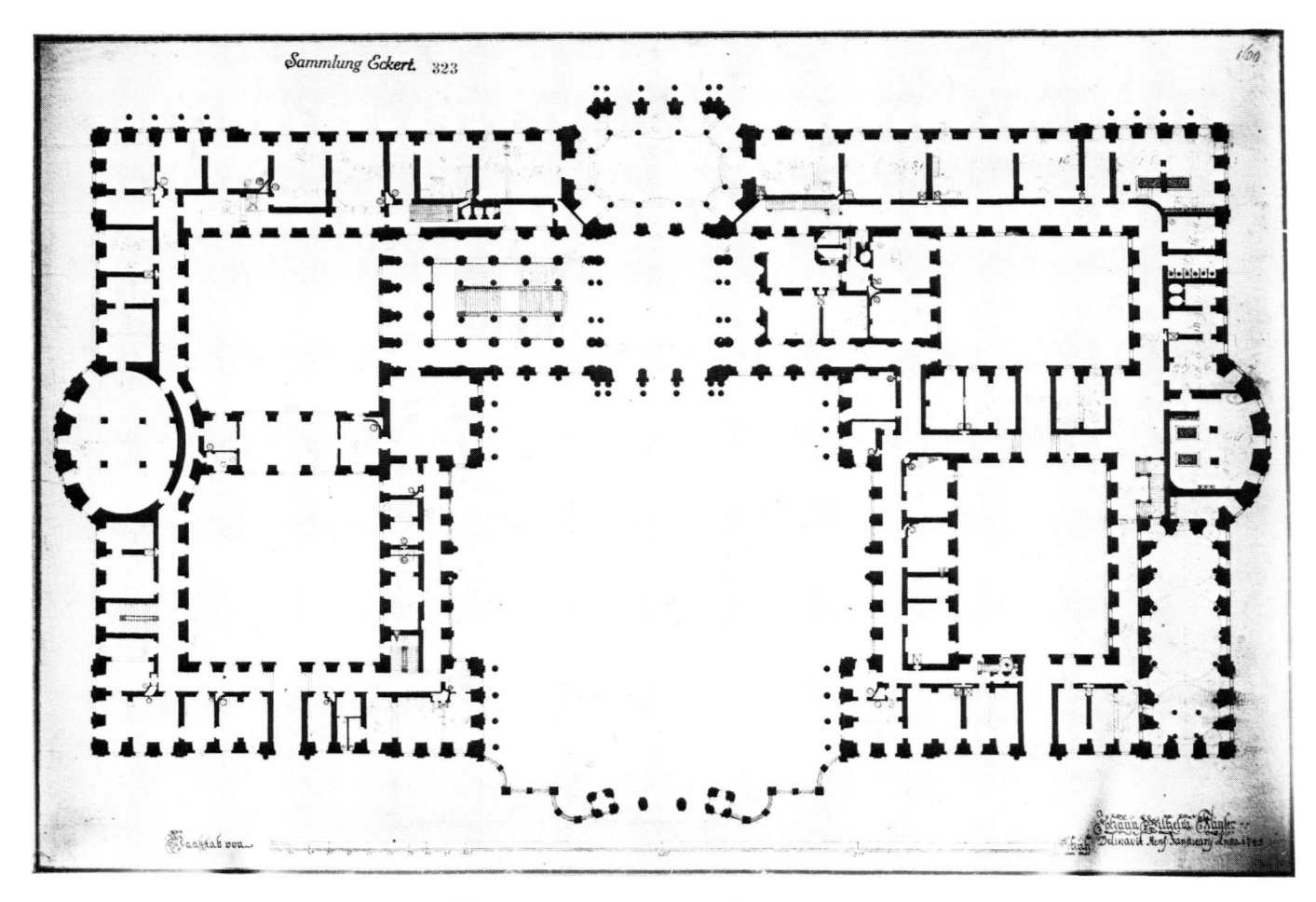

Abb. 102: *Würzburg, Residenz, SE 323+*

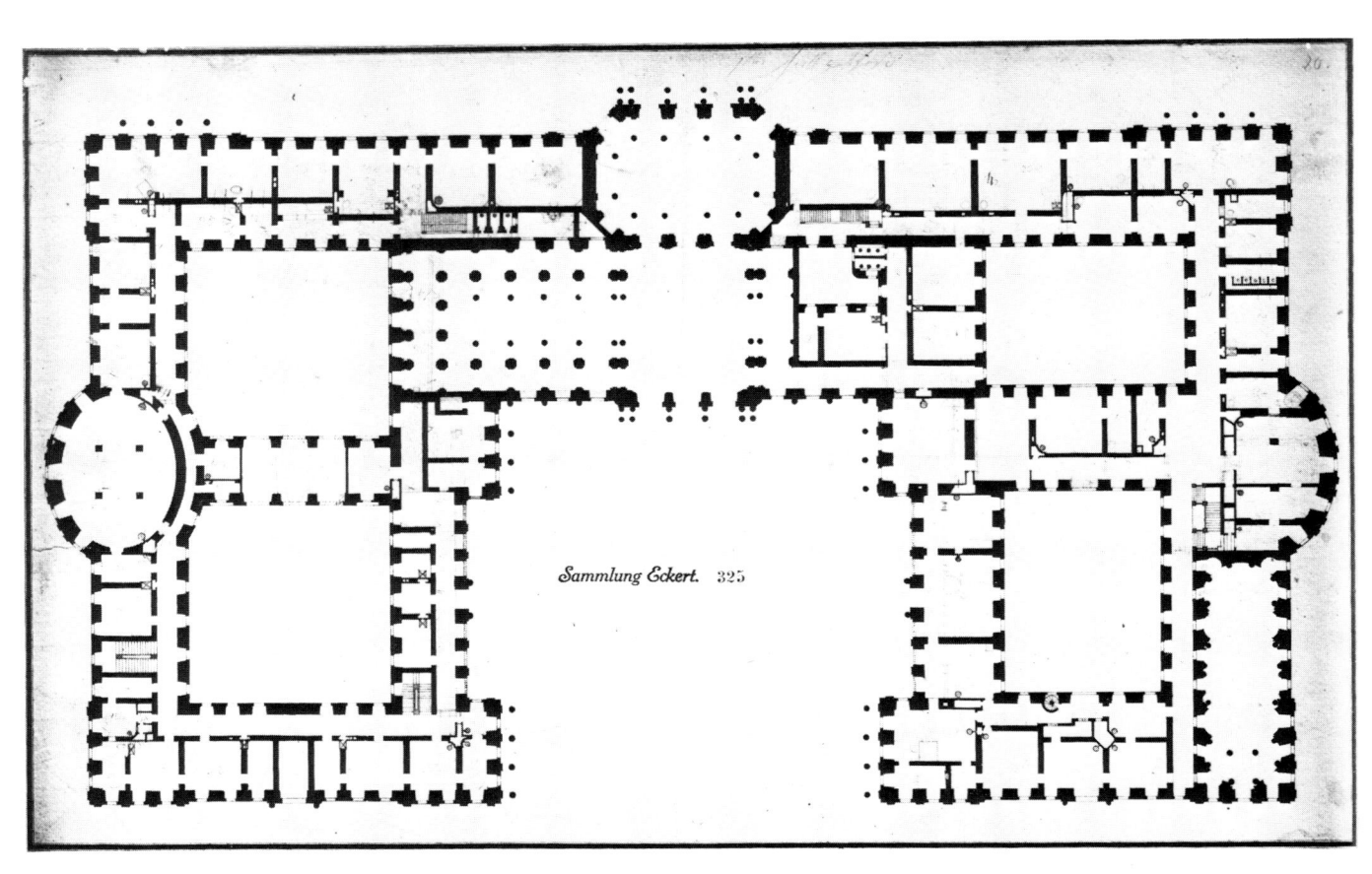

Abb. 103: *Würzburg, Residenz, SE 325+*

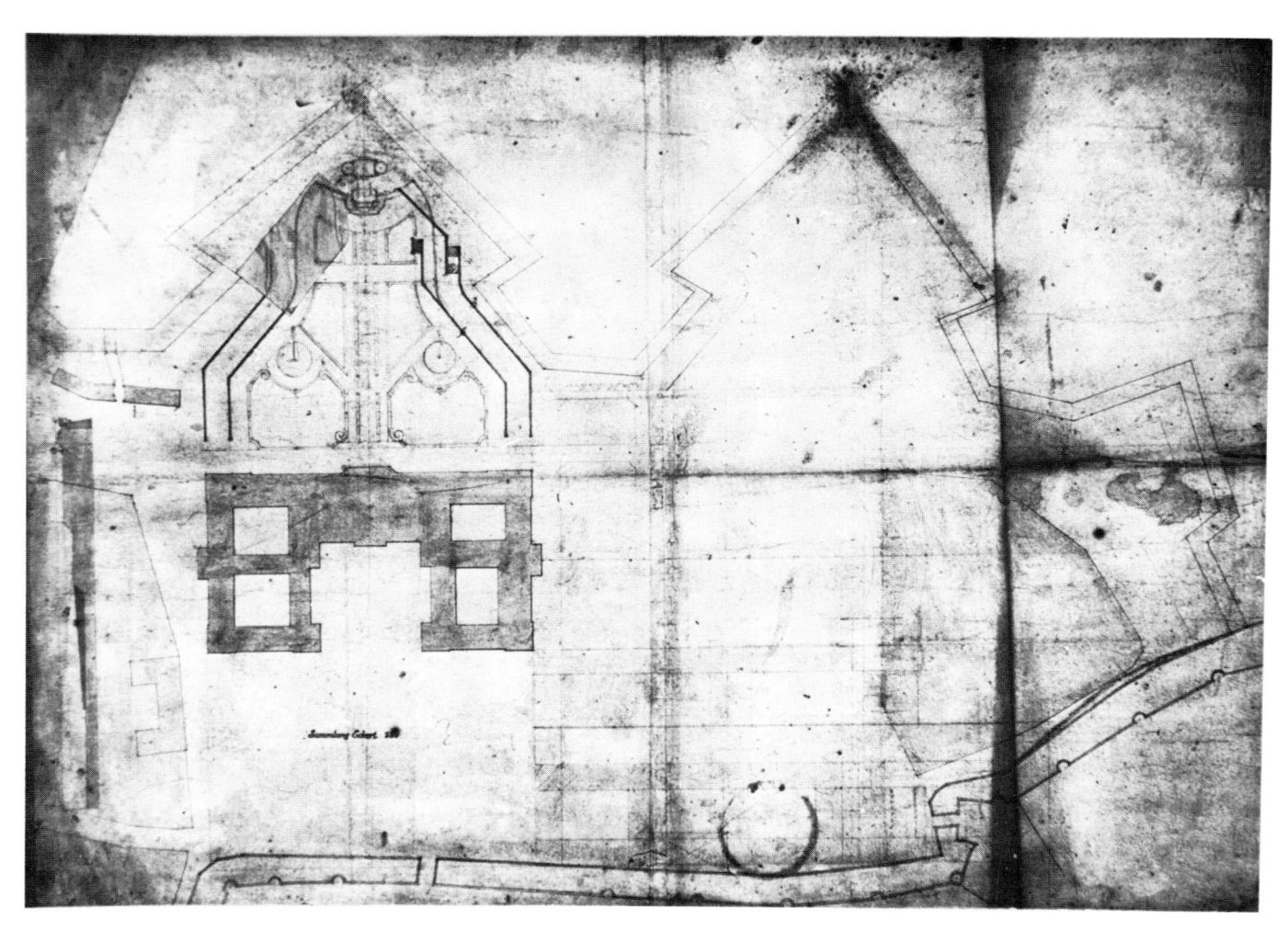

Abb. 104: *Würzburg, Residenz, SE 330+*

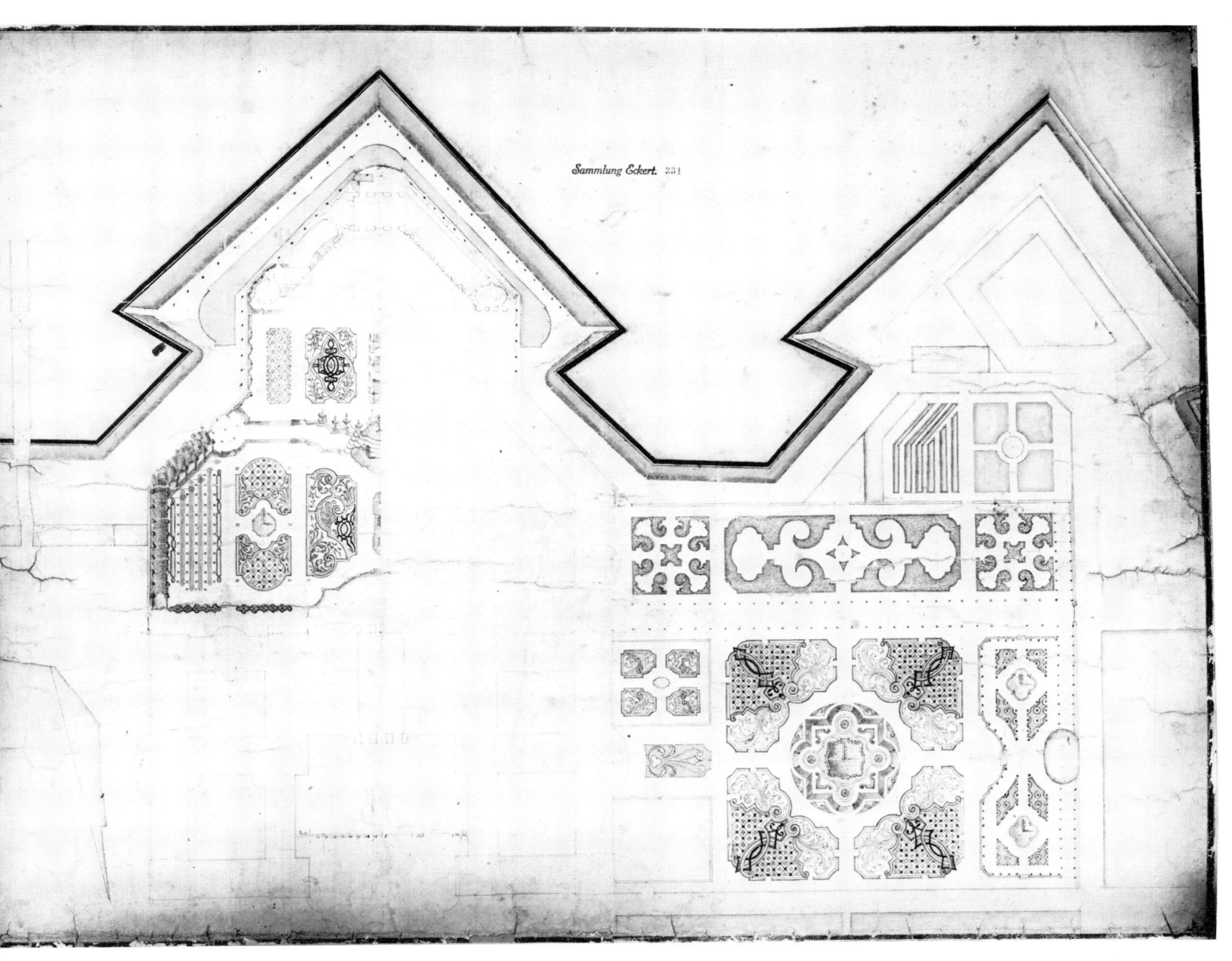

Abb. 105: *Würzburg, Hofgarten, SE 331*[+]

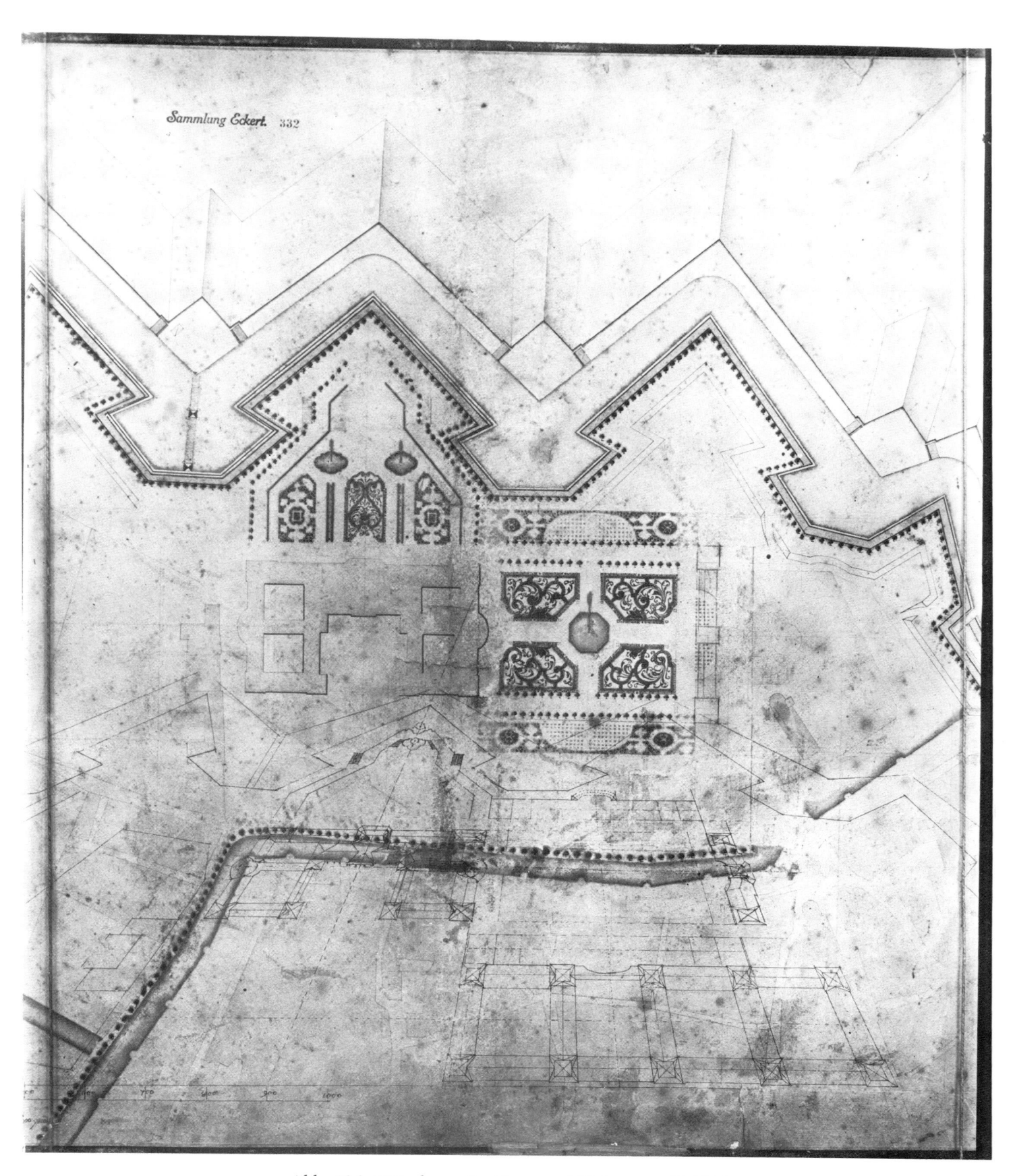

Abb. 106: *Würzburg, Residenz und Hofgarten, SE 332+*

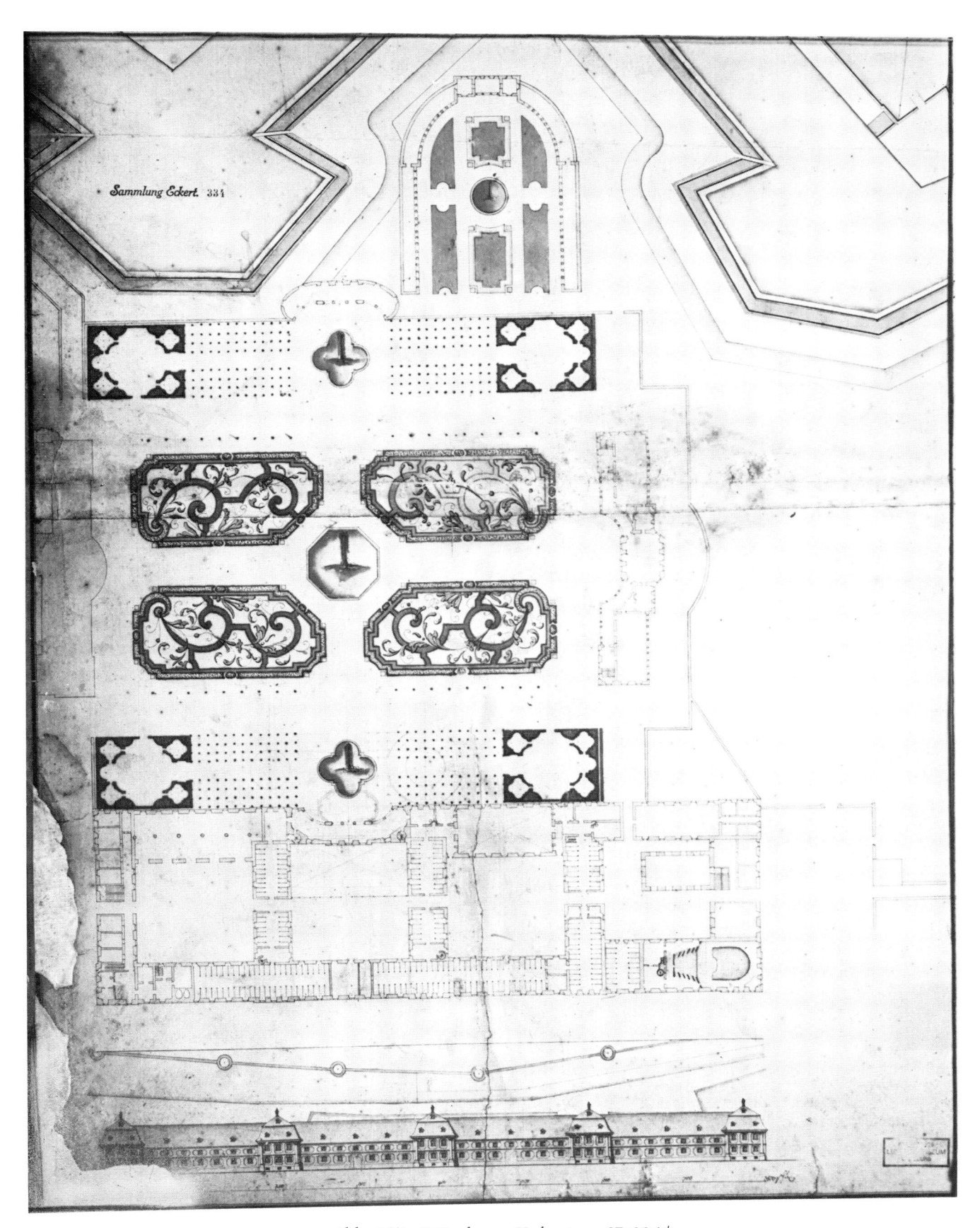

Abb. 107: *Würzburg, Hofgarten, SE 334+*

Abb. 108: *Würzburg, Residenz und Hofgarten, SE 335+*

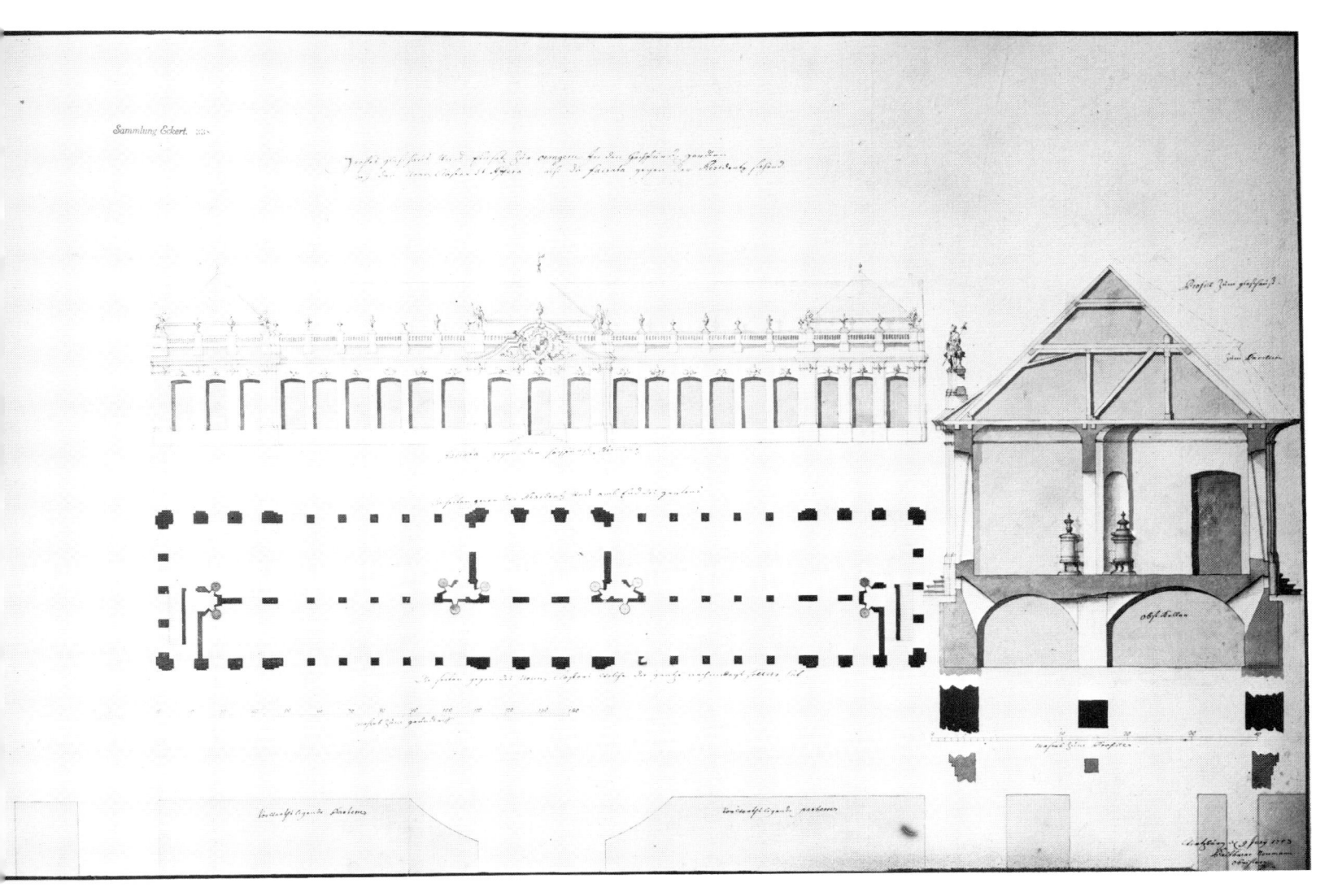

Abb. 109: *Würzburg, Hofgartengebäude, SE 338*⁺

Idée d'un plan general du Jardin, cascades, Jets d'eau, et d'autres Bâtiments derrière la Résidence de Wircebourg.

A.A.A. La Résidence.

B.B.B. Rempart principal du bastion.

C. Trianon sur le rempart, faisant face à la Résidence. L'Ordre en est Ionique isolé de colonnes Acouplées. L'entre-colonnement est à pleine ouverture. L'architrave est à la greque par tout en plakbande. Point d'ancs, point de pilastres ou Piliers n'entrent dans la Construction. La Salle est longue 76, et large 32 pieds. Elle est accostée de deux bas-cotés pour les buffets, et flanquée de deux cabinets en enfilade.

D.D. Pavillons du même ordre venants par deux berceaux Au deux cabinets de la Salle.

E. Maison de la machine dans le fossé, pour pousser l'eau venante du moulin prochain aux reservoirs.

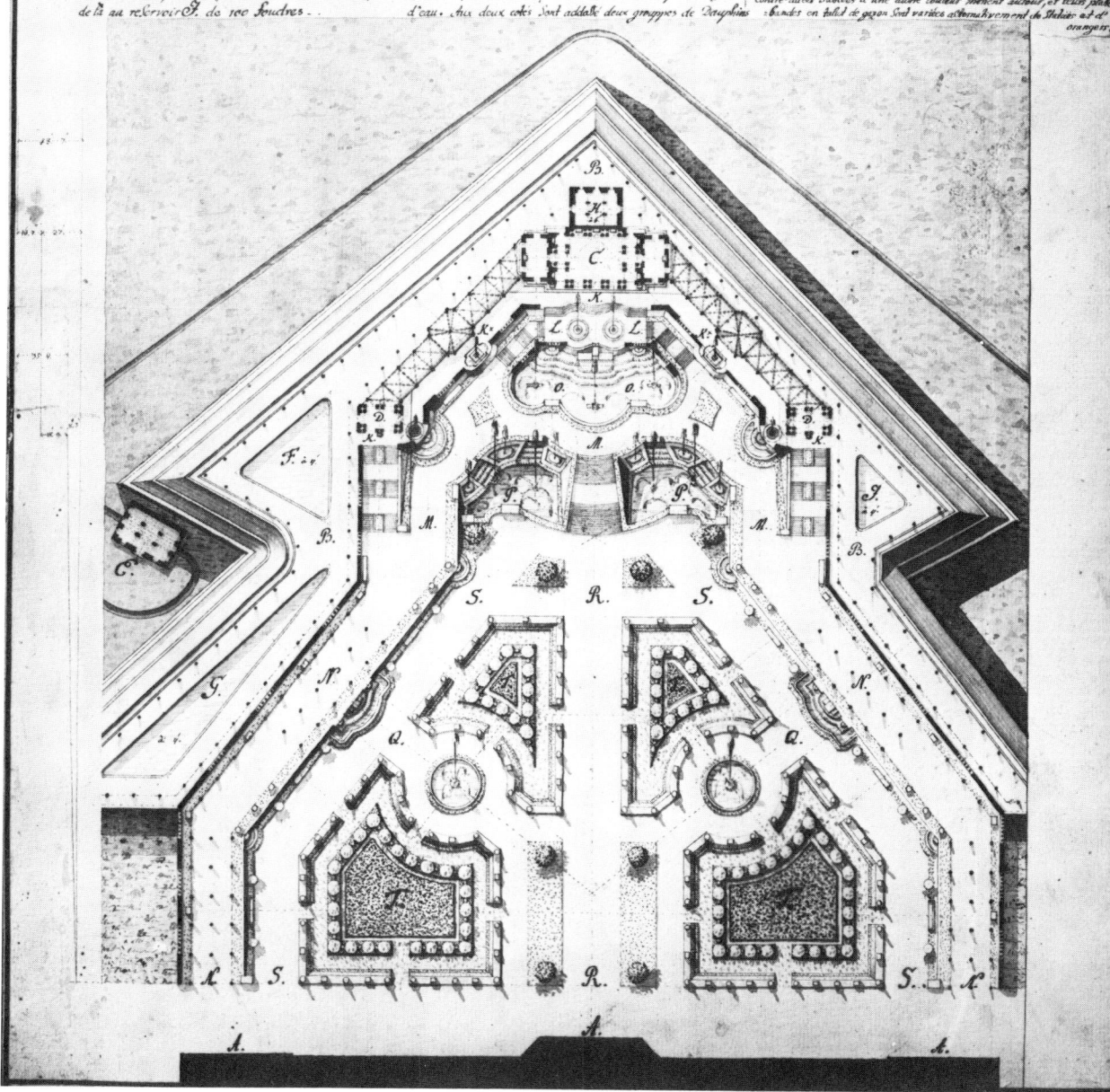

F. Reservoir principal de 300 foudres, qui prend l'eau de la machine, la communique à gauche au reservoir G. de 300 foudres, à droite, le berceau à la maison H, et de là au reservoir I. de 100 foudres.

H. Maison d'une autre machine et de reservoir, pour monter Les eaux passantes par des bois, et les verser dans son reservoir situé dessus de 80 foudres, à en fournir les eaux hautes à deux Pyramides colossales près de deux pavillons D.D, de même qu'à deux tablettes pyramidales à plusieurs plats sur la terrasse par Devant les pavillons à treillage K°, et aux deux bassins sur Le grand palier du milieu L.

K.K.K.K.K. Terrasse autour du devant les pavillons, berceaux, et le Trianon.

L.L. Grand palier par devant le Trianon, du quel on descend à deux cotés par deux escaliers au bas rempart.

M.M. Pas rempart en pente.

N.N.N.N.N. Pentes du bas rempart servantes de contre-allées garnies de statues, canapés et d'arbres plantés en quinconce en partie, et par autres couverts de verdure carrée.

O.O. La haute Mer de Neptune en cascade de trois degrés à différente variation: au milieu du dernier degré est couché Neptune et Amphitrite versantes quantité d'eau de leur pot au milieu là dessus du quel un dragon vomit plusieurs jets d'eau. Aux deux cotés sont addossés deux groupes de Dauphins Sur quelques cuvelles de bordures. Au bas dans ce bassin il y aura deux pieces de chevaux marins, et une de Sirenes au milieu; le bord En bas du bassin sera chargé de deux monstres marins; la ballustrade Du palier et des deux rampes sera garnie de groupes d'enfants jouants De coquilles, poissons, fleurs et fruits marins: toutes ces pieces jouantes De eaux dans la Mer. Les coins de la ballustrade de la terrasse par devant occupés de Tritons et de Nymphes alternativement.

P.P. Grand espalier de la Allée en différentes cascades tombantes d'un relief de gazon et composées de plusieurs nappes, plats, crêtes etc et et Mer. Le bord d'en haut sur ces cascades sera chargé de quatre principaux vases en figures de Dieux, et celui d'en bas, le Trident, de Scepter, et d'autres monstres marins, dont tout sont allusion à la Poësie du Milieu.

Q.Q. Pieces d'eau de Flore et de Ceres. Chaque fontaine environnée du milieu de là avec ses deux Compartiments de gazon, fleurs, statues et d'orangers, les cuvelles addossées aux coins de la droite et de la gauche tenants harmonie pareille à leur belle.

R.R. Allée principale qui entre deux tapis de belle pelouse Servit de quatre paniers pleins de fleurs, et entre deux boulingrins en compartiments, mène au grand Escalier entouré de quatre pareils paniers sur tierce depuis de belle pelouse.

S.S.S.S. Allées de Flore et de Ceres. Entre les boulingrins et les murs de deux pentes masquées de bancs, canapés et vases de fleurs, haut est également disposée de milieu de chaque belle.

T.T.T.T. Quatre boulingrins en compartiment de gazon arrondi d'un Cordon d'anneaux de roses ou d'autres fleurs differentes. De petites Contre allées sablées d'une autre couleur menent autour, et leurs palisades on treillis de gazon sont variés alternativement de statues et d'orangers.

Abb. 110: *Würzburg, Hofgarten, SE 339+*

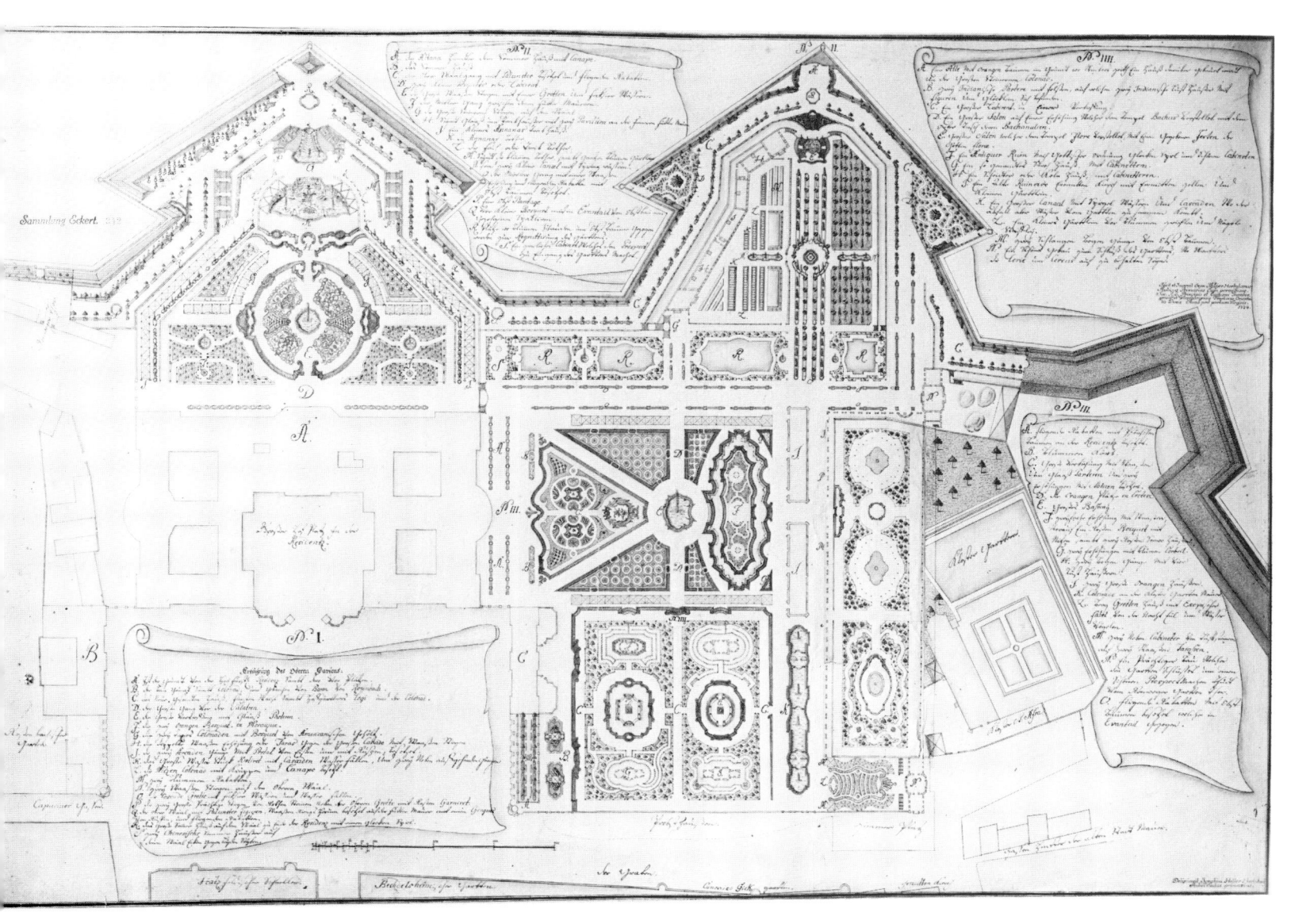

Abb. 111: *Würzburg, Residenz und Hofgarten, SE 342+*

Abb. 112: *Würzburg, Hofgarten, SE 344+*

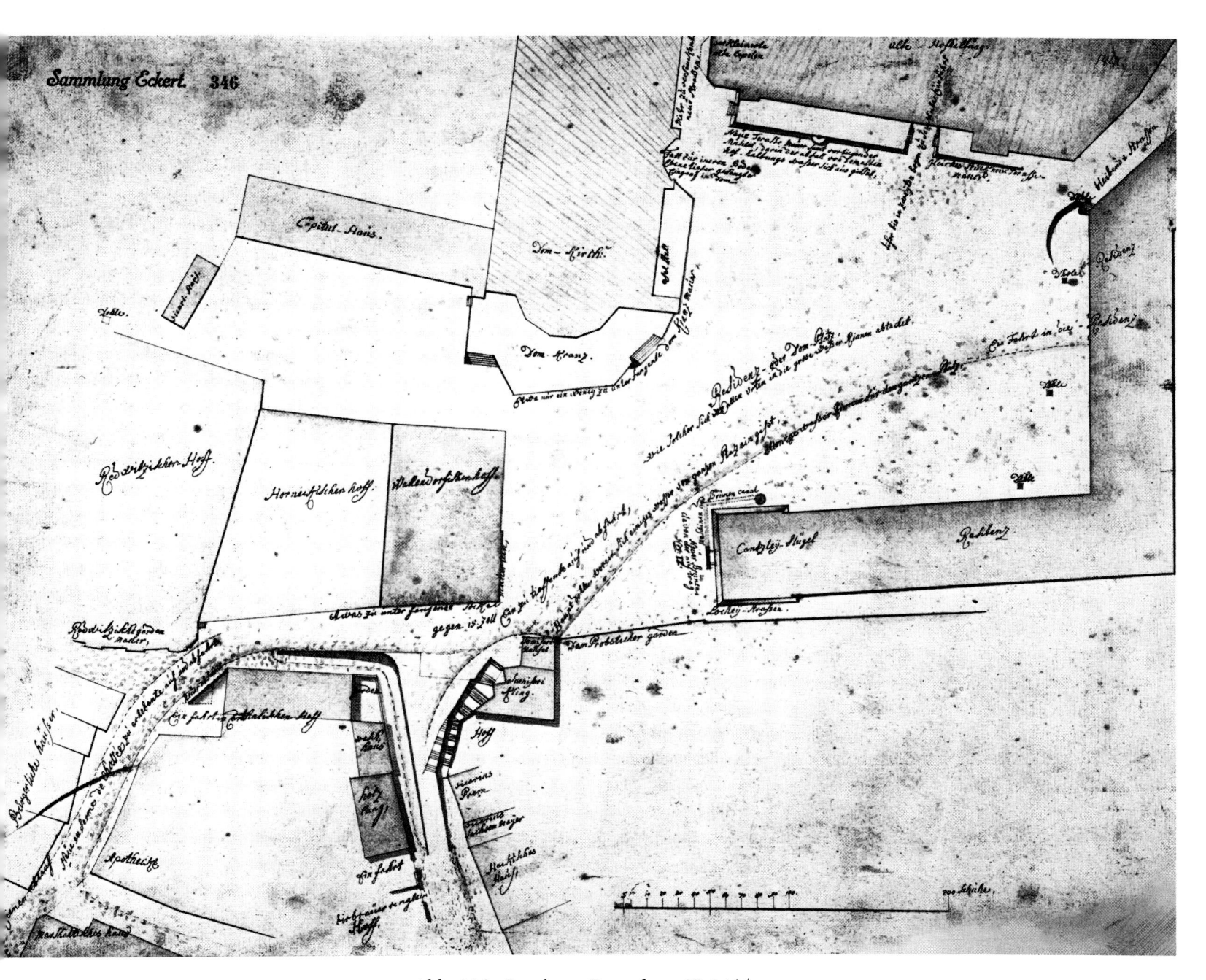

Abb. 113: *Bamberg, Domplatz, SE 346*[+]

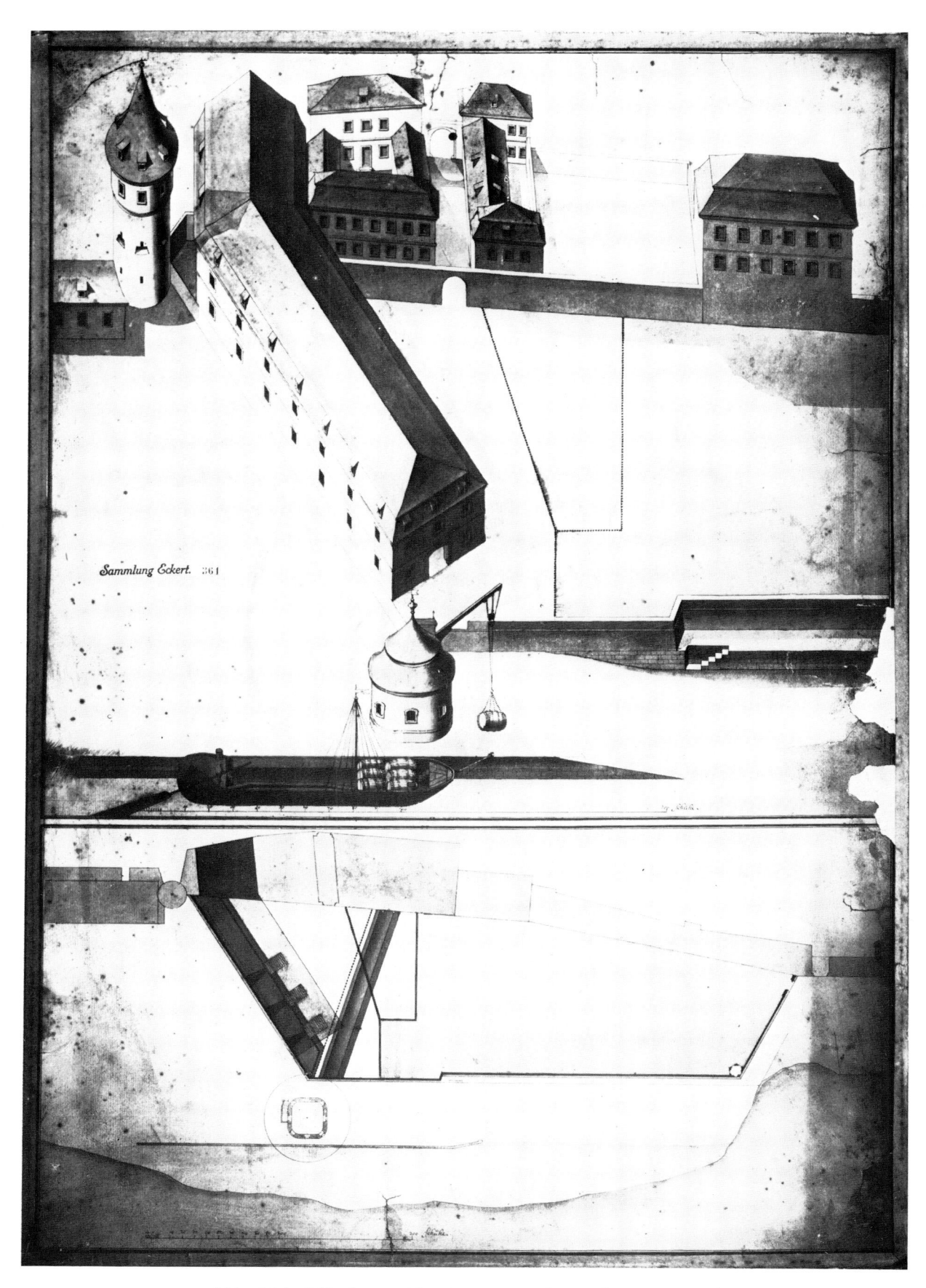

Abb. 114: *Würzburg, Alter Kranen und Lagerhaus, SE 361+*

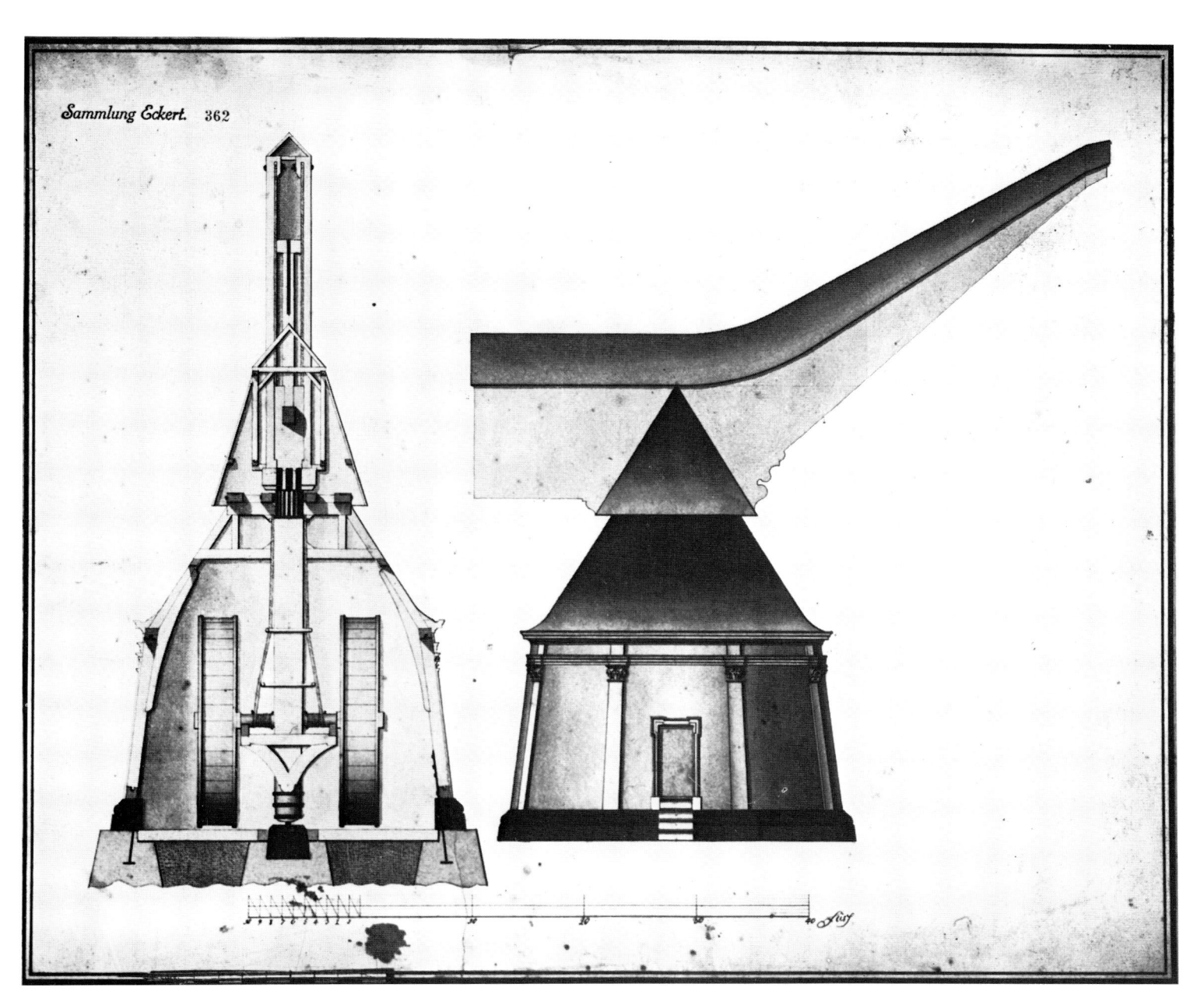

Abb. 115: *Würzburg, Alter Kranen, SE 362+*

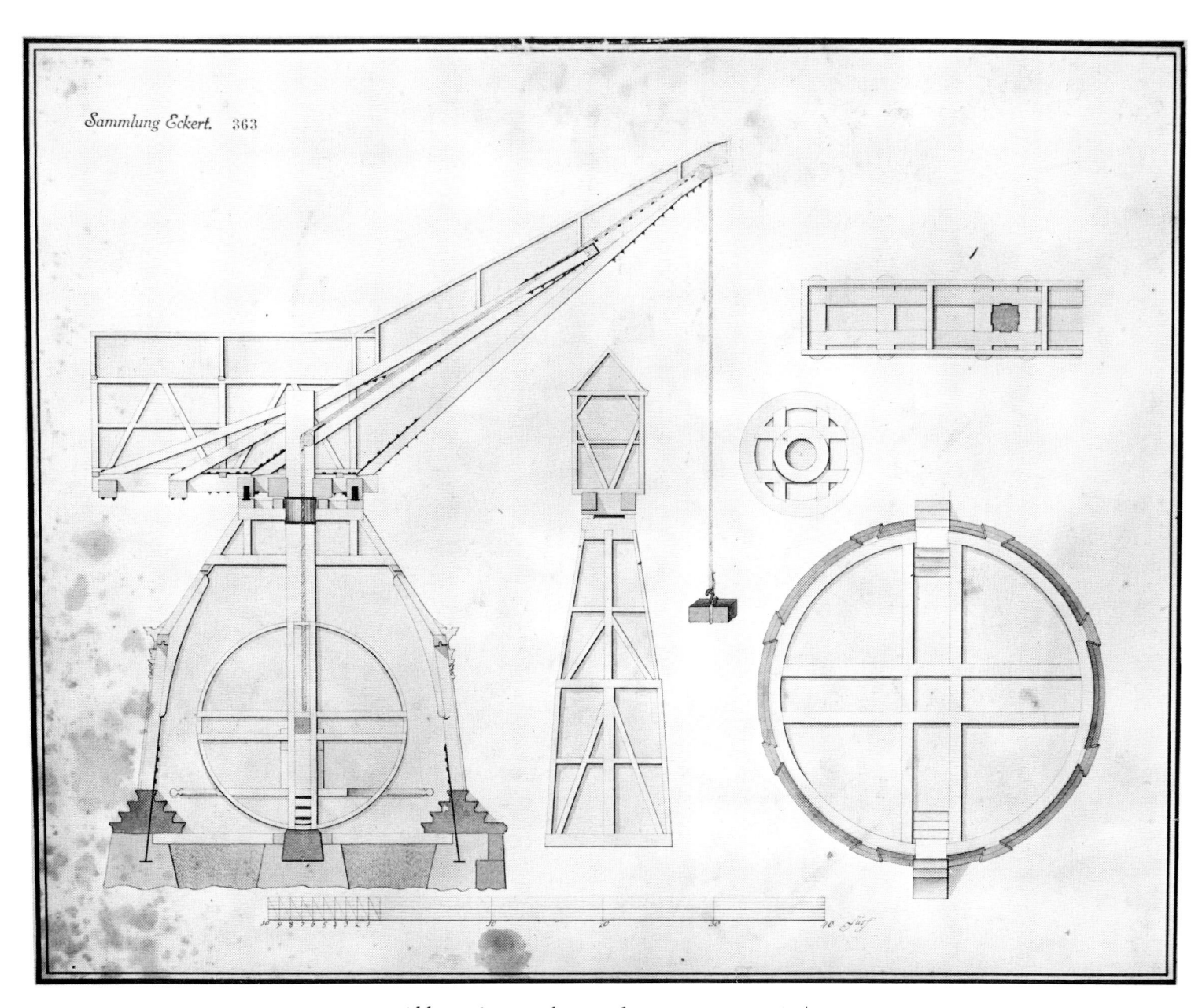

Abb. 116: *Würzburg, Alter Kranen, SE 363+*

Abb. 117: *Würzburg, Alter Kranen, SE 364*[+]

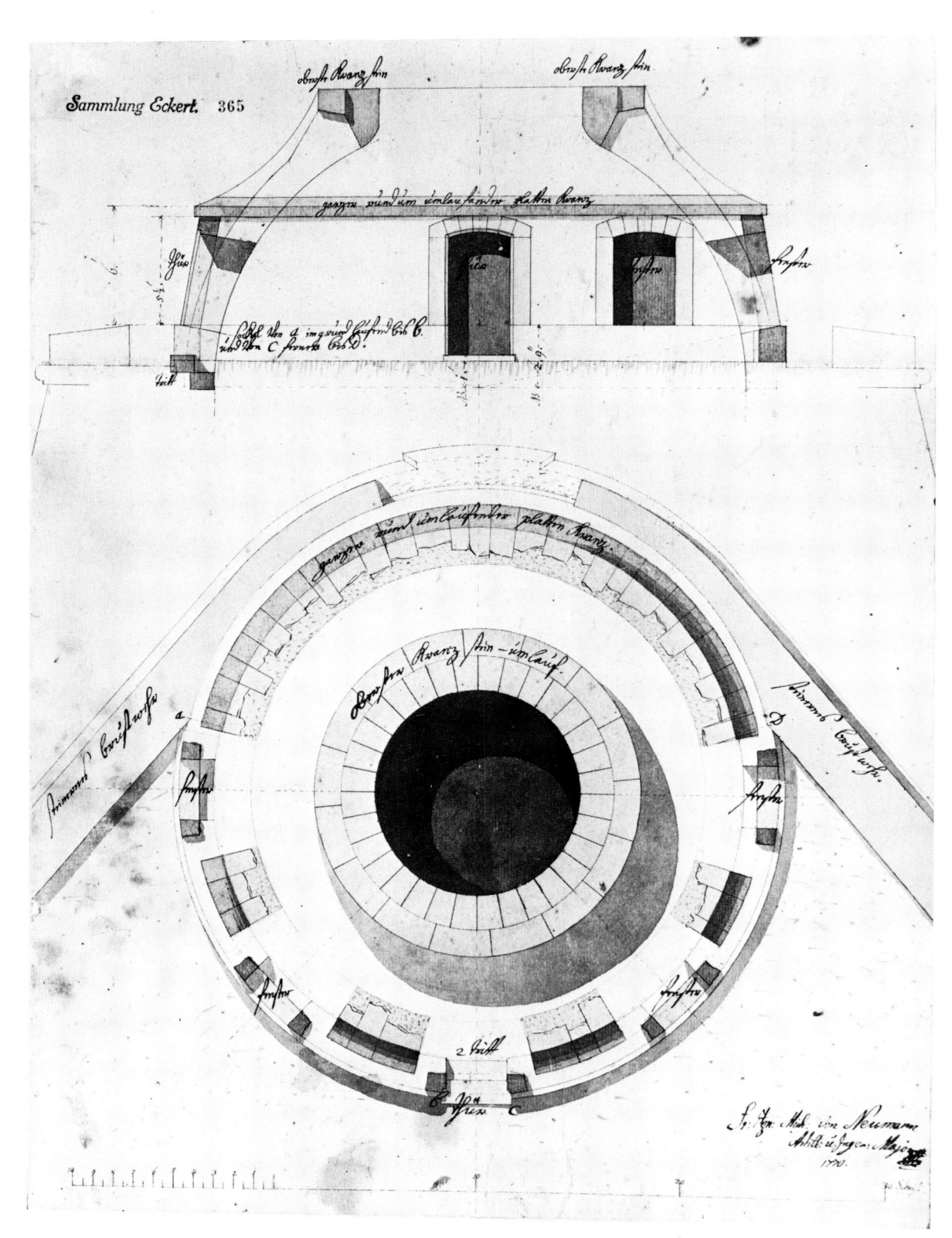

Abb. 118: *Würzburg, Alter Kranen, SE 365⁺*

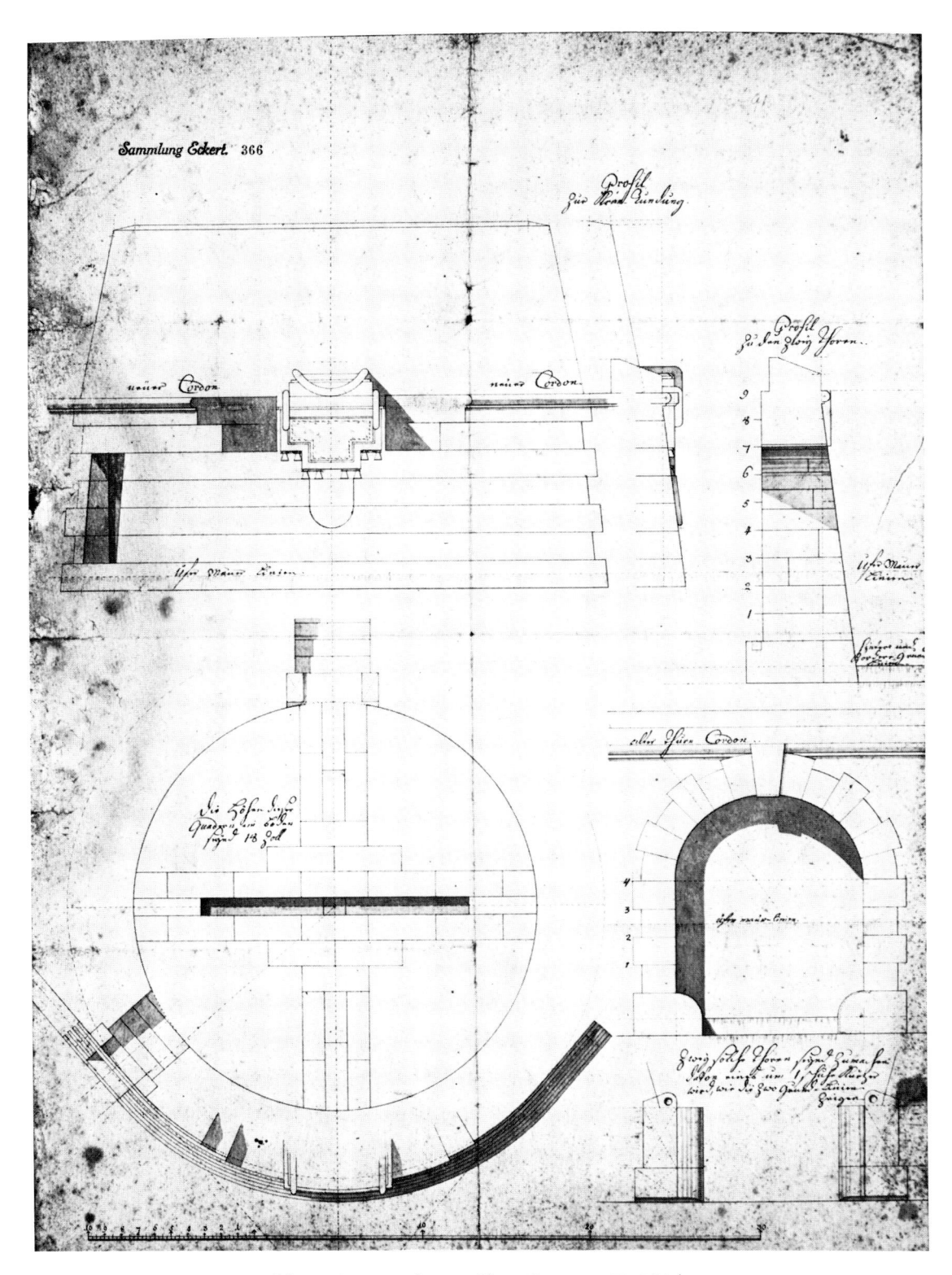

Abb. 119: *Würzburg, Alter Kranen, SE 366+*

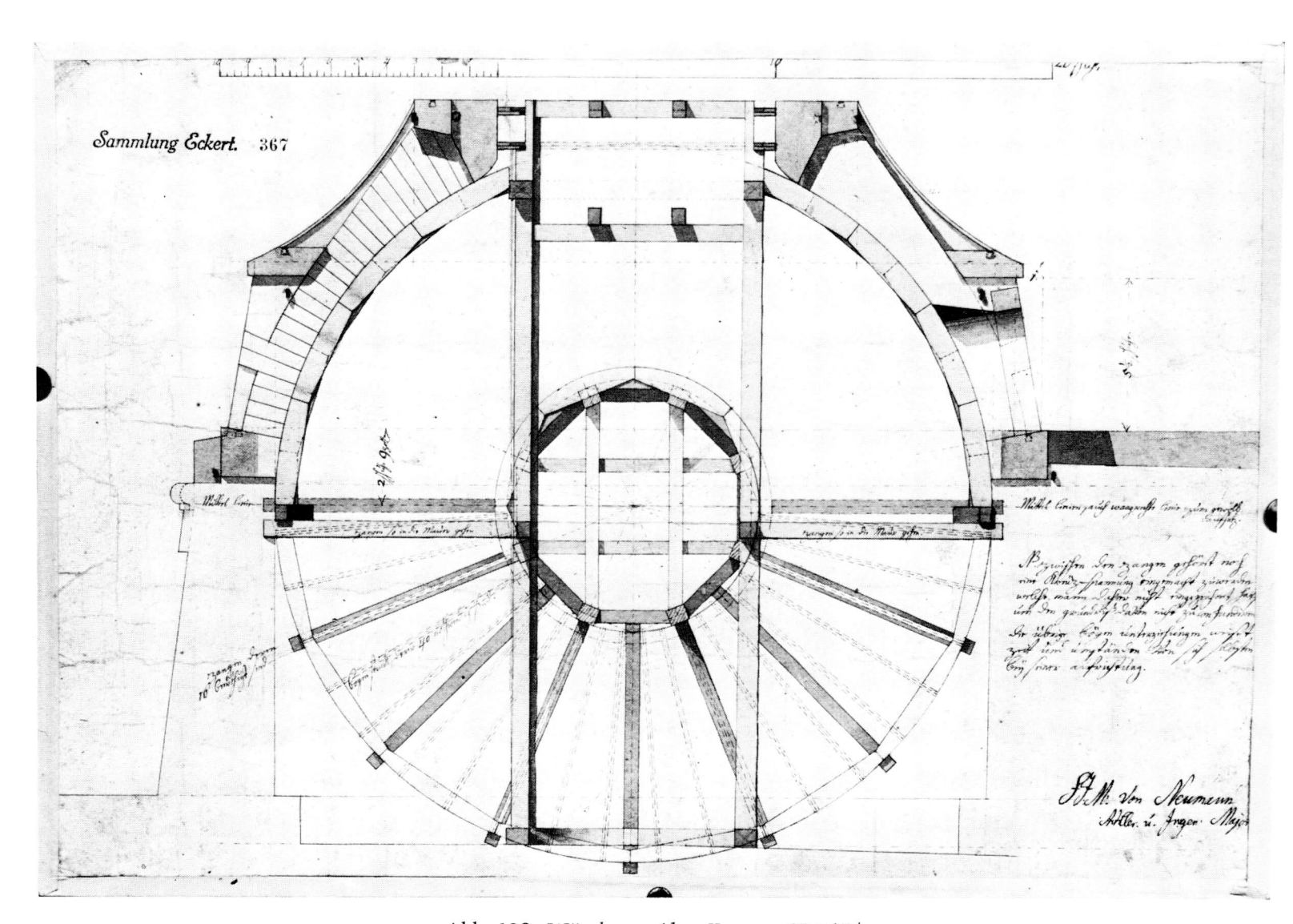

Abb. 120: *Würzburg, Alter Kranen, SE 367+*

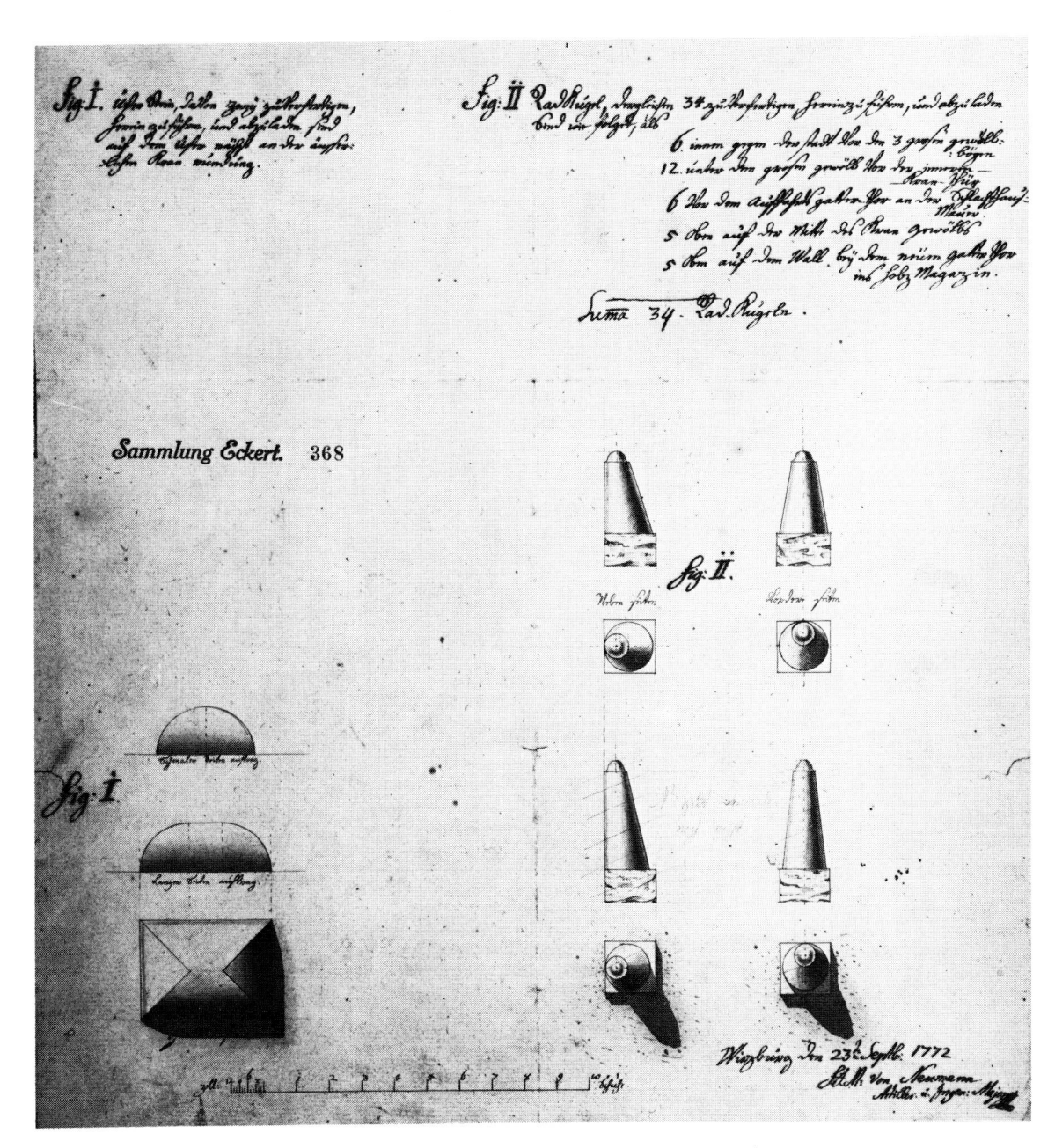

Abb. 121: *Würzburg, Alter Kranen, SE 368+*

Abb. 122: Würzburg, Alter Kranen, SE 371+

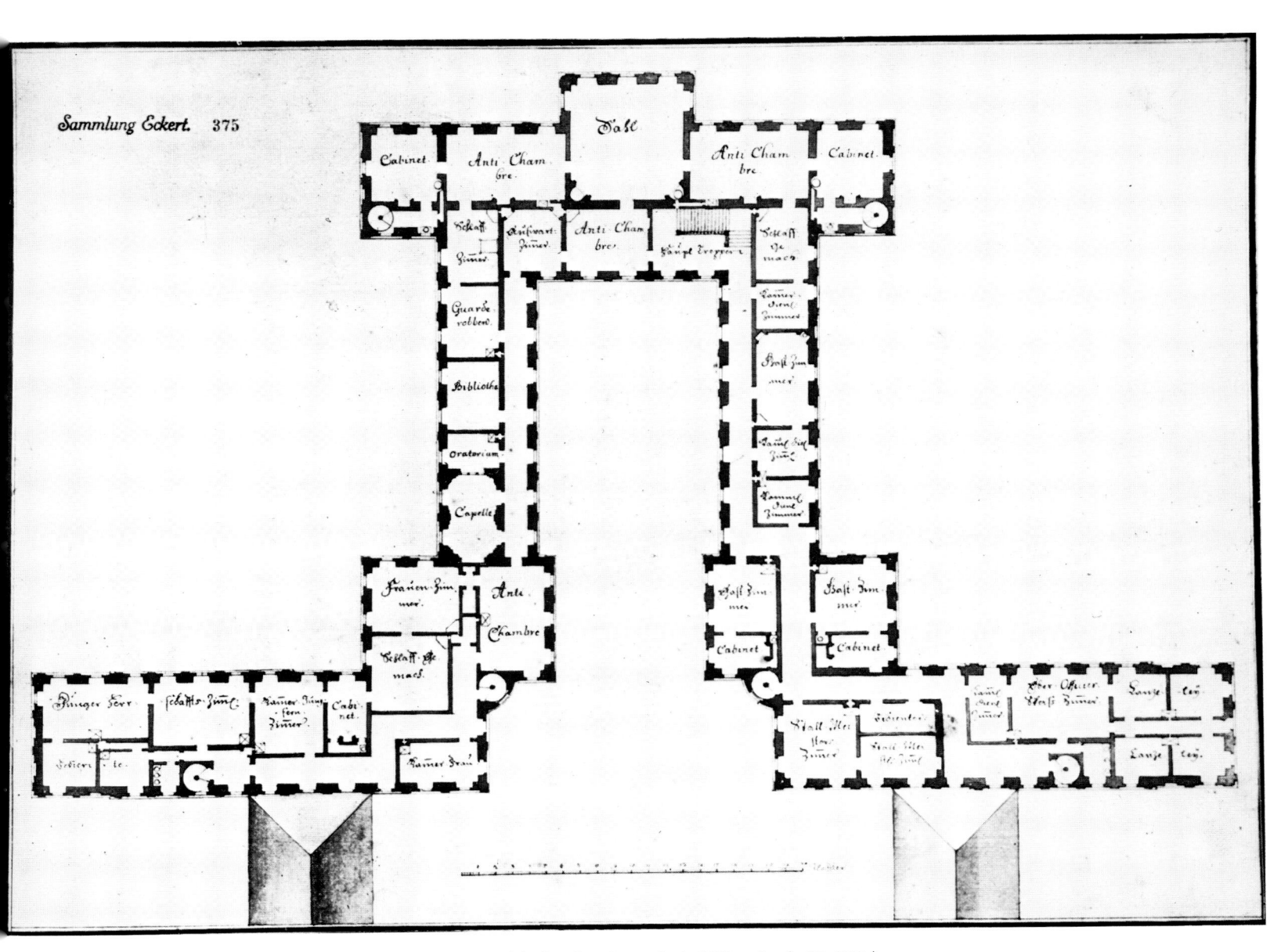

Abb. 123: *Schloß Schönborn bei Göllersdorf, SE 375⁺*

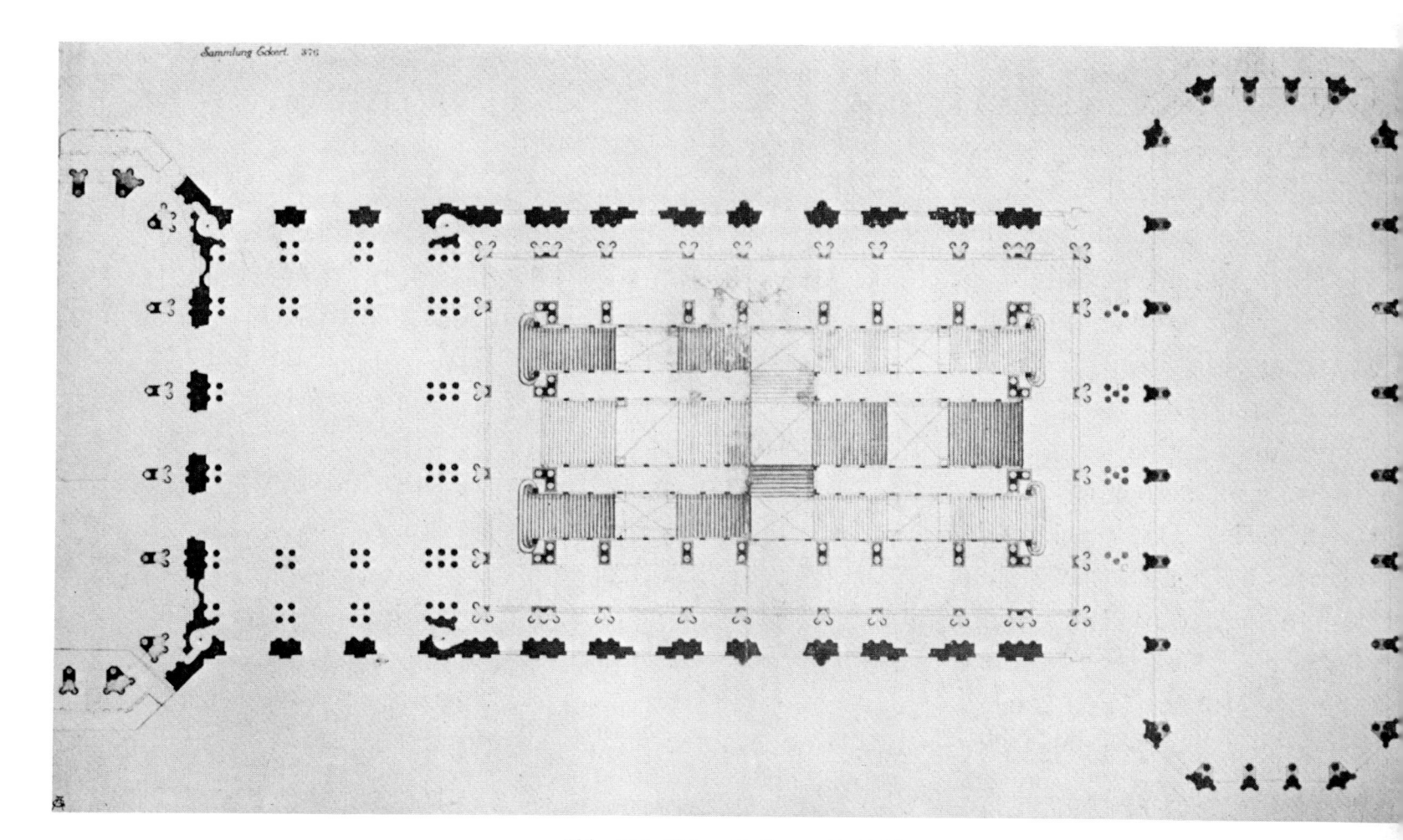

Abb. 124: *Wien, Hofburg, SE 376+*

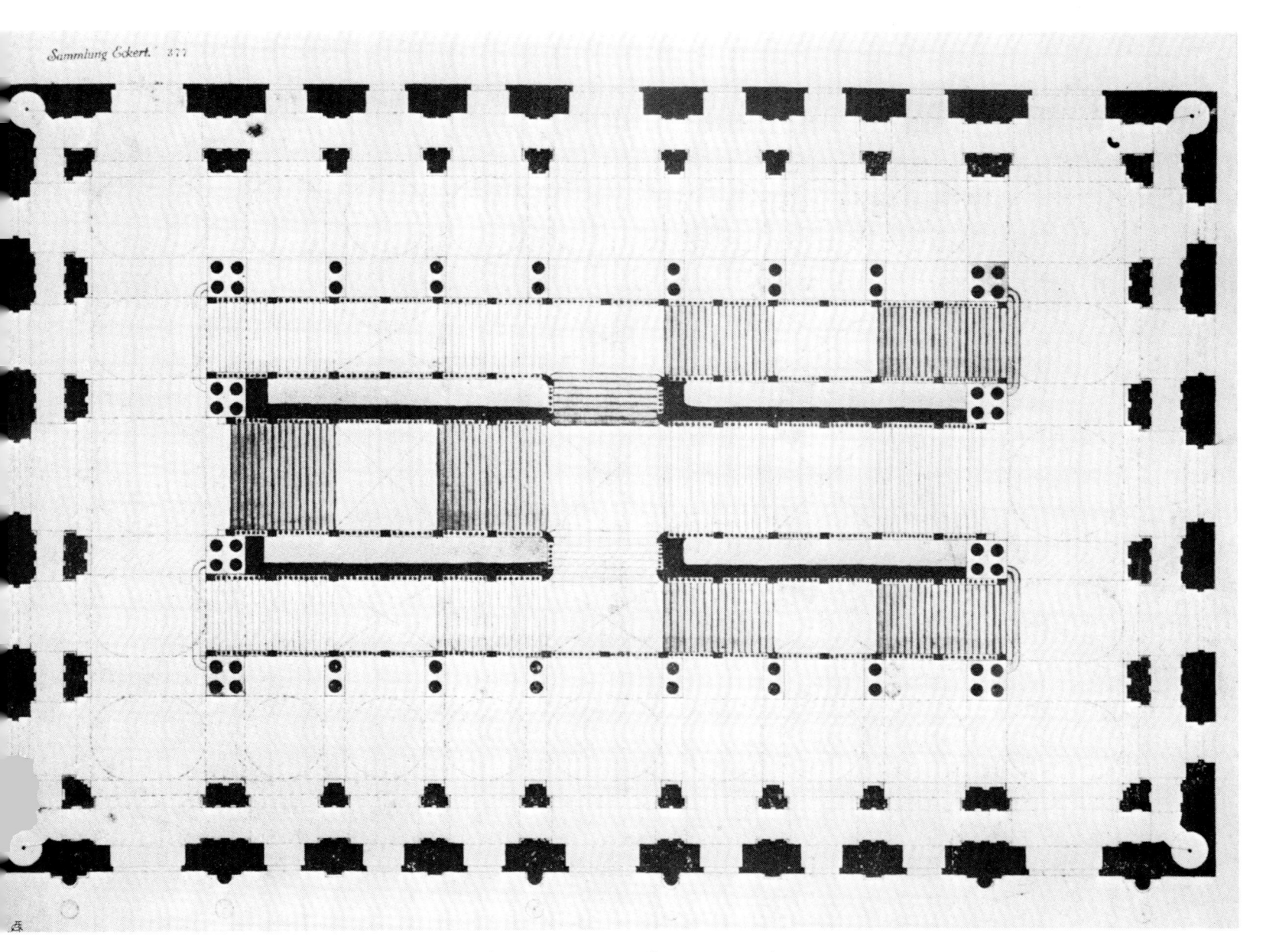

Abb. 125: *Wien, Hofburg, SE 377+*

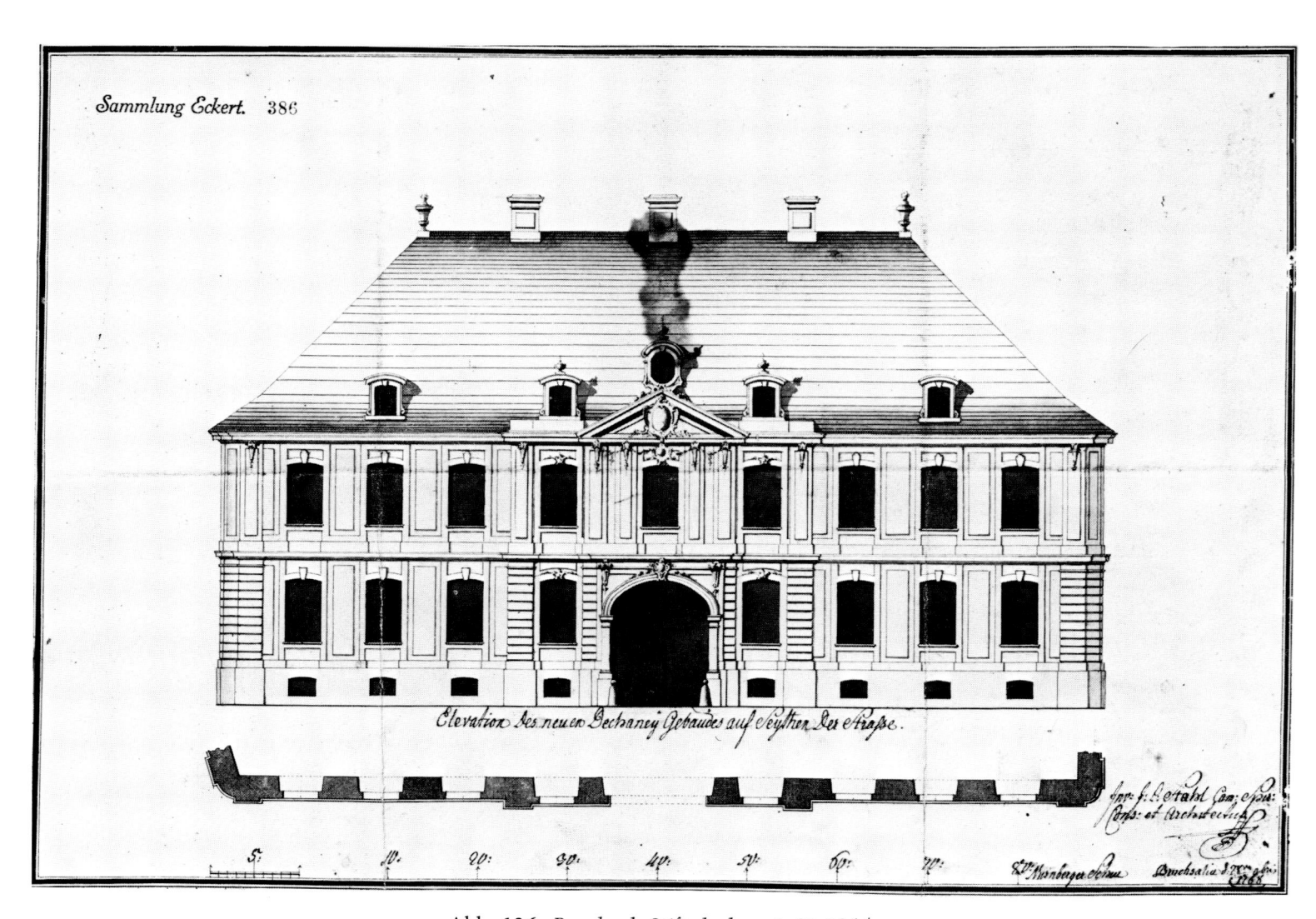

Abb. 126: *Bruchsal, Stiftsdechanei, SE 386+*

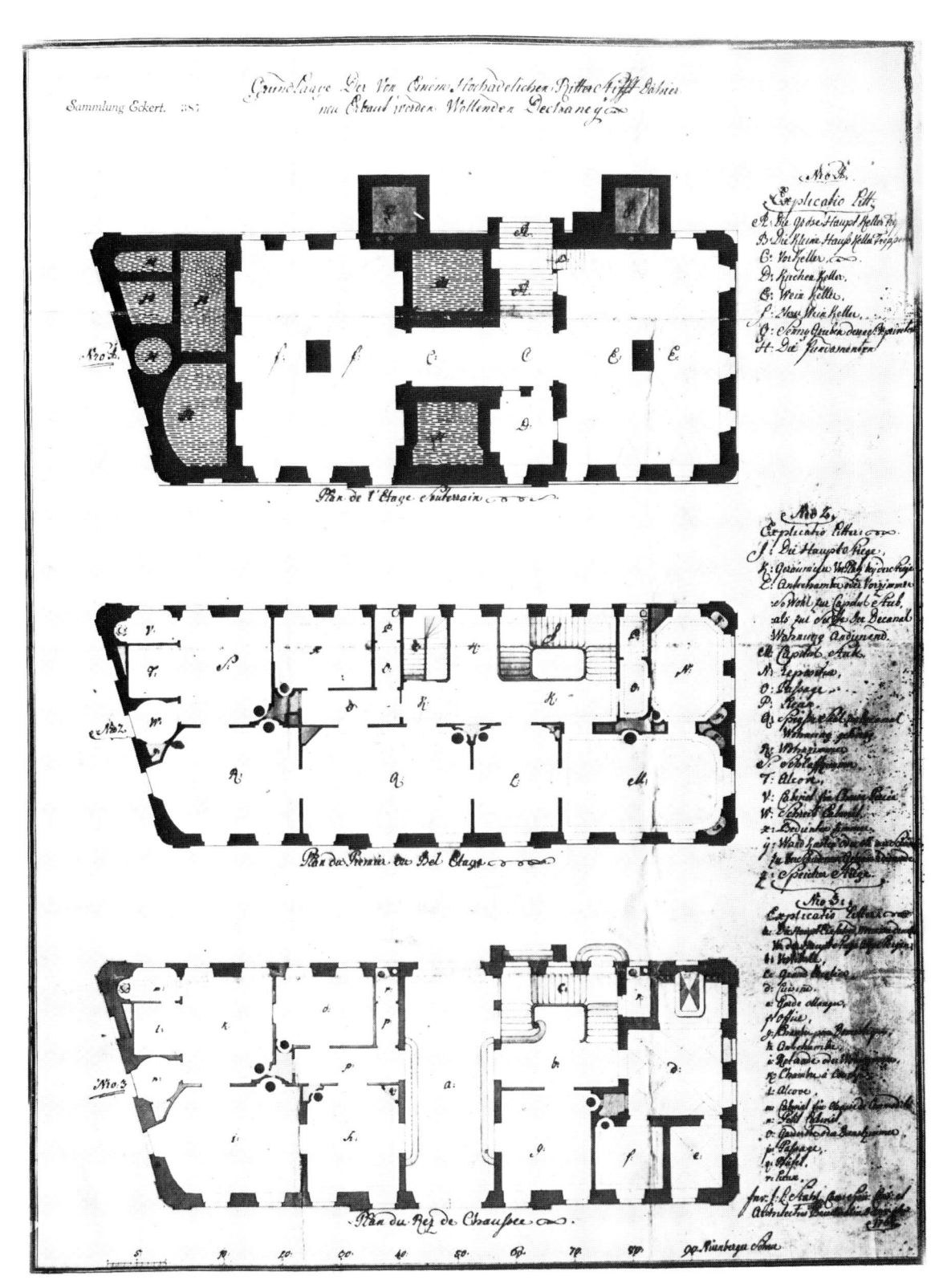

Abb. 127: Bruchsal, Stiftsdechanei, SE 387+

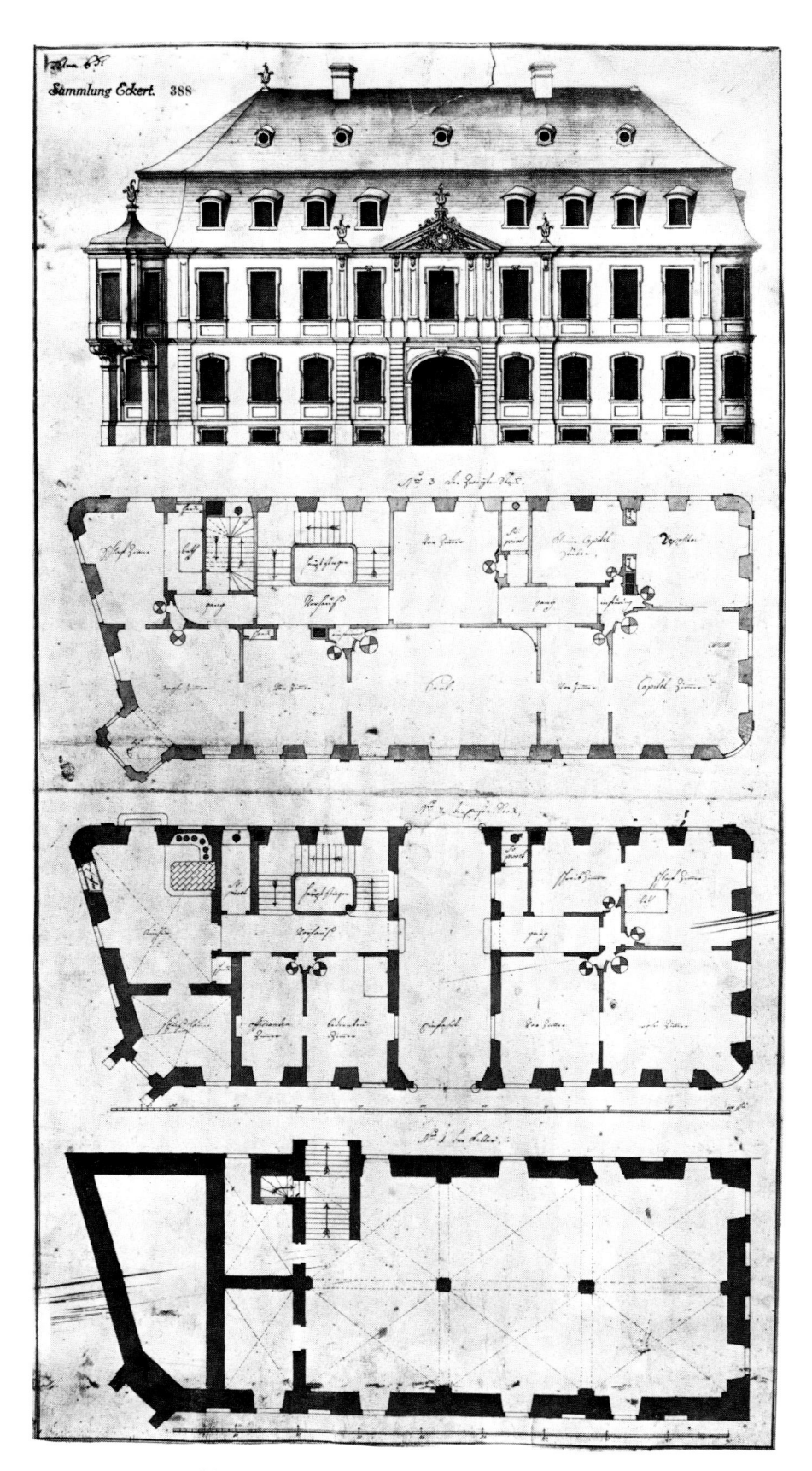

Abb. 128: *Bruchsal, Stiftsdechanei, SE 388+*

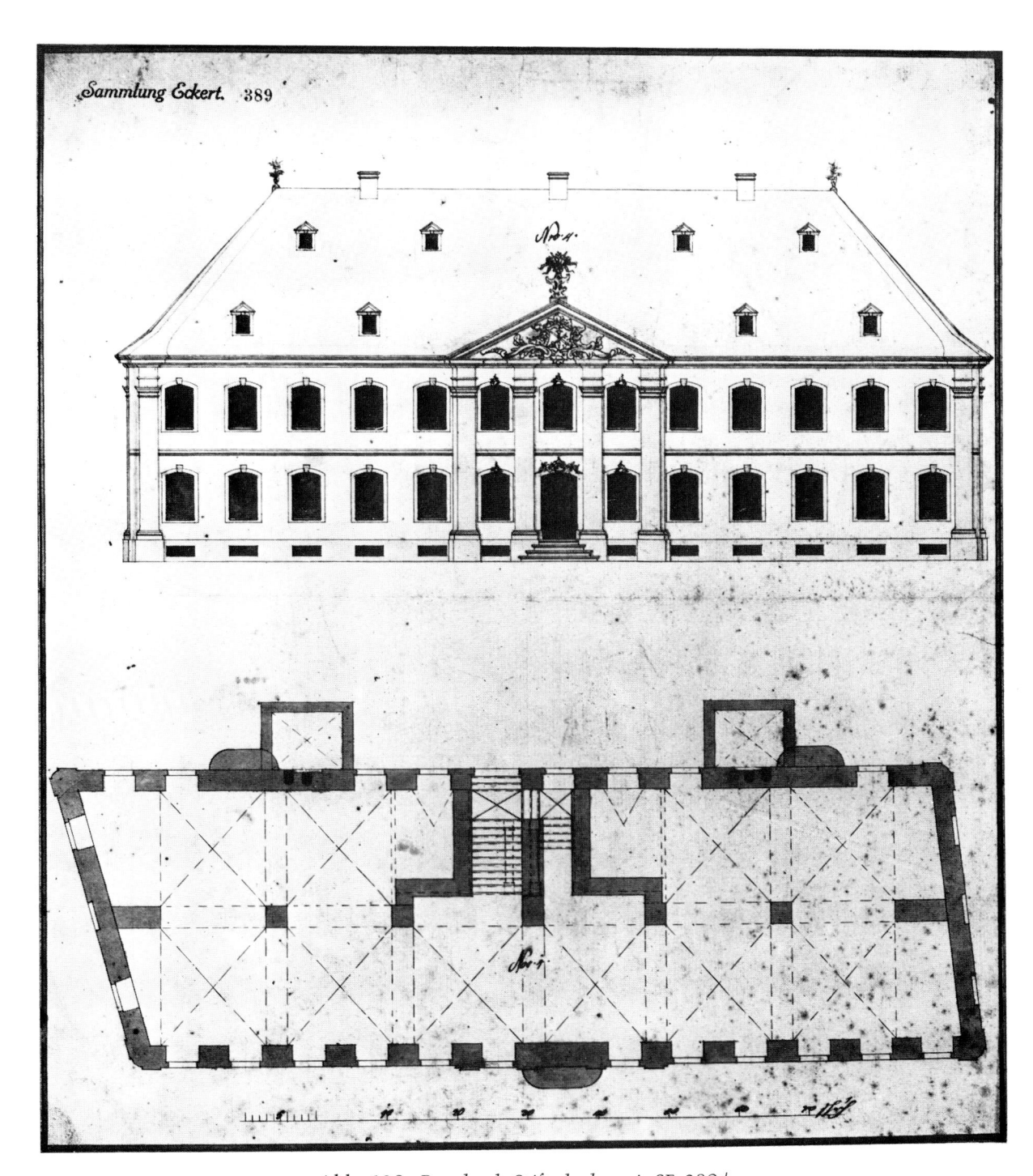

Abb. 129: *Bruchsal, Stiftsdechanei, SE 389+*

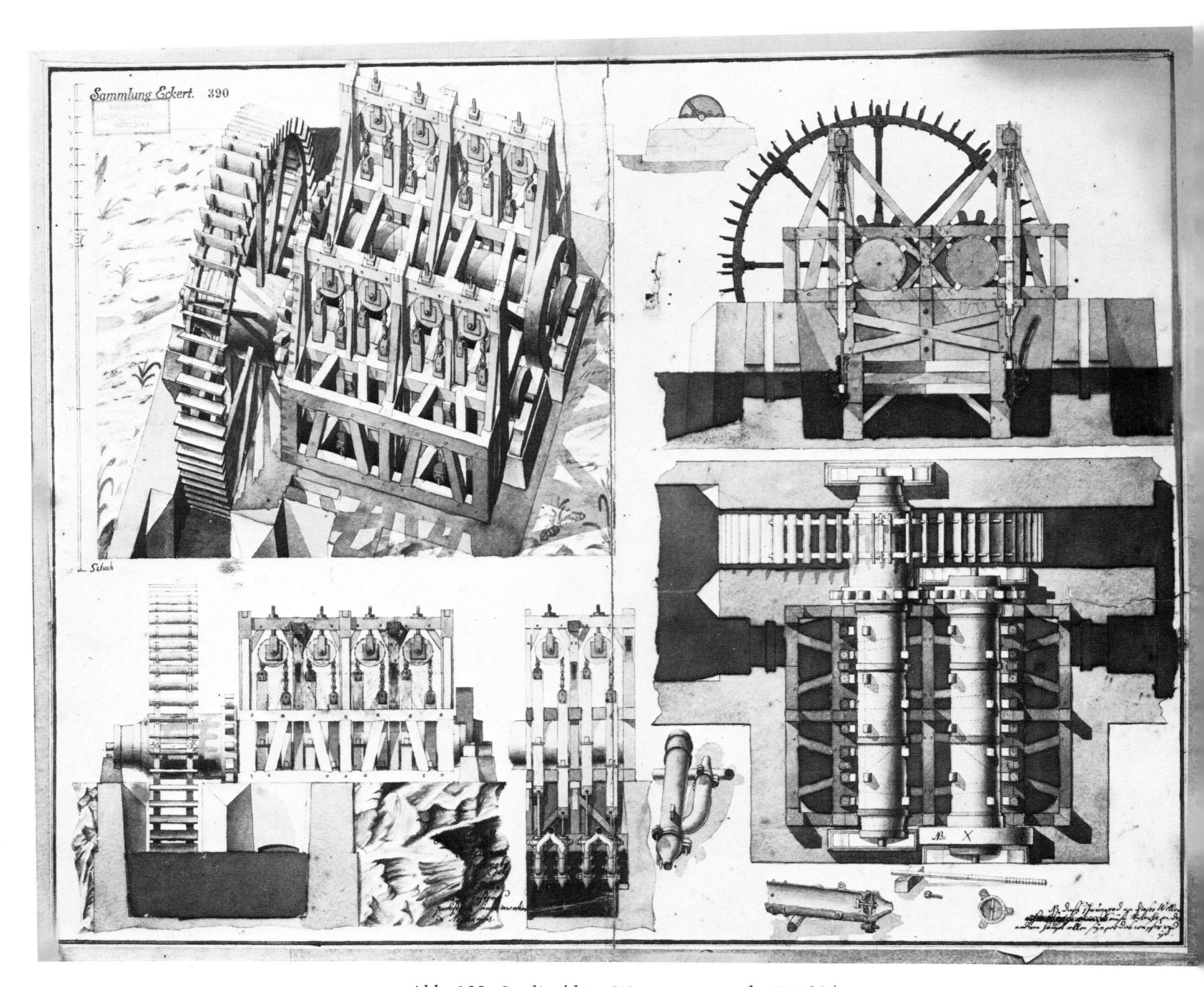

Abb. 130: *Studienblatt: Wasserpumpwerk, SE 390+*

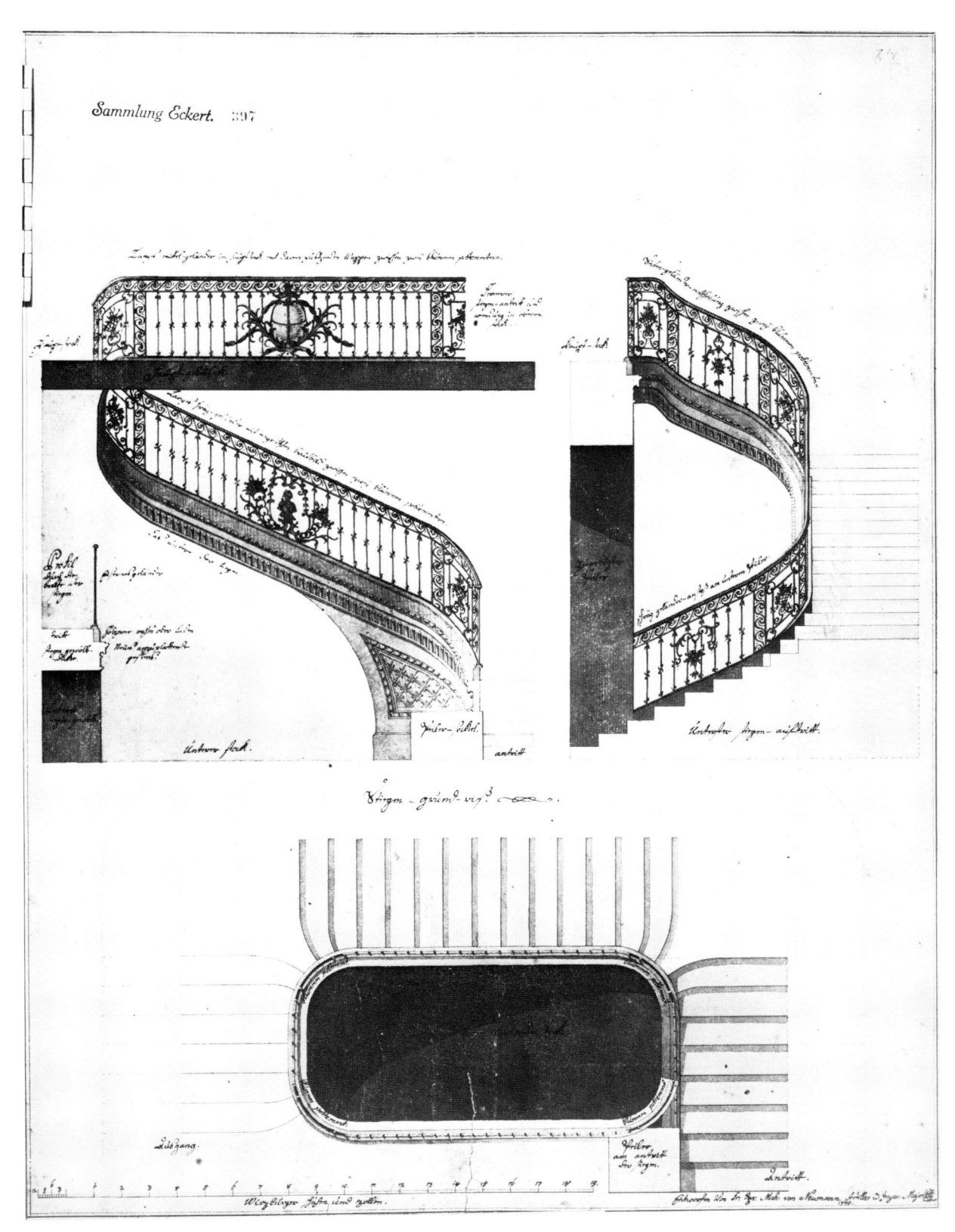

Abb. 131: *Würzburg, Kapuzinerstraße 2, SE 397+*

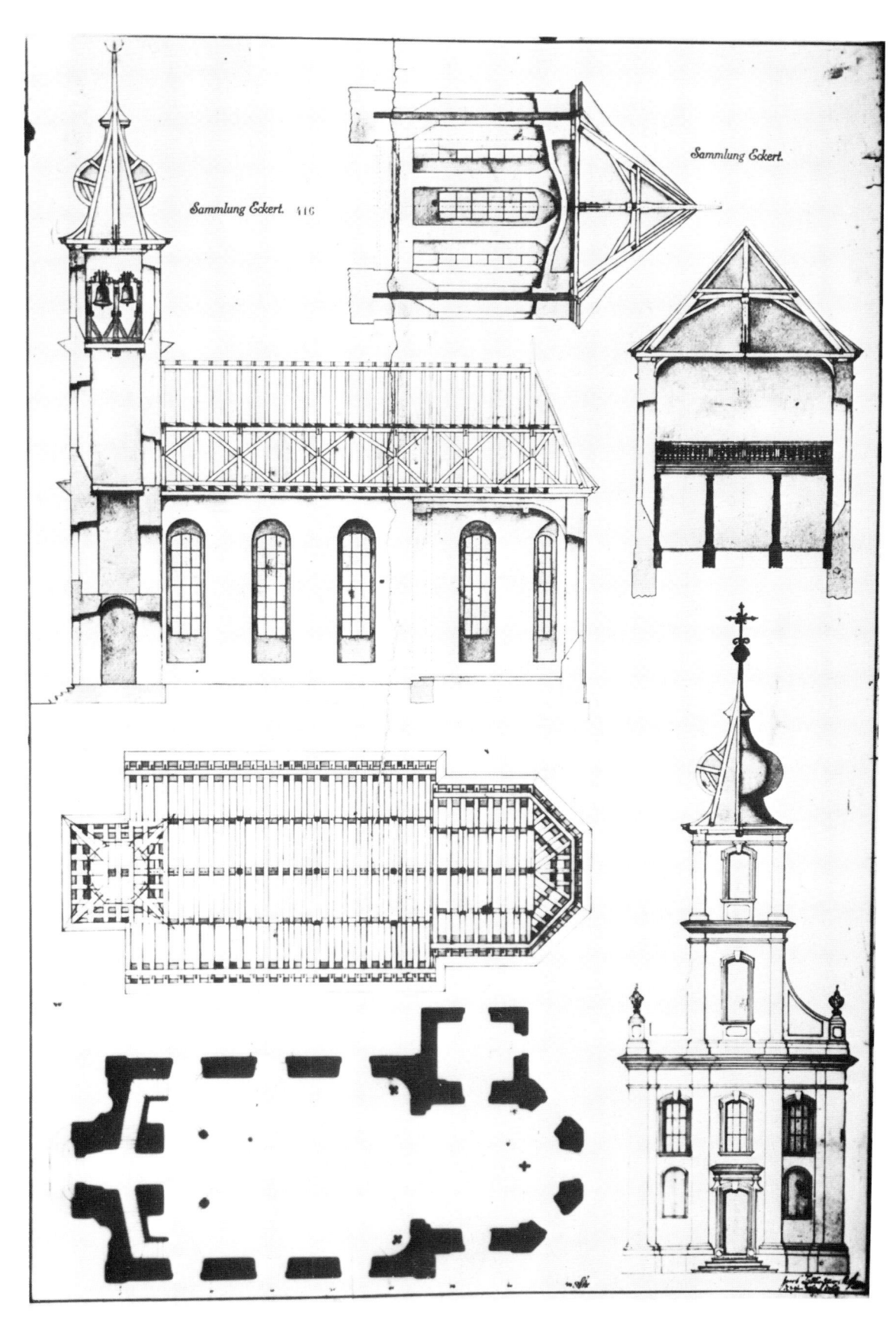

Abb. 132: *Nicht bestimmter Kirchenbau, SE 416+*

Abb. 133: *Nicht bestimmter Altar, SE 1+*

Abb. 134: *Nicht bestimmter Altar, SE Ia⁺*

Abb. 135: *Nicht bestimmter Altar, SE II+*

Abb. 136: *Nicht bestimmter Altar, SE III+*

Abb. 137: *Bruchsal, Stadtkirche, SE IV⁺*

Abb. 138: *Nicht bestimmter Altar, SE V links* [+]
Stranzendorf, Pfarrkirche, SE V rechts [+]

Abb. 139: *Stranzendorf, Pfarrkirche, SE Va⁺*

Abb. 140: *Göllersdorf, Loretokirche, SE Vb⁺*

Abb. 141: *Nicht bestimmter Altar, SE VI+*

Abb. 142: *Würzburg, Hofkirche, SE VII⁺*

Abb. 143: *Nicht bestimmter Altar, SE VIII*[+]

Abb. 144: *Würzburg, Hofkirche, SE IX*⁺

Abb. 145: *Stranzendorf, Pfarrkirche, SE X+*

Abb. 146: *Stranzendorf, Pfarrkirche, SE XI+*

Abb. 147: *Stranzendorf, Pfarrkirche, SE XII⁺*

Abb. 148: *Nicht bestimmter Altar, SE XIII⁺*

Abb. 149: *Stranzendorf, Pfarrkirche, SE XIV⁺*

Abb. 150: *Stranzendorf, Pfarrkirche, SE XV⁺*

Abb. 151: *Stranzendorf, Pfarrkirche, SE XVI⁺*

Abb. 152: *Würzburg, Hofkirche, SE XVII*[+]

Abb. 153: *Würzburg, Hofkirche, SE XVIII*[+]

Abb. 154: *Göllersdorf, Pfarrkirche, SE XIX⁺*

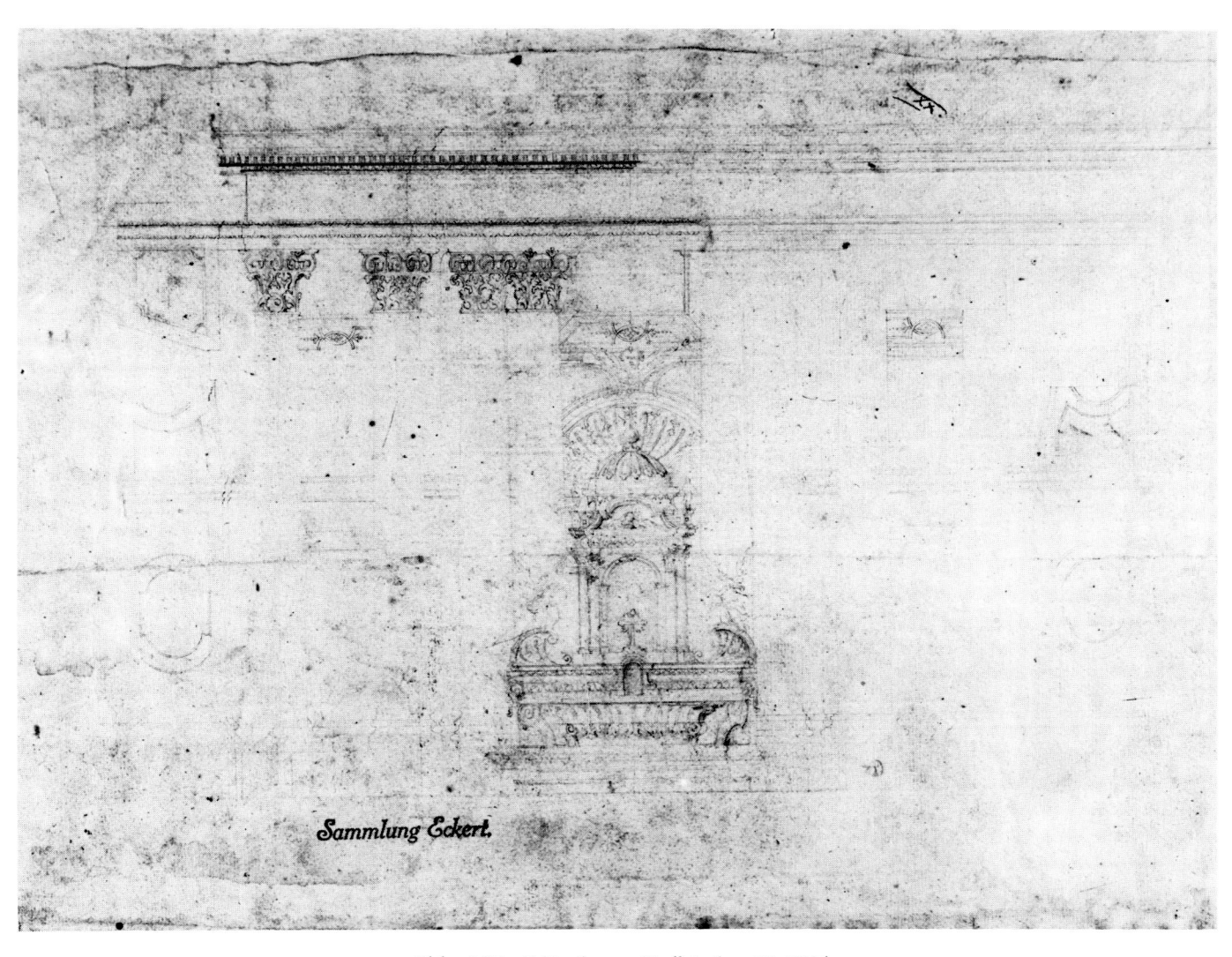

Abb. 155: *Würzburg, Hofkirche, SE XX⁺*

Abb. 156: *Nicht bestimmter Altar, SE XXI+*

Abb. 157: *Nicht bestimmter Altar, SE XXII+*

Abb. 158: *Würzburg, Hofkirche, SE XXIII*⁺

Abb. 159: *Nicht bestimmter Altar, SE XXV+*

Abb. 160: *Nicht bestimmter Altar, SE XXVI*[+]

Abb. 161: *Würzburg, Hofkirche, SE XXVII*[+]

Abb. 162: *Nicht bestimmter Altar, SE XXVIII+*

Abb. 163: *Nicht bestimmter Altar, SE XXX+*

Abb. 164: *Trier, Pfarrkirche St. Paulin, SE XXXI⁺*

Abb. 165: *Brühl, Schloßkirche, SE XXXII*⁺

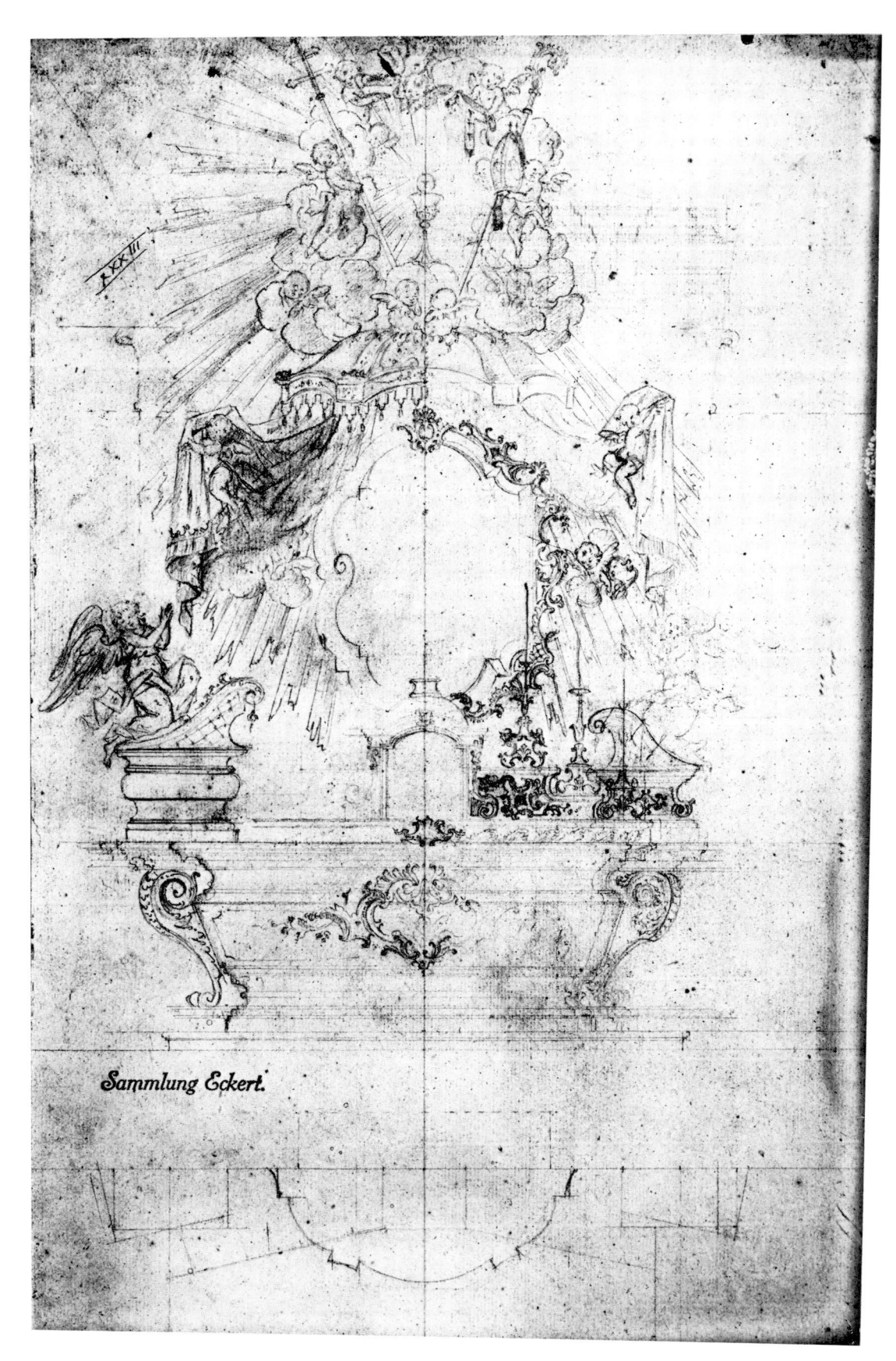

Abb. 166: *Nicht bestimmter Altar, SE XXXIII⁺*

Abb. 167: *Nicht bestimmter Altar, SE XXXIV+*

Abb. 168: *Würzburg, Marienkapelle, SE XXXV*+

Abb. 169: *Würzburg, Hofkirche, SE XXXVI*⁺

Abb. 170: *Nicht bestimmter Altar, SE XXXVII+*

Abb. 171: *Brühl, Schloßkirche, SE XXXVIII⁺*

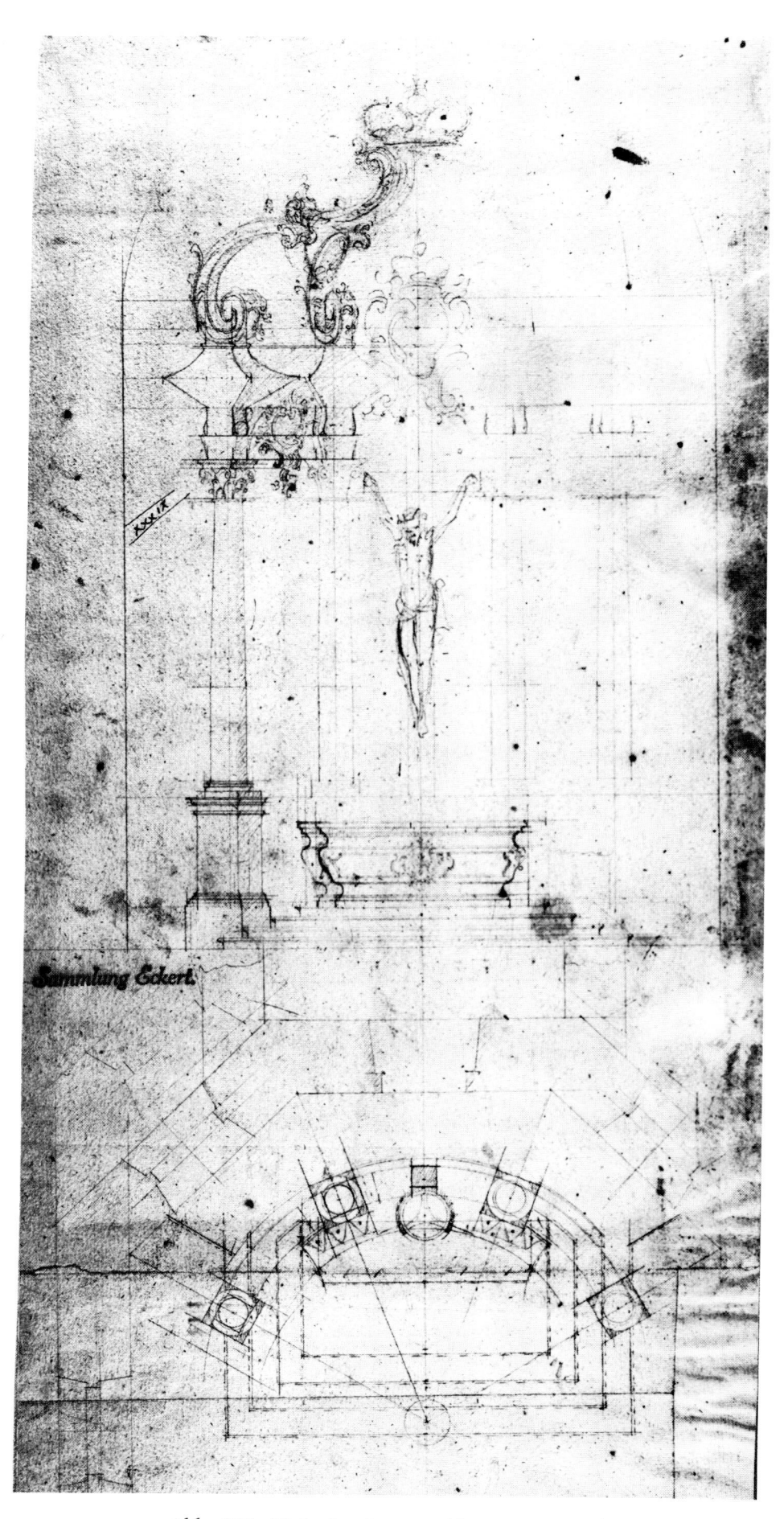

Abb. 172: *Nicht bestimmter Altar, SE XXXIX+*

Abb. 173: *Würzburg, Schönbornkapelle, SE XXXXII*⁺

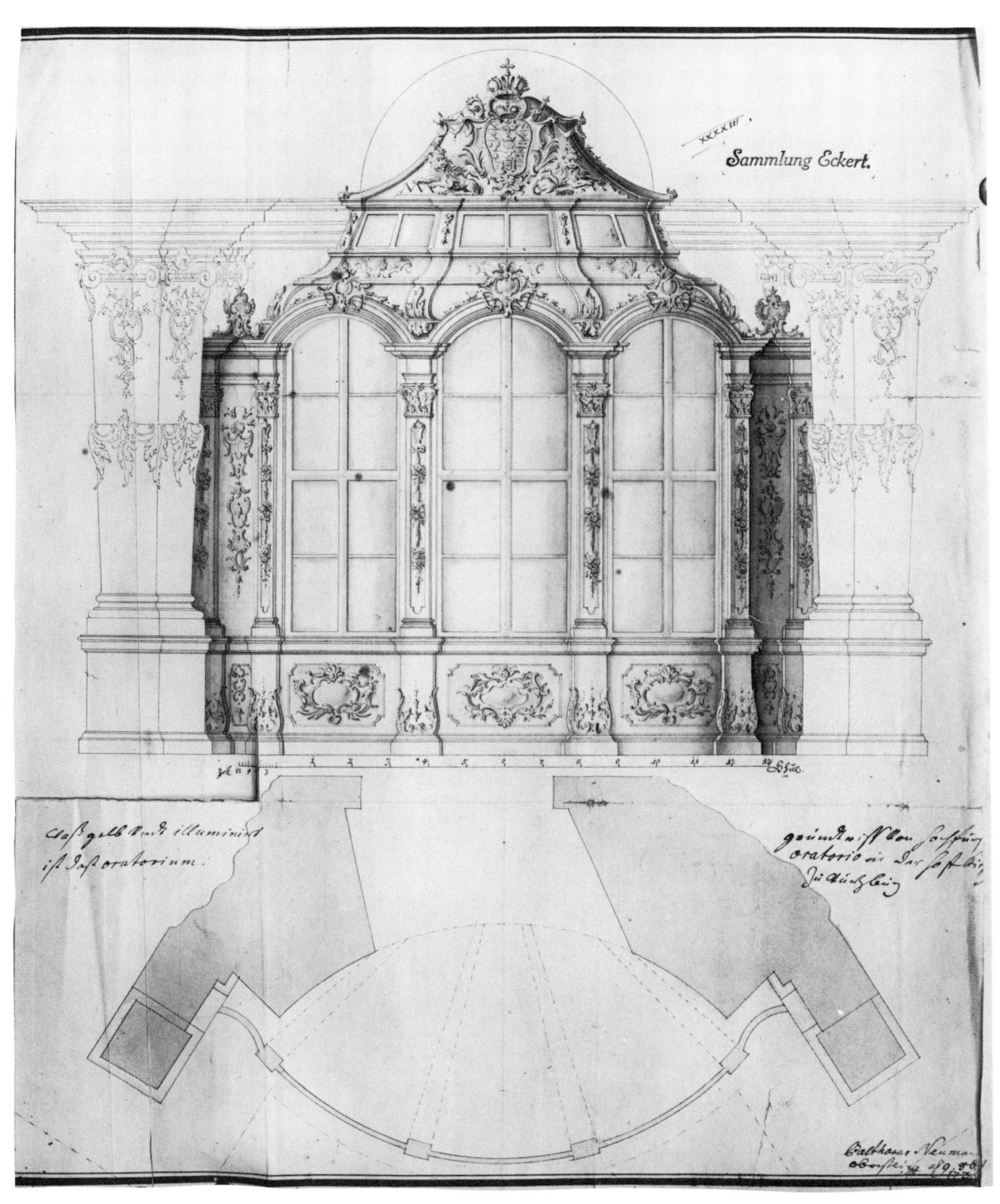

Abb. 174: *Würzburg, Hofkirche, SE XXXXIII⁺*

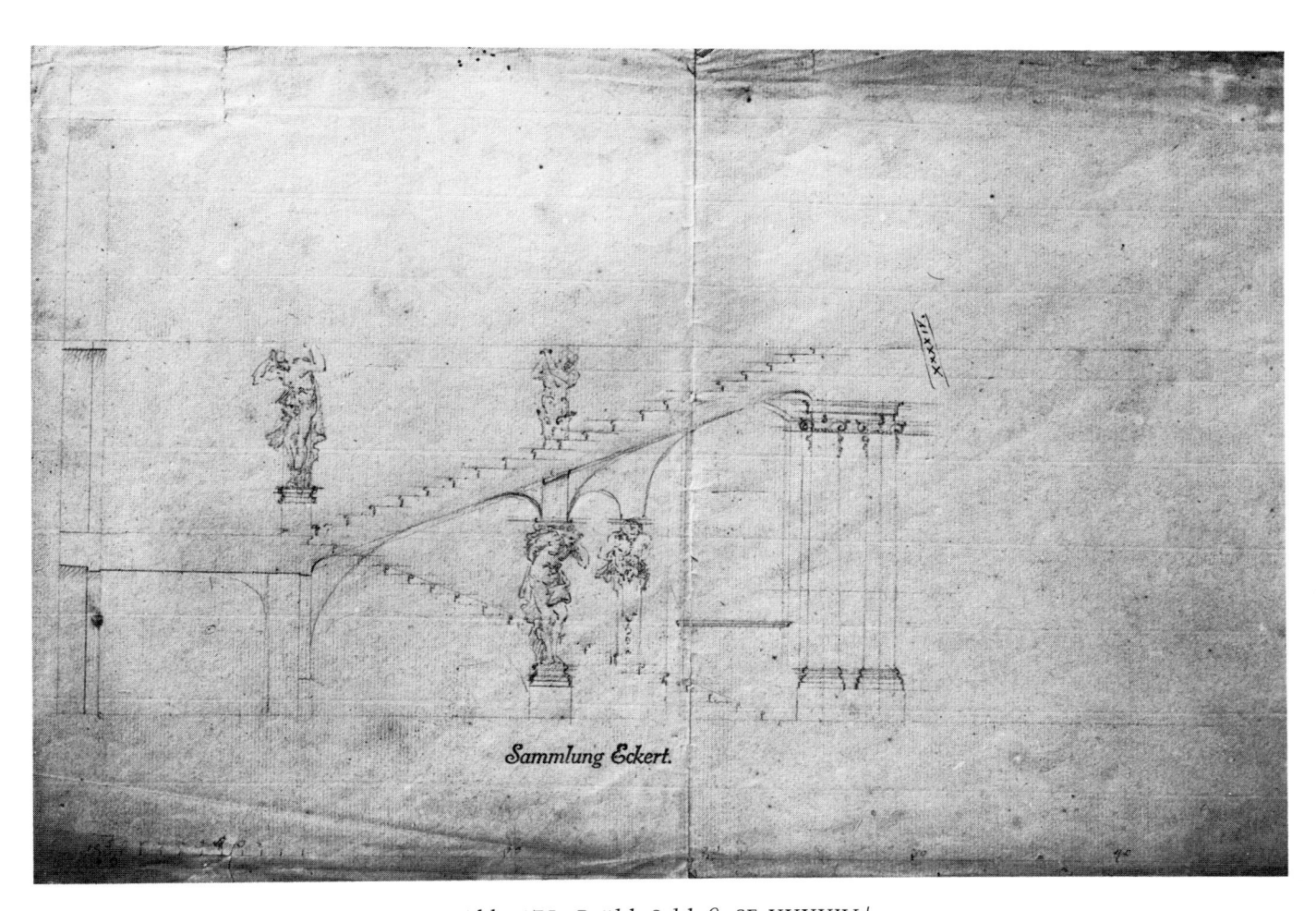

Abb. 175: *Brühl, Schloß, SE XXXXIV⁺*

Abb. 176: *Würzburg, Schönbornkapelle, SE XXXXV+*

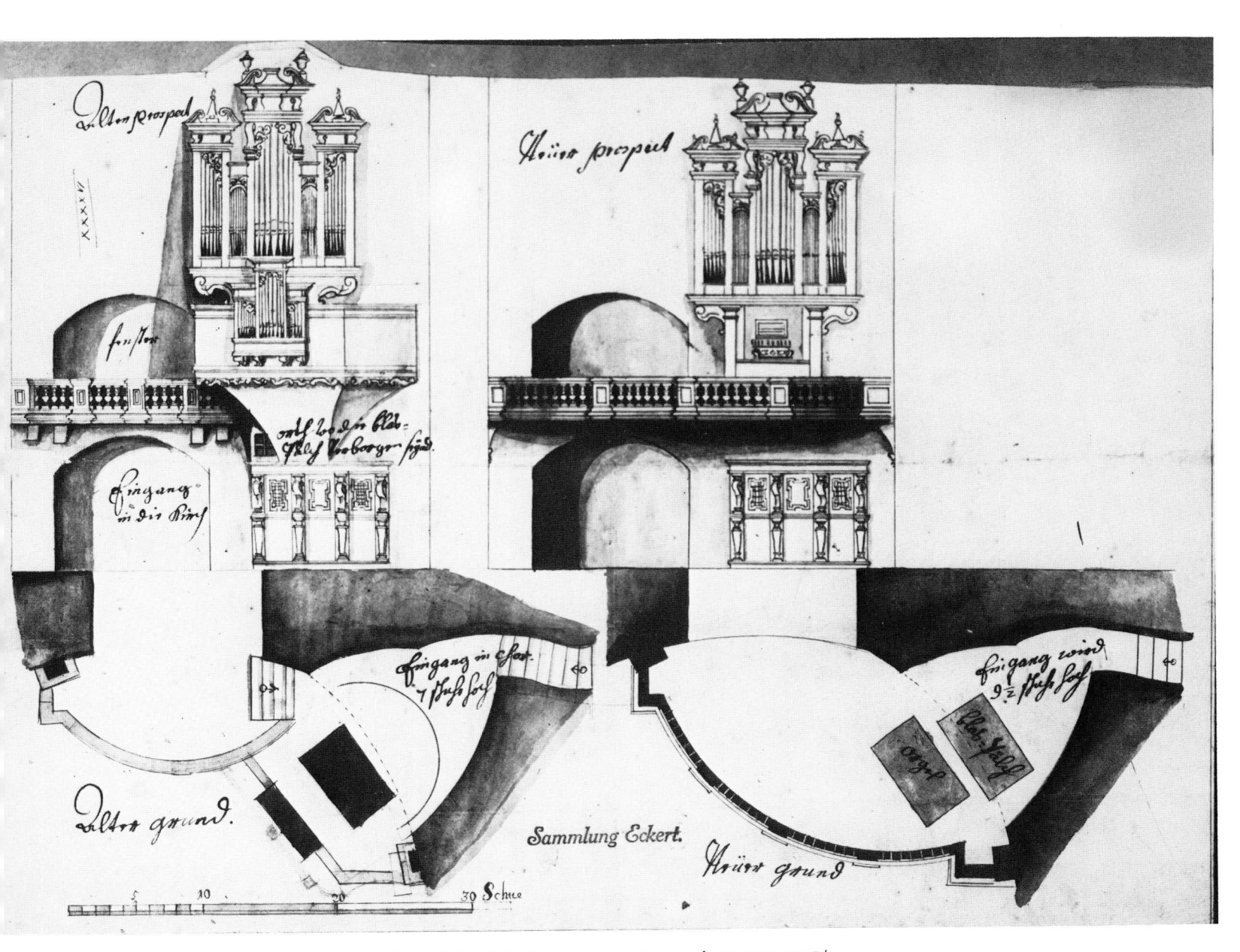

Abb. 177: *Nicht bestimmter Entwurf, SE XXXXVI+*

Abb. 178: *Würzburg, Schönbornkapelle, SE XXXXVII+*

Abb. 179: *Würzburg, Residenz (?), SE XXXXVIII+*

Abb. 180: *Würzburg, Schönbornkapelle, SE XXXXIX*+

Abb. 181: *Trier, Pfarrkirche St. Paulin, SE L⁺*

Abb. 182: *Würzburg, Hofkirche, SE LI+*

Abb. 183: *Würzburg, Hofkirche, SE LVI⁺*

Abb. 184: *Nicht bestimmter Altar, SE LVII*[+]

Abb. 185: *Trier, Pfarrkirche St. Paulin, SE LVIII*[+]

Abb. 186: *Nicht bestimmter Altar, SE LIX+*

Abb. 187: *Nicht bestimmter Altar, SE LX+*

Abb. 188: *Nicht bestimmter Altar, SE LXI+*

Abb. 189: *Nicht bestimmter Altar, SE LXII+*

Abb. 190: *Nicht bestimmter Altar, SE LXIIa*⁺

Abb. 191: *Speyer, Klosterkirche St. Klara, SE LXIII⁺*

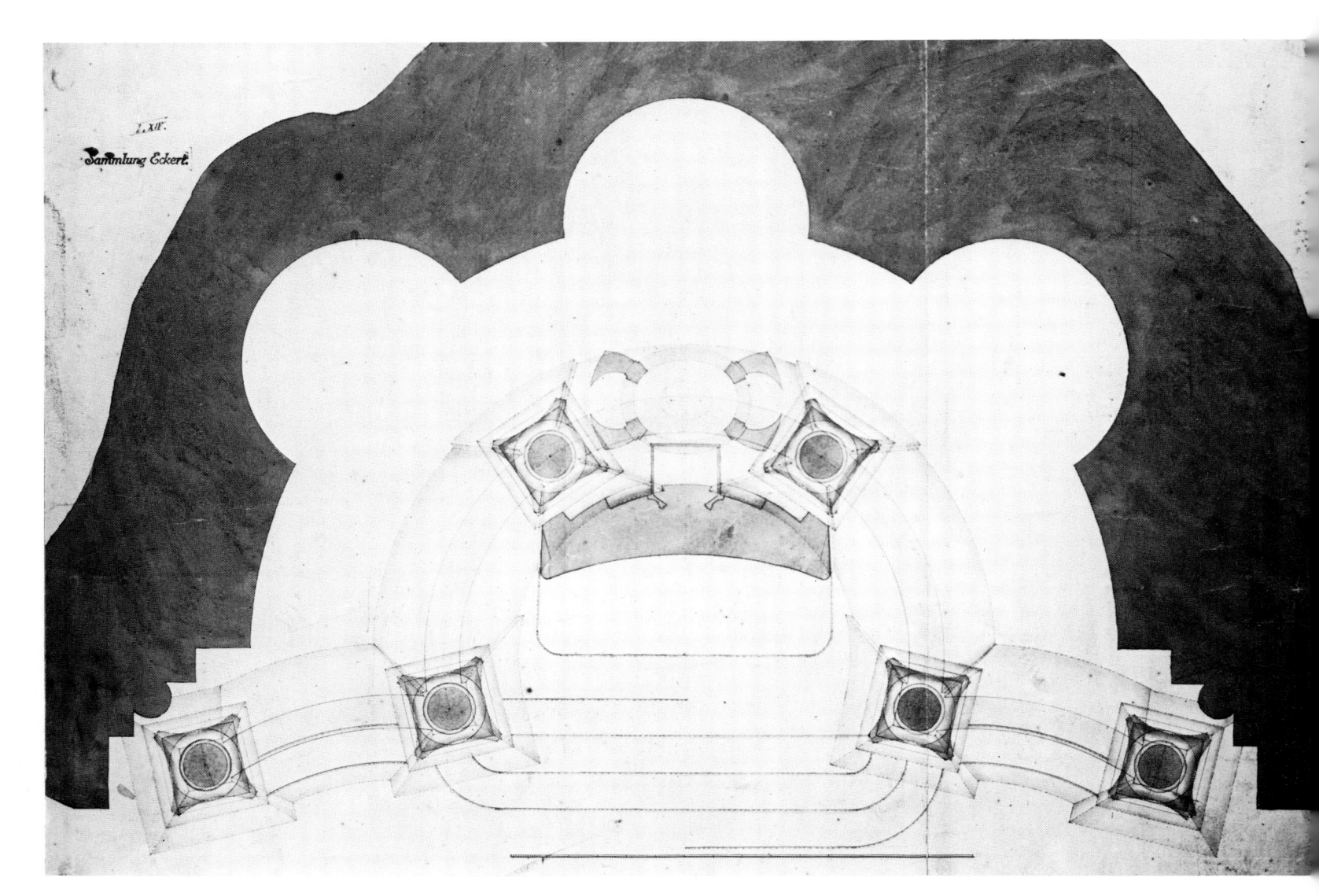

Abb. 192: *Worms, Dom, SE LXIV⁺*

Abb. 193: *Worms, Dom, SE LXV*[+]

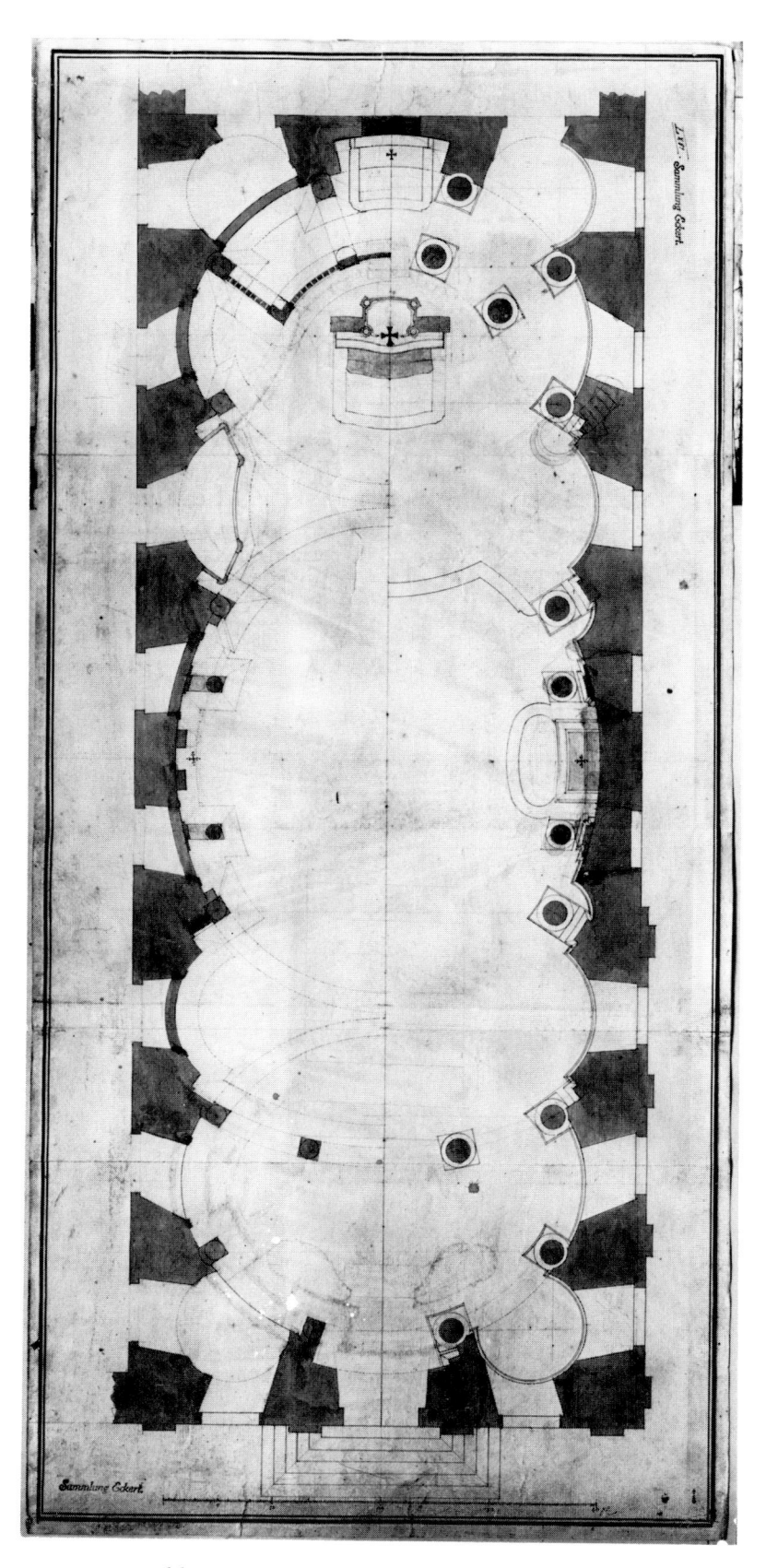

Abb. 194: *Würzburg, Hofkirche, SE LXVI*⁺

Abb. 195: *Würzburg, Hofkirche, SE LXVII*[+]

Abb. 196: *Würzburg, Residenz, Kirche im Oval, SE LXVIII⁺*

Abb. 197: *Würzburg, Hofkirche, SE LXIX*⁺

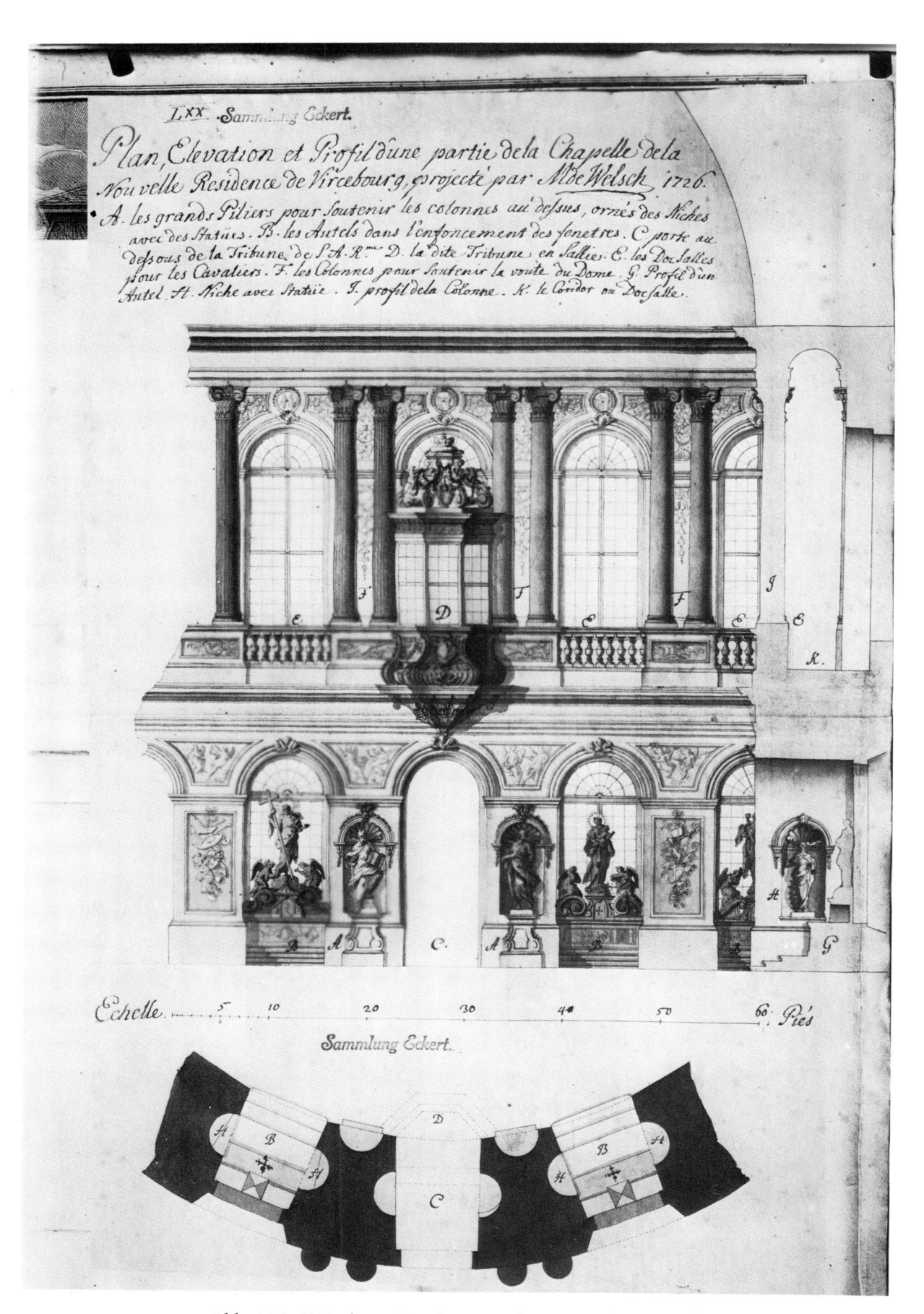

Abb. 198: *Würzburg, Residenz, Kirche im Oval, SE LXX+*

Abb. 199: *Würzburg, Hofkirche, SE LXXI*⁺

Abb. 200: *Würzburg, Residenz, Kirche im Oval, SE LXXII⁺*

Abb. 201: *Würzburg, Hofkirche, SE LXXIII*⁺

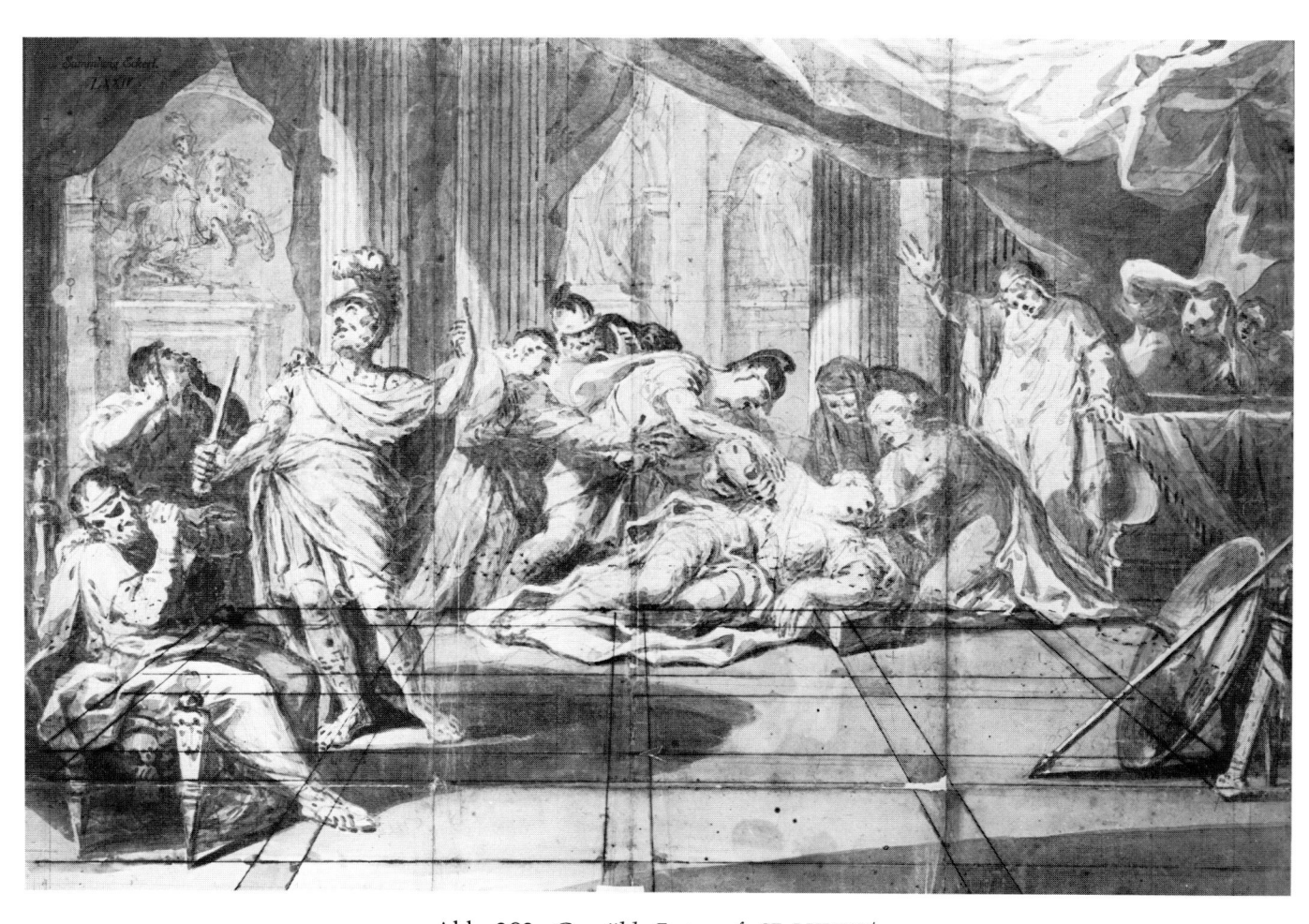

Abb. 202: *Gemälde-Entwurf, SE LXXIV*⁺

Abb. 203: *Würzburg, Hofkirche, SE LXXV⁺*

Abb. 204: *Würzburg, Hofkirche, SE LXXVII*⁺

Abb. 205: *Würzburg, Hofkirche, SE LXXVIII*⁺

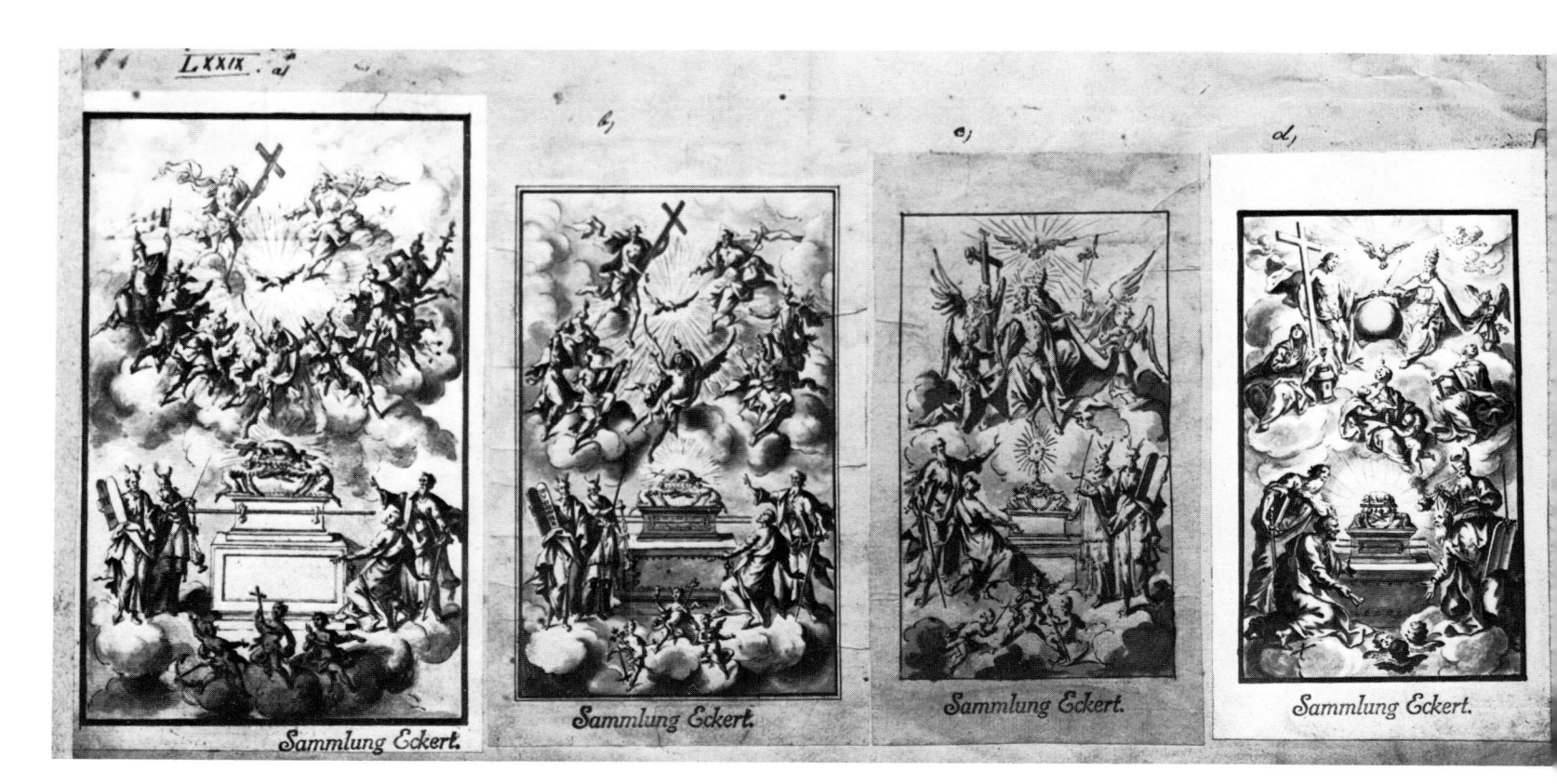

Abb. 206: *Gemälde-Entwürfe, SE LXXIX+*

Abb. 207: *Würzburg, Hofkirche, SE LXXX⁺*

Abb. 208: *Würzburg, Hofkirche, SE LXXXI+*

Abb. 209: *Würzburg, Hofkirche, SE LXXXII*[+]

Abb. 210: *Würzburg, Hofkirche, SE LXXXIII*⁺

Abb. 211: *Nicht bestimmter Altar, SE LXXXIV+*

Abb. 212: *Mainz, Dom, SE LXXXV+*

Abb. 213: *Gößweinstein, Wallfahrtskirche, SE LXXXVI⁺*

Abb. 214: *Würzburg, Hofkirche, SE LXXXVII⁺*

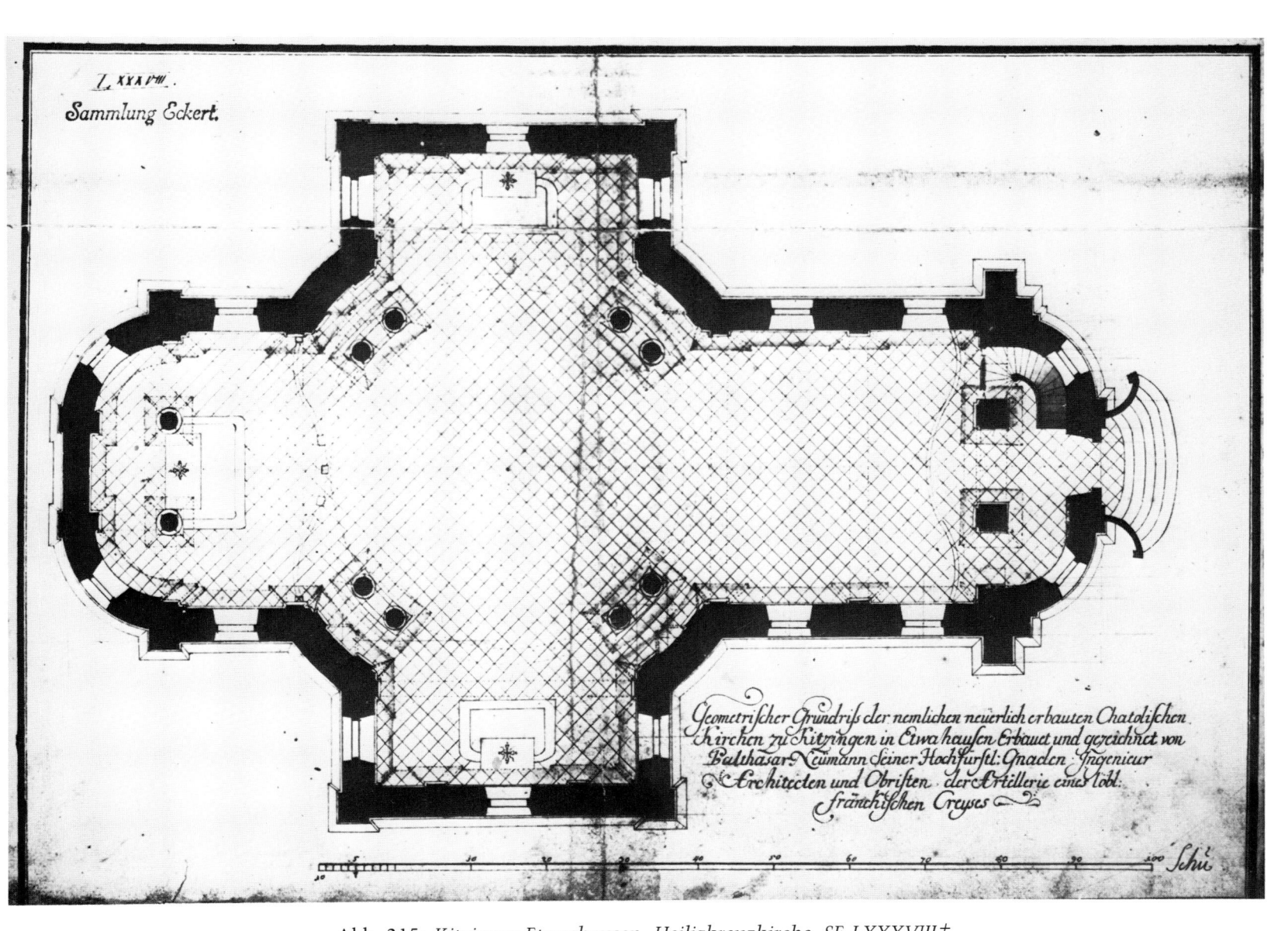

Abb. 215: *Kitzingen-Etwashausen, Heiligkreuzkirche, SE LXXXVIII⁺*

Abb. 216: *Kitzingen-Etwashausen, Heiligkreuzkirche, SE LXXXIX+*

Abb. 217: *Kitzingen-Etwashausen, Heiligkreuzkirche, SE LXXXX+*

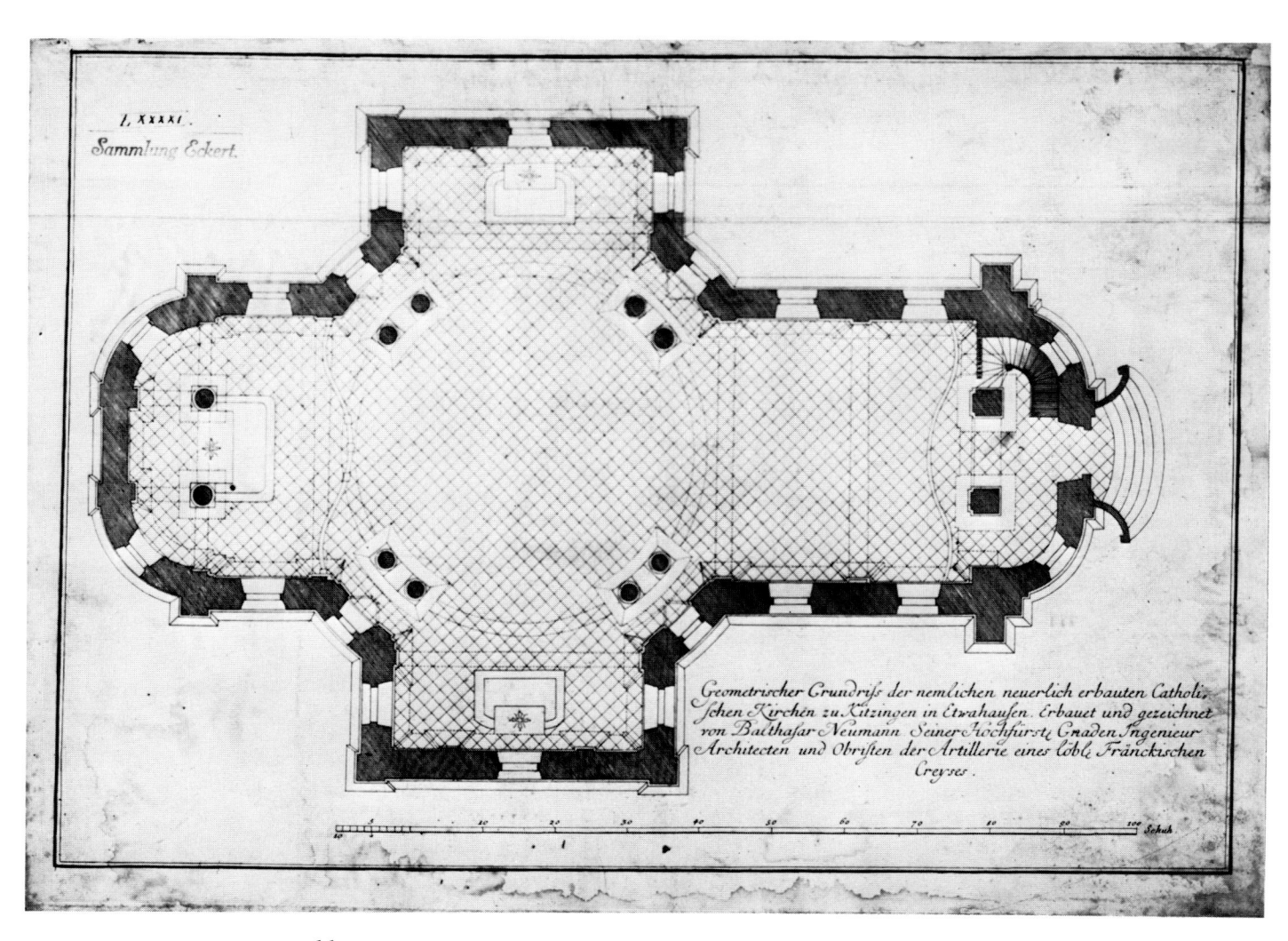

Abb. 218: *Kitzingen-Etwashausen, Heiligkreuzkirche, SE LXXXXI+*

Abb. 219: *Gemälde-Entwurf, SE LXXXXII⁺*

Abb. 220: *Kitzingen-Etwashausen, Heiligkreuzkirche, SE LXXXXIII⁺*

Abb. 221: *Kitzingen-Etwashausen, Heiligkreuzkirche, SE LXXXXIV*[+]

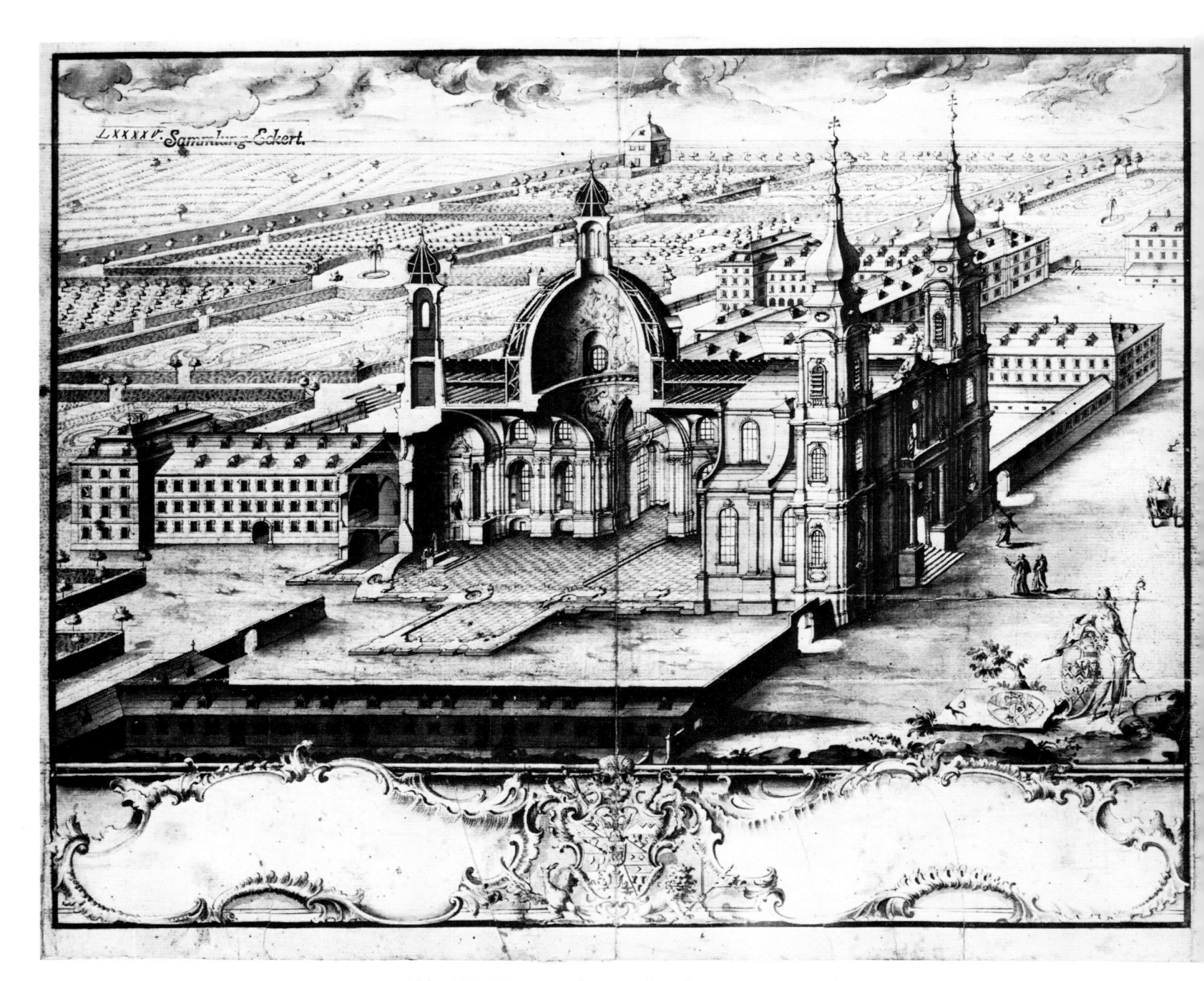

Abb. 222: *Münsterschwarzach, Abtei, SE LXXXXV+*

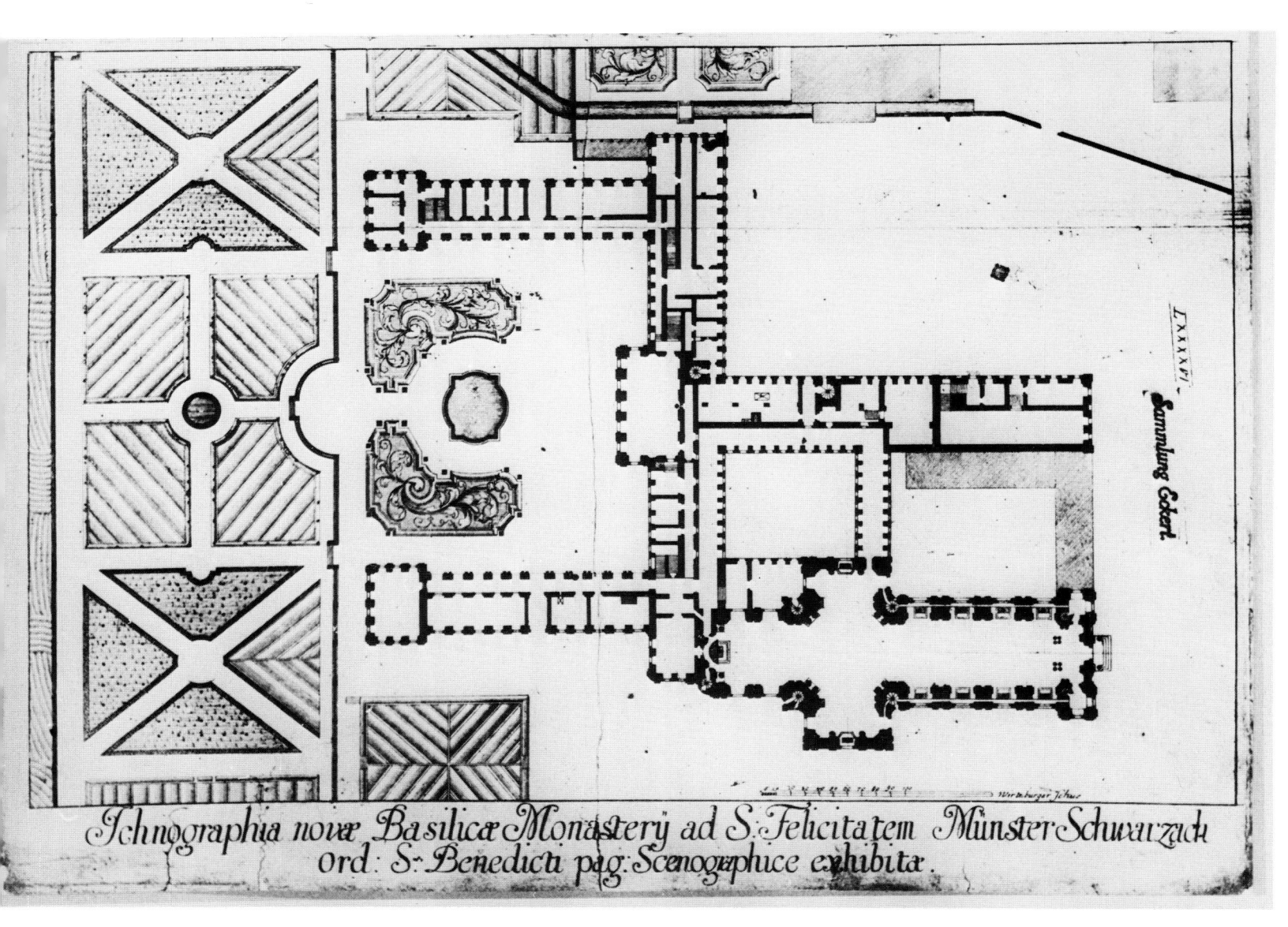

Abb. 223: *Münsterschwarzach, Abtei, SE LXXXXVI⁺*

Abb. 224: *Gemälde-Entwurf, SE LXXXXVII*⁺

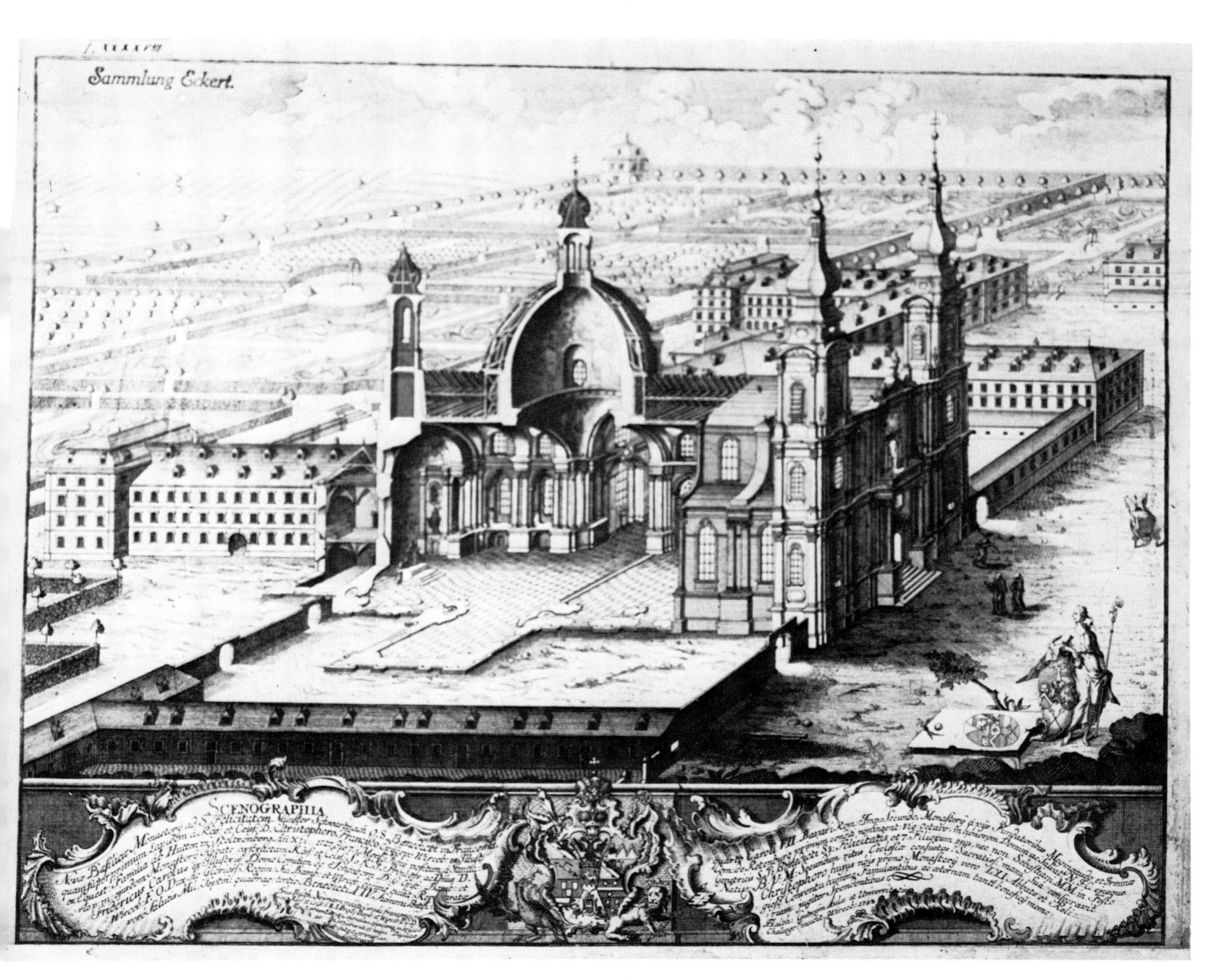

Abb. 225: *Münsterschwarzach, Abtei, SE LXXXXVIII⁺*

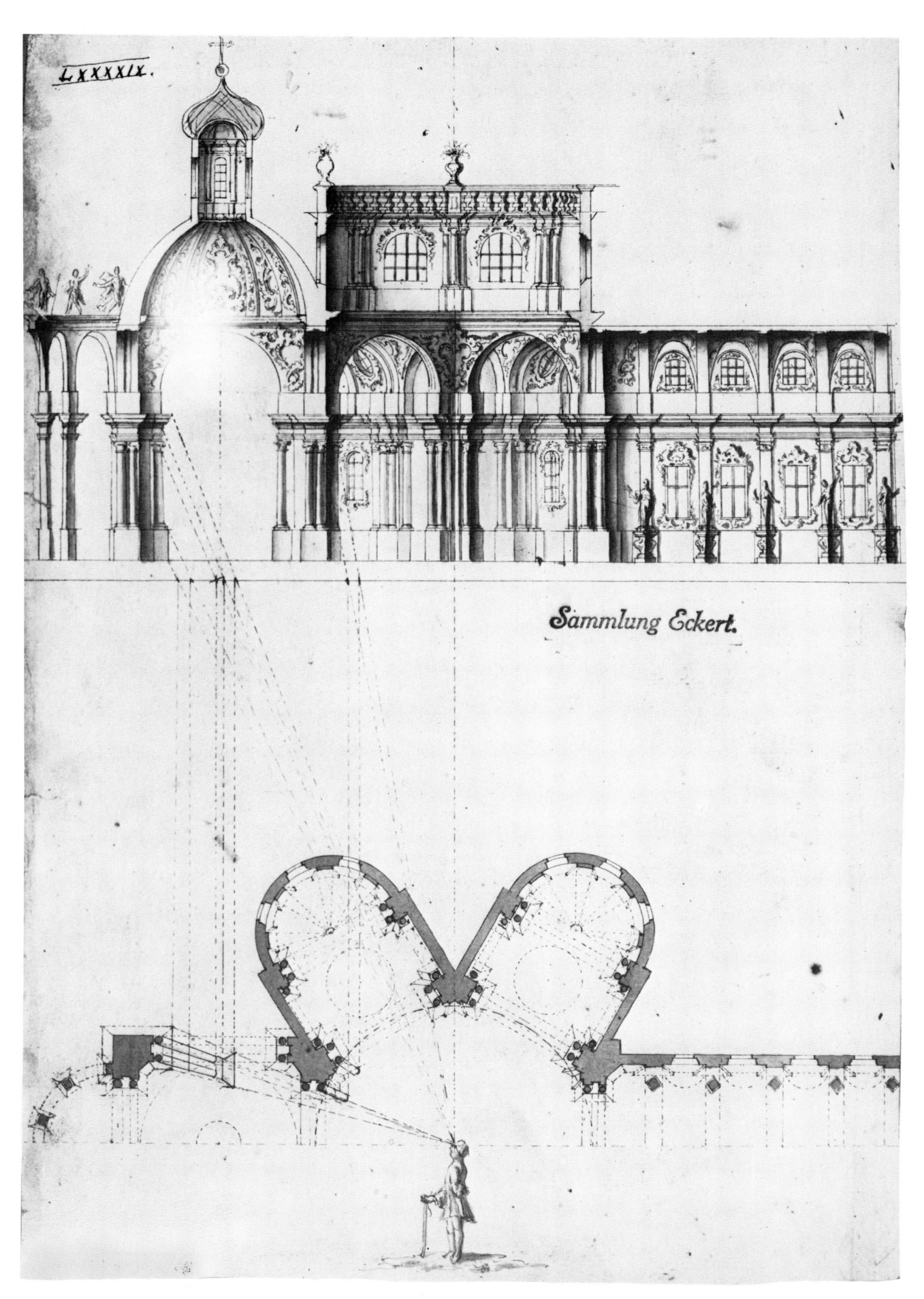

Abb. 226: *Studienzeichnung, SE LXXXXIX⁺*

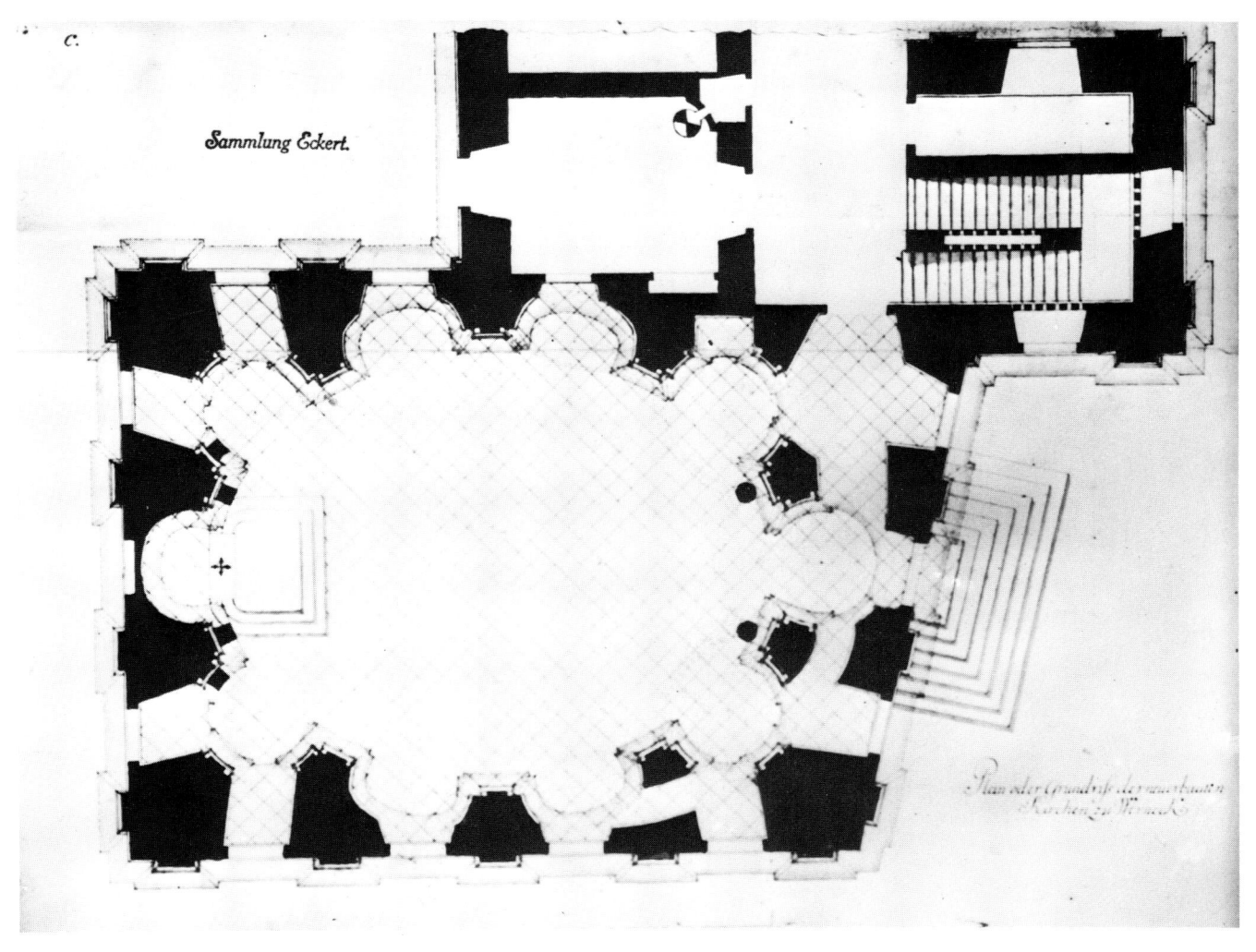

Abb. 227: Werneck, Schloßkirche, SE C+

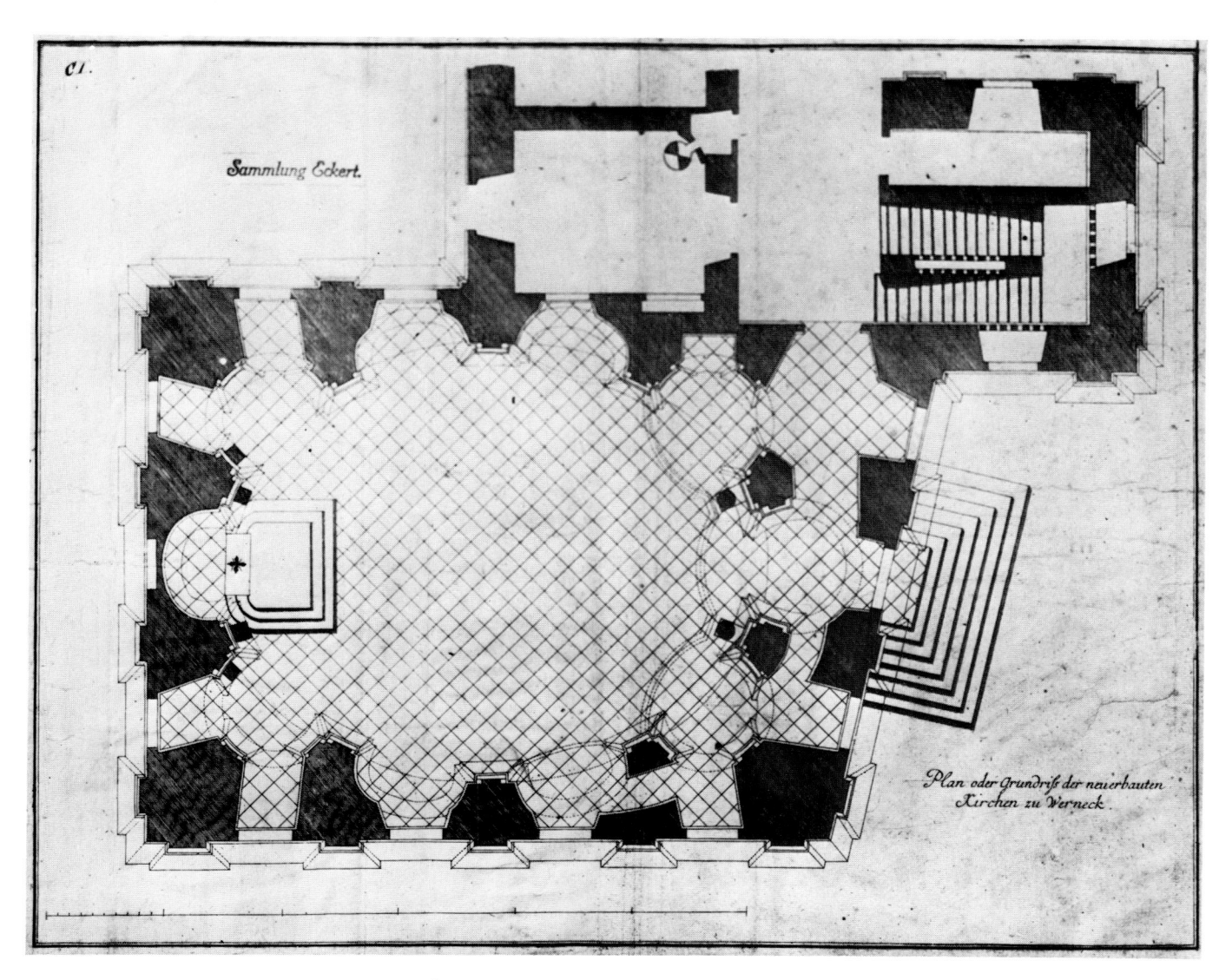

Abb. 228: *Werneck, Schloßkirche, SE CI+*

Abb. 229: Werneck, Schloßkirche, SE CII+

Abb. 230: *Würzburg, Dom, SE ClIIa*[+]

Abb. 231: *Würzburg, Dom, SE CIIIb+*

Abb. 232: *Bruchsal, Pfarrkirche St. Peter, SE CIV+*

Abb. 233: Würzburg, Schönbornkapelle, SE CV⁺

Abb. 234: *Würzburg, Schönbornkapelle, SE CVI⁺*

Abb. 235: *Würzburg, Schönbornkapelle, SE CVII+*

Abb. 236: *Würzburg, Schönbornkapelle, SE CVIII⁺*

Abb. 237: *Würzburg, Schönbornkapelle, SE CIX+*

Abb. 238: *Würzburg, Schönbornkapelle, SE CX*[+]

Abb. 239: *Würzburg, Schönbornkapelle, SE CXI*⁺

Abb. 240: *Mainz, Dom, SE CXII*[+]

Abb. 241: *Würzburg, Schönbornkapelle, SE CXIII⁺*

CXIV. *Sammlung Eckert.*

Abb. 242: *Mainz, Dom, SE CXIV*⁺

Abb. 243: *Mainz, Dom, SE CXV*[+]

Abb. 244: *Würzburg, Schönbornkapelle, SE CXVI+*

Abb. 245: *Mainz, Dom, SE CXVII*[+]

Abb. 246: *Würzburg, Schönbornkapelle, SE CXVIII*[+]

Abb. 247: *Heusenstamm, Pfarrkirche, SE CXIX*⁺

Abb. 248: *Würzburg, Dom, SE CXX+*

Abb. 249: *Mainz, Dom, SE CXXI*[+]

Abb. 250: *Heusenstamm, Pfarrkirche, SE CXXIIa*⁺

Abb. 251: *Würzburg, Schönbornkapelle, SE CXXIIb*[+]

Abb. 252: *Mainz, Dom, SE CXXIII*[+]

Abb. 253: *Heusenstamm, Pfarrkirche, SE CXXIV*[+]

Abb. 254: *Mainz, Dom, SE CXXV+*

Abb. 255: *Mainz, Dom, SE CXXVI*[+]

Abb. 256: *Mainz, Dom, SE CXXVII*⁺

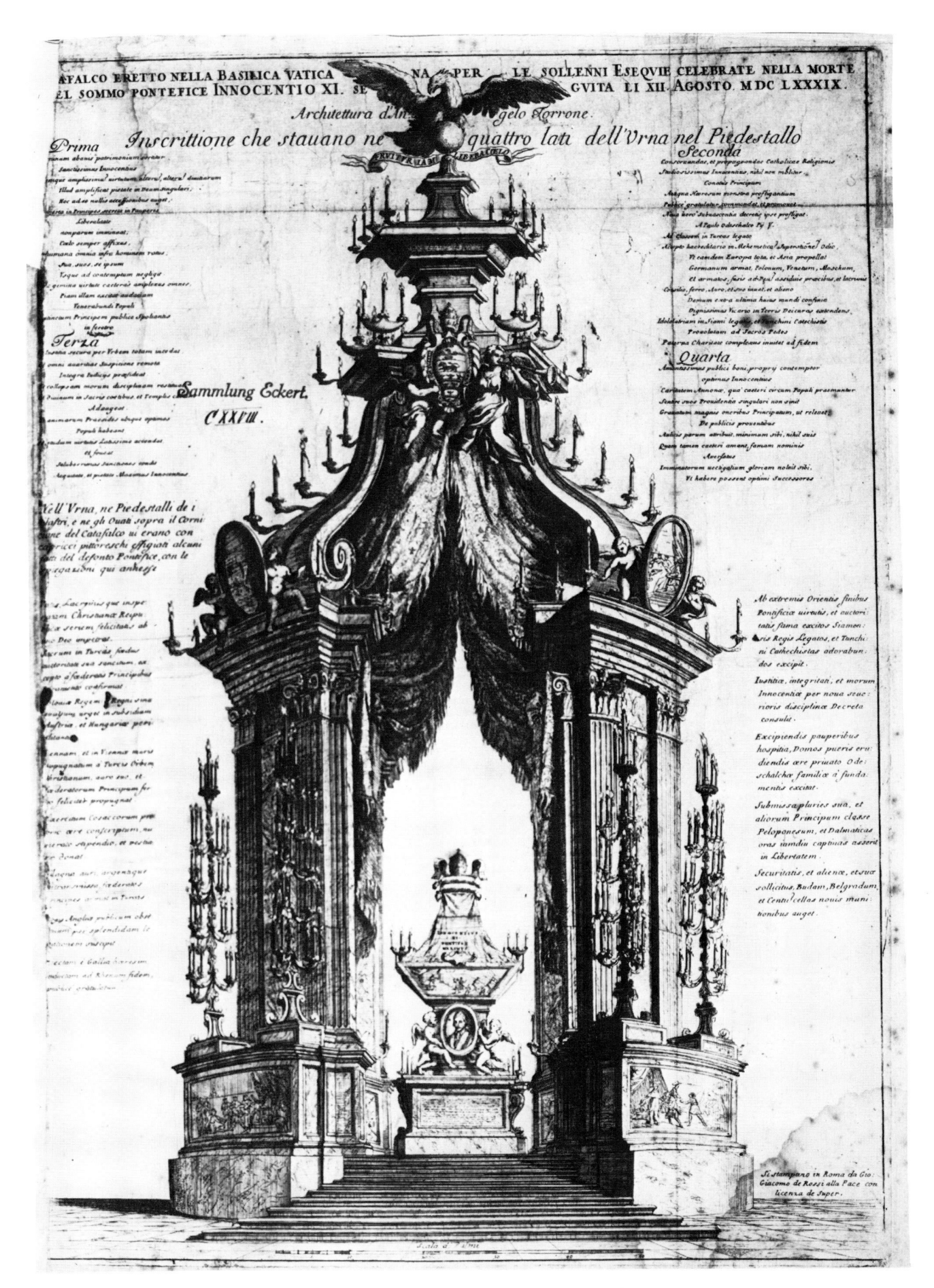

Abb. 257: *Rom, St. Peter, SE CXXVIII*[+]

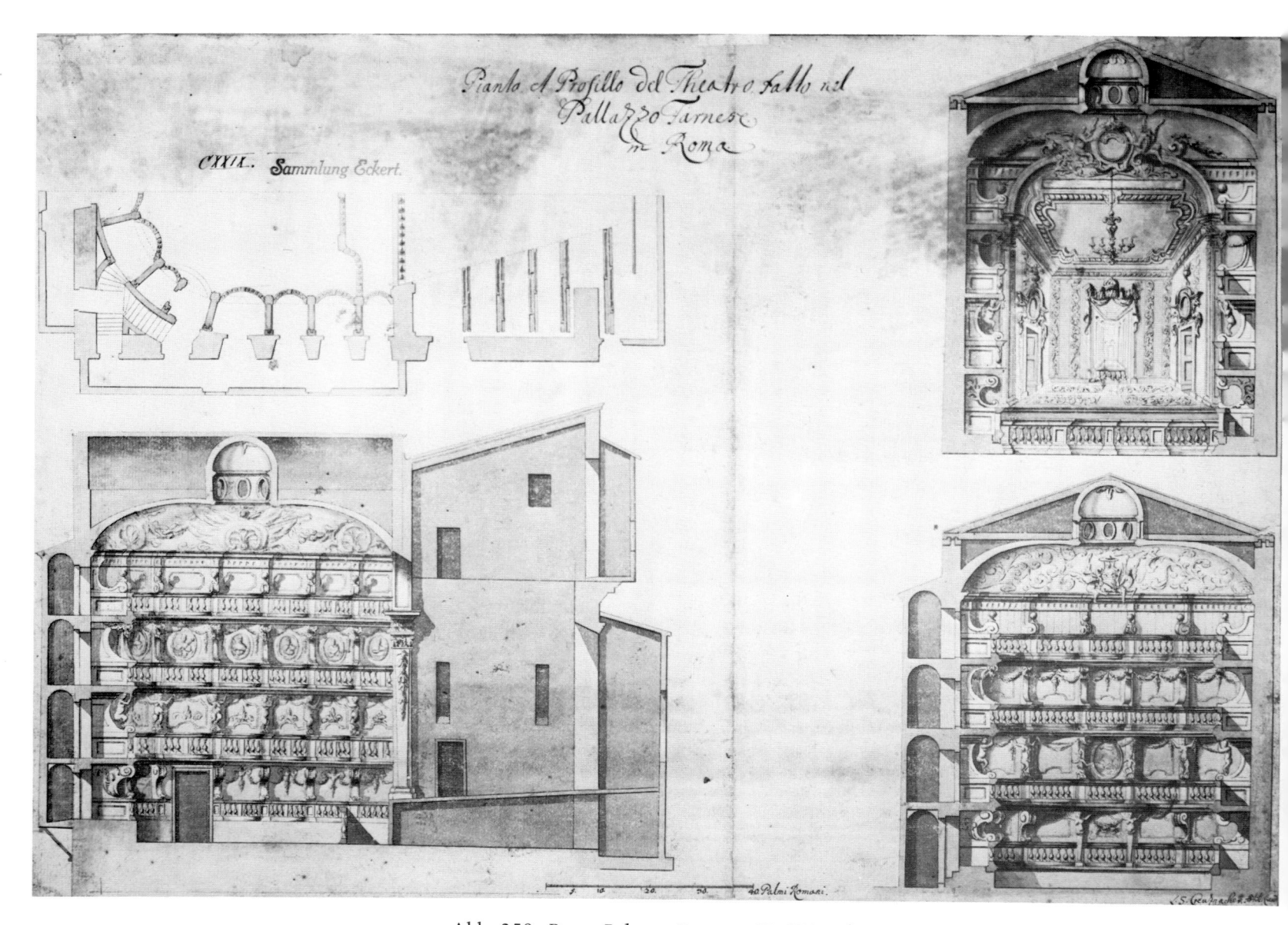

Abb. 258: *Rom, Palazzo Farnese, SE CXXIX+*